Carsten Schittek

Ordnungsstrukturen im europäischen Integrationsprozeß:
Ihre Entwicklung bis zum Vertrag von Maastricht

Schriften
zu Ordnungsfragen der Wirtschaft

Band 61: Ordnungsstrukturen im europäischen Integrationsprozeß: Ihre Entwicklung bis zum Vertrag von Maastricht

Lucius & Lucius · Stuttgart · 1999

Ordnungsstrukturen im europäischen Integrationsprozeß

Ihre Entwicklung bis zum Vertrag von Maastricht

Carsten Schittek

Lucius & Lucius · Stuttgart · 1999

Anschrift des Verfassers:

Dr. Carsten Schittek
Avenue A. Valkeners, 5
B-1160 Brüssel
Belgien

Die Deutsche Bibliothek - CIP-Einheitsaufnahme

Schittek, Carsten:
Ordnungsstrukturen im europäischen Integrationsprozeß : ihre Entwicklung bis zum Vertrag von Maastricht / Carsten Schittek. - Stuttgart : Lucius und Lucius, 1999

(Schriften zu Ordnungsfragen der Wirtschaft; Bd. 61)
Zugl.: Köln, Univ., Diss., 1998
ISBN 3-8282-0108-3

Gerokstraße 51 • D-70184 Stuttgart

Druck und Einband: ROSCH-BUCH Druckerei GmbH, 96110 Scheßlitz
Printed in Germany

ISBN 3-8282-0108-3
ISSN 1432-9220

Vorwort

Die Übertragung von staatlicher Souveränität auf internationale Handlungsträger ist eine der heikelsten Fragen innerstaatlicher Politik, und sie stößt immer wieder auf Widerstände und den Wunsch nach Beharren auf dem politisch Gewohnten. Dies gilt auch für den Prozeß der Europäischen Einigung, für dessen Ingangsetzen die Kontrolle nationalstaatlicher Souveränität einst ein entscheidender Beweggrund war. Aufgrund sich ändernder Ordnungsbedingungen wurden und werden aber Güter- und Kapitalflüsse zunehmend grenzenlos. Da jedoch wirtschaftspolitische Hoheitsgewalt der einzelnen Staaten prinzipiell an den territorialen Grenzen endet, wird die Handlungsfähigkeit des Staates zu einem zentralen Problem. Der Versuch der politisch Verantwortlichen, sich territorial begrenzter wirtschaftspolitischer Eingriffe zu bedienen, um Antworten auf grenzüberschreitende Herausforderungen zu finden, ist vielfach zum Scheitern verurteilt. Der Prozeß der Europäischen Einigung ist auch als ein Versuch zu verstehen, das Auseinanderklaffen zwischen einzelstaatlichem Handlungsbedarf und nationalstaatlicher Handlungsfähigkeit zu überwinden.

Eingriffe der Wirtschaftspolitik wurzeln in den interdependenten wirtschaftlichen und politischen Ordnungsstrukturen. Es ist daher kein Zufall, daß bei dem Versuch des Verfassers, das Verständnis für den Charakter des Prozesses der Europäischen Einigung zu vertiefen, die Interdependenz der Teilordnungen eine zentrale Stellung einnimmt. Im Verlaufe des europäischen Integrationsprozesses haben sich die Ordnungen der Mitgliedstaaten verändert. Der Verfasser sucht Antwort auf die Frage, wie ein solcher Wandel auf nationaler und europäischer Ebene erklärt werden kann.

Methodisch wird das Wechselspiel zwischen zunehmender Güter- und Faktorbewegung einerseits und der europäischen Ordnungsstrukturen andererseits durch ein Modell aufgefangen, in dem auch der Einfluß von Interessengruppen auf staatliche Prozesse der Willensbildung nicht ausgeblendet bleibt. Dieses Modell bildet die Grundlage für die Untersuchung des bisherigen Gangs der Europäischen Einigung. Einige Ergebnisse der Analyse sollen hier kurz benannt werden.

Aus der Modellierung der Integrationsdynamik ergibt sich, daß die unvollständige politische Ordnung in der Europäischen Gemeinschaft zu Beginn des Prozesses einen hohen Zuspruch zum Integrationsvorgang ermöglichte. Mit zunehmendem Fortschritt werden sich jedoch integrationsfeindliche Kräfte dieser Unvollständigkeit der Ordnung bedienen, um über die nationalen politischen Märkte und die Mitgliedstaaten als „Herren der Verträge" eine weitere Integration zu vereiteln oder gar den erreichten Integrationsgrad rückgängig zu machen. Dies drückt sich in wachsenden Renationalisierungstendenzen aus. Nur ein Akt der Selbstbindung der Mitgliedstaaten als „Herren der Verträge" in einer europäischen Verfassung könnte dieser Tendenz Einhalt gebieten.

Grundsätzlich läßt sich durch einen Test des modellierten zeitlichen Verlaufs des Integrationsanspruchs erkennen, daß die Erweiterung der Gemeinschaft um neue Mitgliedstaaten als der eigentliche Motor für die fortgeführten Integrationsbemühungen anzusehen ist. Im Bereich des Binnenmarktes, aber auch im Bereich der Außenhandelsbeziehungen sind deutliche Angleichungstendenzen der Ordnungsstrukturen zu erkennen. Die tatsächlichen Entwicklungen stimmen eng mit den im Modell formulierten Erwartungen überein. Hinsichtlich der Auswirkung der außenwirtschaftlichen Kräfte auf die europäische wirtschaftliche Integration lautet dagegen die Hauptaussage, daß diese zwar auf die Geschwindigkeit der gemeinschaftlichen Integration einwirken, ihnen aber nur in besonderen Konstellationen ordnungsformende Kraft zukommt.

Aufgrund der treibenden Ausgleichsmechanismen von Ordnungsstrukturen werden drei Arten der Dynamik unterschieden: Angleichung aufgrund von Systemwettbewerb, Angleichung aufgrund von europäischer Gesetzgebung und Angleichung aufgrund von europäischer Rechtsprechung. Die einzelnen Ordnungsbereiche weisen im Hinblick auf die jeweilige Nutzungsintensität dieser drei Integrationsarten verschiedene Muster auf. So kann man bei dem Güteraustausch von einer Mischung aller Integrationsarten in einem relativen Gleichgewicht ausgehen. Dagegen ist die Integration aufgrund der Faktorwanderung und insbesondere der Investitionsströme sehr viel stärker im Bereich des Wettbewerbs der Systeme anzusiedeln. Die Verwirklichung der Kapitalverkehrsfreiheit ist am ehesten als ein Prozeß des Systemwettbewerbs zu verstehen, dem die europäische Rechtsprechung zur Seite stand. Im Bereich der Steuern, wie auch im Hinblick auf die Entwicklung der gesellschaftlichen Ordnung, zeigen die Entwicklungen der Ordnungsstrukturen bisher keine eindeutige Richtung. Ein Zusammenhang mit der Entwicklung der wirtschaftlichen Integration aufgrund von Faktorbewegungen ist jedoch in Ansätzen sichtbar. Trotz der gewollten Zurückhaltung der Mitgliedstaaten hinsichtlich der Übertragung von Kompetenzen auf Gemeinschaftsorgane greift der Mechanismus des Systemwettbewerbs nach und nach stärker.

Auch wenn die vorliegende Untersuchung in einer wissenschaftlichen und nicht in einer politischen Absicht verfaßt wurde, ergeben sich aus den Darlegungen Grundlinien der Entwicklung, die auch dem politisch Interessierten bemerkenswerte Orientierungshilfe sein können.

Köln, im Juni 1999

Prof. Dr. Dr. h.c. Gernot Gutmann
Universität zu Köln

Inhalt

Vorwort V
Inhalt VII
Abbildungen XIII
Übersichten XVIII
Modelle XX
Abkürzungen XXI

KAPITEL 1: EINLEITUNG **1**
1. Motivation 1
2. Problem 2
3. Methode 5
4. Ausblick 9

KAPITEL 2: THEORETISCHE VORÜBERLEGUNGEN **11**
1. Entstehung und Evolution von Regeln 11
1.1. Konstitutionelle Unwissenheit und Informationen 11
1.2. Regeln und Information 13
1.2.1. Begriffliche Klärung 13
1.2.2. Entstehung von „Regeln" 13
1.2.3. Funktion und Evolution von „Regeln" 16
1.2.4. Regelbeachtung und Sanktionen 19
1.3 Zusammenfassung 21
2. Institution und Organisation 23
2.1. Begriffliche Abgrenzungen 23
2.2. Entstehung und Wandel von „Institutionen" 24
2.3. Staatliche „Organisation" und moralische Ordnung 27
2.4. Marktwirtschaft und Institutionen 30
2.5. Zusammenfassung 31
3. Ordnung, Ordnungsformen, Ordnungstrukturen 32
3.1. Allgemeine Gesichtspunkte 32
3.1.1. Begriffliche Abgrenzungen 32
3.1.2. Funktionen der Wirtschaftsordnung 33

3.2. Entwicklung von wirtschaftlichen Ordnungstrukturen 35
3.2.1. Entstehung von Ordnungstrukturen 35
3.2.2. Entwicklung von Ordnungstrukturen 36
3.3. Zusammenfassung 40
4. Wirtschaftliche Integration 42
4.1. Allgemeine Gesichtspunkte wirtschaftlicher Integration 42
4.2. Zwei Ansätze wirtschaftlicher Integration 43
4.2.1. Wirtschaftlich-funktionelle Methode 43
4.2.2. Politisch-bürokratische Methode 46
4.2.3. Verhältnis der beiden Integrationsansätze 47
4.3. Umfang und Größe des Integrationsgebietes 48
4.4. Schlußfolgerung 50
5. Politische Entscheidungsstruktur in der EG 51
5.1. Politisches Handeln in der Neuen Politischen Ökonomie 52
5.1.1. Der Markt für politische Entscheidungen 52
5.1.2. Alternative Entscheidungsregeln 55
5.1.3. Politische Aufgabenverteilung 57
5.2. Organe der Europäischen Gemeinschaft 58
5.2.1. Europäisches Parlament 58
5.2.2. Ministerrat und Europäischer Rat 59
5.2.2.1. Ministerrat 59
5.2.2.2. Europäischer Rat 60
5.2.3. Europäische Kommission 61
5.2.4. Europäischer Gerichtshof 62
5.2.5. Europäischer Rechnungshof 63
5.2.6. Hilfsorgane 63
5.2.6.1. Wirtschafts- und Sozialausschuß 63
5.2.6.2. Ausschuß der Regionen 64
5.3. Entscheidungsstruktur in der Europäischen Gemeinschaft 64
5.3.1. Kompetenzen der Europäischen Gemeinschaft 64
5.3.2. Entscheidungsmehrheiten im Ministerrat 66
5.3.3. Hauptsächliche Entscheidungsverfahren in der Europäischen Gemeinschaft 68
5.4. Zusammenfassung 71
6. Verfassung und Integration 74
6.1. Allgemeine Gesichtspunkte 74
6.2. Verfassung und Integration 76
6.3. Legitimität und Werteordnung 77
6.4. Zusammenfassung 80

KAPITEL 3: ORDNUNGSTRUKTUR UND EUROPÄISCHE WIRTSCHAFTLICHE INTEGRATION 81

1. Wirkung des Ordnungsrahmens auf den Wirtschaftsprozeß 82
1.1. Freiheiten 82
1.1.1. Freier Warenverkehr 83
1.1.1.1. Gemeinschaftliche Regeln 84
1.1.1.1.1. Zollunion 84
1.1.1.1.2. Gemeinsamer Markt 84
1.1.1.2. Modellrelevante Aspekte 87
1.1.1.2.1. Zollunion 87
1.1.1.2.2. Gemeinsamer Markt 91
1.1.2. Freier Dienstleistungsverkehr 94
1.1.2.1. Gemeinschaftliche Regeln 95
1.1.2.2. Modellrelevante Aspekte 96
1.1.3. Niederlassungsfreiheit 98
1.1.3.1. Gemeinschaftliche Regeln 99
1.1.3.2. Modellrelevante Aspekte 99
1.1.4. Freier Kapitalverkehr 101
1.1.4.1. Gemeinschaftliche Regeln 102
1.1.4.2. Modellrelevante Aspekte 103
1.1.5. Freizügigkeit der Arbeitnehmer 105
1.1.5.1. Gemeinschaftliche Regeln 106
1.1.5.2. Modellrelevante Aspekte 107
1.2. Wettbewerbsrahmen 108
1.2.1. Gemeinschaftliche Regeln 110
1.2.2. Modellrelevante Aspekte 113
1.3. Währungsordnung und Geldpolitik 114
1.3.1. Gemeinschaftliche Regeln 119
1.3.2. Modellrelevante Aspekte 121
1.4. Steuern und Finanzpolitik 123
1.4.1. Gemeinschaftliche Rahmenregeln 126
1.4.1.1. Mitgliedstaaten 126
1.4.1.2. Gemeinschaftshaushalt 129
1.4.2. Modellrelevante Aspekte 130
1.4.2.1. Mitgliedstaaten 130
1.4.2.2. Gemeinschaftshaushalt 133

2. Rückwirkung des Wirtschaftsprozesses auf den Ordnungsrahmen 133
2.1. Handels- und Kapitalströme 134
2.1.1. Handelsströme in Gütern und Dienstleistungen 136
2.1.1.1. Wirtschaftliche Entwicklung 136
2.1.1.1.1. Güter 136
2.1.1.1.2. Dienstleistungen 137
2.1.1.2. Strukturelle Bedeutung 141
2.1.2. Kapitalströme 143
2.2. Verflechtung und Produktionsorganisation 147
2.2.1. Verflechtung 147
2.2.2. Produktionsorganisation 153
2.2.2.1. Kapital 153
2.2.2.2. Arbeit 156
2.2.2.3. Wissen 158
2.3. Konzentrationsprozesse und Subventionen 159
2.3.1. Konzentrationsprozesse 159
2.3.2. Subventionen 161
2.4. Stabilitätspolitik in der Europäischen Gemeinschaft 163
2.4.1. Wechselkurse 163
2.4.2. Inflation und Zinsen 166
2.4.3. Steuern und Staatsverschuldung 168
2.5. Politische Externalitäten: soziale, regionale und außerökonomische Aspekte 171
2.5.1. Soziale Aspekte der wirtschaftlichen Integration 172
2.5.2. Regionale Aspekte der wirtschaftlichen Integration 177
2.5.3. Wirtschaftspolitische Maßnahmen mit außerökonomischen Zielsetzungen 183
2.6. Zusammenfassung 185
3. Außenwirtschaftsbeziehungen der Europäischen Union 188
3.1. Welthandelsordnung 191
3.1.1. Internationale Rahmenbedingungen 191
3.1.1.1. GATT und Welthandelsorganisation 191
3.1.1.2. Entwicklung der Welthandelsordnung 195
3.1.2. Die Gemeinschaft in der Welthandelsordnung 198
3.1.3. Entwicklung der Außenhandelskompetenz der EG 199
3.2. Internationale Währungsordnung 200
3.2.1. Das System von Bretton-Woods 201
3.2.2. Die Einbindung der Europäischen Gemeinschaft seit 1973 203

3.3. Internationale Wettbewerbsfähigkeit der Europäischen Gemeinschaft 205
3.3.1. Struktur des Außenhandels 206
3.3.2. Struktur der Direktinvestitionen 212
3.4. Machtaspekte im internationalen Handel 217
3.5. Zusammenfassung 222
4. Ein Modell integrationsbedingter Entwicklung der Ordnungstrukturen der europäischen wirtschaftlichen Integration 224
4.1. Strukturelle Elemente 227
4.1.1. Handlungsträger 227
4.1.2. Kommunikationskanäle 229
4.1.3. Prinzipien der Kommunikation 231
4.2. Verhaltenssteuernde Elemente 235
4.2.1. Interaktion auf der Mikroebene 235
4.2.2. Auswirkung der Makroebene auf die Mikroebene 236
4.2.3. Übergang von Mikromotivationen zu Makroeffekten 237
4.2.4. Makroverhalten 238
4.3. Evolutionäre Elemente 238
4.3.1. Dynamik der politischen Märkte für Marktöffnung und Protektion 239
4.3.2. Auswirkung der Außenbeziehungen auf den Integrationsprozeß 248
4.3.3. Arten dynamischer Angleichung von Ordnungstrukturen in der europäischen wirtschaftlichen Integration 251
4.3.3.1. Angleichung durch Wettbewerb der Regulierungssysteme 251
4.3.3.2. Angleichung durch europäische Gesetzgebung 253
4.3.3.3. Angleichung durch europäische Rechtsprechung 257
4.4. Zusammenfassung 259

KAPITEL 4: ENTWICKLUNG DER ORDNUNGSTRUKTUREN IM VERLAUFE DER EUROPÄISCHEN WIRTSCHAFTLICHEN INTEGRATION 262
1. Marktentwicklung 263
1.1. Binnenmarkt 263
1.1.1. Handel in Gütern und Dienstleistungen 264
1.1.2. Integration infolge von Faktorwanderung 274
1.1.3. Die Wettbewerbspolitik 280
1.1.4. Modellbezogene Zusammenfassung 286
1.2. Außenwirtschaftsbeziehungen 288

2. Entwicklung der Geldordnung 294
2.1. Wirtschaftliche Konvergenz 294
2.2. Binnenmarkt und EWS 299
2.3. Institutionelle Konvergenz 303
3. Eigentumsordnung und Unternehmensverfassung 305
3.1. Eigentumsordnung 305
3.2. Unternehmensverfassung 309
3.2.1. Gesellschaftsrecht 310
3.2.2. Arbeitsverfassung und Mitbestimmung 313
4. Staatliche Eingriffe in Wirtschaftsprozesse 317
4.1. Steuern 317
4.1.1. Steuerwettbewerb der Mitgliedstaaten 317
4.1.2. Gemeinschaftshaushalt 324
4.2. Subventionen 325
5. Entwicklung der gesellschaftlichen Ordnung 327
5.1. Freizügigkeit 327
5.2. Sozialordnung 331
5.3. Einheitliche Lebensverhältnisse 336
6. Organisatorische Entwicklung des Integrationsprozesses 344
6.1. Interessengruppen im wirtschaftlichen Integrationsprozeß 345
6.2. Aufgaben der Europäischen Gemeinschaft 347
6.3. Entscheidungsregeln der Europäischen Gemeinschaft 347
6.4. Anwendung und Weiterbildung des Gemeinschaftsrechts 359
6.5. Ansätze für eine Verfassung der Europäischen Gemeinschaft 363

KAPITEL 5: ZUSAMMENFASSENDE SCHLUßBETRACHTUNG 368
1. Vertiefung 369
1.1. Bereiche der wirtschaftlichen Betätigung 369
1.2. Wirtschaftspolitische Bereiche 371
1.3. Genuin politische Bereiche 374
2. Erweiterung 376
3. Verfassung 378

Literatur 384

Gesetzestexte und statistische Quellen 384

Bücher und Aufsätze 388

Abbildungen

Abb. 1: Entwicklung des innergemeinschaftlichen Exporthandels von Gütern (in % der Gesamtexporte) ... 136
Abb. 2: Anteil der marktlichen Dienstleistungen an der volkswirtschaftlichen Wertschöpfung ... 137
Abb. 3: Anteil der marktlichen Dienstleistungen an der Gesamtbeschäftigung ... 138
Abb. 4: Entwicklung der innergemeinschaftlichen Ausfuhren von Dienstleistungen ... 139
Abb. 5: Entwicklung der innergemeinschaftlichen Einfuhren von Dienstleistungen ... 140
Abb. 6: Anteil des Binnenhandels in Dienstleistungen an der gesamten Dienstleistungsausfuhr des einzelnen Mitgliedstaates ... 140
Abb. 7: Bedeutung des intragemeinschaftlichen Handels (Exporte in % vom BIP) ... 142
Abb. 8: Bedeutung des intragemeinschaftlichen Handels von Dienstleistungen (Importe in % vom BIP) ... 143
Abb. 9: Kapitalexporte der Europäischen Gemeinschaft (Vierteljährlich) ... 144
Abb. 10: Netto Portfolio-Investitionen der Europäischen Gemeinschaft (Vierteljährlich) ... 145
Abb. 11: Entwicklung der langfristigen Zinsen in der Europäischen Gemeinschaft ... 146
Abb. 12: Entwicklung der kurzfristigen Zinsen in der Europäischen Gemeinschaft ... 146
Abb. 13: Entwicklung der innergemeinschaftlichen Einfuhren von Gütern (absolute Werte, pro Mitgliedstaat) ... 148
Abb. 14: Direktinvestitionen des jeweiligen Mitgliedstaates innerhalb der Europäischen Gemeinschaft ... 150
Abb. 15: Jährliche Zuflüsse an Direktinvestitionen im jeweiligen Mitgliedstaat aus der Europäischen Gemeinschaft ... 151
Abb. 16: Auswärts gerichtetes Direktinvestitionsvermögen der Mitgliedstaaten im Verhältnis zum BIP ... 153
Abb. 17: Anteil der Direktinvestitionen der Mitgliedstaaten innerhalb der EG an ihren gesamten auswärtigen Investitionen in der Welt ... 154

Abb. 18: Einkommen der Mitgliedstaaten aus Investitionen in der Europäischen Gemeinschaft 155
Abb. 19: Einwanderungen in der EG (var.) aus anderen EG-Ländern 158
Abb. 20: Innergemeinschaftliche Einkommen aus Patenten 159
Abb. 21: Entwicklung der Konzentrationsvorgänge innerhalb der Europäischen Gemeinschaft 160
Abb. 22: Entwicklung der jährlichen Subventionen aus dem Zentraletat 161
Abb. 23: Subventionen in den Mitgliedstaaten der Europäischen Gemeinschaft (in % des BIP) 162
Abb. 24: Entwicklung des Index der ECU-Wechselkurse der nationalen Währungen (Index = 1960) 164
Abb. 25: Entwicklung des Index der ECU-Wechselkurse der nationalen Währungen (Index = 1980) 164
Abb. 26: Variabilität der Paritäten aufgrund von Anpassungen (Standardabweichung der Indexveränderung Index 14.9.1992=100) 166
Abb. 27: Entwicklung der Inflationsraten 167
Abb. 28: Entwicklung der offiziellen Diskontsätze 168
Abb. 29: Anteil der Einnahmen der Gebietskörperschaften am Bruttoinlandsprodukt 169
Abb. 30: Entwicklung der direkten Steuern in den Mitgliedstaaten der Europäischen Gemeinschaft (Prozentualer Anteil am gesamten Steueraufkommen) 170
Abb. 31: Entwicklung der Staatsverschuldung (in Prozent vom Bruttoinlandsprodukt) 171
Abb. 32: Sozialtransfers in den Mitgliedstaaten der Europäischen Gemeinschaft (in Prozent des Bruttoinlandsprodukts) 173
Abb. 33: Entwicklung der Arbeitskämpfe in der Europäischen Gemeinschaft 175
Abb. 34: Entwicklung des Pro-Kopf Bruttoinlandsproduktes relativ zum Durchschnitt der Europäischen Gemeinschaft (Marktpreise auf der Basis von Kaufkraftparitäten (Index EUR15=100)) 178
Abb. 35: Verhältnis des EG-Gesamtetats zur Summe der Steuereinnahmen der jeweiligen Mitgliedstaaten der Europäischen Gemeinschaft 180
Abb. 36: Ausgabenstruktur des EG-Haushaltes 181
Abb. 37: Entwicklung der Weltexporte (in Mrd. US-Dollar) 196
Abb. 38: Wechselkursveränderungen der Währungen in der Europäischen Gemeinschaft gegenüber dem US-Dollar (Index 1973=100) 204

Abb. 39: Durchschnittliche Volatilität einzelner Währungen gegenüber der ECU 205
Abb. 40: Verhältnis der Gesamtexporte von Gütern und Dienstleistungen zum Bruttoinlandsprodukt 207
Abb. 41: Regionale Entwicklung der außergemeinschaftlichen Einfuhren in die Europäische Gemeinschaft 208
Abb. 42: Entwicklung der Struktur des EG-Außenhandels (Anteile der Drittlandseinfuhren) 208
Abb. 43: Entwicklung des realen effektiven Wechselkurses einzelner Länder (deflationiert mit nominalen Arbeitskosten, gesamte Wirtschaft, Index 1987=100) 210
Abb. 44: Relative Entwicklung des realen effektiven Wechselkurses der USA und Japan gegenüber der Europäischen Gemeinschaft (deflationiert mit Arbeitskosten, gesamte Wirtschaft EG 15, Index 1979=100) 210
Abb. 45: Regionale Verteilung der extra-EG Dienstleistungsimporte Europa der Zwölf 211
Abb. 46: Auswärts gerichtetes ausländisches Direktinvestitionsvermögen im Verhältnis zum Bruttoinlandsprodukt 213
Abb. 47: Einwärts gerichtetes ausländisches Direktinvestitionsvermögen im Verhältnis zum Bruttoinlandsprodukt 214
Abb. 48: Jährliche Zuflüsse an Direktinvestitionen in die Mitgliedstaaten der Europäischen Gemeinschaft nach Herkunft 215
Abb. 49: Einwärts gerichtetes ausländisches Direktinvestitionsvermögen pro Mitgliedstaat (im Verhältnis zum BIP) 216
Abb. 50: Anteil der innergemeinschaftlichen Zuflüsse an Direktinvestitionen innerhalb eines Mitgliedstaates an den gesamten Zuflüssen 217
Abb. 51: Entwicklung des Grades der Offenheit in der Triade 220
Abb. 52: Anzahl der transnationalen Unternehmen nach dem Sitz der Unternehmenszentralen 221
Abb. 53: Auswirkung des Außenhandels mit Drittstaaten auf den Integrationsprozeß 249
Abb. 54: Innergemeinschaftliche Exporte von Gütern: Durchschnitt und Standardabweichung (in % vom BIP) 264
Abb. 55: Innergemeinschaftliche Exporte in Dienstleistungen: Durchschnitt und Standardabweichung (in % vom BIP) 267
Abb. 56: Entwicklung der Preisdispersion (ohne Steuern) 269

Abb. 57: Entwicklung der Preisdispersion (mit Steuern) ... 269
Abb. 58: Preisdispersion bei Konsumgütern (strukturelle Aspekte) ... 270
Abb. 59: Preisdispersion bei Dienstleistungen (strukturelle Aspekte) ... 271
Abb. 60: Jährliche Gesetzgebungstätigkeit der Europäischen Gemeinschaft im Bereich der Freiheiten ... 273
Abb. 61: Entwicklung der europäischen Rechtsprechung im Bereich der Freiheiten ... 273
Abb. 62: Anteil der Forderungen an Ausländer in der Gesamtbankenbilanz (in Prozent von der Jahresendbilanz) ... 276
Abb. 63: Durchschnitte und Standardabweichungen der Zinsspanne in den Mitgliedstaaten der Europäischen Gemeinschaft (in Prozent von der durchschnittlichen Gesamtbankenbilanz) ... 277
Abb. 64: Entwicklung der Gesetzgebungstätigkeit der Europäischen Gemeinschaft und der europäischen Rechtsprechung im Bereich der Kapitalverkehrsfreiheit ... 278
Abb. 65: Jährlich Zuflüsse an Direktinvestitionen in die Europäische Gemeinschaft ... 279
Abb. 66: Entwicklung der Konzentrationsvorgänge innerhalb der Europäischen Gemeinschaft (1982-1991) ... 281
Abb. 67: Jährliche Entscheidungstätigkeit der Europäischen Gemeinschaft im Bereich der Wettbewerbspolitik ... 283
Abb. 68: Anzahl der Einzel- und Gruppenfreistellungen (nach Artikel 85 Absatz 3 EGV) ... 284
Abb. 69: Entwicklung der europäischen Rechtsprechung im Bereich des Wettbewerbs ... 285
Abb. 70: Wachstum der Produktion gegenüber dem Handel (Jährliche Veränderung) ... 289
Abb. 71: Wachstumsraten des Welthandels nach Regionen (Änderung zum Vorjahr: Volumen der Importe) ... 290
Abb. 72: Durchschnittlicher Anteil des intragemeinschaftlichen Exporthandels (in Prozent der Gesamtexporte) ... 291
Abb. 73: Entwicklung der Standardabweichungen der Inflationsraten in der Europäischen Gemeinschaft ... 295
Abb. 74: Entwicklung der Standardabweichungen langfristiger Zinsen in der Europäischen Gemeinschaft ... 297

Abb. 75: Entwicklung der Standardabweichungen kurzfristiger Zinsen in der Europäischen Gemeinschaft 297
Abb. 76: Entwicklung der Standardabweichung der offiziellen Diskontsätze in den Mitgliedstaaten der Europäischen Gemeinschaft 299
Abb. 77: Entwicklung des effektiven realen Wechselkurses der Mitgliedstaaten der Europäischen Gemeinschaft 300
Abb. 78: Entwicklung der durchschnittlichen Veränderungen der effektiven realen Wechselkurse für verschiedene Gruppen von Mitgliedstaaten der Europäischen Gemeinschaft 301
Abb. 79: Entwicklung der Gesetzgebungstätigkeit der Europäischen Gemeinschaft und der europäischen Rechtsprechung im Bereich des geistigen Eigentums 308
Abb. 80: Entwicklung des Anteils der Selbständigen an den Erwerbspersonen in den Mitgliedstaaten der Europäischen Gemeinschaft 310
Abb. 81: Entwicklung der Konzentrationsvorgänge nach Art der Operation innerhalb der Europäischen Gemeinschaft (nationale, gemeinschaftliche, internationale Operationen) 311
Abb. 82: Entwicklung der durchschnittlichen Standardabweichung verlorener Arbeitstage aufgrund von Streiks in der EG 314
Abb. 83: Einnahmen der Gebietskörperschaften in der EG: Durchschnitt und Standardabweichung (Prozent vom Bruttoinlandsprodukt) 318
Abb. 84: Reaktivität der Direktinvestitionsströme 319
Abb. 85: Anteil der direkten Steuern am Gesamtsteueraufkommen in den Mitgliedstaaten der Europäischen Gemeinschaft: Durchschnitt und Standardabweichung 320
Abb. 86: Durchschnittlicher Schuldenstand in den Mitgliedstaaten der EG (in Prozent vom Bruttoinlandsprodukt) 323
Abb. 87: Entwicklung der Subventionen in der Europäischen Gemeinschaft Durchschnitte und Standardabweichungen (in Prozent vom Bruttoinlandsprodukt) 326
Abb. 88: Summe der Einwanderungen in den jeweiligen Mitgliedstaaten der Europäischen Gemeinschaft aus anderen Mitgliedstaaten 328
Abb. 89: Verhältnis der jährlichen Einwanderungen von EG-Ausländern zu den ansässigen EG-Ausländern im jeweiligen Mitgliedstaat 328
Abb. 90: Verhältnis der jährlichen Einwanderungen von EG-Ausländern zu den Erwerbspersonen in der Europäischen Gemeinschaft 329

Abb. 91: Freizügigkeit: Jährliche Gesetzgebungstätigkeit der EG und Urteile des EuGH 331
Abb. 92: Sozialversicherungstransfers in den Mitgliedstaaten der Europäischen Gemeinschaft Durchschnitte und Standardabweichung (in Prozent vom Bruttoinlandsprodukt) 332
Abb. 93: Sozialpolitik: Jährliche Gesetzgebungstätigkeit der EG und Urteile des EuGH 334
Abb. 94: Entwicklung der Durchschnitte und der Standardabweichung der Arbeitslosenquote in der Europäischen Gemeinschaft 338
Abb. 95: Entwicklung der Durchschnitte und der Standardabweichung der Pro-Kopf Einkommen in der Europäischen Gemeinschaft (auf Basis der Kaufkraftparität) 340
Abb. 96: Entwicklung der Disparität der Pro-Kopf Einkommen zwischen den Regionen der Europäischen Gemeinschaft (auf Basis der Kaufkraftparität) 342
Abb. 97: Entwicklung der Interessenvertretungen in Brüssel 346
Abb. 98: Entwicklung des Anteils von Einstimmigkeitserfordernissen in einigen Hauptbereichen 352
Abb. 99: Entwicklung der Disparität zwischen Stimmenanteil und Bevölkerungsanteil unter der Einstimmigkeitsregel im Ministerrat 356
Abb. 100: Entwicklung der Disparität zwischen Stimmenanteil und Bevölkerungsanteil unter der Abstimmung mit qualifizierter Mehrheit im Ministerrat 356
Abb. 101: Entwicklung der Anzahl Vorabentscheidungsverfahren und Vertragsverletzungs- verfahren in allen Politikbereichen (pro Jahr) 360
Abb. 102: Entwicklung des Anteils der Vorabentscheidungsverfahren und Vertragsverletzungs- verfahren an allen EuGH-Urteilen 361

Übersichten

Übers. 1: Arten von Verhaltensregeln 21
Übers. 2: Wirkungszusammenhang von kulturellen Verhaltensregeln 21
Übers. 3: Entstehungs- und Erfolgsbedingungen von Verhaltensregeln 22

Übers. 4: Ordnungsformen der Wirtschaftsordnung 41
Übers. 5: Marktwirtschaftliche Wirtschaftsordnung 42
Übers. 6: Zahlenmäßige Entwicklung der Mitgliedstaaten der EG und ihrer Regionen 49
Übers. 7: Gegenüberstellung der Integrationsmethoden 50
Übers. 8: Gruppengröße und Größe des Integrationsgebietes 51
Übers. 9: Sitzverteilung der Abgeordneten im Europäischen Parlament nach Mitgliedstaaten 59
Übers. 10: Entwicklung der Zuständigkeiten der Europäischen Gemeinschaft 65
Übers. 11: Art der Gemeinschaftszuständigkeiten 66
Übers. 12: Stimmengewichtung nach Mitgliedstaaten für qualifizierte Mehrheitsbeschlüsse im Ministerrat 68
Übers. 13: Zahlenmäßige Entwicklung der Hilfs-/Organe der EG 72
Übers. 14: Teilnahme der Mitgliedstaaten am Europäischen Währungssystem 122
Übers. 15: Zeitpunkt und Ausmaß der Paritätsänderungen im EWS 165
Übers. 16: Auswirkung des Wachstums von Drittstaatenhandel auf nationale Interessenorganisation 248
Übers. 17: Auswirkung von Drittstaatenhandel auf das nationale Interessengleichgewicht auf dem politischen Markt 249
Übers. 18: Auswirkung des Außenhandels mit Drittstaaten auf den Integrationsprozeß 250
Übers. 19: Kontingenzkoeffizient von Pearson zwischen der Rangordnung in zwei Vergleichsjahren 342
Übers. 20: Veränderung des Ranges der ersten fünfzehn und letzten zehn Regionen (1981) 343
Übers. 21: Entwicklung der Entscheidungsmehrheiten des Ministerrates nach Politikbereichen 349
Übers. 22: Entwicklung der Stimmenanteile, Bevölkerungsanteile und Abstimmungsmacht der Mitgliedstaaten unter der qualifizierten Mehrheitsregel 354
Übers. 23: Inhaltliche Mitwirkung des Europäischen Parlaments 358

Modelle

Modell 1: Auswirkungen von „Institutionen" auf das Verhalten 26
Modell 2: Einwirkung primärer auf sekundäre „Institutionen" 38
Modell 3: Prozeß des Wandels von Ordnungen 39
Modell 4: Austauschbeziehungen der Subsysteme 41
Modell 5: Gesamtzusammenhang zwischen Politik und Wirtschaft 54
Modell 6: Hauptsächliche Entscheidungsverfahren im Gesetzgebungsprozeß der Europäischen Gemeinschaft 70
Modell 7: Entscheidungsstruktur in der Europäischen Gemeinschaft 73
Modell 8: Prozeß der europäischen wirtschaftlichen Integration 186
Modell 9: Ursprungslands- und Bestimmungslandsprinzip 232
Modell 10: Darstellung des intertemporalen Gleichgewichts auf dem politischen Markt und Auswirkung von Institutionen 240
Modell 11: Darstellung des zeitlichen Verlaufs der Gleichgewichtsveränderungen auf dem politischen Markt und Auswirkung von Institutionen 241
Modell 12: Zeitliche Entwicklung des Interessengleichgewichts auf dem nationalen politischen Markt für Regulierung und Protektion 244
Modell 13: Arten der Dynamik von Ordnungstrukturen: Strukturelemente in der europäischen wirtschaftlichen Integration 260
Modell 14: „Makro-Grenznutzenkurve" für Fortschritte im Gemeinsamen Markt der Güter 287
Modell 15: Interdependenzen der Systeme in der Europäischen Union mit einer Europäischen Verfassung 383

Abkürzungen

Abb.	Abbildung
Abl. (L/C)	Amtsblatt der Europäischen Gemeinschaft (Serie L oder C)
AKP	Afrikanisch-, Karibisch-, Pazifisch-
Art.	Artikel
Aufl.	Auflage
B	Belgien
Bd.	Band
BIP	Bruttoinlandsprodukt
D	Deutschland
DC	Developing Countries (Entwicklungsländer)
d.h.	das heißt
DK	Dänemark
ECU	European Currency Unit
Ed./ed.	Editor/edition (Herausgeber/Auflage)
EEA	Einheitliche Europäische Akte
EFTA	European Free Trade Association (Europäische Freihandelszone)
EG	Europäische Gemeinschaft/en
EGV	Vertrag zur Gründung der Europäischen Gemeinschaft inklusive der Änderungen durch die EEA und den EUV
EGV 1995	EGV, einschließlich der Änderungen durch Beitritt von Österreich, Schweden, Finnland
EP	Europäisches Parlament
erw.	erweitert/e
EuGH	Europäischer Gerichtshof
EuGHE	Entscheidung des Europäischen Gerichtshofes
EU	Europäische Union
EUR…6, 9, 12, var.	Europa der … Sechs, Neun, Zwölf, nach jeweiliger Migliedschaft
EUV	Vertrag über die Europäische Union
EWG	Europäische Wirtschaftsgemeinschaft
EWGV 1957	Vertrag zur Gründung der Europäischen Wirtschaftsgemeinschaft
EWGV 1986	Vertrag zur Gründung der Europäischen Wirtschaftsgemeinschaft, einschließlich der Änderungen durch die EEA
EWS	Europäisches Währungssystem
F	Frankreich
f.	folgende
ff.	fortfolgende
GATT	General Agreement on Tariffs and Trade (Allgemeines Zoll- und Handelsabkommen)
GR	Griechenland
H.	Heft
HdWW	Handwörterbuch der Wirtschafts- und Sozialwissenschaften
Hg.	Herausgeber
I	Italien
ILO	International Labour Organisation (Internationale Arbeitsorganisation)
inkl.	inklusive

insb.	insbesondere
IRL	Irland
IWF	Internationaler Währungsfonds
Jg.	Jahrgang
L	Luxemburg
MECU	Millionen ECU
Mio.	Million/en
Mrd.	Milliarde/n
NF	Neue Folge
NIC	Newly Industrialised Countries (Schwellenländer)
NL	Niederlande
No./ Nr.	Nummer
NTHs	Nicht-tarifäre Handelshemmnisse
NUTS	Nomenclature des Unités Territoriales Statistiques
Ö	Österreich
OECD	Organisation for Economic Cooperation and Development (Organisation für wirtschaftliche Zusammenarbeit und Entwicklung)
OEEC	Organisation for European Economic Cooperation (Organisation für europäische wirtschaftliche Zusammenarbeit)
o.J.	ohne Jahr
o.O.	ohne Ort
OPEC	Organisation of Petroleum Exporting Countries (Organisation ölexportierender Länder)
ORDO	ORDO – Jahrbuch für die Ordnung von Wirtschaft und Gesellschaft
P	Portugal
RL	Richtlinie
RS	Rechtssache
S.	Seite
s.	siehe
SF	Finnland
SP	Spanien
SV	Schweden
s.v.	sub verbum (unter Eintrag)
u.	und
u.a.	und andere/andernorts
Übers.	Übersicht
UK	Großbritannien
UNCTAD	United Nations Conference on Trade and Development (Welthandelskonferenz)
vgl.	vergleiche
VO	Verordnung
Vol.	Volume (Band)
WTO	World Trade Organisation (Welthandelsorganisation)
WWU	Wirtschafts- und Währungsunion
z.B.	zum Beispiel
Zit.	Zitat

KAPITEL 1: EINLEITUNG

1. Motivation

Das Thema „Ordnungstrukturen im europäischen Integrationsprozeß: Ihre Entwicklung bis zum Vertrag von Maastricht"* findet sein ursprüngliches Interesse in der Diskussion, die sich an der Ratifikation des Vertrages von Maastricht entzündete. Die Vielschichtigkeit von Integrationsprozessen und die „Interdependenz der Ordnungen" wurde auch in diesem Zusammenhang deutlich. Dabei war die gegenseitige Bedingtheit von stabiler Marktwirtschaft und stabiler Demokratie ein Ankerpunkt.[1] Selbst die Hegung militärischer Macht und offener Gewalt im internationalen Zusammenleben kann nur in der doppelten Bedingtheit mit internationaler wirtschaftlicher „Interdependenz" gesehen werden.[2] Des weiteren ist die Einsicht in die untrennbare Verbindung von nüchternen wirtschaftlichen Grundfragen mit den „feierliche(n) Fragen nach der geistigseelischen Existenz des Menschen"[3] ein Acquis der wirtschaftswissenschaftlichen Gemeinde.

Für die Betrachtung des Themas sind die Globalisierung der Märkte und wirtschaftlichen Transaktionen ebenso wie die anwachsenden Handels- und Kapitalströme, die steigende Bedeutung multinationaler Unternehmen bei gleichzeitiger internationaler Streuung von Anteilsrechten, sowie verstärkte Wanderungsbewegungen des Faktors Arbeit wesentliche Elemente dieser Entwicklung.[4] Die mit der Veränderung einhergehende Verlegung von Produktionsstätten stellt eine Herausforderung für den gesellschaftlichen Konsens dar, auf dem die heutigen westlichen Marktwirtschaften beruhen, und beinhaltet somit ein gehöriges Maß an Sprengkraft.[5] Andererseits stellen die sogenannten *cross-border alliances* der Unternehmen eine starke integratorische Kraft dar,[6] auch wenn sie ursprünglich selbst nur als Antwort auf z.B. die sprunghaft steigenden Kosten im Forschungs- und Entwicklungsbereich entstanden sind. In diesem geänderten Umfeld stellt sich auch die Frage nach der wirtschaftlichen Integration erneut.[7]

Die Europäische Einigung verkörpert vor diesem Hintergrund eine Besonderheit. Während einerseits schon seit geraumer Zeit aufgrund der oben kurz bezeichneten Bedingtheit vermutet wird, daß das auf Nationalstaaten beruhende Modell internationaler

---

* Die hier ausgedrückten Ansichten sind allein dem Verfasser zuzurechen und können unter keinen Umständen als eine offizielle Stellungnahme der Europäischen Kommission aufgefaßt werden.

1 Vgl. *Arnold* (1991), S. 322 und *Gutmann* (1990a), S. 102.

2 Vgl. die Diskussion in *Kohler-Koch* (1990), S. 121.

3 Zit. *Eucken* (1948), S. 78.

4 Vgl. *Welfens* (1990), S. 45; auch *Martelli* (1993), S. 44 f.

5 Vgl. *Hodges/ Woolcock* (1993), S. 338 f.

6 Vgl. *Drucker* (1994), S. 99.

7 Vgl. *Schlecht* (1991), S. 19.

Ordnung keine tragfähige Grundlage mehr darstellt,[8] ist der Übertrag von staatlicher Souveränität an internationale Handlungsträger auch heute noch eine der heikelsten Fragen der innerstaatlichen Politik. Für die europäische wirtschaftliche Integration war von Anbeginn die Kontrolle der nationalstaatlichen Souveränität ein entscheidender Auslöser.[9] Integration im weiteren Sinne wird auch heute wieder als Instrument der Friedenssicherung gesehen.[10]

2. Problem

Kein Zufall ist es, daß die „Interdependenz der Ordnungen" zum zentralen Anliegen in der Betrachtung von Prozessen wirtschaftlicher internationaler Integration wird. Internationale Wirtschaftsfragen sind von jeher in starkem Maße mit den rechtlichen, politischen und traditionellen, kulturellen Rahmenbedingungen verknüpft. Die Betrachtung wirtschaftlicher internationaler Integration erfordert zumindest die Einbeziehung des politischen Systems. Denn dieses setzt in heutigen Gesellschaften den rechtlichen Rahmen. Insofern eine rechtliche Ausdifferenzierung noch nicht stattgefunden hat oder prinzipiell weder wünschenswert, noch möglich wäre, ist in vielen Fragen die Betrachtung sogar auf die moralischsittliche Grundordnung verwiesen. In diesen Fällen halten kulturelle Traditionen und moralische Prinzipien einen Ordnungsrahmen bereit, in dem die Interaktion der Individuen und Gesellschaften stattfinden kann.[11]

Auch die Dynamik der industriellen Entwicklung zeigt die neue Qualität dieser Ordnungsaufgabe.[12] Im internationalen Maßstab zeichnet sich zusehends die Möglichkeit einer Standortwahl auf jeder Produktionsstufe ab.[13] Diese filigrane internationale Verflechtung wird zu einem großen Teil durch die Verbesserungen der Informations- und Kommunikationstechnologien ermöglicht und gestützt.[14] Die „natürlichen" Grenzen der Faktormobilität scheinen stetig an Relevanz einzubüßen.

Da wirtschaftspolitische Hoheitsgewalt prinzipiell an den territorialen Grenzen des einzelnen Staates endet, wird die Handlungsfähigkeit des einzelnen Staates zu einem zentralen Problem.[15] Während Güter- und Kapitalflüsse zusehends grenzenlos werden, müssen die politisch Verantwortlichen mit territorial begrenzten wirtschaftspolitischen Eingriffen versuchen, Antworten auf die grenzüberschreitenden Herausforderungen zu

---

8 Vgl. *Heuss* (1955), S. 226.

9 Vgl. *Hrbek* (1993), S. 3, 5.

10 Vgl. *Möschel* (1993), S. 25-27 und S. 23. Auch *Hrbek* (1993), S. 10 f. Die Europäische Politische Zusammenarbeit und die Kapitel zur Gemeinsamen Außen- und Sicherheitspolitik des Vertrages von Maastricht zollen dieser Auffassung Tribut. In der folgenden Betrachtung muß dieser wichtige Aspekt hingegen ausgeblendet bleiben.

11 In Anlehnung an *Wentzel* (1993), S. 502.

12 Vgl. *Eucken* (1948), S. 58, 60.

13 Vgl. *Welfens* (1990), S. 46.

14 Vgl. *Braasch* (1992), S. 27.

15 Vgl. *Kohler-Koch* (1990), S. 112.

geben.[16] Dabei hebt das zunehmende Ausmaß der Güter- und Faktorbewegungen die trennende Wirkung der nationalen Institutionen und Organisationen zusehends hervor.[17] Aus dieser Konditionierung nationaler politischer Prozesse ergibt sich die Frage nach der Auswirkung ökonomischer und sozialer Durchdringungsprozesse auf die Struktur des internationalen Systems als ganzem.[18]

Die Europäische Einigung ist von Anfang an auch der Versuch, dieses Auseinanderklaffen von einzelstaatlichem Handlungsbedarf und nationaler Handlungsfähigkeit zu überwinden. Ausgehend von einer ausgesprochenen ordnungspolitischen Mischlage der Gründerstaaten,[19] wurde die Aufgabe der „Schaffung eines politisch-moralisch-rechtlichen Rahmens angegangen, den nicht nur jeder einzelne, sondern auch jede Nation als bindend anerkennt"[20]. Im Verlaufe des Integrationsprozesses unterlagen die Wirtschaftsverfassungen der einzelnen Mitgliedstaaten parallel zum Verfassungsbildungsprozeß der Europäischen Gemeinschaft einem Wandel.[21] Im Anschluß an diese Feststellung stellt sich die interessante Frage, wie ein solcher Wandel der Spielregeln auf nationaler und europäischer Ebene erklärt werden kann. Diese Frage ist ein Leitmotiv der vorliegenden Arbeit.

Im folgenden wird für diesen Wandel eine komplexe Erklärung in der verhaltensformenden und normenbildenden Interaktion der verschiedenen Akteure gesucht.[22] Es geht um die Entstehung, Anwendung, Durchsetzung und Anpassung von internationalen Spielregeln im wirtschaftlichen Bereich für drei hauptsächliche Relationen: unter Wirtschaftsakteuren, unter den politischen Akteuren und nicht zuletzt zwischen den Wirtschaftsakteuren und den politischen Akteuren. Die in diesem Integrationsprozeß auftretenden Akteure umfassen: die Europäische Gemeinschaft mit ihren Organen, die einzelnen Mitgliedstaaten mit ihren Behörden und nicht zuletzt die handelnden Individuen. Diese Individuen sind einmal Wirtschaftsteilnehmer, entweder in der Rolle eines Unternehmers, Arbeitnehmers oder eines Konsumenten, ein anderes Mal Teilnehmer am politischen System, als Politiker oder als Wähler. Zudem können sich diese Individuen auch in Gruppen zusammenschließen, um so ihre Ziele umfassender zu verwirklichen oder ihre Interessen effektiver vertreten zu können. Als ein Bindeglied zwischen staatlichen und wirtschaftlichen Prozessen darf der Einfluß von Interessengruppen auf staatliche Willensbildungsprozesse nicht ausgeblendet werden.[23] Schließlich müssen die Rück-

---

16 Vgl. *Braasch* (1992), S. 27 f. - Externe Effekte der politischen Handlung werden hier ausgeklammert.

17 Vgl. *Heuss* (1959), S. 99.

18 Vgl. *Kohler-Koch* (1990), S. 117.

19 Vgl. *Gröner* (1993), S. 4.

20 Zit. *Heuss* (1955), S. 227.

21 Vgl. *Hrbek* (1993), S. 20.

22 Vgl. *Tietzel* (1990), S. 261.

23 Vgl. *Willgerodt* (1966), S. 157.

wirkungen der sich ändernden „Umwelt" in einem umfassenden Sinne auf diese gesellschaftlichen Systeme und Subsysteme betrachtet werden.[24] Daher erfordert die Behandlung des Themas eine Betrachtung der Wirtschaft und des Staates auf verschiedenen Ebenen.[25] Neben den nationalen Ordnungen geht es um die europäische Ordnung und die internationale Wirtschaftsordnung samt ihrer gegenseitigen Abhängigkeiten.[26] Im Ergebnis schafft dieser Prozeß der wechselseitigen Beeinflussung die Bedingungen für eine Dynamik von wirtschaftlichen und gesellschaftlichen Ordnungstrukturen.[27]

Die Hauptaufgabe dieser Arbeit ist einen Beitrag zum besseren Verständnis der Veränderlichkeit und Entwicklung von Ordnungstrukturen im Prozeß der europäischen wirtschaftlichen Integration zu liefern. Dabei geht es um den Entwurf eines modellhaften Rahmens, der die bisherige Entwicklung der Europäischen Einigung zu erklären in der Lage ist. Das Hauptaugenmerk liegt auf der Entwicklung eines theoretischen Modells, das „institutionelle" Neuerungsprozesse verständlich macht.[28] Das Zusammenspiel von wirtschaftlichem und politischem System wird dafür im Mittelpunkt stehen. Nur diese Zusammenschau verschiedener Bereiche wirtschaftlicher Aktivitäten kann der Grundtatsache der Interdependenz aller wirtschaftlichen Erscheinungen Rechnung tragen.[29] Vereinzelt wird auf den moralisch-geistigen Unterbau verwiesen werden müssen.[30] Die Aktualisierung von Freiheit und insbesondere Wirtschaftsfreiheit wird dabei als ein Grundmuster der Europäischen Integration erscheinen.[31]

---

24 Vgl. *Luhmann* (1988), S. 169.

25 Vgl. so schon *Willgerodt* (1966), S. 159.

26 Ähnlich *Schüller/ Weber* (1993), S. 450.

27 Die Theorie der internationalen Integration bleibt bisher zu diesem Themenkomplex weitgehend stumm. Die (politische) Integrationsforschung sieht noch immer in der genaueren Bestimmung des Integrationsbegriffes eine Hauptaufgabe (*Bellers/ Häckel* (1990), S. 298 und S. 306). Die Wortgefechte der (wirtschaftlichen) Integrationsforschung über die Angemessenheit des funktionellen oder des institutionell-bürokratischen Integrationsansatzes sind ebenso wenig zielführend. Das angemessene Verhältnis dieser beiden Integrationsansätze und deren Komplementarität wird hingegen viel zu selten thematisiert (*Schüller* (1991), S. 12).

28 Vgl. auch *Blaseio* (1986), S. 11. Dieser thematisiert auch eingehend die begrenzte Aussagekraft „klassischer Logik" für die Beschreibung und Analyse von Prozessen des Werdens (S. 123). Dabei ist die Selbstreferenz als der entscheidende Auslöser für das Auftreten von „Unschärfe" anzusehen (S. 133 f.).

29 Vgl. *Eucken* (1948), S. 66.

30 Vgl. *Heuss* (1955), S. 223.

31 Zur Bedeutung der Freiheitsidee im Werke von *Hayek* vgl. *Zeitler* (1995), S. 90-184. Vgl. kritisch *Wünsche* (1989), S. 3.

3. Methode

Der Integrationsprozeß der Europäischen Gemeinschaften ist mit dem Begriffsapparat der neoklassischen Ökonomie allein nicht zu verstehen.[32] Vor allem die Nichtbeachtung von Institutionen in der klassischen Freihandelstheorie wäre hier anzuführen.[33] Doch selbst wenn die neoklassische Theorie starken Einschränkungen in ihrer Erklärungsfähigkeit von Handlungen unterliegt, die nicht auf kalkuliertem Selbstinteresse beruhen, kann die Erklärung sozio-ökonomischer Institutionen zunehmend mit den Mitteln der ökonomischen Theorie geleistet werden.[34] Der kulturell-psychologische Aspekt hat in dieser Untersuchung von Entstehung und Entwicklung von Rahmenbedingungen seinen Platz.[35] Aus den vorhergehenden Bemerkungen wird erneut deutlich, daß eine komplexere Theorie notwendig ist, um den Prozeß der europäischen Integration angemessen abbilden zu können.[36] Eine solche Theorie muß dem Phänomen ursprünglicher Unsicherheit Rechnung tragen, das auf der Begrenztheit individueller Entscheidungskapazität beruht und daher Fehlentscheidung und Überraschung beinhaltet.[37] Auf die Bedeutung von „Vertrauen" bei der Reduktion dieser ursprünglichen Komplexität in wirtschaftlichen, sozialen und politischen Interaktionen wird hingewiesen.[38]

Im Hinblick auf den Entwicklungsaspekt gewinnt die Einbeziehung der Zeitdimension einen hohen Stellenwert. Der Arbeit liegt das Konzept irreversibler, historischer Zeit zugrunde.[39] Für das Thema ist eine Theorie des institutionellen Wandels unab-

---

32 Vgl. *Dicke* (1991), S. 162. Zur Kritik des formal-analytischen Paradigmas der Neoklassik vgl. *Blaseio* (1986), S. 137-155 und S. 247. Dabei werden die sozialstrukturellen und institutionellen Rahmenbedingungen in der Regel als exogene Daten behandelt (*Vanberg* (1983), S. 50).

33 Vgl. *Matzner* (1990), S. 55.

34 Vgl. die Diskussion bei *Hirshleifer* (1985), auch *North* (1981), S. 11 und *Becker* (1976a) und *Becker* (1976c).

35 Vgl. *Bellers/ Häckel* (1990), S. 299, die das kulturelle System als Grundlage für wirtschaftliche und politische Integrationsprozesse ansprechen. Insbesondere auch *Sen* (1995), S. 15-18, in denen er die Bedeutung von Wertebildung in und durch den politischen Prozess hervorhebt. Vgl. die Darstellung bei *Wehowsky* (1997), S. 53.

36 Vgl. *Kohler-Koch* (1990), S. 115, in der Diskussion politikwissenschaftlicher Modelle. *Bellers/ Häckel* (1990), S. 296, weisen darauf hin, daß zuweilen unverbundene Theorieausrichtungen, die auch auf weltanschaulichen Voraussetzungen beruhen, in ihrer Vermischung nicht zwangsläufig erklärungskräftiger werden. Zur „Komplexität dynamischer Entwicklung" sind die Ausführung in *Blaseio* (1986), S. 22-28 hinsichtlich der Komponenten Kausalität, Irreversibilität und Selbstorganisation bereichernd.

37 Vgl. *Heiner* (1983), S. 571 und *Schenk* (1991), S. VIII.

38 Vgl. *Luhmann* (1989), S. 32.

39 Vgl. *Witt* (1988), S. 74, der darauf hinweist, daß die Einbeziehung irreversibler Zeit noch nicht ein hinreichender Standard für evolutorische Theorien ist. Ebenso erwähnt *Schmidtchen* (1990), S. 80, die Elemente „Wandel" und „Zeit" als Hauptgesichtspunkte evolutionärer Prozesse, obwohl je nach Erkenntnisinteresse die Theorie diesen „zeitver-

dinglich.[40] Allerdings steckt die Auseinandersetzung mit der Dynamik von Institutionen noch in den Anfängen.[41] Die folgende Arbeit ist insofern der evolutorischen Ökonomie verbunden, als daß sie eine in der Zeit ablaufende Entwicklung zum Gegenstand hat. Aufgrund der Offenheit evolutorischer Prozesse kann eine positive Beschreibung der Entwicklung jedoch nur in der Retrospektive erfolgen. Hierzu wird die Beschreibung synchroner und diachroner Abläufe in einem Theorierahmen gewählt.[42] Historische Entwicklung ergibt sich im Modell aus der Zulassung menschlicher Kreativität. Im Rahmen dieser Arbeit erscheint sie vor allem als unternehmerische Initiative politischer und wirtschaftlicher Akteure.[43] Der „soziale Akteur in seiner Rolle als lernender Beobachter" führt in diese Untersuchung die Zeitrichtung, die historische Zeit ein. Daher verfolgt die Arbeit das Ziel, Hypothesen über das Erscheinen von Neuerungen aufzustellen, deren Auftreten endogen zu erklären ist.[44]

Der Kern des Themas beinhaltet die Diskussion des Werdens und des Wandels von Strukturen.[45] Sie beschäftigt sich mit Systemen, in denen Neuerung entsteht. Da in offenen Prozessen Neuerungen auftreten (können), kann eine wissenschaftliche Hypothese für zukünftige Entwicklungen nur die Form der Verbotshypothese annehmen, d.h. die Hypothese legt fest, was in ihrem Geltungsbereich nicht als Neuerung auftreten kann.[46] Obgleich solche Hypothesen nomologischen Charakter haben und empirisch überprüfbar sind, bleibt die Fortentwicklung doch offen, da die Eigenschaften einer unendlichen Zahl von Neuerungen nicht ausgeschlossen werden. Die zukünftige Entwicklung bleibt als solche nicht bestimmbar. In der Rückschau dieser Untersuchung können jedoch Einsichten über die Funktionsbedingungen des institutionellen Wandels der Ordnungstrukturen vermittelt werden,[47] welche einen bestimmten Verlauf genommen haben. Auch wenn daraus keine Aussage über die zukünftige Entwicklung der Europäischen Einigung abgeleitet werden kann, schärfen diese Beobachtungen den Blick für die wesentlichen Konstruktionsmerkmale und die entscheidenden dynamischen Kräfte.

---

brauchenden" Aspekt abbilden kann oder auch nicht. Er betont daneben vor allem die Bedeutung des Konzeptes der „Selbstorganisation".

40 Vgl. *North* (1981), S. IX. Eine leicht lesbare Einführung in die Neue Institutionenökonomik liegt vor in *Richter* (1994).

41 Vgl. im folgenden *Witt* (1988), S. 72-75.

42 Vgl. die Diskussion bei *Dopfer* (1990), S. 27.

43 Vgl. *Blaseio* (1986), S. 137, S. 25.

44 Vgl. *Klein* (1994), S. 139 f., unter Bezugnahme auf *Witt* (1988), S. 74 f.

45 Vgl. *North* (1981), S. 3.

46 Vgl. *Klein* (1994), S. 139 f.

47 Vgl. *Radnitzky* (1984), S. 26.

Die Arbeit bedient sich eines ordnungstheoretischen und systemtheoretischen Analyseapparates, obwohl zur Erklärung auch andere Theorien herangezogen werden.[48] Die Einbeziehung des Informationsaspektes erfolgt mithilfe der Transaktionskostentheorie.[49] Marktprozesse können so vor allem als kommunikative Prozesse aufgefaßt werden.[50] Dabei haben Institutionen und Wertvorstellungen einen zentralen Platz in der Darstellung.[51] Im einzelnen werden die Ergebnisse der wirtschaftlichen Forschungsrichtungen herangezogen, die unter den Namen „Ordnungstheorie", „Neue Institutionentheorie", „Property Rights Theorie", „Neue Politische Ökonomie", „Public Choice" und „Constitutional Economics" firmieren.[52]

Der Ausgangspunkt der Arbeit ist der methodologische Individualismus.[53] Es ist das Individuum, das sich mit ressourcenmäßigen, rechtlichen und sittlichen Beschränkungen auseinandersetzen muß, um seine Ziele zu verwirklichen.[54] Dennoch können Phänomene infolge der individuellen Interaktion auf einer Systemebene als emergente Eigenschaften entstehen, welche durch die einzelnen Handelnden weder beabsichtigt, noch vorhergesehen sind. „This criterion will ordinarily require an explanation that goes below the system as a whole, but not necessarily one grounded in individual actions and orientations."[55] Dieses Vorgehen wird mit der Beobachtung begründet, daß ab einer bestimmten kritischen Grenze an Komplexität „Systeme nicht mehr adäquat als Aggregation von Teilen begriffen werden können; es wird erforderlich, mit Systemreferenzen und Emergenzniveaus zu arbeiten, die je ihre eigenen Gesetzlichkeiten entwickeln

---

48 Vgl. *Klein* (1994), S. 137 und S. 148-150; auch *Willke* (1993), S. 8, der heraushebt, daß sich die funktional-strukturelle Systemtheorie aufgrund ihrer Eigenkomplexität eignet, um die Untersuchung sozialer Wandlungsprozesse und Systembildung zu bewältigen.

49 Vgl. *North* (1981), S. 33.

50 Vgl. *Wegner* (1992), S. 44.

51 Vgl. die Forderung von *Streit* (1995), S. 130. Grundlegend *Arrow* (1979).

52 Vgl. *Klein* (1994), S. 138. Vgl. die Gegenüberstellung von „Ordnungstheorie" und „Theoretischem Institutionalismus" bei *Schüller* (1987), S. 74-100. Auch *Ribhegge* (1991), S. 38-41, der insbesondere die starke Betonung des Effizienzbegriffes in der „Neuen Institutionenökonomik" herausstellt und *Tietzel* (1991). Zur Neuen Politischen Ökonomie *Frey/ Schneider* (1984), S. 308-343.

53 Hier bedeutet „Individualismus", daß ein Mensch seine Entscheidungen aufgrund seines eigenen Wissens, seiner eigenen Erfahrungen und seiner eigenen Motive und Gefühle trifft (*Hoppmann* (1990), S. 7). Wie *Gäfgen* (1983), S. 23 anmerkt, „fehlen allen sozietistischen Auffassungen von sozialem Wandel die Transmissionskanäle, in welchen sich durch das Handeln der Menschen die Institutionen fortentwickeln, (...)." (zit. ebenda).

54 Vgl. *Schenk* (1991), S. VIII.

55 Zit. *Coleman* (1990), S. 5, der sich selbst methodologisch nahe *Popper's* Vorgehen in „The Open Society and Its Enemies" sieht. Die Darstellung der „Foundations of Social Theory" von *Coleman* ist für das Anliegen dieser Arbeit vermutlich das vollständigste und methodologisch am ausgiebigsten reflektierte Werk. Vgl. auch *Vanberg* (1994), S. 10, der dieses Vorgehen als „individualistischen Ansatz" bezeichnet.

(...)".[56] Gesellschaftliche Einflüsse werden jedoch primär als Einflüsse von Individuen auf Individuen in der Gesellschaft verstanden. Dieses Verständnis von „Individualismus" ist durchaus vereinbar mit der Beeinflußbarkeit des Menschen durch soziale Einflüsse.[57]

Ein solches Thema ist nicht im strengen Sinne für eine quantitative Untersuchung geeignet. Dies bedeutet jedoch nicht, daß die Arbeit ohne empirischen Gehalt argumentieren wollte.[58] „Die Ökonomik ist somit nicht einfach nur Gesetzeswissenschaft wie die Naturwissenschaften, sondern immer auch Geschichtswissenschaft, d.h. immer auch historisch".[59] Dabei wird ein doppeltes Erkenntnisziel verfolgt: zum einen müssen die Abläufe innerhalb einer Struktur mit einem temporär-invarianten Ordnungsparameter analysiert werden, zum anderen müssen theoretische Ansichten über die Entstehung und Veränderung der Ordnungstrukturen entwickelt werden.[60] Die Wandlungsvorgänge werden dabei aus einem Kontext von Situationsfaktoren und Transmissionswegen unter Beachtung der institutionellen und organisatorischen Gegebenheiten erklärt.[61] Das Ziel ist die Darstellung von Funktionszusammenhängen und Entwicklungslinien, die zur Entwicklung der Ordnungstrukturen im europäischen Integrationsprozeß führen.[62]

Dabei orientiert sich die Darstellung an folgendem Faden. In einem ersten Teil werden die theoretischen Grundlagen dargestellt, auf denen die Entwicklung eines solchen Modells basiert. Im zweiten Teil werden die Wechselwirkung von Rahmenbedingungen und Wirtschaftsaktivitäten im Integrationsprozeß aufgezeigt. Zunächst wird die schrittweise Formulierung und Durchsetzung der gemeinschaftlichen Rahmenregeln betrachtet. Im folgenden Abschnitt steht die Bedeutung dieser Veränderungen für die Entwicklung der Wirtschaftsprozesse im Hinblick auf Rückwirkungen auf den Ordnungsrahmen im Vordergrund. Zur Vervollständigung wird der Blick auf die internationalen Regeln und die Entwicklung der Außenwirtschaftsbeziehungen der Europäischen Union gerichtet. Im Ergebnis steht eine Zusammenfassung der entscheidenden Elemente und Transmissionskanäle, die eine Entwicklung der Ordnungstrukturen im Integrationsprozeß bewirken. Die Art dieser dynamischen Prozesse wird auf hohem Abstraktionsniveau modelliert. Im anschließenden Teil werden Richtung und Ausmaß der Entwicklung ausgewählter Ordnungstrukturen im wirtschaftlichen Integrationsprozeß der Europäischen Gemeinschaft bis zum Vertrag von Maastricht untersucht.

---

56 Zit. *Willke* (1993), S. 156.

57 Vgl. *Kirsch* (1993), S. 17 f. Diese Einführung in die "Neue Politische Ökonomie" ist ohne Zweifel die anregendste Darstellung der Möglichkeiten und Grenzen dieses Theoriegebäudes.

58 Vgl. *North* (1989), S. 244. Insofern als „quantitativ" gleichzusetzen ist mit mathematischer Modellierung, sind die Überlegungen von *Blaseio* (1986), S. 14 und S. 44-69 relevant.

59 Zit. *Blaseio* (1986), S. 154.

60 Vgl. *Dopfer* (1990), S. 22.

61 Vgl. *Gäfgen* (1983), S. 47.

62 Vgl. dazu *Willke* (1993), S. 224.

4. Ausblick

Bevor die Darstellung beginnt, soll an dieser Stelle knapp dargelegt werden, welche Ergebnisse die Arbeit liefert und worin ihre besondere Leistung liegt. Der erste Teil dient hauptsächlich der Bestandsaufnahme der verfügbaren Theoriebausteine, die als Fundament für die spätere Konstruktion des Modells der Entwicklung von Ordnungstrukturen bedeutsam sind. In den ersten Kapiteln wird der Grund gelegt, auf dem die europäische wirtschaftliche Integration als ein evolutionärer Prozeß der Entstehung und Weiterentwicklung von Regeln, Institutionen und Ordnungstrukturen verstanden werden kann. In den folgenden Kapiteln werden die Grundlagen zum Verständnis der Interdependenz der wirtschaftlichen mit anderen gesellschaftlichen Teilordnungen vermittelt. Das Kapitel zur Verfassung bereitet auf eine Betrachtung des sich aus der Arbeit ergebenden Problems der „Herren der Verträge" in der Europäischen Einigung vor.

Der nächste große Abschnitt verläßt den Bereich der allgemeinen theoretischen Diskussion. Er befaßt sich mit den Realitäten der Europäischen Einigung und kulminiert in der Darstellung eines Modells integrationsbedingter Entwicklung der Ordnungstrukturen der europäischen wirtschaftlichen Integration - der theoretischen Hauptleistung dieser Arbeit. Ein Ergebnis ist, daß gerade die unvollständige politische Ordnung in Europa zu Anfang der Integration einen hohen Integrationszuspruch ermöglichte. Mit zunehmendem Fortschritt werden sich jedoch die integrationsfeindlichen Kräfte dieser Unvollständigkeit der Ordnung bedienen, um über die nationalen politischen Märkte und die Mitgliedstaaten als „Herren der Verträge" eine weitere Integration zu vereiteln oder gar den erreichten Grad der Integration rückgängig zu machen. Dies drückt sich in zunehmenden Renationalisierungstendenzen aus. In der Formulierung des Modells werden Wirkung und Funktion von Kommunikationsprinzipien, wie Bestimmungslands- oder Ursprungslandsprinzip, herausgearbeitet. Schließlich erfolgt eine Differenzierung der Arten der Dynamik aufgrund der treibenden Angleichungsmechanismen.

Dabei kann die Formulierung des Modells aufgrund der hohen Komplexität nicht in jeder Hinsicht explizit, sondern allein in Form einer Bündelung der in den vorangehenden Kapiteln entwickelten Fäden erfolgen. Um zu dieser verdichteten Formulierung zu gelangen, werden in drei Schritten die Entwicklung des europäischen Ordnungsrahmens, die Entwicklung der innergemeinschaftlichen Wirtschaftstätigkeit und die Entwicklung der Außenwirtschaftsbeziehungen der Europäischen Union dargestellt. Während die Details dieser Darstellung bekannt und zugänglich sind, liegt ihr Mehrwert in der Zusammenschau der institutionellen und wirtschaftlichen Entwicklung im Hinblick auf modellrelevante Aspekte.

Schließlich entwirft die Untersuchung eine Hypothese über die Auswirkung der Außenwirtschaftsbeziehungen auf die europäischen wirtschaftliche Integration. Die Hauptaussage lautet, daß über die Außenwirtschaftsbeziehungen insbesondere auf die Geschwindigkeit der gemeinschaftlichen Integration eingewirkt wird. Nur in besonderen Konstellationen bilden die Außenwirtschaftsbeziehungen jedoch eine für die Europäische Einigung ordnungsformende Kraft. Wie sich auch zeigt, stellt die Europäische Gemeinschaft nach außen weiterhin eine relativ unvollständige Ordnung dar.

Im letzten Hauptteil identifiziert die Arbeit Annäherungen in den Ordnungstrukturen innerhalb der Europäischen Gemeinschaft. Dabei werden Indikatoren für die Angleichung von Ordnungstrukturen für die drei Integrationsarten: Wettbewerb der Regulierungssysteme, europäische Gesetzgebung und europäische Rechtsprechung betrachtet. Im Bereich Binnenmarkt ist aufgrund der Datenlage ein Test des modellierten zeitlichen Verlaufs des Integrationszuspruches möglich. Die einzelnen Bereiche weisen verschiedene Integrationsmuster auf. Sie unterscheiden sich im Hinblick auf die jeweilige Nutzungsintensität der drei Integrationsarten. Ein interessantes Ergebnis in der Betrachtung der organisatorischen Entwicklung des Integrationsprozesses ist die Beobachtung, daß die Entscheidungsregel unter qualifizierter Mehrheit nicht so sehr unter Effizienz-, sondern vor allem unter Legitimationsgesichtspunkten betrachtet werden müßte.

Kapitel 2: Theoretische Vorüberlegungen

1. Entstehung und Evolution von Regeln

Regeln bestimmen das Verhältnis von Individuen untereinander. Besonderes Interesse verdienen Regeln dann, wenn in ihnen eine Beziehung vom einzelnen Individuum zu Gruppen angesprochen wird. Dabei stellt ursprüngliche Ungewißheit die Grundlage für die Entstehung und Beachtung von Regeln dar.

1.1. Konstitutionelle Unwissenheit und Informationen

In der Theorie der begrenzten Rationalität geht man von einer begrenzten Kapazität der wirtschaftlichen Entscheidungsträger aus, Informationen zu erhalten und zu verarbeiten.[1] Die hieraus resultierende konstitutionelle Unwissenheit bezieht sich sowohl auf die Ziele, als auch auf die Handlungsalternativen.[2] Die Begrenzung der wahrgenommenen Handlungsmöglichkeiten führt zu einer Beeinflußung des individuelle Verhalten.[3] Informationsbedarf besteht hinsichtlich der Ziele, Handlungsvariablen, der relevanten Umweltzustände und ihren Eintrittswahrscheinlichkeiten, sowie hinsichtlich der ökonomischen Konsequenzen bei der Realisierung der jeweiligen Handlungsalternative. Entscheidungen gehen wiederum dem ökonomischen Handeln voraus.[4] Im Gegensatz zu allgemeinem Wissen wird Information dabei als zweckorientiertes Wissen verstanden, das der Vorbereitung von Entscheidungen dient.[5] Ob ein gegebener Zusammenhang Information bietet, ist abhängig von der Situation des jeweiligen Individuums. Der Wert einer Information ist abhängig von dem Ausmaß des Vorwissens.[6] Von objektiven Daten könnte bei der Subjektivität des Wissens nur dann gesprochen werden, wenn alle Individuen über einen bestimmten Aspekt der Umwelt das Gleiche wüßten.[7] Der einzelne kann sich aber nur auf sein eigenes Wahrnehmungsfeld stützen und muß seine Suchstrategien nach Information aufgrund seines begrenzten Vorwissens lenken.[8] Die Annahme von Lernfähigkeit der Individuen ist für die Betrachtung von Prozessen originären Wandels grundlegend.[9] Sind genügend Informationen vorhanden, so daß das Wirtschaftsobjekt das intendierte Anspruchsniveau erreichen kann, wird der Suchprozeß

---

1 Vgl. *Simon* (1960), S. 162 f., *Gutmann* (1988), S. 212 und *Hayek* (1980), S. 29. Vgl. die Diskussion der Modelle rationaler politischer Entscheidung bei *Harsanyi* (1979).

2 Vgl. *Kunz* (1985), S. 64. Zur Behandlung des Problems von unvollständiger Information in der Spieltheorie, vgl. *Harsanyi* (1995), S. 291-303.

3 Vgl. *Witt* (1988), S. 76

4 Vgl. *Gutmann* (1988), S. 210 f.

5 Vgl. *Bössmann* (1978), S. 185.

6 Vgl. *Seiffert* (1972), S. 70-74 und S. 145.

7 Vgl. *Kunz* (1985), S. 67.

8 Vgl. *Streit/ Wegner* (1989), S. 184.

9 Vgl. *Blaseio* (1986), S. 141.

abgebrochen.[10] Bei unzureichendem Befriedigungsgrad werden Prozesse der „kognitiven Kreation" angeregt.[11] Dabei hat Lernen eine andere Qualität als reines Anpassen.[12]

Aus der großen Kluft zwischen der komplexen Umwelt und dem notwendigerweise sehr geringem subjektiven Wissen resultiert ein subjektives Umweltmodell.[13] „Dem Prozeß der Arbeitsteilung entspricht also eine Wissensteilung (...)"[14] In einer stark arbeitsteiligen Gesellschaft ist es somit von größter Wichtigkeit, auf welche Weise die Wirtschaftssubjekte ihr verstreutes subjektives Wissen kommunizieren.[15] „Regeln" und „Traditionen" kommen dabei eine besondere Rolle zu. Denn in ihnen ist das Ergebnis kollektiver Lernprozesse zusammengefaßt. Sie beinhalten, was im allgemeinen als Kultur bezeichnet wird.[16]

Entscheidungs- und Informationsstrukturen hängen aufs engste voneinander ab und bedingen sich wechselseitig.[17] Die Informationsstruktur beschreibt die Wege zur Gewinnung, Übertragung und Nutzung von entscheidungsrelevantem Wissen. Sie umfaßt: erstens die existierende Verteilung von Informationen auf einzelne; zweitens die Menge der Umweltzustände und die ihnen zugeordneten möglichen Informationen zusammen mit der Schar der bedingten Verteilungen und drittens die Bestimmung der Beobachtungs- und Kommunikationskanäle, aus denen hervorgeht, wer was wissen kann. Voraussetzung dafür, daß Wissen überhaupt gesucht und bei Bedarf anderen zur Verfügung gestellt wird, ist die diesbezügliche Motivation der Wirtschaftssubjekte. Das Interesse an Wissenserwerb und -weitergabe hängt von den Vorstellungen des Individuums über den Nutzen von zusätzlichem Wissen und von den mit der Informationsbeschaffung verbundenen Kosten sowie vermuteten persönlichen Folgen ab.[18] Es kann ein individuelles Interesse bestehen, falsche Informationen weiterzugeben oder auch vorhandene Information zurückzuhalten.[19]

---

10 Vgl. *Bössmann* (1978), S. 189.

11 In Anlehnung an *Witt* (1990), S. 14

12 Vgl. *Witt* (1990), S. 12.

13 Vgl. *Kerber* (1991), S. 12.

14 Zit. *Gutmann* (1988), S. 208, vgl. auch *Hayek* (1980), S. 30.

15 Vgl. *Hayek* (1945), S. 520.

16 Vgl. *Vanberg* (1994), S. 17 f.

17 Vgl. *Bössmann* (1967), S. 2 f.

18 Vgl. *Gutmann* (1988), S. 208-214.

19 Vgl. *Seiffert* (1972), S. 130, *Gutmann* (1988), S. 212.

1.2. Regeln und Information

1.2.1. Begriffliche Klärung

In einer ersten Annäherung kann eine „Regel" als eine beobachtbare Regelmäßigkeit des Verhaltens verstanden werden.[20] „Regeln" entstehen als Antwort auf ursprüngliche Unsicherheit und schaffen so erst die Grundlage für die Vorausschaubarkeit menschlichen Verhaltens.[21] In ihnen werden individuell angeeignete Wissensfragmente auf der Ebene von Gruppen, Gesellschaften oder kulturellen Gemeinschaften sinnvoll integriert.[22] „Regeln", die durch bewußte kooperative Vereinbarung entstehen, haben häufig den Charakter eines öffentlichen Gutes. Finden solche „Regeln" über den nationalen Rahmen hinaus Beachtung, kann man von einem internationalen öffentlichen Gut sprechen.[23] Sie sind ein Kapitalgut, das bei laufender Änderung seinen Wert einbüßt.[24] Grundsätzlich wird die Wirkung einer einzelnen „Regel" auf die Handlungsordnung nicht nur durch sie selbst bestimmt, sondern auch durch ihre Stellung im Verbund der Systeme von Verhaltensregeln.[25] Zwei Aspekte sind zu unterscheiden: die Entstehung einer Regel und ihre Existenz und Weiterentwicklung.[26]

1.2.2. Entstehung von „Regeln"

Hinsichtlich der Entstehung von „Regeln" kann man unterscheiden zwischen bewußt gesetzten und evolutorisch entstandenen Regeln. Verhaltensregeln können unterschieden werden in solche genetischer und solche kultureller Natur. Während genetische Regeln dem Individuen unabänderlich mit auf den Weg gegeben sind, beruht die Verbindlichkeit der kulturellen Regeln auf moralischer, rechtlicher oder auch traditioneller Verankerung.[27] Die auf kultureller Gewohnheit gründenden Regeln lassen sich weiter untergliedern in „soziale Normen" und „Konventionen".[28]

---

20 Vgl. *Heiner* (1983), S. 561. Die Fähigkeit „Wiederholungen zu erkennen" ist für *Blaseio* die Voraussetzung für kreative Leistung. „Neues jedweder Art kommt unter Einschluß des 'Entdeckens von Wiederholungen' zustande" (zit. *Blaseio*, S. 212). Dies ist das Kognos-Prinzip.

21 Vgl. *Heiner* (1983), S. 561, 563, und S. 569 f.

22 Vgl. *Vanberg* (1994), S. 20.

23 Vgl. *Dicke* (1991), S.163.

24 Vgl. *Witte* (1995), S. 118.

25 Vgl. *Hoppmann* (1990), S. 15 in Anlehnung an *Röpke* (1977), S. 44-64..

26 Vgl. *Tietzel* (1990), S. 263.

27 Vgl. *Hoppmann* (1990), S. 15.

28 „Soziale Normen" brauchen nicht ausschließlich auf Selbstinteresse zu beruhen. Durch die Gruppe wird auf das Individuum sozialer Druck für die Beachtung dieser Norm ausgeübt. Dagegen kann eine „Konvention" besser als ein Gleichgewicht aufgefaßt werden, das sich aus den durch Selbstinteresse motivierten Handlungen einer Vielzahl von Akteuren ergibt. Die Geltung und die Beachtung einer „Konvention" muß dem Individuum noch nicht ein-

Die Entstehung von „Regeln" hängt auf das Engste zusammen mit der Entstehung von Kooperation. In diesem Zusammenhang muß auf das „Gefangenendilemma" verwiesen werden.[29] Letztlich beschreibt dieses Dilemma genau den Umstand, daß, wenn alle sich an eine Regel hielten, alle bessergestellt wären, als wenn keiner sich an sie hält, obgleich die Regelbefolgung für den einzelnen nicht rational ist. Denn für jeden einzelnen Spieler dominiert die nicht-kooperative Strategie das kooperative Verhalten.[30] Das „Gefangenendilemma" zeigt vor allem die Bedeutung, welche die Beachtung des erwarteten Verhaltens eines Mitspielers auf die Entscheidung des einzelnen hat. Das Gegenüber wird als Individuum mit den gleichen rationalen Fähigkeiten wie einer selbst vorgestellt.[31] Dabei kommt der Frage des Vertrauens in den anderen eine entscheidende Rolle zu.[32]

Die Frage lautet: „Schließt Logik kooperatives Verhalten aus?" Die bekannte, auf einem Computerturnier beruhende Studie von *Axelrod* hat hier richtungsweisende Ergebnisse erbracht.[33] Gesellschaftliche Kooperation würde demnach dadurch entstehen, daß aus einer gemischten Population, die verschiedene Handlungsstrategien verfolgt, sich nach einer Weile ein evolutionäres Gleichgewicht herauskristallisiert, in dem schließlich alle Teilnehmer die „Tit-for-Tat" Strategie verfolgen.[34] In dieser Konstel-

---

mal bewußt sein. „Konventionen" können sich jedoch zu verbindlichen „sozialen Normen" weiterentwickeln, indem ihnen nach und nach eine Solldimension zuwachsen. Der Mechanismus, auf dem diese Verwandlung beruht, ist der menschliche Wunsch nach Anerkennung durch den anderen. So wird aus der Erwartung, daß andere eine „Regel" beachten, eine Forderung, daß dieses so geschieht. „Soziale Normen" sind daher auch mehr als selbstauferlegte persönliche Gewohnheiten. Sie setzen voraus, daß sie von einer Mehrzahl von Individuen geteilt werden. Individuen können jedoch „Regeln" auch schon deshalb befolgen, weil sie sie für legitim halten (*Sugden* (1989), S. 87 f. und S. 95 f.) Er führt den interessanten Begriff einer „psychologischen Externalität" ein, der die Auswirkung der Gefühlslage des einen auf das psychologische Wohlbefinden der anderen bezeichnet. Vgl. auch *Elster* (1989), S. 100 f., mit Beispielen für "soziale Normen": 1. Konsumvorschriften; 2. Vorschriften gegen widernatürliches Verhalten; 3. Vorschriften über die Benutzung von Geld; 4. Reziprozitätsregeln; 5. Vorschriften über Vergeltung; 6. Arbeitsnormen; 7. Kooperationsvorschriften; 8. Verteilungsnormen.

29 Die eingängigste Darstellung dieses „prisoner's dilemma" findet sich in *Dixit/ Nalebuff* (1993), S. 89-118.

30 Vgl. *Sugden* (1989), S. 85 und *Hirshleifer / Martinez Coll* (1988), S. 371.

31 In Anlehnung an *Hofstadter* (1983b), S. 13, in seinen Ausführungen zu „Superrationalen Denkern".

32 Vgl. *Luhmann* (1989), S. 24, Fußnote 3.

33 Zit. *Hofstadter* (1983a), S. 8, auch *Hofstadter* (1983b). Es handelt sich um *Axelrodt*: The Evolution of Cooperation, New York, 1984.

34 Vgl. *Hirshleifer/ Martinez Coll* (1988), S. 369 und *To* (1988), S. 407. „Tit-for-Tat" kann umschrieben werden als die „Wie du mir, so ich dir"-Verhaltensregel. „Tit-for-Tat" zeichnet sich durch folgende Eigenschaften aus: 1. nicht als erster einen Vertrauensbruch begehen; 2. nach einer Übervorteilung durch den anderen, schnell wieder Versöhnungsbereitschaft zu zeigen; 3. Provozierbarkeit: Vergeltung muß sofort geübt werden; 4. Unkompliziertheit und Klarheit des Verhaltensmusters; 5. Reziprozität des Verhaltens.

lation kann kooperatives Verhalten auf Dauer aufrechterhalten werden. Wie für die Entstehung von Kooperation scheint außerdem Einigkeit hinsichtlich der Grundorientierungen unter den betroffenen Individuen als Mindestbedingung für die Entstehung von „Regeln“ geboten zu sein. Einigkeit verbürgt die Legitimität von Regeln und insbesondere von Regelsystemen, wie der Rechtsordnung. Die Anerkennung des Rechts ist wiederum Voraussetzung für Gewaltverzicht, der allein ausreichende soziale Stabilität sichert.[35] Dies gilt auch für eine Handelsordnung auf der Ebene der Weltwirtschaft: sie ist ebenfalls auf einen gewissen Sitten- und Moralkodex und die Einigkeit über seine Legitimität angewiesen.[36]

Um voreiligen Verallgemeinerungen zuvorzukommen, müssen die spezifischen Bedingungen für das Turnier beachtet werden.[37] Die Evolutionsstabilität von „Tit-for-Tat" hängt unter anderem von der Zusammensetzung der Anfangspopulation ab.[38] Ein besonderes Gewicht muß auf den Umstand gelegt werden, daß von Anfang an eine Kerngruppe auf eine kooperative Strategie setzen muß.[39] Für diese Strategie ist wiederholte Interaktion vorausgesetzt.[40] Dabei hat die voraussichtliche Dauer der Interaktion entscheidenden Einfluß auf das individuelle Kalkül.[41] Je länger ein System sich fortentwickelt, desto wahrscheinlicher wird sich Zusammenarbeit spontan entwickeln.[42] Dieselbe Vorstellung von wiederholt auftretenden Situationen erscheint konstitutiv für die Herausbildung von Verhaltensregeln. Nur so wird ein regelgeleitetes Verhalten gegenüber einem auf rationalem Kalkül beruhenden Verhalten verständlich.[43] Als Einschränkung der Anwendbarkeit des Axelrodschen Modells ist vor allem die Abwesenheit jeglicher sozialer Struktur, wie z.B. Individualität, Gruppenbildung, kollektive Handlung, zu unterstreichen. Dennoch haben weiterführende Studien seine Untersuchungsergebnisse weitgehend bestätigt, wenn auch in stärker qualifizierter Form.[44]

---

35 Vgl. *Willgerodt* (1992b), S. 25, 29 und *North* (1981), S. 12, 47.

36 Vgl. *Heuss* (1955), S. 224, im Hinblick auf die Bürgergesellschaft.

37 Vgl. *Hirshleifer/ Martinez Coll* (1988), S. 370.

38 Vgl. *Springer* (1992), S. 31, der auf *Boyd* und *Lorberbaum* verweist. *Hirshleifer/ Martinez Coll* (1988), S. 376, 378, 381, 395 f. fassen dies zusammen und benennen andere Faktoren, wie Werte der Auszahlungsmatrix, Komplexitätskosten, Perzeptionsschwierigkeiten und Form des Wettbewerbs (insbesondere Eliminationswettbewerb). Angemerkt wird außerdem, daß die Auswirkungen von „Mutationen", d. h. von spontanen Strategiewechseln, nicht untersucht sind (S. 397).

39 Vgl. *Hofstadter* (1983a), S. 14.

40 Vgl. *Hirshleifer/ Martinez Coll* (1988), S. 374.

41 Vgl. *Hofstadter* (1983a), S. 8.

42 Vgl. *Nowak/ Sigmund* (1995), S. 53.

43 Vgl. *Glance/ Huberman* (1994), S. 60.

44 Vgl. *To* (1988), S. 405-407, im selben Sinne wie *Springer* (1992), S. 31 f.; ein abgewandeltes „Tit-for-Tat", das im Durchschnitt nur auf zwei Vertrauensbrüche durch Vergeltung reagierte, erschien in den Untersuchungen von *Nowak* und *Sigmund* dem ursprünglichen „Tit-for-Tat" überlegen, wenn auch weniger robust. Die Robustheit von "Tit-for-Tat" ist

Insbesondere Beziehungen des Markttausches beruhen auf spontaner Entwicklung.[45] Personalisierte wiederholte Austauschbeziehungen beruhen auf einem impliziten Konsens und auf Gegenseitigkeit, die allein ausreichen, um das Verhalten des einzelnen vorausschaubar zu machen.[46] Sobald eine Regelmäßigkeit der Koordination entstanden ist, sorgen Erwartungen hinsichtlich des Verhalten des anderen, aufbauend auf dem eigenen Verhalten, dafür, daß ein bestimmtes, auf dieser Regelmäßigkeit beruhendes Verhalten von allen Partnern bevorzugt wird.[47]

Gegenseitiges Vertrauen in das regelgerechte Verhalten der Individuen setzt Energien frei, die in schöpferische Leistungen einfließen können. „Verantwortliches Handeln bedeutet Verhalten, welches auch in unberechenbaren Situationen Vertrauen rechtfertigt. Wichtig ist auch, daß Vertrauen und Verantwortung meist unbegrenzt kontextüberschreitende Geltung besitzen."[48] Wenn Werte aufgefaßt werden als die das Handeln des einzelnen leitende Ideen, dann sind gemeinsame Verhaltensregeln Ausdruck der von Individuen gemeinsam vertretenden Werte.[49] Häufig ist ein durch Werte geleitetes Handeln nur für einen Beobachter als solches erkennbar, sofern der Beobachter selbst mit diesen Werten vertraut ist.[50] Zudem hat sich gezeigt, daß der Übergang von Zusammenarbeit in einem System zu einer Aufkündigung der bestehenden Beziehungen abrupt stattfindet. Sobald ein gewisses Mindestvertrauen nicht mehr gegeben ist, zerfällt die kooperative Struktur plötzlich. Auch langandauernde Zusammenarbeit steht unter dieser Bedrohung.[51]

1.2.3. Funktion und Evolution von „Regeln"

Durch „Regeln" kehrt eine größere Stabilität in die menschlichen Beziehungen ein.[52] Die Wirklichkeit wird in manchen Aspekten berechenbar und planbar.[53] Diese Funktion gewinnt zunehmendes Gewicht, wenn entweder die Perzeptionskapazitäten des einzelnen abnehmen oder die Umwelt komplexer wird.[54] Die zeitliche Stabilität von „Regeln" beruht daher auf der durch sie geschaffenen Erwartungssicherheit. Verbindliche „Regeln" lassen strategische Probleme zu parametrischen werden und verringern

---

auch von *Hirshleifer/ Martinez Coll* (1988), S. 369 hervorgehoben worden; sie unterstreichen die Bedeutung der spezifischen Voraussetzungen von *Axelrods* Untersuchung für das Ergebnis (S. 395 f.).

45 Vgl. *Hoppmann* (1990), S. 17 f.

46 Vgl. *North* (1981), S. 209.

47 In Anlehnung an *Tietzel* (1990), S. 255.

48 Zit. *Blaseio* (1986), S. 252.

49 Vgl. *Hoppmann* (1990), S. 15.

50 Vgl. *Hayek* (1980), S. 153.

51 Vgl. *Nowak/ Sigmund* (1995), S. 53.

52 In Anlehnung an *Schrettl* (1991), S. 13.

53 Vgl. *Willgerodt* (1992b), S. 27.

54 Vgl. *Heiner* (1983), S. 565.

somit erheblich die Informationskosten.[55] In die „Regel" ist „sunk information" eingegangen, so daß erneut Informationskosten anfallen würden, wenn sie nicht mehr beachtet würde. Ein Wechsel der Spielregeln würde dagegen einen Übergang von einer parametrischen Entscheidungssituation zurück in eine Situation mit strategischer Unsicherheit bedeuten.[56] Auf individueller Ebene ermöglicht so die Befolgung von „Regeln" die Ersparnis von Informations- und Entscheidungskosten.

Was die Existenz und Weiterentwicklung von „Regeln" betrifft, lassen sich folgende Beobachtungen machen.[57] Sobald einmal eine „Regel" als solche von einer beliebig kleinen Mehrzahl von Individuen befolgt wird, hat sie eine gute Chance, sich über die ganze Population auszubreiten, wenn sie die folgenden drei Charakteristika aufweist: Einmaligkeit, leichte Unterscheidbarkeit und direkte Beobachtbarkeit.[58] Die „Regel" wird selbstverstärkend, wenn durch gegenseitige Regelbeachtung alle Teilnehmer von ihrer Existenz profitieren. Dabei werden sich „Regeln" um so schneller ausbreiten, desto weniger „Regeln" es schon in dem betreffenden Bereich gibt. Inwieweit eine Verhaltensweise in der Evolution stabil ist, ergibt sich als Antwort auf die Frage, ob erstens einseitiges individuelles Abweichen Vorteile bringt und zweitens eine Gruppe von Individuen gewinnen würde, wenn sie zufällig auf dieselbe Art zur selben Zeit von der „Regel" abweichen würden. Auch zufällig abweichendes Verhalten, das erfolgreich ist, trägt die Tendenz zur Wiederholung und Imitation in sich.[59] Dennoch scheint die gesellschaftliche Nützlichkeit nicht eine der Hauptfunktionen von „Regeln" zu sein.[60] Gewisse Arten von „Regeln" bilden sich aufgrund von Analogien zu anderen Lebensbereichen. Somit werden sich diejenigen „Regeln" am weitesten verbreiten, die sich am ehesten für Analogieschlüsse eignen. Ebenso werden vielseitig einsetzbare „Regeln" eine höhere Verbreitung zu finden. Prinzipiell wird durch den evolutionären Prozeß eine vielseitige, aber weniger effiziente „Regel" eine effizientere, aber weniger vielseitige „Regel" ausboten.[61] Stehen mehrere „Regeln" zueinander in Konkurrenz, dann ent-

---

55 Vgl. *Vanberg* (1988), S. 156-158.

56 Vgl. *Tietzel* (1990), S. 258 und S. 262.

57 Vgl. die Diskussion der Vorstellungen von *Hayek* und *Buchanan* zu diesem Thema bei *Vanberg* (1981), S. 6-11 und S. 27-34.

58 Vgl. *Tietzel* (1990), S. 264 f.

59 Vgl. *Sugden* (1989), S. 88-93.

60 „Soziale Normen" können existieren, selbst wenn sie keinem nützen. Dennoch können Regelsysteme auf gesellschaftlicher Ebene häufig vor dem Hintergrund einer Verbesserung der Gesamteffizienz des Wirtschaftssystems verstanden werden, obwohl es Argumente gibt, die gegen eine solche Auffassung angeführt werden können. *Elster* (1989), S. 108-114, benennt folgende Punkte: 1. die Existenz von Regeln, die nicht alle besser stellen, wenn nicht sogar alle schlechter; 2. die Nichtbeachtung von Regeln, die alle besser stellen würden; 3. die fehlende Erklärung des *feed-back* Mechanismus, der die Befolgung einer Regel aus ihren positiven Auswirkungen erklärt.

61 Vgl. *Sugden* (1989), S. 93 f., der diesen Gedanken auch auf die Art, wie sich Analogien durchsetzen ausweitet.

scheidet „their relative «attractiveness parameters» and the «history» of the game",[62] welche von ihnen vorherrschend werden.

Evolutorisch herausgebildete „Regeln" haben häufig die Entstehung von Ordnungen zur Folge, die ebensowenig vom Menschen entworfen sind. Diese Ordnungen sind „spontan" und „polyzentrisch". Eine auf solchen „Regeln" beruhende, polyzentrische Ordnung resultiert aus den besonderen Antworten der einzelnen Handelnden auf die spezifischen Herausforderungen. Häufig sind diese Regeln dem handelnden Menschen nicht einmal bewußt. Ein Großteil dessen, was „Kultur" genannt wird, beruht auf solchen „spontan" befolgten „Regeln".[63] Diese können als Institutionen die Basis für weitere soziale Erscheinungen liefern.[64]

Als Ergebnis evolutionärer Prozesse müssen aber nicht zwangsläufig angemessen strukturierte Verhaltensregeln entstanden sein. Das Ergebnis eines evolutionären Prozesses kann durchaus eine „Regel" sein, die nicht pareto-effizient ist.[65] Ein optimierender Evolutionsprozeß der „Regeln" kann nur erwartet werden, wenn Akteure aufgrund ihres Verhaltens unterdurchschnittlich abschneiden, somit durch ihre Umwelt penalisiert werden - wie dies z.B. in auf Knappheit bezogenen Wettbewerbsprozessen der Fall ist.[66] Die Stärke des korrigierenden Auswahlprozesses ist von entscheidender Bedeutung für die resultierende Zweckmäßigkeit einer „Regel". Ab einem gewissen Komplexitätsgrad mag die systematische Weiterentwicklung des sozialen Regelsystems nötig werden, um entstehende Streitigkeiten durch Formalisierung abzuwenden.[67] Auch evolutorisch fruchtbare Konkurrenz baut dabei auf Vielfalt auf.[68]

Obgleich eine Vielzahl sozialer Regeln bewußt geschaffen worden sind, kann die resultierende soziale Ordnung durchaus den Charakter einer spontanen Ordnung haben.[69] Ebenso können „Institutionen" auch losgelöst von den ihnen ursprünglich zugrunde liegenden evolutorischen Regeln betrachtet werden.[70] Im Zeitverlauf können anfänglich nützliche Regelsysteme sich aufgrund einer Trägheit in der Anpassung an sich verändernde Umstände in Hindernisse für die weitere Entwicklung verwandeln.[71] Zwecks

---

62 Zit. *Tietzel* (1990), S. 265, der aber eine inhaltliche Bestimmung der „attractiveness parameter" sowie eine Erklärung hinsichtlich der Bedeutung von „history" vermeidet.

63 Vgl. *Hayek* (1963), S. 6 und S. 10. So auch *North* (1989), S. 239. Hinsichtlich dem *Hayek'schen* Verständnis von „kultureller Evolution", vgl. die Darstellung in *Zeitler* (1995), S. 66-78.

64 In Anlehnung an *Hayek* (1963), S. 6.

65 Vgl. *Sugden* (1989), S. 93.

66 Vgl. *Heiner* (1983), S. 569 f. und 586.

67 Vgl. *Willgerodt* (1992b), S. 26 f.

68 Vgl. *Giersch* (1991), S. 25.

69 Vgl. *Hayek* (1963), S. 13.

70 Vgl. *Buchanan* (1985b), S. 80.

71 In Anlehnung an *Lachmann* (1963), S. 67; dieser argumentiert besonders im Hinblick auf das Verhältnis „Wirtschaftsordnung und Institution".

Aufrechterhaltung einer Ordnung oder zur Anpassung an sich rasch verändernde Umweltbedingungen kann eine bewußte (geplante) Korrektur der Ordnungstruktur geboten sein. Solche geplanten Eingriffe in spontane Ordnungen können durchaus „ordnungskonform" in einem weiten Verständnis sein.[72]

1.2.4. Regelbeachtung und Sanktionen

Regelbeachtung und Selbstinteresse, d.h. regelgebundenes Verhalten gegenüber rationalem Verhalten, stehen in einem Spannungsverhältnis.[73] „Regeln" begrenzen Rationalität; Rationalität trägt zur begrenzten Wirksamkeit von „Regeln" bei. Die Einzelentscheidung kann durchaus einen Kompromiß zwischen dem durch eine „Regel" vorgeschrieben Verhalten und dem durch Rationalität gebotenen Verhalten darstellen. Während einerseits „Regeln" teilweise Selbstinteresse rationalisieren, können „Regeln" dem Selbstinteresse auch widersprechen. Trotz des möglichen Spannungsverhältnisses gibt es Situationen - wie aus dem „Gefangenendilemma" abgeleitet werden kann - wo regelgebundenes Verhalten zu Vorteilen für alle führt, so daß Regelbefolgung zu einer rational begründbaren Verhaltenswahl wird.[74] Daneben beruhen Entstehung und Befolgung von „Regeln" stark auf emotionalen und traditionellen Beweggründen. Regelgebundenes Verhalten, das auf emotionaler Begründung beruht, kann die Glaubwürdigkeit von Verhaltensandrohung erhöhen, so daß es letztendlich nicht zu der angedrohten Handlung kommen muß.[75] In die Gruppe emotionaler Erklärungen fällt auch das Argument der Steigerung der „Fitneß der eigenen Art". So kann die Fähigkeit zu spontan gesellschaftlich koordiniertem Handeln, ohne vorherigen expliziten Ideenaustausch, nur durch einen Schatz gemeinsamer Erfahrung, d.h. Tradition, erklärt werden.[76]

„Regeln" brauchen nicht grundsätzlich eine formal abgesicherte Sanktion, werden durch ihre Existenz aber wesentlich unterstützt, da sie der Gefahr zu erodieren unterliegen. Eine „Regel" ohne Sanktion verschwindet, sobald die Wahrscheinlichkeit, daß der nächste Teilnehmer dieselbe Regel auch befolgen wird, unter einen bestimmten kritischen Punkt fällt. Die Existenz von Sanktionsmechanismen unterstützt so die kontinuierliche Beachtung von „Regeln". Denn *free-rider* Situationen sind wahrscheinlich,

---

72 Siehe *Klein* (1994), S. 144.

73 Vgl. *Elster* (1989), S. 102, *Vanberg* (1988), S. 147 und S. 151 f. *Sugden* (1989), S. 86 und 89, wendet das Dilemma in die Feststellung: „(...) if it can be rational to follow a convention, the claim that every game has a uniquely rational solution must be false" (zit. S. 86). Diese Schlußfolgerung beinhaltet seine Kritik am Programm der klassischen Spieltheorie. Das Hauptgewicht liegt auf der Unterscheidung zwischen Rationalität und der Notwendigkeit einer einzigen ausschließlichen Lösung.

74 In Anlehnung an *Tietzel* (1990), S. 260.

75 Vgl. *Elster* (1989), S. S. 100, 114, 115, 106; siehe die interessanten Ausführungen von *Dixit/ Nalebuff* (1993), S. 142-167 zu „credible commitments".

76 Vgl. *Sugden* (1998), S. 89 f. und 93; er nimmt hiermit *Schelling's* Konzept der „prominence" auf.

vor allem wenn die Regelbefolgung dem einzelnen keinen sofortigen zusätzlichen Nutzen bringt.[77] Sanktionen haben deshalb ihren festen Platz in diesem Bild. Unter Sanktionsandrohung werden „Regeln" schon deswegen stärker beachtet, weil dem handelnden Individuum die Folgen eines abweichenden Verhaltens als individuelle Kosten bewußt gemacht werden.

Sanktionen treten in Gestalt von positiven oder negativen Anreizen auf. Die Größe der Gruppe entscheidet über die Auswahl effektiver Sanktionsmechanismen. Soziale Ächtung ist nicht nur in der Form äußerer Sanktionen wirksam, sondern wirkt als interne Sanktion in Form von Scham oder befürchteter Schande. In diesem Fall können „Regeln" als internalisiert betrachtet werden.[78] Die Funktion von „Regeln" oder Gesetzen in Gesellschaften ist es, „die Erwartungen des Individuums so zu verändern, daß für regelkonformes Verhalten Anreize bestehen und bei gesetzbrecherischem Verhalten Kosten erwartet werden."[79] Es liegt in der Natur von „Regeln", daß sie mit einem gewissen Ausschließlichkeitsanspruch auftreten müssen. Verstöße schädigen gegen etablierte „Regeln" prinzipiell alle diejenigen, die sich an sie halten. Allerdings geht dies zu Lasten innovativer „Regeln".[80]

In der Realität existiert normalerweise dort, wo eine „Regel" besteht, auch eine „Metanorm", um Sanktionen gegenüber Individuen auszusprechen, die diese „Regel" nicht befolgen. Möglicherweise gibt es sogar eine nächste Regelebene, die diejenigen straft, die Sanktionen aufgrund von Verstößen gegen eine Regel nicht angemessen aussprechen oder durchsetzen.[81] Der Preis für stabile „soziale Normen" ist somit das sanktionierende, den einzelnen in seiner Freiheit beschränkende Staatswesen. Aufgrund der *free-rider* Positionen ist in Gesellschaften ab einer gewissen Größe der Bestand des Rechts ohne staatliche Autorität nicht auf Dauer sichergestellt.[82] Somit bedarf die Privatrechtsgesellschaft der Mitwirkung politischer Herrschaftsfunktionen. Sie selbst ist wiederum Voraussetzung für die Koordination von Einzelplänen. Ob diese politische Befugnis der Rechtsetzung über ein beschlossenes Gesetz oder aufgrund von Gewohnheitsrecht ausgeübt wird, ist hingegen ohne Belang. Der Bedarf an dieser Art von staatlicher Repression wächst in einer Gesellschaft, die aus einer großen Anzahl „moralischer Anarchisten" besteht, d.h. aus Personen, die den anderen allein als Mittel für die eigenen Zwecke betrachten. Im Hinblick auf unpersönliche Austauschbeziehungen ist diese Beobachtung fundamental.[83] Es ist somit das Niveau der moralischen Integrität

---

77 Vgl. *Glance/ Huberman* (1994), S. 59 f.

78 Vgl. *Elster* (1989), S. 104.

79 Zit. *Radnitzky* (1984), S. 13.

80 Vgl. *Tietzel* (1990), S. 260, S. 263 und S. 266.

81 Vgl. *Elster* (1989), S. 105 in Anlehnung an *Axelrodt* (1986) und *Buchanan* (1985a), S. 110 f.

82 Vgl. *Willgerodt* (1992b), S. 30 und *Böhm* (1966), S. 87 und S. 99.

83 Vgl. *North* (1981), S. 209.

der einzelnen Individuen, welches das notwendige Ausmaß von staatlicher Sanktion bestimmt.

1.3 Zusammenfassung

Aufgrund ursprünglicher Unsicherheit und begrenzter Informationsaufnahme- und -verarbeitungskapazität willigen Individuen bewußt oder unbewußt in die Befolgung von Regeln ein. Auch in Einzelfällen, in denen rationales Verhalten eine andere Wahl nahelegt, werden dann Regeln beachtet, da sie im Durchschnitt die Komplexität strategischer Wahlentscheidung auf parametrische Güterabwegung reduzieren. Solange dieses individuelle Kalkül zutrifft, wird eine Regel selbsttragend sein.

Die folgende Übersicht veranschaulicht noch einmal in groben Zügen nützliche Differenzierungen des Begriffes „Regel" und relevante Dimensionen.

Übers. 1: Arten von Verhaltensregeln

Art	Grund	Entstehungsweise	Formulierung
Genetisch	Veranlagung	Evolutorisch	Unbewußt
Kulturell - moralisch - traditionell - rechtlich	Gewohnheit	Evolutorisch ↕ Gesetzt	Unbewußt ↕ Bewußt

Dabei stehen die einzelne Arten von Verhaltensregeln in einem substitutionellen Verhältnis zueinander. Auf einzelnen Regeln bauen letztendlich Regelsysteme auf, die ihrerseits eine Ordnung bilden können. Dabei können auf jeder nächsthöheren Stufe die Elemente eines niedrigeren Ranges auf verschiedenen Gründen beruhen und auf unterschiedliche Weise entstehen.

Innerhalb der kulturellen Verhaltensregeln kann der Wirkungszusammenhang auf folgende Weise schematisiert werden.[84]

Übers. 2: Wirkungszusammenhang von kulturellen Verhaltensregeln

Bezeichnung	Gutscharakter	Wirkungsrichtung	Verbindlichkeit
Persönliche Gewohnheit	privat	Individuum → Individuum	niedrig
Konvention	↕	Individuum → Gruppe	kalkuliert
Soziale Normen	öffentlich (+ meritorisch)	Gruppe → Individuum	hoch

84 Vgl. *Vanberg* (1988), S. 155 und S. 159, der auch zwischen persönlichen und gesellschaftlichen „Regeln" unterscheidet.

Insbesondere für „soziale Normen", denen ein hoher Verbindlichkeitsgrad zukommt, ist die Frage nach den Sanktionen für Regelverstoß maßgeblich. Die Gruppengröße ist für die Art des Sanktionsmechanismus entscheidend. Um so größer die Gruppe, desto eher ist ein auf äußerlichem Zwang beruhender Sanktionsmechanismus wahrscheinlich vonnöten.

Die Darlegung hat zudem erläutert, daß zwischen der Entstehung von Kooperation und der Entstehung von Regeln eine weitgehende Parallelität besteht. Die Entstehungs- und Erfolgsbedingungen von Regeln werden in nachstehender Aufzählung aufgeführt.

Übers. 3: Entstehungs- und Erfolgsbedingungen von Verhaltensregeln

1. Unkompliziertheit und Klarheit
2. Direkte Beobachtbarkeit
3. Einmaligkeit und leichte Unterscheidbarkeit
4. Reziprozität des Ergebnisses
5. Wiederholte Interaktionsmuster
6. Erfolgsgeschichte
7. Analogie zu erfolgreichen Regeln in anderen Lebensbereichen
8. Vielseitige Einsetzbarkeit und Mächtigkeit

So wie personalisierte Austauschbeziehungen auf implizitem Konsens und Gegenseitigkeit beruhen, so setzen Regeln und Regelsysteme - ähnlich wie Kooperation – Einigkeit voraus. In einem komplizierten Wechselspiel von Komplementarität und Substitutionsbeziehung stützen sich kulturelle Verhaltensregeln gegenseitig.

Auf der Verfassungsebene ist Einigung über die Rechtsordnung Voraussetzung für die Entstehung von „Staatsgewalt". Die Legitimität dieser Staatsgewalt ist begründet in den von allen Mitgliedern des Staatsgebildes geteilten Werten.[85] So wie gemeinsame Verhaltensregeln ein Ausdruck der von Individuen gemeinsam vertretenen Präferenzen sind, so gibt die staatliche Ordnung den gemeinsamen Grundüberzeugungen der betreffenden Gesellschaften Ausdruck. Die Rechtsordnung der Privatrechtsgesellschaft ist ihrerseits Voraussetzung für die spontane Koordination von Einzelplänen in marktwirtschaftlichen Wirtschaftssystemen.

Gesellschaften, deren Individuen über wenig moralisches Kapital verfügen, müssen die Regeldurchsetzung in stärkerem Maße durch staatliche Instanzen aufgrund von rechtlich gesetzten Sanktionen und mithilfe staatlicher Zwangsgewalt sichern. Wo hingegen kulturelle Traditionen an nachfolgende Generationen weitergegeben werden und lebendig bleiben, ist es wahrscheinlich, daß für gesellschaftliche Koordinationsprozesse

---

85 Vgl. *Schüller* (1987), S. 77 zur Annahme der Interdependenz von sittlich-kultureller, rechtlich-politischer und wirtschaftlicher Ordnung in der Ordnungstheorie.

die vergleichbaren individuellen Denkvoraussetzungen es hinreichend bewirken, daß private Gewohnheiten die Entstehung und Befolgung von „Regeln" sichern. Bei sich schnell ändernden äußeren Umständen und bei sich über die Maße vergrößernden oder in ihrer Zusammensetzung verändernden Gruppen reichen informelle Koordinationsmechanismen nicht aus.

2. Institution und Organisation

2.1. Begriffliche Abgrenzungen

Für die Behandlung des Themas sind die Konzepte „Institution" und „Organisation" vor allem im Hinblick auf ihre Bedeutung für den Wirtschaftsprozeß wichtig. Die Definitionen beider Grundbegriffe sind komplex.[86] In Anlehnung an Heiner wird in der Arbeit im folgenden unter „Institution" verstanden: „social rule-mechanisms for dealing with recurrent situations faced by agents in different societies. That is, institutions are regularities in the interaction between agents that arise because of uncertainty in deciphering the complex interdependencies created by these interactions."[87] Eine „Institution" ist daher „ein auf ein bestimmtes Zielbündel abgestelltes System von Normen einschließlich deren Garantieinstrumente, mit dem Zweck, das individuelle Verhalten in eine bestimmte Richtung zu steuern."[88] „Institutionen" verkörpern zur Routine gewordene Problemlösungsverfahren.[89] Eine „Organisation" hingegen liegt in Anlehnung an das Verständnis *von Hayek*'s dann vor, wenn auf sozialem Gebiet eine Ordnung dadurch erzielt wird, daß „die Teile nach einem vorgefaßten Plan in Beziehung zueinander gebracht werden."[90]

Beide Konzepte beinhalten menschliche Interaktion und zielen auf die Entstehung einer Erfahrungs- und Kommunikationsgemeinschaft.[91] Sowohl „Institutionen" als

---

86 Vgl. die Diskussion bei *Vanberg* (1983), S. 55 f. Er weist insbesondere auf die doppelte Verwendung des Begriffes „Institution" hin: zum ersten als Bezeichnung für „organisierte soziale Kollektive" und zum zweiten für „normative Muster" und „komplexe normative Regelungen". In dieser Arbeit wird der Begriff „Institution" weitgehend in der zweiten Bedeutung verwendet. Im Falle der ersten Bedeutung wird hier der Begriff „Organisation" vorgezogen. Allerdings haben sich manche sprachlichen Gebräuche so stark eingebürgert, daß es schwerfiele davon abzuweichen, so z.B. in der Formulierung das „institutionelle Gleichgewicht" oder auch „Institutionengefüge" der EG, wobei tatsächlich die Organe der EG, also Organisationen gemeint sind.

87 Zit. *Heiner* (1983), S. 573; ähnlich definiert *Witt* (1988), S. 82 f., zit.: „Als Institutionen lassen sich, dem individualistischen Ansatz der Ökonomik entsprechend, *Verhaltensregelmäßigkeiten* auffassen, *die mit hinreichender Gleichförmigkeit auftreten, wenn Individuen in dieselben Handlungssituationen kommen.*" (Hervorhebung im Original).

88 Zit. *Richter* (1994), S. 2.

89 Vgl. *Radnitzky* (1984), S. 13.

90 Zit. *Hayek* (1963), S. 5 f.

91 In Anlehnung an *Leipold* (1993), S. 66.

auch „Organisationen" ermöglichen „Ordnung" in dem Sinne, daß einzelne Individuen auf die Stabilität und Wiederkehr von einzelnen Erscheinungen im Zusammenspiel mit anderen vertrauen können. Diese „Ordnung" kann enthalten sein in: Verfassung, Gesetz, Vertrag, Organisationsplan, Dienstreglement, Hausordnung, Benutzungsordnung, Gewohnheitsregel (Sitte), oder auch im impliziten Einverständnis.[92] Beide Begriffe beziehen sich jedoch auf Gesellschaften verschiedenen Zuschnitts. Während „Institution" leichter im Kontext einer Großgesellschaft angesiedelt scheint, läßt der Begriff der „Organisation" sich eigentlich nur an einem Subsystem der Großgesellschaft wie z.B. der Familie, der Unternehmung oder, „wo immer Menschen sich zu einem gemeinsamen Tun zusammenfinden",[93] konkretisieren. Dadurch, daß für „Organisationen" das Vorgehen nach einem vorgefaßten Plan entscheidend ist, können sie nur in einem überschaubaren Maßstab verwirklicht werden.

Trotz der Unterschiede ergänzen beide Ordnungsprinzipien einander und sind aufeinander angewiesen. Zur Aufrechterhaltung eines spontan entstandenen, auf „Institutionen" beruhenden Regelsystems kann es ab einem gewissen Grade von Komplexität nötig werden, daß eine „Organisation" das Regelsystem oder die „Institutionen" schützt oder systematisch weiterentwickelt.[94] Diese Rolle kommt heutzutage meistens dem Staat in Ausübung seiner Funktion als „protective state" zu.[95]

2.2. Entstehung und Wandel von „Institutionen"

Auch „Institutionen" existieren wegen der begrenzten rationalen Fähigkeit von Individuen, unter ursprünglicher Unsicherheit zu handeln.[96] Voraussetzung für die Entstehung einer „Institution" ist die Beständigkeit eines sich wiederholenden Interaktionsmusters.[97] Als ungeplante Konsequenz eines evolutionären Prozeß kann so eine „Institution" zusammen mit der Überzeugung entstehen, daß diese neue „Institution" auch befolgt werden soll.[98]

Der Ausbreitungspfad einer „Institution" hängt von der individuellen Nutzenabwägung und damit von der Wahrscheinlichkeit, die betreffende „Institution" zu wählen, ebenso wie von der relativen Gesamthäufigkeit ab, mit der eine Gruppe dieselbe „Institution" schon bevorzugt hat. Diese relative Häufigkeit in der Umgebung des Individuums kann verschiedene Rückwirkungen auf die Nutzenvorstellungen der Individuen

---

92 Vgl. *Richter* (1994), S. 11.

93 Zit. *Hoppmann* (1990), S. 22 f.

94 In Anlehnung an *Hayek* (1963), S. 18 f.

95 Vgl. *Vanberg* (1992), S. 377 und S. 380.

96 Vgl. *Fehl/ Delhaes/ Schreiter* (1993), S. 335.

97 In Anlehnung an *Willgerodt* (1992b), S. 42.

98 Vgl. *Sugden* (1989), S. 87. *Frey* und *Eichenberger* (1989), S. 425 und S. 433 weisen darauf hin, daß ein weiterer Grund, warum „Institutionen" entstehen, die das Auftreten individueller Anomalien verhindern oder die Folgen ihrer Erscheinung auf die Gesellschaft verteilen sollen.

haben.[99] Dabei können sich Ausbreitungsgleichgewichte einstellen, die eine relative Häufigkeit bezeichnet, mit der in der Gesamtheit vergleichbarer Wahlsituationen eine bestimmte „Institution" gewählt wird. Gleichzeitig sind Fälle denkbar, in denen sich eine „Institution" erst dann stabil ausbreitet, nachdem eine gewisse kritische Masse an relativer Wahlhäufigkeit erreicht ist.[100]

Für die Entstehung von „Institutionen" sind somit Vorleistungen notwendig, da sie erst ab einer gewissen kritischen Grenze selbsttragend werden. Eine Voraussetzung kann die Schaffung eines Sanktionsmechanismus sein. „Institutionen setzen sich aus sinnvoll aufeinander bezogenen Verhaltensnormen zusammen, wobei das faktische Verhalten durch negative Sanktionierung von Abweichung und positive Belohnung von Konformität oder durch Internalisierung in Form von Wertvorstellung der Norm angenähert wird."[101] Die Erwartung spezifischer Folgen tragen zur Verankerung der betreffenden „Institution" bei, wie z.B. durch soziale Mißbilligung und Ächtung oder gar Rechtszwang. Die äußeren Anreize werden durch spezialisierte Organisation kollektiver Handlung bereitgestellt.[102] Andererseits kann die Vorleistung in der Legitimität bestehen, die einer „Institution" zugemessen wird. Diese Legitimität wird rein innerlich als Affekt meist durch Bezug auf religiöse Gebote oder auf Werte garantiert.[103]

Einerseits ermöglichen „Institutionen" erst und unterstützen wirtschaftliches und soziales Handeln, andererseits beschränken sie aber auch dieses individuelle oder kollektive Handeln.[104] „Institutionen" schlagen sich in individuellen Verhaltensdeterminanten nieder: erstens als Verhaltensnormierung, die den Rahmen erlaubter und akzeptierter Handlungen beschränken; zweitens als Internalisierung von Werten, welche in den „Institutionen" verkörpert sind und auf die individuellen Präferenzen rückwirken; drittens als Wissensträger, die die Interpretation von situationsbezogener Information beeinflussen.[105] Indem „Institutionen" den Rahmen potentiell entscheidungsrelevanter Informationen abstecken, wird durch sie die Reichweite und die mögliche Komplexität von Tauschbeziehungen bestimmt.[106] Aufgrund von Erfahrung mit einer „Institution" ändert sich das Wissen um deren Wirkung, so daß eine Veränderung der Präferenzen und somit ihrer Nutzeneinschätzung vorstellbar ist. Dies beeinflußt über die individuelle

---

99 Vgl. die interessante Diskussion durch *Witt* (1988), S. 83-87. Die spontane Entstehung von „Geld" ist ein Beispiel für die Werdung einer „Institution"(*White* (1984), S. 704f.).

100 Vgl. *Witt* (1988), S. 84f.; dies sind Fälle, in denen die spontane Entstehung der betreffenden „Institution" nicht erfolgen kann. Unter anderem sind dies „Institutionen", die Netzwerkexternalitäten beinhalten.

101 Zit. *Gäfgen* (1983), S. 20.

102 In Anlehnung an *Witt* (1988), S. 87, auch Fußnote 10, beachtenswert der Hinweis auf die Situation des Gefangenendilemma.

103 Vgl. *Richter* (1994), S. 11.

104 Vgl. *North* (1989), S. 240, auch *Matzner* (1990), S. 55.

105 Vgl. *Gäfgen* (1984), S. 30f.

106 Vgl. *Heiner* (1983), S. 572 f.; im Hinblick auf Ideologie *North* (1981), S. 49.

Wahrscheinlichkeit der Wahlentscheidung für eine „Institution", die relative Gesamthäufigkeit ihrer Beachtung. Die Rückkopplung mit dem individuellen Informationsstand würde z.B. erklären können, daß dasselbe Individuum vor einer ansonsten gleichen Entscheidung aufgrund der Erfahrung zu einer anderen Schlußfolgerung kommt. Zum zweiten ist die interdependente Einwirkung der „Institution" auf die Handlung des Individuums und die Rückwirkung der individuellen Handlung auf die „Institution" hervorzuheben. Dabei kann es aufgrund der Verschiebung des Ausbreitungsgleichgewichts oder dessen Aufhebung zu einer „Auszehrung" der „Institution" kommen und dessen plötzliches oder graduelles Verschwinden bedeuten.[107] In dem folgenden Modell sind andere Restriktionen, die auf die Entscheidung einwirken, wie die verfügbaren Ressourcen oder technologische Ressourcen, zunächst ausgeblendet. Ebenso sind hinsichtlich der Präferenzenbildung die individuelle Veranlagung und individuell erworbenes Wissen, aber auch nicht-gesellschaftliche Umweltfaktoren, wie z.B. Klima, nicht abgebildet. „Der Mensch ist ebenso sehr ein Regeln folgendes wie ein zweckgeleitetes Lebewesen."[108] Das folgende Modell verdeutlicht diese Auswirkungen von „Institutionen" auf das Verhalten.[109]

Modell 1: Auswirkungen von „Institutionen" auf das Verhalten

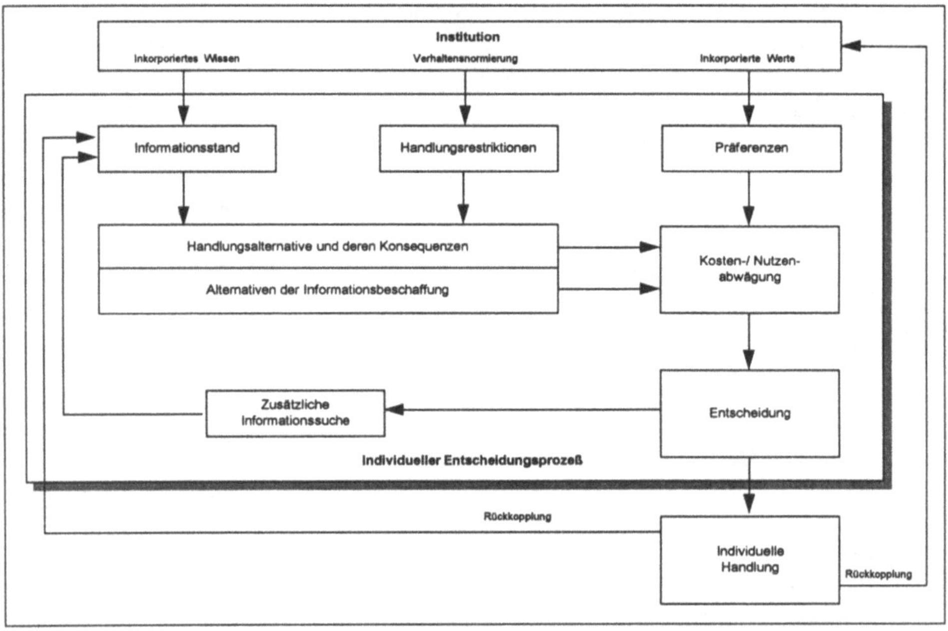

107 Vgl. *Witt* (1988), S. 88-90.

108 Zit. und vgl. *Hayek* (1980), S. 27 und S. 34.

109 In enger Anlehnung an *Gäfgen* (1984), S. 32.

2.3. Staatliche „Organisation" und moralische Ordnung

In einer Unterscheidung *Buchanan*'s kann man hinsichtlich der Ausprägungen von Gesellschaften „moral community" und „moral order" voneinander unterscheiden. Dabei setzt „moral community" die Identifikation mit einem gemeinsamen Ziel voraus.[110] „Organisationen" haben aber genau die Kraft, gemeinsame Sinngehalte und einigende Lebensformen zu etablieren.[111] Der „Staat" ist die umfassendste „Organisation" und beruht als solche auf der Vermittlung gemeinsamer Sinngehalte und Konsens der betroffenen Wirtschaftssubjekte zu seinen Grundlagen. Veränderungen von „Organisationen" gehen somit notwendigerweise mit geistiger Neuorientierung einher.[112] Die Organisationskultur gibt den Mitgliedern der „Organisation" ein Identitätsgefühl für »ihre« „Organisation".[113] „Dem Konzept der Organisationskultur verwandt ist das Konzept der *Ideologie* im Sinne von North (...): gemeinsame Vorstellungen der Mitglieder einer Gesellschaft von der Welt, in der sie leben und davon, wie sie sie ordnen sollten. Es ist »Kultur« (Zivilisation) im Sinne eines von Generation zu Generation aufgebauten, durch kollektives Lernen fortentwickelten Bestands an Wissen und Überzeugungen (...)."[114] Doch selbst Organisationen sind auf Regeln angewiesen und können nicht nur auf spezifischen Befehlen aufbauen.[115]

Ein „moral order" baut dagegen auf der gegenseitigen Achtung der Individuen aufgrund ihrer sittlichen Gleichstellung auf. Die instrumentale Bedeutung von gesellschaftlicher Moral und mit ihr das Vertrauen in die Zuverlässigkeit des anderen tritt unter dem Aspekt der Ersparnis von Aufsichts- und Durchsetzungskosten hervor.[116] Wären die idealen Bedingungen eines „moral order" erfüllt, so benötigte man keinen staatlichen Zwang, d.h. staatliche Organisation, mehr.[117] Vielmehr muß man befürchten, daß Eingriffe durch spezifische Befehle in spontanen Ordnungen ihre Existenz und Funktion gefährden.[118] Die marktwirtschaftliche Ordnung hat den Menschen gezeigt, daß man in Frieden miteinander zusammenarbeiten kann, ohne über ein gemeinsames Ziel übereinzukommen. Toleranz hinsichtlich der Verschiedenheit von Auffassungen über die Wünschbarkeit und die Erreichbarkeit individueller Ziele ist für das Funktio-

---

110 Vgl. *Buchanan* (1985b), S. 109-111. In den kleinen Gemeinschaften der historischen Vorzeit hatte die Gruppe gemeinsame konkrete Ziele.

111 Vgl. *Meyer-Cording* (1989), S. 4.

112 Vgl. *Utzig* (1987), S. 422.

113 Vgl. *Richter* (1994), S. 57.

114 Zit. *Richter* (1994), S. 57. Vgl. *Siegenthaler* (1989), S. 224-230.

115 Vgl. *Hayek* (1980), S. 72 f.

116 Vgl. *Gutmann* (1989), S. 324; *Richter* (1994), S. 9.

117 Vgl. *Buchanan* (1985a), S. 111. Zur Stellung von Moral und Ethik in der Evolutionstheorie von *Hayek* vgl. *Zeitler* (1995), S. 78-89.

118 Vgl. *Hayek* (1980), S. 75.

nieren der marktwirtschaftlichen Ordnung notwendig.[119] Diese Toleranz erfordert ihrerseits ein Mindestmaß an „moral order".

Über den Respekt von „Institutionen" zu wachen, ist unabdingbare Voraussetzung dafür, daß opportunistisches Verhalten Kooperation nicht wieder zerstören kann.[120] Der Institution der „Rechtsordnung" und den Organisationen zu ihrer Überwachung und Durchsetzung kommt daher besondere Bedeutung zu. Den Staat kostet es vergleichsweise wenig, die Institutionen „Eigentum" und „Einhaltung von Verträgen" zu schützen. Der Nutzen für die Gesellschaft aus diesen „Institutionen" ist ungleich höher.[121] Die Kosten der Bereitstellung und Nutzung von z.B. nationalen Organisationen, wie dem Staat, und internationalen Organisationen können als politische Transaktionskosten angesehen werden. Die Existenz von Recht macht umgekehrt Vertrauenserweise aufgrund der Risikoverminderung durch das Recht stärker rational begründbar.[122]

Andererseits beeinflußt die der staatlichen Grundordnung zugebilligte Legitimität die Anreizstruktur zu opportunistischem Handel.[123] Die individuelle Bewertung von Fairneß und Gerechtigkeit bestimmt den Legitimitätsgrad der Grundordnung. Für das Bestehen der Organisation „Staat" sind daher „Institutionen" im sittlichen Bereich grundlegend. Die „moral community" des Staates bedarf der „moral order" seiner Bürger, um bestehen zu können. In diesen „Institutionen" finden die gesellschaftliche Werteordnung und die vorherrschende Ideologie ihren Ausdruck.[124] „Herrscht gegenseitiges Vertrauen, werden Verfügungsrechte respektiert, bestehen relativ einheitliche Vorstellungen über faire und gerechte Lösungen im Konfliktfalle, dann sind die Transaktionskosten niedrig. Die instrumentale Rolle der gesellschaftlichen Moral und mit ihr des Vertrauens in das Wort des anderen muß in diesem Licht gesehen werden."[125] Da gewisse „Institutionen" den Staat als Schutzmacht erfordern oder zumindest durch seine Intervention an Effizienz gewinnen können, wird zwar die Bedeutung von „Organisationen" für die Funktionsfähigkeit der Marktwirtschaft unterstrichen. Dennoch kann durch zunehmend kompliziertere staatliche „Organisation" die Kraft gemeinsamer Werte und der auf ihnen beruhenden „Institutionen" geschwächt werden.[126]

Gemeinsame Wertegrundlagen, Ideale und kulturelle Traditionen bilden über die „Institutionen" und die Arten der „Organisationen", die sie hervorbringen, eine häufig unausgesprochene Voraussetzung für wirtschaftliche Integration.[127] Erst diese Voraus-

---

119 Vgl. *Radnitzky* (1984), S. 20.

120 In Anlehnung an *Dicke* (1991), S. 162.

121 Vgl. *Radnitzky* (1984), S. 18.

122 Vgl. *Luhmann* (1989), S. 37.

123 In Anlehnung an *North* (1981), S. 54 und S. 44.

124 Vgl. *North* (1981), S. 49 f.

125 Zit. *Richter* (1994), S. 9.

126 Vgl. *Meyer-Cording* (1989), S. 6.

127 Vgl. *Schüller/ Weber* (1993), S. 448 f., siehe auch Abbildung 1.

setzung stellt Integrationsbemühungen auf eine ausreichende Legitimationsbasis und verleiht ihnen die erforderliche Durchdringungskraft.[128] Konsens entwickelt sich, wenn Individuen gleichartige Erfahrungen sammeln und diese auf ähnliche Weise deuten. „Ideologien", die auf Konsens beruhen, können in Grenzen als ein Substitut für formale Regeln und Prozeduren angesehen werden.[129] Konsens über institutionelle Regeln gibt einen Hinweis auf ihre Effizienz.[130] Ein Gemeinschaftsbewußtsein bildet sich erst nach und nach heraus. Die gemeinsame rechtsstaatliche Tradition Europas ist ein wichtiges Bindemittel. Dabei kann die Kultur des Konsens innerhalb der Unternehmen und insgesamt in der Gesellschaft stark variieren.[131] Die Sprachenvielfalt erschwert europaweit die Bildung einer öffentlichen Meinung und die Entstehung eines Systems von intermediären Vermittlungsinstanzen zwischen Individual- und Gesamtinteressen.[132]

Für die Durchsetzung und Anwendung von Recht sind an erster Stelle Gerichte verantwortlich. Ihr Verhalten weist normalerweise verhältnismäßig große Unabhängigkeit gegenüber speziellen Interessen auf.[133] Den Richtern kommt in manchen Rechtssystemen auch die Aufgabe der Rechtsweiterentwicklung zu. Aufgrund seiner Bindung an Präzedenzfälle wird vermutet, daß Richterrecht, wie z. B. das *common law*, größere Rechtssicherheit vermittelt.[134]

Für den internationalen Handel ist die Summe der rechtlichen und moralischen Prinzipien ebenfalls grundlegend. Die Institution der Vertragstreue, ausgedrückt in der Maxime „Pacta sunt servanda", beschreibt durch ihren Geltungsbereich das mögliche Ausmaß internationalen Wirtschaftsverkehrs und verweist auf die sittliche Ordnung zurück.[135] Internationale Organisationen, auf die Nationalstaaten gemeinschaftliche Aufgaben delegieren, tragen durch die zwischenstaatlichen Kooperationsmuster zu einer Mäßigung der anarchistischen Struktur des Staatensystems bei. Die Existenz von internationalen Organisationen entscheidet über die Wirksamkeit von Streitschlichtungs- und Sanktionsmechanismen.[136] Letztendlich sorgen internationale Organisationen für eine Verringerung des *free-rider* Dilemmas. So stellt sich die Frage nach der Bedeutung von internationalen Organisationen im Wettbewerb der Staaten untereinander.[137]

---

128 Vgl. *Bellers/ Häckel* (1990), S. 301.

129 In Anlehnung an *North* (1981), S. 205.

130 Vgl. *Klein* (1994), S. 144.

131 Vgl. *Hodges/ Woolcock* (1993), S. 332.

132 Vgl. *Leipold* (1993), S. 66.

133 Vgl. *North* (1981), S. 47.

134 Vgl. *Scully* (1988), S. 653.

135 Vgl. *Röpke* (1966), S. 40.

136 Vgl. *Gröner/ Schüller* (1989), S. 433 im Vergleich von GATT und EuGH.

137 Vgl. *Bellers/ Häckel* (1990), S. 289.

2.4. Marktwirtschaft und Institutionen

Im Hinblick auf Marktwirtschaften ist zwischen inneren, äußeren und neutralen „Institutionen" unterschieden worden.[138] Ihre primäre Wirkung liegt in der Senkung bestimmter Transaktionskosten, wie der Verhandlungs- und Durchsetzungskosten. Die Ausgestaltung von „Institutionen" und „Organisationen" hat erheblichen Einfluß auf die komparativen Vor- und Nachteile einer Wirtschaft, da sie wirtschaftliches Handeln einerseits stützen und andererseits beschränken.[139] Damit das sich Handeln von einer Vielzahl Individuen koordinieren kann, bedarf die marktwirtschaftliche Ordnung einer Reihe von Institutionen:[140] Auch moralische und ethische Normen haben sich als Voraussetzung für das Funktionieren von Wirtschaftssystemen erwiesen.[141] Vertragstreue, Respekt des Eigentums, Haftung und die Bereitschaft, für die Konsequenzen seiner Handlungen einzustehen, Hochschätzung der Leistungsbereitschaft und Wertschätzung des Verantwortungsbewußtseins.[142] Da die meisten diskreten Transaktionsakte in ein soziales Bindungsgefüge eingebettet sind, erlaubt erst die Existenz nicht-vertraglicher Elemente es dem handelnden Individuum, das Risiko einer vertraglichen Abmachung einzugehen.[143] In sich wiederholenden, persönlichen Austauschbeziehungen kann persönliches Vertrauen die Basis für die Beachtung von moralischen Mindestanforderungen legen.[144] Für die einzelne Transaktion nimmt die Bedeutung des persönlichen Vertrauens erheblich ab, sofern auf die Durchsetzung dieser Institutionen vertraut werden kann. Die sittlichen Grundlagen haben so den Rahmen geschaffen, in dem sich wirtschaftliche Institutionen in einem evolutionären Prozeß herausbilden konnten. Über Jahrhunderte wurden die grundlegenden moralischen Voraussetzungen für diese „Institutionen" von den Religionen aufrechterhalten. Dagegen ist die moralische Grundlage offener Großgesellschaften Toleranz.

---

138 Innere „Institutionen" bilden sich im Austausch mit anderen Individuen innerhalb des Marktes, um bestimmten Erfordernissen des Marktes zu genügen. Äußere „Institutionen" konstituieren den Markt. Sie sind seine Voraussetzungen und werden, meist mit Zwangsgewalt ausgestattet, in der Rechtsordnung verankert. Ihre Entstehung läßt sich endogen erklären. Zu nennen sind die Eigentumsordnung und Mechanismen zur Sicherung der Erfüllung und Durchsetzbarkeit von Verträgen. In einer dritten Kategorie werden „neutrale" Institutionen zusammengefaßt, die „der Staat der Wirtschaft zur Verfügung stellt und deren Benutzung durch die Wirtschaftssubjekte freiwillig ist." Ihr Hauptzweck liegt in der Standardisierung von Transaktionen. Gerade diese „neutralen" Institutionen können marktinkonform sein, da sie Wirkungen über den Einzelfall hinaus anstreben, ohne zwangsläufig generell anwendbar zu sein. Dabei können sie gleichwohl gesellschaftskonform sein (zit. *Lachmann* (1963), S. 63-77; auch *Vanberg* (1994), S. 44, *Bernholz/ Faber* (1986), S. 38, *North* (1981), S. 17 und S. 37).

139 Vgl. *Hayek* (1980), S. 26, auch *Matzner* (1990), S. 55.

140 Vgl. *Lachmann* (1963), S. 63; auch *Matzner* (1990), S. 55.

141 Vgl. *North* (1981), S. 47.

142 Vgl. *Hoppmann* (1990), S. 19-23; vgl. auch *Richter* (1994), S. 13, S. 20 f., S. 35, S. 28.

143 Vgl. *Willke* (1993), S. 22.

144 Vgl. *Vanberg* (1992), S. 376 f.

In diesem Zusammenhang sei auch die Bedeutung von Institutionen wie der der Familie für die Stabilität gesellschaftlicher Prozesse und die Reproduktion von Humanvermögen erwähnt. Die individuelle Prägung hinsichtlich Verläßlichkeit, Sittlichkeit, Kreativität, Lernfähigkeit, Wissen oder Effizienz ist in erster Linie ein Ergebnis des persönlichen Engagements und der Umwidmung von Ressourcen in der Familie.[145] Diese „Institution" erreicht durch Erziehung die Durchsetzung kultureller und sittlicher Normensysteme.[146]

2.5. Zusammenfassung

Sowohl durch „Institutionen" als auch durch „Organisationen" kann „Ordnung" in dem Sinne erzeugt werden, daß der einzelne Vertrauen auf die Stabilität und Wiederkehr einzelner Erscheinungen im Zusammenspiel mit anderen erwarten kann. Einigermaßen komplexe Gesellschaften bemühen beide Ordnungsprinzipien, wenn sie auch nicht beliebig mischbar sind. „Es ist die Art und Weise, in der die beiden Prinzipien kombiniert werden, die das Wesen der verschiedenen sozialen und wirtschaftlichen Systeme bestimmt."[147]

Marktwirtschaft beruht generell auf „Institutionen". Diese „Institutionen" finden ihren Halt in moralischer und - in offenen Gesellschaften zusehends - in rechtlicher Verankerung. Vertrauen in die Person des Mitspielers aufgrund von persönlicher Kenntnis muß aufgrund der wachsenden Anonymität durch Vertrauen in die „Institutionen" und die „Organisationen" ersetzt werden. Dieses Vertrauen wird durch die Legitimität der „Institution" oder der „Organisation" begründet.

Die Privatrechtsordnung und die „Organisationen" des Staates, die mit der Durchsetzung von Regeln betraut sind, werden somit zur Voraussetzung der Marktwirtschaft in großen Gesellschaften. Die Legitimität seiner Grundlagen sichert den Konsens. Sie ist ihrerseits wieder über die individuelle Abwägung von Fairneß und Gerechtigkeit im sittlichen Subsystem einer Gesellschaft verwurzelt. Insofern kommt gemeinsamen Wertgrundlagen, Idealen und kulturellen Traditionen auch in offenen Gesellschaften ein hohes Gewicht zu.

Kulturelle Evolution ist nicht nur kompatibel mit der Vorstellung bewußter Regelgestaltung; im Gegenteil sie muß der Gestaltung von „Regeln" und „Institutionen" eine wesentliche Rolle einräumen.[148] „In jeder Gruppe von Menschen außer den allerkleinsten beruht die Zusammenarbeit stets sowohl auf spontaner Ordnung als auch auf bewußter Organisation."[149]

---

145 Vgl. *Krüsselberg/ Strätling* (1993), S. 419 f.

146 Vgl. *Witt* (1988), S. 78.

147 Zit. *Hayek* (1963), S. 17.

148 In enger Anlehnung an *Vanberg* (1994), S. 39.

149 Zit. *Hayek* (1980), S. 69.

3. Ordnung, Ordnungsformen, Ordnungstrukturen

3.1. Allgemeine Gesichtspunkte

Das gesellschaftliche Zusammenleben von Menschen läßt sich als ein soziales Gesamtsystem begreifen, das in mehrerer Teilsysteme untergliedert werden kann.[150] Dabei wird die charakteristische Struktur eines Wirtschaftssystems durch die ihr innewohnende Informationsstruktur, ihre Entscheidungsstruktur und ihre Motivationsstruktur beschrieben.[151] Wirtschaftssysteme sind die idealtypischen Grenzfälle konkreter Ordnungsformen.[152]

3.1.1. Begriffliche Abgrenzungen

Als Ordnung kann ein Zustand bezeichnet werden, in dem ein zweckmäßiges Zusammenwirken einer Vielheit von Elementen gewährleistet ist.[153] Eine Ordnung wird bezeichnet durch das Netz von Regeln, Normen, Institutionen und Organisationen, die sich - kodifiziert oder auch nur akzeptiert - zum Zwecke der Steuerung eines Systems herausgebildet haben.[154] Dabei können solche Regelsysteme als soziale Instrumente für die Lösung von wiederkehrenden Problemen angesehen werden.[155] Wesentliche Regelmäßigkeiten im menschlichen Zusammenleben beruhen auf der Tatsache, daß die Individuen in einer auf Arbeitsteilung beruhenden Gesellschaftsordnung im allgemeinen arbeiten müssen, um ein Einkommen zu erwirtschaften.[156]

Eine Wirtschaftsordnung besteht in der Definition von *Eucken* „in der Gesamtheit der Formen, in denen die Lenkung des alltäglichen Wirtschaftsprozesses in concreto erfolgt."[157] Diese Teile können als politisch-rechtliche, kulturell-moralische und wirtschaftliche Ordnung zwar getrennt benannt werden, sind aber aufeinander bezogen und interdependent.[158] Wirtschaftsordnungen sind sittliche, rechtliche und morphologische Gebilde in einem komplementären sowie substitutiven Verhältnis zueinander.[159] Die

---

150 Vgl. *Gutmann/ Klein/ Paraskewopoulos/ Winter* (1979), S. 1.

151 Vgl. *Gutmann* (1993), S. 34 und S. 38. Vgl. auch *Arrow* (1985), S. 303, der für Unternehmen dieselbe Unterscheidung vornimmt.

152 Vgl. *Kloten* (1955), S. 123.

153 Vgl. *Giersch* (1991), S. 7. *Hayek* (1980), S. 57 meint zum Begriff der „Ordnung" (zit.): „Ordnung ist ein unentbehrlicher Begriff für die Diskussion aller komplexen Erscheinungen, in der er weitgehend die Rolle spielen muß, die der Begriff des Gesetzes in der Analyse einfacher Erscheinungen spielt."

154 Vgl. *Häberle* (1992), S. 17.

155 Vgl. *Vanberg* (1992), S. 376.

156 Vgl. *Hayek* (1963), S. 11 f. und *Hayek* (1945), S. 103f.

157 Zit. *Eucken* (1948), S. 62.

158 Vgl. *Gutmann* (1990a), S. 95 und *Hensel* (1965), S. 6.

159 Vgl. *Hensel* (1963), S. 48.

Sitten und Gebräuche, ebenso wie das Netz der herrschenden Gesetze und Normen eröffnen und beschränken Freiheitsräume individueller Handlung. In morphologischer Hinsicht werden hauptsächlich die Formen der Planung, des Eigentums, der Märkte (Formen des Tausches und der Preisbildung), der Geldversorgung (Formen der Entstehung von Tauschmitteln) und der Unternehmensverfassungen (Formen der betrieblichen Willensbildung und der einzelwirtschaftlichen Zielsetzung) unterschieden. Diese Formen, die sowohl durch bewußt gestaltete als auch durch historisch gewachsene moralische, traditionelle und rechtliche Regeln konkret ausgeprägt sind, bestimmen die konkrete Ausgestaltung der Entscheidungs-, Informations- und Motivationsstruktur einer spezifischen Wirtschaftsordnung.[160]

Auf einer höheren Betrachtungsebene kann man von einer internationalen Ordnung sprechen, sofern auch hier ein zweckmäßiges Zusammenwirken einer Vielheit von Elementen sichergestellt ist. Auf dieser Ebene erscheint der Nationalstaat selbst als eine Ordnungsform, die in gewissen Grenzen zur Disposition steht.[161] Die eigentliche Aufgabe einer internationalen Ordnung, ihre besondere Leistung, liegt in der Begrenzung der staatlichen Souveränität.[162] Im Prozeß der wirtschaftlichen Integration, als einer Form internationaler Ordnungswerdung, muß daher die Frage nach der erforderlichen organisatorischen Ausgestaltung beantwortet werden, um dieses Souveränitätsproblem zu überwinden.[163]

3.1.2. Funktionen der Wirtschaftsordnung

In abstrakten Großgesellschaften ist die Koordinationsleistung der Wirtschaftsordnung zuallererst hervorzuheben.[164] Marktprozesse erscheinen hier als kommunikative Akte.[165] Die bestmögliche Nutzung des Wissens unzähliger Bürger setzt „dezentralisierte und föderative Entscheidungsbefugnisse und entsprechende Informations-, Motivations- und Kontrollstrukturen" voraus.[166] Die Fügung der Einzelpläne zu einem koordinierten Ganzen bestimmt die Lösung des Lenkungsproblems.[167] Aufgrund ihrer informationssparenden Wirkung erweisen sich abstrakte Spielregeln als nützlich.[168] So

---

160 Vgl. *Gutmann* (1993), S. 40 f.

161 Vgl. *Buchanan* (1963), S. 250.

162 Vgl. *Willgerodt* (1989), S. 401 in Anlehnung an *Röpke* (1959), S. 77 f.; ebenso *Willgerodt* (1989), S. 407.

163 Vgl. *Meyer-Cording* (1989), S. 4 f.

164 In Anlehnung an *Eucken* (1948), S. 62. Soziale Mißstände brauchen daher nicht zwangsläufig auf den bösen Willen einzelner zurückgeführt werden, oder auf Inkompetenz und Konspiration, sondern können ihre Begründung in unzureichenden Koordinationsleistungen der Gesamtordnung finden (*Tietzel* (1990), S. 252 f.).

165 Vgl. *Wegner* (1992), S. 44.

166 Zit. *Schüller* (1991), S. 11.

167 Vgl. *Gutmann* (1993), S. 23-26.

168 Vgl. *Tietzel* (1990), S. 257-259.

entscheidet die Ordnung einer Wirtschaft über ihre Leistungsfähigkeit. Sie bestimmt die maximalen Zuwachsraten an Wissen und Technologie.[169]

Aufgrund der durch die Wirtschaftsordnung gewährten Freiheitsrechte ergeben sich Situationen widerstreitender Einzelinteressen, die in Übereinstimmung gebracht werden müssen, um die Koordinationsaufgabe erfüllen zu können. Aus der jeweiligen Wirtschaftsordnung ergeben sich bestimmte Verhaltensmuster.[170] Die Erreichung eines solchen Interessenausgleichs ist daher eine weitere Hauptfunktion der Wirtschaftsordnung.[171] Im besonderen handelt es sich um die Lösung des Machtproblems und des Verteilungsproblems.[172] Dabei zeigt sich eine hohe Interdependenz der „Regeln" und „Institutionen".[173] Das Verteilungsproblem wirkt über die Motivationsstruktur auf die Lösung des Leistungsproblems.[174] Insbesondere die Eigentumsstruktur legt nicht nur fest, welches Individuum jeweils verfügungsberechtigt ist, sondern schafft gleichzeitig Leistungsanreize.[175] Die jeweilige Eigentumsordung ist eine konkrete Lösung des Verteilungsproblems der jeweiligen Wirtschaftsordnung.

Damit das Koordinations- sowie das Verteilungs- und Machtproblem zufriedenstellend gelöst werden, verlangt eine marktwirtschaftliche Ordnung, daß eine Vielheit unverbundener Individuen einheitlichen Rahmenbedingungen unterworfen sind.[176] Die Verläßlichkeit der Rahmenbedingungen ist notwendig, damit sich Wettbewerb entwikkeln kann.[177] Hierin zeigt sich die Ordnungsfunktion gemeinsamer „Regeln".[178] Zudem ist individuelle Handlungsfreiheit Grundbedingung für ein effizientes dezentrales Koordinationsverfahren. Ein Marktsystem entsteht erst, wenn seine Mitglieder gemeinsame Verhaltensregeln befolgen, ohne aber daß dem einzelnen positive Handlungsverpflichtungen auferlegt werden.[179] Durch diese informationsentlastenden „Regeln" und „Institutionen" ist die marktwirtschaftliche Ordnung in der Lage, als ein Entdeckungs- und Informationssystem zu dienen.[180]

---

169 Vgl. *North* (1981), S. 17.

170 Vgl. *Gutmann* (1990a), S. 96.

171 Vgl. *Hensel* (1963), S. 45 und 55.

172 Vgl. *Gutmann* (1993), S. 28-30.

173 In Anlehnung an *Tietzel* (1990), S. 263, der im Hinblick auf Konventionen argumentiert.

174 Vgl. *Gutmann* (1993), S. 26-28 in Zusammenhang mit S. 34.

175 Vgl. *Richter* (1994), S. 10 f.

176 Vgl. *Böhm* (1966), S. 85.

177 In Anlehnung an *Schlecht* (1991), S. 8.

178 Vgl. *Vanberg* (1992), S. 376.

179 Vgl. *Hoppmann* (1990), S. 5 f. und S. 15.

180 Vgl. *Radnitzky* (1984), S. 17.

3.2. Entwicklung von wirtschaftlichen Ordnungstrukturen

3.2.1. Entstehung von Ordnungstrukturen

Gemeinsame Regeln sind Voraussetzung für die Entstehung von Ordnung.[181] Jedoch nicht jede beliebige Regelmäßigkeit im Verhalten gewährleistet eine Gesamtordnung. Manche regelmäßigen Verhaltensweisen können sogar die Entstehung einer Gesamtordnung unmöglich machen. Andererseits kann schon eine begrenzte Ähnlichkeit einzelner Reaktionen für die Bildung einer Ordnung allgemeiner Art ausreichend sein.[182] Bei komplexen, abstrakten Ordnungen ist generell damit zu rechnen, daß sie auf spontane Weise entstanden sind.[183] Geplante Ordnungen kennzeichnen dagegen in erster Linie „Organisationen".[184]

Damit eine auf evolutorisch entstandenen Regeln beruhende Ordnung funktioniert, bedarf es einer Abfolge von praktischem Experimentieren und Begreifen. Die Ordnung und das Einhalten der Spielregeln muß erst vom Individuum erlernt und trainiert werden.[185] Dies setzt wiederum Interesse und Anteilnahme an der Ordnung voraus; diese werden ihrerseits durch einen Vorgang gesellschaftlicher und politischer Erziehung begründet, insbesondere vermittelt durch die Familie und die Schule.[186] Das agierende Individuum kann und muß den durch die abstrakte Ordnung aufgespannten Funktionsraum erst „interpretieren" und so in die Wirklichkeit „übersetzen".[187] Dabei ist ein enges Zusammenspiel von „äußerer" und „sittlicher" Ordnung vonnöten.[188]

---

181 Vgl. *Hayek* (1963), S. 11 und *Hayek* (1980), S. 66.

182 Grundlegend *Hayek* (1980), S. 57-76. Das Konzept der „spontanen Ordnung" ist in dieser Form von *Hayek* in die Wirtschaftswissenschaft eingebracht worden. Zu Bedeutung und Stellung dieses Konzeptes im Werke von *Hayek* vgl. *Zeitler* (1995), S. 30-65. Vgl. auch *Sugden* (1989), S. 85 und *Radnitzky* (1984), S. 16, der dazu die Vermutung ausspricht, „daß eine spontane Ordnung auch Eigenschaften besitzt, die sich nicht völlig auf individuelle Handlungen und Interaktionen von Individuen reduzieren lassen."

183 Wenn diese Ordnung ohne menschliche Planung zustandegekommen ist, kann man von einer „spontanen" Ordnung sprechen (*Hayek* (1963), S. 4), wobei *Hayek* betont, daß spontane Ordnungen nicht notwendig komplex sein müssen, „aber im Gegensatz zu beabsichtigten menschlichen Anordnungen können sie jeden Grad von Komplexität erreichen." (zit. *Hayek* (1980), S. 61).

184 Vgl. *Klein* (1994), S. 141.

185 Vgl. *Böhm* (1966), S. 100-102.

186 Vgl. *North* (1981), S. 46 f.

187 Vgl. *Häberle* (1992), S. 18.

188 Von einer „sittlichen" Ordnung kann man sprechen, wenn die Koordination der Individuen in sozialer Interaktion auf der Tatsache beruht, daß sich die Individuen als sittlich gleichberechtigte Partner ansehen, ohne daß dies auf einer Loyalität gegenüber einer Gruppe oder Gemeinschaft beruhen muß. Dagegen liegt sittliche Anarchie dann vor, wenn sich der einzelne des anderen nur als Mittel bedient, um die eigenen Ziele durchzusetzen. Die „äußere" Ordnung in Form des Rechtes und anderer sozialer oder wirtschaftlicher Disziplinierungs-

Der „Markt" selbst ist eine solche spontane Ordnung, die ohne bewußten menschlichen Gestaltungswillen in die Welt getreten ist.[189] Voraussetzung für das Funktionieren eines Marktes ist die Verhinderung von Gewalt, Betrug ebenso wie der Schutz von Eigentum und der Rechtstitel aus Verträgen.[190] Dazu gehört insbesondere die Institution des „Eigentums" an sich ebenso wie die darauf aufbauende Eigentumsordnung einer Gesellschaft.[191] Weitere Kernelemente der marktwirtschaftlichen Ordnung bilden: Handlungsfreiheit des Individuums, Eigenverantwortung für Handlung und Unterlassen, Ungehinderter fairer Wettbewerb der Ideen, Menschen, Produkte - im internationalen Verkehr selbst von Staaten, sowie soziale Absicherung, die im Einzelfall vor dem Absturz bewahrt.[192] Das Mischungsverhältnis von öffentlicher und privater Wirtschaftsführung gibt der realen Wirtschaftsordnung dabei ihr bestimmtes Gepräge.[193] Die Normen, die soziale Sicherheit, sozialen Ausgleich und sozialen Frieden regeln, können als Sozialordnung aufgefaßt werden und sind Teilstück der Wirtschaftsordnung selbst.[194] Sozialpolitik sichert die Akzeptanz einer Wirtschaftsordnung und gewährleistet so ihre Lebensfähigkeit.[195]

3.2.2. Entwicklung von Ordnungstrukturen

In der evolutionären Ökonomik werden Wirtschaftssysteme als Teil und Ergebnis der sozialen Evolution angesehen. Sie sind in die Umwelt politischer und sozialer „Institutionen" eingebunden.[196] Die Stabilität von spontanen Ordnung hängt von ihrer Fähigkeit ab, Regelsysteme, d.h. „Institutionen" zu bilden, die von den beteiligten Individuen befolgt werden, um das Ordnungsmuster aufrechtzuerhalten. Auf Tradition beruhende „Regeln" und Ordnungen bedürfen der Einübung. Wenn Brauch und Bedeutung auseinanderfallen, verschwinden traditionelle „Regeln" wieder.[197] „Obwohl also die Regeln des gerechten Verhaltens wie der Ordnung der Handlungen, die durch sie ermöglicht wird, zunächst das Produkt spontanen Wachstums sind, erfordert ihre schrittweise Vervollkommnung die bewußten Bemühungen von Richtern (oder von anderen Rechtsge-

---

wirkungen sind dann der verbleibende Garant für die Lösung der Koordinationsaufgaben der Gesellschaft. Es darf auch festgehalten werden, daß „soziales Verhalten ganz wesentlich durch die in der Gemeinschaft entwickelten Normen bestimmt (wird), deren Einhaltung meist sorgfältig kontrolliert wird." (zit. *Klein* (1994), S. 147. Auch. *Hensel* (1963), S. 44 und *Buchanan* (1985a), S. 109 f.)

189 Vgl. *Sugden* (1989), S. 86.

190 Vgl. *Hayek* (1976d), S. 145.

191 Vgl. *Radnitzky* (1984), S. 16, und *Sugden* (1989), S. 86.

192 Vgl. *Giersch* (1991), S. 7 f.

193 Vgl. *Kloten* (1955), S. 128.

194 Vgl. *Gutmann* (1993), S. 73.

195 Vgl. *Müller* (1990), S. 22.

196 Vgl. *Klein* (1994), S. 139 und S. 142 f.

197 Vgl. *Heusser-Markun* (1997), S. 37.

lehrten), die das bestehende System durch Aufstellung neuer Regeln verbessern."[198] Die Notwendigkeit einer Formalisierung der traditionellen „Regeln", insbesondere im Hinblick auf das Recht, kann sich aus der steigenden Komplexität der Interaktionen, und somit häufiger auftretenden Streitigkeiten, ergeben.[199] Der Wirtschaftsprozeß selbst schafft Bedürfnisse für weitere „Institutionen".[200] Im kulturellen Auswahlprozeß werden Ordnungstrukturen selektiert, welche die Gruppe, die ihnen folgt, erfolgreicher macht als Gruppen, die anderen Ordnungstrukturen verhaftet sind.[201] Der Erfolg einer Ordnung kann darin gemessen werden, in welchem Ausmaß die Gruppe, in der die Ordnung gilt, durch Zustrom zu der Gruppe oder durch Imitation der Ordnung in anderen Gruppen wächst.[202]

Interessierte Individuen oder Gruppen suchen die Ordnungstrukturen in ihrem Interesse zu verändern.[203] Wirtschaftliche und politische Unternehmer sowie Gruppen und Organisationen versuchen eine Veränderung der geltenden Ordnungstrukturen herbeizuführen.[204] „Die Ordnung der Struktur resultiert also aus einem Prozess. (...) Das Ganze ist nicht nur ein *selbsterhaltender Prozess* (...), sondern auch ein *selbstreferentieller Prozess* (...), weil sich das Ganze nur aus selbst-assoziierenden Teilen, und deren integrales Prozessverhalten nur aus dem Ordnungsparameter erklärt."[205] „Institutionelle" Neuerungen sind dabei nicht ausschließlich die Folge krisenhafter Entwicklungen, sondern resultieren auch aus Neugier und Experimentierfreudigkeit der betroffenen Individuen.[206] Als entscheidender Motor des institutionellen Wandels muß der Wettbewerb von individuellen Handlungen, „Institutionen" und politischen Systemen gelten.[207] Während die herbeigeführten Anpassungen an die Wunschvorstellungen der interessierten Kreise ein inkrementieller Suchprozeß nach in der kurzen Sicht gewinnbringenden alternativen Ordnungstrukturen ist, wird die unbeabsichtigte Folge dieser kleinen Veränderungen die Ausprägung eines langfristigen Entwicklungspfades eben

---

198 Zit. *Hayek* (1980), S. 140.

199 In Anlehnung an *Willgerodt* (1992b), S. 26 f.

200 Daneben vermittelt der Markt gleichzeitig Anreize zum Einsatz individueller Orientierungsleistung. „Insbesondere ist der Markt nicht einfach nur ein System verwirklichter Normierung, er leistet vielmehr neben dem schon angesprochenen Anreiz zur Ausdifferenzierung auch einen Beitrag zu weiterer Normierung, so etwa über den Zwang zur Anpassung an veränderte Trends, neue Technologien, effizientere Organisationsstrukturen etc." (zit. *Blaseio* (1986), S. 251).

201 Vgl. *Radnitzky* (1984), S. 16, ebenda zit.: „Kurz, *Regelselektion erfolgt durch Gruppenselektion.*"

202 Vgl. *Radnitzky* (1984), S. 22 unter Bezug auf *Hayek*. Vgl. die Kritik der Meßbarkeit bei *Klein* (1994), S. 143.

203 Vgl. *Wallis* (1989), S. 98.

204 Vgl. *North* (1989), S. 242.

205 Zit. *Dopfer* (1990), S. 25.

206 Vgl. *Witt* (1988), S. 80.

207 Vgl. *North* (1981), S. 6 f.; so auch *Streit* (1995), S. 113.

der Ordnungstrukturen ergeben. Gleichzeitig läßt ein solches Verständnis auch die Bedeutung der historischen Gegebenheiten und Ausgangspositionen für die weitere Entwicklung von Ordnungstrukturen hervortreten.[208]

Folgendes Erklärungsschema unterscheidet zwischen primären und sekundären „Institutionen".[209] Die Änderungen von Situationsfaktoren führen über die Aktivierung von Transmissionsmechanismen zu Anpassungen bestehender oder zur Schaffung neuer „Institutionen" oder „Regelsysteme".entwerfen.

Modell 2: Einwirkung primärer auf sekundäre „Institutionen"

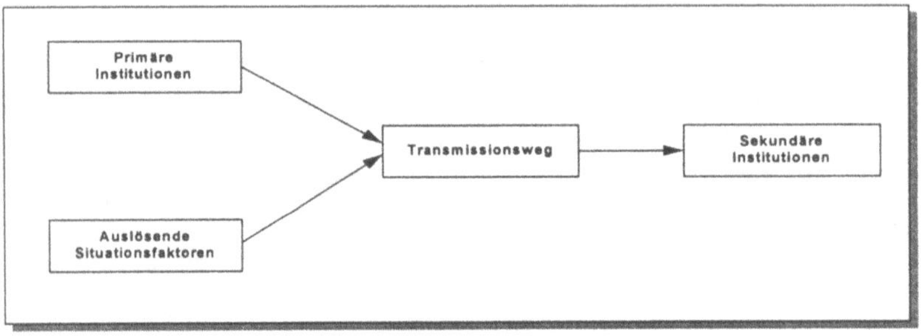

In einem weiteren Sinne können grundlegende „Regeln" und „Institutionen" der Wirtschaftsordnungen, ja selbst Verfassungen als „primäre Institutionen" aufgefaßt werden. Organisierte Transmissionswege sind in vielen Fällen die jeweiligen Gesetzgebungsprozesse, die zu sekundären „Institutionen" in Form von Gesetzen führen. Auslösende Faktoren sind dann reale oder befürchtete Verschiebungen der politischen Konstellationen aufgrund von Interessenveränderungen.

In einer Sequenz werden diese Gesetze zu primären „Institutionen", die dann zusammen mit bestimmten Marktkonstellationen über verschiedene Transmissionswege zu privatwirtschaftlichen Organisationsformen führen. Solche Organisationsformen verändern die Wettbewerbsfähigkeit des einzelnen Unternehmens und aufgrund der einzelwirtschaftlichen Resultate in der Summe die ursprüngliche Marktkonstellation. Dies kann wiederum zu Reaktionen der betroffenen Wirtschaftsteilnehmer führen, die sich politisch organisieren und versuchen, Einfluß auf die politische Konstellation auszuüben. Schließlich ist es nicht auszuschließen, daß der Gesetzgebungsprozeß selbst in den Marktprozeß eingreift, um die Marktkonstellationen zu verändern. Sollte der iterative Prozeß nicht zu den geforderten und erwünschten Wirkungen führen, ist durchaus anzunehmen, daß der Prozeß in einer Veränderung der Verfassung mit dem Ziel einer Änderung des Gesetzgebungsprozesses endet oder sogar in einer Anpassung der grundlegenden wirtschaftlichen Rahmenordnung, d.h. der Wirtschaftsverfassung selbst.

---

208 Vgl. *North* (1989), S. 242.

209 Vgl. in Anlehnung *Gäfgen* (1983), S. 34 f.

Zur Verdeutlichung sei dieser Prozeß im folgenden graphischen Modell abgebildet.

Modell 3: Prozeß des Wandels von Ordnungen[210]

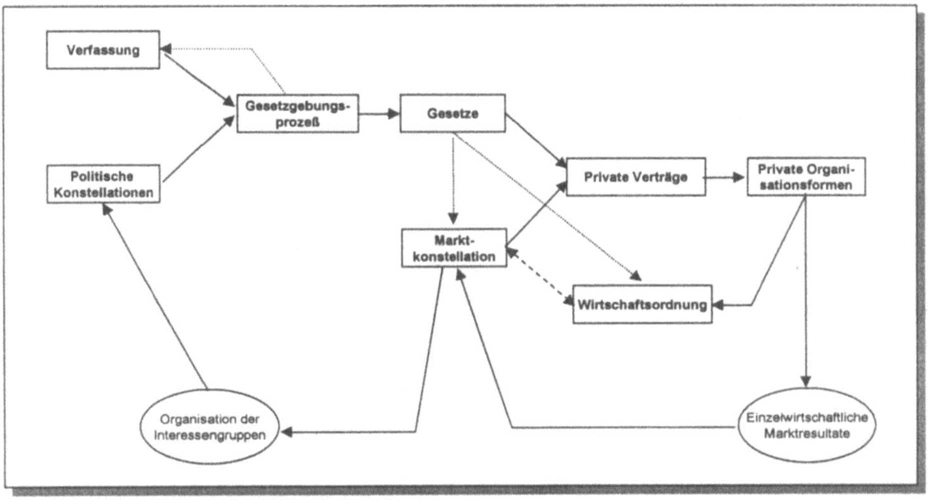

Wie gesellschaftliche Integration überhaupt, wird die Dynamik von Ordnungstrukturen durch den Kontakt- und Erlebniszusammenhang der beteiligten Individuen ausgelöst.[211] Völlig neue „Institutionen" innerhalb der wirtschaftlichen Integration bedürfen einer allgemeinen Verhaltenskonvergenz. Der Kontakt- und Erlebniszusammenhang bezieht sich auf die wirtschaftlichen Transaktionen ebenso wie auf Erfahrungen mit den politischen Organisationen. Zu den Wandel auslösenden Situationsfaktoren können u.a. gezählt werden: Veränderungen des Reallohnes, Änderungen der relativen Faktorknappheiten, technologische Neuerungen, Änderungen der Präferenzen, Änderungen des sozialen Systems und Verteilungsänderungen.[212] Diese Erlebnisgemeinschaft könnte sich als zentrale Bedingung für einen andauernden Integrationserfolg erweisen.[213] Aus einem ähnlichen Grunde, aus dem sich „Konventionen" in „soziale Normen" verwandeln, entwickeln sich Spielregeln tendenziell im Laufe der Zeit zu inhaltlichen Normen, insbesondere wenn sich die ursprünglichen Bedingungen inzwi-

---

210 Dieser Prozeß ist geschildert unter Erweiterung der Graphik in *Gäfgen* (1983), S. 36.

211 Vgl. *Meyer-Cording* (1989), S. 2.

212 Dabei brauchen die notwendigen Anpassungen nicht unbewußter und spontaner Natur zu sein, obgleich sie es zum Teil sein werden (*Gäfgen* (1983), S. 36-39 und S. 46).

213 Vgl. *Meyer-Cording* (1989), S. 6, der den Gedanken jedoch negativ wendet.

schen geändert haben.[214] Als der hauptsächliche Auslöser von institutionellem Wandel können politische Konflikte um Verteilungseffekte angenommen werden.[215]

3.3. Zusammenfassung

Durch Ordnung wird ein zweckmäßiges Zusammenwirken einer Vielheit von Elementen sichergestellt. Daher ist die Koordinationsleistung einer Wirtschaftsordnung das herausragende Funktionselement. Unter einheitlichen Rahmenbedingungen können die unverbundenen Individuen ihren jeweils persönlichen Zielen nachstreben und Wettbewerbsprozesse austragen. Die Fähigkeit einer Wirtschaftsordnung, dabei einen Interessenausgleich zwischen verschiedenen Mitgliedern zu befördern, entscheidet über die Lösung des Macht- und Verteilungsproblems. Die von der Gesellschaft einer Ordnung zugesprochene Legitimität hängt zu einem großen Teil von der Bewältigung dieser Aufgaben ab. Auf die Höhe der anfallenden Transaktionskosten haben „Regeln" und „Institutionen" und die Art ihrer Ausgestaltung und ihres Zusammenwirkens innerhalb einer Ordnung einen großen Einfluß. Die Güte der Lösung dieser Hauptfragen durch eine Wirtschaftsordnung entscheidet über die wirtschaftliche Leistungsfähigkeit einer Gesellschaft als Ganzem.

Im gesellschaftlichen Zusammenleben läßt sich das konkrete soziale Gesamtsystem gedanklich unterteilen in eine politische-rechtliche, eine kulturelle-moralische und eine wirtschaftliche Ordnung –wie im folgenden kurz kurz skizziert. Das Netz der Sitten, Gebräuche, Normen und Gesetze eröffnet und beschränkt den Freiheitsraum individueller Handlung. In einem engen Wechselspiel interpretiert das agierende Individuum den aufgespannten Freiheitsraum der abstrakten Ordnung und übersetzt ihn durch die Handlung in die Wirklichkeit.

Damit eine Wirtschaftsordnung ihre Koordinationsleistung entfalten kann, sind Vorleistungen aus den beiden anderen (dem kulturell-moralischen und dem politisch-rechtlichen) Subsystem vonnöten. Aus dem politisch-rechtlichen Subsystem ist an erster Stelle die Bereitstellung von kollektiver Entscheidung, von Sicherheit und staatlichem Zwang zu nennen. Das kulturell-moralische Subsystem erstellt unter anderem Güter der Lern- und Kommunikationsfähigkeit, der Werte und Zielvorstellungen, aus denen vor allem die Motivationsstruktur resultiert. Das Einkommen aus der Betätigung im wirtschaftlichen Subsystem ermöglicht die Subsistenz des Individuums - und somit der Gesellschaft - und eröffnet den materiellen Freiheitsraum zur Verfolgung außerwirtschaftlicher Ziele und Bedürfnisbefriedigung.

---

214 Vgl. *Dahrendorf* (1972), S. 247 mit dem Beispiel der Sozialpolitik.

215 In Anlehnung an *Klein* (1994), S. 149.

Modell 4: Austauschbeziehungen der Subsysteme[216]

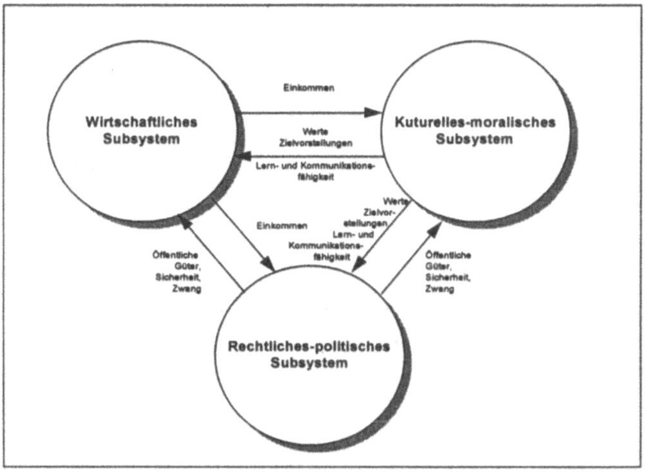

Die Hauptformen einer Wirtschaftsordnung aus einem morphologischem Blickwinkel sind im folgenden noch einmal zusammengefaßt:

Übers. 4: Ordnungsformen der Wirtschaftsordnung[217]

1. Formen der Planung
2. Formen des Eigentums
3. Marktformen
   a.) Formen des Tausches
   b.) Formen der Preisbildung
4. Formen der Geldversorgung (Formen der Entstehung von Tauschmitteln)
5. Unternehmensverfassungen
   a.) Formen der betrieblichen Willensbildung
   b.) Formen der einzelwirtschaftlichen Zielsetzung

Die konkrete Ausprägung dieser Formen in moralischen, traditionellen und rechtlichen Regeln bestimmt die Ausgestaltung der Entscheidungs-, Informations- und Motivationsstruktur einer spezifischen Wirtschaftsordnung. In der Zusammenschau ergibt sich für marktwirtschaftliche Wirtschaftsordnungen folgende Übersicht.

216 In Anlehnung an *Gutmann* (1993), S. 37.

217 In Anlehnung an *Gutmann* (1993), S. 41.

Übers. 5: Marktwirtschaftliche Wirtschaftsordnung[218]

Abstrakte Ebene	Informationsstruktur		
	Motivationsstruktur	Entscheidungsstruktur	Handlungsstruktur
Individuelle Ebene	Handlungsanreize	Regeln / Freiheiten: Handlungsmöglichkeiten	Einzelhandlung und Handlungsresultat
Gesellschaftliche Ebene	Kulturelles und moralisches Subsystem	Rechtliches und politisches Subsystem ↔	Wirtschaftliches Subsystem

Die Entwicklung von Ordnungstrukturen wird durch den Kontakt- und Erlebniszusammenhang der beteiligten Individuen ausgelöst. Dabei kommt es zu einem iterativen Prozeß wechselseitiger Beeinflussung von auslösenden Situationsfaktoren, primären „Institutionen" und „Regeln", die über Transmissionswege zusammenfließen in sekundären „Institutionen" und „Regeln". Die Richtung der Entwicklung wird durch die Aktivität von Interessengruppen innerhalb der bestehenden Rahmenbedingungen vorgegeben. In einem Austauschprozeß zwischen politisch-rechtlichem und wirtschaftlich-sozialem Subsystem werden die Ordnungstrukturen geformt. Sollte dieser Prozeß auf Dauer nicht zu befriedigenden Ergebnissen führen ist ein Eingriff in die primären „Institutionen" - gleichsam auf dem Verfassungsniveau - nicht auszuschließen. Es versteht sich, daß diese tiefgreifenden Prozesse das kulturelle-moralische Subsystem nicht unberührt lassen.

4. Wirtschaftliche Integration

4.1. Allgemeine Gesichtspunkte wirtschaftlicher Integration

Als „Integration" ist die Suche einer Vielheit von Individuen nach einem einigenden Zusammenschluß bezeichnet worden, „(...) also eine Entwicklung zu einem verbundenen und geordneten Zustand."[219] „Integration" in einem stärker soziologischem Sinne würde den evolutorischen Prozeß bezeichnen, in dem bei fortschreitender Ausdifferenzierung von Funktionen und Arbeitsteilung nahezu zusammenhanglose Gruppen zu einem „System kohärenter Heterogenität" zusammenwachsen. Während in einer ausschließlich wirtschaftlichen Betrachtung durch den Abbau von Barrieren schon eine ausreichende Voraussetzung für die Nivellierung von Preisunterschieden gelegt würde,[220] scheint es jedoch, daß es bei allen Einigungsbemühungen, die über eine bloße Zollunion hinausgehen, „eines in sehr tiefen geistig-moralischen Schichten wurzelnden Staats- und Gemeinschaftsbewußtseins" bedarf.[221] Für das Gelingen einer

---

218 Zusammenfassung auf der Basis von *Gutmann* (1993), S. 31-42.

219 Zit. *Meyer-Cording* (1989), S. 2.

220 Vgl. *Dicke* (1991), S. 162; dieser weist hier darauf hin, daß für die Erfassung der Integrationsprozesse in der EG der Begriffsapparat der Wirtschaftswissenschaft nicht ausreiche.

221 Zit. *Röpke* (1966), S. 46.

solchen weitergehenden „Integration" wird daher die Entstehung eines gemeinsamen Wert- und Normensystems als unabdingbar angesehen.[222]

Integration geht mit der Einschränkung nationaler Souveränität einher. „Diese Bereitwilligkeit, lieber gar keine Gesetzgebung über manche Dinge zu haben, als eine einzelstaatliche, wird in der Tat die Feuerprobe sein, ob wir geistig reif sind für die Erreichung einer überstaatlichen Organisation."[223] Mit Gründung der Europäischen Gemeinschaft ist jedenfalls eine Ausgliederung von Souveränitätsrechten aus dem nationalen staatlichen Bereich und ihre Vergemeinschaftung erfolgt.[224]

4.2. Zwei Ansätze wirtschaftlicher Integration

Hinsichtlich des wirtschaftlichen Einigungsprozesses werden gemeinhin die wirtschaftlich-funktionelle und die politisch-bürokratische Integrationsmethode gegenübergestellt. Die funktionelle Methode verkörpert in erster Annäherung das Prinzip des Marktes („innere Koordination"), während in der politisch-bürokratischen Methode das Planprinzip („äußere Koordination") im Vordergrund steht.[225] Man kann bei marktlichen Abstimmungsprozessen von „innerer Koordination" gegenüber der „äußeren Koordination" durch eine planende Zentrale sprechen. Neben der Wahl der Integrationsmethode hängt die mögliche Integrationstiefe hängt von der Größe und dem Umfang des Integrationsgebietes ab.[226] Im folgenden werden daher kurz besondere Eigenschaften dieser beiden Integrationsansätze dargelegt.

4.2.1. Wirtschaftlich-funktionelle Methode

Die funktionelle Methode sieht die Aufgabe von Integrationen grundsätzlich im Abbau der bestehenden Außenhandelsschranken bei gesicherter Konvertibilität der Währungen der beteiligten Länder. Sie gründet auf Wettbewerb. Spezifische Merkmale sind: die Existenz einer Markt- und Preisgemeinschaft basierend auf einer Zahlungsgemeinschaft und freie Standortwahl mit Schutz des Investitionseigentums.[227] „Internationale Arbeitsteilung setzt eine auf Geldpreisen und Preiserwartungen aufbauende grenzübergreifende Wirtschaftsrechnung voraus, (...)."[228] Nach der funktionellen Integrations-

---

222 Vgl. *Krüsselberg/ Strätling* (1993), S. 405.

223 Zit. *Hayek* (1976b), S. 337.

224 Vgl. *Frowein* (1995), S. 317.

225 In Anlehnung an *Dahrendorf* (1972), S. 243. Vgl. *Kloten* (1955), S. 129, der sich auf *Miksch* beruft.

226 Vgl. *Heuss* (1959), S. 114.

227 Darüber hinaus kann die Stabilität des Geldwertes zu den Voraussetzungen gerechnet werden (*Willgerodt* (1989), S. 408 f., unter Berufung auf *Röpke*).

228 Zit. *Gröner/ Schüller* (1989), S. 429, S. 440 f. Ebenso *Gröner* (1993), S. 6 f. Beide mit dem Hinweis auf die Abhängigkeit des Ausmaßes „positiver" Integration von der ordnungspolitischen Konzepion der Integration.

methode ist dann der Zielzustand der Integration erreicht, wenn zuvor getrennte Preissysteme zu einem gemeinsamen Preissystem verschmolzen sind.[229] Die Signalwirkung von Marktpreisen kann dann genutzt werden, um einen arbeits- und funktionsteiligen sozialen Kooperationsprozeß ohne Lenkung und Gesamtplan zu erhalten. Dies impliziert den aktiven Abbau der innerstaatlichen und besonders der zwischenstaatlichen Beschränkungen der individuellen, auch grenzüberschreitenden Tauschfreiheit.[230] Integration schafft in diesen Fällen mehr individuelle Marktzutrittsrechte.[231] Der Ausgleich von Interessen wird durch die „koordinierende Kraft eines privatrechtlichen Rechtsgeschäfts" gewährleistet. Für das Funktionieren dieses marktwirtschaftlichen Lenkungsprozesses ist daher die Existenz einer grenz-überschreitenden Privatrechtsgesellschaft unabdingbare Voraussetzung.[232]

So benötigt auch wirtschaftlich-funktionelle Integration ein gewisses Maß an „jurisdictional integration".[233] Diese beruht auf der Schaffung eines einheitlichen Rechtsrahmens und ist daher mit der politisch-bürokratischen Integrationsmethode verbunden. Ebenso benötigt die Festlegung eines gemeinsamen Außenzolles im Rahmen einer Zollunion Regeln. Insbesondere stellen regulierte Märkte eine besondere Herausforderung dar. „Soweit ein theoretisch begründbarer und politisch unabweisbarer Regulierungsbedarf besteht, ist die institutionelle Vorab-Harmonisierung eine notwendige Bedingung der Schaffung einheitlich regulierter Märkte."[234] Auch eine abgestimmte Vorgehensweise in der Ordnungspolitik auf ausgewählten Gebieten setzt ihrerseits ein Mindestmaß

229 Vgl. *Wentzel* (1993), S. 504.

230 Vgl. *Schüller/ Weber* (1993), S. 449, auch S. 471. Hinsichtlich der Methoden zur Erreichung dieses Zustands kann man unterscheiden zwischen einer „negativen" Integration, die in dem Unterlassen nationaler Maßnahmen besteht, die das Erreichen der obigen Bedingungen verhindern würden, - und andererseits einer „positiven" Integration, die alle für die Integration notwendigen Maßnahmen umfaßt, die ergriffen werden müssen, um die obigen Bedingungen herzustellen. Dabei kann auch positive Integration wie z.B. die Vereinheitlichung einer Mehrzahl einzelstaatlicher Regulierungen auf einem supranationalem Niveau insgesamt deregulierend wirken, solange die gemeinschaftlichen Regelungen im Durchschnitt wettbewerbsfreundlicher bleiben als die ursprünglichen nationalen Bestimmungen. (*Gröner* (1993), S. 10 f.; ebenso *Kratz/ Thieme* (1993), S. 239).

231 Vgl. *Boroch/ Cassel* (1993), S. 360 f.

232 Zit. und vgl. *Böhm* (1966), S. 94 f. und S. 98. Dieser beschreibt die Privatrechtsgesellschaft als „eine Vielheit von Menschen, die einer einheitlichen Ordnung, und zwar einer Rechtsordung unterworfen sind." Heraushebungen von *Böhm* (S. 85). Würde man diese Erklärung wörtlich nehmen, stünde sie vermutlich im Gegensatz zur Integration durch den Wettbewerb der (rechtlichen) Systeme.

233 Der Begriff geprägt von *Olson* (1982), S. 121, der gleichzeitig auf die bisher positive Bilanz hinsichtlich des Wirtschaftswachstums solcher „Integration" verweist.

234 Vgl. und zit. *Boroch/ Cassel* (1993), S. 369 und S. 375. Die negative wirtschaftlich-funktionelle Integrationsmethode stößt hier an ihre Grenzen.

an „jurisdictional integration" voraus.[235] „Werte und Normen sind letztlich die Grundvoraussetzung für die 'jurisdictional integration' (...)."[236]

Diese marktwirtschaftliche Methode wirkt über den Wettbewerb der Staaten auf deren Systeme, einschließlich der Traditionen und Verfassungen.[237] Mit „Wettbewerb" werden in diesem Zusammenhang in erster Linie die Ausbreitungs-, Verdrängungs- und Selektionsvorgänge bezeichnet.[238] „Es ist ein Wettbewerb um die Ressourcen, die über die staatlichen Grenzen hinweg mobil sind, (...)"[239] Er führt zu einer evolutorischen, permanenten Weiterentwicklung verschiedener Regulierungen und schöpft somit das Entdeckungspotential weitestmöglich aus.[240]

Mindestvoraussetzung für die Entstehung eines solchen Wettbewerbs ist die Existenz wenigstens zweier unterschiedlicher Systeme.[241] Die formale Existenz verschiedener Staatsgebiete ist entbehrlich, solange ein föderales Staatswesen im Innern zwischen den Gliedstaaten regulativen Wettbewerb zuläßt.[242] Die Angleichung von Regulierungen schreitet durch den Konkurrenzmechanismus solange weiter voran, wie die Grenzkosten der Harmonisierung noch nicht gleich ihren Grenzerträgen sind. Hinsichtlich der Entdeckung von effizienten „Institutionen" muß jedoch angemerkt werden, daß diese aufgrund ihrer starken historischen Verbundenheit und der daraus resultierenden evolutorischen Pfadabhängigkeit nicht zwangsläufig zu optimalen Lösungen führen müssen. Mit großer Wahrscheinlichkeit besteht auch bei funktionaler Integration politischer Handlungsbedarf zur Korrektur der Evolutionslösungen.[243]

Um die regulative Konkurrenz nutzen zu können, verlangt die funktionale Integration die gegenseitige Anerkennung der Äquivalenz divergierender nationaler Regulierungen. Eine pauschale Anerkennung birgt die Gefahr, die Integrationskraft wettbewerblicher

---

235 In Anlehnung an *Schüller/ Weber* (1993), S. 455 f.

236 Zit. *Wentzel* (1993), S. 509.

237 So z. B. *Habermann* (1991), S. 11.

238 Vgl. *Kammler* (1992), S. 92, der diese Einschränkung des Begriffs vertritt, um begriffliche Schwierigkeiten zu vermeiden, wenn auch zielgerichtetes Verhalten der Individuen impliziert wäre.

239 Zit. *Giersch* (1991), S. 16 und S. 24; das Zitat fährt fort: „(...), also um das Investitionskapital und das Humankapital, um die Unternehmer und die Sitze der Unternehmen, um die bedeutenden Künstler und Forscher und um die guten Fachkräfte, kurz: um jene mobilen Faktoren, die ihrerseits positive Standortfaktoren sind und möglicherweise beim Seßhaftwerden weitere mobile Faktoren anlocken."

240 Vgl. *Fehl/ Delhaes/ Schreiter* (1993), S. 334.

241 Vgl. *Kammler* (1992), S. 96.

242 Vgl. *Vanberg* (1992), S. 387, in Anlehnung an *Hayek*, *Buchanan*, *Brennan*, *Wiseman*. Er weist in diesem Zusammenhang auf die exit-costs hin und die Möglichkeit, diese durch eine Organisation auf Bundesebene zu verringern.

243 In Anlehnung an *Fehl/ Delhaes/ Schreiter* (1993), S. 333-335, die sich auf *North* beziehen.

Prozesse zu überschätzen und auch überzustrapazieren.[244] Gerade in Bereichen, wo Prozesse und Produktionsmethoden reguliert werden, könnte unter dem Druck der Wettbewerbsfähigkeit selbst ein politisch gewolltes Regelungsinteresse nicht mehr durchsetzbar sein.[245] Andererseits gibt es „in allen sozialen Bereichen, in denen Markt- und Planrationalität konkurrieren können, soziale Strukturen, welche die Effektivität der Spielregeln untergraben, durch die de facto einzelne Mitspieler aus anderen herausgehoben, nämlich bevorzugt oder benachteiligt werden".[246] Auch ist umstritten, ob politische Konkurrenz innovativ wirkt und nicht auch fortschrittshemmend sein kann.[247]

4.2.2. Politisch-bürokratische Methode

Dagegen wird die politische Integrationsmethode einer bürokratisch-zentralistischen Vorgehensweise zugeordnet, in deren Aktionsradius neben Entscheidungen über die rechtlich-institutionellen Bedingungen des Wirtschaftens, *ex-ante* Harmonisierung,[248] Regional-, Struktur- und Sozialpolitik fallen.[249] Unter diesem Ansatz stehen gemeinschaftliche Politiken auf bestimmten Feldern im Zentrum der Integration.[250]

Im Gefolge von Integration ist von einer Verschiebung der Machtverhältnisse auszugehen. Der wirtschaftspolitische Spielraum der beteiligten Länder wird nach innen begrenzt und supranationaler Kontrolle unterworfen.[251] Die Folge einer politisch-bürokratischen Integration wird hauptsächlich in der Zentralisierung der Willensbildung und Entscheidungsstruktur gesehen. Diese schafft unüberwindliche Informationsprobleme, die bisweilen grundsätzlicher Art sein können, da die Fülle des notwendigen Wissens dezentralisiert in den Köpfen der einzelnen verteilt ist und sich allenfalls teilweise zen-

---

244 In Anlehnung an *Joerges* (1991), S. 43 und S. 52.

245 Vgl. *Joerges* (1991), S. 45, unter besonderem Hinweis auf den Umweltschutz und Arbeitsschutzbedingungen.

246 Zit. *Dahrendorf* (1972), S. 246; ebenda: „Spielregeln existieren nicht für sich, sondern setzen substantielle Normen voraus."

247 Vgl. *Luhmann* (1988), S. 104 Fußnote 27.

248 Harmonisierung bedeutet hier die Vereinheitlichung einer bestimmten Zahl von Merkmalen. In der wirtschaftlichen Theorie wird *ex-ante* Harmonisierung gerne als eine Kartellbildung der institutionellen Anbieter interpretiert, da Abwanderung als Wettbewerbshandlung unmöglich und somit der zwischenstaatliche Wettbewerb ausgeschaltet wird (*Fehl/ Delhaes/ Schreiter* (1993), S. 334 Fußnote 17. So *Streit* (1995), S. 127.

249 Vgl. *Schüller* (1991), S. 14.

250 Vgl. *Heuss* (1959), S. 95 f. Die Lenkung der Wirtschaft in zentralisierter Weise schafft Machtpositionen: öffentliche Gewalt und wirtschaftliche Macht sind eng verbunden. In letzter Konsequenz kann von staatlichen Stellen „der Alltag eines jeden registriert, geprüft, reglementiert" werden. „Der einzelne Mensch wird zur Sache und verliert den Charakter als Person." (zit. *Eucken* (1948), S. 75).

251 In Anlehnung an *Gröner* (1993), S. 5.

tralisieren läßt.[252] Daher ist immerhin fraglich, ob die politische Methode in eine effizientere Rechtsordnung einmündet als der Wettbewerb der Regulierungssysteme.[253]

4.2.3. Verhältnis der beiden Integrationsansätze

Da in der Realität von einer engen gegenseitigen Verknüpfung der Methoden des „Marktes" und des „Planes" ausgegangen werden kann, ist eine Kombination beider Methoden geboten.[254] Ihre grundsätzliche Komplementarität ist daher eine bessere theoretische Ausgangsbasis, um Integrationsprozesse zu verstehen.[255] Die Frage des Entweder/Oder ist vielmehr eine Frage des richtigen Mischungsverhältnisses. Sie findet eine Entsprechung im gegenseitigen Verhältnis von „Institutionen" und „Organisationen".[256] Eine Kombination von Markt- und Politikintegration setzt eine hohe Integrationsbereitschaft voraus.[257] Damit sich Regulierungswettbewerb entwickeln kann, ist ein einheitlicher politischer Rahmen Voraussetzung.[258]

Die angemessene Mischung dieser beiden Methoden hängt insbesondere von der vorherrschenden Regelungstiefe in den zu integrierenden Bereichen ab. Dabei kann davon ausgegangen werden, daß eine hohe Regulierungsdichte eine Integration auf politisch-bürokratischem Weg wahrscheinlich - und vielleicht auch notwendig - macht.[259] Denn diese Regulierungen sind ihrerseits Ausdruck unterschiedlicher Werte und Normen, so daß ein Abbau von durch Regulierung geschaffenen Integrationshemmnissen wahrscheinlich sogar erst über eine Annäherung dieser Normen und Werte erfolgen kann.[260]

---

252 Vgl. *Gutmann* (1990a), S. 95 und S. 98.

253 Vgl. *Dicke* (1991), S. 168.

254 Vgl. *Dahrendorf* (1972), S. 248.

255 Vgl. *Bellers/ Häckel* (1990), S. 303 und S. 307; im Hinblick auf marktwirtschaftliche Voraussetzungen auch *Dahrendorf* (1972), S. 246.

256 Vgl. *Viktor* (1983), S. 64.

257 Vgl. *Schüller/ Weber* (1993), S. 458.

258 Nach *Vanberg* (1992), S. 387, Fußnote 14. Im Gegenzug setzt eine föderalistische politische Struktur eine marktwirtschaftlich ausgerichtete Wirtschaftsordnung voraus (*Buchanan* (1963), S. 258; ebenso *Röpke* (1966), S. 45, verweisend auf *Viner*).

259 Allerdings gibt selbst diese Notwendigkeit keine Aussage darüber ab, ob das Entdeckungsverfahren des Wettbewerbs nicht genutzt werden sollte, um herauszufinden, welche Bereiche überhaupt und auf welchem Niveau reguliert werden sollten (*Fehl/ Delhaes/ Schreiter* (1993), S. 333 und *Urff* (1993), S. 100 f., insbesondere im Hinblick auf den Agrarmarkt der EG. Ebenso *Boroch/ Cassel* (1993), S. 361, bezüglich aller stark regulierten Märkte). *Joerges* (1991), S. 50 sieht in solchen Bereichen eine hohe Plausibilität für „die Forderung nach zentralen europäischen Agenturen".

260 In Anlehnung an *Wentzel* (1993), S. 508. *Joerges* (1991), S. 33, weist darauf hin, daß der „Neuer Ansatz" für den Arzneimittelsektor nicht gilt und daß im Lebensmittelrecht die Regelungsstrukturen fast unverändert geblieben sind. Interessant ist die Beobachtung, daß es

4.3. Umfang und Größe des Integrationsgebietes

Der Wohlfahrtsgewinn aus Abbau von Handelsbeschränkungen ist um so größer, desto mehr Staaten an einer Marktöffnung teilnehmen.[261] Mit größerem Umfang des Integrationsgebietes steigt auch die Wahrscheinlichkeit, daß die effizientesten Anbieter innerhalb des Integrationsgebietes liegen.[262] Auf dieser Basis ziehen Ökonomen eine Universalintegration immer einer regionalen wirtschaftlichen Integration vor. Da in jeder regionalen wirtschaftlichen Integration auch ein Schritt in Richtung auf diese globale Marktöffnung gesehen werden kann, finden zunächst räumlich begrenzte Integrationsinitiativen im allgemeinen Unterstützung.

Ist man jedoch eher geneigt, unter „Integration" einen Prozeß geistiger Einigung zu sehen, so liegt auf der Hand, daß ein solches Unterfangen mit der zunehmenden Zahl der zu integrierenden Mitglieder schwieriger wird.[263] Aber eine europäische Wirtschaftsordnung, vergleichbar einer „Sozialen Marktwirtschaft", in welcher der einzelne auf die Solidarität anderer Mitglieder zählen kann, bedingt auch eine Annäherung der Werte und Präferenzen.[264] Die Größe der Gruppen und die Dauer der Erwarteten Zusammenarbeit sind hier besonders relavante Variablen.[265] Als Regel gilt, daß mit zunehmender Anzahl von Mitgliedern ein längerer Zeithorizont nötig ist, um Zusammenarbeit zu gewährleisten.[266] Der Gründungsvertrag der Europäischen Gemeinschaft ist auf unbegrenzte Dauer angelegt.

Die Ausdehnung des Integrationsgebietes ist gegenüber der Integrationtiefe abzuwägen. Dabei ist neben der Anzahl der teilnehmenden Länder vor allem ihre Homogenität für die Bewertung ausschlaggebend.[267] Bei zunehmender Anzahl von Beitritten ist die Wahrscheinlichkeit groß, daß die neuen Mitglieder in spezifischen Bereichen häufig heterogener sind als die ursprüngliche Gruppe. Allerdings wird diese Wahrscheinlich-

---

sich bei Arzneimitteln hauptsächlich um „Erfahrungsgüter", wenn nicht sogar „Vertrauensgüter" handelt (*Boroch/ Cassel* (1993), S. 364).

261 Vgl. *Dicke* (1991), S. 167.

262 Eine Wirtschaftsgemeinschaft setzt ohnehin einen gewissen Mindestumfang voraus, um erfolgreich zu sein (*Clapham* (1993), S. 30, *Heuss* (1955), S. 227, Fußnote 3).

263 Vgl. *Meyer-Cording* (1989), S. 6.

264 Zumindest hinsichtlich der wirtschaftspolitischer Grundhaltungen. In Umkehrung des Arguments in *Hodges/ Woolcock* (1993), S. 34.

265 Vgl. *Leipold* (1993), S. 46. *Glance/ Huberman* (1994), S. 63. In freier Anlehnung an *Schüller/ Weber* (1993), S. 463. „Je weitläufiger und anonymer die Tauschbeziehungen werden, desto größer wird der Spielraum für opportunistisches Verhalten, desto mehr hängt der Nutzen einer entsprechenden erweiterten Marktintegration von Institutionen ab, die als gemeinsame Einrichtungen der Vertrauensgewinnung und -sicherung geeignet sind, die steigenden Transaktionskosten als Ausdruck zunehmender Unsicherheit zu senken." (zit. S. 449).

266 Vgl. *Glance/ Huberman* (1994), S. 60-62; auch *Brennan/ Buchanan* (1985), S. 67-79.

267 In Anlehnung an *Heuss* (1959), S. 114 f.

keit um so kleiner, desto größer die ursprüngliche Gruppe ist.[268] Die Wahrscheinlichkeit von homogeneren Interessen ist bei einer kleineren Anzahl von Mitgliedern sicherlich höher einzuschätzen.

Auf Handel beruhende Zusammenschlüsse sollten eher von großer Ausdehnung sein; während für die auf der Wanderung von Faktoren beruhenden Integration das zusätzliche Kriterium der Präferenzhomogenität im Vordergrund steht.[269] Für die Integrationstiefe, welche sich in Europa ausgebildet hat, wird sogar ein Mindestmaß an Homogenität der Wirtschaftsverfassungen vorausgesetzt.[270]

Jede Erweiterung des Mitgliederkreises impliziert eine Zunahme an Komplexität in bestehenden Entscheidungsmechanismen und für die jeweils nötigen Abstimmungsprozesse.[271] Regelinnovationen sind um so wahrscheinlicher, desto kleiner die Gruppe ist. Gute Regelwerke stiften gerade mit zunehmender Gruppengröße auch einen größeren Nutzen.[272] Ineffiziente Regeln haben mit zunehmender Mitgliederzahl Aussicht auf einen längeren, unangefochtenen Bestand.[273] Generell kann man hinsichtlich institutioneller Strukturen dann von einem effizienten Ergebnis im Großen ausgehen, wenn im Kleinen ein Effizienz optimierendes Verhalten gewährleistet ist und ansonsten keine pareto-relevanten Externalitäten bestehen.[274]

Zur Illustration der obigen Überlegungen liefert die nachstellende Tabelle einen Überblick über die zahlenmäßige Entwicklung der nationalen, regionalen und lokalen Gebietskörperschaften und der Einwohner in der Europäischen Gemeinschaft.

Übers. 6: Zahlenmäßige Entwicklung der Mitgliedstaaten der EG und ihrer Regionen[275]

Gebiete der EG	1958	1973	1981	1986	1990	1995
Mitgliedstaaten	6	9	10	12	12	15
Regionen (NUTS, I. Niveau)	38	51	55	65	70	76
Regionen (NUTS, II. Niveau)	103	140	153	178	185	208
Regionen (NUTS, III. Niveau)	606	678	728	800	875	993
EG-Bürger (Mio.)	174	260	271	322	345	372

268 Vgl. *Wilming* (1995), S. 77.

269 Vgl. *North* (1981), S. 26.

270 Vgl. *Langer* (1995), S. 69.

271 In Anlehnung an *Welfens* (1993), S. 520.

272 Vgl. *Tietzel* (1990), S. 262.

273 Es handelt sich bei diesen Überlegungen um Fälle sogenannter „Netzwerkexternalitäten".

274 So *Buchanan* (1985b), S. 79, im besonderen mit Bezug auf die Institutionen „Eigentum" und „Vertrag".

275 Statistiques (1993), 3.6. Superficie et populations régionales, S. 122-131 und eigene Zählung und Berechnung nach *Eurostat* (12/1996) und *Eurostat* (1994b), *Eurostat* (1995d), *Eurostat* (1997a).

4.4. Schlußfolgerung

Die folgende Übersicht verdeutlicht die grundsätzlichen Unterschiede der beiden Integrationsmethoden, obwohl beide Vorgehensweisen besser in einem komplementären Verhältnis zueinander gesehen werden.

Übers. 7: Gegenüberstellung der Integrationsmethoden

	Integrationsmethode	
Vergleichskriterium	Wirtschaftlich-funktionell	Politisch-bürokratisch
Basiert auf	Marktprinzip	Planprinzip
Zielt auf	Abbau von Markthindernissen	Aufbau gemeinsamer Politiken
Vertraut auf	Innere Koordination durch Wettbewerb	Äußere Absprache und ex-ante Angleichung
Setzt voraus	- Privatrechtsgesellschaft - Hohe Faktormobilität - Äquivalenz divergierender nationalstaatlicher Regulierung	- Weitgehende Homogenität der politischen Präferenzen
Zeichnet sich aus durch	- Markt-/Preisgemeinschaft - Grenzüberschreitende individuelle Tauschfreiheit - Freie Standortwahl - Zahlungsgemeinschaft - Grenzüberschreitende Wirtschaftsrechnung - (Feste Wechselkurse)	- Rechtsgemeinschaft - Zentralisierung der Willensbildung - Kollektiventscheidungen - Wirtschaftspolitische Gemeinschaft
Wirft Fragen auf hinsichtlich	- Einschränkung der nationalen Souveränität - Hohe Anforderungen an soziale Akzeptanz integrationspolitischer Konsequenzen	- Übertragung nationaler Souveränität - Informationsprobleme - Trittbrettfahrerdilemma

Die Angemessenheit des einen oder anderen Ansatzes hängt in erheblichem Maße von der vorliegenden oder gewünschten Regulierungstiefe einzelner Bereiche ab.

Hinsichtlich der Größe des Integrationsgebietes müssen zwei Aspekte unterschieden werden: einerseits die Anzahl der integrierten Gebietshoheiten und andererseits der Homogenität innerhalb des Wirtschaftsraumes. Es zeigt sich das diese beiden Aspekte, tendenziell in entgegengesetzte Richtung weisen.[276] Die Übersicht auf der folgenden Seite faßt schematisch einige relevante Gesichtspunkte zusammen.

Hinsichtlich der Anzahl der Gebietshoheiten sind die Gruppengröße und der Zeithorizont für die angestrebte Kooperation entscheidend. Der europäische Einigungsprozeß von 1958 bis 1993 hat rund eine Verdoppelung der Gebietshoheiten auf nationalem und regionalem Niveau erlebt.

---

276 Vgl. *Alesina/ Spolaore* (1995), S. 22 und S. 28-30. Auch *Bernauer/ Moser* (1995), S. 15.

Übers. 8: Gruppengröße und Größe des Integrationsgebietes

Vergleichskriterium	Anzahl der Gebietshoheiten „Kleine Gruppe"	„Umfassende Gruppe"
Kooperation	Spontane Entstehung durch persönliche Interaktion	Selbsttragende Prozesse weniger wahrscheinlich
Zeithorizont	Längerfristig	Tendenziell unbegrenzt
Präferenzen	Homogenität eher wahrscheinlich, leichter herstellbar	Heterogenität eher wahrscheinlich
Entscheidungs-/ Frustrationskosten	Tendenziell niedrig	Tendenziell höher Zunehmende Komplexität der Entscheidungsprozesse
Regeln	Innovation möglich	Inertie wahrscheinlich Keine Ablösung ineffizienter Regeln
Geistige Einigung	Möglich	Schwieriger
Angestrebte Marktöffnung	Beschränkt	Möglichst universal
Effizienteste Anbieter	Eher außerhalb des Integrationsgebietes	Wahrscheinlich innerhalb des Integrationsgebietes

Um so stärker wirtschaftspolitische oder über das Wirtschaftliche herausgehende Ziele mit der Integration verfolgt werden, desto notwendiger wird die Unterstützung des Integrationsprozesses durch eine institutionelle Einigung. Die Anforderungen an die Homogenität der Interessen und Präferenzen nehmen mit der Tiefe der Integration zu. Insbesondere eine Integration auf der Grundlage von Faktorwanderung verlangt ein höheres Maß an Interessenhomogenität als eine wirtschaftliche Verflechtung aufgrund von Handelsbeziehungen. So ist ein politischer Rahmen eine Voraussetzung einer wirtschaftlichen Einigung, die auf der gegenseitigen Anerkennung der Äquivalenz der einzelstaatlichen Regulierungen beruht, sobald diese über Produktregulierungen hinaus gehen.

5. Politische Entscheidungsstruktur in der EG

Im Rahmen dieser Untersuchung hat das politische eine ebenso große Bedeutung für die Erklärung der Integrationsfortschritte wie das wirtschaftliche System. In den einleitenden Abschnitten ist deutlich geworden, welche Bedeutung der politische Entscheidungsprozeß für die Formulierung und die Auswahl von wirtschaftlichen „Institutionen" hat.[277] In diesem Abschnitt werden einige Aspekte angesprochen, die im späteren für die genauere Ausgestaltung des Modells von Bedeutung sind. Zunächst folgen einige Bemerkungen über das Bild des politischen Systems in der Neuen Politischen Ökonomie. Darauf wird organisatorische Ausgestaltung des europäischen Integrationsprozesses und die Entscheidungsstruktur des politischen Systems in der Europäischen Gemeinschaft kurz dargestellt.

---

277 Vgl. *Gäfgen* (1983), S. 42.

5.1. Politisches Handeln in der Neuen Politischen Ökonomie

5.1.1. Der Markt für politische Entscheidungen

Trotz der Unterschiede zwischen dem politischen und dem wirtschaftlichen System bestehen systemtheoretisch eine Reihe Parallelitäten hinsichtlich ihres strukturellen Aufbaus.[278] Denn auch die Politik gehorcht einer Logik des Gewinnens.[279] Die Grundannahme der modellhaften Beschreibung ist, daß alle Akteure Entscheidungen nach Erwägung ihres eigenen Vorteils treffen. Dies umfaßt die wirtschaftlich Tätigen ebenso wie die politischen Unternehmer und Bürokraten.[280] Dies geschieht zwar nicht so sehr in einem spontanen Prozeß gegenseitiger Anpassung, als unter den Bedingungen organisierten, korporativen Handelns.[281] Dennoch können Politiker als „politische Unternehmer" angesehen werden, deren Gewinnmaximierung in der Stimmenmaximierung liegt. Das überragende Ziel eines Politikers wird in seinem Streben nach Wiederwahl gesehen.[282] Um diese Wiederwahl zu erreichen, benötigen die Parteien Wählerstimmen, die wiederum finanzielle Mittel für eine medienwirksame Darstellung ihrer Politik erfordern.[283] Die Ergebnisse des politischen Wettbewerbs werden geprägt durch den Stimmenfang der politischen Akteure und durch die Rentensuche der Interessengruppen und Verteilungskoalitionen.[284]

Die Instabilitäten und Variabilität beider Systeme ermöglichen die gegenseitige Beeinflussung. Durch kollektiv bindende Entscheidungen versucht der politische Bereich Einfluß auf den wirtschaftlichen Prozeß zu nehmen. Politiker bedienen sich der Bürokratien, um den Erwartungen des politischen Marktes auf der Angebotsseite gerecht zu werden. Bürokratien sind eine besondere Art von hierarchischen Organisationen, die auf die Vorbereitung von Entscheidungen und auf das Entscheiden selbst spezialisiert sind. Die organisierte Erwartung von Entscheidungen zu erfüllen, beeinflußt die spezifischen Verhaltensweise von Bürokratien.[285] Des weiteren nehmen Bürokratien an, daß die

---

278 Generell siehe *Frey* (1979) und *Buchanan* (1979). Vgl. *Brennan/ Buchanan* (1985), S. 15; *Luhmann* (1988), S. 26; *Becker* (1976b), S. 33-38.

279 In Anlehnung an *North* (1981), S. 31. Eine vollständige ökonomische Modellierung der repräsentativen Demokratie liegt vor in *Besley/ Coate* (1995).

280 Vgl. *Frey* (1984a), S. 11. Für eine kurze Darstellung der wichtigsten Annahmen dieses Ansatzes der ökonomischen Theorie der Politik im Hinblick auf Protektionismus, *Frey* (1989), S. 17-24.

281 Vgl. *Vanberg* (1983), S. 62f.

282 Vgl. *Downs* (1968), S. 27 f.

283 Vgl. *Stigler* (1971), S. 12; *Horst* (1988), S. 145.

284 Vgl. *Streit* (1995), S. 117.

285 Bürokratien weisen folgende Eigenarten auf. Durch beliebige Zerlegbarkeit der Entscheidungen in Subentscheidungen und/oder Zustimmungserfordernisse können sie grenzenlos nach innen wachsen. Hochgetriebene Absicherungsstrategien und Präferenz für Entscheidungen mit geringem Mißerfolgsrisiko bewirken eine Verengung auf Ideen, die sich schon bewährt haben oder den „eindeutig geäußerten Erwartungen maßgeblicher Kreise" entspre-

Umwelt selbst Bürokratien enthält, so daß die Existenz von bürokratischen Ansprechpartnern vorausgesetzt wird. Dies führt zur Expansion von „Bürokratie gleichsam per Osmose in ihre Umwelt."[286] Die Aufgabe von Bürokratien liegt darin, Organisation als ein Instrument darzustellen, mit dem das Medium Geld in das Medium Macht überführt werden kann.

Die nachfragenden inländischen Industrien werden sich zur besseren Verfolgung ihrer Zwecke zu Verbänden zusammenschließen.[287] Auf der Nachfrageseite des politischen Marktes sind es vor allem zwei Faktoren, die entscheiden, welche Gruppen ihre Interessen durchsetzen können: die Kosten der Informationsbeschaffung und die Größe der Gruppe.

Die Beschaffung und Verarbeitung von umfangreicher und komplexer Information ist teuer.[288] Typischerweise handelt es sich bei den betrachteten politischen und wirtschaftlichen Beziehungen um relationale Verträge, die aufgrund des „moralischen Risikos" durch versteckte und asymmetrische Information und adverser Selektionsprobleme immer der Gefahr von Opportunismus unterliegen.[289] In Organisationen erfolgt Informationsweitergabe zudem nur, wenn Individuen erwarten dürfen, daß ihre freiwillige Informationsweitergabe ihrerseits Information anderer nach sich zieht.[290] Aufgrund der hohen Opportunitätskosten haben Wähler und Konsumenten im allgemeinen nur ein sehr geringes Interesse, sich politisch zu informieren.[291] Wenn Wählen zudem auch noch mit zusätzlichen Kosten verbunden ist, dann ist es selbst für den Bürger mit Parteipräferenzen noch rational sich der Stimme zu enthalten.[292] Hingegen haben Verbände als Zusammenschlüsse von Interessen immer schon eine Informationsfunktion für ihre Mitglieder.[293] Auch gegenüber den Regierungen nehmen sie solch eine Informationsfunktion auch in Form von Formulierungshilfen für Gesetze und Verordnungen

---

chen. Drei hauptsächliche Strategien können im internen Verhalten in Bürokratien beobachtet werden: Konformität, Zurechnungsverschiebung und Selektion von Konflikten. Von innen gesehen, besteht die Macht innerhalb der Organisation in erster Linie im Bestand von budgetierten Stellen, dann in der Verfügungsgewalt über Einstellung und Beförderung, sowie in Mitwirkungserfordernissen und Mitzeichnungserfordernissen, durch die Verantwortung im täglichen Geschäft verlagert bzw. zugespitzt werden kann.

286 Zit. und vgl. *Luhmann* (1988), S. 289 f., S. 26, S. 289 f., S. 298 und S. 310-313; grundlegend *Niskanen* (1979), S. 349-363.

287 Vgl. *Weber* (1987), S. 17, *Donges* (1981), S. 787. Grundlegend zum folgenden *Olson* (1979), S. 287-309.

288 Vgl. *Weizsäcker* (1982), S. 339.

289 Vgl. *Richter* (1994), S. 17-19.

290 Vgl. *Glance/ Huberman* (1994), S. 63.

291 Vgl. *Kunz* (1985), S. 161.

292 Vgl. *Downs* (1968), S. 268 f. Dessen Arbeit für diesen Aspekt grundlegend ist.

293 Vgl. *Meyer* (1990), S. 111 und *Zimmermann* (1973), S. 164 Fußnote 2. Auch *Liefmann-Keil* (1979), S. 325.

wahr.[294] Die Informationsmacht der Verbände liegt darüber hinaus in der möglichen publizistischen Beeinflussung der öffentlichen Meinung.[295]

Auf der nationalen Ebene kann man daher zu folgendem politisch-ökonomischen Modell gelangen:[296]

Modell 5: Gesamtzusammenhang zwischen Politik und Wirtschaft

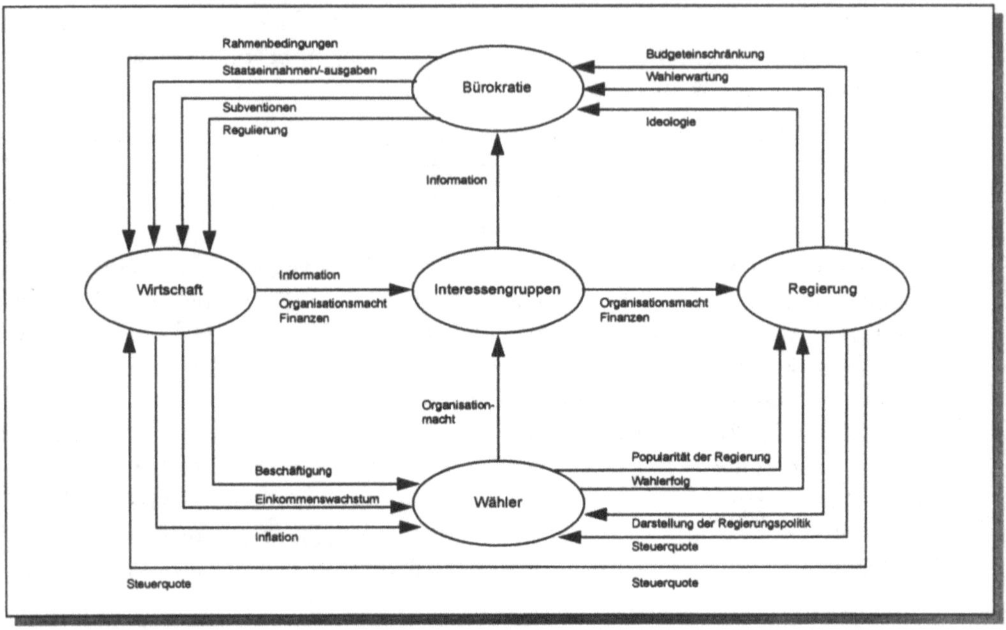

Des weiteren ist die aus der Gruppengröße resultierende Organisierbarkeit der Interessen für die Frage ihrer Durchsetzung ausschlaggebend. Kleine Gruppen können sich auch ohne Zwang oder positive Anreize organisieren; sozialer Druck und soziale Anreize ermöglichen ein Gruppenhandeln.[297] Je größer die Gruppe, desto mehr Faktoren gibt es, welche eine Interessenvertretung erschweren. Denn der Anteil am Gruppenvorteil nimmt für den einzelnen ab, während die Organisationskosten steigen. Daher müssen in großen Gruppen selektive Anreize oder Zwang bestehen. So können die Konsumenten aufgrund ihrer großen Zahl und fehlender selektiver Anreize ihre Interesse schlechter organisieren. Dagegen umfassen die meisten Industrieverbände eine demge-

294 Vgl. *Seidenfus* (1986), S. 23.

295 Vgl. *Groser* (1989), S. 264.

296 Vgl. die Diskussion in und in Anlehnung an *Frey* (1977), S. 165-194; auch *Frey/ Schneider* (1979), S. 411.

297 Im folgenden *Olson* (1968), S. 32 f., 46 f., 50 und S. 60.

genüber eher kleine Zahl von Mitgliedern.[298] Die Gruppengröße beeinflußt auch die Art der Regulierung, die gesucht wird: Kleinere Gruppen werden eher eine Ausnahmeerlaubnis für private Kartellvereinbarungen suchen; während größere Gruppen eher die staatliche Intervention in Form von spezifischer Regulierung nachfragen, um somit das Problem der Aufrechterhaltung der Gruppe zu entschärfen.[299] Aufgrund von Regulierung machen sich die Verbände für ihre Mitglieder unersetzbar und die freiwillige Mitgliedschaft weicht nahezu einem Organisationszwang.[300]

Aufgrund der verschiedenen Organisierbarkeit von Interessen muß das politische System in der kurzen Frist nicht notwendig zu Ergebnissen führen, die unter ökonomischen Rationalitätserwägungen getroffen würden.[301] Dysfunktionales politisches Verhalten, insbesondere in Bereichen, wo es um die Korrektur von Marktergebnissen geht, wird immer dann auftreten, wenn die äußeren Selektions- und Sanktionsmechanismen nur schwach wirken.[302] Es geht um die Rolle der demokratischen Kontrolle einerseits und des politischen Wettbewerbs von staatlichen Hoheitsgebilden untereinander andererseits. Als Medien der politischen Auseinandersetzung werden in Anlehnung an *Hirschman* die sozialen Ausdrucksformen „*voice*" (Mitsprache/Protest) und „*exit*" (Austritt/Abwanderung) unterschieden.[303]

Sofern auf europäischer Ebene eine Interessenaggregation gelingt, können Interessengruppen kostensparender operieren.[304] Die Errichtung und Aufrechterhaltung von Interessenvereinigungen wird jedoch auf europäischer Ebene schwieriger, da die Größe der zu organisierenden Gruppen wächst und kulturelle und sprachliche Barrieren die Definition von Gruppeninteressen erschwert. So kann man davon ausgehen, daß in kleineren Rechtsgebieten - *ceteris paribus* - relativ mehr Interessengruppen existieren als in ausgedehnteren Gebieten.[305] Somit ist es auf europäischer Ebene wahrscheinlich, daß es in der kurzen Frist schwieriger ist, Partikularinteressen zu organisieren, als im nationalen Rahmen.

5.1.2. Alternative Entscheidungsregeln

Die Entscheidungsregeln bilden ein Kernstück jeder Verfassung.[306] *Buchanan* und *Tullock* haben zur Bewertung alternativer Entscheidungsregeln das Konzept der „Inter-

---

298 Vgl. *Stigler* (1974), S. 362.

299 Vgl. *Eickhof* (1986), S. 134.

300 Vgl. *Weber* (1987), S. 19.

301 In Anlehnung an *Wentzel* (1993), S. 494.

302 Vgl. *Heiner* (1983), S. 569 f.

303 Vgl. *Vaubel* (1980), S. 19.

304 Vgl. *Willgerodt* (1992a), S. 112. Zum Problem der Interessenaggregation vgl. *Gäfgen* (1979).

305 Vgl. *Olson* (1982), S. 139 und S. 124.

306 Im folgenden *Leipold* (1993), S. 42 f. und S. 47.

dependenzkosten" eingeführt, die sich aus der Summe der Entscheidungskosten (Informations- und Einigungskosten) und den externen Kosten (Frustrationskosten) zusammensetzen. Die Entscheidungskosten kann man als einen Indikator für die Effizienz einer Entscheidungsregel und die Höhe der möglichen externen Kosten als ein Maß für den Grad der Abweichung vom Konsensprinzip ansehen. Unter Einstimmigkeit sind die externen Kosten gleich Null. Tatsächlich spielt sich die überwältigende Mehrheit aller gesellschaftlichen Vorgänge im Einvernehmen zwischen den Beteiligten ab. Die Einstimmigkeitsregel verkörpert dieses Prinzip und wird aufgrund dieser Eigenschaft als „moralisch, rechtlich und wirtschaftlich" überlegenes Prinzip gedeutet.[307]

Um auf der Basis abstrakter und fundamental unpersönlicher Regeln miteinander agieren zu können, bedürfen Individuen außerdem der prinzipiellen Anerkennung des anderen als Person. Um zusammen eine „moral order" bilden zu können, müssen weitergehende moralische Anforderungen an die Individuen jedoch nicht gestellt werden.[308] Der Konsens in diesem „moral order" bezieht sich auf die Gültigkeit der Spielregeln. Dennoch würde auch eine nur auf Regeln beruhende Integration mit einiger Wahrscheinlichkeit toter Buchstabe bleiben, „wenn oder soweit die geistig-seelische Übereinstimmung und Wertegemeinschaft ausbleibt."[309] Auch die Betrachtung der Entscheidungsregeln erweist somit den Integrationsprozeß als mit der vereinten Bemühung um Gemeinsamkeit der Werte und Ideen verbunden.[310] Denn die vollkommene Abwesenheit gemeinsamer Werte und gemeinsamer Leitideen führt in *Buchanan*'s Ansicht zu einer Gesellschaft „moralischer Anarchisten".[311] Bei fehlender Gemeinsamkeit von Werten und Leitideen wüchsen die Einigungskosten ins Unermeßliche, so daß kollektive Entscheidung und letztendlich „Integration" unmöglich wird.

Unter dem Einstimmigkeitserfordernis wird die Konsensfähigkeit zum Kriterium der Richtigkeit von Entscheidungen. Bei strategischer Interaktion werden Stimmentausch und Seitenzahlungen unter Einstimmigkeit zur Voraussetzung, um überhaupt noch Entscheidungen treffen zu können.[312] Insbesondere Entscheidungen mit Umverteilungswirkungen können unter Einstimmigkeit nicht getroffen werden.[313] Da für einen Stimmentausch die doppelte Koinzidenz der Wünsche erforderlich ist und beide Austauschpartner in den jeweiligen Entscheidungssituationen pivotal sein müssen, führt eine Vergrößerung der Gruppe aufgrund der zunehmenden Heterogenität zu einer Abnahme der Wahrscheinlichkeit, daß alle diese Bedingungen erfüllt sind. Der Stimmentausch wird unwahrscheinlicher.

---

307 So *Willgerodt* (1992b), S. 35 und S. 37.

308 In Anlehnung an *Buchanan* (1985a), S. 114.

309 Zit. *Meyer-Cording* (1989), S. 4.

310 In Anlehung an *Meyer-Cording* (1989), S. 3.

311 Zit. und vgl. *Buchanan* (1985a), S. 112, kommt zu diesem Schluß, obgleich er Loyalitäten gegenüber kleineren Kollektiven zugesteht.

312 Vgl. *Bernholz* (1979).

313 Vgl. *Wilming* (1995), S. 69, S. 75 und S. 83 f..

Gegenüber der Einstimmigkeitsregel steht vor allem die Mehrheitsregel, neben einer Reihe gewichteter Wahlsysteme.[314] Durch eine Mehrheitsregel ist eine Senkung der Entscheidungskosten zu erwarten, bei gleichzeitiger Erhöhung der externen Kosten.[315] Unter dem Mehrheitsentscheid bildet die Akzeptanz und Beständigkeit der gemeinsamen Ordnung die Effizienzgrenze. Denn im Grenzfall müssen alle Mitglieder der Minderheit Nutzeneinbußen zugunsten der gewinnenden Koalition verzeichnen. Auf europäischer Ebene wird dies zur Frage nach einem an besonderen partikularen Kriterien ausgerichteten Proporz. Unter Mehrheitsentscheidungen enthalten allokativen Entscheidungen häufig auch ein distributives Element. Die Trennung zwischen allokativen und distributiven Entscheidungen wie bei der Einstimmigkeitsregel kann nicht aufrechterhalten werden.

5.1.3. Politische Aufgabenverteilung

Nationalstaaten sind zur Zeit die vorherrschenden politischen Einheiten. In einem integrierten Wirtschaftsraum stellt sich die Frage nach der Aufgabenverteilung. „Wann und unter welchen Bedingungen soll ein Individuum wünschen, daß der Nationalstaat, dessen Bürger er ist, seine Souveränitätsrechte an eine supranationale Gemeinschaft überträgt?"[316] Im allgemeinen neigen Wirtschaftsordnungen dazu, sich innerhalb der politischen territorialen Abgrenzung anzugleichen, so daß staatliche Grenze und Ausdehnung der Wirtschaftsordnung sich häufig auf dasselbe Gebiet beziehen. Zur angemessenen und wirksamen Regelbindung müssen die wachsende internationale Arbeitsteilung und die zunehmend denationalisierten Wirtschaftsprozesse von einer „angemessenen Entmachtung" der nationalen Wirtschaftspolitiken begleitet werden.[317] Diese Überlegungen führen unweigerlich zur Frage des Föderalismus und der Subsidiarität.[318]

---

314 Vgl. die unterhaltsame Darstellung einiger Paradoxien in *Stewart* (1993), S. 12-15.

315 Bei einfachen Mehrheiten ergibt sich zudem die Gefahr von zyklischen Mehrheiten (*Condorcet*-Paradox). Eine steigende Anzahl von Mitgliedern macht mehrdimensionale Entscheidungssituationen wahrscheinlicher und somit auch zyklische Mehrheiten. Mit steigendem Mehrheitserfordernis bei qualifizierten Mehrheiten wird das Problem instabiler Lösungen verrringert. Allerdings erhält der Status quo im Vergleich zur einfachen Mehrheit einen höheren Stellenwert, da die Anzahl der möglichen blockierenden Koalitionen gegenüber den determinierenden Koalitionen überproportional zunimmt. Bei Vergrößerung des Entscheidungsgremiums nimmt der Anteil der möglichen blockierenden Koalitionen ebenfalls zu (*Leipold* (1993), S. 59 und S. 65 f.; *Wilming* (1995), S. 91, S. 98, S. 102-105 und S. 107).

316 Zit. *Buchanan* (1963), S. 250.

317 Vgl. *Gröner/ Schüller* (1989), S. 430.

318 Das Standardargument für die Übertragung einer Aufgabe auf die nächsthöhere hierarchische Stufe legt die Beweislast auf seiten der Integrationsbefürworter. Dagegen ist es ohne Zweifel in manchen Politikfeldern sogar anzuraten, die ausschließliche Handlungskompetenz bei einem supranationalen Gebilde anzusiedeln. Immer wenn man auf einer unteren Ebene tätig würde, müßte in diesen Fällen die politische Beweislast umgekehrt werden. Die

5.2. Organe der Europäischen Gemeinschaft

Im folgenden seinen kurz die Zusammensetzung und die hauptsächlichen Befugnisse und Aufgaben der Organe der Europäischen Gemeinschaft (Europäisches Parlament, Ministerrat, Europäische Kommission, Europäische Gerichtshof, seit 1993 Europäischer Rechnungshof)[319] sowie der Hilfsorgane (Wirtschafts- und Sozialausschuß und Ausschuß der Regionen) dargestellt. Seit dem Fusionsvertrag vom 8. April 1965, mit dem die wichtigsten Organe der damals drei Gemeinschaften zusammengeführt wurden, bilden die Organe der Europäischen Gemeinschaft eine Einheit.[320]

5.2.1. Europäisches Parlament

Das Europäische Parlament (EP) hat die weitestgehende institutionelle Entwicklung hinter sich. Es hieß in den Gründungsverträgen schlicht die „Versammlung". Obgleich sich das EP schon seit 1962 selbst „Parlament" nannte, wurde der Begriff „Europäisches Parlament", der von den meisten Organen seit 1975 offiziell benutzt wurde, erst durch die Einheitliche Europäische Akte (EEA) und schließlich durch den Vertrag über die Europäische Union von 1993 im primären Europarecht fixiert. Eine einschneidende Veränderung war die 1979 erstmals durchgeführte Direktwahl des EPs. Zuvor waren die Abgeordneten aus der Mitte der Parlamente der Mitgliedstaaten ernannt worden. [321]

Die Hauptbefugnisse des Europäischen Parlaments sind:[322]

- Mitwirken an der Gesetzgebungstätigkeit der Gemeinschaft durch Anhörung und im Zusammenarbeits- und Mitentscheidungsverfahren (Ratifizierung von Beitritts- und Assoziierungsabkommen, Binnenmarkt, Freizügigkeit, Erziehung, Forschung, Umwelt, Gesundheit, Kultur, Verbraucherschutz, Transeuropäische Netze);[323]
- Feststellung des Haushaltsplans der Gemeinschaft nach dessen Aufstellung zusammen mit dem Ministerrat (Änderungsrecht der nicht-obligatorischen Ausgaben und Änderungsvorschlagsrecht für obligatorische Ausgaben beim EP);
- Kontrolle (mündliche und schriftliche Anfragen, Einrichtung von nicht ständigen Untersuchungsausschüssen) der Tätigkeit von Kommission (Zustimmungsvotum, Mißtrauensantrag, Beratung des jährlichen Gesamtberichts, Entlastung zur Ausführung des Haushaltsplans) und Rat (Untätigkeitsklage);

Regulierung durch lokale Behörden kann in einem umfassenderen Verständnis unerwünscht sein, ganz unabhängig von Erwägungen der Leistungsfähigkeit (*Buchanan* (1963), S. 250-253).

319 EGV Art. 4; vgl. *Leipold* (1993), S. 44.

320 Vgl. *Europäisches Parlament* (1994), S. 18.

321 Vgl. *Beutler/ Bieber/ Piepkorn/ Streil* (1982), S. 98 und Fußnote 1, S. 110; auch *Oppermann* (1991), S. 94.

322 Vgl. *Europäisches Parlament* (1994), S. 27f.

323 Vgl. *Fontaine* (1995), S. 10.

- Abgabe politischer Impulse für Integration (Berichte).[324]

Die folgende Übersicht gibt Aufschluß über die zahlenmäßige Entwicklung und Verteilung der Abgeordnetensitze des Europäischen Parlaments nach Mitgliedstaaten.

Übers. 9: Sitzverteilung der Abgeordneten im Europäischen Parlament nach Mitgliedstaaten[325]

Mitgliedstaat	1958	1973	1979	1981	1986/ 1993	1995
Belgien	14	14	24	24	24	25
Deutschland	36	36	81	81	81[326]	99
Frankreich	36	36	81	81	81	87
Italien	36	36	81	81	81	87
Luxemburg	6	6	6	6	6	6
Niederlande	14	14	25	25	25	31
Dänemark	-	10	16	16	16	16
Irland	-	10	15	15	15	15
Vereinigtes Königreich	-	36	81	81	81	87
Griechenland	-	-	-	24	24	25
Spanien	-	-	-	-	60	64
Portugal	-	-	-	-	24	25
Finnland	-	-	-	-	-	16
Österreich	-	-	-	-	-	21
Schweden	-	-	-	-	-	22
Insgesamt	142	198	410	434	518	626

5.2.2. Ministerrat und Europäischer Rat

5.2.2.1. Ministerrat

Aus der Gesamtheit der Aufgaben und Zuständigkeiten ist zu erkennen, daß der Rat das „primäre gemeinschaftspolitische Steuerungsorgan" ist.[327] In den Ministerrat werden normalerweise die für die jeweiligen Beratungsgegenstände zuständigen Fachminister entsandt.[328] Die Ratssitzungen werden im Ausschuß der Ständigen Vertreter vorbereitet.[329] Dieser Ausschuß war formell schon durch Art. 151, 2 EWGV 1957 vorgese-

---

324 Vgl. *Europäische Parlament* (1993), S. 10-20 und *Fontaine* (1995), S. 11.

325 Vgl. *Harbrecht* (1978), S. 96 f., vgl. *Beutler/ Bieber/ Piepkorn/ Streil* (1982), S. 112; auch *Oppermann* (1991), S. 95; *Europäische Parlament* (1993), S. 7 f., *Fontaine* (1995), S. 10, s. EWGV 1957, Art. 138, vgl. *Europäische Kommission* (1995c), S. 4 f.

326 Seit der Vereinigung Deutschlands (1990) saßen 16 zusätzliche deutsche Vertreter im EP (*Europäisches Parlament* (1994), S. 29).

327 Vgl. *Oppermann* (1991), S. 1113.

328 Vgl. *Beutler/ Bieber/ Piepkorn/ Streil* (1982), S. 121.

329 Vgl. *Leipold* (1993), S. 44.

hen.[330] „Die Bedeutung des Ausschusses liegt in der Verzahnung von hoher fachlicher Autorität und politischer Instruktion aus den Mitgliedstaaten. Im Gefolge der Gepflogenheit des Rates, Beschlüsse nicht durch Abstimmung, sondern durch Verhandlungen herbeizuführen, gewann dieser Ausschuß eine Schlüsselrolle."[331]

Neben der ihm in den Verträgen zugewiesenen Entscheidungsrechte, ist der Ministerrat zuständig für die Abstimmung der Wirtschaftspolitik. Darüber hinaus kann er sich Durchführungsbefugnisse vorbehalten. Hinsichtlich der Vertretung der Gemeinschaft in den Außenbeziehungen legt Art. 228 EGV fest, daß die Kommission zwar die Verhandlungen mit Drittstaaten durchführt, der Ministerrat jedoch die Abschlußkompetenz behält.[332]

Der Rat kann die Anzahl der Kommissionsmitglieder ebenso wie die Zahl der Richter und Generalanwälte am Europäischen Gerichtshof ändern. Außerdem ernennt er die Mitglieder des Wirtschafts- und Sozialausschusses aufgrund von Listen, die von den Mitgliedstaaten unterbreitet werden. Ebenso bestellt er die Mitglieder des Rechnungshofes.[333]

5.2.2.2. Europäischer Rat

Als weiteres Forum der Mitgliedstaaten ist der Europäische Rat anzuführen, der erst in der EEA institutionalisiert wurde, obgleich er schon seit 1974 regelmäßig getagt hatte.[334] In ihm kommen die Staats- und Regierungschefs der Mitgliedstaaten sowie der Präsident der Europäischen Kommission, mit Unterstützung der Außenminister und eines weiteren Kommissionsmitgliedes, mindestens zweimal jährlich zusammen, um Grundsatzentscheidungen und richtungsweisende Anstöße für die weitere Entwicklung der Gemeinschaft zu geben. Darin wurde eine Rücknahme der Hauptfunktion der Kommission als „Motor der Verträge" gesehen. „Mit der Einrichtung des Europäischen Rates hat vorerst ein folgenreicher Verfassungswandel innerhalb der EG seinen Abschluß gefunden."[335] Im Vertrag von Maastricht wird diese richtungsweisende Funktion und die herausragende Stellung des Europäischen Rates bekräftigt.[336]

---

330 EWGV1957, Art. 151, 2; vgl. *Beutler/ Bieber/ Piepkorn/ Streil* (1982), S. 126; vgl. *Oppermann* (1991), S. 108.

331 Zit. *Beutler/ Bieber/ Piepkorn/ Streil* (1982), S. 125.

332 Art. 228 EWGV 1957, 1986, EGV, vgl. *Europäisches Parlament* (1994), S. 41.

333 Vgl. *Beutler/ Bieber/ Piepkorn/ Streil* (1982), S. 119 f.

334 Vgl. *Fontaine* (1995), S. 9; vgl. *Oppermann* (1991), S. 109.

335 Zit. und vgl. *Oppermann* (1991), S. 110; s. Art. 2 EEA.

336 EUV, Art. D.

5.2.3. Europäische Kommission

Die Kommission soll das Gesamtinteresse der Gemeinschaft wahren und ist dadurch das „genuin europäische" Organ.[337] Die Europäische Kommission vertritt als „Hüterin der Verträge" das Gemeinschaftsinteresse. Sie ist die Exekutive der Gemeinschaft.[338] Im Kollegium der Kommission sitzen unabhängige Vertreter aus den Mitgliedstaaten. Jede Einflußnahme seitens der Mitgliedstaaten auf die Mitglieder der Kommission ist untersagt. Diese Unabhängigkeit kann als ein präföderales Merkmal der EG angesehen werden. [339] Die Kommission entscheidet durch Beschluß mit einfacher Mehrheit.

Der Kommission kommt bis auf wenige Ausnahmen das alleinige Initiativrecht zu. Im Gesetzgebungsverfahren beruht ihre eigentliche Macht auf diesem Initiativmonopol. Dieses Recht beinhaltet in der Praxis auch das Recht, Gesetzesvorlagen zurückzunehmen. Gerade kleine Mitgliedstaaten sehen hierin einen Schutz gegenüber den größeren Mitgliedstaaten.[340] Schließlich verwaltet sie die Strukturfonds und die Mittel der gemeinschaftlichen Förderungsprogramme.[341] Seit der Einheitlichen Europäischen Akte sind der Kommission auch Durchführungsbefugnisse zugesprochen worden, deren Modalitäten im Ratsbeschluß 87/373/EWG vom 13. Juli 1987 festgelegt sind. Der Kommission kommt als Gegengewicht zu den nationalen Behörden eine wichtige Rolle zu.[342]

Die Mitglieder der Kommission werden im Einvernehmen der Regierungen der Mitgliedstaaten, seit Maastricht nach Anhörung des EPs und seines Zustimmungsvotums zum Kollegium, ernannt.[343] Die politische Rolle wird durch die parlamentarische Bestätigung gestärkt.[344] 1958 setzte sich die Kommission aus neun Mitgliedern zusammen.[345] Mit jeder Erweiterung hat sich die Zahl der Mitglieder der Kommission erhöht: 13 (1973), 14 (1981), 17 (1987), 20 (1995) Mitglieder,[346] wobei die großen Mitgliedstaaten jeweils 2 Kommissare, die kleineren je einen Kommissar entsenden.[347]

---

337 Vgl. *Beutler/ Bieber/ Piepkorn/ Streil* (1982), S. 129; *Oppermann* (1991), S. 118.

338 Vgl. *Leipold* (1993), S. 44.

339 Vgl. *Beutler/ Bieber/ Piepkorn/ Streil* (1982), S. 129 f. und S. 131 Fußnote 41.

340 Vgl. *Frowein* (1995), S. 328.

341 Vgl. *Europäisches Parlament* (1994), S. 45.

342 Vgl. *Witte* (1995), S. 57.

343 Fusionsvertrag, Art. 11 und Art. 158,2 EGV; vgl. *Europäisches Parlament* (1994), S. 46.

344 Vgl. *Frowein* (1995), S. 328 f.

345 EWGV 1957, Art. 157.

346 Vgl. *Harbrecht* (1978), S. 73. *Beutler/ Bieber/ Piepkorn/ Streil* (1982), S. 133. *Fontaine* (1995), S. 12, vgl. *Europäische Kommission* (1995c), S. 8.

347 Vgl. *Oppermann* (1991), S. 118. D, SP, F, I, UK entsenden je zwei Kommissare.

Das Amt der Kommissionsmitglieder endete ursprünglich nach vier, seit Maastricht nach fünf Jahren Amtszeit, oder durch ein erfolgreiches Mißtrauensvotum des Europäischen Parlaments nach Art. 144 EWGV.[348]

5.2.4. Europäischer Gerichtshof

Dem Europäischen Gerichtshof obliegt die Wahrung des Rechts bei der Auslegung und Anwendung der Verträge.[349] „Ähnlich einzelnen innerstaatlichen Verfassungsgerichten hat der Europäische Gerichtshof (EuGH) mit seinen Entscheidungen die Entwicklung der Verfassungsstruktur der Gemeinschaften nachhaltig beeinflußt."[350] Als entscheidender Schritt zur Konstituierung eines Abhängigkeitsverhältnis von rechtlicher und politischer Evolution des europäischen Integrationsprozesses sind die in den sechziger Jahren proklamierten Thesen des EuGH hinsichtlich der Drittwirkung und der Suprematie des europäischen Primär- und Sekundärrechts zu werten.[351] Allerdings begrenzt Art. L des Vertrags über die Europäische Union (EUV) den Bereich der Zuständigkeit des Europäischen Gerichtshofes in erster Linie auf die Europäischen Gemeinschaften.[352]

1957 bestand der Europäische Gerichtshof aus sieben Richtern und zwei Generalanwälten.[353] Auch hier haben die Erwiterungen zu einer Zunahme geführt: 9 (1973), 11 (1981) 13 (1987), 15 (1995) Richter und 4 (1973), 5 (1981), 6 (1987), 9 (1995) Generalanwälte.[354]

Eine Schlüsselstellung kommt dem EuGH bei der Rechtsfortbildung zu, die im Vergleich zu nationalen Gerichten weit ausgeprägter ist.[355] Er trifft Vorabentscheidungen über die Auslegung des EG-Vertrages bei Streitigkeiten, die vor innerstaatlichen Gerichten anhängig sind.[356] Nach den Vertragsbestimmungen darf er rechtschöpferisch tätig werden, „um Lücken im Gemeinschaftsrecht zu füllen und den Bedeutungsgehalt von Normen des Gemeinschaftsrechts abzustecken."[357]

---

348 Vgl. *Oppermann* (1991), S. 120.

349 Vgl. *Europäisches Parlament* (1994), S. 49, s. Art. 164 EGV.

350 Vgl. *Beutler/ Bieber/ Piepkorn/ Streil* (1982), S. 137.

351 Vgl. *Joerges* (1991), S. 12.

352 EUV Art. L.

353 EWGV 1957, Art. 165 und 166.

354 Vgl. *Harbrecht* (1978), S. 109. *Beutler/ Bieber/ Piepkorn/ Streil* (1982), S. 140 f. *Oppermann* (1991), S. 131 f.; *Fontaine* (1995), S. 12, vgl. *Europäische Kommission* (1995c), S. 10.

355 Vgl. *Schockweiler* (1995), S. 195.

356 Vgl. *Europäisches Parlament* (1994), S. 49.

357 Zit. *Zuleeg* (1995), S. 18.

Seine Aufgaben umfassen die Schlichtung von Streitigkeiten zwischen:

- den Mitgliedstaaten,
- der Europäischen Gemeinschaft und den Mitgliedstaaten,
- den Organen der Gemeinschaft,
- einzelnen und der Gemeinschaft.

Zudem gibt der EuGH bei Abschluß von internationalen Abkommen Gutachten ab.

5.2.5. Europäischer Rechnungshof

Zunächst als Kontrollausschuß nach Art. 206 EWGV ins Leben gerufen, wurde der Rechnungshof seit 1977 vom Rat als Hilfsorgan der Gemeinschaft eingesetzt.[358] Seit dem Maastrichter Vertrag kommt ihm die Stellung eines Organs der Gemeinschaft zu.[359] Er bestand 1977 aus 10 Mitgliedern, die einstimmig vom Rat ernannt wurden. Seit 1987 setzte er sich aus 12 Mitgliedern zusammen. Mit dem Beitritt von Finnland, Österreich und Schweden hat sich seine Zahl auf 15 erhöht.[360] Der Rechnungshof entscheidet durch Mehrheitsbeschluß.[361] Für das Haushaltsentlastungsverfahren ist der Rechnungshof in besonderem Maße mit dem Europäischen Parlament verbunden.

5.2.6. Hilfsorgane

Der Ministerrat und die Europäische Kommission werden von dem Wirtschafts- und Sozialausschuß und dem Ausschuß der Regionen in beratender Funktion unterstützt.[362]

5.2.6.1. Wirtschafts- und Sozialausschuß

Die Mitglieder des Wirtschafts- und Sozialausschusses ernennt der Rat auf der Basis von Vorschlägen, die ihm von den Verbänden unmittelbar oder über die Regierungen unterbreitet werden.[363] Die Mitglieder aus jedem Mitgliedstaat kommen normalerweise zu je einem Drittel von den Arbeitgebern, den Arbeitnehmern und sonstigen (Landwirte, Verbraucher, Kaufleute, etc.) Interessen.

---

358 Vgl. *Beutler/ Bieber/ Piepkorn/ Streil* (1982), S. 98 und 143 f., EWGV1957, Art. 206.

359 EGV 1995 Art. 4.

360 EGV 1995 Art. 188b, vgl. *Fontaine* (1995), S. 13, vgl. *Europäische Kommission* (1995c), S. 11.

361 Vgl. *Oppermann* (1991), S. 140-142f.

362 S. EGV, Art. 4; vgl. *Europäisches Parlament* (1994), S. 21.

363 Vgl. *Beutler/ Bieber/ Piepkorn/ Streil* (1982), S. 143.

5.2.6.2. Ausschuß der Regionen

Mit dem Vertrag von Maastricht wurde der Ausschuß der Regionen ins Leben gerufen. Seine Zusammensetzung lehnt sich hinsichtlich der Entsandtenzahl an die des Wirtschafts- und Sozialausschusses (1993/1995) an. In ihm kommen Vertreter der regionalen und lokalen Gebietskörperschaften zusammen.[364] Diese werden auf Vorschlag der jeweiligen Mitgliedstaaten durch einstimmigen Beschluß vom Rat auf vier Jahre ernannt.[365] Der Ausschuß hat am 9. März 1994 in Brüssel seine konstituierende Sitzung abgehalten.[366]

5.3. Entscheidungsstruktur in der Europäischen Gemeinschaft

5.3.1. Kompetenzen der Europäischen Gemeinschaft

Seit dem Vertrag zur Gründung der Europäischen Wirtschaftsgemeinschaft von 1957 haben die Kompetenzen mit der Einheitlichen Europäischen Akte und schließlich mit dem Vertrag von Maastricht Ausweitungen erlebt. Die Kompetenzen der Gemeinschaft wurden mit der Einheitlichen Europäischen Akte um die Bereiche Währungspolitik, Forschung und technologische Entwicklung, Energie, Umwelt und wirtschaftlicher und sozialer Zusammenhalt erweitert. Der Vertrag über die Europäische Union hat zur Aufnahme der Politikfelder Kultur, allgemeine und berufliche Bildung und Jugend, Ge-

---

364 EGV, Art. 198a.

365 **Mitgliederverteilung des Wirtschafts- und Sozialausschuß und des Ausschusses der Regionen (1993, 1995)**

Mitgliedstaat	1958	1973	1981	1987/ 1993	1995
Belgien	12	12	12	12	12
Deutschland	24	24	24	24	24
Frankreich	24	24	24	24	24
Italien	24	24	24	24	24
Luxemburg	5	6	6	6	6
Niederlande	12	12	12	12	12
Dänemark	-	9	9	9	9
Irland	-	9	9	9	9
Vereinigtes Königreich	-	24	24	24	24
Griechenland	-	-	12	12	12
Spanien	-	-	-	21	21
Portugal	-	-	-	12	12
Finnland	-	-	-	-	9
Österreich	-	-	-	-	12
Schweden	-	-	-	-	12
Insgesamt	101	144	156	189	222

Quellen: *Beutler/ Bieber/ Piepkorn/ Streil* (1982), S. 143; *Oppermann* (1991), S. 136, s. EWGV1957, Art. 194; vgl. *Fontaine* (1995), S. 222, EGV 1995 Art. 194; EGV, Art. 198a; L 31, ABl. vom 04.02.1994, S. 29-46 und L 25, Abl. L 25 vom 02.02.1995, S. 20-24, EGV 1995, Art. 198a.

366 Vgl. *Europäische Kommission* (1995c), S. 13.

sundheitswesen, Verbraucherschutz, transeuropäische Netze, Industriepolitik und Entwicklungszusammenarbeit geführt.

Die Entwicklung der gemeinschaftlichen Handlungsfeldern ist in der folgenden Übersicht zusammengefaßt:[367]

Übers. 10: Entwicklung der Zuständigkeiten der Europäischen Gemeinschaft

1. Freier Warenverkehr	9. Steuern	17. Kultur
2. Freier Kapitalverkehr	10. Gemeinsame Handelspolitik	18. Allgemeine und berufliche Bildung, Jugend
3. Freizügigkeit der Arbeitnehmer (Freier Personenverkehr, 1993)	11. Wirtschafts- (und Währungs-) politik (seit 1987)	19. Gesundheitswesen
4. Niederlassungsrecht und freier Dienstleistungsverkehr	12. Sozialpolitik	20. Verbraucherschutz
5. Wettbewerb	13. Forschung und technologische Entwicklung	21. Transeuropäische Netze
6. Verkehr	14. Energie	22. Industriepolitik
7. Landwirtschaft und Fischerei	15. Umwelt	23. Entwicklungszusammenarbeit
8. Angleichung der Rechtsvorschriften, sofern für die Erreichung der Ziele des EG-Vertrages erforderlich	16. Wirtschaftlicher und sozialer Zusammenhalt	

Legende: Keine Schattierung : Stand 1957, leichte Schattierung : Stand 1987, starke Schattierung : Stand 1993.

Die Intensität der Vergemeinschaftung ist in den einzelnen Politikbereichen jedoch sehr verschieden. Sie erstreckt sich von der direkten Entscheidungs- und Durchführungsbefugnis, über eine Koordinierungsfunktion, bis zur bloßen Beobachtungs- und Berichtsaufgabe. Obgleich die EG-Verträge keinen Kompetenzkatalog enthalten, können hinsichtlich der Kompetenzverteilung zwischen der Gemeinschaft und den Mitgliedstaaten die folgenden Gruppen unterschieden werden:[368] a.) ausschließliche Gemeinschaftszuständigkeit, b.) konkurrierende Gemeinschaftszuständigkeit, c.) Rahmenkompetenz, d.) parallele Zuständigkeit.

367 EWGV 1957, EWGV 1986, EGV (auch Art. 3). Der Energiebereich unterlag zu dieser Zeit fast ausschließlich dem EURATOM-Vertrag und dem EGKS-Vertrag. Auch die seit 1973 zunehmende Bedeutung anderer Energieträger hat nicht zu einer rechtlichen Verfestigung der Zuständigkeit der Gemeinschaft in der Energiepolitik geführt. Spätestens mit der Einheitlichen Europäischen Akte stützte die Gemeinschaft ihre Energiepolitik jedoch für die neuen Energieträger auf die allgemeinen Vorschriften des EWGV (*Beutler/ Bieber/ Piepkorn/ Streil* (1982), S. 440-444 und *Oppermann* (1991), S. 463).

368 In Anlehnung an *Steinz* (1995), S. 41-43. Vgl. auch *Kuhn* (1995), S. 70.

Im Bereich der konkurrierenden Gemeinschaftszuständigkeit sind die Mitgliedstaaten nur insoweit und solange zuständig, wie die Gemeinschaft keine abschließend regelnden Rechtsakte erlassen hat. In der Regel werden der Gemeinschaft funktional bezogene Aufgaben übertragen, „die sie nach dem Prinzip der begrenzten Einzelermächtigung (...) erfüllen soll".[369]

Die folgende Übersicht faßt die Arten der Gemeinschaftszustädigkeiten zusammen, sofern eine Zuordnung möglich ist.

Übers. 11: Art der Gemeinschaftszuständigkeiten

Ausschließliche Gemeinschaftszuständigkeit	Konkurrierende Gemeinschaftszuständigkeit	Rahmenkompetenz	Parallele Zuständigkeit
Gemeinsamer Zolltarif	Zollunion	Dienstleistungsverkehr	Wettbewerbspolitik
Gemeinsame Handelspolitik	Agrarpolitik		Regionalpolitik
Verkehr in der EG	Freizügigkeit (Teile)	Freizügigkeit (Teile)	
Dienstleistungsfreiheit von Verkehrsunternehmen	Freier Kapitalverkehr	Forschung und technologische Entwicklung	
Fischereierhaltungsmaßnahmen	Verkehr		
	Staatliche Beihilfen		
	Steuerliche Vorschriften		
	Wirtschaftspolitik (Teile)	Wirtschaftspolitik (Teile)	
	Umweltschutz		
	Sozialpolitik (Teile)	Sozialpolitik (Teile)	
	Angleichung der Rechtsvorschriften		
	Allgemeine und berufliche Bildung		
	Jugend		
	Gesundheit		

5.3.2. Entscheidungsmehrheiten im Ministerrat

Der Rat entscheidet nach Art. 148 der EG-Verträge mit einfacher Mehrheit, mit qualifizierter Mehrheit oder einstimmig.[370] Die Einstimmigkeitsregel gilt hauptsächlich in folgenden Bereiche:

- Fragestellungen mit grundsätzlicher oder politischer Bedeutung, wie z.B. institutionelle Angelegenheiten;
- Beschlüsse mit besonders umfangreichem Anwendungsgebiet;
- Weiterentwicklung der Entscheidungsmechanismen während der vertraglich festgelegten Übergangszeit;
- Änderung von Vorschlägen der Kommission.

---

369 Zit. *Steinz* (1995), S. 41 f.

370 Vgl. hierzu *Buchanan/ Tullock* (1979).

Auch werden neue Politikbereich häufig zunächst unter dem Einstimmigkeitsprinzip in das Vertragswerk aufgenommen. So im Maastrichter Vertrag: die Unionsbürgerschaft, der Visumszwang, Aktionen der Kohäsionspolitik außerhalb des Fonds, spezielle umweltpolitische Maßnahmen, Wirtschaftssanktionen.[371] Dies ist ein Hinweis auf die Bedeutung von Vertrauen unter den Mitgliedstaaten für den Entscheidungsprozeß.

Von besonderer Bedeutung ist die Luxemburger Vereinbarung vom 29.01.1966, in der sich die Außenminister zur Beilegung der Krise aufgrund der „Politik des leeren Stuhles" Frankreichs bei Mehrheitsbeschlüssen für Vorschläge der Kommission, die „sehr wichtige Interessen" der Mitgliedstaaten berühren, darauf verständigten, sich innerhalb eines angemessenen Zeitraums darum zu bemühen, zu einstimmigen Beschlüssen zu kommen.[372] Dieser Kompromiß hatte praktisch zur Folge, daß das Einstimmigkeitsprinzip sich bis in die achtziger Jahre einbürgerte und auch in Bereichen Anwendung fand, in denen Beschlüsse eigentlich mehrheitlich hätten gefaßt werden können. In einer kleinen Gruppe war selbstverständlich auch die Konvergenz der Präferenzen wahrscheinlicher, so daß Entscheidungen selbst unter der Einstimmigkeitsregel leichter zu treffen waren. Der Konsens im Ausschuß der Ständigen Vertreter war für den formalen und einstimmigen Ratsbeschluß grundlegend. Um diesen herzustellen waren zusehends Kompromisse nur noch durch Kompensationen und das Schnüren von Paketlösungen möglich. Der Konsens wird in vielen Fällen durch Kompensationszahlungen und Kompromisse, auch die Politikfelder übergreifend, erkauft.[373] Durch Paketlösungen erhalten die nationalen Interessen einen prinzipiellen Vorrang gegenüber gemeinschaftlichen Anliegen. Der Einfluß der nationalen Interessen ist dadurch erheblich gestiegen.[374] Die Akteure stehen in strategischer Interaktion, die sich insbesondere durch eine geschickte Verknüpfung unterschiedlicher Themenbereiche auf den Tagesordnungen auszeichnet.[375]

Während bei Abstimmungen mit einfacher Mehrheit jeder Mitgliedstaat eine Stimme hält, sehen die Verträge für Abstimmungen mit qualifizierter Mehrheit eine Gewichtung der Stimmen der Mitgliedstaaten vor.[376] Aus diesen Beschreibungen wird vor allem die Kostenseite der Einstimmigkeitsregel festgehalten werden müssen. Vor dem Hintergrund der obigen Ausführungen hat die Ausweitung der qualifizierten Mehrheitsentscheidungen im Ministerrat für die Entwicklungsfähigkeit der Gemeinschaft besondere Bedeutung. Durch sie verlieren alle Ratsmitglieder gegenüber der Einstimmigkeitsregel

---

371 Vgl. *Wilming* (1995), S. 34, S. 61, S. 65, S. 26 f..

372 Vgl. *Oppermann* (1991), S. 106.

373 Vgl. *Leipold* (1993), S. 53.

374 „Die faktische Erfordernis einstimmiger Ratsbeschlüsse mußte jedoch nahezu zwangsläufig dazu führen, daß die Konsensfähigkeit zum einzig 'richtigen Kriterium' der Zusammenarbeit zwischen Kommission und Rat und damit der Gemeinschaftspolitik avancierte oder besser: degenerierte." (zit. *Leipold* (1993), S. 47 f.)

375 Vgl. *Kohler-Koch* (1990), S. 115 und 118.

376 Vgl. *Beutler/ Bieber/ Piepkorn/ Streil* (1982), S. 124 f.

an Macht: vor allem die Blockade von Beschlüssen fällt schwerer. „Dadurch vermindert sich die Notwendigkeit zur Austarierung allseits konsensfähiger Konsenslösungen."[377] In der folgenden Tabelle ist die Entwicklung der Stimmengewichtung der einzelnen Mitgliedstaaten für Entscheidungen bei qualifizierter Mehrheit zusammengefaßt.

Übers. 12: Stimmengewichtung nach Mitgliedstaaten für qualifizierte Mehrheitsbeschlüsse im Ministerrat[378]

Mitgliedstaat	1958	1973	1982	1986/ 1993	1995
Belgien	2	5	5	5	5
Deutschland	4	10	10	10	10
Frankreich	4	10	10	10	10
Italien	4	10	10	10	10
Luxemburg	1	2	2	2	2
Niederlande	2	5	5	5	5
Dänemark	-	3	3	3	3
Irland	-	3	3	3	3
Vereinigtes Königreich	-	10	10	10	10
Griechenland	-	-	5	5	5
Spanien	-	-	-	8	8
Portugal	-	-	-	5	5
Finnland	-	-	-	-	3
Österreich	-	-	-	-	4
Schweden	-	-	-	-	4
Qualifizierte Mehrheit	*12*	*41*	*45*	*54*[379]	*62*[380]
Insgesamt	**17**	**58**	**63**	**76**	**87**

5.3.3. Hauptsächliche Entscheidungsverfahren in der Europäischen Gemeinschaft

Trotz der Vielzahl unterschiedlicher Entscheidungsverfahren sind vier Hauptformen im Hinblick auf die Einbeziehung des Europäischen Parlamentes von überragender Bedeutung: das Anhörungsverfahren, das Zustimmungsverfahren, das Verfahren der Zu-

377 Zit. *Leipold* (1993), S. 60.

378 Vgl. *Harbrecht* (1978), S. 86f., vgl. *Beutler/ Bieber/ Piepkorn/ Streil* (1982), S. 125; vgl. *Oppermann* (1991), S. 106; vgl. *Fontaine* (1995), S. 9; s. EWG1957, Art. 148 und EGV Art. 148, vgl. *Europäische Kommission* (1995c), S. 7.

379 Diese Mehrheit ist durch den Beschluß des Rates vom 29.03.1994 geändert worden, so daß dann, wenn Mitgliedstaaten, die zusammen 23-26 Stimmen auf sich vereinigen, ihre Ablehnung ankündigen, es einer Mehrheit von mindestens 68 Stimmen bedarf, um eine zufriedenstellende Lösung anzunehmen (s. C 105, ABl. vom 13.04.1994, S. 1).

380 Durch den Ratsbeschluß vom 01.01.1995 gilt, daß dann, wenn Mitgliedstaaten, die zusammen 23-25 Stimmen auf sich vereinigen, ihre Ablehnung ankündigen, es einer Mehrheit von mindestens 65 Stimmen bedarf, um eine zufriedenstellende Lösung anzunehmen (s. C 1, ABl. vom 01.01.1995, S. 1). In Fällen, in denen der Rat nicht auf Vorschlag der Kommission entscheidet, ist außerdem die Zustimmung von zumindest 10 Mitgliedstaaten erforderlich (s. Art. 148,2 EGV1995).

sammenarbeit und das Mitentscheidungsverfahren. Im Gegensatz zum Anhörungsverfahren, in denen das EP zwar Stellungnahmen und unverbindliche Änderungsanträge einbringen kann, wird im zweiten Verfahren die Zustimmung des Europäischen Parlaments gefordert. In Art. 237 und 238 des EWGV 1986 wurde die Zustimmung des EPs beim Abschluß von Beitritts- und Assoziierungsabkommen niedergelegt.[381] Durch den Vertrag von Maastricht ist das Zustimmungsverfahren auf neun andere Artikel ausgedehnt worden, darunter Freizügigkeit, Ziele der Strukturfonds, Zuständigkeiten der Europäischen Zentralbank, Schaffung eines einheitlichen Wahlverfahrens für die europäischen Wahlen.[382]

Durch die Einheitliche Europäische Akte bekam das Europäische Parlament erstmalig die Möglichkeit, im Verfahren der Zusammenarbeit nach Art. 149 den Verlauf der Gesetzgebung gestalterisch zu beeinflussen.[383] Das Verfahren der Zusammenarbeit findet Anwendung im Bereich des Binnenmarktes, der Freizügigkeit, der Niederlassungsfreiheit, Bestimmungen betreffend Ausländer, gegenseitige Anerkennung der Diplome, der Sozialpolitik, des wirtschaftlichen und sozialen Zusammenhaltes, der technologischen Forschung und Entwicklung. Außerdem kommt das Zusammenarbeitsverfahren hinsichtlich des Verbots jeder Diskriminierung aus Gründen der Staatsangehörigkeit zur Anwendung.[384] Seit dem Vertrag über die Europäische Union fällt unter das Zusammenarbeitsverfahren auch die Berufliche Bildung.[385]

Schließlich hat das im Vertrag über die Europäische Union in Art. 189b niedergelegte Mitentscheidungsverfahren die Bedeutung des Parlaments im europäischen Institutionengefüge merklich erhöht. Dies wird durch die Einrichtung eines Vermittlungsausschusses zwischen dem Rat und dem Parlament erzwungen.[386] Das Mitentscheidungsverfahren findet Anwendung in den folgenden Bereichen: Binnenmarkt, Niederlassungsfreiheit, Bestimmungen betreffend Ausländer, Anerkennung der Diplome, allgemeine und berufliche Bildung und Jugend, Forschung und technologische Entwicklung, Strukturfonds für regionale Entwicklung, Umwelt, Verbot des privilegierten Zugangs zu den Finanzinstituten, Gesundheitswesen.[387]

---

381 EWGV 1986, Art. 237, 238; vgl. *Europäisches Parlament* (1994), S. 20. Art. 237 findet sich im EUV in Art. O.

382 Vgl. *Europäisches Parlament* (1994), S. 60.

383 Siehe im folgenden Art. 100a und b, Art. 49, Art. 54,2, Art. 56,2, Art. 57, Art. 118a, Art. 130e, Art. 130q,2, Art. 7; vgl. EWG1986 Art. 149, in EGV Art. 189c, vgl. *Leipold* (1993), S. 54.

384 Vgl. *Europäisches Parlament* (1994), S. 20, S. 58. Art. 7 in EWG1986, in EGV Art. 6.

385 EGV Art. 127,4.

386 Vgl. *Leipold* (1993), S. 57 f.

387 Die Art. 100a und b, Art. 54, Art. 56,2, Art. 57,1 und 2, Art. 126, 4, Art. 130i, Art. 130,e, Art. 130s,3, Art. 104a und b, Art. 129,4; vgl. *Europäisches Parlament* (1994), S. 59.

Modell 6: Hauptsächliche Entscheidungsverfahren im Gesetzgebungsprozeß der Europäischen Gemeinschaft

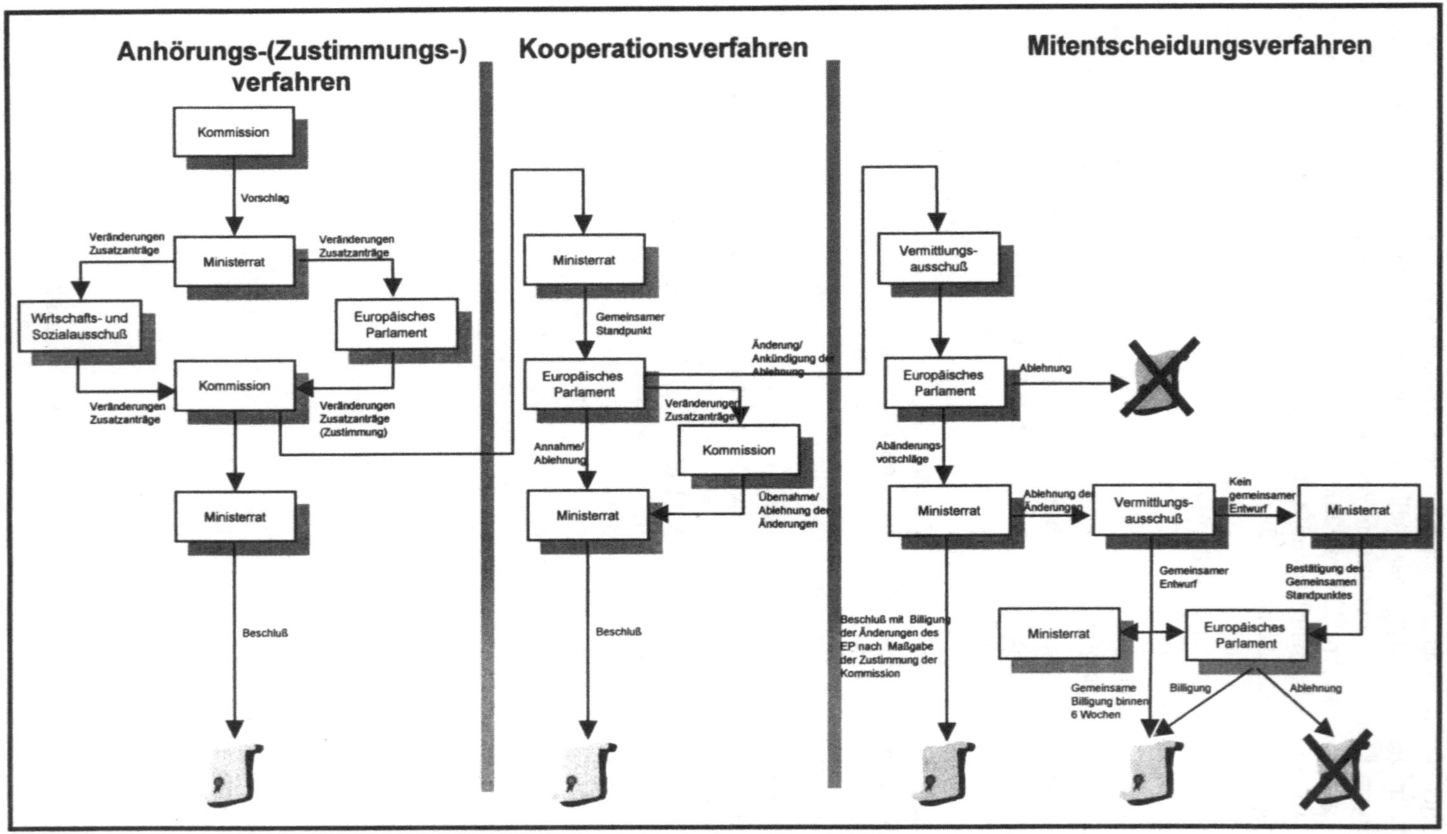

Das Modell auf der vorstehenden Seite vermittelt einen schematischen Überblick über diese hauptsächlichen Entscheidungsverfahren im Gesetzgebungsprozeß der Europäischen Gemeinschaften.[388] Der additive Charakter der Evolution der Entscheidungsverfahren ist deutlich abzulesen. Zudem sind drei zentrale Strukturmerkmale sichtbar:

- Die Kommission initiiert den Gesetzgebungsprozeß, ungeachtet des Entscheidungsverfahrens.
- Der Ministerrat kontrolliert den positiven Ausgang des Gesetzgebungsverfahrens.
- Im Mitentscheidungsverfahren kann das Europäische Parlament jedes Gesetzgebungsverfahren zum Scheitern bringen. Im Hinblick auf den Inhalt können das Europäische Parlament und der Ministerrat die Vorlage der Kommission vollständig abändern.
- Der Ministerrat und der Ausschuß der Ständigen Vertreter stehen im Zentrum der Entscheidung. Sie beeinflussen weitestgehend den Inhalt der europäischen Gesetzgebung, sofern sie zustandekommt. Ihnen gilt vor allem das Interesse der Verbandsvertreter.[389] Die Übertragung von nationalen Kompetenzen auf die Gemeinschaft erhöht die Bedeutung der europäischen Ebene für Interessengruppen. Um ihren Einfluß geltend zu machen, müssen sie sich zusehends auch europäisch organisieren.[390]

In manchen Bereichen der Gemeinschaftspolitiken ist aufgrund der schwierigen Entscheidungsprozesse von einer „Politikverflechtungsfalle" die Rede. Nicht eine längerfristige Orientierung an gemeinsamen Programmen und Werten ist hier vorherrschend, sondern ein ständiges „bargaining" zwischen verschiedensten, oft divergenten Interessen, die wegen der Vetomacht alle berücksichtigt werden müßten.[391] Andernorts findet man denselben Tatbestand in einer positiven Wendung beschrieben als ein „Verflechtungs- und Konkordanzsystem".[392]

5.4. Zusammenfassung

Wie die obigen Übersichten darlegen, haben Erweiterungen der EG in der Regel zu einer zahlenmäßigen Vergrößerung der Organe geführt.[393] Hinsichtlich ihres Wachstums kann von 1958 bis 1995 für das Europäische Parlament eine Zunahme um 340%, für den Europäischen Gerichtshof um 186%, für den Ministerrat ein Plus von 150% und die Europäische Kommission von 122% verzeichnet werden.

---

388 In Anlehnung an *Leipold* (1996), S. 52, 55, 57.

389 Vgl. *Leipold* (1993), S. 51.

390 Vgl. *Willgerodt* (1992a), S. 112.

391 Vgl. *Bellers/ Häckel* (1990), S. 300.

392 Zit. *Hrbek* (1993), S. 14 f, die Verflechtung sieht dieser insbesondere in Hinsicht der Akteure auf europäischer und nationaler Ebene und zweitens mit Blick auf die sich überschneidenden Politikbereiche.

393 Vgl. *Beutler/ Bieber/ Piepkorn/ Streil* (1982), S. 99; auch *Oppermann* (1991), S. 91.

Übers. 13: Zahlenmäßige Entwicklung der Hilfs-/Organe der EG

Hilfs-/Organ der EG	1958	1973	1979	1981	1986	1993	1995
Europäisches Parlament (Abgeordnetenzahl)	142	198	410	434	518	518	626
Ministerrat (Mitgliedstaaten)	6	9	9	10	12	12	15
Europäische Kommission (Mitglieder)	9	13	13	14	17	17	20
Europäischer Gerichtshof (Richter/ Generalanwälte)	7 / 2	9 / 4	9 / 4	11 / 5	13 / 6	13 / 6	15 / 9
Europäischer Rechnungshof (Anzahl Prüfer)	-	-	10	10	12	12	15
Wirtschafts-/ Sozialausschuß (Entsandtenzahl)	101	144	144	156	189	189	222
Ausschuß der Regionen (Entsandtenzahl)	-	-	-	-	-	189	222

Im Verlaufe der Entwicklung sind die Zahl der im Rat sitzenden Minister, sowie der Mitglieder der Kommission, als auch der Richter des Europäischen Gerichtshofs und der Prüfer des Europäischen Rechnungshofes an die Grenze einer Mitgliedergröße geraten, die noch zu der Kategorie der „kleinen Gruppe" gezählt werden kann. Ein gewisser Gleichschritt mit der Anzahl der Mitgliedstaaten ist nicht von der Hand zu weisen. Dieses Wachstum ist vor allem deshalb von Bedeutung, da innerhalb der Organe die Zusammenarbeit weitestgehend auf Freiwilligkeit beruht, Entscheidungen jedoch nur gemeinsam gefällt werden können. Hinsichtlich der Entscheidungsfähigkeit kommt den strukturellen Gegebenheiten somit ein zunehmendes Gewicht zu.

In einer anderen Kategorie hat das Parlament vor allem seit der Direktwahl von 1979 einen erheblichen Zuwachs der Abgeordneten verzeichnet. Da die Hauptfunktion in der parlamentarischen Diskussion liegt, könnte die schließlich erreichte Abgeordnetenzahl ebenfalls an oder schon jenseits der Grenze des Praktikablen liegen.

Die Aufgabenteilung zwischen den Organen der Gemeinschaft deckt sich nicht mit der in Nationalstaaten. Festhalten läßt sich die zentrale Rolle der Kommission als genuin europäischem Organ mit der herausragenden Bedeutung des Initiativrechts. Hingegen kommt dem Ministerrat die Schlüsselstellung im Hinblick auf Entscheidungsbefugnis zu. Man kann davon ausgehen, daß es sich beim Ausschuß der Ständigen Vertreter im Ministerrat um eine Gruppe von Mitglieder mit unmittelbarem Interaktionskontakt handelt, die auf Dauer angelegt ist, so daß die Mitglieder sich in einer strategischen Entscheidungssituation miteinander befinden.[394] Obgleich es sich beim Ministerrat um ein Gemeinschaftsorgan handelt, gilt als Orientierungspunkt die nationale Wählerschaft, da sie als Vertreter einer nationalen Regierung zusammenkommen.

394 Vgl. *Wilming* (1995), S. 51 und S. 53.

Für die Kohärenz der Rechtsentwicklung steht der Europäische Gerichtshof. Seine Unabhängigkeit erscheint als wichtige Voraussetzung für die Vermittlung von Legitimation. Eine zunehmende demokratische Legitimation kommt nach den Direktwahlen vor allem dem Europäischen Parlament und seiner verstärkten Einbeziehung im Entscheidungsprozeß innerhalb des Institutionengefüges zu. Im Mitentscheidungsverfahren beruht die Macht des Europäischen Parlaments jedoch letztendlich auf dem Vetorecht.

Zur Verdeutlichung der Entscheidungsstruktur in der Europäischen Gemeinschaft faßt das untenstehenden Modell die Beziehungen zwischen den am Gesetzgebungsprozeß der Europäischen Gemeinschaft direkt und indirekt beteiligten Akteuren zusammen.[395]

Modell 7: Entscheidungsstruktur in der Europäischen Gemeinschaft

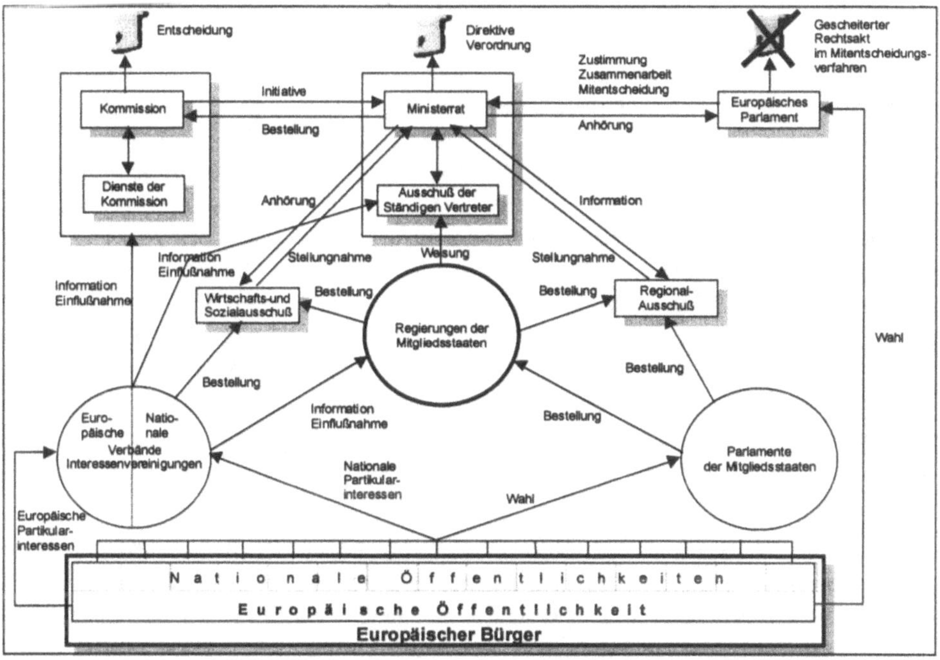

395 In freier Anlehnung an *Leipold* (1993), S. 44-61.

6. Verfassung und Integration

6.1. Allgemeine Gesichtspunkte

Nach der Vertragstheorie ist ein grundlegender Unterschied zwischen Entscheidungen über „Regeln" und Entscheidungen über Handlungsalternativen innerhalb von „Regeln" zu machen.[396] Im Zusammenhang mit der Frage nach einer Verfassung bewegt man sich auf der ersten Metaebene: die „Spielregeln" selbst stehen zur Diskussion. Die Verfassung selbst kann somit als der Versuch gewertet werden, solche „Spielregeln" festzustellen und zu schützen. Man kann „konstitutionelle Regeln" als „Regeln" ansehen, an deren Befolgung Individuen innerhalb einer Gruppe interessiert sind, auch wenn deren Befolgung für sie selbst nicht von direktem Vorteil ist. Denn sie machen die Gruppe in der Gesamtheit handlungsfähiger und nützen somit dem Individuum indirekt. Auf Verfassungsebene werden die Rahmenbedingungen festgelegt, „innerhalb derer wir dann dem Prozeß der kulturellen Evolution seinen Lauf lassen."[397]

Während Entscheidungen unter dem Einstimmigkeitserfordernis über Handlungsalternativen bei zunehmender Größe und bei strategischer Interaktion der Mitglieder immer unwahrscheinlicher werden, sorgt die ungleich größere Unsicherheit über die Auswirkungen von „Spielregeln" dafür, daß ein Verfassungskonsens über Entscheidungsregeln leichter möglich ist.[398] Um einen höchst umfangreichen Konsens hinsichtlich gesellschaftlicher Urteile zu sichern, hat *Rawls* den „Schleier des Nichtwissens"[399] als hinreichende Bedingung in die Diskussion eingeführt. Auf einer konstitutionellen Ebene sind die Chancen auf einen allgemeinen Konsens aufgrund dieses „Schleiers des Nichtwissens" erheblich größer, als bei auf eine konkrete Situation bezogenen Entscheidungen.[400] Eine Einigung über die Einführung einer (qualifizierten) Mehrheitsregel ist um so eher auf einem konstitutionellen Niveau vorstellbar, desto mehr Bereiche von ihr betroffen werden. Das Hauptproblem besteht für das Individuum in der Bewertung, ob die verringerten Entscheidungs- und Opportunitätskosten die erwarteten externen Kosten überkompensieren.[401]

Die innere Bezogenheit der politischen und der wirtschaftlichen Verfassung einer Gesellschaft ist seit langem Bestandteil der wissenschaftlichen Diskussion.[402] Der wirtschaftlichen Selbstverwaltung entspricht auf staatlicher Ebene eine demokratische Ver-

---

396 Vgl. *Vanberg* (1992), S. 375. Auch *Vanberg/ Buchanan* (1991), S. 71 f.

397 Zit. und vgl. *Vanberg* (1994), S. 38, S. 24.

398 Vgl. *Wilming* (1995), S. 132, in Anlehnung an *Brennan/ Buchanan*. Zur Modellierung der Wahl von Entscheidungsregeln in einer Verfassung vgl. *Rae* (1979).

399 Vgl. *Rawls* (1988), S. 29, S. 159-166. Dazu auch *Vanberg/ Buchanan* (1991), S. 62-67.

400 Vgl. *Brennan/ Buchanan* (1985), S. 28-31 und *Vanberg* (1992), S. 379.

401 Zit. *Wilming* (1995), S. 154 und S. 146.

402 Vgl. *Eucken* (1948), S. 69.

fassung.[403] Der staatlichen Verfassung kommt die vornehmliche Aufgabe zu, „die Gefahren, die von dieser staatlichen Macht ausgehen können, so gering wie möglich zu halten."[404]

Regierungshandeln, das in den wirtschaftlichen Wettbewerb eingreift, kann selbst die Komplexität und die Erwartungsunsicherheit erhöhen, so daß es einer Gesellschaft zum Vorteil gereicht, wenn sie die Art und das Ausmaß staatlichen Handelns durch eine Verfassung begrenzt.[405] Durch verfassungsrechtliche Absicherung ist es den Individuen einer Gesellschaft möglich, langfristige Gesichtspunkte in das tägliche Entscheidungsgeschäft einfließen zu lassen.[406] Nur in der Verfassung können Kriterien vorgegeben werden, die den Gesetzgeber auf die Formulierung allgemeiner, abstrakter „Regeln" in Form von Gesetzen festlegt.[407] Der politische Wettbewerb bedarf ebenfalls der Sicherung eines von „äußerlichen Institutionen" geprägten Rahmens, „innerhalb dessen mit alternativen internen Regeln/Institutionen experimentiert werden kann."[408] Der freiheitliche, demokratische Rechtsstaat ist die Grundlage einer Marktwirtschaft.[409]

Dabei sind weder Märkte noch kulturelle Evolution immer in dem Sinne selbsttragend, daß sie automatisch aus sich selbst heraus die einschränkenden Regeln generieren würden, die für die beteiligten Personen vorteilhaft wirken.[410] Die Entwicklung komplexer gesellschaftlicher Interdependenz hängt ab einem gewissen Komplexitätsgrad von der Entstehung solcher „Institutionen" ab, welche die Menge der nicht-lokalen, für individuelles Handeln aber relevanten Information über das Handeln anderer Individuen und über Interdependenzen begrenzen.

Das Verständnis von Demokratie ist vielfältig differenzierbar nach Repräsentationsformen, Rechtsstaatsprinzip, Minderheitenschutz, Mitwirkungserfordernissen, sowie originären Zuständigkeiten der Regierung, aber auch aufgrund von Ausnahmebereichen von direkter demokratischer Kontrolle, wie im Falle von unabhängigen Notenbanken oder Rechnungshöfen.[411] Die Ordnung auf dieser Ebene baut auf rechtsstaatlichen Traditionen auf.[412] Die horizontale und vertikale Gewaltenteilung sind die greifbaren Ausprägungen.[413] Eine weitere Differenzierung liegt in der Unterscheidung von Rechtsset-

---

403 Vgl. *Hensel* (1963), S. 59. Hinsichtlich der ökonomischen Theorie der Demokratie als Einführung *Barry* (1979).

404 Zit. *Hensel* (1963), S. 43.

405 Vgl. *Heiner* (1983), S. 580, S. 586.

406 Vgl. *Brennan/ Buchanan* (1985), S. 81.

407 Vgl. *Witte* (1995), S. 105 in Anlehnung an von *Hayek*.

408 Zit. *Vanberg* (1994), S. 45.

409 Vgl. *Hoppmann* (1990), S. 14; auch *Gutmann* (1989), S. 341.

410 Vgl. *Vanberg* (1994), S. 42, in Deutung des Gesamtwerkes von *Hayek*.

411 Vgl. *Möschel* (1993), S. 34 f.

412 In Anlehnung an *Leipold* (1993), S. 66.

413 In Anlehnung an *Hensel* (1963), S. 43.

zung gegenüber der Rechtsanwendung.[414] Zudem wird im Staatenpluralismus eine Voraussetzung für den Bestand innerstaatlichen politischen Pluralismus gesehen.[415] Er erhält diese Bedeutung, da nur er eine glaubhafte *exit*-Option für Individuen mit grundsätzlich widersprechenden Anschauungen zu den Grundwerten bietet.[416] Auch für Staaten gibt es eine optimale Größe, die sich nach dem Grad individueller Freiheit und Selbstbestimmung, dem Ausmaß der Partizipationschancen und dem möglichen Wettbewerb seiner Glieder bemißt.[417] Durch die Vielheit der staatlichen Einheiten kann ein Prozeß kultureller Evolution auch solcher „Regeln" einsetzen, die ihre Nützlichkeit in einem Wettbewerb zwischen Gruppen mit verschiedenen Ordnungen beweisen müssen.[418]

6.2. Verfassung und Integration

Bei der Betrachtung internationaler Wirtschaftsbeziehungen tritt die nationale Souveränität mit zwei Hauptaspekten in den Vordergrund: erstens als Garant des rechtlich-institutionellen Rahmens und zweitens als Beschränkung der individuellen Freiheit.[419] Zu den wirtschaftlich relevanten Grundtatbeständen der nationalen Verfassungen zählen vor allem das Verhältnis von öffentlicher gegenüber privater Wirtschaftsführung und die geltende Eigentumsordnung.[420] Beim ersteren ist der zentrale Faktor das Ausmaß des diskretionären staatlichen Interventionismus.[421] Eine Wirtschafts- und Währungsintegration kann aber als um so unwahrscheinlicher angesehen werden, je größer der Raum ist, der die politische Intervention im nationalen Wirtschaftsprozeß einnimmt.[422] Im Hinblick auf den zweiten Tatbestand reichen die idealtypischen Grundformen des Eigentums vom individuellen Privateigentum bis zum allumfassenden öffentlichen Eigentum. Durch die Eigentumsordnung wird somit die individuelle Dispositionsfreiheit ganz wesentlich bestimmt.[423] Allgemein liefern die Nationalstaaten eine Gewißheit für handeltreibende Partner, die Erfüllung ihrer Forderungen und Verträge im Zweifelsfalle und bei Abwesenheit internationaler Sicherungsinstanzen zu gewährleisten.[424]

Die zunehmende wirtschaftliche Verflechtung und wachsende strukturelle ökonomische Interdependenz zwischen einzelnen Ländern findet einen Gegenpart in einer zu-

---

414 Vgl. *Luhmann* (1988), S. 204.

415 Vgl. *Kammler* (1992), S. 96.

416 In Anlehnung an *Kohler-Koch* (1990), S. 121 f.

417 Vgl. in diesem Sinne *Habermann* (1991), S. 9.

418 Vgl. *Vanberg* (1994), S. 36.

419 Vgl. *Willgerodt* (1989), S. 402.

420 Vgl. *Kloten* (1955), S. 127, 133.

421 Vgl. *Hodges/ Woolcock* (1993), S. 330.

422 Vgl. *Röpke* (1966), S. 49 und S. 54; mit besonderem Akzent auf der monetären Steuerung.

423 Vgl. *Kloten* (1955), S. 133-137.

424 Vgl. *Vanberg* (1992), S. 382.

nehmenden „institutionellen Interdependenz" von Nationen aufgrund internationaler Regelwerke.[425] Die Internationalisierung der Wirtschaftsprozesse schafft Anpassungsdruck in Richtung auf Souveränitätseinschränkung der staatlichen Wirtschaftspolitik.[426] Integration in diesem Sinne beschränkt zweckmäßig die Handlungsfähigkeit der Nationalstaaten und schafft - durch die Beschränkung der nationalen Souveränität - mehr Wahlmöglichkeiten für Individuen.[427] Die marktliche Ordnung bietet durch die Abwanderungsdrohung eine Möglichkeit, im politischen Bereich Moral herzustellen.[428] Für einen Wettbewerb der Staaten ist eine in einer Verfassung beschriebene Gesellschaftsordnung Voraussetzung.[429] Hinsichtlich der europäischen Integration gibt es gewichtige Stimmen, die den wirtschaftlichen Einigungsprozeß als so weit fortgeschritten ansehen, daß unbedingt die politische Dimension auch bedacht werden muß.[430]

6.3. Legitimität und Werteordnung

Die Übertragung von Regelungskompetenz an einen supranationalen Integrationsverband wirft die Frage nach dem Legitimationsprinzip auf, zuerst nach einem gewählten Parlament.[431] Bei zunehmender Intensität der internationalen Handlungsbefugnisse, die delegiert werden, kommt auch eine nur wirtschaftlich motivierte Integration an den Punkt, wo die Legitimität der supranationalen Handlung durch eine Übereinkunft auf Verfassungsebene gewährleistet werden muß. In dem Maße, in dem der europäische Integrationsprozeß über die Phase einer Freihandelszone in eine Stufe der Integration eintritt, in der die regulative Verflechtung zur Vorbedingung für eine zunehmende Verflechtung der Wirtschaftsaktivitäten wird, in diesem Maße wird eine verfassungsmäßig geschützte Ordnung Voraussetzung für die Weiterentwicklung und vielleicht auch den Fortbestand des erreichten Integrationsgrades. Zusehends wird spürbar werden, daß der Markt nur leistungsbezogene Einkommen verteilen kann; dabei aber keine sozialen und humanen Aspekte berücksichtigen kann.[432]

Effektive demokratische Legitimität bedarf sozio-kultureller, politisch-struktureller und ethischer Voraussetzungen.[433] Dabei wird die Legitimität einer Ordnung entweder rein innerlich über Affekt, religiöse Bindung oder Werte garantiert oder durch erwartungsspezifische äußere Folgen, etwa soziale Mißbilligung oder Rechtszwang.[434] „Die

---

425 Vgl. *Kohler-Koch* (1990), S. 114 f.

426 Vgl. *Braasch* (1992), S. 33.

427 Vgl. *Buchanan* (1963), S. 253-255.

428 Vgl. *Starbatty* (1995), S. 121.

429 Vgl. *Vanberg* (1992), S. 388.

430 Vgl. *Schäuble* (1995), S. 23.

431 Angeregt durch *Möschel* (1993), S. 34.

432 Vgl. *Tuchtfeld* (1995), S. 36.

433 Vgl. *Kluth* (1995), S. 41.

434 Vgl. *Richter* (1994), S. 11.

»Werte«, denen die Regeln des gerechten Verhaltens dienen, sind (...) nicht Einzelheiten, sondern abstrakte Züge einer bestehenden faktischen Ordnung, die die Menschen verstärken wollen, weil sie sie als Voraussetzung für die wirksame Verfolgung einer Vielheit von verschiedenen, divergierenden und unvorhersehbaren Zwecken erkannt haben."[435] Institutionen garantieren nicht die Richtigkeit oder Qualität von Entscheidungen, aber ihr gerechtes Zustandegekommen.[436] Zu den Voraussetzungen demokratischen Regierens gehören daher die Existenz von Parteien, Verbänden, Medien und Öffentlichkeit, um die notwendige Vermittlung von Interessen der Bürger und der Staatsgewalt herzustellen. Dabei kommt dem Sprachproblem gewiß eine Rolle zu, ohne daß es jedoch die Möglichkeit von Legitimität ausschließen würde. Es kommt vor allem darauf an, daß sich Bürger zum Zwecke der politischen Kommunikation in ihrer Sprache informieren und ausdrücken können.[437]

Die Verfassung ist engstens mit den zugrundeliegenden Werten und Grundvorstellungen verbunden. Jede Art von Leben in der Gruppe erfordert auch eine Bestimmung gemeinsamer Ziele und Werte. Manch einer sieht in der Verständigung über diese Sinninhalte die „wirkliche Integration".[438] Insbesondere die Stabilität von „Institutionen" beruht auf der Verbindung von konstitutionellen Regeln und ethisch-moralischen Verhaltenskodices.[439] Was als „*moral order*" bezeichnet wurde, sind eben die Vielzahl von Individuen, die dem kategorischen Imperativ gehorchen, zuzüglich den abstrakten „Regeln" einer Verfassung.[440] Erst eine solche Gesellschaft kann den Individuen Flexibilität und wechselnde individuelle Verhaltensweisen zubilligen.

Das in einer Verfassung gesicherte Recht wird nur dann auf Dauer Akzeptanz finden, wenn ein Bewußtsein für ein gemeinsames Wert- und Normensystem besteht und dieses durch das Recht ausgedrückt wird.[441] Diese Bereiche, die in einer Verfassung Aufnahme finden, können die „würdigen" Teile im Unterschied zu den „effizienten" Teilen der Verfassung genannt werden.[442] Dieses Bewußtsein schafft die für die Bewältigung der grundlegenden Ordnungsprobleme innerhalb anonymer und arbeitsteiliger Gesellschaften notwendige Identität.[443] Hinsichtlich der Wertorientierungen ist in Europa durch die gemeinsame christlich-abendländische Kultur das Fundament für eine legiti-

---

435 Zit. *Hayek* (1980), S. 145.

436 Zit. *Engel* (1995/96), S. 270 und S. 268 f.

437 Vgl. *Kluth* (1995), S. 62 und S. 42; *Wilming* (1995), S. 58 , und in freier Anlehnung an *Engel* (1995/96), S. 269 f.

438 Vgl. *Meyer-Cording* (1989), S. 3.

439 Vgl. *North* (1981), S. 205; auch *Kirchgässner* (1996), S. 245, der moralisches Verhalten als Grundbedingung für die Funktionsfähigkeit von Demokratie, Rechtsstaat und Marktwirtschaft ansieht.

440 Vgl. *Buchanan* (1985), 114 f.

441 Vgl. *Krüsselberger* (1993), S. 433; vgl. *Krüsselberger* (1979), S. 112-115.

442 So *Ash*, in: Verfassung (1995), S. 12.

443 Vgl. *Leipold* (1993), S. 65 f.

mitätsgetragene Verfassung. In säkularisierter Sicht drückt sich gemeinsame Wertorientierung vor allem im Bekenntnis zu den Menschenrechten aus.

Soziale Homogenität wird im Bereich der politischen Ordnung als Voraussetzung demokratischer Herrschaft angesehen.[444] Ein gesicherter sozialer Grundkonsens ist unabdingbar. Die Anforderungen an die soziale Homogenität in der Europäischen Gemeinschaft sind jedoch auf die Bereiche begrenzt, in denen die Gemeinschaft ihre thematischen Schwerpunkte hat. Somit hat die Begrenztheit der Funktionen und Aufgaben der Europäischen Gemeinschaft bisher die Annahme einer ausreichenden Legitimität erleichtert.[445]

Die demokratische Legitimation der Europäischen Union wird sowohl über die nationalen Parlamente als auch über das direktgewählte Europäische Parlament hergestellt.[446] Die Legitimationsbasis ist einmal der Bürger der Europäischen Union und zum anderen die Regierungen und Parlamente der Mitgliedstaaten. Das Europäische Parlament verleiht der Europäischen Gemeinschaft, soweit seine Mitwirkungsbefugnisse reichen, eine originäre demokratische Legitimation. Legitimitätsvermittlung wird durch die Findung von Konsens wirksam. Bis zu einer Stärkung der Repräsentativität des Europäischen Parlaments durch ein einheitliches Wahlverfahren, erfährt die Gemeinschaft weiterhin einen Großteil ihrer demokratischen Legitimierung durch die Vermittlung der demokratischen Systeme in den Mitgliedstaaten. Über die Qualität seiner Mitglieder als Vertreter der nationalen Regierungen erfährt der Ministerrat als europäisches Organ Legitimation aus dem jeweiligen nationalen Verfassungssystem. Demokratisch legitimiert ist das Entscheidungsverhalten der Vertreter der Mitgliedstaaten, solange eine rechtliche Einflußnahme durch die Leitungsorgane (Regierung/Parlament) der Mitgliedstaaten gewährleistet ist. Diese doppelte demokratische Legitimation braucht durchaus nicht als eine behelfsmäßige Übergangslösung betrachtet zu werden; sie kann ebenso als Folge der vielfachen Kompetenz- und Verantwortungsverschränkungen zwischen Mitgliedstaat und Gemeinschaft gewertet werden.[447]

Die Wahl der Abstimmungsregel in einem Kollektiv ist aus vertragstheoretischen Gründen untrennbar mit der Frage nach der Legitimation kollektiven Handelns verbunden. Die Akzeptanz von Mehrheitsentscheidungen gegen das eigene Interesse wird über die Legitimität der überragenden Ordnung ermöglicht. Allerdings finden Mehrheitsentscheide nur so lange Akzeptanz, wie bestimmte Mitglieder nicht fortwährend über-

---

444 Vgl. *Kluth* (1995), S. 42, S. 49 und S. 58 f.

445 So *Jackson*, in: Verfassung (1995), S. 41 vgl. *Kluth* (1995), S. 52.

446 Vgl. *Kluth* (1995), S. 109, S. 78 und S. 82; auch *Jackson*, in: Verfassung (1995), S. 42, *Comichau* (1995), S. 117; *Engel* (1995/96), S. 268; *Scholz* (1995), S. 113-115.

447 Vgl. *Kluth* (1995), S. 95 und S. 48 f. Ebenso *Comichau* (1995), S. 126. Dieser vertritt dazu die Meinung, daß zwar ohne Zweifel Verfassungsqualität besteht, sich jedoch das Verständnis von „Verfassung" und „Legitimation" auf der europäischen und der nationalen Ebene erheblich unterscheiden.

stimmt werden. Dieser Umstand ist bei größerer Mitgliederzahl und verbreiteter Verwendung von Mehrheitsbeschlüssen von besonderer Relevanz.[448]

Neben der Legitimation aufgrund von Wahl ist die Rechtsstaatlichkeit der Gemeinschaft ein wesentlicher Grund ihrer Legitimation. Über die Wahrung der Rechtsstaatlichkeit im Hinblick auf die Gemeinschaftsverträge wacht der Europäische Gerichtshof. Insbesondere Rechtsfälle, in denen der EuGH Rechtsakte des Rates oder der Kommission für nichtig erklärt, stehen als Hinweis auf die wirksame Kontrolle der Rechtsstaatlichkeit. Dennoch kann nicht grundsätzlich davon ausgegangen werden, daß ein geordnetes Verfahren allein ausreicht, in allen Fällen Legitimität zu vermitteln. Bisher ist nicht gezeigt worden, daß eine völlige Unabhängigkeit eines Verfahrens von den Konsequenzen als ausreichende Basis für gesellschaftliche Entscheidungen vorgestellt oder gar akzeptiert werden kann. Entscheidend bleibt vielmehr die werteschaffende Funktion des öffentlichen Diskurses.[449]

6.4. Zusammenfassung

Das Mehrheitsprinzip ist nicht so sehr Ausfluß des Demokratieprinzips, sondern Indikator dafür, daß auf europäischer Ebene eine selbständige Rechts- und Herrschaftsordnung besteht. Zur Zeit liegt die soziale Letztverantwortung auch in solchen Bereichen bei den Mitgliedstaaten, in denen die Rechtssetzungskompetenz auf die Gemeinschaft übergegangen ist. Vor allem deutet aber das Fehlen einer „Kompetenz-Kompetenz" zur eigenständigen Aufgabenausweiterung darauf hin, daß die verfassunggebende Gewalt auch weiterhin ausschließlich bei den Mitgliedstaaten liegt. „Nur innerhalb der übertragenen Hoheitsbefugnis kann die Europäische Gemeinschaft ihrem Integrationszweck nachkommen und insoweit auf einen Wandel des Gemeinschaftsverfassungsrechts hinwirken."[450] Die Mitgliedstaaten sind die „Herren der Verträge" der Europäischen Gemeinschaft.

Effektive demokratische Legitimität bedarf sozio-kultureller, politisch-struktureller und ethischer Voraussetzungen. Soziale Homogenität in der Europäischen Gemeinschaft ist jedoch nur in den Bereichen gefordert, in denen die Gemeinschaft ihre thematischen Schwerpunkte hat. Politisch-strukturell vermitteln das Europäische Parlament und der Ministerrat eine doppelte demokratische Legitimation. Die Frage einer Verfassung ist engstens mit den zugrundeliegenden Werten und Grundvorstellungen verbunden.

---

448 Der Mythos der Nationalität, durch den in einem Nationalstaat die Unterwerfung einer Minorität unter den Willen einer Majorität erleichtert wird, entfällt auf europäischer Ebene (*Hayek* (1976b), S. 335).

449 Vgl. *Sen* (1995), S. 11f. und S. 18. Auf S. 13-15 erfolgt eine Diskussion der Versuche „Freiheit" als rein prozedurale Angelegenheit zu definieren. Vgl. auch *Brennan/ Buchanan* (1985), S. 26 f.

450 Zit. und vgl. *Comichau* (1995), S. 92, S. 44; *Zuleeg* (1995), S. 12.

Kapitel 3: Ordnungstruktur und europäische wirtschaftliche Integration

In diesem Abschnitt ist die Entwicklung eines Modells zur Entwicklung von Ordnungstrukturen in der europäischen Integration bis Maastricht Ziel der Untersuchung. Die Arbeit geht dabei von einem wechselseitigen Abhängigkeitsverhältnis des Ordnungsrahmens und des Wirtschaftsprozesses aus. Mit Schaffung der Europäischen Wirtschaftsgemeinschaft standen den europäischen Wirtschaftsteilnehmern ein erweitertes Wirtschaftsgebiet zur Verfügung. Insbesondere die Vier Freiheiten haben den potentiellen Aktionsradius von Unternehmen erheblich vergrößert. Dementsprechend wird mit der Darstellung der seit dem Abschluß der Römischen Verträge relevanten europäischen Rahmenbedingungen begonnen. Eine etwaige Entwicklung dieser Regeln wird in den entsprechenden Unterkapiteln nachgezeichnet, um im Anschluß die für den Entwurf des Modells interessanten und entscheidenden Strukturmerkmale herauszuarbeiten. Es wird vermutet, daß diese Veränderungen der Rahmenregeln aufgrund der neuen wirtschaftlichen Chancen und strukturellen Gegebenheiten eine Auswirkung auf den Wirtschaftsprozeß in den Mitgliedstaaten zeitigte.

Im folgenden Teil wird die Blickrichtung umgekehrt: Ausgehend von der wirtschaftlichen Entwicklung in einer Reihe von wirtschaftlichen Betätigungsfeldern wird untersucht, inwieweit sich aus dem Wirtschaftsprozeß in der europäischen wirtschaftlichen Integration strukturelle Kräfte ergeben haben, die ein Potential zur Rückwirkung auf die Rahmenbedingungen in den Mitgliedstaaten der Europäischen Gemeinschaft beinhalteten. Das Ausmaß und die Bedeutung der strukturellen Veränderungen im nationalen Wirtschaftsprozeß stehen im Vordergrund.

Bevor im abschließenden Teil dieses Abschnitts die modellrelevanten Ergebnisse zusammengeführt werden, muß in einem Kapitel zu den Außenbeziehungen der Europäischen Union der Blick auf die den europäischen Integrationsprozeß umgebenden internationalen Rahmenbedingungen geworfen werden. Dies ist um so nötiger, als die Europäische Union im Hinblick auf die Außenbeziehungen eine unvollständige Ordnung darstellt. Auch hier werden Ausmaß und Bedeutung der internationalen Wirtschaftstransaktionen für die einzelnen Mitgliedstaaten zu betrachten sein.

Schließlich erfolgt die Darstellung des Modells zur Entwicklung der Ordnungstrukturen im europäischen Integrationsprozeß. In den Entwurf fließen die Erkenntnisse aus den theoretischen Vorüberlegungen des vorigen Abschnitts sowie die modellrelevanten Aspekte aus der folgenden Diskussion ein. Der Kern des Modells liegt in der Formulierung des wechselseitigen Wirkungsmechanismus von Veränderung des Ordnungsrahmens und Änderung des Wirtschaftsprozesses. Die Unterscheidung von drei Arten der Angleichung von Ordnungstrukturen in der europäischen wirtschaftlichen Integration beendet diesen Abschnitt.

1. Wirkung des Ordnungsrahmens auf den Wirtschaftsprozeß

In diesem Teil stehen Überlegungen zur Wirkung von institutionellen Gegebenheiten auf den Wirtschaftsprozeß im Vordergrund. Dabei ist eine Annäherung an die gültigen Bedingungen in der Europäischen Gemeinschaft beabsichtigt. In erster Linie interessieren die Freiheiten im grenzüberschreitenden Verkehr von Gütern, Dienstleistungen, Kapital und die Freizügigkeit. Auf gleichem Rang folgen die Wettbewerbsregeln. Danach werden die Felder des Währungs- und Steuerwesen in die Überlegungen einbezogen.[1] Die Kapitelüberschriften illustrieren dieses Vorgehen.

In jedem Kapitel ist zunächst ein kurzer Abriß der vertraglichen Grundregeln nötig. Im Anschluß werden Ansatzpunkte für die wirtschaftliche Bedeutung dieser Grundregeln herausgearbeitet. Dabei gilt den Transmissionskanälen und möglicher Transmissionsvorgängen ein Hauptaugenmerk. Diese Beobachtungen werden im Hinblick auf die modellrelevanten Aspekte untersucht. Vereinzelt ergeben sich Hypothesen über die theoretisch zu erwartenden wirtschaftlichen Auswirkungen.

1.1. Freiheiten

Der EWG-Vertrag gewährleistet die Freiheit des Waren-, Dienstleistungs- und Kapitalverkehrs, die Freizügigkeit von Arbeitnehmern und Niederlassungsfreiheit als verbindliche Ordnungsprinzipien.[2] „Herausragendes Kennzeichen dieser Marktfreiheiten ist ihre einheitliche, gemeinschaftsweit uniforme Geltung sowie insbesondere ihre *unmittelbare Wirkung bzw. Anwendbarkeit.*"[3] Ganz grundsätzlich kann man feststellen, daß in der Europäischen Einigung von einem Primat der Wirtschaft ausgegangen wurde und die Sicherung der staatenübergreifenden Funktionsweise der Wirtschaft daher im Zentrum der Integrationsbemühungen gestanden hat. Die Frage der individuellen Freiheit geht so innerlich verbunden mit dem modernen Wirtschaftsprozesses zusammen.[4] Die Wirtschaftsordnung entscheidet auch hier grundlegend über die Freiheitssphäre der einzelnen Individuen. Mit der Gewährung der wirtschaftlichen Freiheiten werden gleichzeitig Interessen freigesetzt. Es stellt sich somit die Aufgabe eines Interessenausgleichs und einer Kontrolle der Einzelinteressen im Hinblick auf die gesamte Gesellschaft. „In einer freien Gesellschaft müssen die Interessen sittlich und rechtlich, darüber hinaus aber müssen sie auch durch die Interessen selber kontrolliert werden."[5] Diese Freiheiten erweisen sich als ein wirksames Gegenmittel gegen Verteilungskoalitionen von Interessengruppen.[6]

---

1 Vgl. *Möschel* (1993), S. 36 f.

2 Vgl. *Gröner/ Schüller* (1989), S. 437.

3 Zit. *Langer* (1995), S. 97 und S. 68.

4 Vgl. *Eucken* (1948), S. 76 f.

5 Zit. und vgl. *Hensel* (1963), S. 55.

6 Vgl. *Olson* (1982), S. 141 f. und S. 144.

Die Gewährung der wirtschaftlichen Grundfreiheiten hat einen meßbaren Einfluß auf den Lebensstandard der betroffenen Bürger.[7] Sie bedeuten die grundsätzliche Erlaubnis, Austauschvorteile zu nutzen.[8] Dabei bezieht sich der Wettbewerb auf das privatwirtschaftliche und das staatlich erstellte Güter- und Leistungsangebot. Zusammen mit dem Ursprungslandsprinzip führen diese Freiheiten zu einer Intensivierung des Wettbewerbs auf den Produkt- und Faktormärkten in Form von Standortwettbewerb; über ihn wirken sie weiter auf die steuerlichen, aber auch auf andere Rahmenbedingungen.[9]

Diese individuellen Freiheiten wirken außerdem über den Mechanismus des Systemwettbewerbs als wirksames Mittel der Regierungskontrolle. Auch daher hat die Frage, ob und wie diese Freiheiten auf Verfassungsebene geschützt werden können und sollen, einen besonders hohen Stellenwert. Eine schwierige Entscheidung ist dann noch zu treffen, ob der generelle Schutz dieser Freiheiten auf der Ebene internationaler Übereinkunft oder ob dies durch Mechanismen innerhalb einzelner Staaten besser gewährleistet wird.[10] Im Rahmen der europäischen Einigung bestand die Antwort in einer supranationalen Bindung der Einzelstaaten.

1.1.1. Freier Warenverkehr

Die grundsätzliche Entscheidung, freien Warenverkehr zu gewährleisten, entsprach einer Zustimmung, die sich aus der internationalen Arbeitsteilung und Warenaustausch ergebenden Nutzenzuwächse möglichst vielen Individuen zugänglich zu machen. Historisch ging es zunächst um den Abbau von quantitativen Beschränkungen - die ja eigentlich bedeuten, daß die Freiheit des Warenverkehrs überhaupt nur eingeschränkt gewährleistet wird. Ebenso offensichtlich war es nötig, die staatlich geschaffenen Handelshemmnisse abzubauen, die z. B. in Form tarifärer Abgaben direkt an den internationalen Warenhandel anknüpfen. Nach der formellen Untersagung quantitativer Restriktionen im Gemeinschaftsgebiet, erforderte die materielle Verwirklichung der Warenverkehrsfreiheit im Integrationsgebiet somit den Abbau der innergemeinschaftlichen Zölle. Diese war das Gegenbild der nach außen herzustellenden Zollunion. In einer weiteren Phase verlangte die materielle Umsetzung dieser Freiheit den Abbau der nicht-tarifären Handelshemmnisse. Den technischen Handelshemmnissen kam eine besonders bedeutende Rolle zu.

---

7 Vgl. *Scully* (1988), S. 653.

8 In Anlehnung an *Gröner/ Schüller* (1989), S. 429.

9 Vgl. *Schüller* (1991), S. 13 f.

10 Vgl. *Vanberg* (1992), S. 384 f.

1.1.1.1. Gemeinschaftliche Regeln

1.1.1.1.1. Zollunion

Das Kernstück dieses Prozesses wurde mit der Schaffung der Zollunion umgesetzt. In Art. 9 EWGV 1957 heißt es „Grundlage der Gemeinschaft ist eine Zollunion, die sich auf den gesamten Warenaustausch erstreckt; sie umfaßt das Verbot, zwischen den Mitgliedstaaten Ein- und Ausfuhrzölle und Abgaben gleicher Wirkung zu erheben, (...)". Im folgenden Vertragskapitel werden dann die spezifischen Verpflichtungen zur Umsetzung der Zollunion niedergelegt.[11] Zu erwähnen ist in Art. 12 die Stillstandsverpflichtung und in Art. 13-17 der Stufenplan zur Herabsetzung der innergemeinschaftlichen Zölle. In Art. 15 wurde den Mitgliedstaaten jedoch die Möglichkeit zu einem weitergehenden und auch beschleunigten Abbau der Zölle eingeräumt. Der Zeitplan war mit der Verwirklichung der Übergangsphase verbunden, die laut dem Vertragstext drei Stufen von jeweils vier Jahren Dauer beinhalten sollte.[12] Eine zehnprozentige Senkung vom Ausgangszollsatz des Stichtages (1.1.1957) war für die ersten sieben Senkungen vorgesehen, die in einem achtzehnmonatigen Rhythmus vorgenommen werden mußten. Innerhalb der dritten Stufe, die am 31.12.1969 plangerecht ausgelaufen wäre, konnte der Ministerrat den Rhythmus und das Niveau der letzten Senkungen selbst bestimmen, solange jede Senkung zumindest 5 Prozent betrug.[13]

Durch die obigen Bestimmungen wurden die Entscheidungen der Mitgliedstaaten in Richtung auf einen zügigen Abbau der inneren Zollschranken ausgerichtet. In zwei Beschlüssen (1961 und 1962) hat der Rat die Senkungen um jeweils ein Jahr vorgezogen. Die letzen beiden Schritte von 5 Prozent und schließlich den restlichen 15 Prozent des Ausgangszollsatzes wurden vom Rat am 1.7.1967 und 1.7.1968 beschlossen.[14] Dieser Zollabbau stellte eine der eindrucksvollsten Leistungen der Europäischen Gemeinschaft in ihrer Frühzeit dar.[15]

1.1.1.1.2. Gemeinsamer Markt

Seit Beginn der Europäischen Einigung stand die Schaffung eines „Gemeinsamen Marktes" als eines der obersten Ziele des Integrationsprozesses fest.[16] In Artikel 30 bis 34 EWGV werden mengenmäßige Beschränkungen des Warenverkehrs und Maßnah-

---

11 Vgl. Art. 12-29 EWGV 1957.

12 Art. 8 EWGV 1957.

13 Art. 14 EWGV, vgl. auch *Harbrecht* (1978), S. 135-137.

14 Vgl. *Harbrecht* (1978), S. 136 f.

15 So *Oppermann* (1991), S. 437. Die Übergangsfristen in diesem Bereich anläßlich der ersten drei Erweiterungen betrug 1973 4 Jahre, 1981 5 Jahre und 1986 6 Jahre (ebd.).

16 Art. 2 EWGV 1957, vgl. auch Vgl. *Beutler/ Bieber/ Piepkorn/ Streil* (1982), S. 253-255, S. 259-262, *Oppermann* (1991), S. 436-443, *Streinz* (1995), S. 205-210.

men gleicher Wirkung grundsätzlich untersagt.[17] Der Begriff mengenmäßige Beschränkung umfaßt, als deren Grenzfall, auch Einfuhr- und Ausfuhrverbote.[18] Vor allem wurde in Art. 33 EWGV die Umwandlung der bilateralen in gemeinschaftsweite Kontingente nach dem ersten Jahr und deren schrittweise Erweiterung bis zur Auflösung festgeschrieben.[19] Tatsächlich wurden sämtliche innergemeinschaftlichen Ein- und Ausfuhrkontingente schon am 31.12.1961 vollständig beseitigt.[20] Wie für den Zollbereich, wurde auch im Bereich der mengenmäßigen Beschränkungen eine Stillstandsklausel eingeführt.

Im Urteil „Dassonville"[21] hat der EuGH festgestellt, daß „jede Handelsregelung der Mitgliedstaaten, die geeignet ist, den innergemeinschaftlichen Handel unmittelbar oder mittelbar, tatsächlich und potentiell zu behindern, (...)"[22] ebenfalls in die Kategorie dieser Maßnahmen fällt. Somit wurde anerkannt, daß staatliche Regulierungen jeglicher Art, auch wenn sie nicht primär auf den internationalen Handel abzielen, Beschränkungen des freien Warenverkehrs darstellen können. Seit Ende der Übergangszeit (1.1.1970) begründen Art. 30-34 „unmittelbare, notfalls gerichtlich durchsetzbare Rechte der einzelnen Marktbürger".[23]

Der EWGV geht grundsätzlich davon aus, daß die Regelungszuständigkeit für innerstaatliche Produktions- und Vermarktungsregelungen bei den Mitgliedstaaten verbleibt.[24] Generell kann man dabei unter „regulierten Märkten" solche Märkte verstehen, „auf denen staatliche Eingriffe in die Vertragsfreiheit der Wirtschaftsakteure erfolgen, die über das Maß der für alle Wirtschaftsbereiche geltenden Verhaltensregeln hinausgehen."[25] Dieses Eingreifen der einzelnen Staaten in den Wirtschaftsprozeß macht unter Umständen ein Eingreifen auf der supranationalen Ebene erforderlich, um einen freien Warenverkehr wiederherzustellen und aufrechtzuerhalten.[26] Im Bereich des Warenaustausches kommen hier technischen Regulierungen und den damit verbundenen technischen Handelshemmnissen besondere Bedeutung zu. Tatsächlich begann die Beseitigung der technischen Handelshemmnisse „1969 mit Annahme eines Allgemeinen Programms 'zur Beseitigung der technischen Hemmnisse im innergemeinschaftlichen Wa-

---

17 Vgl.. *Boroch/ Cassel* (1993), S. 369 und *Beutler/ Bieber/ Piepkorn/ Streil* (1982), S. 262-267, *Oppermann* (1991), S. 446-451, *Streinz* (1995), S. 211-219.

18 Vgl. *Beutler/ Bieber/ Piepkorn/ Streil* (1982), S. 263.

19 Art. 33 EWGV 1957.

20 Vgl. *Harbrecht* (1978), S. 140.

21 EuGH RS 8/74. Vgl. zum folgenden auch aus ökonomischer Sicht *Streit/ Mussler* (1995), S. 87-91.

22 Zit. nach *Beutler/ Bieber/ Piepkorn/ Streil* (1982), S. 265, vgl. ebenda S. 262.

23 Zit. *Oppermann* (1991), S. 448.

24 Vgl. *Beutler/ Bieber/ Piepkorn/ Streil* (1982), S. 264.

25 Zit. *Boroch/ Cassel* (1993), S. 360, aufbauend auf *Weizsäcker* (1982), S. 325 f.

26 In Anlehnung an *Boroch/ Cassel* (1993), S. 361. Daneben kann auch die Internalisierung von externen Effekten für eine harmoniserte Lösung sprechen.

renverkehr, die sich aus der Unterschiedlichkeit der einzelstaatlichen Rechtsvorschriften ergeben'".[27]

Zentrale Bedeutung hat in diesem Zusammenhang Art. 36 EWGV, der die Ausnahmen zu Artikeln 30 bis 34 EWGV regelt. Im Urteil *„Cassis-de-Dijon"*[28] vom 20. Februar 1979 hat der EuGH das Prinzip festgestellt, nach dem Waren, die in einem Mitgliedstaat in Beachtung der Gesetze und Vorschriften in Verkehr gebracht wurde, in anderen Mitgliedstaaten zugelassen sind, sofern der Importstaat keine zwingenden Erfordernisse gelten machen kann, die eine Einschränkung des freien Warenverkehrs begründen könnten. Solche Maßnahmen müssen dem Grundsatz der Verhältnismäßigkeit entsprechen.[29] Dabei unterliegt eine solche Einschränkung der Überprüfung durch den Europäischen Gerichtshof nach Maßgabe gemeinschaftlicher Kriterien.[30] Durch diese Rechtsprechung wurde der Anwendungsbereich von „Maßnahmen gleicher Wirkung" auch entscheidend „in den Bereich formal nichtdiskriminierender nationaler Produktions- und Vermarktungsregelungen erweitert"[31] worden.

In den Fällen, wo durch die in Art. 36 EWGV benannten Ziele eine Beeinträchtigung des freien Warenverkehrs begründet ist, kann ein Handelshemmnis nur im Wege einer Harmonisierung unter Art. 100-102 EWGV überwunden werden. Dabei sollte beachtet werden, daß gegenüber einer Situation von durch technische Handelshemmnisse abgeschlossenen Märkten eine Harmonisierung der wesentlichen Sicherheitserfordernisse nicht zu einer Verminderung der Vielfalt führt, sondern mehr Produktvielfalt erlaubt.[32] In diesem Zusammenhang muß auch auf die Erfordernisse des öffentlichen Beschaffungswesen hingewiesen werden.[33]

---

27 Vgl. *Harbrecht* (1978), S. 141.

28 RS 120/78 vom 20.02.1979.

29 Vgl. *Oppermann* (1991), S. 450, die Maßnahmen müssen zu Erreichung der legitimen Ziele auch „notwendig" sein. Zu den legitimen Zielen zählen: öffentliche Sittlichkeit, Ordnung und Sicherheit, Gesundheit und Leben von Menschen, von Tieren und Pflanzen, Schutz des nationalen Kulturgutes von künstlerischem, geschichtlichen oder archäologischem Wert, Schutz von gewerblichem und kommerziellem Eigentum (EWGV 1957, Art. 36), seit der EEA auch: Schutz der Arbeitsumwelt und Umweltschutz (EWGV 1986, Art. 100a). Der EuGH hat auch Erfordernisse der steuerlichen Kontrolle, dem Gesundheitsschutz, der Lauterkeit des Handelsverkehrs und dem Verbraucherschutz als „zwingende Erfordernisse" anerkannt (*Streinz* (1995), S. 215 f.).

30 Vgl. *Schockweiler* (1995), S. 192.

31 Zit. *Oppermann* (1991), S. 451.

32 Vgl. *Swann* (1995), S. 109 und S. 169.

33 Für eine kurze Darstellung vgl. *Swann* (1995), S. 173-176. *Trionfetti* (1996), S. 3 und S. 16, zeigt, daß ab einer gewissem Ausmaß des öffentlichenBeschaffungswesens Kosten für Transport oder Infrastruktur irrelevant werden. Dies bedeutet, daß erst eine vollständige Europäisierung des Beschaffungswesens eine vollständige Marktintegration erlauben.

1.1.1.2. Modellrelevante Aspekte

1.1.1.2.1. Zollunion

Zölle haben eine Reihe von wirtschaftlichen Auswirkungen: einen Schutzeffekt (die Produktion inländischer Anbieter steigt), einen Verbrauchseffekt (die im Inland nachgefragte Menge sinkt), einen Handelseffekt (die importierte Menge sinkt), einen Steuereffekt (die Einnahmen des Staates steigen um die Zolleinnahme), einen Umverteilungseffekt (die Kaufkraft der Verbraucher sinkt zugunsten der Unternehmeneinkommen; nach dem Stolper-Samuelson-Theorem: Handelsbarrieren erhöhen die Einkommen für relativ knappe Faktoren und senken die Preise für relativ reichliche Faktoren), einen gesamtwirtschaftlichen Wohlfahrtseffekt (*deadweight losses*), einen *Terms-of-Trade* Effekt (das reale Austauschverhältnis verbessert sich), einen Zahlungsbilanzeffekt (Rückgang der mit Einfuhrpreis bewerteten mengenmäßigen Einfuhren), einen Einkommenseffekt (Ausgaben für die im Inland produzierten Güter steigen), einen Wettbewerbseffekt (Behinderung ausländischen Wettbewerbs: negative Auswirkungen auf inländische Produktionskosten und auf inländische Innovationstätigkeit wahrscheinlich), einen Qualitätseffekt (Qualitätsverlust inländischer Produkte als Folge des eingeschränkten Wettbewerbs, verminderte Produktvielfalt), einen protektionsverstärkenden und -verändernden Effekt (zunehmende Profitabilität von rentensuchenden Aktivitäten) und selbst einen kriminogenen Effekt (Schmuggelaktivitäten).[34] Die teils spiegelbildlichen Effekte im Ausland führen dort zu Beschäftigungs- und Wachstumsproblemen. Zumeist liegt der effektive Zollschutz erheblich über dem nominellen Zollsatz.[35]

Die meisten Effekte können auf andere Handelshemmnisse analog übertragen werden. Im Unterschied zu den meisten nicht-tarifären Handelshemmnissen zeichnen sich Zölle jedoch dadurch aus, daß sie ausschließlich dem politischen Ziel eines Zollschutzes dienen (wenn man einmal vom Beitrag zum Staatsbudget absieht) und nicht andere, legitime politische Ziele verfolgen (wie z.B. Gesundheitsschutz, Umweltschutz, Verbraucherschutz). Im Vergleich zu nicht-tarifären Handelshemmnissen sind Zölle daher relativ leicht abzubauen, da sie einmal leicht zu quantifizieren sind und zum anderen keine anderen legitimen öffentlichen Schutzziele erfüllen helfen.

Für den Abbau von Zöllen gilt hinsichtlich der meisten Auswirkungen das Umgekehrte.[36] Beim Abbau von Zollschranken wird jedoch die Bedeutung der dynamischen oder restrukturierenden Effekte stärker ins Gewicht fallen, da sich Produzenten auf die höhere Wettbewerbsintensität einstellen. Größere Märkte eröffnen gleichzeitig die Möglichkeit, Skaleneffekte auszunutzen.[37] Hierin liegt eine Asymmetrie des Zollabbaus gegenüber der Einführung von Zollschutz. Durch diesen Kostenreduzierungseffekt

---

34 Vgl. *Glismann/ Horn/ Nehring/ Vaubel* (1986), S. 23-36; auch *Molle* (1997), S. 82-109.

35 Vgl. *Glismann/ Horn/ Nehring/ Vaubel* (1986), S. 37 und S. 52-56.

36 Vgl. die Darstellung von *Frey* (1984), S. 15-39.

37 Vgl. *Swann* (1995), S. 130.

oder Effizienzerhöhungseffekt werden anfängliche Umverteilungen zwischen Konsumenten und inländischen Produzenten in echte Wohlfahrtsgewinne umgewandelt. Als Folge würde auch bei einem vergleichbaren Gemeinsamen Zolltarif der handelsumlenkende Effekt reduziert.[38] Tatsächlich kann der Gemeinsame Zolltarif erneut gesenkt werden, da die inländische Industrie effizienter geworden ist und somit der gleiche Zollschutz durch einen geringeren Zoll bewirkt wird. Dabei ist vor allem der handelsschaffende Effekt einer Zollunion von Interesse.[39] Damit es zu einer dauerhaften Zollsenkung kommt ist es notwendig, daß der handelsschaffende den handelsumlenkenden Effekt übertrifft.[40] Generell kann man davon ausgehen, daß eine Zollunion um so vorteilhafter ist, desto wettbewerbsfähiger die Industrien der teilnehmenden Staaten und gleichzeitig potentiell komplementär sind, desto höher die Ausgangszollsätze sind, desto geringer der Gemeinsame Zolltarif gegenüber Drittländern ausfällt und desto umfassender und zusammenhängender das Zollgebiet ist.[41]

Zollsenkungsverhandlungen kann man als einen zweistufigen Verhandlungsprozeß modellieren. Zuerst findet politischer Wettbewerb zwischen den Interessen innerhalb einer Jurisdiktion statt, durch den das Verhandlungsmandat der Regierungsvertreter ausgeformt wird. Dann wird auf internationaler Ebene der Zollsenkungssatz aushandelt.[42] Nachfrager für Protektion sind Partikularinteressen, die um so mehr Protektion nachfragen, je weniger sie dafür bezahlen müssen und je höher die erwarteten Erträge aus der Lobbytätigkeit sind. Lobbytätigkeiten streben Gewinne an, die nicht auf die Produktion eines Gutes oder einer Dienstleistung abzielen.[43] Die Verlierer einer Zollsenkung, d.h. die Personen, die sich mit der Produktion der betreffenden Güter in der inländischen Wirtschaft befassen, werden normalerweise nicht kompensiert. Da ihr Verlust sie jedoch direkt trifft, versuchen sie durch *log-rolling* (Stimmentausch), die Unterstützung für ihr Anliegen zu verstärken. Für Interessenvertreter ist es vorteilhaft, ihre Aktivitäten bis zu dem Maße auszudehnen, wo die Lobbykosten den erwarteten Erträgen aus dem Zollschutz entsprechen. Die Kosten fallen niedriger aus, wenn die Interessen gut organisiert sind, die Lobbyaktivitäten effizient durchgeführt werden und sofern andere Wirtschaftsteilnehmer in der Gesellschaft der Auffassung sind, daß das ausgedrückte Interesse Zollschutz erhalten sollte. Inländische geschützte Produzenten werden daher regelmäßig das Argument anführen, daß eine höhere Anzahl von inländi-

---

38 Vgl. *Molle* (1997), S. 102-107, S. 108 f. Solche Kostenreduzierung wird neben der wettbewerbsinduzierten Effizienzverbesserung auch durch *economies of scale* oder *economies of scope* (Lernkurveneffekte) hervorgerufen.

39 Der handelsumlenkende Effekt wird dagegen unter der Überschrift der Außenbeziehung der Gemeinschaft angesprochen. Vgl. *Molle* (1997), S. 88-99, für eine kurze Diskussion der kurzfristigen Effekte.

40 Vgl. *Grossman/ Helpman* (1995), S. 680.

41 Vgl. *Swann* (1995), S. 128 f. und *Molle* (1997), S. 96.

42 In Anlehnung an *Grossman/ Helpman* (1995), S. 667 f.

43 Vgl. *Glismann/ Horn/ Nehring/ Vaubel* (1986), S. 135 und S. 140. DUP-Aktivitäten und Lobbykosten erhöhen die Produktionskosten.

schen Arbeitsplätzen die Folge eines Zollschutzes wäre.[44] Es kann empirisch erwartet werden, daß bei schlechten Wachstumszahlen der nationalen Wirtschaft der Einfluß von schutzsuchenden Interessengruppen zunimmt.

Wenn die Lobbykosten über den zu erwartenden Erträgen liegen, muß ein wirtschaftliches Gruppeninteresse nicht in Lobbyaktivitäten resultieren. Dieser Fall kann eintreffen, wenn die betroffene Gruppe sich zuerst einmal organisieren muß und dadurch hohe Anfangskosten aufzubringen hätten. Die Gewinner einer Zollsenkung, die man als öffentliches Gut auffassen kann, werden sich aufgrund des *free-rider* Dilemmas nicht grundsätzlich für eine Zollsenkung einsetzen.[45] So sind Verbraucher aufgrund ihrer großen Zahl schwerer zu organisieren als Anbieter.[46] Diese Schwierigkeit dürfte auch für die heterogene Exportindustrie verstärkt zutreffen, für die die Gefahr einer Marktabschließung von Drittstaaten aufgrund der Einführung eines neuen Zolles oder der Erhöhung diffus verteilt ist und nicht mit Gewißheit vorausgesagt werden kann. Grundsätzlich haben daher Protektionsinteressen auf dem nationalen politischen Markt die besseren Aussichten, sich erfolgreich organisieren zu können.

Anbieter von Protektion in Form von Zollschutz sind hingegen Politiker und Bürokraten, da sie die Regeln und die Ausgestaltung der Zollsätze bestimmen. Regierungen sind für Zollschutz in dem Maße zu gewinnen, in dem sie sich von solch einer Maßnahme eine Verbesserung der Chancen für die nächste Wiederwahl ausrechnen. Auf der Marktgegenseite erwarten die Politiker demnach eine Protektionsnachfrage, die sie nach diesen Erfordernissen - und zwar insbesondere in Form von Stimmenzugewinn und Wahlkampffinanzierung - entlohnen kann. Das tatsächliche Ausmaß von Zollschutz ist dann das Ergebnis der widerstreitenden Interessengruppen auf der Nachfrageseite und der politischen Motivationen auf der Angebotsseite. Das Interesse an einer Zollsenkung muß daher von einer genügend großen Zahl von Exporteuren und anderen Marktöffnungsgewinnern aktiv vertreten werden, damit es zu einer Zollsenkung kommt.[47]

Zu Anfang der europäischen wirtschaftlichen Integration standen sich demnach sechs Mitgliedstaaten gegenüber, wobei für jeden einzelnen galt, daß ein unilateraler Zollabbau und Übergang zum vollständigen Freihandel rein ökonomisch die erste und beste Strategie sein würde, unter politik-ökonomischen Überlegungen hingegen dieser unila-

---

44 Vgl. *Frey* (1984a), S. 25-27. Die Schlagkraft des Arguments hängt von der vorherrschenden Arbeitslosenquote ab. In Phasen annähernder Vollbeschäftigung dürfte die Tragfähigkeit entsprechend gering sein.

45 Vgl. *Frey* (1984a), S. 22 f. und S. 29.

46 Vgl. *Glismann/ Horn/ Nehring/ Vaubel* (1986), S. 138.

47 Vgl. *Grossman/ Helpman* (1995), S. 680. Vgl. *Frey* (1984a), S. 26 f. und S. 55. Es kann angenommen werden, daß multinationale Firmen grundsätzlich gegen Zollgrenzen eintreten werden, da sie auf den betreffenden Märkten ohnehin erfolgreich den Wettbewerb bestehen. Inländische Firmen, die auf importierte Vorleistungen angewiesen sind, werden ebenfalls gegen Zollgrenzen eintreten. Verbraucher profitieren ebenfalls von niedrigeren Zöllen. (S. 28).

terale Akt annähernd ausgeschlossen ist. Zwar lag ein gleichzeitiger multilateraler Abbau der existierenden Zollschranken nahe; dennoch war eher eine Ausweitung des bestehenden Zollschutzes die wahrscheinlichste Handlungsalternative. Denn trotz des Optimalzollargumentes ist damit zu rechnen, daß gegenseitige staatliche Interventionen und Reaktionen den Freihandel bald vollständig unterbinden würden.[48] Auf der Ebene der Mitgliedstaaten handelt es sich um ein Gefangenendilemma. Denn nach dem freiwilligen Abschluß der Zollunion konnte jeder einzelne Mitgliedstaat von der Reziprozität des verbesserten Marktzugangs ausgehen. Die Herstellung des öffentlichen Gutes „Freihandel" war unter diesen Bedingungen jedoch unwahrscheinlich.

Tatsächlich ist in vielen Fällen „Reziprozität" die Institution, welche die freiwillige Herstellung von solchen öffentlichen Gütern ermöglicht.[49] Hier zeigt sich „Reziprozität" als die Institution, die in internationalen Handelsverhandlungen die Überwindung des geschilderten Gefangenendilemmas ermöglicht.[50] Voraussetzung ist, daß jedes Mitglied der Gruppe zumindest den gleichen Beitrag zu Erreichung des Gruppenzieles leistet wie jeder andere.[51] Ob sich „Reziprozität" durch freiwillige Selbstbindung einstellen kann, hängt zum einen von der Homogenität der betroffenen Gruppe hinsichtlich ihrer Präferenzen ab und zum zweiten von der Definition dessen, auf was sich die „Reziprozität" beziehen soll. Die Herstellung öffentlicher Güter mithilfe einer Reziprozitätsregel ist somit in kleineren von Ausstattung und Präferenzen ähnlichen Gruppen weitaus wahrscheinlicher, da die Einhaltung der „Reziprozität" auch den Charakter einer moralischen Verpflichtung erhält.[52]

In der Tat vereinten die Römischen Verträge eine Reihe der angesprochenen Charakteristika. Hervorzuheben ist auch die Aufnahme des Liberalisierungsprogramms in den Vertragstext. So ist es vermutlich der kleinen, relativ homogenen Gruppe der ursprünglichen sechs Mitgliedstaaten zuzuschreiben, daß der ursprüngliche Zollabbau in der Gemeinschaft erfolgreich durchgeführt wurde. Die aus dem Abschluß des Zollunionabkommens resultierende Selbstbindung der beteiligten politischen Akteure kann

---

48 Vgl. *Siebert* (1991), S. 183-185.

49 Vgl. *Sugden* (1984), S. 773, insbesondere S. 781. Vgl. auch *Fehr* (1995), S. 25, der auf die Bedeutung von Reziprozität in längerfristigen geschäftsbeziehungen hinweist.

50 Vgl. *Bagwell/ Staiger* (1996), S. 2, S. 4-5, S. 12, S. 42, deren Hauptaussage darin besteht, daß reziproke Handelsabkommen eben wegen der Neutralisierung des *Terms-of-Trade* Argumentes benötigt werden.

51 Vgl. *Sugden* (1984), S. 777 f. und S. 780 f. Pareto-Optimalität kann nur dann erreicht werden, wenn alle Gruppenmitglieder den gleichen Beitrag zu leisten wählen. Dennoch besteht auch hier noch die Gefahr einer sub-optimalen Produktionsmenge des öffentlichen Gutes. Interessant ist auch die Feststellung, daß wenn ein Gruppenmitglied mehr als den ursprünglichen Beitrag liefert, sich andere Mitglieder in der Verpflichtung sehen können, ebenfalls einen höheren Beitrag zu leisten.

52 Vgl. *Sugden* (1984), S. 783 f., S. 773 , S. 775, S. 777 und S. 781 f. Festzuhalten ist jedoch auch, daß die Reziprozitätsregel nur dort Anwendung finden kann, wo die Bereitstellung eines öffentlichen Gutes dem einzelnen direkt Nutzen stiftet.

für das Gelingen der Handelsliberalisierung nicht hoch genug eingeschätzt werden.[53] Das Element der Selbstbindung, innenpolitisch leichter aufgrund der „Reziprozität" vertretbar, wurde durch die primärrechtliche Festlegung des Liberalisierungsfahrplans noch verstärkt. Zudem ist festzuhalten, daß die nationalen Interessengruppen eine gewisse Zeit brauchten, um sich effektiv auf europäischer Ebene zu organisieren.[54]

1.1.1.2.2. Gemeinsamer Markt

Bei Regulierung handelt es sich "um direkte Kontrolle der ökonomischen Aktivitäten von erwerbswirtschaftlich tätigen Unternehmen in einzelnen Wirtschaftsbereichen durch staatliche Institutionen oder deren Beauftragte".[55] In der Theorie der Regulierung geht man von der Annahme aus, daß die regulierenden Maßnahmen von Interessengruppen nachgefragt werden.[56] Denn quantitative und regulierende Handelsbeschränkungen haben in vielerlei Hinsicht die gleichen Auswirkungen wie ein Zoll.[57] Die hauptsächlich von *Stigler* und *Peltzmann* entwickelte Theorie der Regulierung entwirft daher das Modell von einem politischen Markt der Regulierung.[58] Nach dieser Theorie ist Regulierung in der Regel eher eine Folge der Nachfrage auf dem politischen Markt, als ein Fall von Markt- oder Wettbewerbsversagen.[59]

Regulierung wird auf politischen Märkten gehandelt. Als Anbieter staatlicher Sanktion treten die Politiker und staatliche Bedienstete auf; denn sie allein können über das vom Staat als Monopolist angebotene Gut „Zwang" verfügen.[60] In den meisten Fällen stattet erst die staatliche Regulierung private Maßnahmen und Abkommen mit der nötigen Durchsetzungskraft aus, damit ein prinzipiell privates „Gut" der Regulierung zu einem Kollektivgut wird.[61] Sie werden Regulierung in den verschiedenen Formen solange gewähren, wie es ihren Zielen zuträglich ist.[62] Dabei verdient auch die geogra-

---

53 Vgl. *Bagwell/ Staiger* (1996), S. 43.

54 Vgl. *Grossman/ Helpman* (1995), S. 680, S. 687, sprechen in diesem Zusammenhang von der Voraussetzung eines Organisationsversagen der protektionistischen Interessen.

55 Zit. *Eickhof* (1986), S. 123.

56 Vgl. *Kaufer* (1981), S. 150; *Trebling* (1987), S. 1718.

57 Vgl. *Molle* (1997), S. 93-95. Beachte die Möglichkeit der anderen Auswirkung hinsichtlich der Handelsumlenkung gegenüber Drittländern. Für eine ausgewogene Darstellung über technische Handelshemmnisse s. *Nunnenkamp* (1983), S. 373-397. Für einen Überblick über die verschiedenen Forschungsansätze auf der Basis von politischer Ökonomie hinsichtlich nicht-tarifärer Handelshemmnisse (*Mansfield/ Busch* (1995) S. 723-749).

58 Grundlegend *Stigler* (1971) und *Peltzmann* (1976), vgl. insbesondere auch *Weizsäcker* (1982), S. 334.

59 Vgl. *Eickhof* (1986), S. 135.

60 Vgl. *Stigler* (1971), S. 4.

61 In Anlehnung an *Olson/ Zeckhauser* (1966), S. 267.

62 In Anlehung an *Donges* (1981), S. 787, *Stigler* (1971), S. 6.

phische Begrenztheit der meisten Regulierungen besondere Beachtung.[63] Tatsächlich kann man davon ausgehen, daß größere Staaten eine ausgeprägtere Tendenz zum Protektionismus an den Tag legen.[64] Dabei spielen aber auch institutionelle Faktoren wie die Größe der Wahlbezirke - und der damit zu unterstellenden Homogenität der Interessen - und der Art des Wahlsystems (proportionales vs. Mehrheitswahlrecht) eine beachtenswerte Rolle.[65]

Um so höher die territoriale Anhäufung von import-konkurrierenden Industrien innerhalb eines Wahlbereiches ist, desto stärker wird die Tendenz zur Protektion ausfallen. Um so stärker jedoch die Exportorientierung eines Wahlbereiches ist, um so eher wird es zu einer Marktöffnung kommen. Bei gleichen Protektionsertragserwartungen wird die Nachfrage nach Protektion vor allem in jenen Branchen hoch sein, die geringe Erträge aus laufender Produktion aufweisen (und umgekehrt).[66] Mächtige Gegner von nicht-tarifären Handelshemmnissen stellen vor allem die multinationalen Unternehmen und die exportierenden Unternehmen dar, die Retorsionsmaßnahmen anderer Jurisdiktionen zu befürchten haben.[67] Auf makroökonomischer Ebene wird angenommen, daß über den Erfolg protektionistischer Interessen vor allem die Arbeitslosigkeit und der reale Wechselkurs ausschlaggebend sind. Der reale Wechselkurs bestimmt die Wettbewerbsfähigkeit der exportierenden und der import-konkurrierenden Industrien. Über die Entwicklung der Arbeitslosenrate kann auch eine Verbindung protektionistischer Tendenzen zum generellen Konjunkturverlauf vermutet werden.[68]

Dabei sind die nachfragenden Interessengruppen häufig identisch mit der zu regulierenden Industrie.[69] Die typische Interaktionsform zwischen Regierung und Verbänden ist nicht der Befehl, sondern die Verhandlung, selbst wenn das Ergebnis der Verhandlung dann in Form einer Anordnung bekanntgegeben wird.[70] Aufgrund der organisatorischen Struktur von Bürokratien kann angenommen werden, daß sie eine engere Beziehung zu bestimmten Interessengruppen unterhalten als die Politiker. Da nicht-tarifäre

---

63 Vgl. *Olson* (1986), S. 121.

64 Vgl. *Mansfield/ Busch* (1995) S. 728, die dafür vor allem ihre Marktmacht als Argument anführen.

65 Vgl. *Mansfield/ Busch* (1995) S. 730 f. Sie stellen die folgenden Hypothesen auf: „The smaller is this average size, the more homogeneous is each district, the fewer is the number of special interests that are likely to exist per constituency, and the greater will be the political influence of each pressure group in that district." (zit. S. 730) Und in Anlehnung an *Rogowski*: „Pressure groups are restrained where campaign resources or the legal control of nominations are centralized in the hands of party leaders. Of course, such control is achieved quite effectively in rigid list-system PR." (proportional representation) (zit. S. 731) Diese Hypthesen werden auf S. 737-739 bestätigt.

66 Vgl. *Glismann/ Horn/ Nehring/ Vaubel* (1986), S. 135.

67 Vgl. *Mansfield/ Busch* (1995), S. 733 und S. 725-727.

68 Vgl. *Frey* (1984a), S. 49 (getestet für USA 1970). Vgl. auch *Mansfield/ Busch* (1995), S. 734 und S. 748.

69 Vgl. *Kaufer* (1981), S. 150; *Trebling* (1987), S. 1718.

70 Vgl. *Groser* (1989), S. 265.

Schutzmaßnahmen nicht den gleichen *free-rider* Schwierigkeiten wie denen des allgemeinen Zollschutzes unterliegen, kann ein Ausschluß von den Vorteilen eines Schutzes besser gesteuert werden. Daher wird nicht-tarifärer Schutz auch von Industrien, die einen geringeren Konzentrationsgrad aufweisen und mit dem Problem der größeren Gruppe fertig werden müssen, nachgefragt werden.[71] Nicht-tarifäre Handelshemmnisse ersetzen häufig abnehmenden Zollschutz. Dabei zeigt sich generell, daß Industrien die einen hohen Zollschutz erreichen können, auch in der Lage sind, einen relativ hohen regulativen nicht-tarifären Schutz zu erreichen.

Aus diesen Überlegungen folgt auf dem Hintergrund der Neuen Politischen Theorie eine unausgeglichene Vertretung der Interessen mit einer vermutlichen Überrepräsentanz der Produzentenwünsche.[72] Der Ausgang des Wettkampfes der Interessengruppen hinsichtlich der Regulierung oder Nichtregulierung wird voraussichtlich durch ihre Größe bestimmt.[73] Die negativ betroffenen Bevölkerungsgruppen werden sich kaum zu konkurrierenden Verbänden zusammenschließen können, auch wenn sie der Meinung sind, daß die Verbände die Regulierung zu weit ausdehnen.[74] Daraus ergibt sich generell eine Tendenz zur Überregulierung.[75] Dabei ist der Grad der Öffentlichkeit von Maßnahmen entscheidend, da er die Möglichkeit des Wählerstimmenverlustes beeinflußt.[76] Daher geht die generelle Tendenz dahin, Eingriffe mit hohem Öffentlichkeitsgrad durch solche mit einem niedrigeren zu ersetzen. Auf diese Weise ist es den Politikern möglich, den an sie herangetragenen speziellen Interessen besser nachkommen zu können.[77] Auch die öffentliche Verwaltung kann ihren spezifischen Interessen besser mit nicht-tarifären Handelshemmnissen denn mit generellen und weithin sichtbaren Zollsätzen dienen. Generell kann deswegen sogar eine Tendenz der Verlagerung der Protektion von Zöllen auf technische Handelshemmnisse und Subventionen erwartet werden.[78]

Im europäischen Gemeinsamen Markt gibt es regulierende öffentliche Gewalten auf verschiedenen Ebenen: auf lokalem, regionalen, nationalen und europäischem Niveau. Für die Zwecke der Arbeit stehen die nationalen Regulierungsbehörden und die Regulierungstätigkeit der Europäischen Gemeinschaft im Vordergrund. Da die Regulierungshoheit grundsätzlich bei den Mitgliedstaaten verblieben ist, werden dort auch die Lobbyaktivitäten der Interessengruppen als erstes ansetzen. Zudem ist als strukturelles

71 Vgl. *Frey* (1984), S. 33 und S. 50-52.

72 Vgl. *Balassa* (1961), S. 17.

73 Vgl. *Becker* (1983), S. 395.

74 Vgl. *Bernholz* (1973), S. 864.

75 Vgl. *Frey/ Ramser* (1986), S. 574.

76 In Anlehnung an *Bernholz* (1973), S. 865.

77 Vgl. *Röpke* (1983), S. 103.

78 Vgl. *Frey* (1984a), S. 24, S. 32 f., S. 43 und S. 49 (getestet für USA 1970). Vgl. auch *Mansfield/ Busch* (1995), S. 734 und S. 748.

Prinzip des Regulierungssystem in der EG das Äquivalenzprinzip hervorzuheben, wie es in der Rechtsprechung durch den EuGH entwickelt wurde.[79] Durch das Äquivalenzprinzip wird institutioneller Wettbewerb ausgelöst, in den Elemente des wirtschaftlichen und des politischen Wettbewerbs einfließen.[80] Dieser Regulierungswettbewerb kann jedoch durch den Rekurs auf den Artikel 36 EWGV unter den genannten Bedingungen ausgeschaltet werden. Aus dem Modell muß eine zunehmende Inanspruchnahme dieses Ausnahmetatbestandes durch die nationalen Regulierer in Antwort auf ihre nationale Klientel erwartet werden.

Darüber hinaus ist für die Modellierung der Situation in der EG die Tatsache bedeutend, daß die Gemeinschaft durch Harmonisierung eine Öffnung der innergemeinschaftlichen Märkte erreichen kann. Bei Harmonisierung tritt an die Stelle des Systemwettbewerbs ein Verhandlungsprozeß der Anbieter von Regulierung im Rahmen der gemeinschaftlichen Institutionen. In dem Moment, in der eine solche Tätigkeit ins Auge gefaßt wird, werden sich die Interessenvertretungen der europäischen Regulierungsebene zuwenden, um den Regulierungsentwurf zu beeinflussen und durch verstärkte Intervention bei den nationalen Regierungen, wenn nicht die Blockade auf europäischer Ebene, so jedoch die Abänderung der Entscheidung im Lichte der Partikularinteressen zu bewirken. Der jeweils gültigen Abstimmungsregel im Ministerrat kommt dann ein entscheidendes Gewicht zu.

1.1.2. Freier Dienstleistungsverkehr

Nach dem EWGV gelten als Dienstleistungen im besonderen: gewerbliche, kaufmännische, handwerkliche und freiberufliche Tätigkeiten.[81] Zwei Arten von Dienstleistungen werden generell unterschieden: produktionsbezogene einerseits und verbrauchsbezogene Dienstleistungen andererseits, da sie zudem im allgemeinen hinsichtlich ihrer Beschäftigungsintensität erheblich differieren.[82] Die Freiheit des Dienstleistungsverkehrs ist gegenüber den Vorschriften des freien Waren- und Kapitalverkehrs und der Freizügigkeit ein Auffangtatbestand.[83] Die enge Beziehung zu den Vorschriften hinsichtlich der Verwirklichung der Niederlassungsfreiheit wird auch in Art. 66 EWGV

---

79 Siehe auch *Lutz* (April 1996), S. 18 f., der die beiden Prinzipien in mathematischer Form modelliert und zum Schluß kommt, daß beide Ansätze die Konsumentenrente gegenüber einer Situation ohne Regulierung erhöhen. Interessant ist auch der Verteilungsaspekt der beiden Alternativen. „The main results are that with identical costs, Mutual Recognition is the optimal policy choice, whereas Full Harmonization becomes a better alternative as costs differences become large. However, even with large cost differentials, Mutual Recognition may improve welfare of both regions when compared to the case without regulation." (zit. S. 18)

80 Vgl. *Streit/ Mussler* (1995), S. 76 f. und S. 80 Das Äquivalenzprinzip geht in diesem Bereich mit dem Ursprungslandprinzip einher (vgl. auch S. 85).

81 Art. 60 EWGV.

82 Vgl. *Görgens* (1993), S. 210 f.

83 Art. 60 EWGV, vgl. *Oppermann* (1991), p. 577.

anerkannt. Der Verkehrsbereich ist ausgenommen und die Liberalisierung der Dienstleistungen im Banken- und Versicherungsbereich ist an die Fortschritte bei der Kapitalliberalisierung geknüpft. Der Bereich des Tourismus ist ein besonderer Fall grenzüberschreitender Dienstleistungen, da hier der Empfänger der Dienstleistung die Grenze überschreitet.[84] Seit der Entscheidung des EuGH in Sachen „*Luisi&Carbone*" ist klargestellt, daß auch die sog. passive Dienstleistungsfreiheit in den Anwendungsbereich der Art. 59 ff. fällt.[85] Nicht vergessen werden sollten auch Dienstleistungen der Massenmedien, wie z.B. grenzüberschreitendes Fernsehen.[86] Durch die Freiheit des Dienstleistungsverkehrs bekommt die europäische Integration auch eine eminent kulturelle Dimension.[87]

1.1.2.1. Gemeinschaftliche Regeln

Die Römischen Verträge sahen im Art. 59 EWGV eine schrittweise Aufhebung der Beschränkungen des freien Dienstleistungsverkehr schon während der Übergangszeit vor. Der Rat hat termingerecht Ende 1961 ein Allgemeines Programm zur Aufhebung der Beschränkungen des freien Dienstleistungsverkehrs verabschiedet.[88] Bis zum Anfang des Jahres 1970 sollten danach 123 Tätigkeitsgruppen liberalisiert werden. Tatsächlich wurden bis Ende 1973 76 Gruppen vollständig liberalisiert. Damit wurden die vertraglichen Verpflichtungen aus dem Römischen Vertrag nicht erfüllt; über 61 Richtlinienvorschläge der Kommission hatte der Ministerrat einfach noch nicht befunden. 34 Richtlinienvorschläge hingen von der gegenseitigen Anerkennung der Diplome ab. Sie fielen weitgehend in die Bereiche: freiberufliche Tätigkeiten, Banken und Versicherungen.[89] Des weiteren besteht eine Stillstandsverpflichtung nach Art. 62. Seit Ende der Übergangszeit gilt zudem die Nichtdiskriminierungs- und Gleichbehandlungspflicht aus Art. 60.

In einer Reihe von Urteilen des Europäischen Gerichtshofes wurde 1974 die Dienstleistungsfreiheit auch bei fehlenden Richtlinien des Ministerrates durchgesetzt.[90] Danach ist der Grundsatz der Inländerbehandlung seit Ende der Übergangszeit unmittelbar

84 Vgl. *Beutler/ Bieber/ Piepkorn/ Streil* (1982), S. 297.

85 RS 286/82 und RS 26/83, vgl. *Oppermann* (1991), S. 578.

86 Vgl. *Beutler/ Bieber/ Piepkorn/ Streil* (1982), S. 297; vgl. insbesondere den Exkurs in *Oppermann* (1991), S. 580-582.

87 Vgl. *Molitor* (1992), S. 192.

88 Vgl. *Harbrecht* (1978), S. 145; vgl. *Beutler/ Bieber/ Piepkorn/ Streil* (1982), S. 297, s. ABl. 1962 vom 18.12.1961.

89 Vgl. *Harbrecht* (1978), S. 146; vgl. *Beutler/ Bieber/ Piepkorn/ Streil* (1982), S. 298; vgl. *Oppermann* (1991), S. 584. Die Anerkennung der Diplome des Art. 57 fand als Rechtsgrundlage bis 1970 nur sechs Mal Verwendung.

90 Vgl. das Urteil „van Binsbergen" RS 33/74.

und unbedingt anwendbar geworden.[91] Die Kommission hat folglich alle schwebenden Richtlinienvorschläge am 04.11.1974 zurückgezogen.[92]

Die weitere Erfahrung hat jedoch vor Augen geführt, daß die Verwirklichung der Dienstleistungsfreiheit mehr als bloße formale Gleichbehandlung erfordert. Zudem führte auch die Umsetzung der Richtlinien in den Mitgliedstaaten zu erheblichen Verzögerungen.[93] Berufszulassungs- und -ausübungsregeln, sowie Verpflichtungen zum ständigen Aufenthalt können zu einem materiellen Ausschluß führen. Auch an der Notwendigkeit der Gegenseitigen Anerkennung von Diplomen hatte die Rechtsprechung des EuGH zur Inländerbehandlung nichts geändert. In den achtziger Jahren bildete sich zwar die Überzeugung heraus, daß ähnlich den Voraussetzungen aus dem „*Cassis-de-Dijon*"-Urteil eine gegenseitige Anerkennung der mitgliedstaatlichen Regelungen auf dem Prinzip des gegenseitigen Vertrauens verfolgt werden sollte. Der EuGH hatte in den Urteilen „*Heylens*" und „*Vlossopoulos*" die grundsätzlichen Prinzipien dieser gegenseitigen Anerkennung definiert.[94] Ein Durchbruch gelang jedoch erst 1988 mit der Richtlinie hinsichtlich der Hochschuldiplome.[95]

1.1.2.2. Modellrelevante Aspekte

Von Integration im Dienstleistungssektor kann gesprochen werden, wenn es erstens Konsumenten gestattet ist, in eine anderes Land zu gehen, um eine bestimmte Dienstleistung in Anspruch zu nehmen; es zweitens Produzenten gestattet ist, eine Dienstleitung in einem anderen Land als dem Sitzland zu erbringen; es drittens den Konsumenten eines Landes freigestellt ist, einen Vertrag mit einem Anbieter in einem anderen Land abzuschließen. Typischerweise ist im letzteren Fall neben der Vertragsfreiheit auch eine Freiheit des Informationsflusses notwendige Voraussetzung. Dieser Umstand weist auf die Bedeutung der Senkung der Transaktionskosten aufgrund von technologischem Fortschritt für die Verwirklichung der Dienstleistungsfreiheit insbesondere im Telekommunikationsbereich hin.

Aufgrund von Konsumentenschutzüberlegungen sind die meisten Dienstleistungsbereiche traditionell stark reguliert und resultierende Handelshemmnisse gehören zum nicht-tarifären Typ.[96] Die spezifischen Regulierungen der einzelnen Subsektoren im Dienstleistungsbereich sind teils über Jahrhunderte in Isolation gewachsen und weisen

---

91 Vgl. im folgenden *Beutler/ Bieber/ Piepkorn/ Streil* (1982), S. 295-299; und *Oppermann* (1991), S. 580-586.

92 Vgl. *Harbrecht* (1978), S. 146.

93 Vgl. *Oppermann* (1991), S. 585, z.B. hat Deutschland erst mit dem Gesetz vom 16.08.1980 die Umsetzung der betreffenden Richtlinen beendet.

94 RS 222/86 vom 15.10.1987 und C-340/89 vom 07.05.1991.

95 Vgl. *Streinz* (1995), S. 229. RL 89/48 erg. 92/51 (ABl. L 209/92).

96 Vgl. im folgenden *Molle* (1997), S. 143-145.

untereinander wenig Gemeinsamkeiten auf.[97] Eine bedeutende zweite Kategorie von Hindernissen stellen jedoch auch die Marktzutrittsbedingungen dar. Neben der Protektion von nationalen Produzenteninteressen sind Motive, die ebenfalls in die Beschränkung des grenzüberschreitenden Wettbewerbs hineinspielen, unter anderem die strategische Bedeutung eines Sektors, Kontrolle von Schlüsseltechnologien, Kontrolle über die Wirtschaftspolitik, Nationalprestige, Schutz von kulturellen Werten. Aufgrund dieser Schutzinteressen tritt zudem in vielen Bereichen der Staat selbst als Anbieter auf.[98] Zudem sind die regulierenden Akteure, anders als im Güterbereich, zwischen den einzelnen Subsektoren in der Regel auch strukturell verschieden.[99] In einer ersten Vermutung werden daher sektorspezifische Regulierungen vorliegen, die dazu führen, daß Protektionsinteressen gegen Protektionsinteressen in einem anderem Staat zu Lasten der Kunden in allen Mitgliedstaaten stehen.[100] Von 1964 bis 1993 hat die EG folglich allein im Bereich der freiberuflichen Tätigkeiten 60 Richtlinien erlassen müssen.[101] Erst im Anschluß an diese teils sehr spezifischen Regulierungen zur Marktöffnung war ein horizontaler Ansatz möglich; so wie er in den Richtlinien zur gegenseitigen Anerkennung von Zeugnissen aus Hochschulausbildung im Bereich der freiberuflichen Tätigkeiten verwirklicht wurde.[102]

Im Zusammenhang der wirtschaftlichen Integration ist die Regulierungsdichte der produktionsbezogenen Dienstleistungen von besonderem Interesse.[103] Im grenzüberschreitenden Verkehr mit Dienstleistungen sind die beiden Prinzipien der einzigen Lizenz für die Aufnahme der Tätigkeit und der ausschließlichen Heimataufsicht mit dem Ursprungslandsprinzip im Warenverkehr vergleichbar. Es wird befürchtet, daß der durch diese Prinzipien ausgelöste Regulierungswettbewerb zwischen den Staaten durch zu „weiche" Regulierungen zu einem Qualitätsverlust und einer Destabilisierung der Rahmenbedingungen führt, die die Funktionsfähigkeit der Märkte beeinträchtigt.[104]

Die Verwirklichung von Dienstleistungsfreiheit hängt zudem in starkem Maße von den Erfolgen bei der Durchsetzung der anderen Freiheiten ab. Besonders schwierig hat sich die Integration im Bereich der Finanzdienstleistung und der freien Berufe erwiesen, da die Rechtsprechung des EuGH zu den komplementären Voraussetzungen nichts aus-

---

97 Vgl. die Artikel zu Rechnungsprüfern, Rechtsanwälten, Architekten, Ingenieure, Bauunternehmer in *OECD* (1995c). Auch *OECD* (1986), S. 22 und *OECD* (1989), S. 17-39 „Sectoral Experience".

98 Vgl. *Molle* (1997), S. 143.

99 Vgl. *Cockborne* (1995), S. 57 so für Berufe im Gesundheitswesen (Ärzte, Zahnärzte, Krankenschwestern) und Architekten.

100 Vgl. dazu *OECD* (1984), *OECD* (1983), *OECD* (1986).

101 Vgl. *Cockborne* (1995), S. 56-58.

102 RL 89/48/EWG vom 21.12.1988 und 92/51/EWG vom 18.06.1992.

103 Vgl. *Görgens* (1993), S. 211.

104 Vgl. *Welfens* (1990), S. 189.

gesagt hat.[105] Im erstgenannten Sektor hängt die Verwirklichung der Dienstleistungsfreiheit eng an der Verwirklichung von Kapitalverkehrsfreiheit, die selbst erhebliche Umsetzungsschwierigkeiten unterlag.[106] Wenn unüberwindliche regulative Hürden für den grenzüberschreitenden Verkehr vorliegen, kann allein durch Direktinvestitionen und Niederlassung Dienstleistungen in einem anderen Land erbracht werden.[107] Allerdings verliert die Dienstleistung selbst dadurch den grenzüberschreitenden Charakter.

1.1.3. Niederlassungsfreiheit

Niederlassungsfreiheit bedeutet freie Standortwahl. Auch die Niederlassungsfreiheit steht in enger Verbindung mit anderen Freiheiten, insbesondere mit der Freizügigkeit und der Dienstleistungsfreiheit. Die Beschränkungen der Niederlassungsfreiheit treffen so häufig auch die Dienstleistungsfreiheit.[108] Da das herausragende Merkmal der Niederlassungsfreiheit die Dauer ist,[109] steht sie mit der Erlaubnis, in dem Zielland Grund und Boden zu erwerben, in engem Zusammenhang. In weitem Maße setzt sie den freien Bodenerwerb im Einwanderungsland voraus.

Bodenerwerb und Niederlassung und deren Auswirkungen sind immer direkt lokalisierbar. Mit zunehmender Zuwanderung kann die Integrationsfähigkeit der aufnehmenden Gruppe jedoch an ihre Grenze gelangen. Ein etwaiges Gruppenziel der Identitätssicherung kann bei freier Ansiedlung möglicherweise nicht mehr erhalten werden. Die Verwirklichung dieser Freiheit wird in der Praxis somit nicht leicht sein, da sie die Vorstellungen von kultureller Identität und traditioneller Lebensweise direkt berührt. Ökonomisch bedeutet eine „Überfremdung" den „Wert"verlust des „Vereinsvermögens" an ursprünglicher Gruppenidentität.[110] Diese Schwierigkeit kommt zu den ansonsten ähnlichen Liberalisierungshindernissen des Dienstleistungssektors hinzu. Eine ähnlich große Bedeutung wie im Dienstleistungsbereich kommt auch im Bereich der Verwirklichung der Niederlassungsfreiheit der Anerkennung von Diplomen, Prüfungszeugnissen und Befähigungsnachweisen zu.[111]

---

105 Vgl. *Molle* (1997), S. 323-325.

106 Vgl. *OECD* (1990).

107 Die Direktinvestition kann ihrerseits wieder hohen Hürden unterliegen. Vgl. exemplarisch *OECD* (1984), S. 19. Auch *OECD* (1983), S. 26-29.

108 Vgl. *Görgens* (1993), S. 214.

109 Vgl. *Oppermann* (1991), S. 572.

110 Vgl. *Schwarz* (1993), S. 266-271. Dieser faßt mit *Becker* unter „Vereinsvermögen" einen weiten Bereich materieller und immaterieller Werte zusammen, z.B. physische Infrastruktur, Sozialversicherung, Umverteilungsschemata, Institutionen aller Art, politische Systeme, soziale Netze, kulturelle Traditionen.

111 Art. 57,1 EWGV, vgl. die Übersicht über Fortschritte in den Bereichen medizinische Berufe, rechtsberatende Berufe, Architekten, Ingenieure, Banken und Versicherungen und öffentliche Aufträge und Anerkennung von Hochschuldiplomen in *Oppermann* (1991), S. 587-590.

1.1.3.1. Gemeinschaftliche Regeln

Nach Art. 52 EWGV wurden Beschränkungen der freien Niederlassung während der Übergangszeit schrittweise aufgehoben.[112] Diese Freiheit gilt auch für Agenturen, Zweigniederlassungen und Tochtergesellschaften von Gesellschaften im Besitz von Angehörigen eines Mitgliedstaaten, die im Hoheitsgebiet eines Mitgliedstaates ansässig sind.[113] Die Bedingungen für die Aufnahme und Ausübung selbständiger Erwerbstätigkeiten unterliegen dem Prinzip der Inländerbehandlung.[114] Für Unternehmen gilt das Recht des Gastgeberlandes, gleich ob das Herkunftsland innerhalb oder außerhalb der EG liegt.[115] Des weiteren enthält der Art. 53 EWGV ein Stillstandsgebot.[116]

In Art. 54 wurde die Aufstellung allgemeiner Programme zur Liberalisierung der Niederlassungsfreiheit vorgesehen. Parallel zum Programm der Liberalisierung des Dienstleistungsverkehrs wurde daher Ende 1961 das Programm hinsichtlich der Niederlassungsfreiheit termingerecht vom Rat verabschiedet.[117] Für Handel, Handwerk, Industrie und Landwirtschaft wurde das Programm auch zeitgerecht verwirklicht.[118] Die Fortschritte bei der Umsetzung für freiberufliche Tätigkeiten und im Kredit- und Versicherungswesen litten jedoch an denselben Schwierigkeiten wie im Dienstleistungsbereich. Eine erste Dynamik entwickelte sich infolge des Urteils „*Reyners*", in dem der EuGH am 21. Juni 1974 festgestellt hat, daß Art. 52 nach Ablauf der Übergangszeit eine unmittelbar geltende Bestimmung ist, auch wenn die für bestimmte Bereiche vorgesehene Richtlinien nicht ergangen sind.[119] Hier hat der Gerichtshof den Integrationsprozeß aus der Stagnation geführt, in die sie durch die zögerliche Arbeit des gemeinschaftlichen Gesetzgebers geraten war.[120]

1.1.3.2. Modellrelevante Aspekte

Der Bereich der Niederlassungsfreiheit ist vermutlich ein Politikfeld, welches im Integrationsprozeß am offensichtlichsten das Potential des Standortwettbewerbs zu Tage

---

112 Vgl. *Beutler/ Bieber/ Piepkorn/ Streil* (1982), S. 293.

113 Art. 52 EWGV, vgl. *Beutler/ Bieber/ Piepkorn/ Streil* (1982), S. 293 und *Oppermann* (1991), S. 574.

114 Vgl. *Beutler/ Bieber/ Piepkorn/ Streil* (1982), S. 293.

115 Vgl. *Fehl/ Delhaes/ Schreiter* (1993), S. 336 und Fußnote 20..

116 Vgl. *Beutler/ Bieber/ Piepkorn/ Streil* (1982), S. 293, vgl. *Oppermann* (1991), S. 575.

117 Vgl. *Harbrecht* (1978), S. 145, vgl. ABl. 2/1962 vom 15.1.1962 „Allgemeine Programm zur Aufhebung der Beschränkungen der Niederlassungsfreiheit".

118 Vgl. die Aufzählung der Richtlinien nach Tätigkeistbereichen in *Oppermann* (1991), S. 584.

119 Urteil „Reyners" RS 2/74, vgl. *Schockweiler* (1995), S. 192.

120 Vgl. *Zuleeg* (1995), S. 20 f. Allerdings hat der Gerichtshof in Urteilen zur Transportpolitik und zum Versicherungssektor die unmittelbare Wirkung der Dienstleistungsfreiheit aufgrund der zu beachtenden wirtschaftlichen Komplexität und des öffentlichen Interesses nicht anerkennen können (*Schockweiler* (1995), S. 196).

fördert. Der Wettbewerb der Regulierungssysteme auf nationaler, aber auch auf regionale Ebene kommt hier am stärksten zum Tragen. Die politisch Verantwortlichen sind sich dieser Konsequenz bewußt und werden daher kaum ein besonderes Interesse an der Liberalisierung zeigen. Damit das Entdeckungsverfahren des Wettbewerbs seine Kräfte auch auf die sozialen Sicherungssysteme ausüben kann, muß daher neben der Freizügigkeit der Arbeitnehmer vor allem die Niederlassungsfreiheit gewährleistet sein.[121]

Es gelten grundsätzlich die Gesetze des Mitgliedstaates, in dem die Niederlassung erfolgt und die Tätigkeit aufgenommen wird. Wenn es sich um verbundene Unternehmen handelt, stellt sich die Frage, unter welchen Regeln die Tätigkeit in einem bestimmten Land aufzunehmen seien. Für einen Unternehmensverbund in mehreren Mitgliedstaaten erhöht sich so die Komplexität der Wirtschaftstätigkeit erheblich. Aus dieser Situation werden die Bemühungen um eine Harmonisierung der relevanten Regulierungen in den Mitgliedstaaten verständlich. Einschlägig für den Bereich der Angleichung von Unternehmensverfassungen ist insbesondere Art. 54 Abs. 3g in Verbindung mit Art. 100 und 100a sowie Art. 3.[122] Mit der Schaffung der Europäischen Aktiengesellschaft könnte insbesondere die Mobilität von Gesellschaften erheblich erhöht werden.[123] Dies würde den Standortwettbewerb tendenziell erhöhen.

Darüber hinaus bringt die Niederlassungsfreiheit den erweiterten europäischen Wirtschaftsraum bis vor die Haustür des einzelnen. Angestammte Unternehmen müssen zusehends nicht nur unter einem immer stärker angeglichenem Kostendruck im Wettbewerb bestehen, sondern unter tatsächlich identischen Standortbedingungen auch im Hinblick auf Infrastruktur oder regulativen Rahmenbedingungen. Gleichzeitig ermöglicht die Niederlassungsfreiheit sichtbare Verlegungen von Produktionsstätten. Dies hat unmittelbare Auswirkung auf den lokalen oder sogar regionalen Arbeitsmarkt. Gegnern einer Liberalisierung wird es daher in diesem Bereich leicht fallen, eine größere Öffentlichkeit für ihre Bestrebungen zu gewinnen. Dabei werden Argumente hinsichtlich der kulturellen und traditionellen Lebensweise ebenfalls eine Rolle spielen. Somit darf erwartet werden, daß der Verwirklichung dieser Freiheit gewichtige Interessenkoalitionen entgegenstehen.

Ein Durchbruch kann aber vermutlich dann nicht mehr verhindert werden, wenn die Freiheiten des Güter-, Dienstleistungs- und Kapitalverkehrs soweit verwirklicht sind, daß der grenzüberschreitende Wettbewerb ein Ausmaß erreicht, der es den konkurrierenden Unternehmen unmöglich macht, nicht auch die noch so geringen Standortvorteile auch für die eigene Produktion nutzbar zu machen. Dabei stehen den Unternehmen zwei Wege offen: einmal erhöhter Druck auf die lokalen, regionalen oder nationalen Regulierungsbehörden in Richtung auf Anpassung an die günstigsten Standortbedingungen, zum anderen Wanderung durch Investitionen an den vorteilhaften Standort. Die zweite Möglichkeit wird mit einiger Wahrscheinlichkeit dazu führen, daß ebenfalls ein

---

121 Vgl. *Oberender/ Reißmann* (1993), S. 381.

122 Vgl. *Fehl/ Delhaes/ Schreiter* (1993), S. 321.

123 Vgl. *Oppermann* (1991), S. 575.

Druck auf europäischem Niveau erzeugt wird, um die grundlegenden nationalen Regeln der Rechnungslegung, der Unternehmensverbindungen und schließlich auch der Unternehmensverfassungen in den wesentlichen Punkten anzunähern, wenn nicht gar zu vereinheitlichen.

1.1.4. Freier Kapitalverkehr

Dem freien Kapitalverkehr kommt in der wirtschaftlichen Integration eine ebenso hohe Bedeutung zu wie dem freien Warenverkehr. Unter Kapitalverkehr wird der Verkehr von Sachkapital (Unternehmensanteile, Immobilien) und Geldkapital (Kredite, Wertpapierübertragungen) begriffen.[124] Somit sind neben devisenrechtlichen Hindernissen auch Anlagevorschriften und steuerliche Regelungen in diesem Bereich angesprochen. In letzter Konsequenz würde ein vollkommenes Verbot des Kapitalverkehrs, und insbesondere des Zahlungsverkehrs, auch die Nützlichkeit des freien Warenaustausches stark einschränken, da die Teilnehmer in den Zustand des *Barter*-Handels zurückgeworfen würden. Die Effizienzgewinne aus der Zollunion und dem Binnenmarkt können daher nur voll wahrgenommen werden, wenn auch Faktorfreiheit gewährt wird.[125]

Die grenzüberschreitende Mobilität von Produktionsfaktoren löst Systemwettbewerb aus, die sich in der Wahl der für den Faktor geeigneter institutioneller Arrangements ausdrückt.[126] Dabei ist der Abbau von Kapitalverkehrsbeschränkungen schon eine hinreichende Voraussetzung. Bis zu einem gewissen Ausmaß kann der florierende Warenaustausch als Substitut für Faktorbewegungen angesehen werden.[127] Zwischen der wirtschaftlichen Integration durch freien Handel und freien Kapitalverkehr einerseits und Arbeitskräftemigration andererseits besteht ebenfalls ein begrenztes Substitutionsverhältnis.[128] Ebenso besteht ein Zusammenhang zwischen der Niederlassungsfreiheit und freiem Kapitalverkehr.[129] Zusätzlich zur Verringerung der Kapitalverkehrsbeschränkungen sind grenzüberschreitende Kapitalbewegungen das Ergebnis einer Vielzahl von Änderungen des Investitionsumfeldes im kapitalimportierenden Land.[130] Durch die vollständige Verwirklichung der Kapitalverkehrsfreiheit stellt sich neben die Integrationskraft des Handels, die Durchschlagskraft der Direktinvestitionen.

Andererseits führt die Liberalisierung des Kapitalverkehrs zu einer zunehmenden Bindung der wirtschaftspolitischen Handlungsmöglichkeiten der politisch Verantwortlichen. Zu nennen sind hier: die Begrenzung der Haushaltsdefizite, Steuern auf Kapital und Kapitaleinkünfte müssen in einem annehmbaren Rahmen gehalten werden, die

---

124 Vgl. *Beutler/ Bieber/ Piepkorn/ Streil* (1982), S. 306; *Oppermann* (1991), S. 532.

125 Vgl. *Molle* (1997), S. 135-138.

126 Vgl. *Streit/ Mussler* (1995), S. 77.

127 Vgl. *Molitor* (1992), S. 195.

128 Vgl. *Wentzel* (1993), S. 503, basierend auf *Watrin*.

129 Vgl. *Oppermann* (1991), S. 530.

130 Vgl. *Garrett* (1995), S. 660.

Konvergenz von Geldpolitiken bei festen Wechselkursen aufgrund der Furcht vor Kapitalflucht. Gleichzeitig wird jedoch auch für den Staat die Schuldenaufnahme erleichtert, solange die öffentliche Hand bereit und in der Lage ist, als Risikoaufschlag die höheren Zinsen zu zahlen.[131] Dagegen führt der Einsatz von Kapitalverkehrskontrollen zu einer Abkopplung vom internationalen Zinszusammenhang und hat somit auch starke Rückwirkung auf die jeweiligen Währungsordnungen.[132]

Diese kurze Einführung zeigt die feingliedrige Vernetzung dieser Freiheit mit anderen Politikbereichen. Zudem setzt der internationale Kapitalverkehr Vertrauen in den Schutz der Eigentumsrechte und die Vertragstreue der Kapitalnehmer voraus.[133] Dadurch hat die institutionelle und organisatorische Infrastruktur für den grenzüberschreitenden Kapitalverkehr eine besondere Bedeutung. Insbesondere das Fehlen der institutionellen Bedingungen für funktionstüchtige Kapitalmärkte kann bei abruptem Übergang zur vollständigen Konvertibilität zu Vertrauensverlust und folgender Kapitalflucht führen.[134]

1.1.4.1. Gemeinschaftliche Regeln

Die Freiheit des Kapitalverkehrs wurde durch Art. 67 EWGV hergestellt, „soweit es für das Funktionieren des Gemeinsamen Marktes notwendig ist." Dieser Artikel war daher nicht unmittelbar anwendbar. Tatsächlich legte der Vertrag nur eine nuancierte Liberalisierungspflicht fest, um der herausragenden Rolle der Kontrolle internationaler Kapitalströme als Instrument in der Wirtschafts- und Währungspolitik zumindest in der Anfangszeit Rechnung zu tragen. Obgleich die Beseitigung von Beschränkungen noch während der Übergangszeit vorzunehmen war, wartete man noch bis 1990 auf die vollständige Verwirklichung.[135] Die Liberalisierung sollte schrittweise anhand der vom Rat seit 1966 mit qualifizierter Mehrheit zu verabschiedenden Richtlinien umgesetzt werden. Es wird auch in Art. 71 keine unbedingte Stillstandspflicht aufgestellt. Aufgrund von Störungen des Kapitalmarktes konnte ein Mitgliedstaat nach Art. 70 oder Art. 73 Schutzmaßnahmen treffen. Das System des EWG-Vertrages schaffte demnach für den Kapitalverkehr nur eine unter Vorbehalten grundsätzliche Liberalisierungspflicht mit der Möglichkeit zeitweiliger Rücknahme.[136]

---

131 Vgl. *Garrett* (1995), S. 659 f. und S. 668.

132 Vgl. *Smeets* (1993), S. 110. Diese Abkoppelung schlägt sich in Zinsdifferenzen nieder. *Kratz/ Thieme* (1993), S. 256, weisen darauf hin, daß die Instabilitäten der internatonalen Währungssysteme stärker auf zyklenverstärkende Stabilisierungspolitik, denn auf deregulierte nationale Finanzmärkte zurückgeführt werden kann.

133 Vgl. *Willgerodt* (1989), S. 413.

134 Vgl. *Schüller/ Weber* (1993), S. 476, insbesondere im Hinblick auf die osteuropäischen Transformationsländer.

135 Vgl. *Beutler/ Bieber/ Piepkorn/ Streil* (1982), S. 304 f., *Oppermann* (1991), S. 531. Im wesentlichen haben 1990 acht Mitgliedstaaten (Dänemark, Deutschland, Frankreich, Großbritannien, Italien, Belgien, Niederlande, Luxemburg) den Geldverkehr liberalisiert.

136 Vgl. *Oppermann* (1991), S. 533 und S. 542.

Der in der EEA hinzugefügte Art. 8a zur Verwirklichung des Binnenmarktes bezieht sich ausdrücklich auf die Verwirklichung des Art. 70,1. Schließlich ersetzte der EGV mit Wirkung vom 01.01.1994 die Artikel 67-73 EWGV 1957, 1986 durch die Artikel 73b-73g.[137] Der Aufbau der Verpflichtungen ist den Artikeln 30 und 36 des EWGV nachempfunden.[138] Seitdem sind die Beschränkung des innergemeinschaftlichen Zahlungs- und Kapitalverkehrs verboten.[139] Beide Vorschriften sind jetzt unmittelbar anwendbar. Die Bestimmungen der Richtlinie von 1988 sind nur noch anwendbar, insoweit sie mit den EGV Bestimmungen vereinbar sind.[140] Beschränkungen der Zahlungs- und Kapitalverkehrsfreiheit sind in Art. 73d erschöpfend festgelegt.

1.1.4.2. Modellrelevante Aspekte

Der Zins ist der Preis für die Nutzung von Kapital.[141] Wenn Transaktionskosten vernachlässigt werden können, führt der Abbau von Kapitalverkehrsbeschränkungen zu einer Angleichung des Zinsniveaus für homogenes Kapitalangebot. Dabei gewinnt die Nachfrageseite in Ländern, in denen vor der Liberalisierung ein hohes Zinsniveau vorliegt, und die Angebotsseite in den Ländern, in denen das Preisniveau vor der Liberalisierung niedriger lag. „Politische Akteure nehmen als konkurrierende Anbieter von Regeln diese wirtschaftliche Entwicklung entweder wahr und interpretieren sie als Teilergebnis einer Systemwahl privater Akteure beim Einsatz von mobilen Faktoren, oder sie werden im politischen Prozeß durch den 'Widerspruch' Betroffener auf solche Arbitragevorgänge aufmerksam gemacht."[142] Obgleich alle beteiligten Länder einen Wohlfahrtsgewinn verzeichnen könnten, kommt es auch zu einer Umverteilung zugunsten der Hochzinsländer auf Kosten der Länder mit niedrigerem Zinsniveau. Zudem ändert sich in jedem einzelnen Land die Einkommensverteilung zwischen verschiedenen funktionalen Faktorkategorien. Außerdem verändert die Integration das Steuereinkommen aus Kapital der Mitgliedstaaten. Es ist fraglich, ob politische Unternehmer sich daher von vornherein überhaupt auf die Schaffung eines solchen Systemwettbewerbs einlassen.

Da Freiheit des Kapitalverkehrs die Wirtschaftspolitik eines Landes stärker einschränkt, werden politische Akteure die Verwirklichung der Freiheit des Warenverkehrs einer Umsetzung der Kapitalverkehrsfreiheit vorziehen, und diese wiederum der Freizügigkeit von Arbeitskräften.[143] Grundsätzlich unterscheidet sich der Zeithorizont zwischen Warenhandel und Kapitalausfuhr. Durch den extrem kurzen Zeithorizont, der

---

137 EGV Art. 73a.

138 Vgl. *Streinz* (1995), S. 234 und S. 236.

139 EGV. Art. 73b, vgl. *Streinz* (1995), S. 234.

140 Vgl. *Streinz* (1995), S. 234 und S. 236f. Die Ausnahmeregelungen nach Art. 73e galten nur noch bis zum 31.12.1995.

141 Vgl. im folgenden *Molle* (1997), S. 215-226.

142 Zit. *Streit/ Mussler* (1995). S. 77.

143 Vgl. *Molle* (1997), S. 191 f. und S. 218, ebenso *Garret* (1995), S. 667 f.

für die Kapitalmobilität aufgrund kurzfristiger Arbitragemöglichkeiten relevant ist, kann vermutet werden, daß die längerfristigen politischen Faktoren eine geringere Rolle spielen als bei Warenhandel. Generell kann angenommen werden, daß bei höherer Kapitalmobilität, die Spielräume für Haushaltsausgaben abnehmen. Dies erhöht nicht gerade die Bereitschaft der nationalen Bürokratien, die Kapitalverkehrsliberalisierung voranzutreiben. Es wird auch ein Zusammenhang mit der „rechts-links" Orientierung der beteiligten Regierungen vermutet.[144]

Banken können in abgeschlossenen Märkten leichter Renten aus ihrer vermittelnden, durch Liberalisierung gefährdeten, Monopolstellung durchsetzen. „Banken sind besser informiert als der Kapitalmarkt und deshalb im allgemeinen in einer besseren Position, andere Unternehmen zu kontrollieren."[145] Gleichzeitig entstammt der Hauptverdienst des Bankgeschäfts aus der Zinsdifferenz zwischen Einlagen und Krediten. Desto geschlossener der Markt, um so größer kann die Zinsdifferenz als eine Form des Monopolgewinnes ausfallen. Den Banken stehen Kunden gegenüber, die unter den bekannten Schwierigkeiten der Interessenorganisation leiden. Der relativ kleine Kreis der Banken kann sich national vergleichsweise besser organisieren als die Marktgegenseite. Dies hat nach den Modellannahmen zur Folge, daß auf dem nationalen Markt für Regulierung ihre Interessen erheblich stärker vertreten sind. Solange die Banken kein anderweitiges wirtschaftliches Interesse an einer Marktöffnung haben, wird von nationaler Seite keine Liberalisierungsinitiative gestartet werden.

Auch auf europäischem Niveau erstaunt das Fehlen von durchgreifenden Initiativen in den Anfangsjahren kaum. Grenzüberschreitend treten fast ausschließlich die institutionellen Anleger und Banken in Erscheinung. Nach den modelltheoretischen Annahmen gilt auch hier, daß es ungleich wahrscheinlicher ist, daß der kleine Kreis der einflußreichen europäischen Banken untereinander schnell zu einem stillschweigenden (auch nur impliziten) Abkommen kommt, daß jede einzelne Bank letztendlich besser auf den national abgeschirmten Märkten verdient als im Wettbewerb untereinander. Erst wenn die Einschränkung der Kapitalverkehrsfreiheit für die Ausweitung des innergemeinschaftlichen Handels ein Hindernis zu werden sich anbahnt oder auch die nationalen Zentralbanken in ihrer Aufgabenerfüllung zusehends behindert, kann nach diesen Modellannahmen eine politische Initiative zur Verwirklichung der Kapitalverkehrsfreiheit erwartet werden.

Die Folge einer engeren Integration ist, daß die Rivalität der Finanzplätze stärker auf den politischen Systemwettbewerb einwirkt.[146] Insbesondere die Aktionsmargen der nationalen Geld- und Fiskalpolitik werden zunehmend reduziert. Das Vertrauen in Wechselkursstabilität und die Erwartungen hinsichtlich der nationalen Inflation werden zunehmend wichtiger mit weiterer Öffnung der Kapitalmärkte. Hier steckt ein Hinweis

---

144 Vgl. *Garrett* (1995), S. 668-670 und S. 673, obgleich er diese Vermutung nicht bestätigen konnte (S. 675).

145 Zit. *Richter* (1994), S. 37.

146 Vgl. *Welfens* (1993), S. 198.

auf die Relevanz des herrschenden Wechselkurssystems. Fehlt Vertrauen in die nationale Geldpolitik, dann müssen ehemalige Schwachwährungsländer auch bei tatsächlich gleich hoher Inflationsrate das mangelnde Vertrauen durch einen höheren Zinssatz kompensieren. Eine steigende Verschuldung des betreffenden Landes schlägt sich umgehend in Risikozuschlägen bei den Zinsen nieder. Ein solcherart erhöhtes Zinsniveau kann wiederum zu Beschäftigungs- und Wachstumseinbußen führen.[147] Verlust von Arbeitsplätzen und fehlendes wirtschaftliches Wachstum verringern die Chancen der Wiederwahl der herrschenden nationalen Regierungen, so daß mit politischen Reaktionen auf nationaler, europäischer oder internationaler Ebene zu rechnen ist.

1.1.5. Freizügigkeit der Arbeitnehmer

Es scheint bisher der Normalfall zu sein, daß die grenzüberschreitende Mobilität der Arbeitskräfte weltweit Beschränkungen unterliegt.[148] Dieser Bereich fällt somit generell fast ausschließlich in die Domäne der nationalstaatlichen Souveränität. Auf weltweiter Ebene gibt es so gut wie keinen Verhaltenskodex, ob und wie Arbeitskräftemobilität eingeschränkt wird. Möglicherweise stellt die Europäische Gemeinschaft die einzige Ausnahme von dieser Regel dar.

Aus wirtschaftlichem Blickwinkel erscheint das Thema der Freizügigkeit von Arbeitnehmern als freier Verkehr von Humankapital. Tatsächlich handelt es sich bei der Betrachtung dieses Politikbereiches jedoch um mehr als die Diskussion eines bloßen Produktionsfaktors. Mit dem Hinweis auf die Menschenrechte und dem Grundsatz der Menschenwürde verbietet sich eine Verengung der Darstellung auf die Allokationseffizienz des Produktionsfaktors Arbeit.[149] Die sozialen Zielsetzungen der Römischen Verträge unterstützen diese weite Sichtweise.

Durch das Bestehen von Freizügigkeit wird der Standortwettbewerb zwangsläufig auch zu einem Wettbewerb der politischen Systeme. Hinsichtlich der Entstehungsmechanismen ist der Wandel von sozialen Normen zwar zum Teil der Harmonisierung technischer Normen vergleichbar. Dennoch liegt ein wesentlicher Unterschied in der gesellschaftspolitischen Funktion, die soziale Normen erfüllen. Sie stellen einen wichtigen Wettbewerbsfaktor dar.[150] Es nimmt daher auch nicht sonderlich wunder, daß hinsichtlich der Immigrationsfrage Zurückhaltung geübt wird, wenn es um die Frage einer evolutionären Entstehung von effizienten Institutionen in diesem Bereich geht.[151] Dies

---

[147] Vgl. *Smeets* (1993), S. 118 und S. 103-105.

[148] Vgl. *Bhagwati* (1984), S. 678 und S. 697.

[149] Vgl. *Beutler/ Bieber/ Piepkorn/ Streil* (1982), S. 281; so auch *Streinz* (1995), S. 220.

[150] Vgl. *Müller* (1990), S. 29.

[151] Vgl. *Buchanan* (1985b), S. 78. Die Schwierigkeiten auf dem nationalen Arbeitsmarkt mit ihren strukturellen Mißverhältnissen in Angebot und Nachfrage hinsichtlich Quantität und Qualität stellen die innenpolitische Seite des Problems dar (*Schlecht* (1991), S. 15). *Vanberg* unterstreicht, daß auch Vertreter von Freihandelsprinzipien hinsichtlich der Frei-

ist hauptsächlich darauf zurückzuführen, daß massive Wanderungsbewegungen soziale Spannungen auslösen können.[152] Daneben gibt es aber auch eine Reihe von faktischen Mobilitätsschwierigkeiten, wie z.B. Sprachschwierigkeiten, Wohnungsschwierigkeiten, Probleme bei der Anerkennung von berufsbildenden Abschlüssen, oder auch Probleme aus dem familiären Umfeld.[153] Ebenfalls sollte beachtet werden, daß sich die Träger von Humanvermögen kaum gegen unerwartete Ereignisse absichern können.[154]

1.1.5.1. Gemeinschaftliche Regeln

Die Freizügigkeit der Arbeitnehmer sollte nach Artikel 48 EWGV spätestens mit dem Ende der Übergangszeit verwirklicht werden. Die zur Durchführung der Vertragsvorschriften erforderlichen Vorschriften wurden in den Richtlinien 68/360 und 64/220 erlassen. Ausgenommen war allerdings der Bereich der öffentlichen Verwaltung.[155] Ansonsten beruht dieser Politikbereich auf dem Prinzip der Inländerbehandlung.[156] Das Freizügigkeitsgebot ist seit dem Ablauf der Übergangszeit unmittelbar anwendbar geworden.

Die Verordnung Nr. 1612/68 über die Freizügigkeit der Wanderarbeitnehmer hat die Gleichstellung hinsichtlich der Arbeits- und Berufsbedingungen konkretisiert. Sie ist das Kernstück der Regelung der Rechtsstellung der Wanderarbeitnehmer. Darüber hinaus wurde durch sie das Recht zuerkannt, Familienangehörige nachkommen zu lassen, ebenso wie das Recht auf gleichberechtigten Zugang zu den im Gaststaat gewährten sozialen Vorteilen.[157]

Art. 51 EWGV dehnt explizit die Freizügigkeit der Arbeitnehmer auf die Regelungen der sozialen Sicherheit aus. Tatsächlich fordert Art. 51 EWGV das Ergreifen der für die Verwirklichung der Freizügigkeit notwendigen Maßnahmen der sozialen Sicherheit. Gefestigt wurde dieser Artikel durch die Verordnung Nr. 1408/71 EWG.[158] Das Verbleiberecht aus der Verordnung Nr. 1251/70 wurde hier aufgenommen.[159] Die Verordnungen koordinieren die Sozialsysteme, verschmelzen sie jedoch nicht. Die Mobilität ist

---

heit der Immigration Zurückhaltung üben (*Vanberg* (1992), S. 389, beruft sich auf *Kindleberger*).

152 Vgl. *Olson* (1982), S. 142.

153 Vgl. *Görgens* (1993), S. 220.

154 Vgl. *Berhold* (1993), S. 157.

155 In ABl. L 257/1968 und ABl. 1964, 845; vgl. *Beutler/ Bieber/ Piepkorn/ Streil* (1982), S. 288.

156 Vgl. *Oppermann* (1991), S. 547 und S. 549.

157 Vgl. *Beutler/ Bieber/ Piepkorn/ Streil* (1982), S. 281 f. und S. 288

158 Vgl. *Oberender/ Reißmann* (1993), S. 382. Zu beachten ist hierzu auch die Rechtsprechung des EuGH auf der Basis des Art. 51 EWGV (S. 384). Beachte auch die Neufassung in VO 2001/83 (ABl. L230/1983).

159 Vgl. *Beutler/ Bieber/ Piepkorn/ Streil* (1982), S. 289 f. und S. 291.

durch die Verordnung Nr. 1408/71 entscheidend gestärkt worden.[160] In den 80er Jahren hat der EuGH begonnen, den Begriff des Arbeitnehmers durch Anwendung des Art. 7 EWGV i.V.m. Art. 128 EWGV zur Grundlage eines Freizügigkeitsstatus auch von nicht-erwerbstätigen Personen zu entwickeln.

1.1.5.2. Modellrelevante Aspekte

Hinsichtlich der Arbeitsmarktordnungen läßt sich festhalten, daß in der EG die zentralen arbeitsmarktpolitischen Instrumente für die Regelung von Arbeitsentgelt, Koalitionsrecht, Streik- und Aussperrungsrecht ausdrücklich in nationaler Zuständigkeit liegen.[161] Insbesondere die Regulierung der sozialen Sicherungssysteme ist ausschließlich in der Kompetenz der Mitgliedstaaten verblieben. Es ist eher fraglich, daß das Ausmaß der Wanderungen innerhalb Europas im Sinne eines „*voting by feet*" ausreicht, Prozesse der Angleichung der Arbeitsbedingungen auszulösen. Dennoch unterliegen auch diese nach Artikel 7 EWGV dem Diskriminierungsverbot aus Gründen der Staatsangehörigkeit.[162] Über die Artikel 100 und 235 EWGV wäre denn auch eine Angleichung der nationalen Sozialordnungen auf dem Wege der europäischen Gesetzgebung möglich. Außerdem sind die Verpflichtungen aus Art. 117 EWGV hinsichtlich einer gemeinschaftlichen Sozialpolitik zu beachten.

Die Schwierigkeiten in der Behandlung des Themas der Arbeitskräftewanderungen liegen in seinem Potential, soziale Spannungen erzeugen oder verstärken zu können.[163] In der Masse führen individuelle Migrationsentscheidungen zu gesellschaftlichem Wandel.[164] Auf zwischenstaatlicher Ebene haben gerade die besser ausgebildeten Arbeitskräfte in weniger entwickelten Ländern aufgrund der besseren Verdienstchancen einen Anreiz auszuwandern. Durch ihre Auswanderung verliert das ärmere Land gerade die Faktoren, die als komplementäres Gut für den Aufbau und die Entwicklung des ärmeren Landes wichtig sind.[165] Zwar kann dadurch im Auswanderungsland kurzfristig die Arbeitslosenquote sinken und der Druck auf das soziale Sicherungssystem verringert werden; im Einwanderungsland treten hingegen spiegelbildliche Effekte auf und können dort zu einer Überlastung der öffentlichen Infrastruktur führen. Wo befürchtet werden muß, daß die „sozialen Errungenschaften" nicht gehalten werden können,[166] stellt dies wiederum die Bereitstellung des öffentlichen Gutes „Sozialer Frieden" in Frage.[167] Um einen *brain drain* zu vermeiden und gleichzeitig Auswanderungsfreiheit herzustellen,

---

160 Vgl. *Oppermann* (1991), S. 563 und S. 551.

161 Vgl. *Görgens* (1993), S. 198.

162 Vgl. *Beutler/ Bieber/ Piepkorn/ Streil* (1982), S. 286 und S. 282.

163 Vgl. *Hillman* (1994), S. 265.

164 Vgl. hierzu *Körner* (1990), S. 195-204.

165 In Anlehnung an *Willgerodt* (1992a), S. 107.

166 Vgl. *Görgens* (1993), S. 214.

167 Vgl. *Wentzel* (1993), S. 499.

müßten die betreffenden Gesellschaften eine höhere innere Einkommensdifferenzierung in Kauf nehmen, damit die qualifizierten Arbeitskräfte im Land verbleiben.[168] In der längerfristigen Perspektive kann dagegen eher damit gerechnet werden, daß die Gewährung von vermehrter Freizügigkeit unerwartete Expansionseffekte mit sich bringt.[169]

Die Freizügigkeit erweitert den Rahmen der Ausweichmöglichkeiten, insbesondere wenn damit die Erlaubnis des Bodenerwerbes einhergeht.[170] Aufgrund des Verbleiberechts stellt sich die Frage nach der langfristigen sozialen und politischen Eingliederung im Gastland.[171] Der EGV schafft konsequenterweise in Art. 8 die „Unionsbürgerschaft", das die Reisefreiheit und das Aufenthaltsrecht in anderen Mitgliedstaaten unabhängig von einer erwerbsmäßigen Betätigung in diesem Land, allerdings vorbehaltlich der primär- und sekundärrechtlichen Bestimmungen.[172]

1.2. Wettbewerbsrahmen

Dem Wettbewerb fällt in der europäischen wirtschaftlichen Integration die Rolle der zentralen Planungs- und Lenkungsinstanz zu. Dieser Umstand folgt aus der marktwirtschaftlichen Grundentscheidung.[173] Wettbewerb ist im wesentlichen ein Prozeß der Meinungsbildung durch Verbreitung von Information.[174] Er beruht auf früheren Erfahrungen mit Marktpartnern und ist in den meisten Fällen Wettbewerb um guten Ruf und Wohlwollen - auch in den Fällen, wo Waren und Dienste gehandelt werden. Doch einzelne Unternehmen unterliegen immer der Versuchung, diesen Wettbewerb zu beschränken oder durch Absprachen zu verringern. Gesamtwirtschaftlich betrachtet, birgt jedes abgestimmte Verhalten in sich die Gefahr, einen eventuellen Planungsirrtum zu vergrößern.[175] Die vornehmliche Aufgabe jeder marktwirtschaftlicher Grundordnung ist es daher, den Wettbewerb zu sichern und zu stärken. Dazu gehört auch der aktive Abbau marktwidriger, im Sinne wettbewerbswidriger Regulierungen.[176] Diese Aufgabe kam den bisher besprochenen Freiheiten zu. Aufgrund der Zielsetzung der Integration nationaler Märkte besteht jedoch zwischen den Wettbewerbsregeln und den oben genannten Freiheiten ein enger Zusammenhang.[177]

Neben die Notwendigkeit, einen wettbewerbserhaltenden und -fördernden Ordnungsrahmen zu schaffen, tritt als weitere Voraussetzung für eine hohe Wettbewerbsintensität

---

168 Vgl. *Willgerodt* (1992a), S. 110; auch *Hillman* (1994), S. 267 f.

169 Vgl. *Görgens* (1993), S. 203.

170 Vgl. *Schwarz* (1993), S. 267.

171 Vgl. *Oppermann* (1991), S. 546.

172 Vgl. *Streinz* (1995), S. 220.

173 Vgl. *Oberender/ Reißmann* (1993), S. 380.

174 Vgl. *Hayek* (1976a), S. 140 und S. 128.

175 Vgl. *Willgerodt* (1966), S. 199.

176 Vgl. *Schlecht* (1991), S. 12 f.

177 Vgl. *Kerber* (1993), S. 288.

das Erfordernis eines weitverbreiteten und akzeptierten „spirit of competition" bei den Wirtschaftsteilnehmern.[178] Dabei spielt die Existenz von privatem Eigentum an wirtschaftlichen Gütern eine herausragende Rolle, um Handlungen aus Selbstinteresse zu stimulieren.[179] Die jeweilige Eigentumsordnung und die gegebene Marktform können daher nur in der Zusammenschau untersucht werden.[180] In einer Tauschgesellschaft hängen alle Teilnehmer wechselseitig voneinander ab.[181] Auf der Basis freier Wettbewerbspreise kommt es über den Konkurrenzmechanismus zu einem Ausgleich privater und gesellschaftlicher Interessen, da einzelwirtschaftliche Erwerbschancen nur unter dem Leistungs- und Anpassungszwang zugunsten der Präferenzen des Marktpartners durchgesetzt werden können.[182] Damit der effiziente Koordinationsmechanismus des Wettbewerbs optimale Ergebnisse hervorbringt, müssen jedoch alle Kostenbestandteile in die einzelwirtschaftliche Rechnung eingehen. Dafür muß die Wirtschaftsordnung so ausgestaltet werden, daß Externalitäten weitestgehend internalisiert werden können.[183]

Obgleich zu Beginn der Europäischen Einigung Wettbewerbspolitik durchaus neu war, ist heute Wettbewerb zum vorherrschenden Ordnungsprinzip auf nahezu allen Güter- und Dienstleistungsmärkten geworden.[184] Nach Rechtsprechung des EuGH findet das europäische Wettbewerbsrecht auch auf Bereiche Anwendung, die dem nationalen Wettbewerbsrecht entzogen sind.[185] Wettbewerbspolitik auf europäischem Niveau ist auch Integrationspolitik und dient der Absicherung der gewonnenen Marktfreiheiten durch den Abbau staatlich-administrativer Schranken.[186] In der Wettbewerbspolitik geht es um die Herstellung wirklicher Vertragsfreiheit als Freiheit des Nachfragers und Freiheit des Anbieters und Produzenten, zwischen alternativen Angeboten

---

178 Vgl. *Welfens* (1993), S. 532.

179 Vgl. *Hensel* (1963), S. 56.

180 Vgl. *Kloten* (1955), S. 139.

181 Vgl. *Böhm* (1966), S. 131.

182 Vgl. *Hensel* (1963), S. 57; auch dazu *Willgerodt* (1989), S. 409.

183 Vgl. *Daly* (1993), S. 26., der gerade im Hinblick auf Umweltvorschriften die Gefahr eines unfairen Wettbewerbs der Systeme sieht, da verschiedene nationale Wirtschaftsordnungen unterschiedliche Anteile externer Kosten in die unternehmerische Kalkulation einbringen. Weltweit hätten so Unternehmen differierende Ausgangsbedingungen hinsichtlich der Produktionskosten. Dagegen argumentiert *Bhagwati* (1993), S. 20, daß gerade das Konzept der Wettbewerbsfähigkeit illegitimer Weise benutzt wird den Vorwurf einer unzulässigen Subvention heimischer Industrien über niedrige Umweltstandards als „social dumping" einzuführen.

184 Vgl. *van Miert* (1995), S. 220.

185 Vgl. *Mestmäcker* (1995), S. 196 f. mit Verweisen in Fußnote 13, S. 197.

186 Vgl. *van Miert* (1995), S. 219.

wählen zu können.[187] In der Wettbewerbspolitik findet das Verbraucherinteresse einen gewichtigen Fürsprecher.[188]

Unter Bezugnahme auf die Möglichkeit, externe Effekte durch Zahlungen internalisieren zu können, werden Subventionen im Forschungs- und Entwicklungsbereich, aber auch für Verkehrssysteme und für den Umweltschutz begründet. Was in diesen Bereichen gewünscht wird, gilt für jegliche Art der Subvention: sie verfälschen die bestehenden Preisrelationen, so daß die Preise nicht mehr die tatsächlichen Knappheitsrelationen anzeigen können. Subventionen zeichnen sich dadurch aus, daß sie zwar ohne die Pflicht zu einer marktlichen Gegenleistung gegeben werden. Dennoch kann der Geber vom Empfänger ein bestimmtes wirtschaftliches Verhalten erwarten.[189] Zudem muß der Staat, um Subventionen verteilen zu können, anderen Wirtschaftsteilnehmern diese Mittel zuerst entziehen. Diese erhöhte Belastung kann selbst zur Vernichtung von Arbeitsplätzen beitragen und das Wachstum verlangsamen. Trotz der formalen Marktkonformität dieses Instruments entfaltet es faktisch wettbewerbsinkonforme, verhaltensändernde Wirkungen. Die Gefahr des Politikversagens bei dem Versuch, ein diagnostiziertes Marktversagen zu korrigieren, ist in jedem Fall gegeben. Auch aufgrund der Anfälligkeit gegenüber „rent seeking"- und Lobbyaktivitäten bedarf es hinsichtlich der Vergabe von Subventionen klarer rechtlich-institutioneller Regeln. Im Standortwettbewerb um Investitionen kann erwartet werden, daß Subventionspolitiken zusehends unter Druck geraten.[190]

1.2.1. Gemeinschaftliche Regeln

So stellen sich der Wettbewerbspolitik vor allem zwei große Problemkreise: zum ersten abgestimmtes Verhalten von Wirtschaftsteilnehmern zur Schaffung und Ausnutzung von marktbeherrschenden Stellungen und zum zweiten unzulässige Subventionen der öffentlichen Hand an Unternehmen, die mit anderen im Wettbewerb stehen. Es gibt die folgenden Instrumente: Kartellverbot, Verbot des Mißbrauchs marktbeherrschender Stellung und Fusions- und Subventionskontrolle.[191] Im europäischen Integrationszusammenhang sind Artikel 85, 86 und Artikel 90, 92 EWGV hervorzuheben, die für die europäische Wettbewerbspolitik und Wirtschaftsordnung konstituierend sind.[192] Neben dem europäischen Wettbewerbsrecht bleibt nationales Wettbewerbsrecht weiter gültig.

In Artikel 85 EWGV werden die grundsätzlichen Regeln hinsichtlich Vereinbarungen und Kartellen niedergelegt, die den Wettbewerb beeinträchtigen. Mit der „Kartell"-Verordnung Nr. 17 vom 6.2.1962 hat der Rat die Durchführung von Artikel 85 ff. gere-

---

187 Vgl. *Willgerodt* (1989), S. 409 und S. 412.

188 Vgl. *Molitor* (1992), S. 193.

189 Vgl. im folgenden *Zippel* (1993), S. 62-68.

190 Vgl. *Hodges/ Woolcock* (1993), S. 331.

191 Vgl. *Beutler/ Bieber/ Piepkorn/ Streil* (1982), S. 310.

192 Für einen schnellen Überblick zu diesem Kapitel s. *Europäische Kommission* (1994b); vgl. auch *Boroch/ Cassel* (1993), S. 369 und *Kerber* (1993), S. 280.

gelt und die Kommission ermächtigt, Verordnungen über das Verfahren zu erlassen.[193] Während Art. 85,1 EWGV das grundsätzliche Kartellverbot ausspricht, eröffnet Art. 85,3 die Möglichkeit, unter bestimmten Bedingungen Freistellungen auszusprechen.[194] Nach Art. 85,1 sind Kartelle immer dann verboten, wenn sie eine Einschränkung des Wettbewerbs bezwecken oder bewirken und gleichzeitig diese Einschränkung geeignet ist, den Handel zwischen Mitgliedstaaten zu beeinträchtigen.[195] Erfüllt ein Kartell den Tatbestand von Art. 85,1, so ist es nach Absatz 2 mit direkter und unmittelbarer Wirkung nichtig. Im Absatz 3 des Art. 85 erhält die Kommission ein wichtiges Instrument, um die Wettbewerbspolitik in der Gemeinschaft zu lenken. „Ein Kartell kann nur dann vom Verbot des Art. 85 Abs. 1 freigestellt werden, wenn es zur Verbesserung von Warenproduktion oder -verteilung oder der Förderung des technischen oder wirtschaftlichen Fortschritts beiträgt."[196] Kritisch wird hierzu angemerkt, daß das Verbot mit der folgenden Freistellung „auf eine zentralistische Re-Regulierung nationaler Regulierung hinauslaufen kann".[197]

Auf der Basis von Art. 86 EWGV ist die mißbräuchliche Ausnutzung einer beherrschenden Stellung verboten. Dabei wird vor allem zwischen Ausbeutungs- und Behinderungsmißbrauch unterschieden.[198] Aus der Verordnung Nr. 17 ergibt sich, daß auch Art. 86 ein unmittelbar geltendes Verbot enthält. Eine Freistellung ist nicht vorgesehen.[199] Je nach Fallage sind Artikel 85 und 86 kumulativ oder alternativ anwendbar.[200]

Hinsichtlich der Fusionskontrolle fand hauptsächlich der Art. 86 Anwendung. Das führte jedoch zu der Schwierigkeit, daß nur schon vollzogene Zusammenschlüsse angegriffen werden konnten. Seit 1973 bemühte sich die Kommission daher um eine Regelung der vorbeugenden Fusionskontrolle. Mit Wirkung vom 21.9.1990 wurde durch die Verordnung Nr. 4064/89 eine umfassende europäische Fusionskontrolle begründet. Erfaßt werden durch sie Zusammenschlüsse von gemeinschaftlicher Bedeutung mit einem weltweiten Gesamtumsatz von mehr als 5 Mrd. ECU und einem gemeinschaftsweiten

---

193 Vgl. *Beutler/ Bieber/ Piepkorn/ Streil* (1982), S. 310 f.

194 Vgl. *Kerber* (1993), S. 298 f., insbesondere zur Verbesserung der Warenerzeugung und -verteilung (Rationalisierungsgewinne unterschiedlichster Art) oder zur Förderung des technischen oder wirtschaftlichen Fortschritts, solange auch die Verbraucher an dem entstehenden Gewinn beteiligt sind. Dabei werden reine F&E-Kooperationen bis zur Produktreife im allgemeinen als wettbewerbsneural angesehen (S. 303 mit Bezug auf Gruppenfreistellungsverordnung 418/85).

195 Vgl. *Beutler/ Bieber/ Piepkorn/ Streil* (1982), S. 312, S. 315, S. 317; auch *Mestmäcker* (1995), S. 192.

196 Zit. *Beutler/ Bieber/ Piepkorn/ Streil* (1982), S. 317.

197 Zit. *Joerges* (1991), S. 21.

198 Vgl. *Kerber* (1993), S. 294-296. Zum Behinderungsmißbrauch werden gezählt bestimmte Kopplungsgeschäfte, vertragliche vertikale Handlungsbeschränkungen, bestimmte Rabattsystem, sowie gezielte Kampfpreisunterbietungen.

199 Vgl. *Beutler/ Bieber/ Piepkorn/ Streil* (1982), S. 323.

200 Vgl. *Oppermann* (1991), S. 348 und S. 351.

Gesamtumsatz von mehr als 250 Mio. ECU. Sie ist dabei das einzige auf derartige Zusammenschlüsse anwendbare Instrument.[201]

Neben Kartellen und Fusionen können staatliche Beihilfen der regionalen und nationalen Gebietshoheiten die Wettbewerbsstellung der subventionsempfangenden Industrien stark beeinflussen.[202] In Artikel 92 EWGV werden grundsätzlich Beihilfen gleich welcher Art als einzelstaatliche Subventionen untersagt, sofern sie sich auf die Unterstützung von Unternehmen, Wirtschaftszweigen oder Wirtschaftsräumen beziehen und nicht mit dem Gemeinsamen Markt vereinbar sind.[203] Die Entscheidung nach Art. 92,1 obliegt grundsätzlich der Kommission. Allerdings sind bestimmte Arten von Beihilfen durch Art. 92,2 EWGV mit den Verpflichtungen vereinbar.[204] Hinsichtlich der genehmigungsfähigen Beihilfen räumt Art. 92,3,e EGV dem Rat durch Entscheidung mit qualifizierter Mehrheit ein, auf Vorschlag der Kommission Genehmigungen sonstiger Arten von Beihilfen zu erlassen.[205] Für alle anderen Fälle des Art. 92,3 ist die Kommission allein zuständig.[206] Neben direkten Investitionshilfen fallen unter den Tatbestand auch Kreditvergünstigungen und Steuererleichterungen oder Abschläge von den Sozialabgaben für bestimmte Wirtschaftszweige oder Regionen.[207] Auch Staatsbeteiligungen oder Bürgschaften sind hiervon betroffen.[208]

Nach Art. 93,2 kann der Rat einstimmig auf Antrag eines Mitgliedstaates entscheiden, daß eine von ihm gewährte oder geplante Beihilfe als mit dem Gemeinsamen Markt vereinbar gilt, wenn dies durch außergewöhnliche Umstände gerechtfertigt ist.[209]

Durch die Regeln im Subventionsbereich setzt die Wettbewerbspolitik auch enge Grenzen für die staatliche Intervention von Mitgliedstaaten in den unternehmerischen Wettbewerb.[210] Dabei kann die Kompetenzzuweisung an die unabhängige Kommission als ein Akt der Selbstbindung der dem Druck der einzelnen Interessengruppen ausgesetzten nationalen Regierungen angesehen werden. Der Rat hätte über Art. 94 sogar die Möglichkeit, die Beihilfenaufsicht zu verstärken. Bisher hat er diese Befugnis jedoch nicht genützt.[211]

---

201 Vgl. *Mestmäcker* (1995), S. 192. Eine kurze Zusammenfassung der Literatur zu Fusionen liegt vor in *Mueller* (1989), S. 1-10.

202 Vgl. *Beutler/ Bieber/ Piepkorn/ Streil* (1982), S. 334.

203 Vgl. *Zippel* (1993), S. 70 f.

204 Vgl. *Beutler/ Bieber/ Piepkorn/ Streil* (1982), S. 334 f.

205 Entspricht Art. 92,3,d EWGV, vgl. *Zippel* (1993), S. 71.

206 Vgl. *Streinz* (1995), S. 259.

207 Vgl. *Beutler/ Bieber/ Piepkorn/ Streil* (1982), S. 336.

208 Vgl. *Oppermann* (1991), S. 377.

209 Art. 93,2 EWGV.

210 Vgl. *Molitor* (1992), S. 193.

211 Vgl. *Oppermann* (1991), S. 388.

Art. 90 EWGV untersagt den Mitgliedstaaten, in bezug auf öffentliche und mit besonderen oder ausschließlichen Rechten ausgestatteten privaten Unternehmen gemeinschaftsrechtswidrige Maßnahmen zu treffen. Diesem Artikel kommt daher eine hohe ordnungspolitische Bedeutung zu. Gleichzeitig unterliegt auch die öffentliche Wirtschaft im Prinzip der Kartell- und Fusionsaufsicht der Art. 85, 86 EWGV. In Folge der Gleichstellung mit privaten Unternehmen ist Mitgliedstaaten die Subvention öffentlicher Unternehmen im Rahmen des Art. 92 EWGV ebenfalls untersagt. Dennoch sollte erwähnt werden, daß ein Mitgliedstaat über Art. 90,2 EWGV im Prinzip für diese Unternehmen von allen Regelungen des Gemeinschaftsrechts freigestellt werden kann.[212]

1.2.2. Modellrelevante Aspekte

Die Wettbewerbssicherung obliegt in erster Linie der Europäischen Kommission; sie kann selbst unmittelbare Entscheidungen gegenüber Unternehmen und Mitgliedstaaten treffen.[213] Dies schließt ihre allgemeine Zuständigkeit zur Überwachung und Aufsicht ein.[214] Die Vorrangstellung der Kommission läßt sich auch im Bereich der Beihilfenkontrolle ablesen. Die Interpretation der Wettbewerbsregeln betrifft daher nicht nur die Wettbewerbspolitik als solche, sondern entscheidet weitgehend über die Reichweite wirtschaftlicher und wirtschaftspolitischer Handlungsmöglichkeiten.[215] In der theoretischen Analyse existieren eine Reihe verschiedener Wettbewerbskonzeptionen, die in einer Reihe von Schulen ihren Ausdruck finden.[216] In der Praxis läßt sich die europäi-

---

212 Vgl. *Seibel* (1993), S. 346, S. 349 f. und S. 357 mit dem Hinweis, daß diese brisante Gestaltungsaufgabe vermutlich dem EuGH zufallen wird.

213 Vgl. *van Miert* (1995), S. 221; auch die Flußdiagramme zu den Entscheidungsprozessen in *Europäische Kommission* (1994b), S. 14 f., S. 32 f., S. 38 f.

214 Vgl. *Streinz* (1995), S. 247 f.

215 Vgl. *Joerges* (1991), S. 17.

216 Vgl. *Kerber* (1993), S. 280-288. Er unterscheidet die folgenden Ansätze. Das Wettbewerbsverständnis der „workable competition" der Harvard-Schule hatte eine primär marktstrukturorientierte, vor allem an Marktanteilen ausgerichtete Zusammenschlußkontrolle zur Folge. In Abkehr von diesem rigorosen Paradigma stellte die Chicago-Schule vornehmlich auf ökonomische Effizienz ab; hohe Marktanteile bedeuten in diesem Zusammenhang eben gerade höhere Effizienz aufgrund einer optimalen Unternehmensgröße. Daher ist vor allem die Möglichkeit eines potentiellen Wettbewerbs bedeutsam, der sich vor allem durch fehlende irreversible versunkene Kosten auszeichnet. Auch transaktionskostentheoretische Ansätze unterstützen das Credo der Unbedenklichkeit vertikaler Absprachen und Zusammenschlüsse. Dagegen steht das ordoliberale Konzept der Wettbewerbsfreiheit, nach der die individuelle wirtschaftliche Handlungsfreiheit gegenüber staatlicher und privater wirtschaftlicher Macht durch eine aktive staatliche Wettbewerbspolitik verteidigt werden muß. Die Folge ist ein allgemeines uneingeschränktes Kartellverbot und eine aktive Zusammenschlußkontrolle. In Abschwächung versucht das Konzept des „dynamischen Wettbewerbs", Konzentrationsprozesse als einen dem Wirtschaften endogenen Prozeß zu verstehen. Demnach stellen Marktmachtstellungen kein wettbewerbspolitisches Problem dar, sofern sie nur vorübergehend sind. Mißtrauen wird hier jeglichem staatlichen Interventionismus entgegengebracht, so daß hauptsächlich auf allgemeine Re-

sche Wettbewerbspolitik keiner der bekannten Schulen eindeutig zuordnen.[217] Dies ist auch auf den umfangreichen Zielkatalog zurückzuführen, der bei der Auslegung der Wettbewerbsregeln zu beachten ist.

Nach der hier entwickelten Theorie ist zu erwarten, daß von der Möglichkeit der Freistellungen regelmäßig und zunehmend Gebrauch gemacht wird. Dem Instrument der Gruppenausnahme wird dabei eine Schlüsselrolle zuwachsen. Rechtlich wird damit vom Verbots- zum Mißbrauchsprinzip übergegangen.[218]

Im Bereich der Subventionen ist zu erwarten, daß bei zunehmender Integration zunehmend mehr Subventionen an nationale Unternehmen gezahlt werden. Der Zusammenhang mit dem fortschreitenden Abbau von Zöllen und nicht-tarifären Handelshemmnissen ist schon angedeutet worden. Dabei spielen die Kräfte des politischen Marktes in jedem Mitgliedstaat.[219] Mit Gegenkräften innerhalb des Staatsgebietes ist allerdings kaum zu rechnen, da die zusätzliche Steuerlast für den einzelnen Bürger kaum transparent und für jeden Einzelfall zu gering ist, um zu einer wirksamen Organisation der Interessen zu gelangen. Der Beihilfenpolitik der Gemeinschaft kommt daher bei zunehmender Integration eine zunehmende Bedeutung bei.[220]

1.3. Währungsordnung und Geldpolitik

„Geldpolitik besteht in Entscheidungen über die Produktion von Geld, einem privaten Gut."[221] Damit Geld seine Funktionen erfüllen kann, muß es knapp gehalten werden.[222] Nach *Eucken* ergibt sich die Priorität der Geldwertstabilität aus der Funktion für das marktwirtschaftliche Lenkungssystem und den Folgen für die Möglichkeiten der persönlichen Vermögensbildung.[223] Somit erwächst jedem System der Marktpreisbildung aus Instabilitäten des Geldwertes eine große Gefahr.[224] Diese Erkenntnis gilt im

---

geln, Rechtssicherheit und weitgehende Vertragsfreiheit als Grundprinzipien abgestellt wird. Industriepolitische Wettbewerbskonzeptionen sehen gerade umgekehrt einen staatlichen Handlungsbedarf, um bestimmte Ziele zu erreichen. Auch Absprachen und Kartelle, die den Wettbewerb beschränken, sind zulässig, solange sie diesen Zielen förderlich sind. Letztendlich bedeutet dies, daß man Marktprozesse nicht alleine dem Wettbewerbsprinzip überläßt. An dieser kurzen Übersicht ist die Spannbreite möglicher Wettbewerbskonzeptionen abzulesen.

217 Vgl. *Kerber* (1993), S. 289 f. und S. 307 f.

218 Vgl. *Mestmäcker* (1995), S. 201.

219 Vgl. die Darstellung eines Modells des Subventionslobbyismus aus spieltheoretischer Sicht bei *Dixit/ Grossman/ Helpman* (1996), S. 22 f.

220 Vgl. *van Miert* (1995), S. 220.

221 Zit. *Vaubel* (1980), S. 16.

222 Vgl. *Luhmann* (1988), S. 69 f. Die Idee einer Warenwährung wird hier nicht weiter verfolgt, vgl. hierzu *Hayek* (1976c), S. 268-280.

223 Vgl. *Issing* (1989), S. 357.

224 Vgl. *Gutmann* (1990b), S. 335.

selben Maße für die internationale Währungs- und Wirtschaftsordnung.[225] Neben dem Prinzip der Stabilität der Wechselkurse steht daher die Geldwertstabilität.[226] Allerdings ergibt sich auf der Basis der Kaufkraftparitäten, daß die langfristige Veränderungsrate des Wechselkurses gleich der Differenz aus der heimischen und der ausländischen Inflationsrate ist.[227] Das bedeutet zunächst einmal, daß Inflationsrate und Wechselkurs keine voneinander unabhängigen Variablen sind.

Die politischen Instanzen, denen die Kontrolle der Geldproduktion heute obliegt, können der Versuchung unterliegen, über die Einkünfte aus der Seignorage eine „Inflationssteuer" zu erheben.[228] Gleichzeitig können sie auch ein Interesse an Inflation haben, insofern sich durch sie der reale Wert einer bestehenden Staatsschuld verringert. Allgemeine Preissteigerungen führen zudem zu Steuermehreinnahmen.[229] Dabei darf darauf hingewiesen werden, daß nach empirischer Beobachtung die Varianz der Inflationsrate mit der Höhe der Inflation zunimmt.[230] Daher gehört die Sicherung der Geldwertstabilität zu den grundsätzlichen Aufgaben einer Wirtschaftsordnung. Die Unabhängigkeit der Zentralbank ist die erfolgreichste institutionelle Antwort auf diese Herausforderung. Aufgrund der hohen Bedeutung der Geldwertstabilität und angesichts der bestehenden Wirkungslags und Unsicherheit der Konjunkturprognose gibt es gute Gründe, eine konstante Wachstumsrate der Geldmenge jeglicher aktiven Geldpolitik vorzuziehen.[231]

Ein Währungssystem bzw. Währungsgebiet kann man als einen impliziten relationalen Vertretungsvertrag verstehen. Dabei ist im Papierstandard nicht nur die Notenbank, sondern auch der Staat und die Interessenverbände für die Geldwertsicherung verantwortlich. Dabei kommt neben institutionellen Absicherungen auch dem weiten gesellschaftlichen Konsens hinsichtlich der hohen Priorität der Preisniveaustabilität ein hoher Stellenwert zu.[232] Neben der geeigneten Organisation der Zentralbank verlangt sie nach einem sozialen Konsens über die Rangordnung der Geldwertsicherung. Diese Sicherung erfolgt in einer Demokratie über den Druck der öffentlichen Meinung und letztendlich über Wahlen. Ein solcher Konsens muß die Bereiche Geld-, Finanz-, und Lohnpolitik umfassen. Die Unabhängigkeit der Zentralbank von Weisungen der Regierung kann

---

225 Vgl. *Willgerodt* (1989), S. 414.

226 Vgl. *Issing* (1989), S. 355.

227 Vgl. *Smeets* (1993), S. 100.

228 Vgl. *Hesse* (1991), S. 39; zu Seigniorage und „Inflationssteuer" vgl. *Hamacher/ Klein* (1993), S. 179 Fußnote 9.

229 Vgl. *Hesse* (1991), S. 40.

230 Vgl. *Issing* (1989), S. 358.

231 Vgl. *Dürr* (1963), S. 174; ebenso *Starbatty* (1984), S. 153-155.

232 Vgl. *Smeets* (1993), S. 131, S. 129 und S. 99.

begriffen werden als glaubwürdiges Versprechen des Staates, die Kaufkraft des Papiergeldes zu sichern.[233]

Voraussetzung für eine internationale Preis- und Tauschgemeinschaft, in der alle Spezialisierungsgewinne genutzt werden, ist grundsätzlich die Existenz einer internationalen Zahlungsgemeinschaft.[234] Für die Entstehung einer Zahlungsgemeinschaft wiederum ist die Herstellung der Konvertibilität der Währungen notwendige Bedingung. „Währungskonvertibilität bedeutet Freiheit des Umtausches und des Transfers von Währungen."[235] Obgleich prinzipiell internationaler Handel auch ohne Konvertibilität vorstellbar ist, sind die Vorteile eines Austausches über das Medium Geld so groß, daß in einem System des *Barter*-Handels durch einen spontanen selbstverstärkenden evolutionären Prozeß ein Gut die Qualität hoher Veräußerlichbarkeit und privilegierter Akzeptanz gewinnt. Dabei leistet es sowohl die Funktion der Recheneinheit als auch die des generalisierten Tauschmediums.[236] Dadurch können sich die Tauschbeziehungen multilateral ausdehnen; die Transaktionskosten werden gesenkt; die allokative Effizienz wird gesteigert. Internationale Zahlungs- und Handelsbeschränkungen beeinflussen sich wechselseitig. Freiheit des Zahlungsverkehrs legt die Voraussetzung für grenzüberschreitende Arbeitskräftemobilität und Kapitaltransfer mit der Folge, daß nationale Pro-

---

233 Vgl. *Richter* (1994), S. 41 und 45.

234 „Zahlung" ist die Grundeinheit, auf der Wirtschaftssysteme aufbauen, und hat alle Eigenschaften eines autopoietischen Elements: Zahlungen sind nur aufgrund von Zahlungen möglich und haben rekursiv nur den Sinn, andere Zahlungen zu ermöglichen. Das Zahlungsmittel als symbolisch generalisiertes Tauschmedium ist Geld. „Benutzt wird Geld im Vertrauen darauf, daß es auch in der Zukunft als Geld Verwendung findet. Dieses Vertrauen ist sowohl vom Verhalten des Bankgeldproduzenten als auch von den Geldbenutzern selbst abhängig." (zit. *Richter* (1994), S. 38) Dabei hat Geld die Eigenschaft, andere Symbole zu ersetzen und in ihrer Bedeutung zurückzusetzen. Als wichtigster Effekt dieses Mediums Geld kann die Tatsache angesehen werden, „daß die Zahlung *Dritte beruhigt*." Der Zugriff auf knappe Ressourcen wird so für Dritte in ein bloßes Erleben einer Handlung überführt, an der sie nicht direkt beteiligt sind. „Geld wendet für den Bereich, den es ordnen kann Gewalt ab - und insofern dient eine funktionierende Wirtschaft immer auch der Entlastung von Politik." (zit. *Luhmann* (1988), S. 69 und S. 253) Durch die Verwendung von Geld kontrolliert nicht mehr das Sacheigentum den Tausch, sondern der Gesichtspunkt des Gewinnes durch den Tausch verkehrt die Relation in die Folge Geld -> Sacheigentum -> Geld. Durch die Duplikation der Güterknappheit in der Geldknappheit wird ermöglicht, daß der Tausch sich weiter auf den Umgang mit Knappheit spezialisiert. Über die Währung entsteht ein umfangreiches Netz von Kommunikationswegen, „das den Beteiligten die vielfältigsten Informationen vermittelt (...), damit auf diese Weise die Einzelentscheidungen der verschiedenen Wirtschaftssubjekte sinnvoll miteinander koordiniert werden können." (zit. *Gutmann* (1990), S. 333) Der Geldmarkt darf daher zurecht als der Eigenmarkt des Wirtschaftssystems bezeichnet werden. Er interveniert in allen anderen Märkten (*Luhmann* (1988), S. 52 und S. 47, S. 116-118, S. 197-199, S. 251 f.) Daher besitzt auch in der internationalen Wirtschaftspolitik die Währungsfrage „einen Primat" (*Gröner/ Schüller* (1989), S. 445 in Anlehnung an *Eucken*).

235 Zit. *Schüller/ Weber* (1993), S. 472.

236 Vgl. *White* (1984), S. 703, S. 711; vgl. auch *Luhmann* (1988), S. 47.

duktionen stärker in internationale Wettbewerbsprozesse integriert werden.[237] In dieser Hinsicht wird häufig in einer Währungsunion die logische Ergänzung eines integrierten Wirtschaftsraumes gesehen.[238] In ökonomischen Sinne bedeutet „Währungsunion" in erster Linie die Garantie des unbeschränkten Kapitalverkehrs bei freier Konvertibilität und einen unwiderruflich fixierten Wechselkurs der beteiligten Währungen (oder eine gemeinsame Währung).

Als Bedingungen für Währungsintegration sind zu nennen: die unbeschränkte Währungskonvertibilität für jedermann; das Bestehen fester Wechselkurse; die Gewährleistung von Geldwertstabilität.[239] Das Erfordernis eines freien Zahlungsverkehrs, ohne jegliche Art der Devisenbewirtschaftung oder Kapitalverkehrskontrollen, versteht sich von selbst. Feste Wechselkurse sind demgegenüber eher zweitrangig. Eine glaubhafte Fixierung der Wechselkurse kann vermutlich dabei endgültig nur durch eine einheitliche Währung geleistet werden.[240] Durch die Währungsunion wird auf das Instrument des Wechselkurses zur Beeinflussung der Wettbewerbsfähigkeit verzichtet. Ebenso impliziert sie den Verzicht auf eine nationale Geldpolitik und die Harmonisierung des geldpolitischen Instrumentariums.[241] Die Errichtung und Stärkung internationaler Institutionen ermöglicht zunächst, über Phänomene Kontrolle zu erlangen, die ansonsten außerhalb des Aktionsradius liegen.[242] Andererseits verlieren die Beitrittsländer zunächst ihre Seignorage.[243] Gleichzeitig muß sich auch eine neu geschaffene Währungsunion erst das Kapital an Glaubwürdigkeit erarbeiten, der Preisstabilität die nötige Priorität einzuräumen.[244]

Für eine ideale internationale Währungsordnung werden permanent fixe oder intervallfixe Wechselkurssysteme aus Gründen der niedrigeren Transaktionskosten flexiblen Wechselkurssystemen vorgezogen.[245] Allerdings können die damit verbundenen obligatorischen Devisenkäufe es einer Zentralbank auf Dauer unmöglich machen, Preisstabilität als vorrangiges Ziel zu verfolgen.[246] Neben der Wechselkursfixierung kann jedoch auch schon Kooperation und wechselseitiger Informationsaustausch in der Kon-

---

237 Vgl. *Schüller/ Weber* (1993), S. 473, die außerdem nennen: Verstärkung der Dynamik internationaler Wettbewerbsprozesse, Vermeidung der bürokratischen und moralischen Reibungsverluste bei Devisenbewirtschafung, Sicherung der Freiheit des individuellen Reiseverkehrs, Unterbindung von Kapitalflucht und Erhöhung des inneren Sparaufkommens.

238 Vgl. *Ledig* (1993), S. 121 f. Dagegen äußerst kritisch dazu *Möschel* (1993), S. 23 f.

239 Vgl. *Willgerodt* (1989), S. 415.

240 Vgl. *Hamacher/ Klein* (1993), S. 184.

241 Vgl. *Ledig* (1993), S. 125 f.

242 Vgl. *Braasch* (1992), S. 33.

243 Vgl. *Hamacher/ Klein* (1993), S. 182.

244 Vgl. *Ledig* (1993), S. 127.

245 Vgl. *Gröner/ Schüller* (1989), S. 446.

246 Vgl. *Hesse* (1991), S. 42.

junkturpolitik unter bestimmten Bedingungen eine Wohlfahrtsverbesserung bewirken.[247] Insbesondere verzerrende Maßnahmen auf nationalem Niveau können über internationale Absprachen vermieden oder unterbunden werden. Ohne Zweifel ist die Entwicklung einer dauerhaften internationalen Arbeitsteilung nur dann möglich, wenn die internationalen Transaktionsgelegenheiten nicht durch den Wechselkurs verfälscht sind.[248]

Die Voraussetzungen für ein System mit fixen Wechselkursen hingegen sind:

- Verzicht auf autonome nationale Konjunkturpolitik,
- Existenz von beweglichen Preise,
- Verzicht auf protektionistische Maßnahmen,
- internationales Vertrauen in die Währungsordnung.[249]

Es zeigt sich, daß eine Währung mehr als bloß eine Währung ist. Sie birgt in sich in einem weiteren Sinne die Verpflichtung, sich den mit ihr verbundenen wirtschaftlichen und politischen Spielregeln zu unterwerfen.[250] Für eine erfolgreiche währungspoltische Integration wird somit eine im Prinzip einheitliche, aber zumindest verträgliche Ausgestaltung der Prozeß- und Ordnungspolitik vorausgesetzt.[251] Diese Voraussetzung macht das Gelingen mit einer zunehmenden Zahl von Mitgliedstaaten zu einer großen Herausforderung. Letztendlich geht es um Vertrauen in die zugrundeliegende Wirtschaftspolitik. Bei Systemen mit festen Wechselkursen steht vor allem das Problem der Wechselkursfixierung und der Bestimmung der Paritäten, „aus der nicht selten eine Prestigefrage gemacht wird".[252]

Eine Währungsunion betrifft somit nicht ausschließlich ökonomische Aspekte, sondern allgemein die Frage der nationalen Souveränität.[253] Die weitgehenden Kompetenzübertragungen setzen in gewisser Weise den Willen zu einer politischen Union voraus.[254] Die geschichtlichen Erfahrungen legen nahe, daß eine integrierte Währungsordnung nur dann Bestand hat, wenn sie von einer starken politischen Bewegung gestützt wurde. Verantwortlich ist dafür der öffentliche Gutscharakter einer Währungsord-

---

247 Vgl. *Braasch* (1992), S. 32 f.

248 Vgl. *Gröner/ Schüller* (1989), S. 429 aufbauend auf *Eucken*.

249 Vgl. *Willgerodt* (1989), S. 416-418, und *Schüller/ Weber* (1993), S. 482; beide Artikel unter Bezug auf *Lutz*.

250 Vgl. *Schrettl* (1993), S. 7.

251 Vgl. *Gröner/ Schüller* (1989), S. 456. Auch vor diesem Hintergrund ist die Untersuchung des Wechselverhältnisses zwischen Gefälle im ökonomischen Entwicklungsniveau und einer Währungsunion interessant (in Anlehnung an *Willgerodt* (1992a), S. 109).

252 Zit. *Schüller/ Weber* (1993), S. 483.

253 Vgl. *Smeets* (1993), S. 99, der der auffassung ist, daß die EWG-Verträge eben aus diesem Grunde explizit auf eine währungspolitische Zusammenarbeit verzichtet haben.

254 Vgl. *Ledig* (1993), S. 122.

nung.[255] Insbesondere ist die Verantwortung für die Geldpolitik in einer Währungsunion unteilbar.[256] Aufgrund der Interdependenz der Ordnungen ist nach Schaffung einer Wirtschafts- und Währungsunion ein Souveränitätstransfer in anderen Bereichen als allein der Geld- und Währungspolitik zu erwarten.[257] Zwar werden Staatstitel in einer Währungsunion zu stärkeren Substituten, so daß Zinsdifferenzen in einem solchen Rahmen voll das Risiko eines Forderungsausfalles widerspiegeln.[258] Auch wenn es bestechende Argumente für die Möglichkeit einer nur durch den Markt koordinierten Finanzpolitik gibt, reicht vermutlich diese informelle Disziplinierung allein nicht aus. Um Widersprüche zwischen der Geld- und Finanzpolitik zu vermeiden und um die „moral hazards" zu entschärfen, die aus der Vergemeinschaftung der Währung hinsichtlich der Schuldenpolitik entstehen, sind zumindest gemeinschaftliche Sicherungsmechanismen für die nationale Budgetpolitik vonnöten.[259] Die Frage nach einer Verfassung, die die stärksten Sicherungsmöglichkeiten gegenüber „moralischer Risiken" vor allem im Finanzbereich bereitstellt, stellt sich in diesem Zusammenhang erneut.[260]

1.3.1. Gemeinschaftliche Regeln

Angesichts der herausragenden Bedeutung der Währungsfrage ist es erstaunlich, wie wenig diese Fragen in den ursprünglichen Römischen Verträgen angesprochen wurden. Dies ist in erster Linie auf die zu diesem Zeitpunkt bestehenden internationalen Rahmenbedingungen im *Bretton-Woods* System und in der Europäischen Zahlungsunion zurückzuführen.

In Art. 106 EWGV 1957 wurde die Liberalisierung des Zahlungsverkehrs vorgesehen. Sie ist als Vorschrift unmittelbar anwendbar und begründet Rechte der einzelnen.[261] Der deutliche Zusammenhang mit der Freiheit des Warenverkehrs und der Dienstleistungsfreiheit wird gesehen. Die Freiheit des Zahlungsverkehrs ist daher auch als die „fünfte Freiheit des Gemeinsamen Marktes" bezeichnet worden.[262] Nach den ersten vier Jahren waren nach Art. 67,2 EWGV 1957 alle Kapitalverkehrsbeschränkungen, die sich auf laufende Zahlungen bezogen, von allen Beschränkungen zu befreien.[263] Zahlungsbilanzschwierigkeiten konnten allerdings zu einer Einschränkung der Zahlungsverkehrsfreiheit führen.[264] Die Entscheidung, ob ein solcher „Bedarfsfall"

---

255 Vgl. *Frey* (1984), S. 134.

256 Vgl. *Ledig* (1993), S. 129.

257 Vgl. *Braasch* (1992), S. 38.

258 Vgl. *Hamacher/ Klein* (1993), S. 182 f.

259 Vgl. *Ledig* (1993), S. 127.

260 Vgl. *Richter* (1994), S. 45-47.

261 Vgl. *Beutler/ Bieber/ Piepkorn/ Streil* (1982), *S. 304.*

262 Zit. *Börner* nach *Oppermann* (1991), S. 530.

263 Vgl. *Oppermann* (1991), S. 532.

264 Art. 106,4 EWGV 1957.

vorliegt und welche einschränkenden Maßnahmen zu treffen sind, würden die Mitgliedstaaten ohne Beteiligung der Gemeinschaftsorgane treffen.[265]

Neben der Freiheit des Zahlungsverkehrs, befaßt sich der EWG-Vertrag vornehmlich mit der Zahlungsbilanz.[266] Die Zusammenarbeit der Mitgliedstaaten unter Art. 105 verpflichtet sich auf die Ziele des Art. 104 EWGV, nach dem das Gleichgewicht der Gesamtzahlungsbilanz gesichert und das Vertrauen in die Währung unter Wahrung eines hohen Beschäftigungstandes und eines stabilen Preisniveaus aufrechterhalten werden soll.[267] Die Koordinierung beschränkt sich auf den für das Funktionieren des Gemeinsamen Marktes erforderlichen Umfang. Darüber hinaus wurden Wechselkurse als eine Angelegenheit von gemeinsamen Interesse betrachtet. Allerdings schaffte der einschlägige Art. 107 EWGV keine Gemeinschaftskompetenz. „Diese Bestimmung wird als eine der schwächsten und unbefriedigsten Regelungen des EWG-Vertrages angesehen, die um so mehr erstaunt, als sich die Verfasser der Bedeutung des Problems der Wettbewerbsverfälschung durch Wechselkursänderungen durchaus bewußt waren."[268]

Aufgrund der Schutzklauseln nach Art. 108,3 und Art. 109 EWGV bei drohenden oder akuten Zahlungsbilanzkrisen ist es Mitgliedstaaten gestattet, Schutzmaßnahmen treffen, die sogar Störungen im Funktionieren des Gemeinsamen Marktes hervorrufen können. Nach Ratsentscheidungen mit qualifizierter Mehrheit wird entweder gegenseitiger Beistand gewährt oder eine Änderung, Aussetzung oder Aufhebung dieser Schutzmaßnahmen entschieden.

In den Anfangsjahren war der währungspolitische Rahmen durch das *Bretton-Woods* Abkommen gegeben. Durch Beschluß des Ministerrats vom 8.5.1964 wurde jedoch früh der Ausschuß der Präsidenten der Zentralbanken eingerichtet.[269] Trotz dieses Koordinationsforums haben seit 1969 die Mitgliedstaaten immer häufiger Paritätsänderungen vorgenommen, ohne Konsultationen vorzunehmen. In einer Entschließung vom 22.3.1971 wurde festgestellt, daß ein eigenständiger Währungsraum mit voller und irreversibler Konvertierbarkeit, unwiderruflich festgesetzten Paritäten ohne Bandbreite als Voraussetzung für die Schaffung einer einheitlichen Währung geschaffen werden solle, in dem ein gemeinschaftliches Zentralbanksystem tätig ist.

Nach der Aufhebung der Goldeinlöseverpflichtung des US-Dollars und der faktischen Auflösung des *Bretton-Woods* Systems entschlossen sich die Mitgliedstaaten am 24.3.1972 ein System fester, aber anpassungsfähiger Paritäten mit einer Bandbreite von 2,25% zwischen den Mitgliedswährungen einzuführen. In dieser Währungsschlange verblieben tatsächlich nur die Benelux-Staaten und Deutschland, während die anderen

---

265 Vgl. *Oppermann* (1991), S. 536.

266 Art. 108 und 109 EWGV 1957.

267 Art. 104 und 105 EWGV 1957.

268 Zit. und vgl. *Beutler/ Bieber/ Piepkorn/ Streil* (1982), S. 391, S. 389-391 und S. 397.

269 Vgl. zum folgenden *Jarchow/ Rühmann* (1984), S. 265-284, und *Swann* (1995), S. 199-245; vgl. *Beutler/ Bieber/ Piepkorn/ Streil* (1982), S. 389.

Währungen frei floateten.[270] Am 3.4.1973 wurde der Fonds für die währungspolitische Zusammenarbeit errichtet, der vor allem das System des kurz- und mittelfristigen Währungsbeistandes verwalten sollte. Gleichzeitig wurden Kreditfazilitäten geschaffen.

Am 5.12.1978 beschloß der Europäische Rat die Errichtung des Europäischen Währungssystems (EWS), das auch ein System der Interventionsverpflichtungen vorsieht.[271] Die relevanten Verordnungen 3180/78 und 3181/78 stützten sich auf Artikel 235 EWGV.[272] Die Funktionsweise des EWS wurden am 13.3.1979 im Baseler Abkommen der Zentralbanken der Mitgliedstaaten festgelegt.[273] Das EWS basiert auf intervallfixen Wechselkursen. Es ist vor allem wegen der Koordinierungsfunktion von Bedeutung.[274] Im EWS hat jede Währung einen in Europäischen Währungseinheiten (ECU) ausgedrückten Leitkurs, der zur Bestimmung des Gitters bilateraler Leitkurse dient. Die Bandbreite wurde auf 2,25% festgesetzt, mit der Möglichkeit, für die Bandbreite von 6% zu optieren.[275] Aufgrund von Spekulationsgefahr wurden am 2.8.1993 die Bandbreiten vorübergehend auf 15% erweitert.[276]

Durch die Einfügung des Art. 102a EWGV 1986 wurde das Ziel der Währungsunion erstmalig im Vertragsrecht angesprochen.[277] 1989 wurde zudem im Delors-Bericht ein Dreistufenplan vorgelegt, der anhand von Konvergenzüberlegungen den Streit der siebziger Jahre zwischen „Monetaristen" und „Ökonomisten" beilegen sollte. Schließlich stellte der Vertrag über die Europäische Union als Aufgabe der Gemeinschaft die Schaffung einer Währungsunion neben die der Errichtung des Gemeinsamen Marktes.[278] Die Artikel 102a bis 109m EGV von Maastricht stellen nicht nur quantitativ, sondern auch qualitativ die wichtigste Erweiterung des Gemeinschaftsrecht dar. Mit Ausnahme von Großbritannien und Dänemark haben die Mitgliedstaaten mit dem automatischen Beginn der dritten Stufe am 1.1.1999 keine Möglichkeit mehr sich der Einbeziehung in diese Währungsunion zu entziehen.

1.3.2. Modellrelevante Aspekte

Das Europäische Währungssystem trat mit Wirkung zum 13.03.1979 in Kraft. Das EWS erfordert wie jedes Paritätensystem, daß ein Mitglied kein Wechselkursziel anstrebt. Dafür ist aber jedes im Prinzip frei, seine Geldpolitik zu bestimmen. Allerdings

---

270 Vgl. *Beutler/ Bieber/ Piepkorn/ Streil* (1982), S. 392 f. und S. 400, vgl. *Oppermann* (1991), S. 334.

271 Vgl. *Beutler/ Bieber/ Piepkorn/ Streil* (1982), S. 393.

272 Vgl. *Streinz* (1995), S. 264.

273 Vgl. *Oppermann* (1991), S. 335.

274 Vgl. *Smeets* (1993), S. 101 f.

275 Vgl. *Beutler/ Bieber/ Piepkorn/ Streil* (1982), S. 393.

276 Vgl. *Streinz* (1995), S. 265.

277 Vgl. *Oppermann* (1991), S. 330, S. 340.

278 Vgl. im folgenden *Streinz* (1995), S. 262, S. 266-269.

wird die Geldpolitik des Hegemonialwährungslandes zum Datum für die anderen Mitglieder in ihrem Bestreben, Wechselkursstabilität zu verwirklichen. Im EWS kam *de facto* der DM diese Rolle zu.[279] Feste Wechselkurse erfordern eine zunehmende Koordinierung der nationalen Wirtschaftspolitiken. Die Verbundenheit ist jedoch psychologisch ein Aktivum, da es den Regierungen erlaubt, die Verantwortung für eine restriktivere Stabilitätspolitik zu verschieben.[280]

Die folgende Übersicht faßt den Zeitpunkt der Teilnahme oder von Bandbreitenänderungen der einzelnen Mitgliedstaaten am Europäischen Währungssystem zusammen.

Übers. 14: Teilnahme der Mitgliedstaaten am Europäischen Währungssystem[281]

Währung	Teilnahme ab	Bandbreite	Seit	Bandbreite	Suspension der Teilnahme
Belgisch/luxemburgischer Francs	13/03/79	2.25%			
Dänische Krone	13/03/79	2.25%			
Deutsche Mark	13/03/79	2.25%			
Französischer Francs	13/03/79	2.25%			
Irisches Pfund	13/03/79	2.25%			
Niederländische Gulden	13/03/79	2.25%			
Italienische Lira	13/03/79	6%	8/01/90	2.25%	17/09/92
Spanische Peseta	19/06/89	6%			
Britisches Pfund	8/10/90	6%			17/09/92
Portugiesischer Escudo	6/04/92	6%			
Griechische Drachme	keine				17/09/84

Der Koordinationsdruck steigt mit zunehmender Verengung der Bandbreiten und gleichzeitigem verminderten Rückgriff auf Kapitalverkehrskontrollen. Der zunehmende Verzicht auf Paritätsänderungen und Kapitalverkehrsbeschränkungen hat die verzeichneten Stabilitätserfolge entschieden unterstützt.[282] Die Interventionsverpflichtungen hatten asymmetrische Wirkungen zur Folge, die in starkem Maße von der Finanzierung der Interventionen abhing: Intervention aus dem eigenen Bestand an Währungsreserven oder durch Kreditaufnahme an internationalen Finanzmärkten führte nur im Schwachwährungsland zu einer kontraktiven Geldpolitik. Nur im Falle der Finanzierung durch einen Zentralbankkredit des Hartwährungslandes kam es auch zu expansiven und daher symmetrischen Effekten im Hartwährungsland. Der letztere Fall war aber nur im Rahmen der freiwilligen intramarginalen Interventionen seit der Beschlüsse von Basel und Nyborg vom September 1987 möglich. Somit war durch die asymmetrische Interventionswirkung generell eine einseitige Anpassung an die effizienteste Stabilitätspolitik vorgegeben.

---

279 Vgl. *Glismann/ Horn/ Nehring/ Vaubel* (1986), S. 217.

280 Vgl. *Molitor* (1992), S. 198.

281 Vgl. *European Commission (*1995d). Auch *Swann* (1995), S. 230.

282 Vgl. *Smeets* (1993), S. 111 und S. 107.

Tatsächlich kann die relative Stabilität der Wechselkurse innerhalb des EWS als Voraussetzung für den hohen Grad der wirtschaftlichen Integration der Europäischen Gemeinschaft gesehen werden - wie auch an den Diskussion nach den relativ großen Abwertungen infolge der Währungskrise 1992-1993 abgelesen werden kann. Bei differierenden Wirtschaftspolitiken ergibt sich in festen Wechselkurssystemen immer wieder ein Druck in die Freiheit des Güterhandels einzugreifen, um die Unabhängigkeit der nationalen Währung und Währungspolitik zu verteidigen.[283] Dabei sind Transmissionskanäle für die Übertragung von Währungspolitiken vielfältig.[284]

1.4. Steuern und Finanzpolitik

Durch Steuern tritt der Staat mit dem privaten Sektor um knappe Ressourcen in Konkurrenz.[285] Die staatliche Intervention hat so Wirkungen auf die private Wirtschaftsstruktur. Das Ausmaß hängt vom Umfang der staatlich kontrollierten Wirtschaft und vom herrschenden politischen System ab.[286] In internationaler Konkurrenz kann die Steuerbelastung zu einem relevanten Kostenfaktor werden und die Standortwahl bestimmen.[287] Steuerpolitik bestimmt dann entscheidend die Attraktivität eines Wirtschaftsstandorts.[288] Über die Entwicklung der Steuereinnahmen wirkt die Wirtschaftsstruktur, allerdings in einem geringeren Maße, wieder auf den staatlichen Sektor zurück. Es ist zu erwarten, daß bei hoher Güter- und Kapitalmobilität durch die Einführung einer Währungsunion die Steuerbasis sensibler auf Differenzen in den Steuersätzen reagiert. Somit wird die Einnahmenseite des Staatsbudgets in einer Währungsunion stärker berührt.[289]

Da es sich bei der Steuererhebung um eine hoheitliche Aufgabe handelt, stellt sich hier das Problem der Begrenzung staatlichen Handelns gegenüber seinen Bürgern.[290] Eine integrationspolitische Diskussion läuft unweigerlich auf die Themen des (föderalen) Bundesstaates und des funktionsgerechten Finanzausgleiches hinaus.[291] Einer demokratischen Grundauffassung entspricht eine dezentralisierte Finanzhoheit. „Ferner verbirgt der zentralistische Einheitsstaat die Abstimmungsprobleme zwischen Regional-

---

283 Vgl. *Viñals* (1996), S. 1106, ebenso *Goodhart* (1996), S. 1084, und S. 1087.

284 Vgl. *Mishkin* (February 1996), S. 2-15. Er unterscheidet Transmissionskanäle aufgrund: der Zinsrate, des Wechselkurses, der Preise des Anlagevermögens, von Bankkrediten, von Bilanzen, von Konsumentenhaushaltsgleichgewichten.

285 Vgl. *Hesse* (1991), S. 39.

286 Vgl. *Willgerodt* (1966), S. 179.

287 Vgl. *Heuss* (1959), S. 107.

288 In Anlehnung an *Schlecht* (1991), S.13.

289 Vgl. *Hamacher/ Klein* (1993), S. 182.

290 In Anlehnung an *Enzelsberger* (1990), S. 49.

291 Vgl. *Enzelsberger* (1990), S. 50, der hierin einer der Punkte der institutionellen Mindestausstattung eines föderativen Bundesstaates sieht.

und Gesamtinteresse, aber er hebt sie nicht auf; (...)".[292] Aus Effizienzgesichtspunkten und wirtschaftstheoretischen Überlegungen ist jedoch eine differenzierte Betrachtung notwendig.

Auch auf der Ausgabenseite bietet die Betrachtung der Steuersysteme Raum für wissenschaftliche und politische Auseinandersetzung. Die Fiskalpolitik entscheidet vornehmlich über die Produktion von öffentlichen Gütern, d.h. auch Gütern mit externen Effekten.[293] Daher scheint es notwendig zu sein, daß sich die Präferenzen für staatlich bereitgestellte Güter, wie z.B. „Sicherheit" und „Gerechtigkeit", in Mitgliedsländern nicht signifikant unterscheiden. Neben den klassischen Staatsaufgaben werden mit Steuermitteln unter anderem Sozialpolitik, regionale Umverteilung und Arbeitsmarktpolitik betrieben. „Das Schutzversprechen des Staates schafft Sicherheit und ermuntert die Bürger, riskante und ertragreiche Lebenschancen wahrzunehmen, an die sie sich sonst nicht herangewagt hätten."[294] Sozialpolitik läßt sich daher von allgemeiner Wirtschaftspolitik kaum trennen.[295] Diese Art staatlichen Handelns setzt nicht nur den Rahmen für die Wirtschaft, sondern bestimmt zusehends ihre quantitative Ausgestaltung.[296] Sozialpolitik ist ebenso wie Steuerpolitik im internationalen Wettbewerb ein Standortfaktor.[297] Fortgesetzte fiskalische Aktivitäten im Arbeitsmarkt senken den Druck auf die wirtschaftlichen Akteure, sich über relative Preise anzupassen.[298] Gerade im internationalen Zusammenhang zeigen sich die Grenzen der Umverteilung auf dem Weg der Besteuerung.[299] Das Ausmaß der staatlichen wirtschaftlichen Aktivität variiert in den Mitgliedstaaten auf der Ausgabenseite ebenso wie ihre Funktion.[300]

In integrierten Wirtschaftsgebieten folgt die Wirkung von Besteuerung aus zwei generellen Prinzipien: dem Ursprungslandsprinzip und dem Bestimmungslandsprinzip. Unter Geltung des Ursprungslandsprinzips werden indirekte Steuern in dem Land erhoben, in dem ein Gut hergestellt wird.[301] Eine Annäherung der Hauptsteuersätze erscheint angemessen, um steuerbedingte Handels- und Standortverzerrungen größeren Ausmaßes zu vermeiden. Alternativ ergibt sich in integrierten Wirtschaftsgebieten die Möglichkeit, einheitliche Steuern zu erheben. Entscheidend für das Gelingen einer solchen steuerlichen Annäherung und Integration erscheint der Umstand, ob sich ein ausreichendes politisches Vertrauensklima zwischen den Teilnehmern herausbildet. Län-

---

292 Zit. *Willgerodt* (1966), S. 182.

293 Vgl. *Vaubel* (1980), S. 16.

294 Zit. *Sinn* (1995), S. 246.

295 Vgl. *Müller* (1990), S. 28.

296 Vgl. *Willgerodt* (1966), S. 191.

297 Vgl. *Schüller* (1991), S. 15.

298 Vgl. *Berthold* (1993), S. 156.

299 Vgl. *Willgerodt* (1989), S. 420.

300 Vgl. *Seidel* (1993), S. 344.

301 Vgl. *Heuss* (1959), S. 105 und S. 110 f.

der, die über einen ausgeprägten intra-industriellen Handel miteinander verflochten sind, sind für diesen Übergang am besten geeignet.

Die Auswirkungen fiskalpolitischer Aktivitäten in integrierten Wirtschaftsgebieten und insbesondere in einheitlichen Währungsgebieten sind vielfältig. Eine Reihe von negativen Externalitäten sind denkbar: So kann eine schuldenfinanzierte fiskalpolitische Expansion in einem Mitgliedsland Zinserhöhungen in anderen Mitgliedsländern induzieren. Ebenso können von expansiver Fiskalpolitik Auswirkungen auf die Geldpolitik ausgehen.[302] Dies ergibt sich aus der bekannten Solvenzbeschränkung für den Staat.[303] Die Beeinflussung des Zinsniveaus in anderen Ländern fällt um so stärker aus, desto höher die Kapitalmobilität ist und desto enger somit der Zinszusammenhang.[304]

Für die Finanzpolitik ergibt sich aus diesen externen Effekten in einem integrierten Wirtschaftsgebiet zumindest ein Argument für ihre Koordination.[305] Es geht auch um die Frage, ob eine Wirtschafts- und Währungsunion auf Dauer funktionsfähig ist, wenn die geldpolitischen Aktivitäten an eine zentrale Instanz abgegeben werden, die fiskalpolitischen Kompetenzen jedoch dezentalisiert bleiben.[306] Jedenfalls mag es sinnvoll sein, die kontrollierenden Marktmechanismen über verbindliche Richtlinien und Rahmenbedingungen für die fiskalpolitischen Aktivitäten hinsichtlich der Verschuldungspolitik einzelner Länder zu unterstützen.[307] Die Schaffung einer einheitlichen Währung allein bewirkt keine hinreichende Bindung der nationalen Fiskalpolitiken.[308] So hat sich weitgehend die Einsicht durchgesetzt, daß zur Sicherung der Haushaltsdisziplin in einer Währungsunion neben dem Marktmechanismus auch eine Gemeinschaftskompetenz nötig ist, auch wenn Finanzpolitik grundsätzliche eine nationale Prärogative bleibt.[309]

---

302 Vgl. *Frenkel/ Klein* (1992), S. 65 und S. 74..

303 Danach ist die Wachstumsrate der Verschuldung im Verhältnis zum realen Sozialprodukt (Schuldenquote) gleich dem Produkt aus Schuldenquote mit dem um die Wachstumsrate des realen Sozialprodukts verminderten realen Zinssatz nach Abzug der Anteile des Primärsaldos des Staatsbudgets und der Seignorage am realen Sozialprodukt. Die Formel lautet $db/dt = (r-n)b - p -s$, mit b = Schuldenquote, db/dt = Wachstumsrate der Schuldenquote, r = realer Zinssatz, n = Wachstumsrate des realen Sozialprodukts, p = Primärsaldo des Staatsbudgets im Verhältnis zum realen Sozialprodukt, s = Seignorage im Verhältnis zum realen Sozialprodukt. Vgl. die Darstellung und Diskusssion in *Hamacher/ Klein* (1993), S. 178-181.

304 Vgl. *Frenkel/ Klein* (1992), S. 68.

305 So *Hamacher/ Klein* (1993), S. 183 und S. 187. Dagegen *Vaubel* (1980), S. 18, demzufolge externe Effekte allein keinen zentralen Koordinationsbedarf begründen können.

306 Vgl. *Berthold* (1993), S. 148. So auch *Molitor* (1992), S. 201, der hierin einen Umschlag der Integrationsqualität sieht.

307 Vgl. *Smeets* (1993), S. 120.

308 Vgl. *Goodhart* (1996), S. 1089.

309 Vgl. *Ledig* (1993), S. 127. *Hayek* (1976b), S. 329 vermutet, daß „jede nationale Finanzpolitik, die sich vorwiegend von den wirtschaftlichen und finanziellen Bedingungen des

Die Beurteilung dieser Konsequenz hängt in starkem Maße von der vorhandenen Mobilität der Faktoren Arbeit und Kapital (Unternehmen) ab. Kreditfinanzierte fiskalpolitische Aktivitäten führen über kurz oder lang zu einer höheren steuerlichen Belastung. Damit nehmen die Anreize für die Produktionsfaktoren zu, in Gebiete mit niedrigerer steuerlicher Belastung zu wandern. Dies wiederum würde die Steuerbasis der betreffenden Region verkleinern und könnte somit die Wahrscheinlichkeit eines weiteren wirtschaftlichen Niedergangs erhöhen.[310] Ein weiterer Gesichtspunkt ist die Tatsache, daß durch Kooperation in der Fiskalpolitik ein geringeres aggregiertes Haushaltsdefizit erreicht werden kann und infolgedessen das durchschnittliche Zinsniveau geringer ist.

Voraussetzungen für einen Übergang zu einer Währungsunion mit harmonsierter Geld- und Fiskalpolitik ist neben den bekannten Kriterien für ein optimales Währungsgebiet eine vergleichbare Funktionsqualität der politischen und ökonomischen Märkte in den zu integrierenden Gebieten.[311] Dabei ist dieser Übergang vor allem Ausdruck des politischen Zusammenhalts.[312] Für eine konsequente Beachtung des Wettbewerbsprinzips auch in der Konjunkturpolitik spricht hingegen die begründete Vermutung, daß die Diversifizierung der im Wettbewerb stehenden Finanzpolitiken risikomindernd wirkt. Falsche Politik würde sich zumindest teilweise international ausgleichen.[313] Manche Stimmen bezweifeln ohnehin jegliche Einfluß der Konjunkturpolitik auf den tatsächlichen Konjunkturverlauf.[314]

1.4.1. Gemeinschaftliche Rahmenregeln

In diesem Politikbereich müssen zwei Diskussionsebenen auseinander gehalten werden. Einmal geht es um die Ausübung von nationaler Steuerpolitik und zum anderen um die Finanzverfassung der Gemeinschaft. Die Unterschiedlichkeiten der nationalen Steuerordnungen wirken sich in vielerlei Hinsicht auf das Funktionieren des Gemeinsamen Marktes aus. Daher gehört der Wegfall der Steuergrenzen ebenso wie die Beseitigung technischer und administrativer Hindernisse zum Aufbau des Binnenmarktes. Zur Finanzierung der Gemeinschaftsaufgaben gehört auch die Erhebung von diesbezüglicher Steuern.

1.4.1.1. Mitgliedstaaten

Die Römischen Verträge sehen zunächst das Verbot der steuerlichen Diskriminierung in den Artikeln 95-98 EWGV vor. Darüber hinaus ist in einem weiteren Schritt die Angleichung der indirekten Steuern vorgesehen, sofern dies im Interesse des Gemein-

---

Einzelstaates leiten läßt, unvermeidlich zum Auseinanderfall des gemeinsamen Währungssystems führen" (zit.) würde.

310 Vgl. *Berthold* (1993), S. 164 f.

311 Vgl. *Berthold* (1993), S. 152 f.

312 Vgl. *Goodhart* (1996), S. 1084.

313 So *Vaubel* (1980), S. 19 f.

314 So *Drucker* (1994), S. 105, der bestenfalls negative Einflüsse feststellen kann.

samen Marktes ist.[315] Es handelt sich insofern um Hilfs- und Ergänzungskompetenzen, die das Funktionieren des Binnenmarktes sicherstellen. Die Gewährleistung der Nichtdiskriminierung ist unerläßliche Grundlage für die Wettbewerbsneutralität der inländischen Abgabensysteme. Das Diskriminierungsverbot ist daher seit 1.1.1962 unmittelbar anwendbar und begründet individuelle Rechte. Als Schlechterstellungsverbot läßt es hingegen die steuerliche Besserstellung von Importwaren zu. Tatsächlich ließ die Schaffung der Zollunion die Existenz unterschiedlicher Steuerordnungen in den Mitgliedstaaten zunächst unberührt.[316]

Solange die Systeme sich unterscheiden, müssen bei grenzüberschreitenden Transaktionen Mechanismen für den Ausgleich der Steuereinnahmen sorgen. Die steuerlichen Vorschriften des Vertrages beruhen vor allem auf dem fakultativen Bestimmungslandsprinzip, wonach Importwaren im Land ihrer Bestimmung, d.h. im Importland, belastet werden, wobei es dem Exportland freisteht, die ausgeführten Waren von den indirekten Steuern zu entlasten. Nach Art. 96 EWGV darf die Entlastung durch Erstattung jedoch nicht höher ausfallen als die ursprüngliche Belastung. Die Bestimmungen zu staatlichen Beihilfen bleiben gleichzeitig anwendbar. Falls ein Mitgliedstaat wählt, keine Rückerstattung zu gewähren, kommen nach Art. 220 Absprachen oder gemeinschaftliche Regelungen in Frage, die die Doppelbesteuerung zu vermeiden suchen.

Art. 99 EWGV, der sich mit der Harmonisierung der nationalen Vorschriften hinsichtlich der indirekten Steuern befaßt, wurde durch die Europäische Einheitliche Akte geändert. Es hatte sich gezeigt, daß die Verwirklichung eines Binnenmarktes eine Annäherung der nationalen Verpflichtungen hinsichtlich der indirekten Steuern erforderte. Die fiskalischen Auswirkungen einer solchen Angleichung könnten teilweise jedoch erheblich sein. Auch wurden die markanten Unterschiede in den nationalen Steuertraditionen und Steuermentalitäten sichtbar. Im Mehrwertsteuerbereich gilt mit Ausnahme für grenzüberschreitende Direktkäufe weiterhin das Bestimmungslandsprinzip.[317] Erst ein ungefähr gleiches Abgabenniveau in den Mitgliedstaaten wird es erlauben, vom Bestimmungslandsprinzip abzugehen und die Mechanismen der Grenzausgleichsausgaben und -erstattungen abzubauen.

Der Umsatzsteuer kommt in diesem Zusammenhang das größte Gewicht zu. Die grundsätzliche Vereinheitlichung dieser Steuer als Mehrwertsteuer im Sinne einer Nettoallphasensteuer war die Grundvoraussetzung. Die beiden Richtlinien vom 11.04.1967 wurden erst zum 1.1.1973 in allen damaligen Mitgliedstaaten umgesetzt.[318] Die sechste Umsatzsteuerrichtlinie führte eine Vereinheitlichung der steuerlichen Bemessungs-

---

315 Vgl. *Oppermann* (1991), S. 389 f. und S. 394 f.

316 Vgl. im folgenden *Oppermann* (1991), S. 390-402.

317 Vgl. *Sinn* (1995), S. 242.

318 RL 67/227/EWG und 67/228/EWG; vgl. *Beutler/ Bieber/ Piepkorn/ Streil* (1982), S. 362; und *Oppermann* (1991), S. 403.

grundlage mit dem Ziel herbei,[319] binnenmarktähnliche Verhältnisse für den Gemeinsamen Markt herzustellen.[320] Allerdings blieb die Festsetzung der Steuersätze den Mitgliedstaaten vorbehalten. Entsprechend unterschiedlich fällt weiterhin der Beitrag der Umsatzsteuer zum Finanzaufkommen der Mitgliedstaaten aus.[321] Erst eine Annäherung dieser Steuersätze könnte über ein Verrechnungssystem die Umstellung auf das Ursprungslandsprinzip ermöglichen, das die Voraussetzung für die Abschaffung von Grenzkontrollen aus steuerlichen Erwägungen darstellt.[322] Es bestehen auch eine Reihe von sonstigen Verbrauchssteuern und Verkehrssteuern, die bisher nicht angeglichen sind.[323]

Grundsätzlich gelten die Bestimmungen des Art. 95 ff. auch für direkte Steuern, obgleich der Schwerpunkt des Interesses bisher bei den indirekten Steuern gelegen hat. Direkte Steuern stellen ein wichtiges Instrument der Konjunktur- und Sozialpolitik der Mitgliedstaaten dar und repräsentieren einen hohen Anteil ihrer Haushaltseinnahmen.[324] Sie beeinflussen die Standortwahl von Unternehmen direkt und leiten deren Investitionsverhalten. Für die Einkommensbesteuerung für natürliche Personen entspräche dem Ursprungslandsprinzip das Heimatlandsprinzip, wobei - bei erleichtertem Nationalitätenwechsel in jungen Jahren - die redistributive Steuerkomponente an der Nationalität festgemacht werden könnte.[325]

Die direkten Steuern sind als faktorbezogene Ausgaben in Art. 220 EWGV unter der Beseitigung von Doppelbesteuerung und in Art. 98 als Genehmigungsvorbehalt von Ausfuhrrückvergütungen angesprochen. Angesichts des dichten Netzes von Doppelbesteuerungsabkommen wurde seit 1969 kein Bedarf mehr zur gemeinschaftlichen Regelung dieser Frage gesehen.[326] Art. 100 EWGV hinsichtlich der allgemeinen Rechtsangleichung kann auch hier als Grundlage Verwendung finden. Obgleich schon 1967 ein Rahmenprogramm zur Harmonisierung der direkten Steuern vorlag, ist vom Ministerrat in diesem Bereich seither jedoch jegliche Initiative der Kommission zurückgewiesen worden.[327] Neben der Funktion als wichtigster Einnahmequelle des Staates wird zur Begründung der zurückhaltenden Position angeführt, daß direkte Steuern gleichzeitig das bedeutende Instrument der Wirtschafts-, Sozial- und Umweltpolitik

---

319 RL 77/388/EWG; vgl. *Oppermann* (1991), S. 403; *Beermann* (1995), S. 169.

320 Vgl. *Beermann* (1995), S. 171.

321 Vgl. *Beutler/ Bieber/ Piepkorn/ Streil* (1982), S. 362, und *Oppermann* (1991), S. 404.

322 Vgl. *Beermann* (1995), S. 171.

323 Vgl. *Oppermann* (1991), S. 405f., z.B. Tabakwaren- und Alkoholsteuern, KFZ-Steuern, Kapitalverkehrssteuern, Versicherungsvertragssteuern.

324 Vgl. *Oppermann* (1991), S. 395, S. 391 und S. 407.

325 Vgl. *Sinn* (1995), S. 247.

326 Vgl. *Beutler/ Bieber/ Piepkorn/ Streil* (1982), S. 361.

327 Vgl. *Oppermann* (1991), S. 392 und S. 408f.

darstellen. Allein die Mutter-/Tochter-Richtlinie und die Fusionsrichtlinie aus dem Jahre 1990 schaffte in begrenzten Bereichen eine Harmonisierung von direkten Steuern.[328]

1.4.1.2. Gemeinschaftshaushalt

Seit Beginn der EWG finanzierte sich die Gemeinschaft aus Beiträgen der Mitglieder, die in Art. 200 EWGV in einem festen Schlüssel festgelegt waren.[329] „Bereits in den Römischen Verträgen wurde die Möglichkeit in Betracht gezogen, das System der Finanzbeiträge langfristig durch ein System eigener Mittel zu ersetzen (Art. 201 EWGV).“[330] Da dieser Bereich den Kern nationalstaatlicher Kompetenzen betrifft, ist für Entscheidungen des Rates die verfassungsmäßigen Ratifikation durch die nationalen Parlamente vorgesehen.[331] Dieser Schritt wurde durch den Beschluß des Rates vom 21.04.1970 über „die Ersetzung der Finanzbeiträge durch eigene Mittel” getan, der am 01.01.1971 in Kraft trat. Unter Berufung auf Art. 201 EWGV finanziert sich die Gemeinschaft seitdem aus Eigenmitteln und nicht mehr aus Beiträgen der Mitgliedstaaten.[332]

Das System der Eigenmittel setzte sich zuerst nur aus den Agrarabschöpfungen und Zöllen, dann aus einem Anteil am Mehrwertsteueraufkommen zusammen.[333] Während die Gesetzgebungs- und Ertragskompetenz für Agrarabschöpfungen und Außenzölle bei der Gemeinschaft liegt, wurde zur Restfinanzierung des EG-Haushaltes der Mehrwertsteuereigenmittelsatz im jährlichen Haushaltsverfahren festgelegt.[334] Die Ertrags- und auch die Verwaltungshoheit für den Mehrwertsteueranteil der EG-Haushaltsfinanzierung liegt weiterhin ausschließlich bei den Mitgliedstaaten. Daher ist die Mehrwertsteuerkomponente in Realität ein Anspruch auf einen Finanzbeitrag und nicht etwa eine Beteiligung am Mehrwertsteueraufkommen der Mitgliedstaaten, wie es in einem föderalen Verbundsystem üblich ist.

In den Eigenmittelbeschlüssen des Rates von 1985 und 1988 wurden die Finanzierungsmechanismen des EG-Haushalts weiterentwickelt. Eine maßgebliche Änderung trat durch den Ratsbeschluß über das System der Eigenmittel der Gemeinschaften (88/376/EWG) vom 24.6.1988 ein. Durch ihn wurde, neben dem Anteil am Mehrwertsteueraufkommen, der Gemeinschaft auch ein Anteil am Bruttosozialprodukt der Mit-

---

328 Vgl. *Beermann* (1995), S. 176 und S. 174.

329 Vgl. *Oppermann* (1991), S. 269. S. Art. 200 EWGV 1957: D, F, I (28%), B, NL (7,9%) und L (0,2%). Vgl. zum folgenden auch *Peffekoven* (1994), insbes. S. 43-102.

330 Zit. und vgl. *Peffekoven* (1994), S. 49 und S. 50.

331 Vgl. *Oppermann* (1991), S. 392.

332 Vgl. *Beutler/ Bieber/ Piepkorn/ Streil* (1982), S. 153 f. auf der Basis des Luxemburger Beschlusses vom 21.04.1970 (ABl. L 94/1970).

333 Vgl. *Peffekoven* (1994), S. 57. Diese sind originäre Eigenmittel. Vgl. *Beutler/ Bieber/ Piepkorn/ Streil* (1982), S. 160.

334 Vgl. *Peffekoven* (1994), S. 50-55 und S. 59 f.

gliedstaaten als Eigenmittel zugesprochen.[335] „Die Einführung der BSP-Eigenmittel soll auch dazu beitragen, die Lastenverteilung zwischen den Mitgliedstaaten neu zu regeln. Die Finanzierungslasten sollen entsprechend der nationalen Wirtschaftskraft - gemessen am Bruttosozialprodukt - verteilt werden."[336] Die Bruttosozialprodukteigenmittel übernahmen als die vierte Einnahmequelle der Gemeinschaft die Funktion der Restfinanzierung.

Trotz der Bezeichnung als Eigenmittel sind die Mehrwertsteuer- und die Bruttosozialproduktkomponente sind im Prinzip Zuweisungen der Mitgliedstaaten. Die Ertragshoheit liegt bei den Mitgliedstaaten. Das Gesamtvolumen des EG-Haushalts ist nach dem neuen Mechanismus in einer Periode gegeben; es entstehen lediglich Verschiebungen in den Komponenten. Auf dem Edinburgh-Gipfel vom 11.12.1992 wurde in der Einigung über die mittelfristige Finanzplanung der Gemeinschaft eine EG-Haushaltsgrenze von 1,27% des gemeinschaftlichen Bruttosozialproduktes bis zum Jahre 1999 beschlossen. Seit 1.1.1995 ist der Ratsbeschluß 94/728/EG vom 31.10.1994 Grundlage für das System der Eigenmittel.[337] Die Europäische Gemeinschaft verfügt zur Zeit weder über ein entwickeltes Finanzausgleichssystem, noch über vollkommene Einnahmenautonomie.[338]

1.4.2. Modellrelevante Aspekte

1.4.2.1. Mitgliedstaaten

Bis heute bleibt die Finanzpolitik autonom in den Händen der Mitgliedstaaten.[339] Grundsätzlich kann davon ausgegangen werden, daß jedes Land versucht, sein Steueraufkommen zu maximieren.[340] Aufgrund des demokratischen Systems kann von einer Tendenz der Überausdehnung des öffentlichen Sektors ausgegangen werden.[341] Jedoch entsteht durch Verkehrsfreiheit der Faktoren ein Wettbewerb gleichzeitig auf der Einnahmen- und auf der Ausgabenseite.[342]

In Anlehnung an das Modell des „*voting by feet*", das zuerst von *Tiebout* aufgestellt wurde, kann erwartet werden, daß sich bei vollständiger Freizügigkeit Bürger mit ähnli-

---

335 Vgl. *Oppermann* (1991), S. 273.

336 Zit. und vgl. im folgenden *Peffekoven* (1994), S. 69 und S. 64-69, S. 78 und S. 107.

337 Vgl. *Streinz* (1995), S. 181 (ABl. L 293/1994).

338 Vgl. *Peffekoven* (1994), S. 106 und S. 113.

339 Vgl. *Matthes* (1995), S. 153.

340 Vgl. *Sinn* (1994), S. 97.

341 Vgl. *Musgrave* (1990), S. 292 in Anlehnung an *Buchanan/ Tullock* (1962). Dies ergibt sich daraus, daß nach den Modellannahmen Wähler den Wert von öffentlichen Ausgaben überschätzen und die Last der Steuern unterschätzen. Dies wird durch den Grad der Transparenz der Haushalte noch verstärkt und kann von Politikern durch Darstellungstricks auch noch verstärkt werden (*Alesina/ Perotti* (1996), S. 24-26).

342 Vgl. *Sinn* (1995), S. 242.

chen Präferenzen in einer Region niederlassen, die ein ihren Präferenzen am nahekommendste Angebot an öffentlichen Gütern und Dienstleistungen bereitstellt.[343] Trotz der Kritik an manchen der Voraussetzungen bleibt dieser Mechanismus das erste Modell eines Systemwettbewerbs aufgrund von Besteuerung und der Bereitstellung von öffentlichen Gütern. Zu beachten ist jedoch, daß die Analogie mit dem privatwirtschaftlichen Wettbewerb insofern hinkt, als in der Regel nur relativ wenige Gebietshoheiten im Standortwettbewerb stehen.[344] In der Wirklichkeit sind Bürger jedoch nicht nur Konsumenten öffentlicher Güter, sondern auch Arbeitnehmer, Sparer, Investoren und Konsumenten privater Güter, so daß man zwar auf lokaler Ebene vom Funktionieren des Tiebout-Mechanismus ausgehen kann. Auf internationaler Ebene ist hingegen die Annahme einer Herstellung von völlig homogenen Gebietshoheiten nicht mehr aufrechtzuerhalten.

Der Wettbewerb der Steuersysteme ist eine Konsequenz der Verwirklichung der Freiheiten.[345] Drei Transmissionskanäle sind anzunehmen:

- der Ab- und Zufluß von Kapital/Direktinvestitionen von Nicht-Ansässigen;
- der Weg-/Zuzug von Einwohnern;
- die Kapitalverlegung von Ansässigen ins steuerliche Ausland.[346]

Dabei ergeben sich Handlungsanreize schon, wenn nur eine marginale Mobilität nur einiger ökonomischer Ressourcen besteht.[347] Allerdings ist von Arbeitsmobilität mit Wohnortswechsel im internationalen Bereich nur in grenznahen Wohngebieten auszugehen.

Aufgrund der Mobilität von Gütern, Dienstleistungen und Faktoren muß bei einem Wettbewerb der Steuersysteme angenommen werden, daß Wirtschaftstätigkeiten von einem Hochsteuer- in ein Niedrigsteuerland verlegt werden. Die Mitgliedstaaten werden aufgrund der Beweglichkeit zwischen den Gebieten der Gemeinschaft, alle Arten von Steuern vermeiden, die das Kapital oder den Faktor Arbeit anderswohin treiben würden.[348] Ohne Zweifel ist Finanzkapital die mobilste Ressource, eng gefolgt von Direktinvestitionen.[349] Daher kann davon ausgegangen werden, daß wenn die Gebietshoheit A feststellt, daß Kapital oder Direktinvestitionen in die Gebietshoheit B abfliessen, da dort die Nettobelastung geringer ist, A selbst ein Interesse hat, die Steuern zu verringern, um diesem Abfluß entgegenzuwirken. Dabei ist anzunehmen, daß eine Spirale der Steuerverringerung einsetzt, die dazu führt, daß jede einzelne Gebietshoheit

---

343 Vgl. *Tiebout* (1956). dazu im folgenden *Musgrave* (1990), S. 283 f.

344 Vgl. *Musgrave* (1990), S. 292.

345 Vgl. *Sinn* (1994), S. 96.

346 Vgl. *Musgrave* (1990), S. 289 und S. 293.

347 Vgl. *Sinn* (1995), S. 240.

348 Vgl. *Hayek* (1976b), S. 330.

349 Vgl. *Musgrave* (1990), S. 288, S. 284 und S. 287.

aufgrund der notwendigen Verringerung der Steuersätze eine Verbreiterung der Steuerbasis zu erreichen versucht. Schließlich werden nur noch relativ immobile Faktoren besteuert werden oder Äquivalenzsteuern und Abgaben erhoben, die direkt einem Dienst entsprechen.[350] Die Folge wäre eine Tendenz zur strukturellen Anpassung der nationalen Steuersysteme bei Zunahme des Aufkommensanteils aus indirekten Steuern. In einem integrierten Wirtschaftsgebiet muß weiter damit gerechnet werden, daß eine Angleichung der Steuersätze erfolgt und daß insbesondere die steuerliche Behandlung von Kapitaleinkommen im wesentlichen vereinheitlicht wird.[351]

Wahrscheinlich erleiden die Anbieter immobiler Produktionsfaktoren reale Einkommensverluste.[352] Zu den Anbietern immobiler Faktoren zählen die Alten und Kranken, die ländliche Bevölkerung und der untere Mittelstand. Diese werden über den *voice*-Mechanismus durch den demokratischen Prozeß ihre Unmut ausdrücken. Doch in letzter Konsequenz ist auch Umverteilungspolitik auf lokaler Ebene nur noch in engen Grenzen möglich, sofern andere Kommunen dieselben Transferleistungen anbieten.[353] Es kann erwartet werden, daß es zu protektionistischen Reaktionen kommt, die in etwa durch Kapitalverkehrsbeschränkungen die Basis für den steuerlichen Wettbewerb zu untergraben versuchen werden. Andererseits müssen Inhaber und Anteilseigner mobiler Faktoren nicht zwingend in der Gebietshoheit ansässig sein, in der sie investieren. Dies aber führt dazu, daß sie in Regionen wohnen können, deren Infrastruktur und öffentlichen Leistungen sie wertschätzen und nutzen, ohne aber gleichzeitig dort Steuern zu zahlen. Es besteht die Möglichkeit einer Trittbrettfahrersituation.[354] Bei intensivem Steuerwettbewerb ist daher von einer Reihe von Verzerrungen auszugehen.[355] Um die externen Effekte zu internalisieren, müßten daher die Bedingungen für einen steuerlichen Wettbewerb in einer gemeinschaftlichen Verfassung verankert werden, die auch dem direkten Zugriff der nationalen Regierungen entzogen ist.[356] Auch Regeln zur Begrenzung der Schuldenaufnahme sind eine Form der politischen Selbstbindung.[357]

---

350 Für eine theoretisch ausführliche Darstellung siehe *Sinn* (1994), S. 98-100, vgl. auch *Musgrave* (1990), S. 291 und *Sinn* (1995), S. 247 f.

351 Vgl. *Musgrave* (1990), S. 296 und *Sinn* (1995), S. 243.

352 Vgl. *Sinn* (1995), S. 246 und S. 248.

353 Vgl. *Musgrave* (1990), S. 295 und *Musgrave* (1997), 67 f.

354 Vgl. *Musgrave* (1990), S. 294 und S. 288, auch *Neumann* (1990), S. 15, der verstärkt von dieser Möglichkeit bei einer koordinerten Geldpolitik und unter festen Wechselkursen ausgeht.

355 Vgl. hierzu *Musgrave* (1990), S. 290-292.

356 Vgl. *Sinn* (1994), S. 97. *Eichengreen/ Hagen* (1996), S. 12 und S. 14, zeigen, daß sich aus der Beschränkung der mitgliedstaatlichen Schuldenaufnahme eine Zentralisierungstendenz ergibt. Andererseits unterstreichen sie, daß diese Konsequenz unabhängig von der Schaffung einer einheitlichen Währung ist.

357 Vgl. *Poterba* (1996), S. 9; die Untersuchung kommt generell zu der Schlußfolgerung, daß Haushaltsregeln eine entscheidende Rolle spielen (S. 47).

1.4.2.2. Gemeinschaftshaushalt

Die modelltheoretischen Annahmen lassen auch im Hinblick auf die Europäische Gemeinschaft ein tendenzielles Streben zur Budgetausweitung erwarten. Allerdings liegt die Bestimmung des EG-Haushalts, anders als im nationalen Rahmen, nicht in der Hand der Europäischen Kommission, dem politischen Herren der Dienste, die den Haushalt verwalten. Die Feststellung des EG-Haushalts liegt zu einem überwiegenden Teil in den Händen der Mitgliedstaaten unter verstärkter Beteiligung des Europäischen Parlaments.[358] Die Vertreter der Mitgliedstaaten sind jedoch ihrerseits im Regelfall Mitglieder von nationalen Bürokratien, die ebenfalls nach dem Prinzip der Budgetmaximierung verfahren. Gerade in Zeiten finanzieller Engpässe werden daher Erhöhungen des EG-Haushalts als Verluste für den nationalen Budgetmaximierungsprozeß antizipiert werden. Insofern nicht neue Aufgaben eine relative Erhöhung des EG-Haushaltes unabweislich machen, ergibt sich aus der Logik des Modells somit die Vermutung eines relativen Stillstands des EG-Haushalts oder allenfalls eine Entwicklung im Einklang mit der Aufgabenerweiterung, die ihrerseits allein von den Mitgliedstaaten entschieden werden kann.

Im Gegensatz zu den Mitgliedstaaten gilt für den Haushalt der Europäischen Gemeinschaft darüber hinaus der Grundsatz der Budgetdeckung, d.h. die Ausgaben sind laut Art. 199 EGV aus laufenden Mitteln zu bestreiten und eine Kreditfinanzierung ist ausgeschlossen.[359] Die nationalstaatliche Tendenz zur Schuldenfinanzierung ist daher durch die Gründungsverträge der Gemeinschaft ausgeschlossen.

2. Rückwirkung des Wirtschaftsprozesses auf den Ordnungsrahmen

In diesem Abschnitt wird die Perspektive gewechselt: es geht jetzt um die Auswirkungen, die der Wirtschaftsprozeß auf den Ordnungsrahmen und die ihn bestimmenden Regeln haben kann. Dabei wird ein sehr weites Verständnis von „Wirtschaftsprozeß" zugrunde gelegt. Selbstverständlich enthält das Konzept die Transaktionen, die sich auf den Austausch von wirtschaftlichen Gütern (Handel, Dienstleistungen, Kapital) im engeren Sinne beziehen. Zudem werden Auswirkungen betrachtet, die sich aus der Wanderung von Arbeitskräften und von Unternehmen (oder von Teilen des Produktionsprozesses) ergeben. Gleichzeitig werden die Prozesse berücksichtigt, aus denen sich Veränderungen in der Stärke und der Verteilung von wirtschaftlichen Machtpositionen ergeben, da diese über das Gleichgewicht der Interessenvertretung ebenfalls auf den Ordnungsrahmen zurückwirken. Der Integrationsprozeß selbst bewirkt eine Verschiebung der wirtschaftlichen Interessen. Über diese Interessengruppen wirken die wirtschaftlichen Prozesse auf den politischen Markt ein. Als Ergebnis der sich verändernden Wirtschaftsstruktur ergibt sich ein Spannungsverhältnis im Hinblick auf die territoriale Abgrenzung der politischen Systeme in Form der Nationalstaaten. Die Betrachtung bezieht

358 Vgl. die schematische Übersicht bei *Peffekoven* (1994), S. 18 f.

359 Vgl. *Matthes* (1995), S. 154.

sich auf dieselbe Substanz des vorigen Abschnitts. Doch ähnlich wie bei der Betrachtung eines Reliefs können wir darauf hoffen, daß der veränderte Blickwinkel andere Schatten sichtbar macht und somit das Augenmerk auf andere Details ausrichtet. Anhand von geeigneten Indikatoren wird zudem die tatsächliche Entwicklung wirtschaftlicher Daten im Verlaufe des europäischen Integrationsprozesses dargestellt.

2.1. Handels- und Kapitalströme

Zwei Prinzipien sind von besonderer Bedeutung für die Gestaltung der marktwirtschaftlichen Ordnung: die Offenheit der Märkte und das Primat der Währungspolitik.[360] Aufgrund der wirtschaftlichen Verflechtung beschränken sich - insbesondere aufgrund der technologischen Fortschritte im Bereich des Transports- und Kommunikationswesens - wirtschaftliche, soziale und politische Veränderungen nicht allein auf den Ort, wo sie ausgelöst werden.[361] Die Informationsleistung des Preissystems steht im Vordergrund: das Entstehen von Konkurrenzbeziehungen wird umgehend über die Preise weitergegeben. Dagegen sagen diese Marktsignale nichts darüber aus, zwischen welchen Akteuren solche Beziehungen neu entstanden sind.[362] Unternehmer suchen in einem solchen Rahmen nach bisher ungenutzten und neuen Allokationsmöglichkeiten. Ihre Innovationsaktivitäten erzeugen Marktsignale in Form von sichtbaren Marktdaten (z. B. neue Produkte) oder von externen pekuniären Effekten (Preisrelationsveränderungen). Durch die Gewährleistung der Vier Freiheiten wird der mögliche Aktionsradius der Wirtschaftsteilnehmer erheblich ausgeweitet.

Unter heutigen wirtschaftlichen Bedingungen ist es gerechtfertigt, von zwei Knappheitssprachen auszugehen: der der Güter und der des Geldes.[363] Im Verlaufe der wirtschaftlichen Entwicklung haben sich die Kapitalströme zusehends von den Handels- und Dienstleistungsströmen losgelöst.[364] In den letzten Jahren kann zumindest eine gewisse Entkopplung der Gütermärkte von den Bewegungen auf den Finanzmärkten festgestellt werden.[365] Dennoch besteht weiterhin eine innere Bedingtheit. Zu nennen wären: die Rückwirkung der Integration der Gütermärkte auf den Abbau der Kapitalverkehrsbeschränkungen,[366] aber auch die Abhängigkeit des Freihandels von der Stabilität der Wechselkurse und der Geldwertstabilität.[367] Mit zunehmendem intra-industriellem Handel im Integrationsgebiet ist jedoch zu erwarten, daß externe monetärer

---

360 Vgl. *Braasch* (1992), S. 40, zurückgehend auf *Eucken*.

361 Vgl. *Kohler-Koch* (1990), S. 113.

362 Vgl. *Wegner* (1992), S. 49 und S. 51 f.

363 Vgl. *Luhmann* (1988), S. 46 f.

364 Vgl. *Braasch* (1992), S. 29.

365 Vgl. *Kratz/ Thieme*, S. 253.

366 Vgl. *Smeets* (1993), S. 109. Über die Zahlungsbilanz sind ohnehin alle grenzüberschreitenden Handels- und Zahlungsströme miteinander verbunden.

367 Vgl. *Röpke* (1959), S. 70-72.

Schocks weniger länderspezifische Wirkungen entfalten.[368] Dennoch kann ein länderspezifischer Anpassungsbedarf nicht ausgeschlossen werden. Zumindest in einer Währungsunion stellt sich dann die Frage nach den möglichen Anpassungsreaktionen und Wirkungskanälen.[369]

Internationaler Handel kann zu großen Teilen durch die Existenz von komparativen Vorteilen erklärt werden. Jedoch werden durch die Zunahme der Handelsströme und die Öffnung der Märkte auch für den grenzübergreifenden Austausch von Produktionsfaktoren die Grenzen der nationalen Systeme zusehends durchlässiger, so daß die Voraussetzungen der Theorie komparativer Vorteile möglicherweise nicht mehr gegeben sind.[370] So muß auf jeden Fall auch davon ausgegangen werden, daß die Intensivierung der Warenaustausches Auswirkungen auf die Arbeitsmärkte hat, wobei der Nettoeffekt von dem Verhältnis der handelsschaffenden und handelsumlenkenden Effekte abhängen dürfte.[371] Jedenfalls erscheint die These vertretbar, daß die Höhe der Protektion von dem politischen Stellenwert der Sicherung einheimischer Arbeitsplätze abhängt. Auf der anderen Seite birgt nach Ansicht anderer gerade die internationale Mobilität des Kapitals die Gefahr der nationalen Desintegration.[372]

Neben wirtschaftlichen Kriterien sind gerade die politischen Rahmenbedingungen ausschlaggebend für die Richtung, die der Entwicklung der Wirtschaftsordnung durch integrative Wirtschaftsprozesse gegeben wird.[373] Hier wird von der wirtschaftlichen Entwicklung ausgegangen, um zu ergründen, inwieweit erwartet werden kann, daß sie einen Anpassungsdruck auf die politischen Rahmenbedingungen ausüben. Letztendlich stellt sich die Frage, inwieweit Integrationsprozesse vormals divergierende Entwicklungspfade einander annähern und zur Ausbildung eines gemeinsamen Modells des „Wohlfahrtsstaates" beitragen.[374]

---

368 Vgl. *Hamacher/ Klein* (1993), S. 186, dazu auch *Smeets* (1993), S. 123-125.

369 Vgl. *Smeets* (1993), S. 125.

370 Kritisch hierzu *Daly* (1993), S. 25.

371 Vgl. *Görges* (1993), S. 200 f.

372 So *Daly* (1993), S. 29.

373 In Anlehnung an *Berthold* (1993), S. 151 f. und S. 156.

374 Vgl. *Bellers/ Häckel* (1990), S. 300.

2.1.1. Handelsströme in Gütern und Dienstleistungen

2.1.1.1. Wirtschaftliche Entwicklung

2.1.1.1.1. Güter

Wie aus dem folgenden Schaubild zu ersehen ist, hatte die Übergangszeit bis September 1968 dem Prozeß der gegenseitigen Öffnung der Märkte genügend Zeit gelassen, um die Vorteilhaftigkeit unter Beweis zu stellen.

Abb. 1: Entwicklung des innergemeinschaftlichen Exporthandels von Gütern (in % der Gesamtexporte)

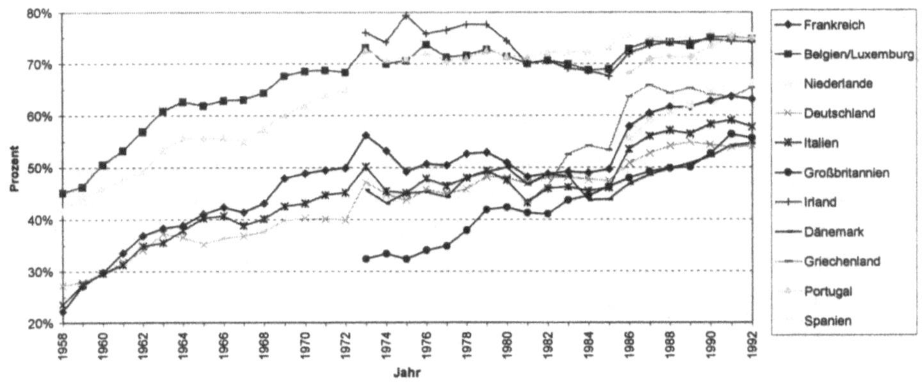

Quellen: Eigene Berechnungen. 1958-1975 aus: Monatsbulletin der Aussenhandelsstatistik, Sonderheft 1958-1975, Hg. Eurostat, Luxembourg, o.J. 1976-1987 aus: EEC external trade (Nimexe) 1976-1987, CD-Rom, Eurostat, Luxembourg, Suppl. 2, 1992. 1988-1992 aus: Intra- und Extra-Handel der EU (Jahresangaben - Kombinierte Nomenklatur), CD-Rom, Eurostat, Luxembourg, Suppl. 2, 1995. Es ist zu beachten, daß über den Zeitraum 1958-1994 die Kategorie Intra-EC selbst dynamisch ist. Außerdem werden seit Ende 1992 die Daten anders erhoben, so daß die statistische Reihe Inkoherenzen aufweisen kann.

Der Anteil des intragemeinschaftlichen Exporthandels an den Gesamtexporten der Sechs war bis zu diesem Zeitpunkt für alle Mitglieder auf über 40 Prozent gestiegen. Die drei kleineren Mitgliedstaaten hatten diese Quote bis zu diesem Zeitpunkt auf einen Wert zwischen 60 und 70 Prozent ihrer gesamten Warenexporte ausgedehnt. Diese wirtschaftliche Entwicklung hat selbstverständlich den Exporthändlern in allen Mitgliedstaaten den Nutzen des Zollabbaus täglich vor Augen geführt und somit auch ein gehöriges politisches Gegengewicht zu den protektionistischen Interessen geschaffen. Die Organisation dieser Marktabschließungsinteressen war zu diesem Zeitpunkt auch durch die vergleichsweise hohen Zuwachsraten des Bruttoinlandsproduktes schwierig zu motivieren. Zur Umkehrung oder Verlangsamung dieses Prozesses wäre ein einstimmiger Beschluß aller Mitgliedstaaten notwendig gewesen, der unter Berücksichtigung der obigen Entwicklung insbesondere für die kleineren Mitgliedstaaten keine Option mehr darstellte.

2.1.1.1.2. Dienstleistungen

In den letzten dreißig Jahren haben die einzelnen Volkswirtschaften in der Europäischen Gemeinschaft einen tiefgreifenden Strukturwandel hinter sich. Wie das nächste Schaubild für den Bereich der marktlichen Dienstleistungen verdeutlicht, ist der Schritt von der in den sechziger Jahren häufig noch agrarisch bestimmten Gesellschaft über die Industriegesellschaft seit den achtziger Jahren in Richtung auf eine Gesellschaft getan, in der dem Dienstleistungssektor das Hauptgewicht in der volkswirtschaftlichen Wertschöpfung zukommt.

Abb. 2: Anteil der marktlichen Dienstleistungen an der volkswirtschaftlichen Wertschöpfung

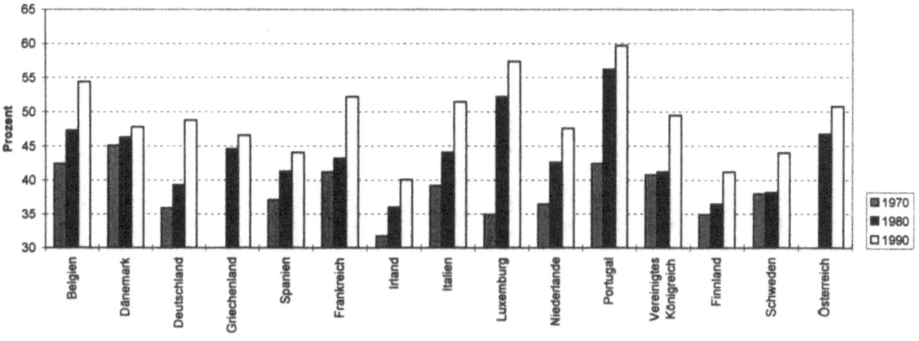

Anmerkung
Für Irland Daten von 1971 und 1985; für Portugal von 1985; für Finnland 1975. Für Österreich und Griechenland 1981, 1990 auf der Basis von OECD Daten. Zum Teil bestehen erhebliche Inkongruenzen zwischen den verschiedenen Angaben der volkswirtschaftlichen Gesamtrechnung auf der Basis nationaler, europäischer oder OECD Zusammenstellungen.

Quellen
Eurostat: Business Services in Europe, Luxembourg, 1995; OECD: National Accounts. Detailed Tables, Vol. II 1981-1993, Paris, 1995.
Vgl. auch OECD: Economic Outlook. Historical Statistics. 1960-1990, Paris, 1992.

Allein die marktlichen Dienstleistungen haben 1990 in fünf Mitgliedstaaten die 50%-Marke überschritten; in zehn der zwölf damaligen Mitgliedstaaten war 1990 die 45%-Marke übertroffen.

Hinsichtlich des Anteils an der Gesamtbeschäftigung läßt sich eine ähnliche, wenn auch nicht ebenso drastische Entwicklung feststellen. Der Anteil des Sektors der marktlichen Dienstleistungen an der Gesamtbeschäftigung der einzelnen Mitgliedstaaten hat 1990 in der Hälfte der damaligen Mitgliedstaaten die 45%-Marke gut überschritten.

Generell spricht hieraus eine zunehmende Bedeutung der Dienstleistungsindustrien in den Volkswirtschaften.[375]

Abb. 3: Anteil der marktlichen Dienstleistungen an der Gesamtbeschäftigung

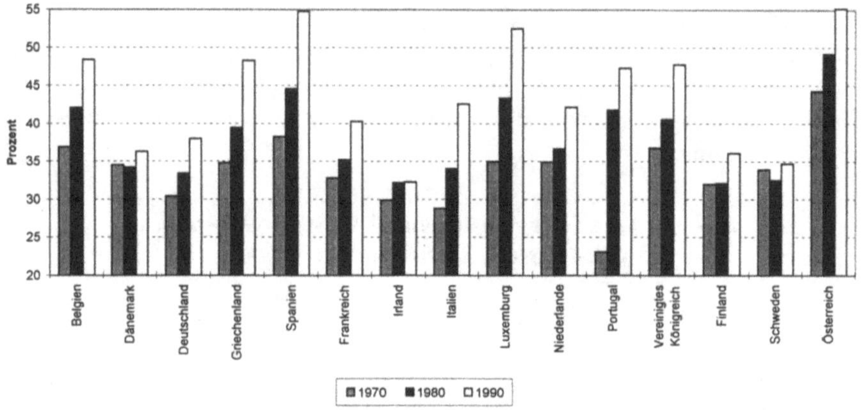

Anmerkung
Für Irland Daten von 1971 und 1985; für Portugal von 1985; für Finnland 1975. Für Österreich auf der Basis von Daten aus NewChronos. Für Griechenland, Spanien, Österreich Daten auf der Basis von OECD Statistik der Jahre 1971, 1980, 1990.

Quellen
Eurostat: Business Services in Europe, Luxembourg, 1995; OECD: Labour Force Statistics. 1974-1994, Paris, 1996;
Eurostat: NewChronos. On-line Datenbank. Total occupied population, by branch (2/1997).

Wie aus den obigen Ausführungen zu den modellrelevanten Aspekten zu erwarten war, ist die Entwicklung des innergemeinschaftlichen Handels in Dienstleistungen kaum mit der des Güterhandels zu vergleichen. Tatsächlich ist in vielen Bereichen eine Liberalisierung erst seit 1988 erfolgt. Die zunehmende Umsetzung der Dienstleistungsfreiheit hat in einer Reihe von Mitgliedstaaten zu einer Ausweitung des Handelsvolumens geführt. Das Datum fällt nicht von Ungefähr mit dem Erlaß der ersten horizontalen Direktiven und der Bestimmung der Kriterien für gegenseitige Anerkennung durch den Gerichtshof zusammen. So sind die Dienstleistungsexporte Frankreichs und Italiens, aber auch Deutschlands und der Benelux-Länder merklich gestiegen. Eine andere Gruppe von Mitgliedstaaten (Irland, Portugal, Dänemark, Griechenland) nehmen in einem sehr viel geringeren Maße am innergemeinschaftlichen Dienstleistungshandel teil.

375 Vgl. *Molle* (1997), S. 325 f.

Abb. 4: Entwicklung der innergemeinschaftlichen Ausfuhren von Dienstleistungen

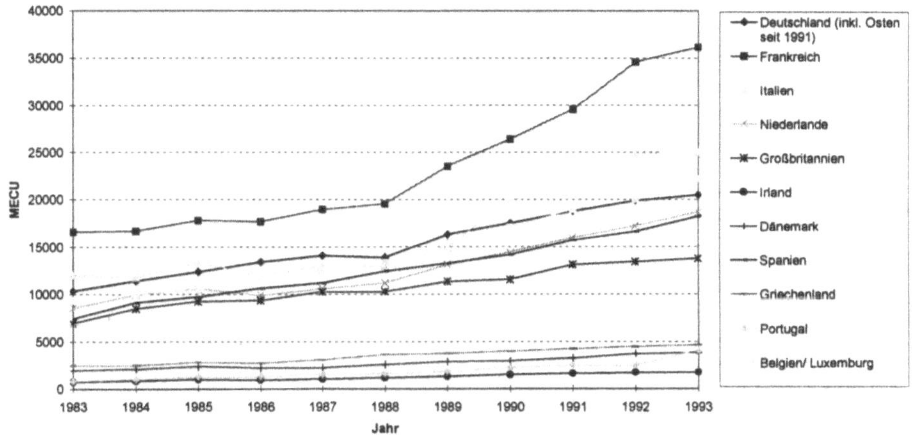

Quelle: Eurostat: NewChronos. On-line Datenbank. International trade in services, geographical breakdown of the current account (old series 1983 - 1993), (2/1997)

Betrachtet man die Entwicklung der intra-EG Dienstleistungsimporte, wie auf dem nächsten Schaubild dargestellt, so wird zunächst diese Zweiteilung bestätigt. Nach 1988 haben insbesondere Italien, aber auch Spanien das Volumen der innergemeinschaftlichen Dienstleistungsimporte sichtbar ausgeweitet.

Die auffällig langsamere Entwicklung Großbritanniens erklärt sich durch die Struktur der Dienstleistungsausfuhren hinsichtlich der Verteilung zwischen innergemeinschaftlichen Ausfuhren und Exporten in Drittstaaten. Wie aus der untenstehenden Grafik auf der nächsten Seite zu erkennen ist, bewegt sich der Anteil des britischen Binnenhandels bei rund einem Drittel der gesamten Dienstleistungsausfuhren. Ähnlich niedrig ist der Anteil bei den dänischen Exporten von Dienstleistungen. Dieser Anteil liegt im übrigen auch in Deutschland, Frankreich und Spanien unter fünfzig Prozent.

Schließlich läßt sich auch ablesen, daß der Integrationsprozeß im Dienstleistungsbereich kaum zu strukturellen Verschiebungen des Verhältnisses des innergemeinschaftlichen gegenüber dem Handel mit Drittstaaten geführt hat. Eine Ausnahme scheint allein Portugal darzustellen, das durch den Beitritt eine Zunahme der innergemeinschaftlichen Exporte um zehn Prozent verzeichnen konnte, die sich bis 1993 schließlich auf 70% der gesamten portugiesischen Dienstleistungsausfuhren beliefen.

Abb. 5: Entwicklung der innergemeinschaftlichen Einfuhren von Dienstleistungen

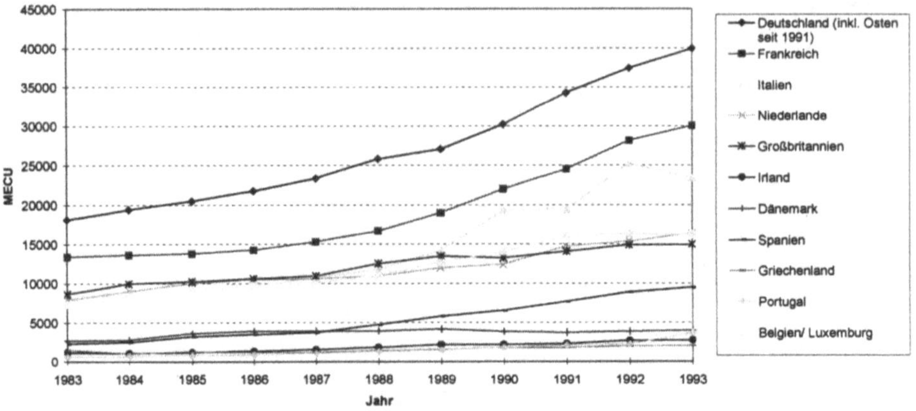

Quelle: Eurostat: NewChronos. On-line Datenbank. International trade in services, geographical breakdown of the current account (old series 1983 - 1993), (2/1997)

Abb. 6: Anteil des Binnenhandels in Dienstleistungen an der gesamten Dienstleistungsausfuhr des einzelnen Mitgliedstaates

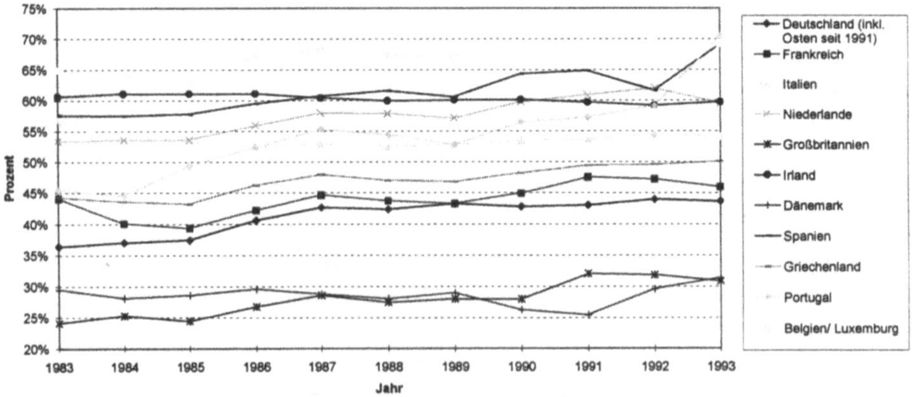

Quelle: Eurostat: NewChronos. On-line Datenbank. International trade in services, geographical breakdown of the current account (old series 1983 - 1993), (2/1997)

Man darf zunächst festhalten, daß die strukturellen Bedingungen im Dienstleistungsbereich sich in vielen Aspekten von Handel mit Gütern unterscheidet. Insbesondere konnte die Übergangszeit nicht zu einer vergleichbaren Ausweitung des Binnenhandels in Dienstleistungen führen. In einer Reihe von Mitgliedstaaten war selbst 1993 der Dienstleistungshandel mit Drittstaaten bedeutender als der innergemeinschaftliche Austausch.

2.1.1.2. Strukturelle Bedeutung

Im Integrationsprozeß der europäischen Gemeinschaft kommt seit Anbeginn dem Bereich des Handels in Gütern die größere Bedeutung zu. Für den Warenverkehr haben insbesondere nicht-tarifäre Handelshemmnisse eine große Bedeutung, als deren Prototyp die mengenmäßige Beschränkung angesehen werden darf.[376] Die technischen Handelshemmnisse folgen einer ähnlichen Logik. Herauszuheben sind die Schwierigkeiten bei der Messung ihrer übergreifenden Wohlfahrtswirkung. Es kann festgehalten werden, daß durch nicht-tarifäre Handelshemmnisse neue Konkurrenten systematisch benachteiligt und der Strukturwandel gehemmt werden. Beim Abbau der Unterschiede in den rechtlichen Vorschriften, die wettbewerbsverzerrende Wirkung zeitigen können,[377] kommt für den Güterbereich dem *„Cassis-de-Dijon"*-Urteil des Europäischen Gerichtshofes von 1979 einiges Gewicht zu. Das Urteil bekräftigt prinzipiell die Anerkennung des Äquivalenzprinzips von divergierenden nationalen technischen Regulierungen und die Geltung des Ursprungslandsprinzip innerhalb der Gemeinschaft.[378]

Auf der folgenden Abbildung sind die Anteile des innergemeinschaftlichen Exporthandels am jeweiligen nationalen Bruttoinlandsprodukt abgetragen. Aus der Graphik ergibt sich eindeutig die gewachsene Bedeutung des innergemeinschaftlichen Warenhandels. Der innergemeinschaftliche Handel gemessen als Anteil am Gesamtexport der Mitgliedstaaten oder als Verhältnis zum Bruttoinlandsprodukt hat während des Bestehens der Europäischen Gemeinschaft gehörig zugenommen.[379] Jeder Mitgliedstaat hat mehr als eine Verdoppelung des innergemeinschaftlichen Exporthandels seit seinem Beitritt verzeichnen können. 1992 entsprach der Wert der innergemeinschaftlichen Exporte Belgien/Luxemburgs und Irlands 40 Prozent ihres Bruttoinlandsproduktes. In den großen Volkswirtschaften Frankreich, Deutschlands und Großbritanniens entsprach dieser Wert immerhin noch mehr als einem Zehntel ihrer gesamten Wertschöpfung. Der innergemeinschaftliche Warenaustausch hat absolut und relativ für die einzelnen Wirtschaften der Mitgliedstaaten an Bedeutung gewonnen.

---

376 Vgl. die Betrachtung der Wirkung in *Langhammer* (1993), S. 48-50, der insbesondere den Inzidenz- und den Inventuransatz darstellt.

377 Vgl. *Kratz/ Thieme* (1993), S. 250.

378 Vgl. *Leipold* (1993), S. 63.

379 Vgl. *Swann* (1995), S. 113, auch Tabelle 6, S. 114.

Abb. 7: Bedeutung des intragemeinschaftlichen Handels (Exporte in % vom BIP)

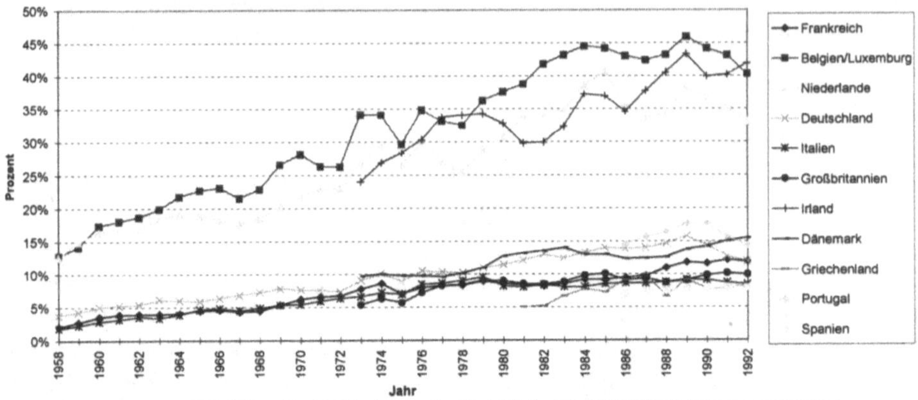

Quellen: Eigene Berechnungen. 1958-1975 aus: Monatsbulletin der Aussenhandelsstatistik, Sonderheft 1958-1975, Hg. Eurostat, Luxembourg, o.J. 1976-1987 aus: EEC external trade (Nimexe) 1976-1987, CD-Rom, Eurostat, Luxembourg, Suppl. 2, 1992. 1988-1992 aus: Intra- und Extra-Handel der EU (Jahresangaben - Kombinierte Nomenklatur), CD-Rom, Eurostat, Luxembourg, Suppl. 2, 1995. Es ist zu beachten, daß über den Zeitraum 1958-1994 die Kategorie Intra-EC selbst dynamisch ist. Außerdem werden seit Ende 1992 die Daten anders erhoben, so daß die statistische Reihe Inkoherenzen aufweisen kann. BIP: 1958 und 1959 eigene Berechnungen nach H. Willgerodt, u.a.: Wege (1972), S. 31. 1960-1972 und 1993-1994 aus European Economy No. 59. Annual Economic Report for 1995, Luxembourg, 1995. 1973-1992 aus Eurostat: Eurostat-CD. Elektronisches statistisches Jahrbuch der Europäischen Gemeinschaft. Vol. 1 u. 2, Ausgabe 1994.

Das folgende Schaubild zeigt die Entwicklung des Handels in Dienstleistungen. Aus den einleitenden Bemerkungen der zunehmenden Bedeutung des Dienstleistungssektors an der volkswirtschaftlichen Wertschöpfung, hätte man trotz der häufig geringeren Handelbarkeit von Dienstleistungen auch einen Zuwachs der Bedeutung des gemeinschaftlichen Handels an Dienstleistungen erwarten dürfen. Wie sich am Schaubild jedoch unschwer ablesen läßt, ist der Anteil der intra-EG Importe von Dienstleistungen am Bruttoinlandsprodukt im Jahrzehnt 1983-1993 in fast keinem der Mitgliedstaaten signifikant gewachsen. Als Ausnahme wäre vielleicht die Zunahme in Irland anzusehen. Luxemburg/Belgien, Irland und die Niederlande halten als kleine Länder die Spitze mit rund neun Prozent bzw. etwas über sechs Prozent. Das Gros der Mitgliedstaaten liegt eher in der Spanne von zwei bis drei Prozent. Gegenüber dem Handel in Gütern entspricht dies in etwa einem Verhältnis von eins zu vierundeinhalb. Es ist nicht so sehr die absolute Größe dieser Verhältnisse, sondern vielmehr das unterbliebene Wachstum, das zu Fragen reizt. Während der Dienstleistungssektor in derselben Periode national seine größte Ausweitung - teils bis zu zehn Prozentpunkte - erfahren hat, ist der innergemeinschaftliche grenzüberschreitende Handel in Dienstleistungen im besten Falle in einer Marge von weniger als einem Prozent gestiegen. Dieser Befund scheint auf die Existenz und Wirksamkeit von natürlichen und künstlichen Barrieren im grenzüberschreitenden Austausch von Dienstleistungen hinzuweisen.

Abb. 8: Bedeutung des intragemeinschaftlichen Handels von Dienstleistungen (Importe in % vom BIP)

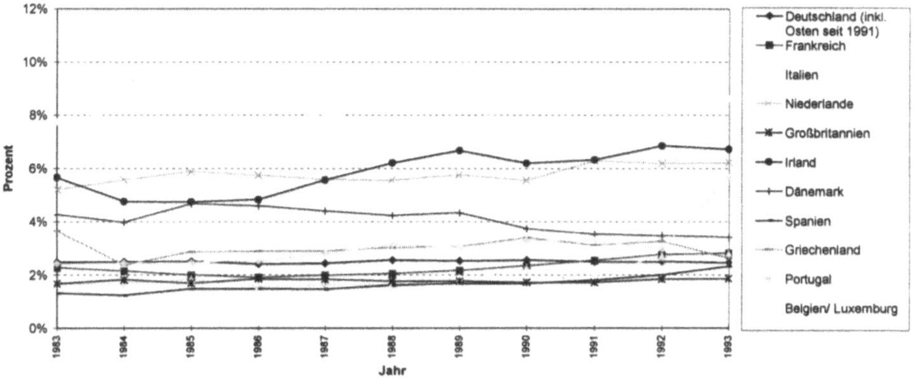

Quellen: Eigene Berechnungen anhand der Daten aus: Eurostat: Eurostat-CD. Elektronisches statistisches Jahrbuch der Europäischen Gemeinschaft. Luxembourg, 1994 (BIP) und Eurostat: NewChronos. On-line Datenbank. International trade in services, geographical breakdown of the current account (old series 1983 - 1993) (2/1997).

2.1.2. Kapitalströme

Die Erklärungsansätze für Kapitalbewegungen sind vielfältig und bisher wenig gesichert. Abweichungen der tatsächlichen Kursbewegungen von den durch die durch fundamentale Faktoren begründete Entwicklung werden durch den „Bubble"- und „Fad"- sowie „Noise-Trader"- Ansätze zu erklären versucht, wobei insbesondere die Annahme asymmetrischer Informationsverteilung im Mittelpunkt steht.[380] Hohe und schwankende Inflationsraten hingegen erhöhen das Risiko bei Investitionsentscheidungen, verzerren die Signalfunktion der Wechselkurse und führen zu einer realen Entwertung von Finanzvermögen und seinen Erträgen.[381] Dieses Wechselkursrisiko ist um so stärker ein Hemmnis für grenzüberschreitende Kapitalanlagen, desto längerfristig der Planungshorizont einer Investitionsentscheidung ist. Das Europäische Währungssystem hat daher auf den Bereich der Kapitalbewegungen einen nicht zu unterschätzenden Einfluß gehabt, obgleich das Wechselkursrisiko aufgrund der häufigen Paritätenanpassungen nicht tatsächlich eliminiert werden konnte. Noch stärker würde eine Währungs-

---

380 Vgl. *Kratz/ Thieme* (1993), S. 254.

381 Vgl. *Hesse* (1991), S. 38 f.

union die Transaktions- und Informationskosten drastisch senken und gleichzeitig Wechselkursrisiken eliminieren.[382]

Wie auf dem folgenden Schaubild abgelesen werden kann, haben die Fortschritte im Bereich des Sekundärrechts zu einer Ausweitung des Volumens der EG Kapitalexporte geführt. Trotz der saisonalen erheblichen Schwankungen läßt sich ein deutlicher Wachstumstrend feststellen, insbesondere seit 1986/1988.

Abb. 9: Kapitalexporte der Europäischen Gemeinschaft (Vierteljährlich)

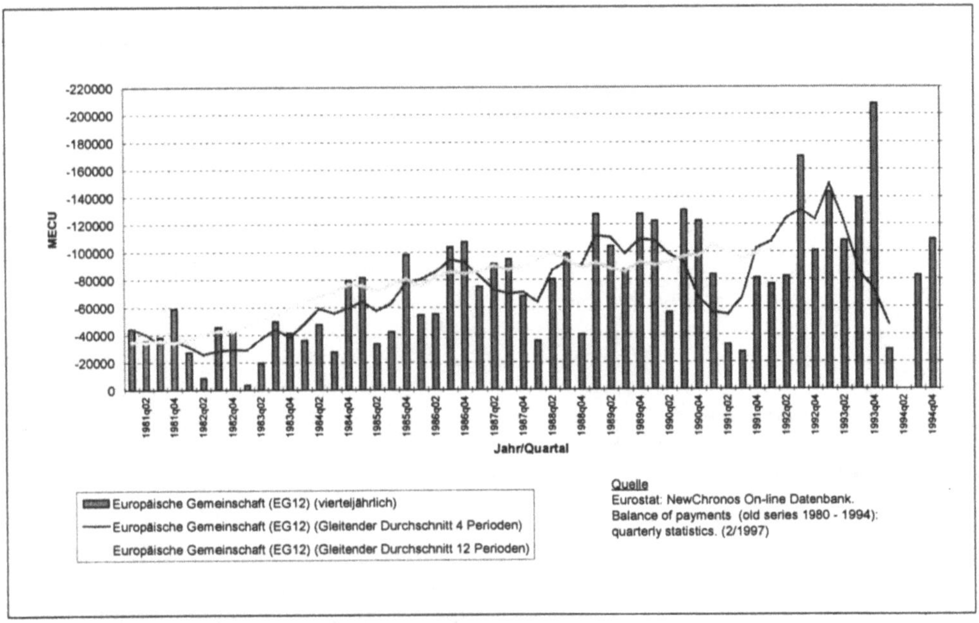

Hinsichtlich der Kapitalströme läßt sich feststellen, daß der Abbau von Kapitalverkehrskontrollen die Zunahme des grenzüberschreitenden Kapitalverkehrs ermöglicht hat.[383] Allein schon die Betrachtung der Mengen des Kapitalflusses weist auf eine zunehmende Verflechtung der internationalen Kapitalmärkte hin. Des weiteren kann eine Korrelation des internationalen Spar- und Investitionsverhaltens als Anzeichen für eine hohe Integration der Finanzmärkte und eine hohe Kapitalmobilität gewertet werden. An der Kapitalmobilität und an den Substitutionsverhältnissen der Forderungstitel, die na-

---

382 Vgl. *Ledig* (1993), S. 123 f.

383 Im folgenden *Kratz/ Thieme* (1993), S. 240-244.

tional gehandelt werden, läßt sich der Grad der Integration der Finanzmärkte ablesen.[384]

Abb. 10: Netto Portfolio-Investitionen der Europäischen Gemeinschaft (Vierteljährlich)

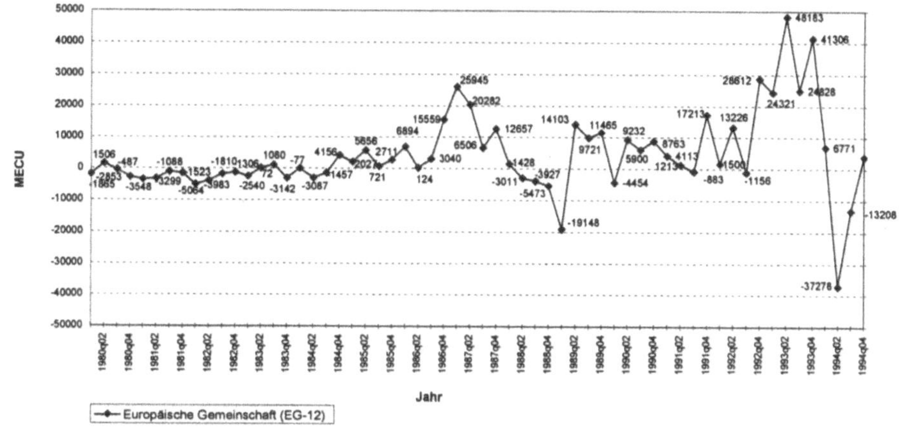

Quelle: Eurostat: NewChronos. Balance of payments (old series 1980 - 1994): quarterly statistics. (2/1997)

Die Entwicklung der Netto Portfolio-Investitionen ist in der vorstehenden Grafik dargestellt. Seit der Richtlinie von 1986 war gerade dieser Bereich liberalisiert worden. Das Ausmaß der Volatilität der Portfolio-Investitionen hat seit diesem Zeitpunkt ein Vielfaches der Vorjahre erreicht. Es entsteht der Eindruck, daß das Ausmaß der Kapitalexporte der EG seit den frühen achtziger Jahren und in den Netto Portfolio-Investitionen innerhalb der Europäischen Gemeinschaft insbesondere seit 1986 stark zunimmt. Die Integration von Finanzmärkten führt zu einer Angleichung der Renditen homogener Finanzaktiva. Dabei gilt, daß die realen Zinsen dann zum Ausgleich kommen, wenn sowohl die Kapital- als auch die Gütermärkte vollständig integriert sind und die Wechselkurse stets der Kaufkraftparität entsprechen. Dabei spielt die Senkung der Transaktionskosten aufgrund verbesserter Informations- und Kommunikationstechniken bei der Beschleunigung der Integration der Kapitalmärkte eine wichtige Rolle.[385]

---

384 Vgl. *Kratz/ Thieme* (1993), S. 239. *Fraenkel/ Klein* (1992), S. 67 legen ein Modell für die Untersuchung von Kapitalmobilität und deren Auswirkung auf Fiskalpolitik vor.

385 Vgl. *Braasch* (1992), S. 28 f.

Abb. 11: Entwicklung der langfristigen Zinsen in der Europäischen Gemeinschaft

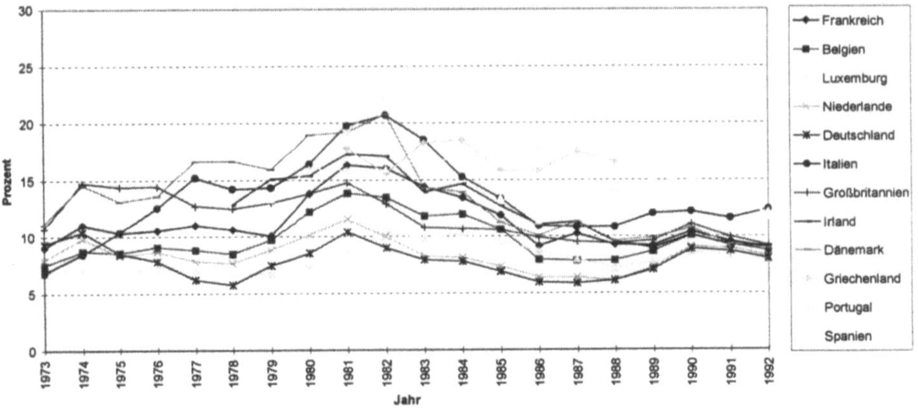

Quelle: Eurostat: Eurostat-CD, Luxemburg, 1994.

Abb. 12: Entwicklung der kurzfristigen Zinsen in der Europäischen Gemeinschaft

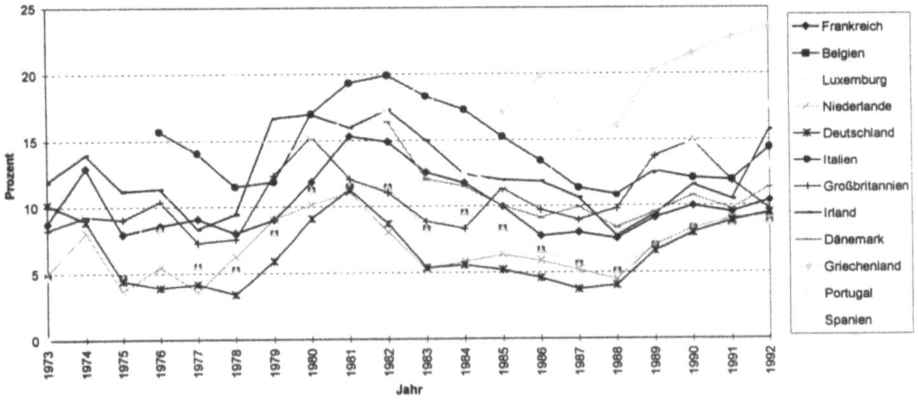

Quelle: Eurostat: Eurostat-CD, Luxemburg, 1994.

Auf der obenstehenden Graphik der vorhergehenden Seite wird die Konvergenz der langfristigen Zinsen auf öffentliche Anleihen insbesondere nach der zunehmenden Liberalisierung des Kapitalverkehrs deutlich. Mit Ausnahme von Griechenland, Portugal und Spanien fielen schließlich die Zinsen in den Mitgliedstaaten annähernd zusammen.

Dagegen stellt das untenstehende Schaubild die Entwicklung der kurzfristigen Zinsen auf dem Geldmarkt dar. Trotz der stärker ausgeprägten Zinsdifferenzen gilt für die Entwicklung der kurzfristigen Zinsen ein Ähnliches: die Zinsen in Deutschland und in den Benelux-Staaten sind seit 1988 fast gleich. Die Zinsen in Frankreich und Dänemark bewegen sich in zunehmender Nähe. Italien und Irland erleben 1991 eine gegensätzliche Entwicklung. Für Großbritannien war jedoch seit der zunehmenden Öffnung des gemeinschaftlichen Kapitalverkehrs für kurzfristige Anleihen kurzfristig eine hoher Zinszuschlag zu zahlen; möglicherweise eine Folge der fehlenden Teilnahme am EWS: denn seit 1990 nahm dieser Zuschlag drastisch ab.

2.2. Verflechtung und Produktionsorganisation

2.2.1. Verflechtung

Auch nach Ende der Übergangszeit hat der Wert des innergemeinschaftlichen Austausches stetig zugenommen. Das nächste Schaubild verdeutlicht diese Entwicklung anhand der innergemeinschaftlichen Einfuhren in die einzelnen Mitgliedstaaten. Die vier großen Mitgliedstaaten sind zugleich auch Europas größte Kunden. Ins Auge fällt jedoch der gegenüber anderen mittleren bis kleineren Mitgliedstaaten hohe Wert des Warenaustausches der Benelux-Staaten, der beispielsweise noch weit über dem Spaniens liegt.

Während der inter-industrielle Handel zwischen Ländern vor allem Effizienzgewinne aufgrund von Spezialisierung mit sich bringt, bedeutet intra-industrieller Handel aufgrund einer höheren Produktvielfalt in erster Linie Wohlstandsgewinn für die Verbraucher. Der inter-industrielle Handel impliziert jedoch einen Anpassungsprozeß in der industriellen Struktur der beteiligten Länder. Für den Gemeinsamen Markt konnte am Beginn der 80er Jahre noch rund 45% Prozent des innergemeinschaftlichen Handels dem inter-industriellen Handel zugeordnet werden.[386] Im Zeitraum 1985-1994 ist jedoch der Anteil des inter-industriellen Handels in allen Mitgliedstaaten gefallen.[387] Hinsichtlich der Struktur des internationalen Handels ist eine generelle Tendenz festge-

---

386 Inter-industrieller Handel liegt in operationeller Definition dann vor, wenn der Handelsfluß (Import oder Export) eines Landes mit einem anderen Land in einem spezifischen Sektor weniger als 10% des Handelsstromes (Import oder Export) des anderen Landes mit ihm in demselben Sektor ausmacht (vgl. *European Commission* (Januar 1997), S. 24, Fußnote 2)

387 Vgl. *European Commission* (Januar 1997), S. 24.

stellt worden, nach der der internationale Austausch zu großen Teilen als gleichzeitiger Export und Import grundsätzlich ähnlicher Güter vonstatten geht.[388] Der intra-industrielle Handel tritt zunehmend an die Stelle des inter-industriellen Austausches.

Abb. 13: Entwicklung der innergemeinschaftlichen Einfuhren von Gütern (absolute Werte, pro Mitgliedstaat)

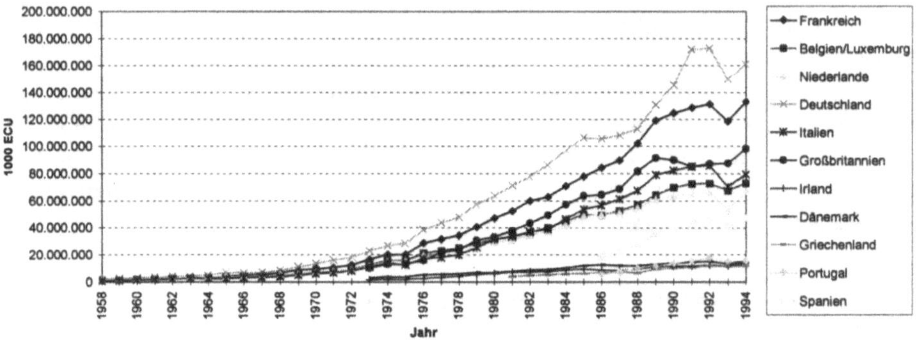

Quellen: 1958-1975 aus: Monatsbulletin der Aussenhandelsstatistik, Sonderheft 1958-1975, Hg. Eurostat, Luxembourg, o.J. 1976-1987 aus: EEC external trade (Nimexe) 1976-1987, CD-Rom, Eurostat, Luxembourg, Suppl. 2, 1992. 1988-1992 aus: Intra- und Extra-Handel der EU (Jahresangaben - Kombinierte Nomenklatur), CD-Rom, Eurostat, Luxembourg, Suppl. 2, 1995. Es ist zu beachten, daß über den Zeitraum 1958-1994 die Kategorie Intra-EC selbst dynamisch ist. Außerdem werden seit Ende 1992 die Daten anders erhoben, so daß die statistische Reihe Inkoherenzen aufweisen kann.

Die Stagnation bei der Beseitigung von nicht-tarifären Handelshemmnissen, die auf den Erfolg der Gründerphase mit dem Abbau der Zollschranken folgte, muß vermutlich der inzwischen erfolgten Organisation der wirtschaftlichen Interessenverbände auf europäischem Niveau zugerechnet werden. Im intra-industriellen Handel findet hingegen ein erhöhter Wettbewerb unter den Unternehmen derselben Branche statt. Vor allem seit dem Beginn des Binnenmarktprogramms hat sich der Anteil des intra-industriellen Handels stark erhöht. Dabei kann unterschieden werden in intra-industriellen Handel mit ähnlichen Produkten in vergleichbaren Qualitäten und andererseits intra-industriellem Handel mit ähnlichen Produkten, aber gleichzeitig differenziert nach Preisen und Qualitäten.[389] Es ist dieser letzte Typ, der seit 1985 von rund 35% auf rund 42% des

388 Vgl. *Daly* (1993), S. 29, der hierin vor allem eine Widerlegung des Prinzips des komparativen Vorteils für Außenhandel sehen möchte.

389 Die Abgrenzung wird statistisch folgendermaßen vorgenommen: Intra-industrieller Handel mit ähnlichen Produkten in vergleichbaren Qualitäten liegt vor, wenn die Einheitswerte (unit values) der Importe und Exporte in einer Kategorie um weniger als 15% differieren. Dagegen wird intra-industrieller Handel in ähnlichen, aber differenzierten Produkten vor,

gesamten innergemeinschaftlichen Handels gestiegen ist. Gleichzeitig ist der Anteil des innergemeinschaftlichen Handels an ähnlichen Produkten in vergleichbarer Qualität in diesem Zeitpunkt bei rund 20% stabil geblieben.[390] Diese Indikatoren weisen darauf hin, daß im Verlaufe der wirtschaftlichen Integration von den im Wettbewerb stehenden Unternehmen immer neue Wege effizienzerhöhender Arbeitsteilung gefunden wurden. Dabei hat sich die Spezialisierung stetig verfeinert.

Ein besonderes Kennzeichen der wirtschaftlichen Entwicklung ist die zunehmende Internationalisierung der Produktionsprozesse, so daß viele Firmen über ein engmaschiges Netz externer Beziehungen in Form von Abmachungen und Verträgen zu *„joint ventures"*, *„subcontracting"* und *„licensing"* verfügen.[391] Darüber hinaus zeigt sich, daß als weitere Stufe der Intra-Firmen-Handel gegenüber den beiden obigen herkömmlichen Austauscharten immer stärker herausbildet. Schon etwa ein Drittel des OECD Warenhandels vollzieht sich als Intra-Firmen-Handel.[392] Dabei werden im Intra-Firmen-Handel hauptsächlich innovative Technologien gehandelt, während im Inter-Firmen-Handel etablierte Technologien vorherrschen.[393]

Zusehends erfolgt die unternehmerische Leistungserstellung in mehreren Ländern. Dies kann auch Direktinvestitionen eines Unternehmens im Ausland beinhalten. Diese zunehmende Verflechtung der Produktionsprozesse auf allen Stufen lassen nicht-tarifäre Handelshemmnisse in ihrer Wirkung verblassen, vor allem wenn sie sich gegen Länder und nicht gegen einzelne Unternehmen richten.[394] Aufgrund ihrer langfristigen Motivation geben insbesondere Direktinvestitionen einen guten Indikator für die Intensität internationaler Kapitalverflechtungen her.[395]

---

wenn diese unit values sich mehr als 15% unterscheiden (vgl. *European Commission* (Januar 1997), S. 24, Fußnote 3).

390 Vgl. *European Commission* (Januar 1997), S. 24.

391 Vgl. *Braasch* (1992), S. 29.

392 Vgl. *Welfens* (1993), S. 528.

393 Vgl. *Welfens* (1990), S. 47 und S. 193.

394 Vgl. *Langhammer* (1993), S. 58.

395 Zur Erklärung des Phänomens der Direktinvestitionen sind eine Reihe verschiedener Hypothesen vorgebracht worden. Nach der sog. Portfolio-Hypothese gehen in das Nutzenkalkül der Eigentümer und des Managements die Höhe des erwarteten Gewinnes ebenso wie das Ertragsrisiko ein. Generell ergibt diese Annahme einen Anreiz, die Produktion in Ländern mit „komparativen Stabilitätsvorteilen" aufzunehmen. Daneben wird nach der *Hymer-Kindleberger*-Hypothese die Direktinvestition, vor allem aufgrund von Marktunvollkommenheiten für technisches Wissen oder nicht patentfähigem Management Know-how, als eine Alternative zum Export angesehen in Fällen, in denen das Unternehmen über „firmenspezifische Vorteile" verfügt. Nach *Buckley/Casson* und *Duming* ist die Entscheidung für eine Direktinvestition zu vergleichen mit der Vorteilhaftigkeit von Intra-Firmen-Transaktionen gegenüber grenzüberschreitenden Markttransaktionen. Schließlich werden nach dem *Aliber*-Ansatz firmenspezifische Vorteile als Kapi-

Die möglichen Beweggründe für Direktinvestitionen zeigen eine doppelte Erklärungsrichtung: einmal wird Kapital investiert, um die divergierenden Standortbedingungen optimal zum Tragen kommen zu lassen, zum anderen werden Direktinvestitionen vorgenommen, um Handelshemmnissen aus divergierenden Standortbedingungen entgegenzuwirken. Zunehmender Intra-Firmen-Handel geht zumeist mit Direktinvestitionen einher.[396] In der Folge werden immer mehr Transaktionen ihrer Handelsqualität beraubt und zu einem firmeninternen Versand mit Verrechnungspreisen, die selbst mit den Erstellungskosten in keiner Verbindung zu stehen brauchen.[397] In ihnen wird die wirtschaftliche Integration tatsächlich so weit getrieben, daß ursprünglich grenzüberschreitende Transaktionen zwischen verschiedenen Marktpartnern in vielerlei Hinsicht zu Verrechnungsposten in der Kalkulation innerhalb eines Unternehmens werden, bei denen die nationalen Grenzen zunehmend bedeutungslos werden. „Die zulasten von inländischer Beschäftigung und Steuereinnahmen gehenden Direktinvestitionen im Ausland werden bei technologisch bedingt erhöhter Kapitalmobilität aus der Sicht des politischen Systems zunehmend bedeutsam."[398]

Abb. 14: Direktinvestitionen des jeweiligen Mitgliedstaates innerhalb der Europäischen Gemeinschaft

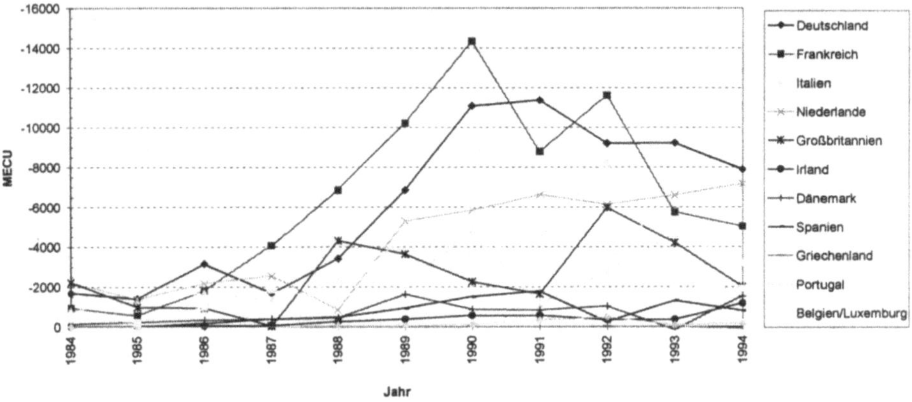

Quelle: Eurostat: NewChronos. On-line Datenbank. EU direct investments, breakdown by economic activity (old series from 1984). (2/1997). Total, Outward Flows, Equity and other without reinvested earnings. Positive signs signify disinvestment. Vgl. auch European Union: Direct Investment Yearbook. 1996, Luxembourg, 1997.

---

talgut angesehen, dessen Wert alternativ durch Direktinvestitionen, Lizenzvergabe oder Exporte maximiert werden kann (*Welfens* (1990), S. 47, S. 185-187).

396 In Anlehnung an *Welfens* (1990), S. 187.

397 Vgl. *Drucker* (1994), S. 101 f.

398 Vgl. und zit. *Welfens* (1990), S. 192 und S. 186.

So können Direktinvestitionen aufgrund des politischen Potentials, das in ihnen wohnt, Rückwirkungen auf diese Standortbedingungen, insbesondere auf die politisch gesetzten Rahmenbedingungen, auslösen.

Im Ausmaß der grenzüberschreitenden Direktinvestitionen kann auch ein Indikator für das Fortschreiten von Integration gesehen werden. Dieser hängt seinerseits auch von der Verwirklichung der Kapitalverkehrsfreiheit ab.[399] Wie das obige Schaubild auf der vorigen Seite veranschaulicht, haben die innergemeinschaftlichen Direktinvestitionen seit 1986 eine erhebliche Ausweitung erfahren. Auch können Direktinvestitionen bei bestehenden tarifären und nicht-tarifären Hindernissen die einzige profitable Möglichkeit darstellen, in ausländischen Märkten Fuß zu fassen. Insbesondere Frankreich, Deutschland und die Benelux-Staaten haben ihre Investitionsvolumina in anderen Mitgliedstaaten der Gemeinschaft stark erhöht. Die Vermutung liegt nahe, daß diese Tendenz mit der Vollendung des Binnenmarktes in Verbindung steht. Beachtet werden sollte, daß eine auswärtige Direktinvestition prinzipiell nur einmalig erfolgen muß, um eine dauernde Standortverlagerung anzuzeigen.

Wie das folgende Schaubild verdeutlicht, können die jährlichen Zuflüsse von Direktinvestitionen in den einzelnen Mitgliedstaaten dabei erheblichen Schwankungen unterliegen.

Abb. 15: Jährliche Zuflüsse an Direktinvestitionen im jeweiligen Mitgliedstaat aus der Europäischen Gemeinschaft

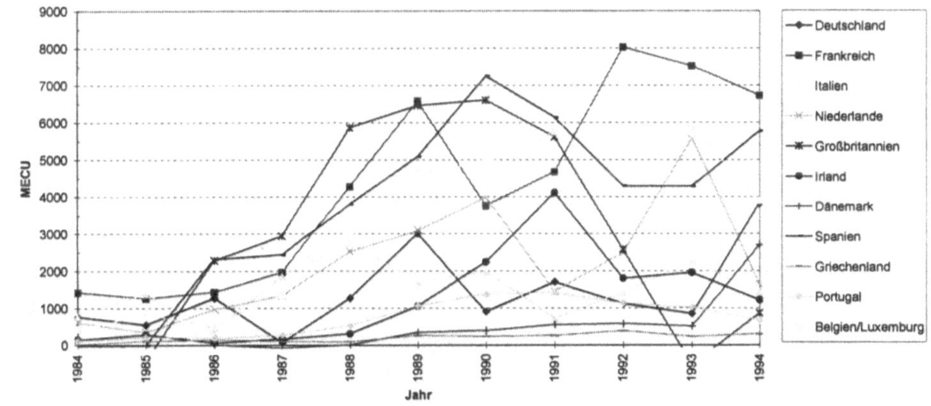

Quelle: Eurostat: NewChronos. On-line Datenbank. EU direct investments, breakdown by economic activity (old series from 1984). (2/1997). Total, Inward Flows, Equity and other without reinvested earnings. Negative sign signifies disinvestment. Vgl. auch European Union: Direct Investment Yearbook. 1996, Luxembourg, 1997.

So konnte Großbritannien von 1986 bis 1992 erhebliche Zuflüsse verzeichnen, die allerdings 1993 in Desinvestitionen umschlugen. Gleichzeitig konnte man in Frankreich und Belgien/Luxemburg in den Jahren 1992 und 1993 den entgegengesetzten Trend beobachten. Beide Länder erfuhren zu diesem Zeitpunkt eine spürbare Zunahme der Direktinvestitionen aus anderen Mitgliedstaaten. Diese Entwicklungen sind möglicherweise ein Zeichen für funktionierenden Standortwettbewerb.

Schließlich darf vermutet werden, daß die zunehmende Verflechtung der Unternehmen auf europäischem Niveau einen Bedarf für die Annäherung der Unternehmensverfassungen schafft. Die Unternehmungsverfassungen haben über ihre drei grundsätzlichen Merkmale der Rechtsform, der Form der betrieblichen Willensbildung und der Form der betrieblichen Ergebnisrechnung integrale Bedeutung für die Qualität der ökonomischen Ergebnisse. Besondere Auswirkung auf die Unternehmensformen über die Rechtsformen haben die Ausgestaltung der Haftungsregeln und die Verfassung der Kapitalmärkte in einer Wirtschaftsordnung. Die Mitbestimmungsregeln hingegen stehen in engem Zusammenhang mit der Verfassung und den Institutionen der Arbeitsmärkte. Im Rahmen des Themas ist hinsichtlich der Ergebnisrechnung die Annahme des Vorherrschens des Prinzips der Gewinnerzielung gerechtfertigt.[400]

Innerhalb der EG unterscheiden sich die Unternehmensverfassungen hinsichtlich der Rechtsformen und der geltenden Mitbestimmungsregeln.[401] Auch in diesem Bereich kann man die Diskussion über den Weg einer Angleichung der verschiedenen Modelle führen: Harmonisierung gegenüber zwischenstaatlichem Wettbewerb wären die Pole. Die Hauptargumente, die in diesem Zusammenhang berücksichtigt werden müssen, sind: erstens die Gefahr von Wettbewerbsverzerrungen und eines auf adverser Selektion beruhenden Regulierungswettbewerbs; zweitens Transaktionskostenersparnis aus gleichen Rechtsrahmen innerhalb des gesamten Integrationsgebietes und drittens die Entwicklung und Auswahl der effizientesten Unternehmensverfassung aus den möglichen Modellen.

Die Unternehmensform der Europäischen Aktiengesellschaft kann als Antwort des politischen Systems auf das von den Wirtschaftsteilnehmern verspürte Bedürfnis nach grenzüberschreitenden Verflechtungsmöglichkeiten gewertet werden. Diese *Societas Europea* (SE) ist entwickelt worden, um die Schaffung einer europäischen Aktiengesellschaft zu erleichtern. Allerdings sind die steuerrechtlichen Bestimmungen und die Auflagen hinsichtlich der Mitbestimmung bisher ausgeklammert worden. Die im Juli 1990 verabschiedete Mutter-Tochter-Richtlinie (90/435/EWG) und die Fusionsrichtlinie (90/434/EWG) zielen vor allem darauf ab, Besteuerungsnachteile (insb. Doppelbesteuerung) der grenzüberschreitenden Zusammenarbeit zu beseitigen bzw. zu verhindern. In der Fusionsrichtlinie geht es um die Schaffung der Möglichkeit, grenzüberschreitende

399 Vgl. *Molle* (1997), S. 231.

400 Vgl. *Fehl/ Delhaes/ Schreiter* (1993), S. 320; das Kostendeckungs-, Einkommens- und Planerfüllungsprinzip seien daher im folgenden nicht weiter berührt.

401 Im folgenden *Fehl/ Delhaes/ Schreiter* (1993), S. 321-323, S. 326, und S. 330-335.

Zusammenschlüsse und Umstrukturierungen steuerneutral durchzuführen. Die betroffenen Vorgänge sind:

- grenzüberschreitende Fusionen;
- grenzüberschreitende Spaltungen;
- Tausch von Betriebsteilen gegen Anteile;
- Anteilstausch.

Als grenzüberschreitende Kooperationsform ist darüber hinaus die Rechtsform der Europäischen wirtschaftlichen Interessenvereinigung (EWIV) geschaffen worden.[402] In ähnlicher Weise stellt die Möglichkeit der vorwettbewerblichen Kooperation bei Forschung und Entwicklung im Binnenmarkt Schritte in Richtung einer europäischen Unternehmensstruktur dar.[403]

2.2.2. Produktionsorganisation

2.2.2.1. Kapital

Einen Eindruck über die gewachsene Bedeutung der Direktinvestitionen von 1980 bis 1994 liefert das folgende Schaubild.

Abb. 16: Auswärts gerichtetes Direktinvestitionsvermögen der Mitgliedstaaten im Verhältnis zum BIP

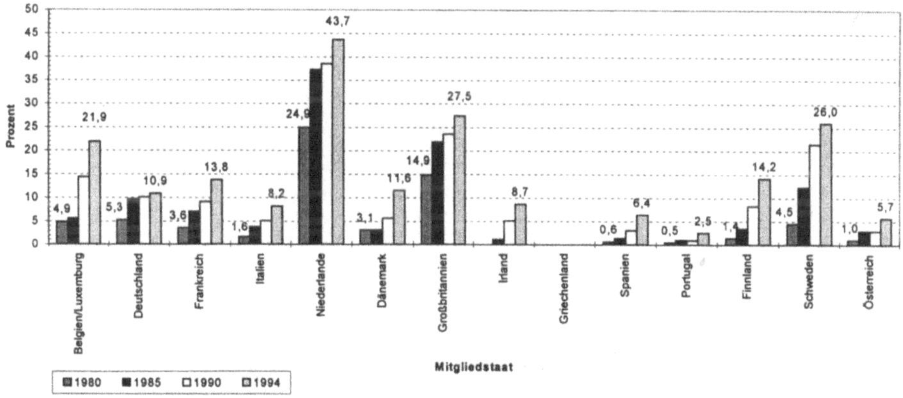

Quelle: UNCTAD: World Investment Report 1996, New York, Geneva, 1996.

402 Vgl. *Fehl/ Delhaes/ Schreiter* (1993), S. 328-330.

Während dieses Vermögen 1980 bei kaum einem Mitgliedstaat die fünf Prozent Hürde überschritten hatte (mit Ausnahme der Niederlande, die damals schon bei fast 25% des BIP lagen), haben 1994 sieben der damaligen zwölf Mitgliedstaaten auswärtiges Direktinvestitionsvermögen in einer Größenordnung von mehr als zehn Prozent des Bruttoinlandsproduktes in anderen Ländern angelegt. Vier Mitgliedstaaten (Belgien/ Luxemburg, Niederlande und Großbritannien) sogar mehr als 20 Prozent ihres Bruttoinlandsproduktes.

Neben dem Vermögensstand an Direktinvestitionen, der sogleich das gesamte Druckpotential der Investoren auf einen Investitionsstandort beziffert, ist in diesem Zusammenhang die Entwicklung der jährlichen Investitionsströme von besonderem Interesse. Auf dem folgenden Schaubild ist dargestellt, wie sich der Anteil der Direktinvestitionen der einzelnen Mitgliedstaaten innerhalb der Gemeinschaft zu ihren jeweilig gesamt getätigten Investitionen verhalten.

Abb. 17: Anteil der Direktinvestitionen der Mitgliedstaaten innerhalb der EG an ihren gesamten auswärtigen Investitionen in der Welt

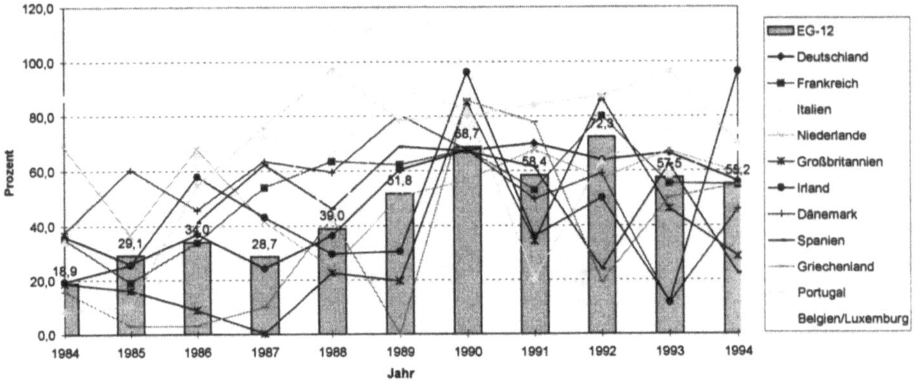

Quelle: Eigene Berechnungen. Eurostat: NewChronos. On-line Datenbank. EU direct investments, breakdown by economic activity (old series from 1984). (2/1997). Total, Inward Flows, Equity and other without reinvested earnings. Vgl. auch European Union: Direct Investment Yearbook. 1996, Luxembourg, 1997.

Interessant ist die fast sprunghafte Zunahme des EG Durchschnitts. Während der Anteil der europäischen Direktinvestitionen aus anderen Mitgliedstaaten der Gemeinschaft sich 1984 unter 20% bewegt, dann ansteigt und bis 1987 um die 30%-Marke zu

403 Vgl. *Gröner* (1993), S. 15.

fluktuieren scheint, ist in den Jahren 1988 bis 1992 ein steiler Anstieg auf rund 70% zu verzeichnen. Mehrere Faktoren mögen für eine Erklärung heranzuziehen sein: die Süderweiterung der Gemeinschaft, das Binnenmarktprogramm, der Abbau der Kapitalverkehrsbeschränkungen oder die zunehmende Stabilität der Wechselkurse. Tatsächlich ist der durchschnittliche Anteil in den beiden Folgejahren wieder auf 55 % zurückgegangen. Beachtet werden sollte, daß die Zusammensetzung des jeweiligen Durchschnitts keineswegs statisch ist, sondern von Jahr zu Jahr im Hinblick auf die Beiträge der einzelnen Mitgliedstaaten erheblich abweichen kann.

Unter dem Stichwort „Transnationalisierung" verbirgt sich eine Internationalisierung der Eigentumsrechte an Unternehmen. Hierfür sind die technologischen Fortschritte sind von besonderer Bedeutung. Manche sprechen von einer neuen technologischen Ära, welche die herkömmlichen Paradigmata der Standortwahl in Frage stellt.[404]

Die Einkommen der Mitgliedstaaten aus den Direktinvestitionen innerhalb der Europäischen Gemeinschaft sind in der folgenden Graphik abgebildet.

Abb. 18: Einkommen der Mitgliedstaaten aus Investitionen in der Europäischen Gemeinschaft

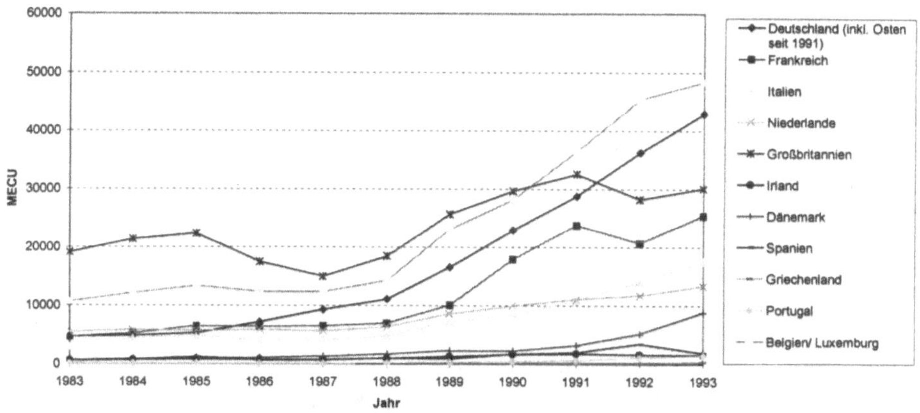

Quelle: Eurostat: NewChronos. On-line Datenbank. International trade in services, geographical breakdown of the current account (old series 1983 - 1993), (2/1997)

404 Vgl. *Martelli* (1993), S. 45. Siehe den Literaturbericht zum Zusammenhang von Handel und Technologie von *Grossman/ Helpman* (1994), insbesondere S. 62-66.

Diese Einkommen weisen auf die Größenordnung dauerhafter Verbindungen von Stammunternehmen und den im europäischen Ausland liegenden Unternehmensteilen. Das Schaubild zeigt einen deutlichen Anstieg seit dem Jahre 1987. Dies fällt mehr oder weniger mit der drastischen Ausweitung der Direktinvestitionen zusammen. Die Überlegungen, die in diesem Zusammenhang angestellt wurden, sind auch hier anzustellen. Wie ein Vergleich mit den absoluten Werten der intra-EG Exporten von Dienstleistungen zeigt, handelt es sich bei den Einkünften aus Direktinvestitionen innerhalb der EG um Beträge in einer vergleichbaren Größenordnung. In einigen Fällen übertreffen die Einkommen aus innergemeinschaftlichen Direktinvestitionen sogar die Erlöse aus den innergemeinschaftlichen Exporten von Dienstleistungen.

Insbesondere die Veränderungen und die Beschleunigung der Kommunikation hat bedeutende strukturelle Auswirkungen auf das Weltwirtschaftssystem.[405] Die positiven wirtschaftlichen Auswirkungen eines ungehinderten Informationsflusses liegen auf der Hand.[406] So erklärt technischer Fortschritt ungefähr ein Drittel des Wirtschaftswachstums in westlichen Marktwirtschaften.[407] Neben dem technologiebezogenen Innovationswettbewerb ist die Bedeutung der innovativen Informationsleistung in Bezug auf Marktkenntnis für den Innovationserfolg nicht zu unterschätzen.[408] „Die Entstehung einer Marktlücke oder die Markterschließung für eine vollkommen neues Produkt ist vom individuellen Wissen, von der individuellen Risikobereitschaft und vor allem von der Fähigkeit abhängig, Informationen und Wissen in einer Weise zu kombinieren, die erst die Marktlücke und die Vermarktungsfähigkeit eines neuen Produktes erkennen lassen."[409]

Sofern ein maßgebliches Motiv für Direktinvestitionen die Umgehung von Handelshemmnissen ist, werden sie im Prozeß der wirtschaftlichen Integration bei durchlässigeren Grenzen aber zusehends gegenstandslos.[410] Eine weitere Überlegung hinsichtlich Direktinvestitionen ist die Absicherung gegenüber starken Schwankungen der Wechselkurse im Verhältnis zur Währung der Eigentümer.

2.2.2.2. Arbeit

Eine im Zusammenhang mit der innergemeinschaftlichen Produktionsorganisation interessante Frage ist das Verhältnis der gegenseitigen Austauschbarkeit der Produktionsfaktoren Kapital und Arbeit.[411] Kapitalströme können in einem gewissem Ausmaß

---

405 Vgl. *Luhmann* (1988), S. 21.

406 Vgl. *Drucker* (1994), S. 100.

407 Vgl. *Welfens* (1993), S. 527.

408 Vgl. *Wegner* (1992), S. 58.

409 Zit. *Utzig* (1987), S. 419.

410 Vgl. *Görgens* (1993), S. 221.

411 Vgl. *Bhagwati* (1989), S. 687 f. und S. 691 f., der exemplarisch eine Reihe von Überlegungen anführt, die das komplizierte Beziehungsgeflecht verdeutlichen.

als Ersatz für Arbeitskräftewanderung angesehen werden.[412] Für den internationalen Handel gehen die Hypothesen dabei weit auseinander: eine komplementäre Beziehung wird ebenso wie ein substitutionales Verhältnis vermutet. Von besonderem Interesse ist in diesem Zusammenhang das Lohngefälle. Empirisch ergibt sich jedoch weitestgehend, daß bisher gerade in arbeitsintensiven Branchen trotz des Lohnvorteils nur geringe Anteile der Direktinvestitionen fließen. Die längerfristigen Absatzmöglichkeiten scheinen einen größeren Einfluß auf die Investitionsentscheidungen zu haben. Ausländische Direktinvestitionen begünstigen die Schaffung von Arbeitsplätzen, folglich von Einkommen, und somit eine Zunahme der allgemeinen Wohlfahrt. Zudem steigern sie die Reputation der politischen Akteure.[413] Jedoch steigt durch Nettokapitalimport der inländische Kapitalstock, so daß die Grenzproduktivität des Kapitaleinsatzes sinkt. Die Schaffung von Arbeitsplätzen infolge von Direktinvestitionen kann ihrerseits den Anreiz zur Auswanderung mindern.[414] Dennoch kann erwartet werden, daß mit zunehmender Integration der Märkte die Auswirkungen des internationalen Wettbewerbs auf die Arbeitsmarktregelungen zunehmen werden. Über *ad-hoc* Maßnahmen führt dieser Staatenwettbewerb zu institutionellen Anpassungen.[415]

Daher wird in der folgenden Abbildung kurz die Entwicklung der Wanderung von Arbeitskräften in der Europäischen Gemeinschaft betrachtet.[416] Tatsächlich zeigt das folgende Schaubild, daß die größten Wanderungen gleich nach Erlaß der grundlegenden Richtlinie und Verordnung im Jahr 1968 erfolgt sind. Danach ist der Trend absteigend, bis im Jahre 1986 die Süderweiterung erneut für einen Anstieg gesorgt hat.[417] Es läßt sich beobachten, daß trotz zunehmender rechtlicher Freizügigkeit in den letzten Jahrzehnten in der EG, die Beschäftigung von EG-Ausländern relativ und teilweise auch absolut gesunken ist.[418] Obwohl 1990 die Dienstleistungs- und Niederlassungsfreiheit in den meisten Tätigkeitsbereichen verwirklicht war, kam es auch nicht zu Wanderungsbewegungen von Selbständigen größeren Ausmaßes.[419] Anscheinend hat die zunehmende Verwirklichung des Binnenmarktes die Arbeitskräftemigration gesenkt.[420] Andererseits kann hier nicht entschieden werden, inwieweit die

---

412 Vgl. *Görgens* (1993), S. 221, S. 226.

413 Vgl. *Gerken* (1995), S. 16.

414 Vgl. *Wentzel*, S. 512.

415 Vgl. *Kratz/ Thieme* (1993), S. 249; und *Kammler* (1992), S. 97.

416 Eine qualitative Bescheibung der Arbeitsmigration in Europa liefert *Körner* (1990), S. 66-107.

417 Die Zahlenangaben sollten nicht überinterpretiert werden, da die Vollständikeit nicht gewährleistet ist. Im übrigen wrid auf den Aspekt der außergemeinschaftlichen Immigration nicht weiter eingegangen, da er für die Ordnungstrukturen vermutlich irrelevant ist. (*Eichengreen* (1994), S. 7 f.)

418 Vgl. *Görgens* (1993), S. 219. Zur sektorellen Struktur der ausländischen Arbeitskräfte in D, US und CH, siehe *Zimmermann* (1994), S. 231

419 Vgl. *Oppermann* (1991), S. 572.

420 Vgl. *Molle* (1997), S. 211 f.

Ausweitung der Freizügigkeit auf andere Bevölkerungsgruppen außer Arbeitnehmern nicht für den erneuten Anstieg seit Ende der achtziger Jahre verantwortlich ist.

Abb. 19: Einwanderungen in der EG (var.) aus anderen EG-Ländern

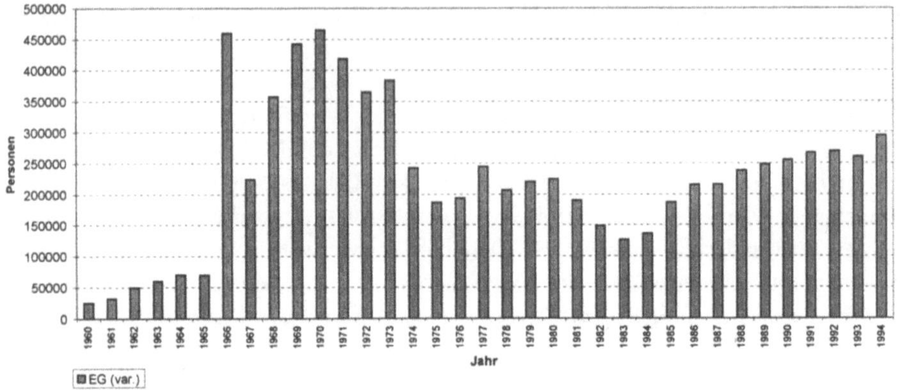

Anmerkung
Die Daten sind mit großen Unsicherheiten behaftet. Von 1960-1965 liegen Daten nur von Belgien und den Niederlanden vor. Seit 1966 kommt Deutschland dazu. Von 1973-1985 umfassen die Daten darüberhinaus Dänemark und Großbritannien (seit 1975). Für Irland liegen bis 1991 und Portugal bis 1992 keine Daten vor.
Quelle
Eurostat: Wanderungstatistik. 1996, Luxembourg, 1997 für Daten von 1992-1994, die schon auf der Definition EUR15 beruhen. Ebenso die Daten für Griechenland, Spanien, Italien, Portugal. Daten vor 1985 und für Großbritannien aus: Eurostat: Improvement of the historical series of statistics on international migration in Eurostat. Prepared by J. Salt, Ann Singleton, o.O. (November 1994).

2.2.2.3. Wissen

Gerade die Entwicklung von wirksamen Schutzmaßnahmen für Eigentumsrechte an technologischen Erneuerung war besonders schwierig.[421] Bei Arbeitskräftemobilität kann aufgrund von Wissenstransfer und *spill-over* Effekten zu einer Angleichung der Wachstumsraten in einem integrierten Wirtschaftsgebiet führen.[422]

Das nächste Schaubild verdeutlicht die wachsende Bedeutung der Einkommen, die den einzelnen Mitgliedstaaten aus der innergemeinschaftlichen Verwertung von Patenten entstehen. Auch wenn sich gegenüber den Beträgen der Dienstleistungsexporte die Höhe der Einkommen aus der Patentüberlassung noch als verhältnismäßig geringfügig einstufen läßt, sollte beachtet werden, daß sich die Einkommen für die Benelux-Staaten, Deutschland und Großbritannien in den zehn Jahren von 1983 bis 1993 rund verdreifacht, das Einkommen Frankreichs mehr als verdoppelt haben.

---

421 Vgl. *North* (1981), S. 16.

422 Vgl. *Razin/ Yuen* (1996), S. 12.

Abb. 20: Innergemeinschaftliche Einkommen aus Patenten

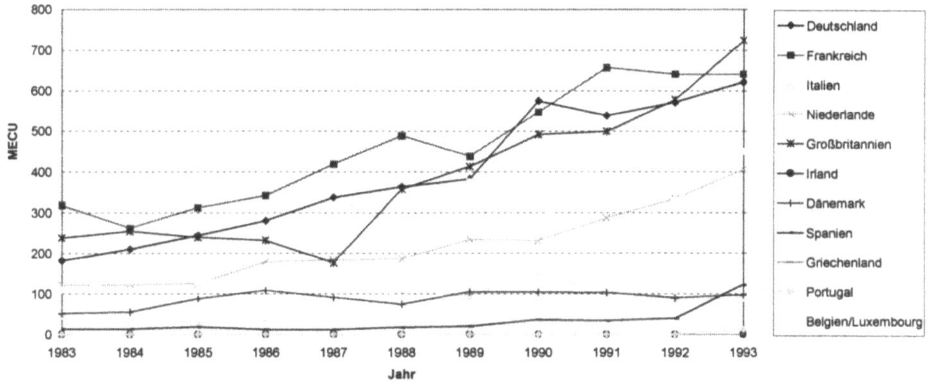

Quelle: Eurostat: NewChronos On-line Datenbank. Balance of payments. International trade in services, geographical breakdown of the current account (old series 1983 - 1993) (4/1997)

2.3. Konzentrationsprozesse und Subventionen

Die Wirtschafts- und insbesondere die Wettbewerbspolitik ist doppelt gefordert: hinsichtlich der Konzentrationsprozesse und zur Kontrolle der Subventionsvorhaben der nationalen Regierungen.[423]

2.3.1. Konzentrationsprozesse

Internationale Integration bei freiem Güteraustausch und Wettbewerb führt generell zu stärkerer Preisbeweglichkeit, da sie ehemalige Machtpositionen in Frage stellt.[424] Gleichzeitig bergen wirtschaftliche Machtpositionen die Gefahr, daß der Abbau nationaler staatlicher Handelsbarrieren durch die Entstehung von privaten Handelsbehinderungen konterkarriert wird.[425] Wettbewerbsbeschränkende Maßnahmen von privaten Unternehmen entfalten nur dann ordnungsgefährdende Wirksamkeit, wenn diese Unternehmen über ausreichend wirtschaftliche Macht verfügen.

Sobald die Rahmenbedingungen es gestatten, werden international tätige Unternehmen die Risiken, die aus nationalen Wirtschaftspolitiken entstehen, durch Zusammen-

423 Vgl. auch *Welfens* (1990), S. 49.

424 Vgl. *Willgerodt* (1989), S. 417.

425 Vgl. *Kerber* (1993), S. 290.

schlüsse zu multinationalen Gebilden zu streuen suchen. Dies erhöht ihre Machtposition gegenüber nationalen Regierungen: durch Drohung von Abwanderung treten sie in direkte Verhandlungen mit den einzelnen Regierungen.[426] Die Vorrangstellung von größeren bis sehr großen multinationalen Unternehmen im Weltwirtschaftssystem wird dadurch tendenziell gefestigt.[427] Die Stellung der Konsumenten verändert sich dabei in gegensätzlicher Richtung.[428] Ordnungspolitisch bedenklich, tritt an die Stelle des freien Vertrages einer Marktwirtschaft zusehends die zentrale Planung innerhalb von multinationalen Unternehmen mit politischer Verhandlung zwischen Großunternehmen und nationalen Regierungen.[429]

Das nächste Schaubild gibt einen Eindruck über die Entwicklung der Konzentrationsprozesse während des europäischen Integrationsprozesses.

Abb. 21: Entwicklung der Konzentrationsvorgänge innerhalb der Europäischen Gemeinschaft

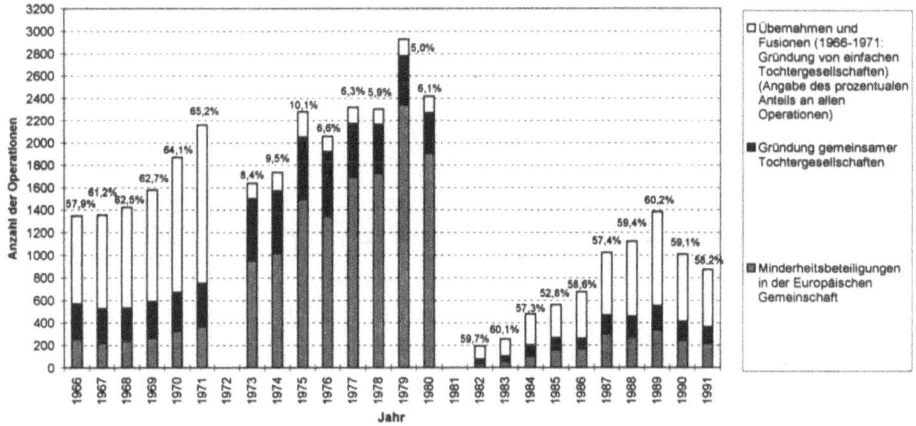

Quelle: Statistische Brüche in den Jahren 1972 und 1981 wahrscheinlich. Kommission der Europäischen Gemeinschaften: Erster Bericht über die Entwicklung der Wettbewerbspolitik, Brüssel, Luxemburg, 1972. Dies.: Zweiter Bericht über die Entwicklung der Wettbewerbspolitik, ebenda, 1973. Dies.: Fünfter Bericht über die Entwicklung der Wettbewerbspolitik, ebenda, 1976. Dies.: Neunter Bericht über die Entwicklung der Wettbewerbspolitik, ebenda, 1980. Dies.: Elfter Bericht über die Entwicklung der Wettbewerbspolitik, ebenda, 1982. Dies.: Elfter Bericht über die Entwicklung der Wettbewerbspolitik, ebenda, 1982; und dies.: Fünfzehnter Bericht über die Entwicklung der Wettbewerbspolitik, ebenda, 1986, ff. bis einschließlich: dies.: XXIII. Bericht über die Entwicklung der Wettbewerbspolitik 1993, ebenda, 1994.

Auch unter dem Vorbehalt möglicher statistischer Brüche in den Jahren 1972 und 1981, bleibt die veränderte Struktur der Konzentrationsvorgänge bemerkenswert. Während in der Anfangszeit ein deutliches Übergewicht den Gründungen von einfachen

---

426 Vgl. *Willgerodt* (1989), S. 413.

427 Vgl. *Martelli* (1993), S. 45.

428 Vgl. *Hensel* (1963), S. 58.

429 Vgl. *Willgerodt* (1989), S. 413.

Tochtergesellschaften in anderen Mitgliedstaaten zukam, war der Zeitraum 1973-1980 von einer entschiedenen Vorliebe für Minderheitenbeteiligungen geprägt. Im Jahrzehnt 1982 bis zur Vollendung des Binnenmarktes überwiegen eindeutig die Konzentrationsformen der Übernahme und der Fusion.

Dennoch wird davon ausgegangen, daß in Europa die Verflechtung der Produktionsprozesse bisher jedoch hauptsächlich auf „*alliances*" und weniger auf „*mergers & acquisitions*" zurückgeht. Diese „*alliances*" gründen dabei hauptsächlich auf dem Streben, vorhandenes Wissen zu poolen.[430] In letzter Zeit werden auch Direktinvestitionen - obwohl noch in steter Ausweitung - in stärkerem Maße von Formen der „*alliances*" wie z.B. „*joint ventures*" abgelöst. In diesen neueren Formen der Zusammenarbeit geht es nicht vornehmlich um die Zusammenlegung von Kapital, sondern in erster Linie um das Zusammenführen von komplementärem Wissen. Auch solche vor allem technologisch bedingten Kooperations- und Fusionstendenzen können zu einer integrationsinduzierten Oligopolisierung der Märkte führen.[431]

2.3.2. Subventionen

Das folgende Schaubild gibt trotzt der lückenhaften Erhebung einen ersten Eindruck über die absoluten Größenverhältnisse der staatlichen Subventionen aus dem jeweiligen Zentraletat.

Abb. 22: Entwicklung der jährlichen Subventionen aus dem Zentraletat

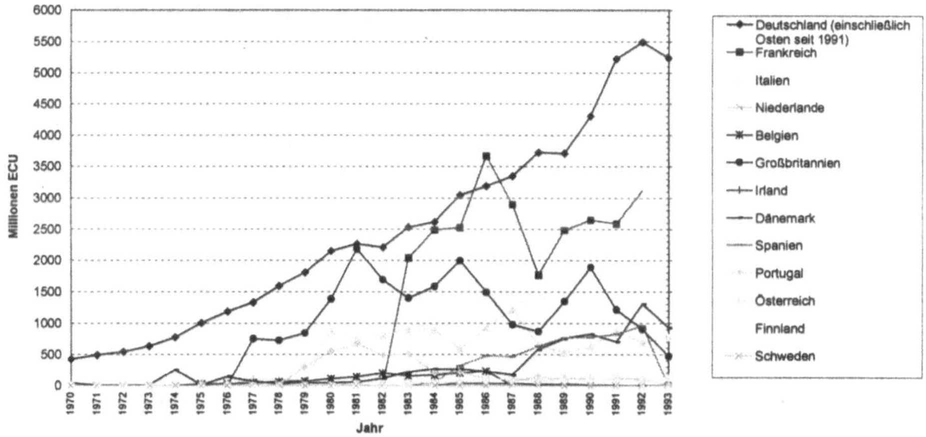

Quelle: Eurostat: NewChronos. On-line Datenbank. Government Accounts. General Government expenditure by function and type. (2/1997).

Im Gefolge der zunehmenden Verflechtung steigt der Druck auf nationale Regierungen, Schwierigkeiten, die aus ungenügender Anpassungsfähigkeit und -bereitschaft der gesellschaftlichen Akteure entstehen, in innenpolitisch tolerierbaren Grenzen zu halten. Unter dem politischen Einfluß mächtiger Interessengruppen werden die Regierungen versucht sein, Maßnahmen zu ergreifen, die die innergemeinschaftliche Preisbildung verzerren und damit die Handelsbeziehungen verfälschen.[432]

Die nächste Abbildung zeigt die Entwicklung der Subventionen der einzelnen Mitgliedstaaten im Verhältnis zum Bruttoinlandsprodukt seit Beginn der europäischen Integration.

Abb. 23: Subventionen in den Mitgliedstaaten der Europäischen Gemeinschaft (in % des BIP)

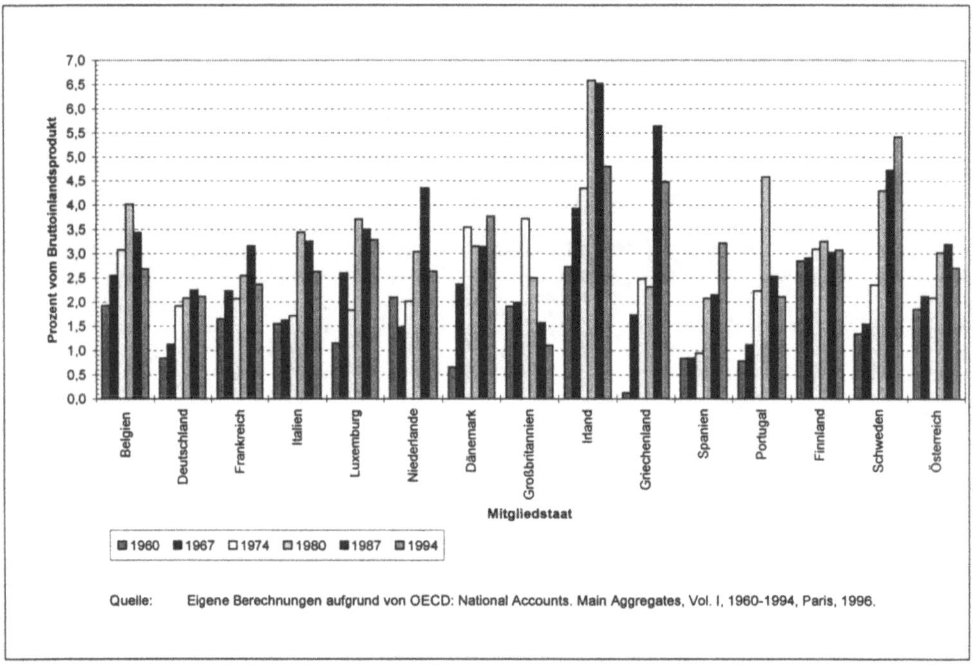

Quelle: Eigene Berechnungen aufgrund von OECD: National Accounts. Main Aggregates, Vol. I, 1960-1994, Paris, 1996.

---

430 Vgl. *Drucker* (1994), S. 102-104.

431 Vgl. *Welfens* (1990), S. 49.

432 Vgl. *Gröner/ Schüller* (1989), S. 443. Der sprunghafte Anstieg der Subventionen in Deutschland vom Jahre 1990 auf 1991 ist natürlich auf die Wiedervereinigung zurückzuführen. Daß dieser erhöhte Subventionsbedarf tatsächlich auf diese außergewöhnlichen Umstände zurückzuführen ist, unterstreicht auch der Rückgang der Subventionen im Verhältnis zum Bruttoinlandsprodukt von 1987 bis zum Jahre 1994 (vgl. Abb. 23).

Es läßt sich ein genereller Anstieg der Subventionen von 1960 bis 1974 verzeichnen. In den meisten Fällen setzt sich dieser Anstieg bis ins Jahr 1980 fort. Um das Jahr 1987 setzt jedoch eine Trendwende ein, jedoch mit nur geringeren relativen Abnahmen. Tatsächlich kann man einen solchen leichten Rückgang für Deutschland, Frankreich, die Niederlande, Griechenland und Österreich erst in der Zeit von 1987 bis 1994 festmachen. Spanien und Schweden hatten diese Trendwende auch 1994 noch nicht vollzogen. Im Verlauf der Integration kam es der Erwartung entsprechend zunächst zu einer Ausweitung der Subventionsintensität mit zunehmendem Anteil der regionalen Wirtschaftsförderung.[433] In diesem Zusammenhang ist auch die Gefahr eines wechselseitigen Subventionswettlaufes zu sehen.

Seit Anfang der achtziger Jahre, verstärkt seit 1987, ist in vielen Mitgliedstaaten eine relative Abnahme des Subventionsvolumens zu verzeichnen. Entweder hatten die festgestellten Konzentrationsprozesse keine direkte Auswirkung auf die Subventionstätigkeit; oder aufgrund der verschärften Subventionsaufsicht auf europäischem Niveau und/oder verstärkten Budgetzwängen waren die nationalen politischen Entscheidungsträger gegenüber mächtigen Wirtschaftsinteressen besser gewappnet. Hinsichtlich der Budgetbeschränkungen müssen auch die weitergehende Öffnung der Kapitalmärkte und das Europäischen Währungssystem, einschließlich der in Maastricht vereinbarten Kriterien in die Betrachtung einbezogen werden.[434]

2.4. Stabilitätspolitik in der Europäischen Gemeinschaft

In diesem Kapitel soll kurz die tatsächliche Entwicklung zentraler Indikatoren für die Stabilitätspolitik der einzelnen Mitgliedstaaten betrachtet werden. Die angesprochenen Bereiche umfassen die Währungs-, Geld- und Finanzpolitik.

2.4.1. Wechselkurse

Die obige Abbildung auf der nächsten Seite verdeutlicht andererseits wie eng die Währungen der Mitgliedstaaten unter dem funktionieren *Bretton-Woods* System bis 1968 *de facto* aneinander gebunden waren. Seit diesem Zeitpunkt zeichnet sich die DM durch eine kontinuierliche Aufwertung aus, wobei der enge Zusammenhang mit dem niederländischen Gulden deutlich hervortritt.

Hingegen macht die Umindexierung auf das Jahr 1980 zu Beginn des EWS deutlich, daß aufgrund der erfolgten Paritätsänderungen das EWS die Wechselkursstabilität nicht zwischen allen Teilnehmern sichern konnte. Als stufenflexibles Wechselkurssystem, war zu erwarten, daß das EWS für Paritätenänderungen äußerst anfällig wäre. Zum einen sprach hierfür die mögliche Divergenz der Stabilitätspolitiken, die weiterhin bei

---

433 Vgl. *Zippel* (1993), S. 68 f., S. 72 (siehe auch Tabelle 1, S. 73: Beihilfevorhaben).

434 Interessanterweise hat gerade Dänemark, das sich für die Währungsunion ein *opt-out* vorbehalten hat, entgegen des generellen Trends von 1987 bis 1994 eine relative Erhöhung der Subventionen zu verzeichnen.

Abb. 24: Entwicklung des Index der ECU-Wechselkurse der nationalen Währungen (Index = 1960)

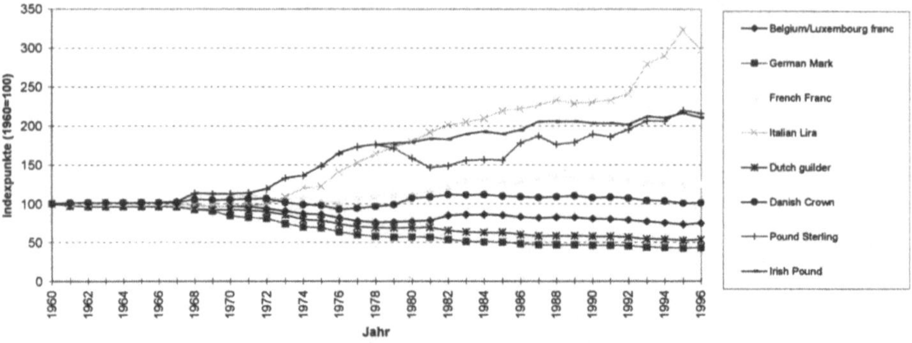

Quelle: Eigene Berechnungen. Eurostat: NewChronos. On-line Datenbank. Economy and finance. Banking and other financial statistics. Ecu exchange rates - Annual data. (2/1997). European Commission: European Economy No. 59. Annual Economic Report for 1995, Luxembourg, 1995 für Daten vor 1979. Ohne Griechenland, Spanien und Portugal.

Abb. 25: Entwicklung des Index der ECU-Wechselkurse der nationalen Währungen (Index = 1980)

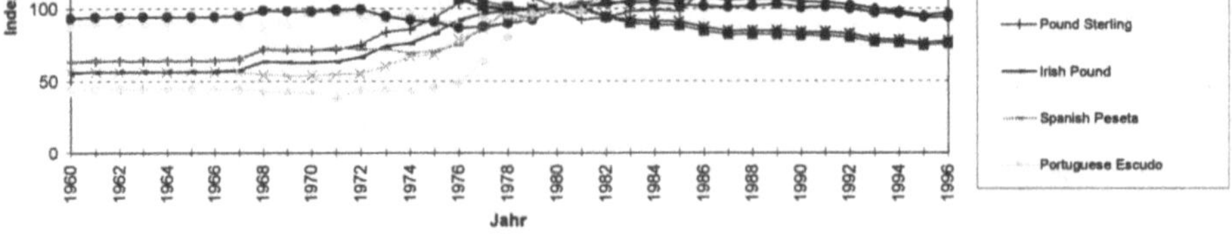

Quelle: Eigene Berechnungen. Eurostat: NewChronos. On-line Datenbank. Economy and finance. Banking and other financial statistics. Ecu exchange rates - Annual data. (2/1997). European Commission: European Economy No. 59. Annual Economic Report for 1995, Luxembourg, 1995 für Daten vor 1979. Ohne Griechenland.

den Mitgliedstaaten verblieben, zum anderen die Möglichkeit fast risikoloser Spekulation.[435]

Zu Beginn der europäischen Integration war die Zusammenarbeit der Mitgliedstaaten im Bereich der Wechselkurspolitik mehr als locker. Deutschland und die Niederlande werteten im März 1961 um 5% auf, ohne die anderen vier Mitgliedstaaten davon zu unterrichten. Ebenso erfolgte die Abwertung des französischen Franc im August 1968 ohne vorherige Konsultation.[436] Schutzmaßnahmen nach den Artikeln 108,3 und 109 EWGV wurden getroffen von: Frankreich 1958 und 1968 (Devisienbeschränkungen), Großbritannien 1974 (Devisienbeschränkungen), Deutschland 1969 (Agrarwährungsausgleich) und 1973 (Investitionsbeschränkungen), Italien seit 1974 mehrfach (Bardepotregelungen), Griechenland 1985 (Devisenbeschränkungen).[437]

Die nächste Übersicht soll zudem einen Eindruck von der Frequenz und dem Ausmaß der bisher erfolgten Paritätsanpassungen seit Beginn des EWS vermitteln.

Übers. 15: Zeitpunkt und Ausmaß der Paritätsänderungen im EWS

Datum	Anmerkung	Datum	Anmerkung
13/03/79	Anfangsparitäten	4/08/86	Abwertung des irischen Pfundes um 8%.
24/09/79	Aufwertung der deutschen Mark um 2%. Abwertung der dänischen Krone um 3%.	12/01/87	Aufwertung der deutschen Mark und des niederländischen Gulden um 3%, Aufwertung des belgischen/luxemburgischen Francs um 2%.
30/11/79	Abwertung der dänischen Krone um 5%.	19/06/89	Teilnahme der spanischen Peseta seit 19.06.1989
23/03/81	Abwertung der italienischen Lire um 6%.	21/09/89	Revidierte Zusammensetzung des ECU (inkl. spanische Peseta und portugiesischer Escudo, aber keine Teilnahme Portugals am EWS)
5/10/81	Aufwertung der deutschen Mark und des niederländischen Gulden um 5,5%. Abwertung des französischen Francs und der italienischen Lire um 3%.	8/01/90	Abwertung der italienische Lire um 3,11% und Verengung der Bandbreite von 6% auf 2,25%.
22/02/82	Abwertung des belgischen/luxemburgischen Francs um 8,5% und der dänischen Krone um 3%.	8/10/90	Teilnahme des britischen Pfundes seit 8.10.1990 mit 6% Bandbreite
14/06/82	Aufwertung der deutschen Mark um 5,5%, des niederländischen Gulden um 3,35%, der dänischen Krone um 2,5%, des belgischen/luxemburgischen Francs um 1,5%. Abwertung der italienischen Lire um 2,5% und des irischen Pfundes um 3,5%.	14/09/92	Teilnahme des portugiesischen Escudo seit 6.4.1992
21/03/83	Aufwertung der deutschen Mark und des niederländischen Gulden um 4,25%. Abwertung des französischen Francs um 5,75% und der italienischen Lire um 2,75%.	17/09/92	Suspension von italienischer Lire und britischem Pfund (danach Angaben nur zur Information)
18/05/83	Änderung der Paritäten	23/11/92	Paritätenänderung
17/09/84	Revidierte Zusammensetzung des ECU (inkl. griechische Drachme, aber keine Teilnahme am EWS)	1/02/93	Paritätenänderung
22/07/85	Abwertung der italienische Lire um 6%. Aufwertung aller anderen um 2%.	14/05/93	Paritätenänderung
7/04/86	Aufwertung der deutschen Mark und des niederländischen Gulden um 3%, der dänischen Krone und des belgischen/luxemburgischen Francs um 1%. Abwertung des französischen Francs um 3%.	2/08/93	Paritätsänderung

435 Vgl. *Viñals* (1996), S. 1105.

436 Vgl. *Harbrecht* (1977), S. 176.

437 Vgl. *Beutler/ Bieber/ Piepkorn/ Streil* (1982), S. 393f. und *Oppermann* (1991), S. 332.

Tatsächlich hat das stufenflexible Wechselkurssystem nur in den zwei Jahren 1987-1989 als Festkurssystem funktioniert. Dennoch kann man sehen, daß auch die Paritätenanpassungen für viele Teilnehmerwährungen innerhalb relativ enger Grenzen stattfanden.

Auf der folgenden Graphik ist die Variabilität der tatsächlichen nationalen Wechselkurse gegenüber dem ECU auf einer jährlichen Basis dargestellt. Die Ausschläge sind für einzelne Mitgliedstaaten zum Teil erheblich gewesen. Starken Schwankungen unterlagen in den Anfangsjahren vor allem die Wechselkurse der Hartwährungsländer Deutschland und der Benelux-Staaten. Diese Unsicherheit verlagerte sich seit 1984 auf Länder mit weniger gefestigten Stabilitätspolitiken: insbesondere Italien, aber auch Irland, Spanien, und dann Großbritannien und Portugal. Diese hatten danach teilweise jährliche Paritätsschwankungen, die über drei, meist eher bei fünf oder sogar mehr Indexpunkten lagen. Andereseits sollte festgehalten werden, daß seit 1987 die Währungsschwankungen für die Mehrzahl der Mitgliedstaaten innerhalb eines relativ engen Bandes bewegten.

Abb. 26: Variabilität der Paritäten aufgrund von Anpassungen (Standardabweichung der Indexveränderung Index 14.9.1992=100)

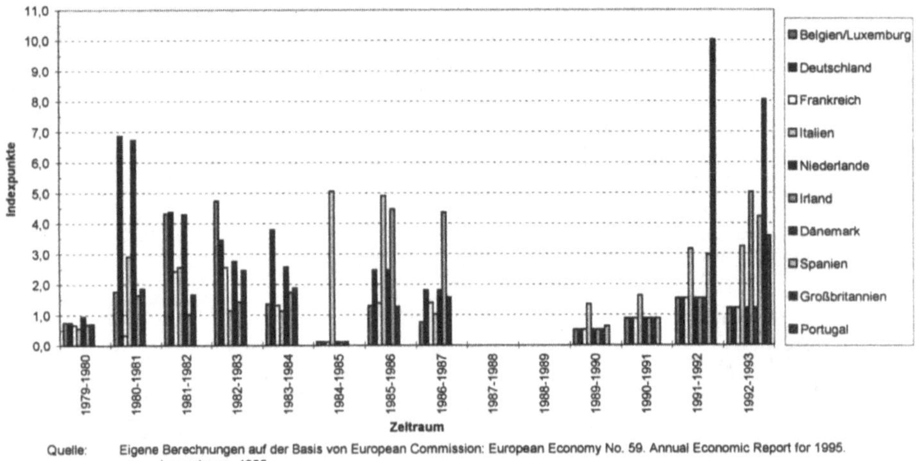

Quelle: Eigene Berechnungen auf der Basis von European Commission: European Economy No. 59. Annual Economic Report for 1995. Luxembourg, 1995.

2.4.2. Inflation und Zinsen

Auf der nächsten Abbildung findet sich die Vermutung bestätigt, daß ein flexibles Wechselkurssystem gegenüber einem Festkurssystem den einzelnen Volkswirtschaften einen größeren Freiheitsgrad hinsichtlich der Inflationsrate bietet.

Tatsächlich hat das Ende des *Bretton-Woods* Systems zu einer sprunghaften Auseinanderbewegung der Inflationsraten geführt. Die Regierungen und Zentralbanken verloren in diesem Moment eine wichtige Fessel der Selbstbindung. Ohne solche Bindungen kann das demokratische System selbst eine Quelle inflatorischer Tendenzen sein.[438] Das Auseinanderdriften war insgesamt verbunden mit einer durchschnittlichen Erhöhung der einzelstaatlichen Inflationsrate.

Abb. 27: Entwicklung der Inflationsraten

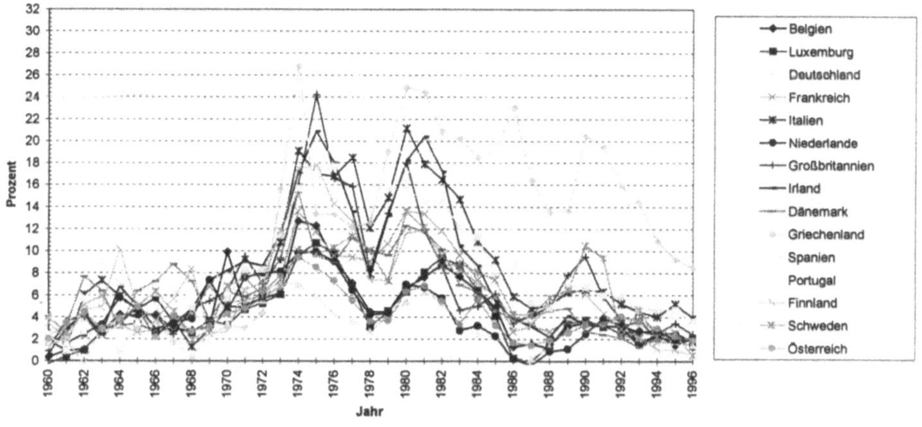

Quelle: Eurostat: NewChrons. On-line Datenbank. Economy and finance. Consumer price indices - Annual data. (2/1997)

Seit 1980/81 erscheint neben einer generellen Tendenz zur Senkung der Inflationsrate auch eine sichtbare Verengung der Inflationsdivergenzen zwischen der am EWS teilnehmenden Mitgliedstaaten. Inwieweit dies auf den Druck der zunehmenden Kapitalbewegungen zurückgeht, bleibe dahingestellt. Bei Kapitalverkehrsfreiheit wird die Inflationspolitik als Mittel, fehlende reguläre Staatseinnahmen zu ersetzen, zusehends unbrauchbarer. Tatsächlich wird die größte Hemmung, die eigene Währung aufzugeben, um eine einheitliche europäische Währung zu schaffen, dem damit verbundenen Verzicht auf eine eigene Inflationspolitik zugeschrieben. Diese Entwicklung steht in engstem Zusammenhang mit der Verwirklichung der Kapitalverkehrsfreiheit.

Das folgende Schaubild zeigt die Höhe der offiziellen Diskontsätze in den Mitgliedstaaten, die dieses Instrument der Geldpolitik verwendet haben. Während es schwer

438 Vgl. *Willgerodt* (1990), S. 133.

fällt, in den Anfangsjahren des EWS eine Annäherung der Diskontsätze festzustellen, ist jedoch ein gewisser Gleichschritt nicht von der Hand zu weisen. Dabei ist der deutsche Diskontsatz bis zum Jahr 1992 der niedrigste. Seit Beginn des EWS ist er aufs engste gefolgt vom niederländischen Diskontsatz.

Abb. 28: Entwicklung der offiziellen Diskontsätze

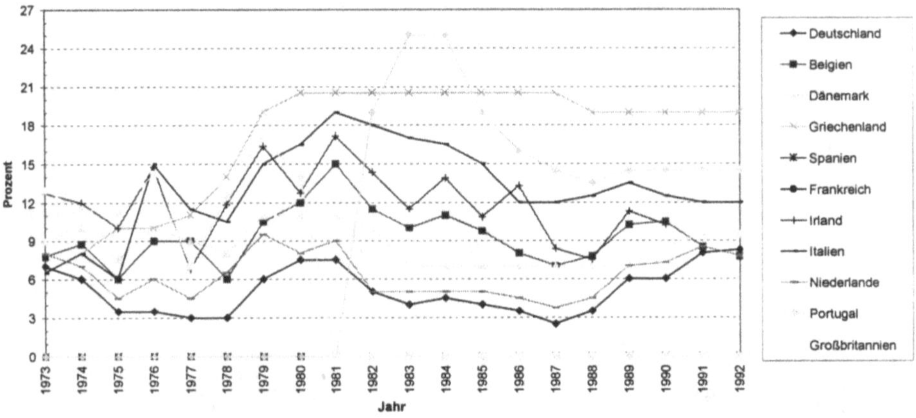

Quelle: Zum Teil unvollständige Daten. Eurostat: Eurostat-CD, Luxemburg, 1994.

Gleichwohl zeichnet sich seit 1986/1987 auch eine sichtbare Annäherung der Diskontsätze aller Zentralbanken ab, die über dieses Instrument verfügten. Dies ist zusammen mit der tatsächlichen Entwicklung der Zinsen ein deutlicher Hinweis auf eine Annäherung der Währungspolitiken der einzelnen Zentralbanken.[439]

2.4.3. Steuern und Staatsverschuldung

Wie aus dem Schaubild der folgenden Seite unschwer abzulesen ist, hat sich der Anteil der Einnahmen der Gebietskörperschaften am Bruttoinlandsprodukt in allen europäischen Ländern seit den sechziger Jahren erheblich erhöht. Tatsächlich läßt sich wohl die aus dem Modell abzuleitende Vermutung bestätigen, daß jedes Land versucht die Steuereinnahmen zu maximieren. Dennoch kann für die jeweiligen Mitgliedstaaten in der Zeit von 1982 bis 1990 in einigen Fällen eine Umkehrung festgestellt werden (Belgien, Deutschland, Niederlande, Großbritannien, Irland).

---

439 Vgl. *Moosa/ Bhati* (1996), S. 233.

Abb. 29: Anteil der Einnahmen der Gebietskörperschaften am Bruttoinlandsprodukt

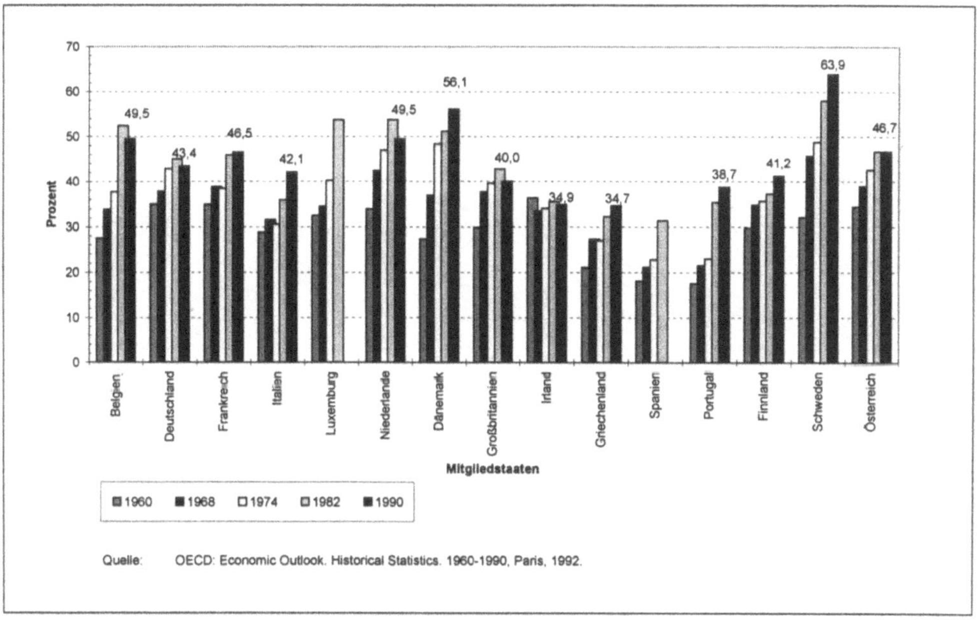

Während die Steuerquote im Europa der Sechs von 1960 bis 1968 im ungewichteten Durchschnitt von 32 Prozent auf 36,5 Prozent anstieg, lag sie 1974 im Europa der Neun bei rund 40 Prozent und schließlich 1982 in zehn Mitgliedstaaten bei fast 45 Prozent. Im Europa der Zwölf hat die durchschnittliche Steuerquote sich auf 43,5 Prozent leicht zurückbewegt.[440]

Die Entwicklung der direkten Steuern als prozentualer Anteil am gesamten Steueraufkommen der einzelnen Mitgliedstaaten der Europäischen Gemeinschaft ist in der folgenden Abbildung dargestellt. Eine parallele Entwicklung zur Steuerquote läßt sich ablesen. Bis zum Jahr 1980 hat sich der prozentuale Anteil der direkten Steuern am Steueraufkommen der Mitgliedstaaten ausgedehnt. Seitdem die Elemente des Systemwettbewerbs aufgrund vermehrter Faktorwanderung sich zu entwickeln begonnen haben, geht der Anteil der direkten Steuern am Gesamtaufkommen langsam wieder zurück. Die Drohung der Abwanderung der mobileren Faktoren scheint hier zum Tragen zu kommen. Im Durchschnitt lag der Anteil 1993 bei rund einem Drittel des Ge-

440 Finnland, Schweden und Österreich, die der EG in dieser Zeit noch nicht angehörten, konnten diese Trendwende keineswegs verzeichnen. Ebensowenig folgen Dänemark, Frankreich, Italien, Griechenland, Portugal diesem Trend.

samtsteueraufkommens. Ohnehin kann weltweit eine Senkung der Körperschaftssteuersätze und der Steuersätze auf Kapital festgestellt werden.[441]

Abb. 30: Entwicklung der direkten Steuern in den Mitgliedstaaten der Europäischen Gemeinschaft (Prozentualer Anteil am gesamten Steueraufkommen)

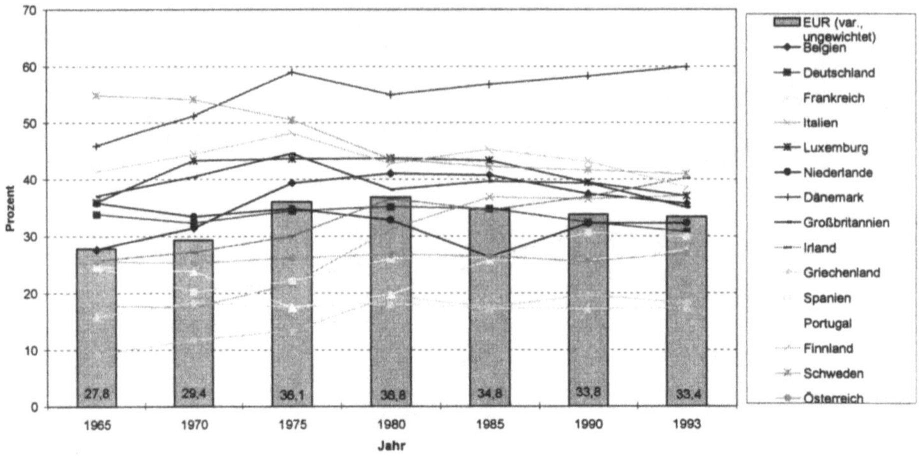

Quelle: OECD: Revenue Statistics of OECD Member Countries. 1965-1995, Paris, 1996.

Das vorstehende Schaubild verdeutlicht auch die erheblich unterschiedliche Struktur des Steueraufkommens in den Mitgliedstaaten. Ohne auf das Detail zu sprechen zu kommen, kann jedoch eine gewisse die Annäherung in der strukturellen Zusammensetzung des Steueraufkommens abgelesen werden. Zur Illustration sei nur hervorgehoben, daß in Frankreich 1965 die direkten Steuern nur rund 16 Prozent am Gesamtsteueraufkommen ausmachten, während der Anteil in den Niederlanden bei rund 36 Prozent lag. Im Jahre 1993 lauten die Werte für Frankreich 17,4% und für die Niederlande 32,3%. In den rund dreißig Jahren hat sich hier die Schere um rund 5 Prozentpunkte geschlossen.

Aus den modellrelevanten Aspekten ergab sich, daß die Staatsverschuldung mit großer Wahrscheinlichkeit bis zu dem Zeitpunkt zunehmen wird, wo sie selbst zu einem Standortfaktor im Systemwettbewerb wird. Auch unter einem funktionierenden Systemwettbewerb können die Schulden der öffentlichen Hand weiter wachsen, solange dies die Schulden in den Ländern, in die die mobilen Faktoren abwandern könnten, ebenso tun.

441 Vgl. *Sinn* (1995), S. 243.

Das nächste Schaubild trägt die Entwicklung der Staatsverschuldung in den einzelnen Ländern der Europäischen Gemeinschaft in Prozent vom Bruttoinlandsprodukt ab. Mit Ausnahme von Luxemburg und Großbritannien hat sich der durchschnittliche Wert in allen Mitgliedstaaten des Zeitraums 1993-1995 gegenüber dem Zeitraum 1961-1973 erheblich vergrößert. Jedoch scheint der tiefste Einschnitt mit dem Ende des *Bretton-Woods* Systems zusammenzufallen. Tatsächlich scheinen die Erfolge bei der Verwirklichung des Binnenmarktes und der damit einhergehenden Zunahme eines potentiellen Systemwettbewerbs keinen bremsenden Einfluß auf den Anstieg der Staatsverschuldung ausgeübt zu haben. Mit Ausnahme der obengenannten Staaten, zuzüglich Irlands, liegen die Werte in den nachfolgenden Referenzperioden höher in der Regel als in der Vorperiode.

Abb. 31: Entwicklung der Staatsverschuldung (in Prozent vom Bruttoinlandsprodukt)

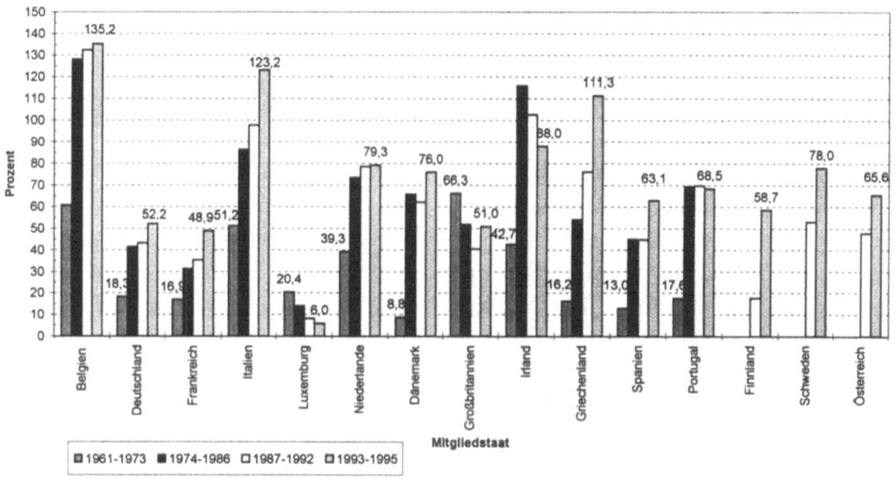

Quellen: European Commission: European Economy. Annual Report for 1995, Luxembourg, 1995. Eurostat: Annuaire '95, Luxembourg, 1995. European Commisssion: European Economy. Suppl. A. Economic trends, No. 1, Januar 1997.

2.5. Politische Externalitäten: soziale, regionale und außerökonomische Aspekte

Dieses Kapitel soll anhand einer Auswahl von Themen untersuchen, inwieweit der wirtschaftliche Integrationsprozeß auch Auswirkungen auf die Wirtschaftsordnung in einem weiteren Sinne hat. Die rein wirtschaftliche Betrachtung wird zunehmend verlassen, ohne daß jedoch der methodologische Ansatz aufgegeben wird. Tatsächlich wird der Rahmen dessen, was noch unter dem Begriff „Wirtschaftsordnung" gefaßt werden kann, an einigen Punkten schon stark strapaziert. Was eigentlich schon zur Frage steht, ist vielmehr die wirtschaftliche und soziale Gesamtordnung einer Gesellschaft, hier der europäischen Gesellschaft. In vielen Fällen handelt es sich in den folgenden Unterkapiteln um Fälle von „politischen" oder „geographischen" Externalitäten. Denn aufgrund der territorialen Begrenztheit der regionalen oder nationalen politischen Prozesse gehen in den zersplitterten Entscheidungsprozessen nicht der volle „Nutzen" oder die vollen zu erwartenden „Kosten" der jeweiligen politischen Wahlhandlung ein.

2.5.1. Soziale Aspekte der wirtschaftlichen Integration

In Anlehnung an die Artikel 118-127 EWGV umfaßt Sozialpolitik auf europäischer Ebene zumindest die Politiken der Verbesserung der Arbeitsbedingungen und des Gesundheitsschutzes, das Arbeits- und Koalitionsrecht, die Gleichstellung zwischen den Geschlechtern.[442] Des weiteren beinhaltet der Begriff der Sozialpolitik auch die sozialen Sicherungssysteme (Arbeitslosen-, Krankenversicherung, Rentenversicherung). Unter dieser Perspektive kann auch die nationale Familienpolitik in die Betrachtung einbezogen werden.[443] Prinzipiell sind für diese Ausgestaltung der Sozialsysteme bisher allerdings die nationalen Regierungen der Mitgliedstaaten auf Grundlage des Territorialitätsprinzips zuständig.[444] Die Europäische Kommission ist dagegen grundsätzlich nur „ermächtigt, diese sozialpolitische Kooperation und Koordination zu verbessern".[445]

In den meisten Fällen besteht für die Sozialsysteme eine auf dem Territorialitätsprinzip beruhende Versicherungspflicht und auch ein Versicherungsartenzwang, so daß die nationale Regierung bestimmen kann, inwieweit dem einzelnen Wahlfreiheit auch über die Grenzen des Territoriums hinaus ermöglicht wird. An dieser Stelle soll auf ein Grundproblem entwickelter Wirtschaftsgesellschaften hingewiesen werden: In ihnen werden „Handlungschancen in der Form der Erzielung von Geldeinkommen sowie der Gewährung von sozialer Sicherung und gesellschaftlichen Status *nahezu ausschließlich über Erwerbstätigkeit*" vermittelt.[446] Das heiß: die wirtschaftlichen Aktivitäten bestimmen weitgehend das Ansehen und Selbstwertgefühl des Individuums als ganzer Person.

Andererseits haben diese nationalen Sozialpolitiken erhebliche Auswirkungen auf das Funktionieren des Binnenmarktes. Insbesondere in stark regulierten Märkten haben die nationalen Sozialpolitiken direkte Auswirkungen auf die Unternehmensstrate-

---

442 Vgl. *Oberender/ Reißmann* (1993), S. 382 f.

443 *Krüsselberger/ Strätling* (1993), S. 401, weisen darauf hin, daß Familienpolitik Teil einer umfassenden Gesellschaftspolitik und nicht bloß von Sozialpolitik ist. Gerade in der Familienpolitik werden nahezu nach Umfang und Qualität unvergleichbare Wege in der Europäischen Union beschritte (vgl. S. 404).

444 Vgl. *Oberender/ Reißmann* (1993), S. 385. Ein politik-ökonomisches Modell zur Sozialpolitik liegt vor in *Gäfgen* (1984), S. 67-70. Eine Modellierung der politischen Dynamik des „Wohlfahrtsstaates" liefert *Linbeck* (1995), S. 9-14.

445 Zit. *Boroch/ Cassel* (1993), S. 369 (vgl. Art 117 ff. EWGV).

446 Zit. und vgl. *Krüsselberger/ Strätling* (1993), S. 400 (Hervorhebung durch die Autoren).

gien.[447] Hinsichtlich der Arbeitslosenversicherung kommt es regelmäßig zu kontroverser Diskussion, wenn es in Anwendung des Territorialprinzips zur Gleichstellung von Inländern und Ausländern aus anderen Mitgliedstaaten hinsichtlich der Leistungspflicht an Arbeitsuchende geht. Wenn trotz Rückkehr in das Heimatland die Leistung des Arbeitslosengeldes in Anspruch genommen werden kann, ertönt allzu leicht der Vorwurf eines Exports von Sozialleistungen.[448] Gleichzeitig hätte auch eine Harmonisierung in der Sozialpolitik Rückwirkungen auf das Funktionieren des Binnenmarktes.[449]

Das folgende Schaubild gibt einen Überblick über die Entwicklung und das Ausmaß von Sozialtransfers in den Mitgliedstaaten der Europäischen Gemeinschaft.

Abb. 32: Sozialtransfers in den Mitgliedstaaten der Europäischen Gemeinschaft (in Prozent des Bruttoinlandsprodukts)[450]

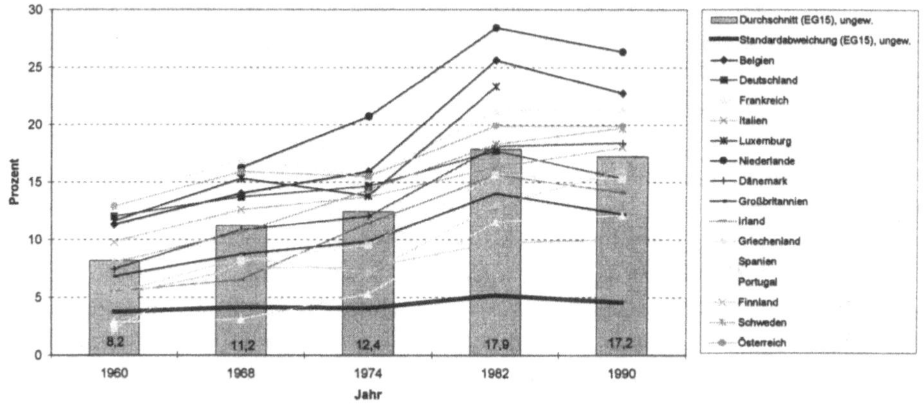

Quelle: OECD: Economic Outlook. Historical Statistics. 1960-1990, Paris, 1992.

Im Mittel sind die Aufwendungen von 8% (1960) auf 17% (1990) des Bruttoinlandsproduktes gestiegen. Auffällig ist die relativ weite Streuung der Zuwendungszah-

---

447 In Anlehnung an *Boroch/ Cassel* (1993), S. 390-393. Dagegen verneinen *Siebert/ Koop* (1933), S. 13-15, Argumente, welche für eine Angleichung auf europäischem Niveau plädieren.

448 Vgl. *Oberender/ Reißmann* (1993), S. 390-393.

449 Vgl. *Heuss* (1959), S. 100-103.

450 Seit 1986 sind für Luxemburg in diesem Bereich keine OECD-Daten mehr verfügbar.

lungen. So lag 1990 der Anteil am Bruttoinlandsprodukt in Großbritannien bei rund 12 Prozent, während er in den Niederlanden über 26 Prozent betrug. Im Großen und Ganzen ist allerdings das Ausmaß der Divergenz vergleichbar geblieben. Die Standardabweichung hatte sich von 1960 bis 1982 zwar um ungefähr einen Prozentpunkt erhöht, war im Anschluß dann jedoch wieder leicht gefallen.

Transferzahlungen, wie z. B. Kindergeld, werden vom Staat nach dem Wohnortsoder dem Beschäftigungsprinzip gewährt.[451] Dabei wird z. B. Kindergeld grundsätzlich als Instrument des Familienlastenausgleichs angesehen. Es kann wirtschaftlich als eine Kompensation der positiven externe Effekte angesehen werden, die dadurch entstehen, daß Eltern „persönlich ein gewichtiges Maß an Konsumverzicht auf sich (zu) nehmen, um eine Investition in das Humanvermögen der Gesellschaft leisten zu können."[452] Gleichzeitig können externe Effekte auch durch den intertemporalen Ausgleich der Lebenseinkommen aufgrund von Asymmetrien zwischen Rechten und Pflichten hinsichtlich der Alterssicherung entstehen. Um *free-rider* Positionen zu verhindern, sind daher Ausgleichsmechanismen im Zeichen der Solidarität notwendig.

Die europäischen Arbeitsmärkte werden als Folge verstärkter internationaler Arbeitsteilung Anpassungsprozessen unterwerfen sein.[453] Die Verbesserung der Kommunikationstechnologien und der Transportmöglichkeiten haben die Bedeutung der räumlichen Bewegung des Produktionsfaktors Arbeit gegenüber dem Faktor Kapital eingeschränkt.[454] Trotz grundsätzlicher Erweiterung der Freizügigkeit läßt sich beobachten, daß die Beschäftigung von EG-Ausländern relativ und teils auch absolut gefallen ist.[455] Für die Erklärung von Wanderungserscheinungen sind die Lohndifferentiale und sozialen Sicherungssysteme ein Gesichtspunkt. Für die Abwanderungsländer stellt sich dieses Kalkül in der Form der Gefahr einer verstärkten Migration insbesondere der besser qualifizierten Arbeitskräfte dar.[456] Daneben hat sich allerdings gezeigt, daß rechtliche und politische Migrationsursachen wesentlich größeren Anteil an der Erklärung haben.[457] Nach Qualifikationen heterogene Arbeitskräfte stehen trotz bestehender Lohndifferentiale ohnehin in keinem Wettbewerb zueinander. Wenn sich im Prozeß der wirtschaftlichen Integration die Rahmenbedingungen stärker angleichen, kann allerdings damit gerechnet werden, daß Faktorpreisdifferenzen für Standortentscheidungen ein größeres Gewicht zukommt. Das erhebliche Gefälle wird jedoch weitestgehend durch

---

451 Vgl. *Oberender/ Reißmann* (1993), S. 393 f. auf der Basis von Art. 73 VO 14708/71.

452 Zit. und vgl. *Krüsselberger/ Strätling* (1993), S. 421 und S. 427. Einschließlich des bewerteten Zeitaufwandes tragen Familien rund drei Viertel der gesamten Aufwendungen für die nachwachsenden Generation (vgl. S. 422).

453 Vgl. *Görgens* (1993), S. 199.

454 Vgl. *Müller* (1990), S. 30.

455 Vgl. *Görgens* (1993), S. 214, S. 219 f.; siehe insbesondere Tabelle 4 (S. 220); auch *Giersch* (1991), S. 44.

456 Vgl. *Schrettl* (1991), S. 5.

457 Vgl. *Görgens* (1993), S. 219, in Anlehnung an *Watrin* (1992), ebenda, S. 218 und S. 221.

die Differenzen in der Arbeitsproduktivitäten wieder eingeebnet, so daß die Streuung der Lohnstückkosten kaum noch 10 Prozent vom Durchschnitt beträgt.

Dennoch bleibt unbezweifelt, daß grenzüberschreitende Humankapitalströme eines hohen Ausmaßes einen nicht vernachlässigbaren politischen Handlungsbedarf auslösen können.[458] Das politische Entscheidungsfeld spannt sich zwischen der Grundfrage nach dem Gesellschaftsideal und Menschenbild, auf dem eine Sozialpolitik betrieben wird, und den mit sozialen Sicherungssystemen einhergehenden Belastung der Produktionsfaktoren und deren Auswirkung auf die Wettbewerbsfähigkeit.[459]

Auf der folgenden Abbildung sind die durchschnittlich verlorenen Arbeitstage aufgrund von Streiks in den einzelnen Mitgliedstaaten abgetragen.

Abb. 33: Entwicklung der Arbeitskämpfe in der Europäischen Gemeinschaft

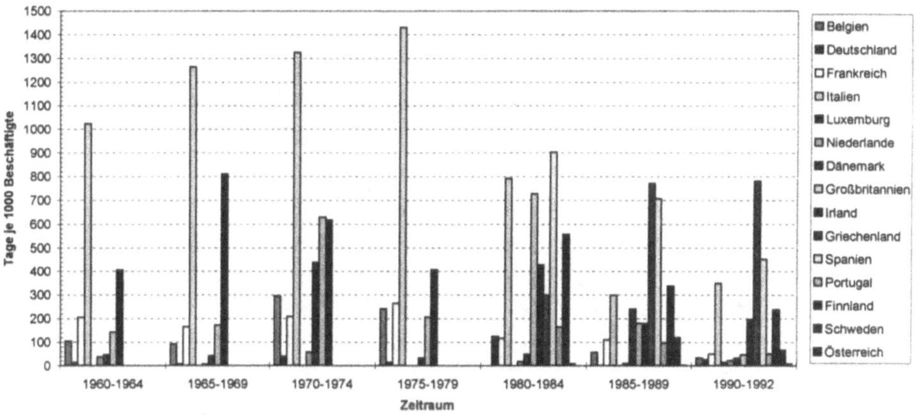

Quelle: Eigene Berechnung aufgrund von Eurostat: Bevölkerung und Erwerbstätigkeit. 1950-1976, Luxemburg, 1977; Eurostat: Sozialporträt Europas, Luxemburg, 1995. Im Zeitraum 1977-1982 beruhen die Durchschnitte auf unvollständigen Daten.

Des generellen Eindrucks kann man sich kaum verwehren, daß jedes Land über weite Strecken seine eigenen Diskussionen und Arbeitskämpfe ausgefochten hat.

Für den Arbeitsmarkt ergibt sich, daß Lohnstückkostenveränderungen im Binnenmarkt bei zunehmend konvergierender Preisniveaustabilität und unveränderten Wechselkursen zugleich reale Änderungen der Arbeitskosten darstellen. „In den achtziger

---

458 Vgl. *Welfens* (1990), S. 198 f.; ebenso *Schrettl* (1991), S. 2.

459 Vgl. *Müller* (1990), S. 24 und S. 26.

Jahren (und Subperioden) wird die Streuung der Lohnstückkostenentwicklung zwischen den EG-Ländern durch Wechselkursveränderungen (als Folge des EWS?) nahezu halbiert."[460] Hingegen kann vermutet werden, daß hinsichtlich des Nominallohnniveaus auch in der Währungsunion hohe regionale Divergenzen erträglich sind, solange eine relativ hohe Arbeitskräftemobilität existiert. Dennoch kann nicht ausgeschlossen werden, daß aufgrund erhöhter Lohntransparenz Arbeitskräftewanderungen über den Produktivitätsfortschritt hinausgehende Lohnerhöhungen politisch unausweichlich machen, so daß zur Vermeidung von Beschäftigungskonsequenzen zunehmende Transferzahlungen in Kauf genommen werden. Denn über die Maße gesteigerte Arbeitskräftemobilität, obgleich ökonomisch unzweifelhaft bereichernd, kann auch zusätzliche Probleme in Form von Identitätsverlust und des Verlustes bewährter und aus Sicht der Eingesessenen erhaltenswerter Strukturen mit sich bringen.[461] Anteile am Vereinsvermögen (z.B. regionale Traditionen) und Identität einer Region können als Externalitäten interpretiert werden. Transferzahlungen würden in dieser Interpretation als Entschädigung für den Erhalt der Homogenität der wohlhabenden Regionen, um die Zuwanderungsanreize für Menschen mit anderen Traditionen - bei prinzipieller Freizügigkeit - zu verringern.

In dieser Frage trifft das Solidaritätsprinzip auf das Subsidiaritätsprinzip.[462] Während unter Solidaritätsgesichtspunkten und Gerechtigkeitsvorstellungen häufig der Vorrang der Kollektivverantwortlichkeit vertreten wird, würde das Subsidiaritätsprinzip unter Effektivitäts- und Effizienzaspekten für eine Handhabung unter regionaler Hoheit plädieren.[463]

Auch offene und durchgängige Grenzen bleiben in Grenzregionen noch spürbar, da hier divergierende Rechtsordnungen und unterschiedliche soziale Systeme aufeinander stoßen.[464] Die Anerkennung des Territorialprinzips im sozialpolitischen Bereich wird als hinreichendes Koordinationsinstrument, wenn gleichzeitig die Übertragbarkeit der Ansprüche gewährleistet ist.[465] Doch ohne Übertragbarkeit schränkt gerade die Gewährung von Sozialleistungen nach dem Territorialprinzip die Wahlfreiheit der Individuen hinsichtlich der sozialen Sicherungssysteme erheblich ein.[466] Wettbewerb der Systeme ist unter der Herrschaft des Territorialprinzips nur durch „*voting by feet*" möglich, d.h. durch Veränderung der Zugehörigkeit zum Sozialsystem eines anderen Mitglied-

460 Vgl. und zit. *Görgens* (1993), S. 227, vgl. auch Tabelle 6: „Entwicklung der Lohnstückkosten in der EG" (S. 228), ebenda S. 231, insbesondere Fußnote 28.

461 Vgl. *Schwarz* (1993), S. 272-276, der in seiner Schlußfolgerung darauf hinweist, daß sogar „gravierende Eingriffe in die Eigentumsgarantie und in die Eigentumsfreiheit" als Preis für die Erhaltung von Identität hingenommen werden müßten. Einschränkungen des freien Bodenmarktes dienen hier tatsächlich zur Einschränkung der Freizügigkeit von Personen.

462 Vgl. zu diesen Prinzipien *Gutmann* (1989), S. 346-348.

463 Vgl. *Krüsselberg/ Strätling* (1993), S. 432.

464 Vgl. *Hilf* (1991), S. 27.

465 Vgl. *Molitor* (1992), S. 196.

466 Vgl. *Oberender/ Reißmann* (1993), S. 394.

staates.[467] Gleichzeitig können durch die Quantität von Migrationsbewegungen selbst wieder ungelöste Fragen der Finanzierung von öffentlichen Gütern und Sozialleistungen entstehen.[468] „Sozialstaatliche Gesetzgebung hat weniger mit ökonomischer Einsicht zu tun als mit politischer Notwendigkeit, so, wie die politischen Akteure als Wettbewerber sie sehen."[469] Die nationalen sozialpolitischen Regelungen sind im Wettbewerb ökonomisch als Standortfaktoren zu interpretieren.[470]

Des weiteren geben die unterschiedlichen Löhne und Sozialleistungen Anlaß zu Befürchtungen, daß zunehmende Faktorwanderungen negative Auswirkungen auf den Beschäftigungsstand in wohlhabenderen Regionen und in der Folge einen Druck auf die Sozialstandards auslösen würden.[471] Andererseits wird ebenso in verstärkten Direktinvestitionen in strukturschwächeren Gebieten ein Grund gesehen, der für den Rückgang von Arbeitsplätzen in den Regionen mit höheren Sozialstandards verantwortlich sein könnte. Von Direktinvestitionen wird erwartet, daß sie mit positiven Beschäftigungswirkungen in den Importländern und überwiegend Einbußen in den Exportländern einhergehen, wobei tendenziell das Gesamtsaldo positiv ist.

Unter dem Effizienzkriterium und zur Stärkung des Wettbewerbs der Systeme müßte auch für die Sozialversicherungssysteme die Einführung eines „Ursprungslandsprinzips" erwogen werden, nach dem ein Teilsystem der sozialen Sicherung einer Gebietshoheit in der gesamten Europäischen Union gewählt werden kann und zur Betätigung berechtigt ist, sobald es die Erlaubnis des Tätigwerdens in einem Gliedstaat besitzt.[472] Es stellt sich jedoch dann die Frage nach einer europäischen Ordnungspolitik, die das Funktionieren eines solchen Wettbewerbs sicherstellt, und deren Legitimationsgrund.[473]

2.5.2. Regionale Aspekte der wirtschaftlichen Integration

In der Europäischen Einigung spricht man von regionalen Erscheinungen auf verschiedenen Ebenen: Aus europäischer Perspektive dürfen die Mitgliedstaaten als „Regionen" angesehen werden. Daneben können administrative Einheiten mit Gebietshoheit als „Regionen" auftreten. Zu guter Letzt kann auch jede andere geographische Landschaft im Hinblick auf bestimmte Kriterien zur „Region" erklärt werden. Allen diesen Erscheinungen dürfte aber gemeinsam sein, daß mit einiger Wahrscheinlichkeit

---

467 In Anlehnung an *Oberender/ Reißmann* (1993), S. 390.

468 Vgl. *Wentzel* (1993), S. 497, im Hinblick auf Osteuropa.

469 Zit. *Streit* (1995), S. 119.

470 Vgl. *Molitor* (1992), S. 197.

471 Vgl. *Görgens* (1993), S. 214-216 und S. 224.

472 In Anlehnung an *Oberender/ Reißmann* (1993), S. 394 f., die dies am Schluß ihrer Untersuchung für die EG fordern. Die Einführung des Ursprunglandprinzips beinhaltet letztendlich die Aufhebung des Konzeptes der „Regionen" in einem geographischen Sinne.

473 Vgl. *Siebert/ Koop* (1993), S. 19-20.

ihre territoriale, damit die judikativen und administrativen Grenzen nicht mit der geographischen Ausdehnung der für sie relevanten wirtschaftlichen Auswirkungen zusammenfallen. Es entstehen also externe Effekte. Solche „geographischen" Externalitäten können positiver Natur sein: wenn z. B. eine Gebietshoheit durch ihre Aktivität positive *spill-over* Effekte für angrenzende Regionen oder das gesamte Integrationsgebiet bewirkt. Ebenso können Entscheidungen umfassenderer Gebietshoheiten Auswirkungen auf die in ihnen enthaltenen „Regionen" haben, an denen sie in unterschiedlichem Maße beteiligt waren und deren Auswirkungen sie unterschiedlich treffen. Solche externen Effekte sind natürlich kaum quantifizierbar.[474] Neben den Folgen für die Effizienz der Entscheidungen spielt in diesem Bereich der Verteilungsaspekt eine besondere Rolle. Vereinzelt wird gerade im Regionalismus ein Instrument der Konfliktentschärfung und -lösung gesehen.[475]

Das folgende Schaubild gibt einen Überblick über die Entwicklung des Pro-Kopf Bruttoinlandsproduktes auf dem Niveau der Mitgliedstaaten.

Abb. 34: Entwicklung des Pro-Kopf Bruttoinlandsproduktes relativ zum Durchschnitt der Europäischen Gemeinschaft (Marktpreise auf der Basis von Kaufkraftparitäten (Index EUR15=100))

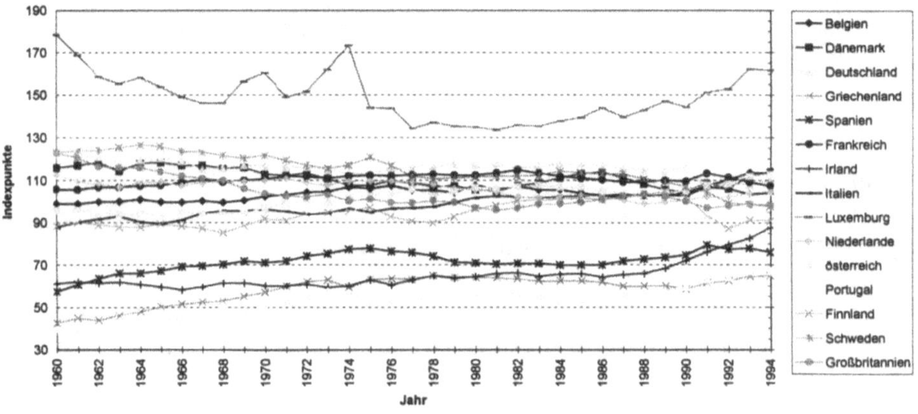

Quelle: Eurostat: NewChronos On-line Datenbank. Nominal GDP and GDP per Head at current market. (4/1997).

474 Vgl. *Franzmeyer* (1993), S. 94.

475 Vgl. *Hilf* (1991), S. 28.

In der EG gibt es zwischen einzelnen Regionen seit Beginn der europäischen Integration erhebliche Entwicklungsgefälle, wenn am Maßstab des Pro-Kopf-Einkommens gemessen.[476] Aufgrund der künstlichen Konstruktion des Indikators ist sicher vor einer Überinterpretation zu waren. Dennoch scheint sich doch feststellen zu lassen: Seit 1960 sind die relativen Unterschiede erheblich geringer geworden. Dabei konnten gerade die am wenigsten wohlhabenden Länder erheblich gegenüber dem Mittelfeld aufholen. Luxemburg als dem wohlhabendsten Land hat nach anfänglicher Annäherung seit den achtziger Jahren den Abstand zum Mittelfeld wieder vergrößern können. Insbesondere unter den Bedingungen der Freizügigkeit kommt es zu einer Angleichung der Lebensbedingungen.[477]

Die Regionalpolitik der EG beschränkt sich lediglich auf Mitfinanzierung der im Einvernehmen mit Mitgliedstaaten und Regionen aufgelegten Programme. Grundsätzlich wird vom Prinzip der Eigenverantwortlichkeit der Mitgliedstaaten und Regionen für die regionale Entwicklung ausgegangen.[478] Die Vielzahl der relevanten Fonds und der regionalen, nationalen, sowie europäischen Maßnahmen stellen die Verantwortlichen vor eine erhebliche Koordinierungsaufgabe. In der Nomenklatur der Regionen werden 64 große Regionen, 167 Verwaltungseinheiten und 824 Gebiete unterschieden. Die Ziele umfassen Maßnahmen zur Erschließung rückständiger Regionen und Entwicklung des ländlichen Raumes, zur industriellen und landwirtschaftlichen Strukturanpassung und zur Bekämpfung von Langzeitarbeitslosigkeit sowie zur besseren Eingliederung Jugendlicher in das Erwerbsleben.

Die Diskussion betrifft auch die Möglichkeiten, durch welche die Grenzregionen und strukturell schwächere Gebiete im Integrationsprozeß mit den weiter fortentwickelten Regionen aufschließen können. Prinzipiell verringert das Sinken der Transport- und Kommunikationskosten die Vorteile der Ballungsräume.[479] Periphere Regionen müssen dennoch die zusätzlichen Transport- und Kommunikationskosten durch attraktive Standortfaktoren und vorteilhafte Nominallöhne überkompensieren, damit Investoren trotz der peripheren Lage mit zufriedenstellender Rendite rechnen können. Kritiker führen gegen diesen Standortwettbewerb vor allem an, daß Industrien in die Regionen ziehen würden, wo durch unvollständige Internalisierung z. B. von Umweltkosten der niedrigste Standard vorherrscht.[480] Hingegen befürchten andere, daß periphere Gebiete

---

476 Vgl. *Franzmeyer* (1993), S. 83. Die Extreme erreichen den Faktor 10; während zwischen den zehn ärmsten und den zehn reichsten Regionen der Abstand immerhin das Verhältnis eins zu drei übersteigt.

477 Vgl. *Eekhoff* (1995), S. 318.

478 Für eine Darstellung der Entwicklung der Regional- und insbesondere der Kohäsionspolitik sei auf *Schäfers* (1993) verwiesen. Hinsichtlich der Ausgestaltung von Strukturpolitik vgl. *Giersch* (1964). S. 61-90. Vgl. *Ridinger* (1992), S. 135. Der Verteilungsapparat ist zu grossen Teilen integraler Bestandteil der nationalen Verwaltungen (*Franzmeyer* (1993), S. 93).

479 Vgl. *Giersch* (1991), S. 24 und S. 43 f.

480 So *Daly* (1993), S. 26.

Gefahr laufen, gerade die mobilsten und höchstqualifizierten Arbeitskräfte durch Abwanderung zu verlieren.[481]

Die Regionalpolitik in Form der gemeinschaftlichen Strukturpolitik beruht auf den Prinzipien der Partnerschaft, Subsidiarität und Kohärenz. Eine grenzüberschreitende europäische Umverteilungspolitik kann auch als eine Versicherungspolice aufgefaßt werden. Da die zukünftige Entwicklung einzelner Regionen heute nicht voraussagbar ist, helfen festumrissene Umverteilungsregeln auch heute wohlhabenden Regionen sich gegen die Unwägbarkeiten der Zukunft zu versichern.[482] Vor diesem Hintergrund wird daher erwogen, in der Konjunkturpolitik ein staatliches Angebot interregionaler Versicherung vorzuhalten. Dem wird vor allem entgegengehalten, daß da es sich um pekuniäre und nicht um technologische externe Effekte handelt, kein wirtschafts- bzw. finanzpolitischer Handlungsbedarf bestünde. Unter Partnerschaft versteht man die „sinnvolle Konzertierung der Motivation, Initiative, Kenntnisse, Fertigkeiten aller beteiligten Handlungsebenen (EG, Staat, Region, Gemeinde) und Handlungsträger (amtliche Stellen, Verbände, Kammern, Gewerkschaften, Unternehmen)."[483] Durch das Subsidiaritätsprinzip soll in diesem Zusammenhang vor allem die Planungskompetenzen und Finanzhoheit von nachgeordneten Gebietskörperschaften gewahrt bleiben. Die „Kohärenz" soll die Einheit der so betriebenen Wirtschaftspolitik mit dem Ziel der wirtschaftlichen Konvergenz gewährleisten.

Abb. 35: Verhältnis des EG-Gesamtetats zur Summe der Steuereinnahmen der jeweiligen Mitgliedstaaten der Europäischen Gemeinschaft

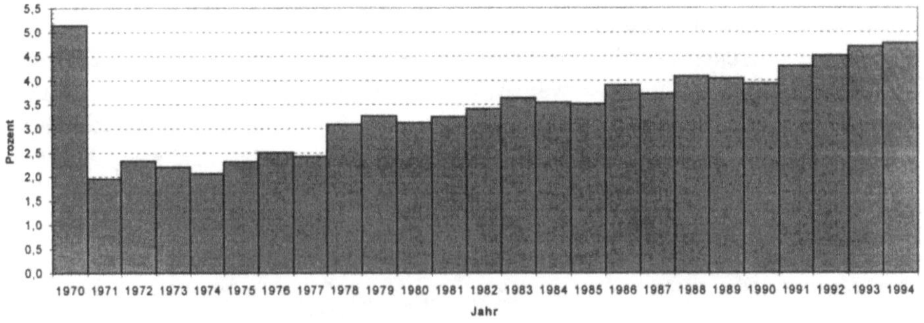

Quelle: Eigene Berechnung auf der Basis von European Commission: European Economy. No. 59. Annual Economic Report for 1995, Luxembourg, 1995 und Eurostat: NewChronos. On-Line Datenbank. Economy and finance. Government. Taxes. (2/1997). Der Wert für den EG-Etat 1970 enthält Überträge aus Vorjahren.

481 In Anlehnung an *Schrettl* (1991), S. 3.

482 Vgl. *Sinn* (1994), S. 95.

Die Transferzahlungen im Rahmen der Strukturpolitik bedeuten einen Finanzausgleich zwischen ärmeren und reicheren Regionen.[484] Während der gemeinschaftliche Haushalt nicht durch Schulden ausgeweitet werden kann, ist auch hier modellimmanent von einer Budgetausweitung auszugehen, die jedoch aufgrund der Entscheidungsstruktur des Haushaltsverfahrens gebremst wird. Wie aus der Graphik unschwer entnommen werden kann, hat sich das EG-Budget im Verhältnis zur Summe der mitgliedstaatlichen Haushalte seit 1971 tendenziell erhöht, wobei zeitweilig eine relative Abnahme oder zumindest eine Stagnation festzustellen ist. Interessant ist darüber hinaus, daß der Wert von etwas über fünf Prozent aus dem Jahre 1970 kurz vor dem ersten Vertrag zu den Haushaltsbestimmungen bis 1994 noch nicht wieder erreicht wurde.

Die Entwicklung der Ausgabenstruktur des EG-Haushaltes ist in der folgenden Graphik dargestellt.

Abb. 36: Ausgabenstruktur des EG-Haushaltes

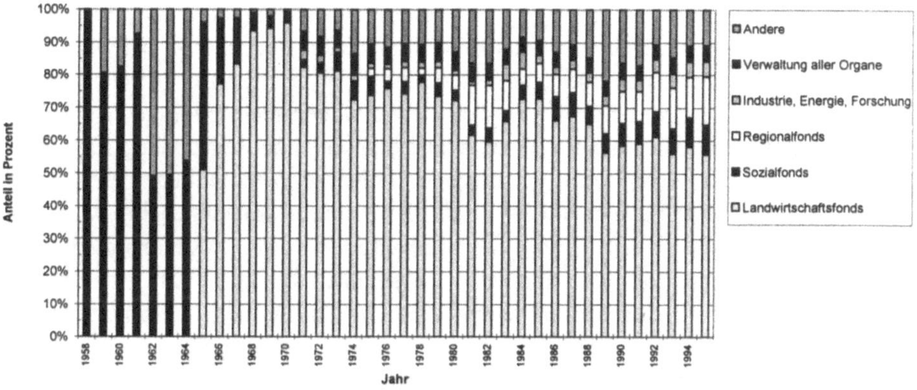

Quelle: Eigene Berechnung auf der Basis von European Commission: European Economy. No. 59. Annual Economic Report for 1995, Luxembourg, 1995.

Generell läßt sich die relative Abnahme der Zuwendungen im Landwirtschaftsbereich festhalten. Anteilsmäßig entspricht dieser Abnahme eine Zunahme der Sozial- und Regionalfonds. Von rund 1,2 Prozent der Gesamtausgaben im Jahre 1970 sind sie bis 1993 auf 20 Prozent angewachsen. Das ansonsten stetige Anwachsen wurde nur

483 Vgl. und zit. *Franzmeyer* (1993), S. 87 und S. 89 f.

484 So *Franzmeyer* (1993), S. 92.

1981-1983 durch eine explosionsartige Ausdehnung unterbrochen. „Der implizite Finanzausgleich zwischen den Mitgliedstaaten im Rahmen der Strukturfonds liegt zur Zeit bei 0,34% des gemeinsamen Sozialproduktes."[485] Der Anteil der Verwaltungskosten ist in derselben Zeit von rund sechs Prozent leicht auf rund fünf Prozent gesunken.

Diese Transferzahlungen werden häufig durch externe Effekte begründet, die während der zunehmenden Integration nicht in die privaten Kostenstrukturen einbezogen wurden. Angeführt werden Kosten in Verdichtungsräumen, wie Bereitstellung von Infrastruktur und Nutzung von Umweltgütern, die nicht in die individuelle Kostenrechnung eingehen oder sogar zu Ersparnissen führen, z. B. durch geringere Transaktions- und Informationskosten. Diese mangelnde Kostenwahrheit läßt in strukturschwachen Gebieten die Stückkosten höher erscheinen und beeinflußt negativ die Höhe der Infrastrukturinvestitionen in diesen schwächeren Gebieten. „Dies gilt zumal unter den Bedingungen des Binnenmarktes, in dem sich ohne Internalisierung der externen Kosten regionaler Gefälle noch verschärft."[486] Generell wird erwartet, daß ein System des direkten horizontalen und vertikalen Finanzausgleichs effizienter als projekt- und programmorientierte Fonds die Ziele der Regional- und Strukturpolitik verfolgen ließe.

Insbesondere auch die Einführung von festen Wechselkursen zwischen strukturell sehr unterschiedlichen Ländern erfordert eine eingehende Betrachtung auch im Hinblick auf mögliche Mechanismen für Transferzahlungen.[487] Eine rein wirtschaftliche Betrachtung kann die Notwendigkeit von Transferzahlungen nicht begründen.[488] Die geringere Produktivität einzelner Regionen stellt solange keine Begründung für Transferbedarf dar, wie die Bevölkerung in Regionen, die aufholen wollen, bereit ist, eine größere Streuung und Ungleichheit im Lohneinkommen hinzunehmen.[489] Andererseits ist anzunehmen, daß vor dem Hintergrund verbesserter Kommunikationsmöglichkeiten und Informationen über die wirtschaftliche und soziale Lage auf Dauer große regionale Disparitäten innerhalb der Europäischen Union politisch nicht hingenommen werden.[490] Der wirtschaftliche und politisch-institutionelle Integrationsprozeß muß daher vom Aufbau einer finanziellen Solidargemeinschaft begleitet sein.[491]

In einer Währungsunion verstärken sich diese Faktoren. Bei endgültiger Festlegung der Paritäten stellt sich die Frage nach den verbleibenden Anpassungskanälen. Zu diesen zählen - unter Ausnahme inflationistischer Vollbeschäftigungspolitik:

- regionale Mobilität des Faktors Arbeit,

---

485 Vgl. *Matthes* (1995), S. 156 und Fußnote 4.

486 Zit. und vgl. *Franzmeyer* (1993), S. 93 und S. 96 f.

487 Vgl. *Hesse* (1991), S. 44.

488 Vgl. *Willgerodt* (1992a), S. 98.

489 Vgl. *Giersch* (1991), S. 45.

490 Vgl. *Ridinger* (1995), S. 134.

491 Vgl. *Franzmeyer* (1993), S. 94, der damit auch eine Analyse der institutionellen Schwachstellen und den Einbau von Sicherungen gegen Mißbrauch verbindet.

- Flexibilität der Preise für Produkte und Faktoren,
- Transferzahlungen auf nationaler oder europäischer Ebene.[492]

Es wird deutlich, daß die verbleibenden Kanäle hohe Anforderungen an den wirtschafts- und gesellschaftspolitischen Konsens innerhalb der Gemeinschaft stellen.[493] Eine Voraussetzung für das Funktionieren einer Währungsunion ist deshalb insbesondere die Bereitschaft zu einer differenzierten Lohnentwicklung.[494] Würde hingegen eine Angleichung der Einkommen ohne Rücksicht auf das regionale und sektorale Produktivitätsgefälle betrieben, könnten die geforderten innergemeinschaftlichen Transfers selbst unter Zielsetzung von Solidarität den Zusammenhalt der Gemeinschaft gefährden, wenn die Leistungsfähigkeit und der Leistungswille der wohlhabenden Mitgliedstaaten überfordert würde.

Sofern die obigen Optionen nicht greifen, ist nicht auszuschließen, daß einzelne Mitgliedstaaten nicht einen Anreiz haben könnten, übermäßige Staatsverschuldung zu betreiben, um Vollbeschäftigung und soziale Sicherungssysteme staatlich zu garantieren.[495] Andererseits bedeutet nationale Finanzpolitik, daß der Zinsanstieg nicht nur auf das expansive Politik betreibende Land begrenzt bliebe. Durch den Zinsanstieg würde einerseits das Wachstum insgesamt gebremst, andererseits könnte einer finanzielles „*crowding out*" zinsempfindliche private Kreditaufnahme für Investitionszwecke induzieren. Der „*crowding out*"-Effekt ist bei hohem Schuldenstand wahrscheinlicher. Folglich ergebe durch diese *spill-over* die nationale Verschuldungspolitik negative externe Effekte für andere Mitglieder der Gemeinschaft.[496]

2.5.3. Wirtschaftspolitische Maßnahmen mit außerökonomischen Zielsetzungen

Luhmann hat in seiner Analyse der Wirtschaft der Gesellschaft postuliert, daß die moderne Gesellschaft „auf einer Differenzierung von Politik und Wirtschaft, von Macht und Geld angewiesen" sei, da „wirtschaftliche Probleme nicht einfach durch Zuteilung von Macht zum Zugriff auf knappe Güter" gelöst werden könnten, „ganz unabhängig davon, wie zentral oder dezentral solche Machtquanten verfügbar gemacht werden."[497]

---

492 Vgl. *Smeets* (1993), S. 125-126.

493 In Anlehnung an *Berthold* (1993), S. 154, der vor allem die Anerkennung des Wettbewerbsprinzips im Auge hat. Ebenso setzen die Transferzahlungen ein hohes Maß an Solidaritätsgefühl voraus. Eine zusätzliche Bedingung erscheint auch die Verständigung auf unbedingte Offenheit der Märkte gegenüber Drittländern.

494 Vgl. *Ledig* (1993), S. 125 und S. 128.

495 Vgl. *Berthold* (1993), S. 155 f. der auf die *moral hazards* der '*bail-out*'-Option, d.h. der gemeinschaftlichen Unterstützung bei nationalen Schuldenkrisen, hinweist (S. 162 f.)

496 Vgl. *Hamacher/ Klein* (1993), S. 183 f., die darauf hinweisen, daß diese Überlegungen auch schon bei unwiderruflich fixierten Wechselkursen und freiem Kapitalverkehr zutreffen (S. 176, insbesondere Tabelle 1).

497 Zit. *Luhmann* (1988), S. 150. Er fügt diesen seine methodologische Konsequenz an: „Deshalb empfiehlt es sich, auch die Reflexionstheorien dieser beiden Systeme explizit zu

Gleichzeitig wird bei zusehends dichterer wirtschaftlicher Verflechtung von Staaten der nationale Handlungsrahmen für Maßnahmen mit Auswirkungen auf das Wirtschaftsgeschehen enger. „Dieses «Hereinwachsen in die Weltwirtschaft» (*Eucken*, 1949) kann indessen in Widerspruch zu nationalen Struktur- und Verteilungszielen oder außerökonomischen Staatszwecken geraten."[498] Während die Begrenzung des diskretionären Handelns von politisch Verantwortlichen und Bürokratien ein gewünschter Nebeneffekt der wirtschaftlichen Integration ist, mag der Verlust der nationalen Handlungsfähigkeit berechtigter Anlaß zur Untersuchung sein, ob die Schaffung von supranationaler Handlungskompetenz ein geeignetes Mittel sei, diesen Widerspruch aufzulösen. Dies ist besonders relevant in den Fällen, wo nicht nur ein wirtschaftliches Effizienzkriterium, sondern auch politische Werturteile in die Betrachtung einzubeziehen sind.[499]

Hinsichtlich des Umweltschutzes wird aller Orten ordnungspolitischer Handlungsbedarf festgestellt.[500] Die Relevanz von externen Effekten in diesem Politikbereich ist weithin bekannt. Unter zunehmender wirtschaftlicher Verflechtung wird als Argument für zentrale Handlungskompetenz vor allem die Tatsache angeführt, daß die räumliche Trennung der Entstehung von Kosten für die Umwelt und der Nutzung von Umweltgütern den Vergleich und damit deren Internalisierung zusätzlich erschweren.[501] Grundsätzlich zu beachten ist jedoch der Umstand, daß Umwelteffekte zwar fast immer Externalitäten beinhalten; diese Externalitäten sind jedoch nicht immer weltweit, ja noch nicht einmal immer grenzüberschreitend, in vielen Fällen sogar von ausgesprochen lokal begrenzter Auswirkung. Neben des öffentlichen Gutscharakters kommt in diesem Politikbereich in vielen Fällen auch ein meritorisches Element zum Tragen. Hinsichtlich

---

trennen und eine politische Reflexion nicht schon deshalb für wirtschaftlich adäquat zu halten, weil sie sich auf die Wirtschaft bezieht" (S. 150). In dieser Arbeit wird natürlich aus wirtschaftlicher Perspektive genau die gegensätzliche Konsequenz gezogen. Aber dennoch wäre es einer Überlegung wert, zu ergründen, inwieweit seine Aussage nicht Relevanz bekommt, sobald der wirtschaftliche Aspekt einer Politik zusehends zu einer „bloßen" Nebenbedingung wird. Dies ist sicher noch nicht in der Regional- und Strukturpolitik der Fall, in der Umweltpolitik auch allenfalls in begrenztem Maße; andererseits zunehmend in der Sozial- oder Familienpolitik. Die Frage gewinnt jedoch an Brisanz, wenn es um die Betrachtung und Bewertung beispielsweise einer gemeinsamen „Justiz" oder „Außen- und Sicherheitspolitik" geht (*Molitor* (1992), S. 199).

498 Vgl. *Gröner/ Schüller* (1989), S. 432.

499 Dies bedeutet nicht, daß man mit dem in dieser Arbeit verwendeten Instrumentarium nicht auch prinzipiell Wahlhandlungen abbilden könnte, die auf Werturteilen beruhen. Wenn dies jedoch *in abstracto* möglich ist, wird man kaum systematische Schlußfolgerungen ziehen können, da einem die Motivation des Einzelnen nicht zugänglich und somit die Handlung nicht nachvollziehbar ist. *Sinn* (1994), S. 91-93, der als Beispiele für die Notwendigkeit einer vertieften Politik auf europäischer Ebene nennt: Verteidigungspolitik, grenzüberschreitende Umweltpolitik, und Kulturpolitik („At a time where the production and consumption of culture are international activities, national regulatory solutions are simply outdated." (zit. S. 93).

500 Vgl. *Schlecht* (1991), S. 17.

501 So *Daly* (1993), S. 29.

der Umweltpolitik ist allgemein auch festzuhalten, daß neben des „Was?" erzeugt wird, in vielen Fällen auch die Frage des „Wie?" von erheblicher Bedeutung sein kann. Dieser Produktionsprozeß bleibt aus umweltpolitischer Perspektive relevant, auch wenn sich im Endprodukt der Weg der Herstellung gar nicht mehr ablesen läßt. Von hier ist der Sprung zu einer allein auf Werturteilen beruhenden Vorstellung oder gar weltanschaulich/religiös motivierten Vorschrift über den „richtigen Weg" und der wirtschaftlich zulässigen Handlungen nicht weit. Insofern diese Grundwertungen innerhalb eines integrierten Wirtschaftsgebietes differieren, beinhaltet dieser Bereich ebenfalls ein gehöriges Maß an Sprengkraft. Die zunehmende wirtschaftliche Integration macht eventuelle Unterschiede stärker fühlbar und bewußt.

2.6. Zusammenfassung

Insgesamt ließ sich eine Ausdehnung des Gemeinsamen Marktes für Güter, Dienstleistungen und Kapital feststellen. Gerade auch die Verflechtung durch Direktinvestitionen hat in den späten achtziger Jahren stark zugenommen. Hier kommen die Erfolge bei der Durchsetzung der Freiheiten der Römischen Verträge voll zur Geltung.

Die Konsequenzen einer zunehmenden Verflechtung der Güter- und Kapitalmärkte bestehen in einer Synchronisation der nationalen Konjunkturbewegungen, einer abnehmenden Wirkung der existierenden wirtschaftspolitischen Instrumente bei gleichzeitiger Verschärfung der Konkurrenz der Staats- und Gesellschaftsordnungen.[502] Mit zunehmender Kapitalmobilität sinkt insbesondere die Möglichkeit, durch Sterilisationspolitik die geldpolitisch motivierten Effekte auf die internationale und nationale Komponente der Geldbasis durch entgegengerichtete Einflußnahme aufzuheben, um damit eine an nationalen Zielen ausgerichtete Geldmengenpolitik betreiben zu können.[503] Ebenso können Turbulenzen auf den Kapitalmärkten zum Zusammenbruch verletzbarer internationaler Währungsordnungen führen.[504] Die zunehmende Irrelevanz nationaler Grenzen wird vor dem Hintergrund dieser Interdependenzen nur allzu deutlich.[505]

Grafisch kann man sich den Prozeß in folgender Weise vor Augen führen. Es wird auch deutlich, daß im Gegensatz zur Wanderung von Personen und Niederlassung von Unternehmen, wo die Wirkungen auf das jeweilige nationale politische System direkt sind, die Rückwirkungen der Waren-, Kapital- und Dienstleistungsströme auf die Rahmenbedingungen vermittelt sind.

Durch die verstärkte Integration sind die Auslöser und die Wirkungen von Veränderungen im Wirtschaftsprozeß immer weniger lokalisierbar. Dennoch werden die von den Änderungen Betroffenen zunächst im nationalen Rahmen ihre Bedürfnisse, Forde-

---

502 Vgl. *Braasch* (1992), S. 29 f.

503 Vgl. *Smeets* (1993), S. 106 f.

504 In Anlehnung an *Smeets* (1993), S. 104, der den erwartungsbedingten Anpassungsstau für das 1992 von den Märkten erzwungene Realignment als unausweichlich ansieht.

505 Vgl. *Hodges/ Woolcock* (1993), S. 329.

rungen und Vorhaltungen vortragen. Vier politisch relevante Hauptauswirkungen dürften auftreten:

- Auswirkungen auf den nationalen Arbeitsmarkt,
- Umverteilungswirkungen,
- Wirkung auf die Verteilung der wirtschaftlichen Macht,
- Änderungen der Interessenvertretungen.

Das nationale politische System wird auf die Wünsche einzugehen versuchen. Zwei Hauptformen sind von Bedeutung: die Zahlung von Transferleistungen und die Änderung der Rahmenbedingungen. Hinsichtlich beider Interventionsarten befinden sich die nationalen Regierungen jedoch nicht in völliger Unabhängigkeit von den Bedingungen in anderen Mitgliedstaaten. Hinsichtlich der Zahlung von Transferleistungen zieht die Finanzierungsseite den Handlungsmöglichkeiten enge Grenzen. Es ist daher zusehends ohne Belang, daß die Bereiche der Steuern und der Schuldenaufnahme fast ausschließlich in mitgliedstaatlicher Kompetenz verblieben sind. Die Erhöhung von Steuern und die Zunahme der Staatsschuld hat unmittelbare Rückwirkungen auf die Attraktivität des Landes für mobiles Kapital und Direktinvestitionen.

Modell 8: Prozeß der europäischen wirtschaftlichen Integration

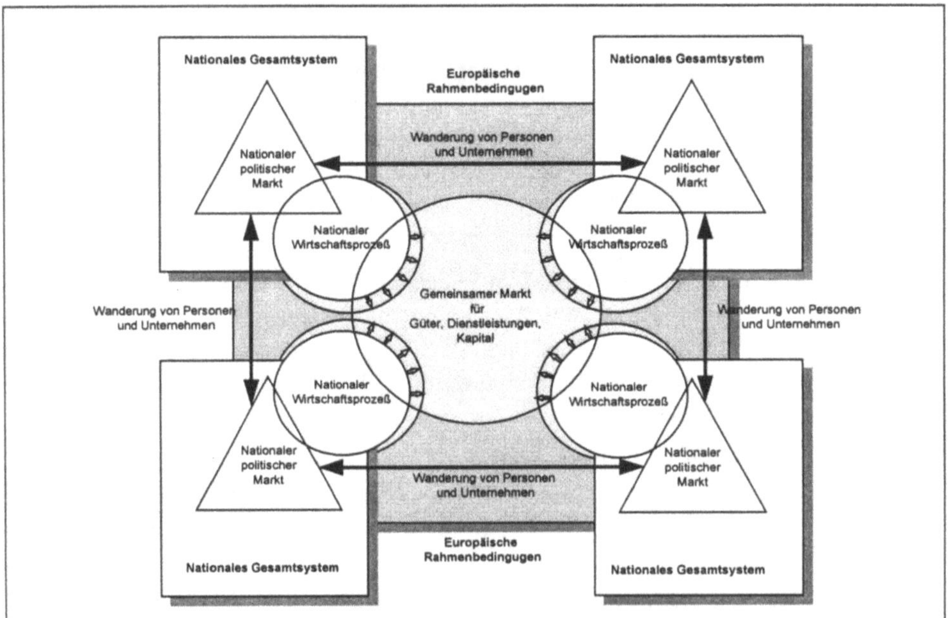

Für die zweite Option der Änderung der Rahmenbedingungen gibt das Ausmaß des grenzüberschreitenden Austausches und der Wanderungsbewegungen den Ausschlag.

Wenn wie im Warenhandel erhebliche Anteile der nationalen Wertschöpfung aufgrund von grenzüberschreitenden Transaktionen zustande kommen, ist eine Änderung der nationalen Rahmenbedingungen weitestgehend wirkungslos. Des weiteren sind den nationalen Bürokratien aufgrund der bestehenden Kompetenzverteilung innerhalb des europäischen Institutionengefüges in vielen Bereichen des Güterhandels die Hände gebunden.

Insofern die nationalen politischen Systeme nicht sinnvoll handeln können oder aus anderen Erwägungen nicht handeln möchten, wird daher der politisch empfundene Handlungsbedarf an die Ebene der Europäischen Gemeinschaft weitergeleitet. Die drei hauptsächlichen Felder für gemeinschaftliche Aktion können sein: erstens Nachfrage nach Anpassung der Rahmenbedingungen, zweitens Nachfrage nach Protektion und drittens Forderung von Transferzahlungen. Auf europäischer Ebene kommen in allen drei Fällen die jeweilig gültigen Entscheidungsregeln zum Tragen. In der Praxis wird es bedeuten, daß nur derjenige nationale Handlungsbedarf auf Gehör trifft, der in einer ausreichenden Anzahl anderen Mitgliedstaaten auch verspürt wird oder aber zumindest den Interessen keines anderen entgegensteht. Schließlich könnte ein Sachverhalt auch von einem betroffenen Mitgliedstaat als eine Angelegenheit von besonderem nationalem Interesse empfunden und dargestellt werden, so daß er bereit ist, sich über künstliche Verbindung mit anderen Themen, bis hin zur Blockade des gemeinschaftlichen Entscheidungssystems, bei den anderen Gehör Mitgliedstaaten zu verschaffen. Im Bereich der Transferzahlungen sollte beachtet werden, daß aufgrund des Verbots der gemeinschaftlichen Schuldenaufnahme der Handlungsrahmen enger als auf nationaler Ebene ist.

Aus den kurzen Bemerkungen zur Sozialpolitik läßt sich zumindest ablesen, wie tief die zunehmende wirtschaftliche Verflechtung in der Europäischen Gemeinschaft potentiell in die täglichen Beziehungen der europäischen Bürger ausstrahlt. Andererseits ergibt sich, daß die Kompetenzen der europäischen Institutionen in diesem Bereich nur sehr begrenzt sind. Insofern keine Übertragung von prozeßorientierten Handlungsrechten gewünscht wird, bleibt die Frage nach einem geeigneten ordnungspolitischem Rahmen, in dem die bisherigen sozialpolitischen Aktivitäten aufeinander abgestimmt werden - und sei es nur, um einen Wettbewerb der Systeme herzustellen. Der Bereich der Regionalpolitiken verweist auf die Möglichkeiten und Notwendigkeiten eines europäischen Finanzausgleichs. Wie im Bereich der Sozialpolitik geht es auch im Bereich der Regionalpolitik letztendlich um die Bestimmung des „angemessenen" Ausmaßes von Solidarität zwischen Bürgern verschiedener geographischer oder sozialer Herkunft.

So wie das „angemessen" im vorstehenden Satz, so zeigen exemplarisch auch Teile der Umweltpolitik die Relevanz von Werturteilen bei der Formulierung und Durchsetzung von Politiken auf den verschiedenen lokalen, regionalen und nationalen Ebenen innerhalb der Europäischen Union. Gleich ob auf europäischem Niveau eine Handlungskompetenz geschaffen wurde oder gewünscht wird, enthalten diese Politikbereiche ein gehöriges Potential, um auf den wirtschaftlichen Integrationsprozeß zurückzuwirken. Alle Fälle beruhen auf einer Form von „politischer" oder „geographischer" Externalität, die sich aus der Verortung von staatlicher Hoheit über Territorien ergeben. Diese „geographischen" Externalitäten sind eine Folge der unvollständigen politischen Ordnung der Europäischen Union.

3. Außenwirtschaftsbeziehungen der Europäischen Union

Die äußere Wirtschaftsordnung ist auf das engste mit der inneren Ordnung verbunden.[506] Offene Märkte gehören nach *Eucken* zu den konstituierenden Prinzipien einer wettbewerblichen Marktwirtschaft. Im Hinblick auf die internationale Ordnung wird dieses Prinzip der Offenheit durch die Bedingungen des Freihandels verwirklicht. Aus ihnen ergeben sich die Merkmale einer freiheitlichen Ordnung der Weltwirtschaft.[507] Der Welthandel wächst seit Jahren schneller als die Weltproduktion. Wachstumschancen hängen für jeden einzelnen Staat zusehends von den Möglichkeiten eines globalen Wachstums ab,[508] obgleich der Lebensstandard in den meisten Wirtschaften heute noch weitgehend von heimischen Bedingungen bestimmt wird.[509] Nationale Nachfrageveränderungen schlagen sich jedoch immer kräftiger unmittelbar bei den Handelspartnern nieder.[510] Das Ausmaß der bestehenden Interdependenzen ist bemerkenswert. Aufgrund der Spezialisierung und Einbeziehung in das internationale Austauschgeflecht besteht die Wahl des Alleinganges nicht mehr.[511] Die theoretischen Erkenntnisse über die internationale Transmission von wirtschaftlichen Impulsen bieten inzwischen eine zureichende Basis für die Bestimmung ihrer Wirkungsrichtung und -ausmaß.

Die tatsächliche Struktur der internationalen Handelsordnung ist die Summe der bestehenden nationalen Handelsordnungen zusammen mit den institutionalisierten Regelwerken und der faktisch auf der Basis der jeweiligen Macht betriebenen Außenhandelspolitik ihrer Teile.[512] Aufgrund der fast ausschließlichen nationalen Durchsetzbarkeit von Verträgen bleibt die internationale Wirtschaftsordnung hauptsächlich die Widerspiegelung der bestehenden nationalen Wirtschaftsordnungen.[513] Anreize für Direktin-

---

506 In freier Anlehnung an *Willgerodt* (1989), S. 403.

507 Eine Weltplanwirtschaft ist ohnehin unmöglich, solange die einzelnen Staaten eine marktwirtschaftliche Binnenwirtschaftsordnung beibehalten. Ebenso ausgeschlossen ist eine Weltplanwirtschaft, wenn deren souveränen Staaten auf einer rein nationalen Zentralverwaltungswirtschaft beharren. "Das bedeutet zugleich: Für die Ordnung der Wirtschaft im ganzen kann das Verfahren der zentralen Lenkung nicht angewandt werden." (zit. *Willgerodt* (1989), S. 405 f. und S. 409).

508 Vgl. *Collingsworth/ Goold/ Harvey* (1994), S. 11.

509 Vgl. *Krugman* (1994), S. 34.

510 Vgl. *Braasch* (1992), S. 28.

511 So *Daly* (1993), S. 25, der daneben den mit internationalem Handel einhergehenden Transport aus Umweltgesichtspunkten anprangert.

512 Vgl. *Kotios/ Molsberger* (1993), S. 81, die aufgrund des hohen EG-Welthandelsanteil einen starken Einfluß der EG auf die Realität der Weltwirtschaftsordnung ableiten.

513 Vgl. *Vanberg* (1992), S. 382.

vestitionen können sich auch aus „ordnungspolitischen Lücken", wie z.B. mangelndem nationalen und internationalen Patentschutz ergeben.[514]

Die Gemeinsame Außenhandelspolitik der Europäischen Gemeinschaft stellt seit Beginn eine Politik mit zwei Blickrichtungen dar. Sie verkörpert eine besondere Form der positiven Integration.[515] Durch Integration findet zusehends ein größerer Anteil des Handels innerhalb der Grenzen des Integrationsgebietes statt.[516] Für die Außenbeziehungen ist dabei das Verhältnis von handels- und investitionsschaffenden Effekten gegenüber handelsumlenkenden Effekten von Interesse.[517] Die ordnungspolitische Orientierung von regionalen wirtschaftlichen Zusammenschlüssen ist *a priori* unbestimmt. Die Annahmen des hier zugrundeliegenden Modells würden ohne spezifische Institutionen zur Schlußfolgerung führen, daß eine fortschreitende Öffnung des Binnenmarktes mit einer zunehmenden Abschottung gegenüber der Außenwelt einhergeht. Hinsichtlich der europäischen Integration kommt daher dem Festschreiben des Integrationszieles in Art. 110 EWGV eine besondere Bedeutung zu. Das Ziel der Errichtung der Zollunion beinhaltet darin auch die Absicht, „zur schrittweisen Beseitigung der Beschränkungen im internationalen Handelsverkehr und zum Abbau der Zollschranken beizutragen."[518]

In Ergänzung zum innergemeinschaftlichen Beziehungsgeflechts, das in den vorstehenden Kapiteln betrachtet wurde, wird hier die Europäische Gemeinschaft als ein offenes System mit Austauschbeziehungen zu anderen Staaten darstellt. Dabei kann die Gemeinschaft in einigen Bereichen aufgrund ihrer inneren Struktur nach außen als ein einzelner Akteur auftreten und angesehen werden. Ihre Außenhandelspolitik formt die internationale Wirtschaftsordnung. In manchen Bereichen stellt hingegen die internationale Ordnung den Rahmen dar, dem die Mitgliedstaaten direkt, ohne die Zwischenstufe der Gemeinschaft verbunden sind. In diesen Fällen stellt das internationale Regelwerk für bestimmte Politikbereiche gleichsam auch die europäische Wirtschaftsordnung dar.

Gegenüber der Betrachtung im Bereich des Binnenmarktes ergeben sich im internationalen Kontext einige grundlegende Unterschiede:

- Die politischen Akteure auf internationaler Ebene finden nicht mehr in einem politischen Entscheidungsorgan zusammen.
- Auf internationaler Ebene ist nicht Integration aufgrund der sich verdichtenden Wirtschaftsbeziehungen das primäre Ziel, sondern allein der Versuch, durch strukturellen Zusammenschluß der nationalen Sozialordnungen eine Kontrolle von wechselseitigen Störungen zu ermöglichen. Der Machtaspekt ist im außenwirtschaftlichen Bereich von größerer Bedeutung, da internationale Organisationen wie früher das

514 Vgl. *Welfens* (1990), S. 187.

515 Vgl. *Kotios/ Molsberger* (1993), S. 74-76.

516 Vgl. *Olson* (1982), S. 127.

517 In freier Anlehnung an *Welfens* (1993), S. 540.

518 Zit. Art. 110 EWGV.

GATT oder in der Nachfolge die Welthandelsorganisation (WTO) grundsätzlich dem Primat der Politik folgen und daher vor allem Verfahren zur zwischenstaatlichen Verständigung und Verhaltensabstimmung bereitstellen.[519] Dabei hängt die äußere politische Stärke Europas hängt unmittelbar von der inneren Ausgestaltung der Europäischen Union ab. „Vielfalt bedeutet Wettbewerb, Wettbewerb bedeutet Kreativität und Innovationsfähigkeit, was wiederum in politische Macht umgesetzt werden kann."[520] Auf der anderen Seite ist die Entwicklung und Ausübung von Außenhandelspolitik unmittelbar mit einer gemeinsamen Außen- und Sicherheitspolitik überhaupt verbunden.[521]

- Die Festlegung der Rahmenbedingungen liegt nicht mehr in der alleinigen Gewalt der politischen Akteure der Gemeinschaft. Aufgrund ihrer Größe und des wirtschaftlichen und politischen Gewichtes kann die Gemeinschaft zwar die Form der Rahmenregeln mitbestimmen. Sobald diese aber angenommen sind, stellen sie sich aus dem Blickwinkel dieser Arbeit als parametrische Daten dar, deren Änderung zwar Auswirkungen auf den Wirtschaftsablauf innerhalb des europäischen Wirtschaftsgebietes hat. Die Rückwirkungen der wirtschaftlichen Prozesse innerhalb der Gemeinschaft auf den internationalen Rahmen können jedoch nicht in der gleichen Weise abgebildet werden.
- Die Annahme einer auf einem demokratischen Mehrparteiensystem beruhenden politischen Grundordnung kann nicht für die gesamte nicht-europäische Welt aufrechterhalten werden.

In einem integrierten Wirtschaftsgebiet, umfaßt die Handelspolitik zumindest die Funktionen:

- Bewahrung der „Gemeinschaftspräferenz" im Integrationsprozeß;
- eine die gemeinschaftliche Wirtschaftspolitik flankierende wirtschaftspolitische oder instrumentale Funktion;
- Etablierung von verbindlichen Regeln für das Verhalten der Mitglieder gegenüber der Außenwelt;
- Schaffung von Macht, die in internationalen Verhandlungen genutzt werden kann.[522]

Über die klassische Außenhandelspolitik hinsichtlich Waren und Dienstleistungen hinaus kann Außenwirtschaftspolitik in einem weiterem Sinne auch die Instrumente umfassen: Außenwirtschaftsförderung, Industriepolitik, Schaffung von Investitionsanreizen im Wirtschaftsgebiet, Subvention für Produktexporte oder die Regelung der Zu-

519 Vgl. *Langer* (1995), S. 66 f.

520 Zit. *Kaltefleiter* (1991), S. 23.

521 Vgl. *Winter* (1991), S. 70.

522 Vgl. *Kotios/ Molsberger* (1993), S. 75-77.

wanderungsbedingungen.[523] „Gerade das Problem der Unsicherheit im internationalen Handel hat während der vergangenen Jahre verdeutlicht, daß Handelspolitik und Währungspolitik keineswegs losgelöst nebeneinander stehen, sondern eng miteinander verflochten sind."[524] Soweit man die internationalen Regelungen betrachtet, scheint dagegen annähernd universales Einverständnis zu bestehen, daß die Freizügigkeit von Personen zwischen Staaten eingeschränkt sein sollte.[525]

3.1. Welthandelsordnung

3.1.1. Internationale Rahmenbedingungen

3.1.1.1. GATT und Welthandelsorganisation

Nach der Handelstheorie erzielt ein einzelnes Land selbst dann ökonomische Vorteile für sich, wenn es einseitig in einem ansonsten protektionistischen Umfeld mit geschlossenen Märkten seine Märkte öffnet.[526] Strategische Handelspolitik, die ein Abweichen von den Prinzipien des Freihandels nahelegt, führt nur dann zu einem in der Bewertung der politischen Akteure wohlstandssteigernden Einsatz der Handelspolitik, wenn zukünftige Gewinne und Verluste der möglichen und wahrscheinlichen Vergeltungsmaßnahmen ausreichend diskontiert werden. Internationaler Freihandel kann dagegen in einem unendlich wiederholten nicht-kooperativen Spiel erreicht werden, „wenn die Zukunft für die Regierungen von hinreichend großer Bedeutung ist."[527] Zudem führt selbst in Situationen von Vertragsbruchs und des Vertrauensmißbrauches die Verhaltensweise „Tit-for-Tat" als Strategie minimaler Vergeltung zu einem Gleichgewicht mit Freihandel.

In der Theorie des Protektionismus sind protektionistische Praktiken das Ergebnis von *rent-seeking* Aktivitäten. Dieses Abweichen von der besten Lösung wird als ein intra-nationales Gefangenendilemma verstanden. Für jede einzelne Industrie gilt: Wenn niemand anderes vor auswärtigem Wettbewerb geschützt ist, dann bringt der Schutz der eigenen Industrie einen Vorteil. Protektionismus ist somit das Ergebnis der Kollision zwischen prinzipiell staatenlosen Marktkräften und souveränen Staaten.[528] Die ange-

---

523 Vgl. *Winter* (1991), S. 68.

524 Zit. und vgl. *Gröner/ Schüller* (1989), S. 456 f., mit besonderem Akzent auf der Wirtschaftspolitik.

525 Vgl. *Baghwati* (1989), S. 681. Darin zeigt sich auch der besondere Charakter der europäischen Integration, in der die Freizügigkeit zu den Grundfreiheiten gehört.

526 Vgl. *Vanberg* (1992), S. 378 f.

527 Zit. und vgl. *Wetzel* (1992), S. 379 f., für unendlich wiederholte Spiele.

528 Vgl. *Braasch* (1992), S. 31.

wendeten Handelshemmnisse sind dabei ausgesprochen vielseitig. Ihre Typologisierung könnte auf ihre Wirkungsweise abstellen und z.B. unterscheiden: [529]

- Maßnahmen, die prinzipielle Handlungsrechte einräumen oder beschränken (Import-/ Exportverbote, Beschränkungen grenzüberschreitender Unternehmenstätigkeit, Gewährleistung von Eigentumsrechten, etc.);
- Zölle und Grenzabgaben;
- Maßnahmen, deren Wirkungen mit quantitativen Importschranken vergleichbar sind (technische Handelshemmnisse, öffentliche Beschaffungsmärkte, Import-/ Exportquoten und -lizensen, Zulassungsverfahren, etc.);
- Maßnahmen, die die grenzüberschreitenden Transaktionskosten beeinflussen (Grenzkontrollen und Verwaltungskosten, Prüfungs- und Zertifizierungsverfahren, Steuergrenzen, Währungsgrenzen, etc.).

Die regulierenden Prinzipien einer wettbewerblichen Marktwirtschaft stellen für die internationale Wirtschaftsordnung eine besondere Herausforderung dar. Wie steht es mit der Notwendigkeit einer internationalen Wettbewerbspolitik, einer Korrektur von externen Effekten bei der Umweltnutzung, internationaler Angleichung der Einkommensverteilung, Eingriffen in die Arbeitsmärkte, sofern ein anomales Angebotsverhalten vermutet werden muß? In den Bereichen der Monopolkontrolle und des Umweltschutzes sind internationale Abmachungen unentbehrlich.[530] Andererseits gehen die Positionen in der Umwelt- und Sozialpolitik im Extrem so weit, den freien Handel dort zu unterbinden, wo er den nationalen Politiken Handlungszwänge auferlegt, die das Risiko von sozialen und umweltpolitischen Härten in sich bergen.[531] Gleichzeitig erhöht sich die Bedeutung von ethischen Wertvorstellungen.[532]

Das General Agreement on Tarifs and Trade (GATT) trat am 1. Januar 1948 in Kraft.[533] Ebensowenig wie es für die Durchsetzung freien Welthandels prinzipiell eines mit Staatsgewalt ausgestatteten Akteurs bedarf, erscheint eine explizite Abstimmung nationaler Politiken notwendig.[534] Obgleich sich internationaler Handel auch ohne die besondere Unterstützung des Staates oder internationaler Organisationen herausbilden kann, liegt die Hauptaufgabe von Organisationen wie GATT / WTO in der Festlegung von Spielregeln und im Aufbau von einem systematischen Informationsaustausch zwischen staatlichen Regulierern und den Marktteilnehmern. Die besondere Rolle des GATT bei der Aufrechterhaltung und Erwirkung von Offenheit der Märkte liegt in der

---

529 In freier Anlehnung an *Mayrzecht* (1992), S. 99.

530 Vgl. *Willgerodt* (1989), S. (1989), S. 418 f. und S. 423.

531 So *Daly* (1993), S. 24.

532 Vgl. *North* (1981), S. 56.

533 *General Agreement on Tariffs and Trade* (1969), vgl. *Deutsche Bundesbank* (1986), S. 108. Eine kurze Darstellung der allgemeinen Entwicklung von den Anfängen des GATT bis zur Tokyo-Runde findet sich bei *Berg* (1976), S. 58-81.

534 Vgl. *Wetzel* (1992), S. 387-389.

Schaffung eines Gegengewichts im Rahmen vereinbarter Spielregeln zu nationalen Regierungen, die dem binnenwirtschaftlichen Druck nach Wettbewerbsbeschränkungen nachzugeben versucht sein könnten, durch andere nationale Regierungen, die eben derselben Versuchung ausgesetzt sind.[535] Durch die Informationsmechanismen in Verbindung mit den substantiellen Regeln und den Streitschlichtungsmechanismen können Interessengruppen in den betroffenen Staaten über ihre Regierungen einen Gegendruck erzeugen, der zumindest die Durchsetzung protektionistischer Bestrebungen erschwert, zum Teil gar vereitelt.

Die Hauptelemente des GATT (jetzt als Teil der WTO) sind die Nichtdiskrimierung, die unbedingte Meistbegünstigung, der Abbau von Handelsschranken, die implizite Reziprozität, die substantiellen Bindungen der nationalen Handelspolitiken[536] und schließlich die Streitschlichtungsmechanismen.[537] Innerhalb des WTO-Rahmens verbleibt ausreichend Spielraum, in dem der Wettbewerb der nationalen Systeme und Institutionen, die überlegenen „ordnungspolitischen Arrangements" entdecken kann. Neben dem Handel mit Gütern und Dienstleistungen arbeitet auch hier zusehends der Mechanismus der möglichen Abwanderung von Kapital.[538]

Reziprozität ist aus einem institutionellen Blickwinkel sicher das interessanteste Element der Weltwirtschaftsordnung aufgrund von GATT/WTO. Unter polit-ökonomischen Gesichtspunkten müßte Reziprozität somit nur von den wichtigsten größeren Handelspartnern gefordert werden. Dabei können politisch effiziente Handelsabkommen selbst dann abgeschlossen werden, wenn in wirtschaftlichen Maßstäben kleine Länder nicht reziproke Zollsenkungen offerieren. Die entstehende Marktöffnung wird dann unter Meistbegünstigungsbedingungen einseitig auch kleineren Partnern gewährt.[539] Jedoch weist das Reziprozitätsprinzip jeweils über den gerade gefundenen Kompromiß hinaus auf die Notwendigkeit fortlaufender, stets erneuerter Abstimmung und Anpassung unter dem Zwang zur zwischenstaatlichen Verständigung. Aufgrund der internen politischen Prozesse in Demokratien ist es grundsätzlich leichter, heimische Unterstützung für Freihandelsabkommen zu finden, wenn diese als ausgehandelter Kompromiß zwischen Staaten dargestellt werden können.[540] So kann das Reziprozi-

---

535 Vgl. *Braasch* (1992), S. 41.

536 Wie z.B. das grundsätzliche Verbot aller Handelshemmnisse mit Ausnahme von Zöllen (auch das generelle Verbot mengenmäßige Ein- und Ausfuhrbeschränkungen ist hierunter zu fassen) oder die Zollbindung hinsichtlich des durchschnittlichen Schutzniveaus (*Clapham* (1993), S. 25).

537 Vgl. *Gröner/ Schüller* (1989), S. 431 f.

538 Vgl. *Braasch* (1992), S. 44 f., weniger von Personen, da die Feizügigkeit fast grundsätzlich beschränkt ist.

539 Vgl. *Bagwell/ Staiger* (1996), S. 33f. unter Hinweis auf das Allgemeine Präferenzsystem.

540 Vgl. *Vanberg* (1992), S. 383 f.

tätsprinzip als das funktionale Äquivalent zu den Marktfreiheiten im Binnenmarkt angesehen werden.[541]

Hingegen hält das Meistbegünstigungsprinzip diejenigen Handelspartner, die untereinander Handelserleichterungen beschließen wollen, dazu an, zumindest auch die gewichtigeren Außenseiter an den Verhandlungstisch zu bewegen. Dieser Grundsatz wirkt daher der Zersplitterung, Partikularisierung und Regionalisierung der internationalen Wirtschaftsbeziehungen entgegen. Auf der Ebene des Binnenmarktes entspricht dem Prinzip der Meistbegünstigung funktional der Grundsatz der Inländerbehandlung und des gleichheitsrechtlichen Verfassungsprinzips.[542]

Auch wenn man zur Schlußfolgerung kommen mag, daß das GATT die Funktion der Liberalisierung des Welthandels „allenfalls leidlich schadensbegrenzend" erfüllt,[543] sollte seine Wirkung im Vorfeld der nationalen Entscheidungsprozesse durch die Gewahrwerdung potentieller Gegenreaktionen nicht unterschätzt werden. Da Protektionismus eines Landes negative externe Effekte für alle anderen Länder - und auch für andere Sektoren innerhalb des Landes - schafft, ergibt sich ein gegenseitiges Interesse aller beteiligten Länder an der Handelspolitik aller anderen.[544] Durch die Anerkennung der im GATT und in der WTO niedergelegten Regeln wird eine gewisse Bindung zu einer allgemeinen internationalen Rechtsordnung hergestellt, die den Angelpunkt für eine florierende Weltwirtschaft darstellt.[545] Durch sie wird ein Kern internationaler Kooperation in Bezug auf die Rahmenbedingungen gebildet, durch welche Handelshemmnisse beseitigt und die Funktionsfähigkeit des Preismechanismus verbessert wird.

Dennoch ist nicht von der Hand zu weisen, daß, obgleich das GATT zwar Streitschlichtungsmechanismen kennt, die Sanktionsmechanismen nicht wirklich durchschlagen, so daß die Wirksamkeit der institutionellen Regeln in hohem Maße von der wirtschaftspolitischen Einsicht der Beteiligten und ihrem Konsens abhängt.[546] Diese Abhängigkeit vom Konsens aller bei der Durchsetzung der Regeln macht wohl auch den hauptsächlichen Unterschied zu nationalen Regeln aus. Daher kommt der Vorschlag, international ausgehandelte Verpflichtungen zwischen Regierungen national in den Verfassungen so zu verankern, daß sie einklagbare Rechte des Einzelnen gegenüber dem nationalen System darstellen. Die internationalen Verträge würden niederlegen, daß die Staaten ihre Rechtsordnung einmalig ändern.[547]

---

541 Vgl. *Langer* (1995), S. 90 und S. 96.

542 Vgl. *Langer* (1995), S. 113 f. und S. 118.

543 Zit. *Braasch* (1992), S. 41.

544 Vgl. *Vanberg* (1992), S. 383.

545 Vgl. *Heuss* (1955), S. 225.

546 Vgl. *Gröner/ Schüller* (1989), S. 433.

547 Vgl. *Dicke* (1991), S. 166.

3.1.1.2. Entwicklung der Welthandelsordnung

Aufgrund der zeitraubenden Methode der Verhandlung auf der Basis von einzelnen Tarifposition waren den ersten fünf multilateralen Zollverhandlung (Genf 1947, Annecy 1949, Torquay 1950/51, Genf 1956 und 1960/61) nur mäßiger Erfolg beschert.[548] Immerhin erreichte die Dillon-Runde (1960-61) eine 7-8 prozentige Senkung der Zollsätze. Dagegen gelang der Kennedy-Runde von 1964-67 aufgrund der linearen Methode ein entscheidender Erfolg mit einer durchschnittlichen Kürzung aller Zölle um 35-40 Prozent.[549] Die Tokyo-Runde (1973-79) beschloß in einer Übergangszeit von acht Jahren eine weitere Rücknahme der Zölle um rund ein Drittel. Die Europäische Gemeinschaft zog diese Senkung um ein Jahr auf den 01.01.1986 vor. Die Uruguay-Runde schnitt die Zollsätze erneut zurück, so daß Zölle in der Gemeinschaft nunmehr fast nur noch in Sektoren eine Rolle spielen, die in früheren Zollsenkungsrunden eine Ausnahmebehandlung erfuhren. Der ungewichtete durchschnittliche Gemeinsame Zolltarif der Sechs betrug 7,6 Prozent, während der gewichtete Durchschnitt bei 9,1 Prozent lag. Dabei betrug der Durchschnitt im Rohmateralienbereich nur noch 0,1 Prozent, bei Investitionsgütern 12,5 Prozent, für industrielle Konsumprodukte jedoch durchschnittlich 17,3 Prozent. Die Uruguay-Runde senkte den durchschnittlichen Zollsatz der EG auf rund 3,5 Prozent.[550]

Auf der folgenden Graphik ist die Entwicklung der gesamten Weltexporte dargestellt. Dabei tritt die deutliche Ausweitung seit Anfang der siebziger Jahre hervor. Zeitlich trifft diese sprunghafte Zunahme mit dem Ende des *Bretton-Woods* Systems zusammen. Allerdings muß das Schaubild vorsichtig interpretiert werden, da die Angaben nicht inflationsbereinigt sind. Zu Anfang der achtziger Jahre tritt eine Phase der Stagnation hervor. Inwieweit dies eine Folge der zweiten Ölkrise und der damit einhergehenden Schuldenkrise ist, muß hier offen bleiben. Über die Jahre ist die Struktur des Welthandels weitestgehend gleich geblieben.

Der Anteil des EG-Außenhandels am Welthandel ist bis auf die genannte Stagnationsphase mit rund 20% annähernd stabil geblieben (unter der Annahme, daß die EG über den gesamten Zeitraum aus den zwölf Mitgliedern bestanden hätte). Der Anteil Japans am Welthandel ist über den gesamten Zeitraum stetig gewachsen. Seit 1985 haben insbesondere die Vereinigten Staaten ihren Anteil an den Weltexporten, nach einer langen Phase des Rückgangs, wieder leicht erhöhen können. Hingegen hat der große Anteil der restlichen Länder der Welt in den dargestellten Jahren um die 50 Prozent Marke oszilliert, wobei er von 1966 bis 1973 darunter, von 1974 bis 1985 darüber und schließlich von 1986 bis 1992 wieder darunter zu liegen kam.

---

548 Vgl. *Deutsche Bundesbank* (1986), S. 111.

549 Vgl. *Swann* (1995), S. 111, S. 123 und S. 128 f.

550 Vgl. *Europäische Kommission* (1994a), S. 13.

Abb. 37: Entwicklung der Weltexporte (in Mrd. US-Dollar)

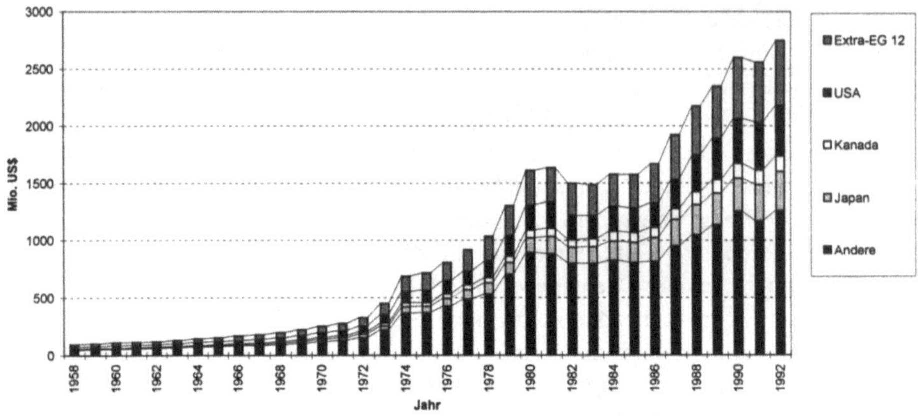

Quelle: Eurostat: Aussenhandel. Statistisches Jahrbuch. Retrospektive 1958-1993. Zu beachten ist, daß auch vor 1986 die EG mit 12 Mitgliedstaaten betrachtet wird.

Seitdem das Schutzniveau durch Zölle wiederholt gesunken ist, stellen nicht-tarifäre Handelshemmnisse eine zunehmende Herausforderung auch für den internationalen Handel dar.[551] Die nicht-tarifären Handelshemmnisse in ihren verschiedenen Formen schlagen sich zumeist als Preisbe- oder -entlastungen nieder oder führen Mengenrestriktionen mit vergleichbaren Wirkungen herbei. So verfälschen oder beeinträchtigen sie den internationalen Rechnungszusammenhang mehr oder weniger stark.[552] Nicht-tarifäre Handelshemmnisse sind wohlfahrtstheoretisch und ordnungspolitisch schädlicher als Zölle. Daher sah das GATT grundsätzlich eine Beseitigung von mengenmäßigen Beschränkungen vor.[553] „Sie diskriminieren im Regelfall ausländische Anbieter gegenüber inländischen Konkurrenten, können aber auch die Marktzugangsbedingungen einzelner ausländischer Anbieter gegenüber anderen ausländischen Anbietern beeinflussen (Präferenzregelungen)." [554] Ihr selektiver, kurzfristiger und mikroökonomischer Wirkungszusammenhang macht sie zu einem gefragten Instrument, um Bestandsschutz von Industriebranchen durchzusetzen oder um kurzfristig auftretende Zahlungsbilanzengpässe durch Importdrosselung aufzufangen. Handelshemmnisse können sogar die

551 Vgl. *Bhagwati* (1994a), S. 237.

552 Vgl. *Gröner / Schüller* (1989), S. 434; auch *Langhammer* (1993), S. 46 f.

553 Vgl. *Deutsche Bundesbank* (1986), S. 111.

554 So *Langhammer* (1993), S. 57 und (zit.) S. 41, vgl. S. 44 f. Daneben erwähnt er die außenwirtschaftliche Absicherung der inländischen Nachfrageexpansion.

Funktionsfähigkeit eines Festkurssystems behindern.[555] Insbesondere der Tokyo-Runde gelang es auf nicht-tarifärem Gebiet mehrere Kodizes zu verabschieden: der Kodex über Subventions- und Ausgleichszölle, der Zollwert-Kodex, der Kodex für Regierungskäufe, der Kodex über den Abbau technischer Handelshemmnisse, der Kodex über Importlizenzen und die Neufassung des Antidumping-Kodex von 1967.[556]

Ohne Zweifel stellen die Ergebnisse der Uruguay-Runde einen qualitativen Sprung in der Entwicklung der Welthandelsordnung dar.[557] Hervorzuheben ist die Schaffung der Welthandelsorganisation. Sie verwaltet das neugeschaffene Streitschlichtungssystem. Erstmalig wurden internationale Regeln über den Handel in Dienstleistungen aufgestellt. Der Schutz der Rechte am geistigen Eigentum wurde verschärft. Auch handelsbezogene Investitionsmaßnahmen wurden erstmalig multilateralen Regeln unterworfen. Die Regeln in bestehenden plurilateralen Abkommen wurden weiterentwickelt und durch das sogenannte *„single undertaking"* für alle Unterzeichnerstaaten des WTO-Abkommens verpflichtend. Die Tarifizierung der handelspolitischen Instrumente müssen hier ebenso wie das schrittweise Auslaufen des Multifaserabkommens benannt werden.

Die Welthandelsordnung, so wie sie in den Regeln des GATT niedergelegt ist, war unvollständig. Insbesondere der Bereich der Agrarprodukte hat sich bisher *de facto* den internationalen Regeln weitestgehend entzogen. Der beginnende Abbau der Agrarsubventionen und der schrittweise Übergang zum Freihandel ist daher eines der wichtigsten Ergebnisse der Uruguay-Runde.[558] Auch autonome Präferenzsysteme, die eine umfassende handelspolitische Vorzugsbehandlung der Entwicklungsländer vorsehen, beinhalten im Lichte des GATT-Systems nur schwer zu akzeptierenden Konstruktionsmerkmale, da sie dem Grundsatz der Nichtdiskrimierung widersprechen.[559] Auch neuere handelspolitische Instrumente, die sich gegen Unternehmen und nicht gegen Staaten richten, ziehen besonderes Interesse auf sich. Im Zentrum des Interesses stehen dabei Anti-Dumping-Verfahren.[560] Grundsätzlich gehen von Subventionen nachhaltige Folgen für die gesamte Weltwirtschaft aus.[561] Vor allem wird zusehends erkannt, daß es im internationalen Handel an einem hinreichend schlagkräftigen internationalem Wettbewerbsrahmen mangelt.[562]

---

555 Vgl. *Willgerodt* (1989), S. 418.

556 Vgl. *Deutsche Bundesbank* (1986), S. 115f

557 *World Trade Organisation* (1995); vgl. im folgenden *Europäische Kommission* (1994a). Kritisch *Donges* (1995).

558 Vgl. *Urff* (1993), S. 112-116.

559 Vgl. *Clapham* (1993), S. 34 f.

560 Vgl. *Langhammer* (1993), S. 53 f.

561 Vgl. *Zippel* (1993), S. 77.

562 Vgl. *Gröner* (1993), S. 7.

3.1.2. Die Gemeinschaft in der Welthandelsordnung

Hervorzuheben ist die feste Einbindung der Europäischen Gemeinschaft in das GATT, das fast eines der Grundprinzipien der europäischen Einigung darstellt.[563] Wie bei allen regionalen wirtschaftlichen Integrationen ist für das Auftreten von handelsumlenkenden Effekten von Bedeutung, ob der effizienteste Anbieter innerhalb oder außerhalb des Zollgebietes liegt. Insofern Reziprozität die Voraussetzung für den Abschluß des General Agreements ist, ergibt sich hieraus eine Begründung für Ausgleichsverhandlungen unter Artikel XXIV GATT.[564] Hinsichtlich regionaler Freihandelszonen und Zollunionen beabsichtigt dieser Artikel des GATT zwar nicht die Diskriminierung von Drittländern ganz zu beseitigen; er versucht aber sicherzustellen, daß der Zollschutz nach dem Zusammenschluß höher liegt als vordem.[565] Der Kennedy-Runde zu Beginn der europäischen wirtschaftlichen Integration kommt ohne Zweifel eine besondere Bedeutung zu. Durch sie kam der EG-Außenzoll erheblich unter den mancher einzelner Mitgliedstaaten zu liegen.[566] Auch so haben sich die internationalen Rahmenbedingungen auf die europäische Integration ausgewirkt.

Es zeigt sich, daß sich die Marktfreiheiten und die Gemeinsame Handelspolitik nicht durch den Gegenstand, sondern durch die Perspektive des Zugriffs unterscheiden, indem beim ersteren Integration und beim letzteren internationaler Ausgleich im Vordergrund stehen. Dabei steht die Gemeinsame Außenhandelspolitik im Spannungsfeld der Pluralität der mitgliedstaatlichen Sozialordnungen, die auf einen nationalen gesellschaftlichen Gesamtausgleich gerichtet sind. Die Aufgabe der Gemeinsamen Handelspolitik ist es die mit den Grundfreiheiten in Einklang stehenden Regelungen der mitgliedstaatlichen Sozialordnungen gegen Einwirkungen von außerhalb abzuschirmen. Dabei verstärkt auch die Notwendigkeit einer Gemeinsamen Außenhandelspolitik den Druck der Angleichung der mitgliedstaatlichen Sozialordnungen.[567]

Ihrerseits besitzt die Gemeinschaft in den Bereichen, in denen sie nicht durch Kompetenzfragen oder Abstimmungshürden in ihrer Handlungsfähigkeit behindert wird, einen hohen normengestaltenden Einfluß. „Die EG verfügt bei internationalen Verhandlungen auch über ein faktisches Vetorecht, dessen Handhabung sehr wichtig für die Fortentwicklung der internationalen handelspolitischen Rahmenbedingungen ist."[568] Aufgrund ihrer heterogenen inneren Struktur und Vielfalt kann die EG jedoch kaum je die Rolle des Systemführers übernehmen.

---

563 In Anlehnung an *Winter* (1991), S. 69.

564 Vgl. *Bagwell/ Staiger* (1996), S. 34f.

565 Vgl. *Kotios/ Molsberger* (1993), S. 76.

566 Vgl. *Olson* (1982), S. 131.

567 Vgl. *Langer*1995), S. 150 f., S. 166, S. 169, S. 173.

568 Zit. und vgl. *Kotios/ Molsberger* (1993), S. 84 f.

3.1.3. Entwicklung der Außenhandelskompetenz der EG

Die Entwicklung der Außenhandelskompetenz der Gemeinschaft läßt sich in drei Phasen untergliedern:[569] erstens die Phase der Behauptung aufgrund des AETR-Urteils, zweitens die Konsolidierung bis zur Einheitlichen Europäischen Akte, drittens eine Phase des Widerstands durch die Mitgliedstaaten mit dem Höhepunkt der Kompetenzstreitigkeit über den Abschluß des WTO-Abkommens und dem Gutachten des EuGH vom 15.11.1994.

Die ausdrücklichen Kompetenzen zur Verhandlung von Handelsverträgen waren seit Beginn in Art. 113 EWGV festgelegt. Die Rechtsprechung des Gerichtshofes hat dann implizite Kompetenzen aufgrund der Sachnotwendigkeit geschöpft. Insbesondere aufgrund des AETR-Urteils wurde der Gemeinschaft dort Kompetenz zum Abschluß völkerrechtlicher Vereinbarungen zugesprochen, wo sie im Innenbereich Vorschriften erlassen hat.[570] In diesen Bereichen wird die Gemeinschaft ausschließlich zuständig. Dies schließt auch Bereiche ein, die im Primärrecht geregelt sind und durch völkerrechtliche Abkommen beeinträchtigt werden könnten. Diese Auffassung beruht auf dem Gedanken, „daß die Gemeinschaft überall dort, wo sie im Innenbereich Kompetenzen besitzt. auch eine Außenkompetenz (Abschlußkompetenz) besitzen muß, wenn dies zur Erreichung eines Gemeinschaftzieles *notwendig* ist."[571]

Neben der Ausschließlichkeit der Gemeinschaftskompetenz in der Handelspolitik kann man von ihr in vergleichbarer Weise nur noch in der gemeinsamen Fischereipolitik ausgehen. Nach der EEA und im EGV ist zudem vermutlich im Bereich der Abkommen nach Art. 109 EGV hinsichtlich Vereinbarungen über Wechselkurssysteme nach Beginn der dritten Stufe der Wirtschafts- und Währungsunion von einer ausschließlichen Kompetenz auszugehen. Insbesondere das obengenannte Gutachten hatte eine Wende zu dieser restriktiveren Interpretation eingeleitet. Völkerrechtliche Abkommen müssen aufgrund dieser Auslegung in zunehmendem Maße als „gemischte Abkommen" abgeschlossen werden, d.h. die Gemeinschaft und die Mitgliedstaaten sind beide völkerrechtlich berechtigt und verpflichtet. Jedoch unterliegt der mitgliedstaatliche Teil nicht der Kontrolle durch den Europäischen Gerichtshof. Dies birgt die Gefahr einer heterogenen Umsetzung und Anwendung der Abkommen. Selbst die Wirkung in den einzelnen Mitgliedstaaten kann sich unterscheiden.[572]

Im EGV von Maastricht ist der Art. 116 abgeschafft worden, nach dem die Gemeinschaft in dem den Art. 113 überschreitenden Außenwirtschaftsbereich unter qualifizierter Mehrheit koordinierend tätig werden konnte. Die Folge der letzten Entwicklungen ist eine zunehmende Kompetenzzersplitterung, welche das Auftreten und die Handlungsfähigkeit der Gemeinschaft zutiefst beeinträchtigen kann. Um dies zu vermeiden, muß

---

569 Vgl. im folgenden *Gilsdorf* (1996).

570 „AETR/Kramer"-Doktrin auf der Basis der EuGH-Entscheidung in der RS 22/70.

571 Zit. *Gilsdorf* (1996), S. 148.

572 Vgl. *Gilsdorf* (1996), insbesondere S. 160-163 und S. 159, Fußnote 42.

die Gemeinschaft in manchen Bereichen jetzt notgedrungen auf den Art. 235 unter Einstimmigkeit ausweichen, insofern diese erreicht werden kann und nicht Handlungsunfähigkeit bedeutet.

3.2. Internationale Währungsordnung

Für die Weltwährungsordnung insbesondere relevant ist die Wahl des Wechselkurssystems und das Ausmaß der Interventionen von Zentralbanken auf den Devisenmärkten. Gleichzeitig beinhaltet die Wahl des Wechselkurssystems auch eine Entscheidung über die Freiheitsgrade in der Geld- und Konjunkturpolitik. Da souveräne Staaten in der Regel die Hoheit über das nationale Geld innehalten, muß durch die Wahl dieser eben genannten Elemente für eine sinnvolle Verbindung der nationalen Geldordnungen in einer internationalen Währungsordnung gesorgt werden.[573] Zu einer Weltwährungsordnung gehört die Gewährleistung von freiem Zahlungsverkehr, da alle Formen von Devisenzwangswirtschaft und Kapitalverkehrskontrolle den Zusammenhang der Währungsgebiete zerstören und somit einer Weltwährungsordnung ihrer „raison d'être" berauben.[574] Da Inflation und Deflation zu Verzerrungen der relativen Preise führen und somit deren Informationsgehalt schwächen, besitzt die Preisstabilität auch für die internationale wettbewerbliche Wirtschaftsordnung einen Primat.[575]

Zwei hauptsächliche Arten von Wechselkurssystemen können unterschieden werden: feste und flexible Wechselkurse. Daneben tritt noch die Form der stufenvariablen Wechselkurse.[576]

Die festen Wechselkurssysteme schaffen selbstauferlegte internationale Koordinationszwänge im Hinblick auf die einzelstaatlichen Wirtschaftspolitik.[577] Die Funktion des festen Wechselkurssystems erfordert die Einhaltung einzelner Verhaltensregeln, deren ordnungsbildende Kraft von der geeigneten Verbindung mit internen Verhaltensmustern abhängt. Unter den Regeln des Systems fester Wechselkurse gehört internationale Geldwertstabilität zu den notwendigen Merkmalen dieser Währungsordnung.[578] Da der Wirkungsbereich des äußeren Preismechanismus bewußt durch die Fixierung des Wechselkurses ausgeschaltet ist, kann der Zahlungsbilanzausgleich nur über die inneren Mechanismen der Marktpreisänderungen und schließlich den Einkommensmechanismus vorgenommen werden. Die höheren Preis- und Einkommensunsicherheit stellen die Transaktionskosten fester Wechselkurssysteme dar.[579] In Fixkurssystemen ergibt sich daher die Notwendigkeit international abgestimmter Wirtschaftspolitiken.[580] Diese

---

573 Vgl. *Braasch* (1992), S. 42.

574 In Anlehnung an *Willgerodt* (1989), S. 415.

575 Vgl. *Braasch* (1992), S. 41 f.

576 Vgl. *Jarchow* (1997), S. 443-472.

577 Vgl. *Gröner/ Schüller* (1989), S. 450 und S. 456.

578 Vgl. *Willgerodt* (1989), S. 415.

579 Vgl. *Schüller/ Weber* (1993), S.484 f.

580 Vgl. *Vaubel* (1980), S. 5.

Konsequenz ist zugleich die Voraussetzung für jegliches Vorhaben, „den gesamten internationalen Handel wieder auf die Grundlage fester Wechselkurse zu stellen."[581]

In einem System flexibler Wechselkurse ergibt sich nicht nur relative konjunkturpolitische Autonomie, sondern kaum ein stichhaltiges Argument für die Koordination von nationalen Konjunkturpolitiken.[582] Bei flexiblen Wechselkursen stehen die Marktpreis- und Wechselkursmechanismen des Zahlungsbilanzausgleiches teils in einer komplementären, teils in einer substitutiven Beziehung zueinander.[583] Das prägende Element dieser Ordnung ist ein internationaler Wettbewerb der nationalen Währungen und der jeweiligen Konjunkturpolitiken.[584] Diese Option konzentriert sich auf die Möglichkeiten, die Koordinationseffizienz der Finanz- und Devisenmärkte zu nutzen und zu stärken.[585] Doch gerade unter flexiblen Wechselkursen stellt das Verhalten der Zentralbanken eine *a priori* unvorhersagbare Variable dar, so daß auf diesem Niveau eine internationale Koordinierung verbunden mit einer Selbstbindung der einzelnen Akteure zu erwägen ist. Eine Bindung an nationale Geldmengenziele würde die Unsicherheit hinsichtlich des Verhaltens der Zentralbanken auf den Märkten reduzieren.[586] Gleichzeitig wären internationale Kooperationsbemühungen zur Stärkung der Stellung von Preisstabilität in der nationalen Zielrangordnung sowie zum Informationsaustausch zwischen den relevanten Akteuren zu begrüßen sein.

3.2.1. Das System von Bretton-Woods

Zu Beginn der europäischen wirtschaftlichen Integration waren die Mitgliedstaaten schon in ein System international verbindlicher Regeln für die Freiheit des Kapital- und Zahlungsverkehrs eingebunden.[587] Grundlegend war bis ins Jahr 1973 das Abkommen über den Internationalen Währungsfond vom 27.12.1945.[588] Durch dieses Abkommen wurde ein internationales System mit stufenflexiblen Wechselkursen mit dem Ziel der Ausweitung und des ausgewogenen Wachstums des Welthandels geschaffen. Danach waren Mitglieder verpflichtet, mit dem Fonds Paritäten zu vereinbaren, die in Gold oder US-Dollar auszudrücken waren. Als Bandbreite von Wechselkursschwankungen wurde 1% von der Parität zugelassen. *De facto* konnte jedes Mitglied unter bestimmten Bedingungen die Parität selbst neu festlegen.[589] Paritätsänderungen zwischen den Währun-

---

581 Zit. *Gröner/ Schüller* (1989), S. 457.

582 Vgl. *Vaubel* (1980), S. 5 f., 9 und S. 14. Dieser macht zugleich deutlich, daß *konjunkturpolitische Autonomie* nicht zu verwechseln sei mit *konjunktureller* Unabhängigkeit.

583 Vgl. *Schüller/ Weber* (1993), S. 485.

584 Vgl. *Braasch* (1992), S. 44.

585 Vgl. *Gröner/ Schüller* (1989), S. 455.

586 So *Braasch* (1992), S. 42 f.

587 Vgl. *Oppermann* (1991), S. 531.

588 Vertragstext in *Berber* (1967), „Abkommen über den Internationalen Währungsfonds" vom 27.12.1945, Bd. I, S. 161-195. Vgl. zur Modellierung *Jarchow* (1997), S. 458-461.

589 Vgl. *Jarchow/ Rühmann* (1984), S. 117f. S. Artikel IV, IWF-Abkommen.

gen waren jedoch relativ selten.[590] Es läßt sich argumentieren, daß aufgrund interner Schwierigkeiten der einzelstaatlichen Regierungen sowohl bei Abwertungen, als auch bei Aufwertungen, Regierungen ein Interesse haben, durch den Abschluß eines internationalen Abkommens eine Selbstbindung einzugehen, die den politischen Druck von den Notenbanken ablenkt.[591] Zudem wurden durch das IWF-Abkommen Mittel bereitgestellt, die es erlauben, Unausgeglichenheiten in der Zahlungsbilanz zu beseitigen, ohne zu handelseinschränkenden Maßnahmen greifen zu müssen.[592]

Insbesondere die in den Artikeln VII und VIII des IWF-Abkommen festgelegten Verpflichtungen waren für die internationale Währungsordnung konstitutiv. Danach waren Devisenbeschränkungen grundsätzlich nicht erlaubt, wenn sie in Zusammenhang mit laufenden Transaktionen standen. Des weiteren sollten diskriminierende Währungspraktiken vermieden werden. Zudem mußte die Ausländerkonvertibilität der Mitgliedswährungen gewährleistet sein. Auch die Bemühungen um Kapitalverkehrsfreiheit des Internationalen Währungsfonds sowie der OEEC/OECD und innerhalb der Europäischen Zahlungsunion, deren Aufgaben seit 1950 von der Bank für Internationalen Zahlungsausgleich wahrgenommen wurden, sind hier hervorzuheben.[593] Daneben schufen siebzehn europäische Staaten am 5.8.1955 im Europäischen Währungsabkommen ein multilaterales System des europäischen Zahlungsausgleiches.[594] Dieses Abkommen verengte die Bandbreite gegenüber dem Dollar von den möglichen 2% auf 1,5% und war bis 1971 gültig.[595]

Die Einführung der Ausländerkonvertibilität 1958 und der Inländerkonvertibiltät 1961 durch die meisten OEEC-Mitglieder nach Art. VIII des IWF-Abkommens stellte einen wichtigen Schritt zur Verwirklichung der internationalen Währungsordnung von *Bretton-Woods* dar.[596] Das System von *Bretton-Woods* hatte es zu Wege gebracht, daß zwei Drittel aller IWF-Mitglieder die Ausländerkonvertibilität für laufende Zahlungen eingeführt hatten.[597] Es verwundert daher nicht, daß die Kapitalbewegungen von Mitgliedstaaten der Europäischen Gemeinschaft insbesondere zu Drittländern in Art. 70 und Art. 72 EWGV nur vorsichtig geregelt sind.[598] In Art. 70 enthielt der EWGV auch eine Befürwortung der Liberalisierung des Kapitalverkehrs mit Drittländern.

---

590 Vgl. *Glismann/ Horn/ Nehring/ Vaubel* (1986), S. 195.

591 Vgl. *Frey* (1984), S. 136.

592 Vgl. *Jarchow/ Rühmann* (1984), S. 113f. und S. 119 f.

593 Vgl. *Deutsche Bundesbank* (1986), S. 121f., 135-137, 154.

594 Vertragstext in *Berber* (1967), „Europäisches Währungsabkommen" vom 5.8.1955, Bd. I, S. 1238-1265.

595 Vgl. *Glismann/ Horn/ Nehring/ Vaubel* (1986), S. 202.

596 Vgl. *Jarchow/ Rühmann* (1984), S. 122, am 15.2.1961 taten diesen Schritt neun europäische Länder, darunter Deutschland, Frankreich, Italien, Großbritannien. Vgl. auch *Glismann/ Horn/ Nehring/ Vaubel* (1986), S. 196.

597 Vgl. *Gröner/ Schüller* (1989), S. 449.

598 Vgl. *Oppermann* (1991), S. 531-534.

Der Übergang vom stufenflexiblen Festkurssystem zu einem System mit flexiblen Wechselkursen in den Jahren 1971-73 stellte die Liberalisierungsbemühungen jedoch vor schwierige Aufgaben.[599] Die ersten Anzeichen für den Zusammenbruch des Systems waren seit 1963 die zunehmenden Kapitalverkehrskontrollen der Vereinigten Staaten und die Abwertung des britischen Pfundes 1967. Die Uniformität des *Bretton-Woods* Systems mußte einer weniger organischen Ordnung von Währungsblöcken und freien Währungen weichen.[600] „Durch die erheblichen wechselkursbedingten Unsicherheiten und Verzerrungen der internationalen Produktionsentscheidungen und Kapitalströme wurden die Transaktionskosten des internationalen Rechnungszusammenhangs in einem Maße unkalkulierbar, daß sich schließlich die spontane Marktlösung flexibler Wechselkurse als billiger erwies."[601] Diese flexiblen Währungskurse wurden allenthalben durch Interventionen der Zentralbanken den politischen Erfordernissen angepaßt.[602] Die institutionelle, organisatorische Antwort der Europäischen Gemeinschaft war im Innern die Schaffung zunächst der Währungsschlange und dann die Gründung des EWS.[603]

3.2.2. Die Einbindung der Europäischen Gemeinschaft seit 1973

Die Zweite Abkommensänderung des Internationalen Währungsfonds, die 1978 in Kraft trat, zog die Konsequenzen aus der faktischen Entwicklung.[604] Hinsichtlich der Wechselkursregelungen läßt das IWF-Abkommen zu, daß ein Mitglied den Außenwert seiner Währung an das Sonderziehungsrecht oder eine andere Bezugsgröße außer Gold bindet oder eine Gemeinschaftsregelung mit anderen Mitgliedern eingeht oder schließlich eine andere Regelung nach eigener Wahl trifft.[605] Insbesondere wird vorgesehen, daß Mitglieder auf dem Devisenmarkt intervenieren sollen, um ungeordneten Verhältnissen entgegenzuwirken, und bei dieser Interventionspolitik die Interessen anderer Mitglieder, einschließlich derjenigen, in deren Währung sie intervenieren, berücksichtigen sollen. Daneben kommt dem Währungsfonds eine Überwachungsfunktion zu, für dessen Verwirklichung den Mitgliedern eine Pflicht der Zusammenarbeit auferlegt ist.

---

599 Zur Modellierung *Jarchow* (1997), S. 462-465.

600 Vgl. *Glismann/ Horn/ Nehring/ Vaubel* (1986), S. 196 f. und S. 199. Zur Funktion des IWF nach der zweiten Abkommensänderung vom 01.04.1978, *Deutsche Bundesbank* (1986), S. 1-46.

601 Zit. *Gröner/ Schüller* (1989), S. 450.

602 Vgl. *Glismann/ Horn/ Nehring/ Vaubel* (1986), S. 199f.

603 Vgl. *Oppermann* (1991), S. 531.

604 Vertragstext in *International Monetary Fund* (1993).

605 *International Monetary Fund* (1993), Article IV, Section 2b und Article VIII, vgl. *Jarchow/ Rühmann* (1984), S. 239 f. Zur Frage der Funktionsweise flexibler Wechselkurse *Reither* (1986).

Auf dem folgenden Schaubild ist die Veränderung des Außenwertes der europäischen Einzelwährungen gegenüber dem US-Dollar seit dem Ende des *Bretton-Woods* Systems dargestellt.

Abb. 38: Wechselkursveränderungen der Währungen in der Europäischen Gemeinschaft gegenüber dem US-Dollar (Index 1973=100)

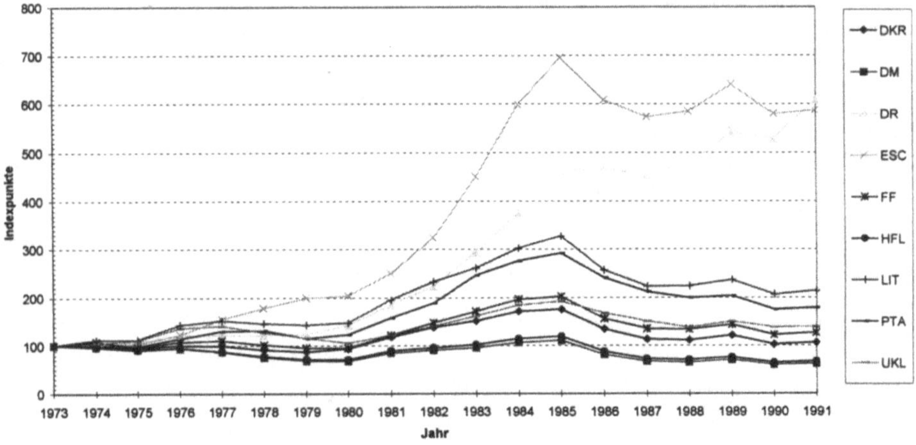

Quelle: Eigene Berechnungen, ohne irisches Pfund. Eurostat: Eurostat-CD. 1.3.3.2. EXCHANGE RATE: 1 $ =. AVERAGE VALUE ON THE PERIOD, Luxemburg, 1994.

Innerhalb der aufeinanderfolgenden europäischen institutionellen Abmachungen verfolgte jeder Mitgliedstaat der Europäischen Gemeinschaft seine eigene Währungspolitik gegenüber nicht-gemeinschaftlichen Währungen. Trotz eines unabstreitbaren Auseinanderdriftens ist jedoch für die meisten Währungen ein gewisser Gleichschritt festzustellen. Mit wenigen Ausnahmen zeichnet sich seit 1985 ein Annäherung der Wechselkursveränderungen der einzelnen Währungen gegenüber dem Dollar ab.

Die nächste Graphik trägt die durchschnittliche Standardabweichung der Indizes Wechselkursbewegungen verschiedener Einzelwährungen gegenüber der ECU dar. Dies ermöglicht einen zeitlichen Vergleich sowohl der inneren Währungsstabilität als auch der äußeren Austauschverhältnisse.

Deutlich ablesbar ist die enge Bindung der betreffenden Währungen zu Anfang der sechziger Jahre. Diese Standardabweichung nahm jedoch seit 1967 in allen Währungsräumen sprunghaft zu.

Abb. 39: Durchschnittliche Volatilität einzelner Währungen gegenüber der ECU

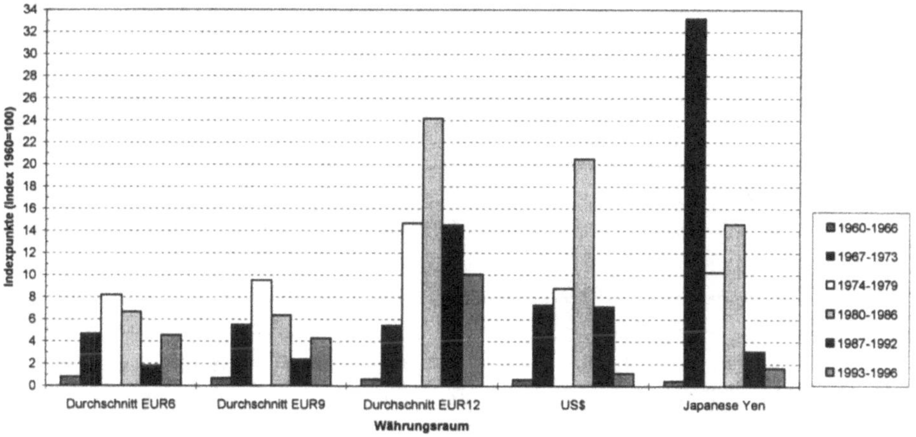

Quelle: Eigene Berechnungen. Durchschnittliche Standardabweichungen der Indices der Wechselkursbewegungen der Einzelwährungen gegenüber der ECU. Auf der Basis von: Eurostat: NewChronos. On-line Datenbank. Economy and finance. Banking and other financial statistics. Ecu exchange rates - Annual data. (2/1997). European Commission: European Economy No. 59. Annual Economic Report for 1995, Luxembourg, 1995 für Daten vor 1979.

Während sich seit 1979 mit Beginn des EWS eine deutliche Abnahme der Volatilität der teilnehmenden Mitgliedswährungen abzeichnet, nehmen die Wechselkursschwankungen zwischen ECU und europäischen am EWS nicht-teilnehmenden Währungen und zwischen ECU und US-Dollar oder japanischem Yen bis 1986 noch deutlich zu. Im Folgezeitraum werden die Schwankungen allgemein drastisch kleiner. Seit der EWS-Krise von 1992 waren die Schwankungen im Durchschnitt zwischen den Mitgliedswährungen größer als zwischen ECU und US-Dollar, bzw. Yen.

3.3. Internationale Wettbewerbsfähigkeit der Europäischen Gemeinschaft

Wettbewerbsfähigkeit kann sich in marktwirtschaftlichen Ordnungen allein auf das einzelne Unternehmen und nicht auf Staaten an sich beziehen.[606] Die Identifizierung mit Ländern dient allein der Sprachvereinfachung. Bei der Diskussion von Wettbewerbsfähigkeit der Europäischen Gemeinschaft sind in den letzten Jahren vor allem zwei Befürchtungen ausgesprochen worden: zum ersten im Hinblick auf die Zusammensetzung des Handels, zum zweiten im Hinblick auf die Struktur der ausländischen

606 Vgl. *Utzig* (1987), S. 417. Auch die Überlegungen von *Chesnais* (1986), S. 88-97 und *Canter/ Hanusch* (1990), S. 71-81.

Direktinvestitionen. Die Diskussion um die Wettbewerbsfähigkeit findet statt vor dem Hintergrund des weltwirtschaftlichen Strukturwandels.[607]

3.3.1. Struktur des Außenhandels

„Die Zunahme regionaler Differenzen bei gleichzeitiger Zunahme weltweiter Interdependenzen ist der vielleicht auffälligste Tatbestand. Die Weltgesellschaft wird mehr und mehr ein einheitliches System - und zugleich ein System, das immense Diskrepanzen erzeugt und zu ertragen hat."[608] Von den Industrieländern werden zusehends Stimmen laut, die in den „unangemessenen" sozialen Sicherungssystemen die Möglichkeit eines „social dumping" sehen.[609] Hinsichtlich der Zusammensetzung des Handels spielen im Verhältnis der EG zu den Schwellenländern (NICs) und den Entwicklungsländern (DCs) einmal die Furcht eines Verlustes von Wettbewerbsfähigkeit, verbunden mit der Vermutung eines unlauteren Wettbewerbs aufgrund fehlender oder ungenügender Sozialgesetzgebung, und zum anderen Fragen der Umverteilung eine gewisse Rolle. Diese niedrigeren Standards würden zu niedrigeren Herstellungskosten der Produkte führen. Dieser Kostenvorteil würde dem Produkt gegenüber dem konkurrierenden Produkt, das unter den Rahmenbedingungen der Industriestaaten hergestellt wurde, einen Vorteil verschaffen. Während in Industrieländern in der Regel eine hohe Kapitalausstattung auch eine hohe Anlagerendite erarbeiten muß, herrschen in Entwicklungsländern eher arbeitsintensive Produktionsprozesse vor, die ihrerseits jedoch einen hohen Mehrwert pro Arbeitnehmer erwirtschaften müssen.[610] In diesen Forderungen klingt ein erhebliches protektionistisches Potential mit.[611] „Boykottaufrufe sowie Menschenrechts- und Sozialklauseln werden vom GATT dabei ebensowenig berücksichtigt wie in jüngster Zeit sehr wichtig gewordenen umweltpolitisch begründeten NTHs."[612]

Zunächst soll das Schaubild auf der folgenden Seite einen Eindruck über die Bedeutung des Außenhandels in Gütern und Dienstleistungen der einzelnen Mitgliedstaaten im Verlaufe der letzten Jahrzehnte vermitteln. Wie der Graphik unschwer zu entnehmen ist, zeichnet sich der Großteil der Mitgliedstaaten durch einen hohen Offenheitsgrad aus. Für alle ist zudem eine erhebliche Ausdehnung dieser internationalen Verflechtung seit den sechziger Jahren abzulesen. Andererseits scheint sich diese Ausdehnung seit Mitte der siebziger Jahre erheblich verlangsamt zu haben. Ausnahmen wie Irland und Portugal bestätigen die Regel; sie verzeichnen den größten Zuwachs zu Anfang der neunziger Jahre. Der ungewichtete Mittelwert aller jeweiligen EG-Staaten bestätigt die-

---

607 Vgl. *Borner/ Wehrle* (1984), S. 219-239. Zu den vielfältigen Faktoren, die die Wettbewerbsfähigkeit der europäischen Industrie beeinflussen, nebst statistischen Angaben, *European Commission* (1997b).

608 Zit. *Luhmann* (1988), S. 170.

609 Vgl. *Steil* (1994), S. 14. Dagegen *Europäische Kommission* (1995b), S. 18.

610 In freier Anlehnung an *Krugman* (1994), S. 37 f. Zu den Gründen, weswegen auch Dienstleistungen in ärmeren Ländern zumeist günstiger sind, vgl. *Bhagwati* (1984).

611 Vgl. *Bhagwati* (1994a), S. 239 –243. Auch *Bhagwati* (1994b), S. 22 f.

612 Zit. *Langhammer* (1993), S. 43.

sen Eindruck: dieser lag 1960 immerhin schon 26,5 Prozent des gemeinschaftlichen Bruttoinlandsprodukts, 1968 war dieser auf 27,4 Prozent gestiegen, um bis 1974 rasant auf 35,6 Prozent des Bruttoinlandsproduktes der dann neun Mitgliedstaaten zu wachsen.[613] Dieser Durchschnitt ist dann 1982 noch auf 37,0 Prozent gestiegen, um bis 1990 wieder leicht auf 36,7 Prozent des jeweiligen gemeinschaftlichen Bruttoinlandsproduktes zu fallen.

Abb. 40: Verhältnis der Gesamtexporte von Gütern und Dienstleistungen zum Bruttoinlandsprodukt

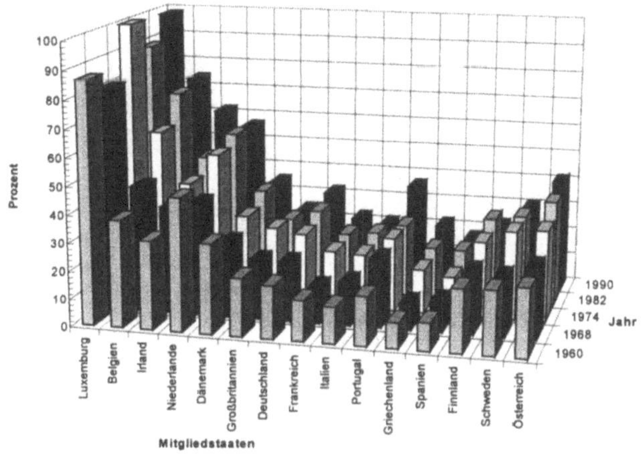

Quelle: OECD: Economic Outlook. Historical Statistics. 1960-

Abbildungen 41 und 42 veranschaulichen die strukturelle Entwicklung der extra-EG Einfuhren von Gütern in die Gemeinschaft. Es lassen sich unschwer folgende strukturelle Eigenheiten ablesen. Der Anteil der Einfuhren aus Industrieländern hat sich über die Jahrzehnte um die 50%-Marke bewegt. Ein Einbruch ist aufgrund der ersten und auch infolge der zweiten Ölkrise deutlich erkennbar. Seit Anfang der achtziger Jahre ist der Anteil der EG-Einfuhren aus Industrieländern sichtbar gestiegen mit einem Höhepunkt von über 60 Prozent im Jahre 1988.

---

613 Ein Effekt der ersten Norderweiterung ist nicht zu leugnen. Wenn man jedoch die strukturelle Auswirkung der Erweiterung ausschaltet, indem der Durchschnitt sich über den gesamten Zeitraum auf die heutigen fünfzehn Mitglieder bezieht, ergibt sich dieselbe Aussage - wenn auch der Anstieg etwas geringer ausfällt (1968: rund 24%, 1974: rund 31%). Eine interessante Beobachtung ist zudem, daß der durchschnittliche Offenheitsgrad der jeweiligen EG-Mitglieder über den gesamten Zeitraum von 1960 bis 1990 über dem Durchschnitt der Fünfzehn lag.

Abb. 41: Regionale Entwicklung der außergemeinschaftlichen Einfuhren in die Europäische Gemeinschaft

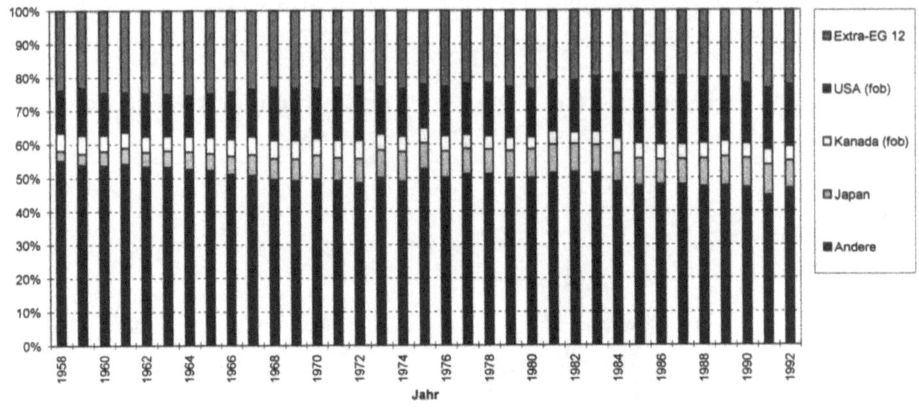

Quelle: Eurostat: Aussenhandel. Statistisches Jahrbuch. Retrospektive 1958-1993. Zu beachten ist, daß auch vor 1986 die EG mit 12 Mitgliedstaaten betrachtet wird.

Abb. 42: Entwicklung der Struktur des EG-Außenhandels (Anteile der Drittlandseinfuhren)

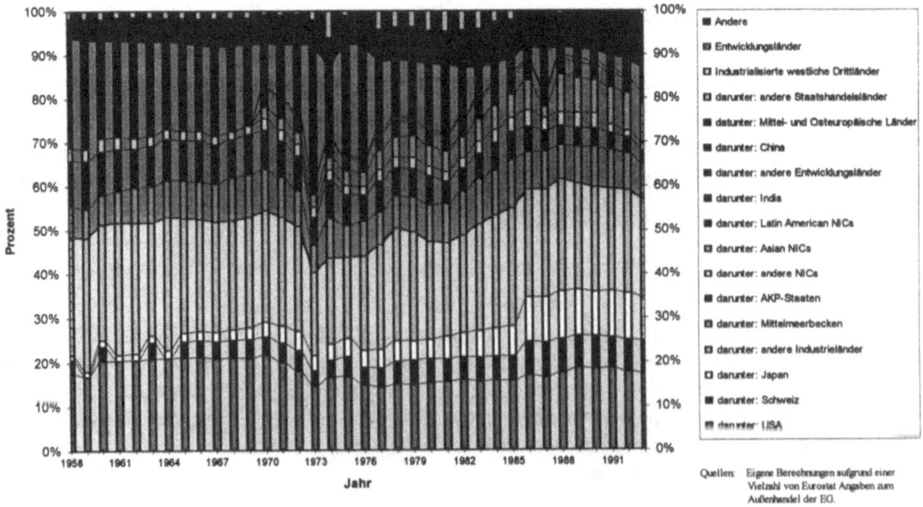

Quellen: Eigene Berechnungen aufgrund einer Vielzahl von Eurostat Angaben zum Außenhandel der EG.

Aus dieser Perspektive ist die besondere Betonung der kostengünstigen Produktion in einigen NICs kaum zu rechtfertigen. Ins Auge fällt hingegen die stetige Ausdehnung des Anteils der Importe aus der Schweiz und aus Japan. Die Einfuhren aus den Vereinigten Staaten, dem wichtigsten einzelnen Handelspartner der Gemeinschaft, erscheint sich einer gewissen Konstanz im Bereich der 18 Prozent zu erfreuen.

Hingegen hat sich auf der Seite der Entwicklungs- und Staatshandelsländer die Struktur vornehmlich innerhalb dieser Länder deutlich verschoben. Dabei kann die Darstellung auch statistischen Täuschungen unterliegen. Insbesondere die Kategorie „Entwicklungsland" ist keineswegs statisch über den Zeitraum von 35 Jahren, die hier abgebildet sind. Das wird vor allem daran deutlich, daß sich die Restkategorie „andere Entwicklungsländer" deutlich reduziert hat. Dies ist darauf zurückzuführen, daß seit Beginn der siebziger Jahre die Unterkategorien „NICs" für die Regionen Lateinamerika, Asien und restliche NICs eingeführt wurde. An der Grenze der beiden Kategorien „Entwicklungs- und Staatshandelsländer" ist in letzten Jahren vor allem die deutliche Ausweitung des Anteils chinesischer Importe in die Gemeinschaft auffällig.

Im einzelnen zeichnet sich der Handel mit den Ländern des Mittelmeerbeckens durch eine relative Konstanz aus. Zu Ende der Periode entspricht die Einfuhr aus dieser Region in etwa den Einfuhren aus den Mittel- und Osteuropäischen Ländern. Über den Zeitraum ist jedoch auch der deutliche Rückgang der Einfuhren aus den AKP-Staaten ablesbar. Während dieser 1958 noch etwa ein Zehntel der gemeinschaftlichen Gütereinfuhren ausmachte, ist er stetig auf nur noch rund drei Prozent zurückgegangen. Ihre Marktanteile scheinen zu großen Teilen den asiatischen NICs zugefallen zu sein, die selbst 1970 mit etwa drei Prozent die europäische Bühne betraten. Ihr Anteil an den Gesamteinfuhren der Gemeinschaft belief sich zu Beginn der neunziger auf fast ein Zehntel. Global gesehen dürfte die rasante Entwicklung insbesondere der asiatischen NICs vor allem auf Kosten der Exportchancen afrikanischer Länder vonstatten gegangen sein. Eine sektorale Analyse wäre aber nötig, um die tatsächlichen Austauschprozesse an den Tag zu bringen.

Der reale effektive Wechselkurs stellt einen Indikator zur Beurteilung der jeweiligen Wettbewerbsfähigkeit dar.[614] Das folgende Schaubild bietet einen Überblick über die relativen Handelsvorteile der EG gegenüber ausgewählten Handelspartnern aufgrund der Entwicklung des realen effektiven Wechselkurses. Es handelt sich hier um einen Index mit dem Basisjahr 1987, wobei eine Zunahme des Wertes als ein Verlust an Wettbewerbsfähigkeit interpretiert werden kann. Wie man unschwer erkennt, hat sich die Wettbewerbsfähigkeit der europäischen Wirtschaft nach Aussage dieses Indikators kaum verändert. Von 1990 bis 1992 lag er ein wenig über dem Referenzwert, hatte sich demnach leicht verschlechtert, um jedoch seitdem leicht unterhalb zu liegen. Für andere

614 Vgl. *European Commission* (1995b), S. 5.

Abb. 43: Entwicklung des realen effektiven Wechselkurses einzelner Länder (deflationiert mit nominalen Arbeitskosten, gesamte Wirtschaft, Index 1987=100)

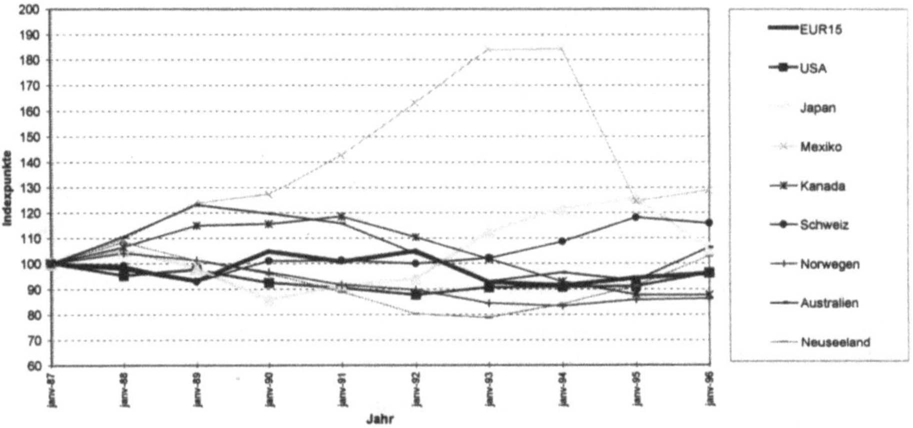

Quelle: European Commission: European Economy. Supplement A. Economic trends. No. 3/4 (March/April 1997). Dort auch die methodologischen Anmerkungen zur Berechnung. Eine Zunahme des Index kann interpretiert werden als ein Verlust an Wettbewerbsfähigkeit.

Abb. 44: Relative Entwicklung des realen effektiven Wechselkurses der USA und Japan gegenüber der Europäischen Gemeinschaft
(deflationiert mit Arbeitskosten, gesamte Wirtschaft EG 15, Index 1979=100)

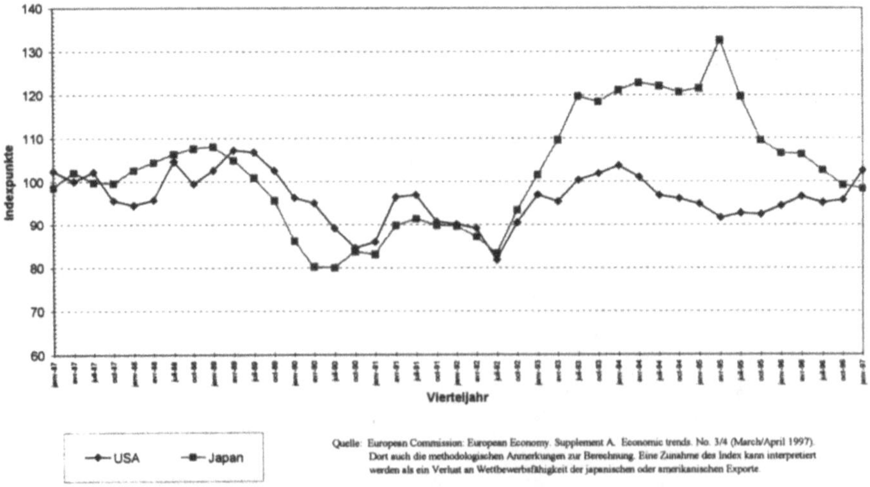

Quelle: European Commission: European Economy. Supplement A. Economic trends. No. 3/4 (March/April 1997). Dort auch die methodologischen Anmerkungen zur Berechnung. Eine Zunahme des Index kann interpretiert werden als ein Verlust an Wettbewerbsfähigkeit der japanischen oder amerikanischen Exporte.

Länder konnten die Änderungen jedoch drastischer ausfallen, wie im Falle Japans oder zum Vergleich im Falle Mexikos.

Auf der untenstehenden Abbildung auf der vorigen Seite ist die relative Entwicklung des realen effektiven Wechselkurses gegenüber den beiden Haupthandelspartnern der Europäischen Gemeinschaft abgezeichnet. Der Index basiert auf dem Jahre 1979. Eine Erhöhung des Indexwertes kann als eine Verschlechterung der Wettbewerbsfähigkeit amerikanischer oder japanischer Exporte gegenüber europäischen Ausfuhren interpretiert werden. Zunächst ist festzuhalten, daß derselbe Referenzwert vom Jahre 1979 mehr oder weniger im Januar 1987 galt und im Januar 1997 wieder erreicht wurde. Zwischenzeitlich verschlechterte sich die europäische Wettbewerbsfähigkeit in der Zeit von Anfang 1990 bis Anfang 1993, um sich vor allem gegenüber der japanischen Konkurrenz seitdem erheblich zu verbessern. Es läßt sich anhand dieser kurzen Betrachtung feststellen, daß sich die Wettbewerbsfähigkeit der europäischen Industrie zwar zwischenzeitlich Schwankungen ausgesetzt ist. Letztendlich hat sich ihre Wettbewerbsfähigkeit gegenüber den Haupthandelspartnern jedoch seit 1979 nicht wesentlich verändert.

Das nächste Schaubild zu den extra-EG Dienstleistungseinfuhren der Zwölf zeigt, wie stark der Austausch auf die industrialisierte Welt konzentriert ist.

Abb. 45: Regionale Verteilung der extra-EG Dienstleistungsimporte Europa der Zwölf

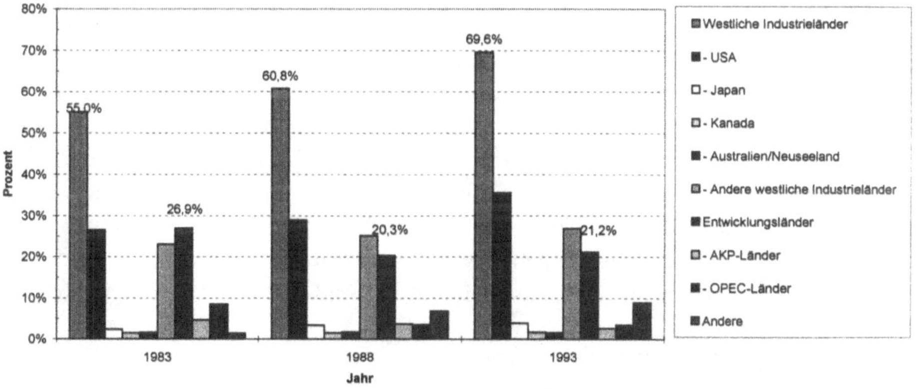

Quelle: Eurostat: NewChronos. On-line-Datenbank. International trade in services, geographical breakdown of the current account (old series 1983 - 1993) (2/1997). Vgl. Eurostat: International Trade in Services, EUR 12, 1984-1993, Luxembourg, 1995.

Tatsächlich entfallen auf die westlichen Industrieländer mehr oder weniger zwei Drittel des außereuropäischen Handels in Dienstleistungen. Im Jahrzehnt 1983-1993 hat sich dieser Anteil auf fast 70% erhöht. Auch wenn die EG-Dienstleistungsausfuhren hier nicht abgebildet sind, ist ihre Entwicklung nahezu deckungsgleich. Dabei sind die Vereinigten Staaten mit Abstand die größten Empfänger und Anbieter von grenzüberschreitenden Dienstleistungen. Auf sie allein entfällt rund ein Drittel des gesamten EG-Dienstleistungsaußenhandels. Auffällig zurückgegangen sind seit 1983 die Exporte von Dienstleistungen in die OPEC-Staaten. Auch wenn der EG-Vertrag hinsichtlich der externen Komponente des Handels mit Dienstleistungen nichts aussagt, ist nicht von der Hand zu weisen, daß der Handel mit Dienstleistungen über die Grenzen der EG stetig zugenommen hat.[615]

3.3.2. Struktur der Direktinvestitionen

Die zweite Befürchtung bezieht sich vor allem auf die Richtung und Intensität von ausländischen Direktinvestitionen. Insbesondere wird vermutet, daß multinationale Unternehmen versucht sind, den höheren Auflagen der Arbeitsgesetzgebung in Industrieländern entfliehen zu wollen, indem die Direktinvestitionen dieser Unternehmen von der Höhe des Arbeitslohnes und des Arbeitsschutzes abhängig gemacht würden.[616] Andererseits zeigt sich das Unternehmen durch Direktinvestitionen protektionistischen Gefahren in Empfängerländern entgegenwirken möchten.[617] Auf der Emfängerseite spielt regelmäßig auch der Wunsch eine Rolle, über Direktinvestitionen Zugang zu moderner Technologie zu erhalten.[618] Zunächst wird daher die Entwicklung des auswärtigen Vermögens an Direktinvestitionen einzelner Länder und Regionen betrachtet.[619]

Ein polit-ökonomisches Modell für Direktinvestitionen der Industrieländer in Entwicklungsländern wurde von Frey mit folgenden Hypothesen entworfen:[620] Ein positiver Zusammenhang mit Direktinvestitionszuflüssen wird erwartet: bei hohem Pro-Kopf Einkommen, einer hohen Wachstumsrate des BIP, niedrigen Lohnstückkosten, einer relativ großer Bevölkerungsschicht mit adäquater Ausbildung, vorherrschender westlicher Entwicklungshilfe oder der Existenz multilateraler Hilfszahlungen. Dagegen kann ein negativer Zusammenhang angenommen werden bei: hoher Inflationsrate, hohem Defizit der Leistungsbilanz, hohem Risiko von politischer Instabilität und „linker" politischer Ideologie. Bei den empirischen Test hat sich gezeigt, daß die Richtung der vorherrschenden politischen Ideologie insignifikant ist. Andererseits erweisen sich das Ni-

---

615 Vgl. *Molle* (1997), S. 335 und S. 150 f.

616 Vgl. *Collingsworth/ Goold/ Harvey* (1994), S. 9.

617 Vgl. *Blonigen/ Feenstra* (1996), S. 35-36.

618 Vgl. *Blomstrom/ Kokko* (1996), weisen insbesondere auf die Rolle von technologischen Wissens-*spill-over*-Effekten hin.

619 Vgl. auch die Diskussion bei *Juhl* (1977), S. 173-219.

620 Vgl. *Frey* (1984), S. 76-83. Vgl. auch *Schneider/ Frey* (1985), S. 161-173.

veau des Pro-Kopf Einkommen zusammen mit der Verfügbarkeit von westlicher Entwicklungshilfe als die entscheidenden Parameter.

Die folgenden beiden Grafiken tragen die auswärts gerichteten und die einwärts gerichteten Direktinvestitionsvermögen im Verhältnis zum jeweiligen Bruttoinlandsprodukt ab.

Wie man sieht, hat sich das auswärts investierte Vermögen in der Welt von 1980 bis 1994 im Verhältnis zum Weltbruttosozialprodukt verdoppelt. Dieselbe Beobachtung gilt für die Industrieländer insgesamt. Doch während sich die europäischen Direktinvestitionsvermögen in dieser Zeit fast verdreifacht haben von 6,5% des BIP in 1980 auf 15,1% des BIP in 1994,[621] hat das nordamerikanische Auslandsvermögen nur verhältnismäßig geringfügig von 8,2% (1980) auf 9,8% (1994) zugenommen. Dabei fällt die relative Zunahme der US-amerikanischen Investitionsvermögen im Ausland noch schwächer aus. Während Asien als Region selbst im Jahrzehnt 1985-94 einen erheblichen Zuwachs seiner Direktinvestitionsvermögen im Ausland auf 4,7% des BIP verzeichnen konnte, hat Japan seit 1990 seine Auslandsinvestitionen sogar auf 6,2% zurückgeführt.

Abb. 46: Auswärts gerichtetes ausländisches Direktinvestitionsvermögen im Verhältnis zum Bruttoinlandsprodukt

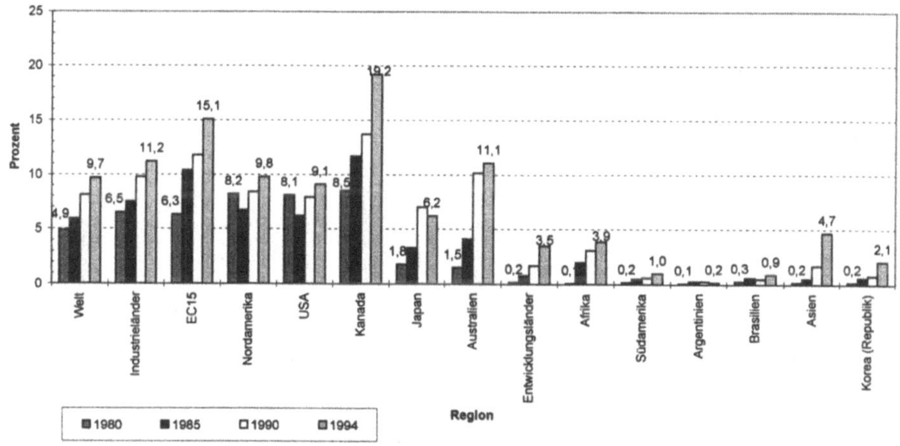

Quelle: UNCTAD: World Investment Report 1996, New York, Geneva, 1996.

621 Dies ist nicht auf einen Erweiterungseffekt zurückzuführen.

Das einwärts gerichtete ausländische Direktinvestitionsvermögen zeigt ein anderes Bild. Obgleich die Industrieländer im Verhältnis zum BIP erneut fast eine Verdoppelung von 4,8% (1980) auf 8,6% (1994) verzeichnen können, ist der Zuwachs seit Anfang der neunziger Jahre nur noch marginal ausgefallen. Dies gilt für Nordamerika im besonderen. Tatsächlich hält Kanada sein zugegeben hohes Niveau von rund 20% seines BIP nur noch mit Schwierigkeiten. Japan hat über den gesamten Zeitraum ohnehin einen fast vernachlässigbaren ausländischen Vermögensstock an Direktinvestitionen in der Größenordnung von um die 0,3% seines BIP.

Abb. 47: Einwärts gerichtetes ausländisches Direktinvestitionsvermögen im Verhältnis zum Bruttoinlandsprodukt

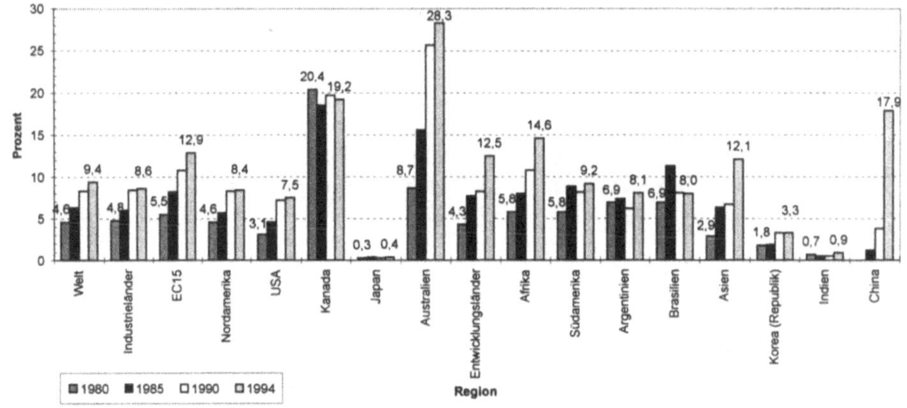

Quelle: UNCTAD: World Investment Report 1996, New York, Geneva, 1996.

Die Europäische Gemeinschaft (EG 15) hat dagegen eine erhebliche relative Zunahme des ausländischen Direktinvestitionsvermögens, das es beheimatet, zu verzeichnen. Von 5,5% des BIP in 1980 stieg es kontinuierlich auf 12,9% des BIP in 1994 - und zwar auch noch erheblich im Zeitraum 1990-94. Die Entwicklungsländer haben seit Beginn der neunziger Jahre einen relativ großen Zuwachs erfahren. Am stärksten ist dieser relative Anstieg in der asiatischen Region ausgefallen. Zu erwähnen bleibt der sprunghafte Anstieg des kumulierten ausländischen Direktinvestitionsvermögens in China im Zeitraum 1990-94.

Die Gewährleistung von Investitionsschutz hinsichtlich der Eigentumsrechte an Direktinvestitionen und anderen Kapitalimporten ist vor diesem Hintergrund natürlich grundlegend.[622] In der Periode 1960-76 hat eine Studie 1500 Enteignungen in 76 wenig entwickelten Ländern untersucht. Eine andere Studie kommt zu der Schätzung, daß rund ein Fünftel der von 1956-72 getätigten Investitionen ohne Entschädigung enteignet wurden.[623] Das enge Netz der bilateralen Investitionsschutzabkommen ist daher seit den sechziger Jahren von einem runden Hundert, auf rund Zweihundert in den siebziger Jahren, dann auf ungefähr Vierhundert in den achtziger Jahren, schließlich in den neunziger Jahren auf 1160 Abkommen angewachsen.[624] Minimale Absicherungen und spezielle Verpflichtungen hinsichtlich Enteignungen gehören zum Standardrepertoire dieser Abkommen. Während in der Anfangsphase hauptsächlich Abkommen zwischen Industrieländern und Entwicklungsländern auf der anderen Seite geschlossen wurden, geht eine Großteil der jüngeren Abkommen auf das Konto von Abkommen von Entwicklungsländern untereinander und von Abkommen mit Ländern im Übergang zur Marktwirtschaft.[625]

Abb. 48: Jährliche Zuflüsse an Direktinvestitionen in die Mitgliedstaaten der Europäischen Gemeinschaft nach Herkunft

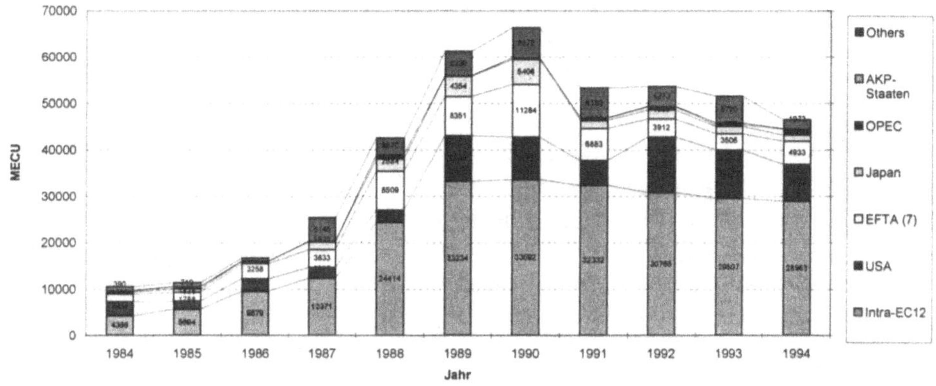

Quelle: Eurostat: NewChronos On-line Datenbank. EU direct investments, breakdown by country (old series from 1984). (2/1997).

---

622 Vgl. *Werner* (1992), S. 36 f. Dieser bemerkt richtig, daß mit dem Kapital vor allem das nötige *Know-how* kleiner und mittlerer ausländischer Unternehmen zufließen würde.

623 Vgl. *Frey* (1984), S. 68.

624 Bis Juni 1996. 172 Abkommen wurden allein 1995 abgeschlossen. Vgl. *UNCTAD* (1996a), S. 147.

625 Vgl. *UNCTAD* (1996a), S. 142.

Abb. 49: Einwärts gerichtetes ausländisches Direktinvestitionsvermögen pro Mitgliedstaat (im Verhältnis zum BIP)

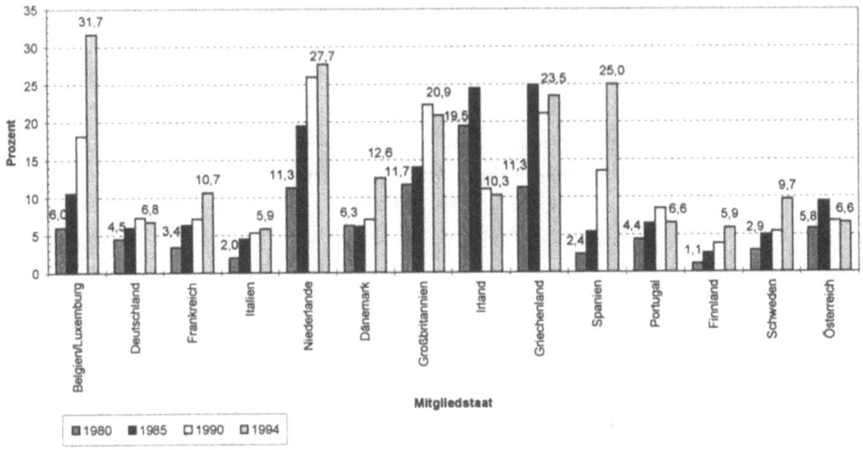

Quelle: UNCTAD: World Investment Report 1996, New York, Geneva, 1996.

Im folgenden soll jetzt kurz die Herkunft der jährlichen Zuflüsse an Direktinvestitionen in die Mitgliedstaaten der Gemeinschaft betrachtet werden. Wie aus Abbildung 48 unschwer abzuleiten ist, führte das Binnenmarktprogramm zu einer Ausdehnung der Investitionstätigkeiten in Europa: zu einem großen Teil aus anderen Mitgliedstaaten, zu einem erheblichen Teil aus den USA, den verbliebenen EFTA-Staaten und Japan. Die Direktinvestitionen aus den AKP-Staaten und den Staaten der OPEC sind nahezu vernachlässigbar.

Wie aus Abbildung 49 deutlich wird, lag der Anteil an ausländischem Investitionsvermögen in Belgien, Luxemburg, den Niederlanden, Großbritannien und Spanien 1994 über 20 Prozent ihres jeweiligen Bruttoinlandsproduktes. Mit Ausnahme von Deutschland, Irland und Portugal ist dieses Vermögen durchgängig gestiegen.

Die folgende Graphik setzt die jährlichen Zuflüsse an Direktinvestitionen hinsichtlich ihrer inner- oder außergemeinschaftlichen Herkunft in Beziehung. Im Durchschnitt stammen etwas weniger als die Hälfte der Direktinvestitionen in den Mitgliedstaaten aus Drittstaaten, ein Fünftel aus den Vereinigten Staaten. Im Einzelfall unterliegt die Zusammensetzung aber jährlich erheblichen Schwankungen. So scheint sich der gemeinschaftliche Anteil in Deutschland - geradezu zyklisch - zwischen rund 80% und rund 25% zu bewegen. Der außergemeinschaftliche Anteil der Zuflüsse in Großbritannien ist jedoch durchweg überdurchschnittlich.

Abb. 50: Anteil der innergemeinschaftlichen Zuflüsse an Direktinvestitionen innerhalb eines Mitgliedstaates an den gesamten Zuflüssen

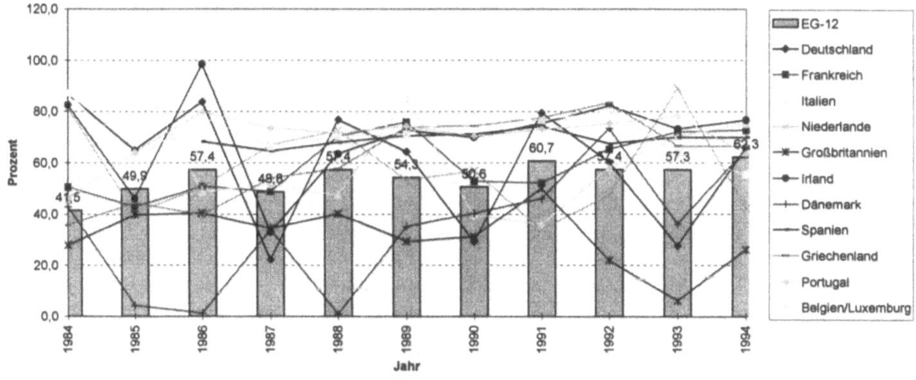

Quelle: Eigene Berechnungen. Eurostat: NewChronos. On-line Datenbank. EU direct investments, breakdown by economic activity (old series from 1984). (2/1997). Total, Inward Flows, Equity and other without reinvested earnings. Vgl. auch European Union: Direct Investment Yearbook. 1996, Luxembourg, 1997.

3.4. Machtaspekte im internationalen Handel

Generell wird bei der Betrachtung der Außenwirtschaftsbeziehung die implizite Annahme getroffen, daß die Staaten selbst als individuelle rationale Akteure zu behandeln seien. Dies gilt insbesondere für die Spieltheorie, die versucht, Freihandel als eine Situation des „Gefangenendilemmas" zu interpretieren.[626] Die Schlußfolgerung ist, daß solange die Zeithorizonte der Akteure lang genug sind, sich Freihandel als Gleichgewichtszustand einstellen kann.[627] Dabei kann der machtpolitischen Komponente einer regionalen wirtschaftlichen Integration auch eine instrumentale Rolle zur Durchsetzung von Freihandel zukommen.[628] Bei endlicher handelspolitischer Interaktion ist die Entstehung zumindest zeitweiliger stillschweigender Kooperation möglich. Dennoch gibt es Tendenzen, die zu einer Zerstörung dieses prekären Gleichgewichts führen können. Regionale Integration selbst kann eine weltwirtschaftliche Desintegration zur Folge haben: intra-regionale Konflikte würden so auf Kosten der Zunahme inter-regionalen Konfliktpotentials reduziert.[629] Dieser Schwierigkeit wurde auch durch Artikel XXIV des

---

626 Vgl. *Vanberg* (1992), S. 378.

627 Vgl. *Wetzel* (1992), S. 379 f. und S. 368.

628 Vgl. *Campa/ Sorenson* (1996), S. 272 f.

629 Vgl. *Bellers/ Häckel* (1990), S. 294.

GATT Rechnung getragen, nach dem regionale wirtschaftliche Integration nur unter bestimmten Bedingungen zugelassen ist.[630]

Im einzelnen geht es um die aus der Zollunionstheorie bekannten Effekte der Handelsschaffung (*trade creation*) und Handelsumlenkung (*trade diversion*), die aus der Sicht der betroffenen Drittländer eine Handelsvernichtung bedeutet.[631] Von besonderer Bedeutung für die wirklichen Effekte dürfte die Tatsache sein, ob ausländischen Firmen die Erlaubnis erteilt wird, unter gleichen Voraussetzungen mit inländischen Unternehmen in Konkurrenz zu treten. Durch die Erhöhung der Wettbewerbsintensität auf dem regionalen Markt erhöht die ausländische Präsenz die Wahrscheinlichkeit einer generellen Handelsausweitung.[632] Von noch größerer Bedeutung dürfte jedoch die Tatsache sein, daß die ausländische Konkurrenz inländische Kartelle und Machtpositionen angreift und tendenziell schwächt.[633]

Eine für das multilaterale Welthandelssystem ebenso gefährliche Tendenz geht von der strategischen Handelspolitik aus. Zunächst stellt die Identifizierung der strategischen Industrien eine besonderes Problem dar. Da die Entscheidung über die Förderungswürdigkeit bestimmter Sektoren „in politisch-ökonomischen Prozessen getroffen werden, ist die Vermutung nicht abwegig, daß nicht ökonomische Effizienzüberlegungen, sondern nationale Interessengruppen die handelspolitische Entscheidungen dominieren."[634] Die Folge wäre eine zunehmende Sektoralisierung der Handelspolitik, die zur Forderung einer spezifischen Reziprozität führt, deren Konsequenz schließlich Bilateralismus ist.[635] Vermutlich werden die betroffenen Drittländer nicht untätig zusehen - was im Extrem bei einem für alle wohlstandsvernichtenden Handelskrieg enden kann.[636]

Schließlich beinhaltet auch der blinde Wettlauf um die bessere Wettbewerbsfähigkeit ein Potential, das zu Protektionismus und Handelskriegen führen kann.[637] Während die theoretische Möglichkeit besteht, daß Schwierigkeiten hinsichtlich der Wettbewerbsfähigkeit der Industrien eines Landes gegenüber den Konkurrenten bestehen, ist es

---

630 Vgl. *Clapham* (1993), S. 25. Eine detaillierte Diskussion des Art. XXIV GATT findet statt bei *Bhagwati* (1992), S. 536-542.

631 Vgl. die Einleitung in *Clapham* (1993), S. 26-30. Auch der kurze Forschungsbericht in *Bhagwati* (1990), S. 1305-1312. Auch *Frankel/ Stein/ Wei* (1996).

632 In Anlehnung an *Olson* (1982), S. 142.

633 Vgl. *Olson* (1982), S. 142. Hier liegt vielleicht die Hauptbedeutung von Auslandsinvestitionen. In Japan hat sich das Verhältnis von Auslandsproduktion gegenüber Inlandsproduktion von 3,1% (1986) auf rund 12% (1993) gesteigert (*Welfens* (1990), S. 47). Es sollte bedacht werden, daß Direktinvestitionen insgesamt stabile Rahmenbedingungen sowie leistungsfähige Zulieferungsindustrie und einen profitablen Absatzmarkt erfordern (*Welfens* (1993), S. 542).

634 Zit. *Görgens* (1993), S. 202 f.

635 Vgl. *Gröner/ Schüller* (1989), S. 435.

636 Vgl. *Görgens* (1993), S. 202.

637 Vgl. *Krugman* (1994), S. 30 und S. 41.

wahrscheinlicher, daß im Ländervergleich allein eine Rivalität hinsichtlich des Status und der Macht eines Staates beobachtet wird.[638] Das Ziel der Stärkung der globalen Wettbewerbsfähigkeit wird zwar auch in der EG verfolgt, allerdings durch Stimulation des internen Leistungswettbewerbs.[639] Unter den Bedingungen der weltweiten Verflechtung von Märkten und Produktionsprozessen bei sich ständig ändernden Technologien werden zusehends globale Informationsbeschaffung und effiziente Kommunikationsnetze zur Basis für Wettbewerbsvorteile.[640]

Von Beginn der europäischen wirtschaftlichen Integration kam der gemeinsamen Handelspolitik auch eine machtpolitische Funktion zu. Die wirtschaftstheoretische Begründung für diese Funktion und deren Ausnutzung liefert das „*Terms of trade*"-Argument.[641] Im Verlaufe der Integration hat sich unter der Vorstellung von Europa als einer „Weltmacht im Werden" (W. Weidenfeld) neben der außenhandelspolitischen vornehmlich auch eine sicherheitspolitische Komponente entwickelt.[642] Durch die Verwirklichung des Binnenmarktes und somit einem erhöhten Autarkiepotential hat sich das handelspolitische Drohpotential erhöht.[643] Bisher wird allerdings fast ausschließlich den USA eine strukturelle Macht zugeschrieben, die ihr erlaubt, „ohne größere Kosten eine teilweise Aufhebung von Interdependenz durch gezielte Fragmentierung von Märkten und vor allem eine „aggressive" Strategie in Form der Ausdehnung nationaler Kontrolle über mobile Faktoren auch auf externen Märkten zu verfolgen."[644] So sind es hauptsächlich die Vereinigten Staaten, die die Strukturen der globalen politischen Ökonomie bestimmen. Aus einer multilateralen Perspektive stellt sich dies als „aggressiver Unilateralismus" dar.[645]

Während sich die USA aus dem Interdependenzgefüge heraustrennen könnte, beruht die handelspolitische Macht der EG primär auf den asymmetrischen Interdependenzstrukturen ihrer Außenbeziehungen, d.h. eine Reihe von Regionen sind vom EG-Markt viel abhängiger als umgekehrt.[646] Sowohl die EG als auch die USA weisen eine besonders hohe Nachfragemacht auf. „Bei den meisten Produktgruppen weisen die zwei Handelsriesen einen Importanteil von mehr als 40 v.H. der gesamten Weltimporte auf."[647]

638 In Anlehnung an *Krugman* (1994), S. 34 f.

639 Vgl. *Winter* (1991), S. 69.

640 Vgl. *Welfens* (1990), S. 49.

641 Vgl. *Kotios/ Molsberger* (1993), S. 76 f.

642 Vgl. *Möschel* (1993), S. 25, der dies etwas unglücklich das "imperiale Argument" nennt.

643 Vgl. *Winter* (1991), S. 69.

644 Zit. *Kohler-Koch* (1990), S. 122.

645 Vgl. hierzu *Bhagwati* (1990), S. 1312-1316.

646 Vgl. *Kotios/ Molsberger* (1993), S. 79 f.

647 Zit. und vgl. *Kotios/ Molsberger* (1993), S. 80 f., S. 85-88. Sie zählen zu den offenen Ländern Dänemark, Großbritannien, Deutschland, Italien. Hinsichtlich der Kompetenzfrage beklagen sie als Folge eine gewisse Inflexibilität bei internationalen Verhandlungen.

Andererseits darf nicht vergessen werden, daß rund 40 Prozent der EG-Exporte in Drittländer fließen und für einige Mitgliedstaaten die Offenheit der Drittmärkte, neben dem innergemeinschaftlichen Handel, von höchster Bedeutung ist. Die innere Struktur erfordert zudem häufig Kompromißlösungen, die eher pragmatischen Erfordernissen als machtpolitischen Überlegungen oder Ordnungsvorstellungen folgen. Zudem darf nicht vergessen werden, daß bisher nicht alle Bereiche der Außenwirtschaftspolitik vergemeinschaftet sind, so daß dem einheitlichen Auftreten nach außen schwierige und langwierige interne Abstimmungsprozesse vorausgehen können.

Die regionale Außenhandelsstruktur Japans hingegen weist eine asymmetrische Abhängigkeit Japans von den meisten Ländern der Welt auf. Während die USA und die EG untereinander einen ausgeglichen Handel treiben, so sind ihre Märkte für japanische Exporte von einer überdurchschnittlichen Bedeutung.

Das folgende Schaubild vermittelt einen Eindruck über die Entwicklung der Offenheitsgrade der Triade.

Abb. 51: Entwicklung des Grades der Offenheit in der Triade

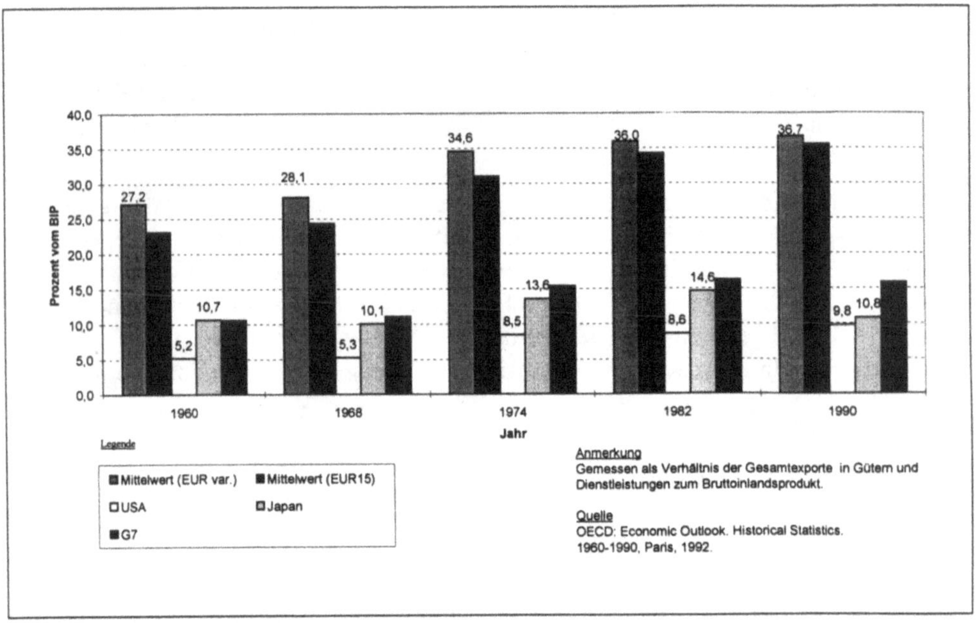

Die obigen Ausführungen werden nachdrücklich bestätigt. Der Grad der Offenheit, gemessen als Verhältnis der Gesamtwert der Exporte in Gütern und Dienstleistungen zum Bruttoinlandsprodukt, lag für die Europäische Gemeinschaft schon seit 1960 mit 27,2% des BIP weit über den Durchschnittswerten der USA und Japans. Dagegen lag der gleiche Wert für die USA in 1960 bei kaum 5,2% des BIP; dieser Wert ist jedoch kontinuierlich gewachsen auf einen Wert von knapp unter 10%. Für Japan ist die

Entwicklung dagegen etwas anders verlaufen: in den sechziger Jahren bei etwas über 10% des BIP, lag der Vergleichswert 1990 wieder bei 10,8%, nachdem er zwischenzeitlich auf um die 14% des BIP angewachsen war. Zum Vergleich lagen die Durchschnittswerte der G7-Länder durchgängig sowohl über denen der USA als auch von Japan.

In diesem Zusammenhang ist es angebracht zu konstatieren, daß die Entwicklung zu transnationalen Unternehmen in vollem Gange ist.[648] Der steile Anstieg in allen Ländern von transnationalen Unternehmen, mit Ausnahme von Großbritannien, zeigt, wie sehr in der sich entwickelnden Weltwirtschaft eine nationale Konzeption von Außenhandel zusehends überholt ist. Um so weniger finden Überlegungen zu einer nationalen Wettbewerbsfähigkeit auch überhaupt noch Ansatzpunkte. Als Folge werden sich die Machtaspekte der Außenwirtschaftspolitik von einer staatlichen auf eine unternehmerische Ebene verlagern. Insofern es für die Weltwirtschaftsordnung der Nachkriegszeit eine wichtige und auch schwierige Aufgabe war, Regeln für das Verhalten der staatlichen Akteure zu formulieren und in Anwendung zu bringen, dürfte in der Zukunft ein entscheidender Aspekt in der Weiterentwicklung der Weltwirtschaftsordnung sein, eine funktionsfähige weltumspannende Wettbewerbspolitik zu formulieren und durchzusetzen.

Abb. 52: Anzahl der transnationalen Unternehmen nach dem Sitz der Unternehmenszentralen

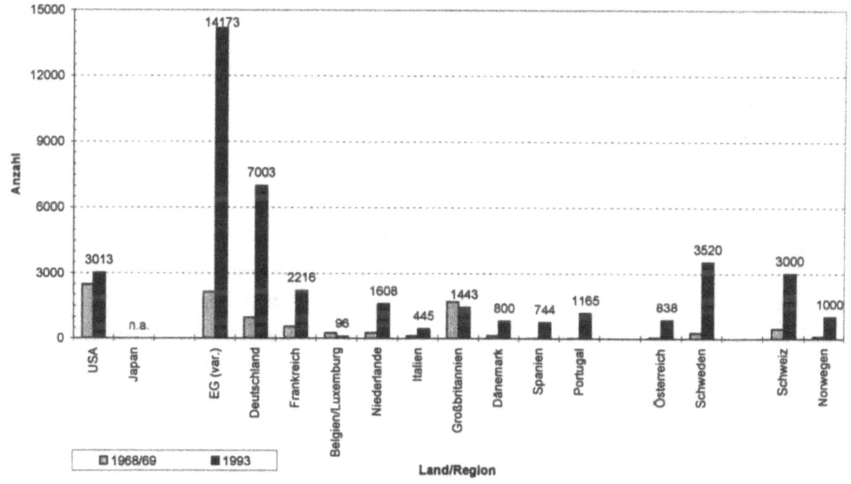

Quelle: UNCTAD: World Investment Report 1995, New York, Geneva, 1996.

648 Vgl. *Froehling/ Rauch* (1995), S. 297-315.

3.5. Zusammenfassung

Die obigen Kapitel sollten einen kurzen Überblick über die für die Arbeit relevanten Aspekte der äußeren Wirtschaftsordnung der EG und die Einbindung der EG in den weltwirtschaftlichen Austausch von Gütern, Dienstleistungen und Investitionskapital liefern. In allen Fällen ist der hohe Grad der internationalen Verflechtung der gemeinschaftlichen Volkswirtschaften mit der Außenwelt deutlich geworden. Andererseits zeigte sich, wie stark die Außenkompetenzen der Gemeinschaft sich noch in einem Stadium der Werdung befinden. Es hat den Anschein, daß der interne Integrationsprozeß und die damit verbundenen Einigung über die Kompetenzverteilung in Teilbereichen der Außenwirtschaftspolitik noch keinesfalls abgeschlossen ist.

Zur Zeit sind insbesondere die Außenhandelsbereiche des internationalen Handels in Dienstleistungen und der internationalen Investitionspolitik nur teilweise in ausschließlicher Kompetenz der Gemeinschaft. Das heißt das im internationalen Verkehr die Regeln der internationalen Ordnung in diesem Bereich zum Tragen kommen - sofern sie existieren. Seit 1995 gilt für den Dienstleistungsbereich das General Agreement on Trade in Services (GATS) der WTO. Weitere spezielle Abkommen müssen noch verhandelt werden. Im Investitionsbereich laufen die internationale Verhandlung gerade erst an. Das Gewicht des einwärtsgerichteten ausländischen Direktinvestitionsvermögen ist in den einzelnen Mitgliedstaaten im Zeitraum 1980-1994 rasant angestiegen. Es sei illustrierend erwähnt, daß aufgrund der fehlenden Gemeinschaftskompetenz die Mitgliedstaaten der Europäischen Union im Stichjahr 1996 über 740 bilaterale Doppelbesteuerungsabkommen zur Sicherung ihrer ausländischen Direktinvestitionen abgeschlossen hatten.[649]

Hinsichtlich des Handels in Gütern und Dienstleistungen scheinen insbesondere Befürchtungen um die Wettbewerbsfähigkeit für den betrachteten Zeitraum schwer an Tatsachen festzumachen. Selbstverständlich ist das Aggregationsniveau der Betrachtung sehr hoch. In einzelnen Sektoren sind hier strukturelle Anpassungen nicht auszuschliessen. Dennoch scheint in der untersuchten Periode eine Gegenüberstellung der europäischen Industrie mit Konkurrenten aus Entwicklungsländern kaum ein besonderes Anliegen darzustellen. Güter werden immer noch vornehmlich mit der industrialisierten Welt gehandelt. Die Tendenz ist sogar seit 1980 eher steigend. Dienstleistungen werden sogar noch stärker zwischen Industrieländern angeboten und nachgefragt. Strukturelle Veränderungen im Güterbereich haben dem Anschein nach eher innerhalb der Gruppe der Entwicklungsländer stattgefunden. Aus ihren Reihen sind die sogenannten NICs seit Anfang der siebziger Jahre langsam ausgeschieden. Durch diesen Prozeß hat ein vormals eher namenloses Kollektiv nach und nach Ländernamen erhalten. Ein Gefühl der verlorenen Wettbewerbsfähigkeit wäre allein in der Änderung der statistischen Nomenklatur begründet.

---

649 Vgl. *UNCTAD* (1996a), S. 147. Siehe auch insbesondere die Übersicht zu den hauptsächlichen internationalen Instrumenten, die sich mit ausländischen Direktinvestitionen befassen (S. 135-139).

Vor dem obigen Befund bleibt fragwürdig, ob eine internationale Einigung über den Schutz fundamentaler Arbeiterrechte und über minimale Arbeitsbedingungen aus einer wirtschaftlichen Perspektive geboten sei.[650] Dabei wird den Industriestaaten sicher vorgehalten werden, daß auch der Schutz von minimalen Arbeiterrechten nur zur Anhebung der Produktionskosten ihrer Konkurrenten aus Entwicklungsländern gefordert wird.[651] Letztendlich wird die Lösung dieser Frage vermutlich in eine Definitionsfrage in Bezug auf „minimal" und „fundamental" hinaus laufen. Sicherlich wäre die ILO eine geeignete internationale Organisation, in der diese Fragen des Arbeiterschutzes angegangen werden können. Sie leidet jedoch unter dem Manko, keinerlei Durchsetzungsgewalt zu besitzen.[652] So könnte zumindest der Migrationsdruck aus wirtschaftlichen Gründen gesenkt werden, so daß die Lohnkonkurrenz in Industrieländern zwischen Ansässigen und Zugewanderten aus Entwicklungsländern entschärft wird, sowie die negativen Wohlfahrtseffekte in den Auswanderungsländern gering bleiben.[653] Eine solche Entwicklung hätte auf seiten der Entwicklungsländer zur Voraussetzung, daß die politischen Rahmenbedingungen die Gewährleistung des „konstitutionellen Minimums an Ordnung" sicherstellen.[654]

Aufgrund der rasanten Zunahme transnationaler Unternehmen weltweit wird vermutlich zusehends der Bedarf für einen Rahmen einer weltweit verbindlichen Wettbewerbspolitik spürbar werden.[655]

Am Beispiel der Währungsordnung ist der nach außen durchlässige Charakter der europäischen wirtschaftlichen Integration ebenfalls deutlich geworden. Dort wo keine internen Gemeinschaftskompetenzen gelten, tritt unweigerlich die internationale Ordnung an ihre Stelle, sofern eine existiert. Das *Bretton-Woods* System hat in der Anfangsphase der wirtschaftlichen Einigung diese Aufgabe in einem Maße übernommen, daß dieser Bereich von den Gründungsvätern in den Römischen Verträgen kaum der Erwähnung bedacht wurde. Mit dem Zusammenbruch von *Bretton-Woods* wurde der Bedarf nach einer den nationalen Rahmen übergreifenden Währungsordnung innerhalb der Europäischen Gemeinschaft aber unverzüglich spürbar. Die institutionelle Antwort auf den Zusammenbruch von *Bretton-Woods* war zunächst die Europäische Währungs-

---

650 Vgl. *Collingworth/ Goold/ Harvey* (1994), S. 12.

651 So *Steil* (1994), S. 14.

652 Vgl. *Collingworth/ Goold/ Harvey* (1994), S. 13 und S. 10, die anmerken, daß generell die internationalen Handelsregeln nicht das geeignete Forum zur Definition dieser Mindestanforderungen sei.

653 Vgl. *Bhagwati* (1984), S. 689, der insbesondere auf die Komplexität der Auswanderungsmotive hinweist (S. 693). Auch *Daly* (1993), S. 27, der trotz diametral entgegengesetzter Zielsetzung denselben Sachzusammenhang benennt.

654 Vgl. *Wetzel* (1993), S. 501.

655 Diese Tendenz besteht im übrigen auch in den sogenannten Entwicklungsländern. Vgl. die Diskussion der fünfzig größten TNCs aus Entwicklungsländern in *UNCTAD* (1996a), S. 33-41.

schlange und dann das Europäische Währungssystem, das bekanntlich 1999 der einheitlichen europäischen Währung weichen wird. Hier wird die interessanteste Frage die institutionelle Auswirkung auf die Außenkompetenz der Gemeinschaft sein.

Abschließend kann festgehalten werden, daß die Europäische Gemeinschaft/Union sowohl hinsichtlich des Ausmaßes von Waren-, Dienstleistungs- und Investitionsströmen über die Außengrenzen als auch hinsichtlich der Bedeutung im Vergleich zum innergemeinschaftlichen Verkehr sich durch eine Offenheit auszeichnet, die weltweit in diesem Maßstab ihresgleichen sucht. Hinsichtlich der Entwicklung der Ordnungstrukturen in der Europäischen Einigung kommt diesen Kräften durchaus strukturelle Bedeutung zu. Die Ausgestaltung der Außenkompetenz der Europäischen Gemeinschaft in Wirtschaftsfragen ist nach diesen Beobachtungen mit Sicherheit von entscheidender Bedeutung für den Verlauf der inneren Integration der nationalen Volkswirtschaften der Mitgliedstaaten in die Europäische Gemeinschaft.

4. Ein Modell integrationsbedingter Entwicklung der Ordnungstrukturen der europäischen wirtschaftlichen Integration

In diesem Abschnitt sollen die in den vorangehenden Teilen erarbeiteten Bausteine zu einem Modell der integrationsbedingten Entwicklung der Ordnungstrukturen der europäischen wirtschaftlichen Integration zusammengefügt werden. Dabei steht eine qualitative verbale Beschreibung des Modells im Vordergrund. Es geht um die Betrachtung des Wandels des Ordnungszustandes im Zeitablauf.[656] „Der *diachrone* Wirtschaftsprozess besteht also in der *Aktualisierung eines Potentials*, d.h. der Übergang von einem synchronen Regime zu einem anderen entspricht dem *Übergang von einem Potential zu einem anderen durch Aktualisierung* und damit einem Aufbrauchen des anfänglichen Potentials."[657] Die fortschreitende Abstimmung der einzelstaatlichen Rahmenbedingungen führt zu einer Verdichtung der staatenübergreifenden Wirtschaftsbeziehungen und verstärkt damit den Anpassungsdruck weiter. „Eine von dem Primat der Wirtschaft ausgehende Verfassung der internationalen Wirtschaftsbeziehungen mündet über die fortlaufende Anpassung der staatlichen Sozialordnungen in eine allmähliche *Homogenisierung der wirtschaftlichen Rahmenbedingungen*."[658] Vor dem Hintergrund dieses Prozesses war die Europäische Gemeinschaft ihrem Wesen nach angelegt auf die Entwicklung zu einer Wirtschafts- und Währungsunion.[659]

---

656 Vgl. *Schmidtchen* (1990), S. 88. Nach seiner Ansicht sind Gegenstand des Wandels: Ressourcenbestand, Präferenzen, Technologien, Güterzahl, Zahl der Haushalte und Unternehmen.

657 Zit. *Dopfer* (1990), S. 30 f., der „Potential" als „Idee" und „Aktualisierung" als „raum-zeitliche Materialisierung" dieser Idee ansieht. Zur Beschreibung des Begriffes fügt er hinzu: „Ein Potential kann in einem ökonomischen Prozess sowohl etwas Materielles, Ressourcenbezogenes, als auch Ideelles, auf Neuheit bezogenens, beinhalten." (S. 30.)

658 Zit. und vgl. *Langer* (1995), S. 73.

659 Vgl. *Mestmäcker* (1995), S. 195.

Wenngleich es in den bisherigen Kapiteln durchgehend angeklungen ist, so ist im folgenden der Tatbestand der „Interdependenz der Ordnungen" zentraler Gesichtspunkt des Modells. Dies erscheint unabdinglich, denn diese „'Interdependenz der Ordnungen' ist ein wesentlicher Tatbestand des Lebens und gerade des modernen Lebens."[660] Auch durch die Internationalisierungsprozesse auf Unternehmensebene ergeben sich neue wechselseitige Interdependenzen zwischen Wirtschaftswelt einerseits und nationalen und internationalen politischen Prozessen andererseits.[661] „In dem Maße, wie sich die politischen Wettbewerber dem Systemwettbewerb nicht entziehen können, entsteht zugleich eine internationale (interföderale) Interdependenz der Ordnungen."[662] Gleichzeitig schafft der Integrationsprozeß zusätzliche Interdependenzen; offensichtlich dann, wenn er mit der Vergemeinschaftung von Teilen der Wirtschaftspolitik einhergeht.[663] Diese „Interdependenz der Ordnungen" stellt für den Europäischen Einigungsprozeß zugleich eine große Herausforderung und die Voraussetzung für ihr Gelingen dar.[664]

In der Sozialwissenschaft werden bislang drei Hauptformen von „Interdependenz" unterschieden:

- strukturelle Interdependenz,
- verhaltensbeeinflussende Interdependenz,
- evolutionäre Interdependenz.[665]

---

660 Zit. *Eucken* (1948), S. 72.

661 Vgl. *Welfens* (1990), S. 184 f.

662 Zit. *Streit* (1995), S. 121.

663 Vgl. *Braasch* (1992), S. 35.

664 Vgl. dazu die Anmerkung von *Hayek* (1980), S. 93: „Da alle Vorgänge in den verschiedenen Teilen einer solchen Ordnung wechselseitig voneinander abhängen und eine abstrakte Ordnung dieser Art keine wiederkehrenden konkreten Teile hat, die nach ihren individuellen Eigenschaften identifiziert werden können, ist es notwendig vergebliche Mühe zu versuchen, durch Beobachtung Regelmäßigkeiten in irgendwelcher ihrer Teile festzustellen. Die einzige Theorie, die in diesem Gebiet Anspruch auf einen wissenschaftlichen Status erheben kann, ist die Theorie von der Ordnung als einem Ganzen; und eine solche Theorie (obwohl sie natürlich an Tatsachen geprüft werden muß) kann nie induktiv durch Beobachtung zustande gebracht werden, sondern nur dadurch, daß man aus den beobachtbaren Elementen Denkmodelle konstruiert." (zit. ebenda)

665 Vgl. die Diskussion durch *Coleman* (1990), S. 29-31, demzufolge bei „struktureller Interdependenz" der einzelne Akteure noch von einer Unabhängigkeit der Handlungen anderer Akteure von seinen eigenen Handlungen ausgeht. „Verhaltensbeeinflussende ('behavioral') Interdependenz" liegt vor, wenn die Handlungen eines Akteurs zu einem Teil abhängig von den Handlungen anderer zu einem früheren Zeitpunkt sind. „Evolutionäre Interdependenz" entwickelt sich schließlich, wenn über einen ausreichend langen Zeitraum „verhaltensbeeinflussende Interdependenz" vorliegt und sich in einem evolutionären Auswahlprozeß eine Mischung der Verhaltensstrategien in einem 'Gleichgewicht' der Strategien herausbildet.

Obgleich die theoretische Durchleuchtung dieser verschiedenen Interdependenzformen nur im ersten Fall relativ weit fortgeschritten ist, versteht sich, daß gerade im Zusammenhang der „Interdependenz der Ordnungen" unter einem dynamischen Blickwinkel alle drei Formen von „Interdependenz" relevant sind. Im Zentrum dieser Arbeit stehen vor allem die gesellschaftlichen Teilsysteme „Wirtschaft" und „politischer Markt". Dabei verstärkt die weitgetriebene Exklusivität der Funktionserfüllung durch dafür eigens geschaffene Spezialsysteme die wechselseitigen Abhängigkeiten zwischen den einzelnen gesellschaftlichen Teilsystemen.[666] Diese beiden Subsysteme sind doppelt interdependent, indem das erstere nur bestehen kann, sofern das andere die Rahmenbedingungen herstellt und gewährleistet, und zweitens indem der „politische Markt" seinen vornehmlichen Kunden in den Bedürfnissen der „Wirtschaft" sieht.

Im folgenden wird ein Modell entwickelt, das die aus den verschiedenen „Interdependenzen" folgende Dynamik der europäischen wirtschaftlichen Integration und die daraus resultierende Anpassung der Ordnungselemente unter den Mitgliedstaaten und auf europäischer Ebene erklären kann.[667] Die Europäische Einigung erscheint als ein kontinuierlicher Prozeß der Angleichung von nationalen Ordnungen und der Hervorbringung einer europäischen Ordnung.[668] „Der Gemeinsame Markt geht (...) von der Eigendynamik der *Wirtschaft* aus und nutzt deren staatenübergreifenden und damit zugleich staatenverbindende Funktionsweise zur Integration der beteiligten Staaten."[669] Aufgrund der organisierten Interessen der Wirtschaftsteilnehmer produzieren die Akteure der rechtlich-politischen Systeme diesen Interessen entsprechende Regeln und Institutionen, welche die anfänglichen Ordnungstrukturen bereichern und schließlich in ihrer Summe verändern.[670] Im folgenden werden daher zunächst die strukturellen Elemente eines solchen Modells besprochen. Darauf folgt eine Betrachtung der wirksamen verhaltensbeeinflussenden Elemente. Gerade auch im verhaltensbeeinflussenden Bereich unterliegt die komplexe Ordnung der Europäischen Einigung einer vielfältigen und spontanen Anpassung an wechselnde Gegebenheiten. Diese Gegebenheiten umfassen die Tatsachen des Wirtschaftsprozesses selbst, die Ordnungstrukturen, aber auch die Motivationen und Präferenzen der einzelnen Individuen. Der Kern des Kapitels wird in der Entwicklung eines einfachen dynamischen Modells dieses wirtschaftlichen Integrationsvorganges liegen.

---

666 Vgl. *Luhmann* (1988), S. 132.

667 Zu den wirtschaftstheoretischen Grundlagen der Integration siehe *Viner* (1950), *Meade* (1955), *Lipsey* (1970), *El-Agraa*/ *Jones* (1981), *Robson* (1987), *Molle* (1997).

668 Vgl. die Ausführungen in Kapitel 2.3.

669 Zit. *Langer* (1995), S. 7. (Hervorhebung im Original)

670 Vgl. dazu Kapitel 2.1 und 2.2.

4.1. Strukturelle Elemente

Ein Modell zur hinreichenden Abbildung des europäischen wirtschaftlichen Integrationsprozeß muß die Akteure, deren Ressourcen, ihr Beziehungsgeflecht und relevante Transmissionskanäle beschreiben.

4.1.1. Handlungsträger

Im Rahmen der bisherigen Darstellung sind eine Vielzahl von Akteuren aufgetreten und ihre hauptsächlichen Motivationen dargestellt worden. An erster Stelle stehen die Individuen, die in der Rolle von wählenden Bürgern, von nachfragenden und kaufenden Konsumenten und als produzierende Unternehmer oder Arbeitnehmer in Erscheinung treten. Ebenfalls beeinflussen Individuen als Politiker und nationale und europäische Beamte den Einigungsprozeß.[671]

In Anlehnung an *Coleman* besteht die Beziehung zwischen Akteuren und Ressourcen entweder in Kontrolle der Akteure über Ressourcen oder im Interesse von Akteuren an Ressourcen.[672] Generell ist nicht auszuschließen, daß insbesondere Politiker, aber auch Beamte, einschließlich z.B. Richtern, Entscheidungen auf der Basis ideologischer Einstellungen fällen, auch wenn sie gegen den Druck von Interessengruppen getroffen werden.[673] Die Differenzierung der Neuen Politischen Theorie durch *Kirsch/Mackscheidt* hinsichtlich der Politikerfiguren ist in diesem Zusammenhang zu sehen. Ein Politiker kann nach ihrer Unterscheidung auftreten als „Amtsinhaber", als „Staatsmann" oder auch als „Demagoge".[674] Die unabhängigen Gerichtshöfe bringen gemeinhin die deutlichsten Vertreter einer auf Ideologie eingeschworenen, durch lebenslange Einstellung geschützten und daher von Interessengruppen relativ unabhängigen Gruppe hervor.[675]

In der Logik des Modells werden alle Entscheidungen über Handlungen nur auf dem Niveau der einzelnen Individuen getroffen. Aufgrund von Entscheidungsregeln führen diese individuellen Ansichten zu Entscheidungen von Kollektiven. In unserem Zusammenhang sind hier insbesondere die Entscheidungsregeln des Ministerrates der Europäischen Union von Bedeutung. Auf der nächsten Stufe erscheinen Gruppen in verschiedenen Größenordnungen. Zu nennen wären Interessenverbände der Konsumenten, der

---

671 Vgl im folgenden die Ausführungen in Kapitel 2.5.

672 Vgl. *Coleman* (1990), S. 28 f. Er verwendet neben dem Begriff 'resource' abhängig vom jeweiligen Charakter auch den Begriff 'event' - „Ereignis".

673 Vgl. *North* (1981), S. 56; dieser Aspekt wird jedoch im folgenden Modell und in der folgenden Darstellung nicht aufgenommen werden können.

674 Vgl. *Kirsch/ Mackscheidt* (1985), S. 84-119. Auch *Matzner* (1990), S. 57.

675 Vgl. *North* (1981), S. 56 f., der darauf hinweist, daß Versuche bisher zumindest unbefriedigend waren, Entscheidungen unabhängiger Gerichte aus einer Perspektive von Gruppeninteressen darzustellen.

Unternehmer und der Arbeitnehmer (Gewerkschaften) sowie politische Parteien.[676] Auf dieser Ebene werden auch die nationalen und europäischen Bürokratien eingeführt. Neben der Europäischen Kommission muß hier auf die besondere Rolle des Europäischen Gerichtshofes hingewiesen werden. Die nationalen Regierungsvertreter, die vor allem im Ministerrat tätig sind, erleben in den Verhandlungen der zuständigen Gremien des Ministerrats einen besonders dichten Kommunikationszusammenhang.

Des weiteren treten Regionen oder die Nationalstaaten als Akteure auf. Diese „Gesellschaften" können als autopoietische Systeme auf der Basis von sinnhafter Kommunikation begriffen werden.[677] Seit Deutsch's kommunikations- und lerntheoretischen Transaktionsanalysen kann die Bildung von regionalen, nationalen und internationalen „Gesellschaften" als wachsender Austausch von Informationen aller Art zwischen den jeweiligen Gesellschaftsteilen angesehen werden. Erst ab dieser Gruppengröße unterscheiden sich „Gesellschaften" als Kommunikationssystem von ihrer Umwelt.[678] Wachsende internationale Transaktionen führen danach zu einem Lernprozeß bei den Bevölkerungen und Eliten, der eine Distanzreduzierung bewirkt.[679] Zu den hier relevanten Transaktionen zählen vor allem der Handel mit Gütern und Dienstleistungen, der Kontakt von Einzelpersonen aufgrund von gemeinsamen Arbeits- und Handlungserfahrungen, die Kenntnis von den jeweilig gültigen Investitions- und Niederlassungsbedingungen. Diese „Gesellschaften" handeln in diesem Modell allein durch die Wahl und über die Repräsentanz ihrer Regierungen.

Schließlich befaßt sich diese Arbeit mit zwei weiteren Systemebenen: der europäischen und der internationalen Wirtschaftsordnung. Im Unterschied zur nationalen Ebene sind auf diesen Ebenen die politischen Systeme nicht in den nationalen Regierungen vergleichbarer Weise entwickelt. Ansätze zu der Ausbildung eines vollständigen politischen Systems bestehen auf europäischer Ebene vor allem im Initiativmonopol der Europäischen Kommission und in der Direktwahl des Europäischen Parlaments.[680] Ein entscheidender Unterschied zwischen der internationalen und europäischen Ebene liegt in der Gewährleistung der Freiheiten an die einzelnen Individuen ohne jegliche vermittelnde Handlung des Nationalstaates. Im europäischen Rahmen wird die inter-gouvernementale internationale Zusammenarbeit überwölbt von einem supra-nationalem Handlungsauftrag.

---

676 Die Stufe der Unternehmungen als juristischen Personen kann in unserem Zusammenhang als mit den Unternehmern identisch angesehen werden und bedarf daher keiner expliziten Beachtung.

677 Vgl. *Luhmann* (1988), S. 50. Autopoietische Systeme sind Systeme, die die Elemente, aus denen sie bestehen, durch die Elemente, aus denen sie bestehen, produzieren. „Gesellschaft" besteht demnach nur aus Kommunikationen und reproduziert Kommunikation durch Kommunikation (S. 49-51).

678 Vgl. *Luhmann* (1988), S. 51.

679 Vgl. *Bellers/ Häckel* (1990), S. 295.

680 Vgl. auch die Ausführungen in Kapitel 2.4.

4.1.2. Kommunikationskanäle

Die möglichen Kommunikationskanäle ergeben sich vor allem aus den gewährten Freiheiten. Die Existenz von Kommunikationskanälen ist die notwendige Voraussetzung für die Entstehung von „Gesellschaft". Die Haupttransmissionskanäle, die sich aus der bisherigen Betrachtung ergeben, sind:[681]

- Güteraustausch und der Handel in Dienstleistungen,
- Wanderungen von Arbeitnehmern und Bürgern, der Kapitaltransfer, die Wanderung von Unternehmen als Auslandsinvestitionen,
- der grenzüberschreitende Austausch von Informationen und Meinungen.

Dabei ist die letzte Kommunikationsart insbesondere auf die Existenz eines gemeinsamen politischen Raums angewiesen, um wirken zu können. Dieser ist in der Europäischen Einigung bisher nur in Ansätzen gegeben und wird im weiteren nicht thematisiert. Nicht zu vergessen und zu unterschätzen ist jedoch auch der Informationsaustausch aufgrund der grenzüberschreitenden Wanderung von Produkten und Faktoren. Dieser Informationsaustausch liefert die Begründung für die Charakterisierung der beiden ersten Transmissionskanäle als Kommunikationskanäle.

Eine überragende Bedeutung kommt in der Europäischen Einigung dem Wettbewerb zu. In diesem Modell führt der wirtschaftliche und politische Wettbewerb zum Wandel der Ordnungstrukturen. Der Wettbewerb erfolgt auf verschiedenen Ebenen um jeweils andere knappe Ressourcen. Die Bewegungsfreiheit von Ressourcen löst den Konkurrenzmechanismus aus.[682] Dabei kann von einer prinzipiellen strukturellen Parallelität des wirtschaftlichen und des politischen Wettbewerbsprozesses ausgegangen werden:[683]

Es herrscht Wettbewerb der Produzenten um Kunden mit Produkten und Dienstleistungen. Politiker innerhalb eines politischen Systems stehen dagegen im Wettbewerb um Wählerstimmen aufgrund ihrer Programme und legislativen Vorhaben. Es handelt sich um eine Kontrolle von Herrschaft, die vergleichbar ist mit potentiellen Marktzutritt auf monopolistischen Märkten.[684]

Schließlich existiert Wettbewerb der Systeme um mobile Produktionsfaktoren. Alle räumlich mobilen stehen mit den immobilen Faktoren in Konkurrenz. Auslöser für Faktorwanderungen sind generell institutionelle Unterschiede zwischen den Gebietshoheiten. Der Systemwettbewerb wird dabei besonders stark von der Freiheit der Kapital-

681 Vgl. *Gerken* (1995), S. 14.

682 Vgl. *Vanberg* (1992), S. 385 f.

683 Vgl. auch *Luhmann* (1988), S. 142.

684 Vgl. *North* (1981), S. 27.

bewegungen und der freien Wahl von Unternehmens- und Investitionsstandorten angeregt.[685]

Der Wettbewerb der Staaten drückt sich aus als ein Wettbewerb der Rechts- und Wirtschaftsordnungen.[686] Dieser Wettbewerb basiert auf den zwischen den Ländern und Regionen herrschenden Unterschieden der Standortbedingungen. Die Wettbewerbsparameter der Regierungen sind die institutionellen Arrangements.[687] Dabei wird der Wettbewerb um so stärker ausfallen, desto weniger jurisdiktionelle Grenzen für die Wirtschaftsbeziehungen eine Rolle spielen.[688] Außerdem ergibt sich Konkurrenz der Rechtsordnungen schon durch die Wahl des Rechtssystems durch die Handelspartner, nach dem das grenzüberschreitende Geschäft abgewickelt werden soll.[689] Als Entdekkungsverfahren für überlegene institutionelle Arrangements fördert der internationale Systemwettbewerb letztendlich die Bürgersouveränität.[690]

So wie die Ungleichheit der Bedürfnisse die Voraussetzung für die Entwicklung eines Wirtschaftssystems ist,[691] so liegt der Grund für die Wandelbarkeit von „Gesellschaften" in der Möglichkeit sozialer Konflikte.[692] Diesem Modell liegen zwei grundlegende soziale Mechanismen zur Auslösung von Änderungen zugrunde.

Der *voice*-Mechanismus, der auf Überzeugung innerhalb des politischen Systems aufbaut. Er eignet sich eher, partielle oder marginale Veränderungen zu bewirken. Hinsichtlich der identifizierten Kommunikationskanäle kann man den ersteren Transmissionskanal der Handelsbeziehungen dem *voice*-Mechanismus zuordnen.[693] Zur Wirksamkeit bedarf dieser Mechanismus einer funktionierenden politischen Entscheidungsstruktur, welche den Protest und die Anliegen der vielen aufnehmen und in eine Entscheidung der Gesamtheit überführen kann.

Dagegen ist der *exit*-Mechanismus radikaler in seinem Ausdruck und seinen Rückwirkungen. Er ist zwangsläufig mit einer Gesamtwahl eines Regulierungspaketes verbunden.[694] Die Entscheidung zu einer Abwanderung folgt aus der negativen Einschätzung der Erfolgschancen, sich im politischen Prozeß für ihre Anliegen Gehör zu verschaffen. Allgemein wird man diesen Mechanismus einer Revolution näher verwandt

---

685 Vgl. *Willgerodt* (1989), S. 422.

686 Vgl. *Gerken* (1995), S. 15.

687 Vgl. *Streit* (1995), S. 120.

688 Vgl. *Braasch* (1992), S. 31.

689 Vgl. *Willgerodt* (1989), S. 422.

690 Vgl. *Streit* (1995), S. 121.

691 Vgl. *Luhmann* (1988), S. 112.

692 Vgl. *Dahrendorf* (1972), S. 251.

693 Der Transmissionsmechanismus des grenzüberschreitenden Austausches von Informationen und Meinungen liegt vermutlich im Bereich des *voice*-Mechanismus.

694 Vgl. *Vanberg* (1992), S. 386, Fußnote 11 in Anlehnung an *Hirschman*.

als der Evolution sehen. Der Transmissionsmechanismus der Faktorwanderung zeigt in vielen Aspekten eine Nähe zum *exit*-Mechanismus.[695]

Tiebout hat 1956 für diesen *exit*-Mechanismus den Begriff des „*voting by feet*" eingeführt mit der Vermutung, daß „ein *Pareto*-optimaler Zustand dann erreicht ist, wenn alle Individuen dort leben, wo das von ihnen gewünschte Bündel an öffentlichen Gütern angeboten und von den Nachfragern *finanziert* wird."[696] Solange Bürger durch Abwanderung ihren Widerspruch zu den herrschenden politischen Grundbedingungen Ausdruck geben können,[697] existiert auch eine wettbewerbliche Kontrolle der Herrschaftsapparate. Es kann jedoch angenommen werden, daß es robuster Rahmenbedingungen bedarf, damit das Wirken des *exit*-Mechanismus einem Wettbewerbsprozeß ähnlich bleibt und nicht in eine tiefgreifende Umwälzung der bestehenden Ordnung einmündet.

4.1.3. Prinzipien der Kommunikation

Die Ausgestaltung des jeweiligen Wettbewerbs hängt in starkem Maße von den zugrundeliegenden Prinzipien der Kommunikation der Systeme ab. Unterschieden werden können hier: Ursprungslandsprinzip, Bestimmungslandsprinzip, Niederlassungslandsprinzip, Beschäftigungslandsprinzip, Wohnsitzlandsprinzip und das Nationalitätenprinzip. Diese Prinzipien sind untereinander nicht ohne Konsequenzen auf die Funktionsfähigkeit der Systeme frei wählbar und vermischbar; manche schließen einander aus.

Das Ursprungslandsprinzip und das Bestimmungslandsprinzip haben herausragende und exemplarische Bedeutung. Während nach dem Ursprungslandsprinzip die Regeln des Regulierungssystems zur Anwendung kommen, in dessen Gültigkeitsraum die Produktion von Gütern stattfindet, finden unter dem Bestimmungslandsprinzip die Regeln Anwendung, die dort gelten, wo ein Produkt letztendlich verwendet werden soll. Die Graphik auf der folgenden Seite soll den Hauptunterschied zwischen diesen beiden Prinzipien verdeutlichen.

Wie aus dem Schaubild zu ersehen, schafft das Ursprungslandsprinzip einen neuen Kommunikationskanal zwischen Verbrauchern und ausländischen Anbietern. Über diesen Kanal wirken die ausländischen Kunden direkt auf den Regulierungsprozeß im Herkunftsland des von ihnen gewählten oder geschmähten Produktes.

---

695 Allerdings müssen Einschränkungen als Folge der unvollständigen politischen Ordnung gemacht werden. Die Wanderung einer Person führt zwar zu einer Verlagerung der Steuerpflicht, jedoch nur ausnahmsweise und begrenzt zu einer Verlagerung der Wahlrechte. Bei der „Wanderung" von Kapital ergeben sich zwar Auswirkungen auf die Steuerpflicht des Kaptialeigners, aber eigentlich nie Veränderungen der Wahlrechte. Andererseits kann in Analogie zur Rechtsfigur der „umgekehrten Diskriminierung" unter den Annahmen dieses Modells von einer *de facto* Ausweitung der politischen Mitwirkungsrechte des Kapitaleigners im Empfängerland ausgegangen werden.

696 Zit. *Wentzel* (1993), S. 496. Es handelt sich um die Arbeit von *Tiebout* (1956), S. 416-424.

697 Vgl. *North* (1981), S. 27.

Modell 9: Ursprungslands- und Bestimmungslandsprinzip

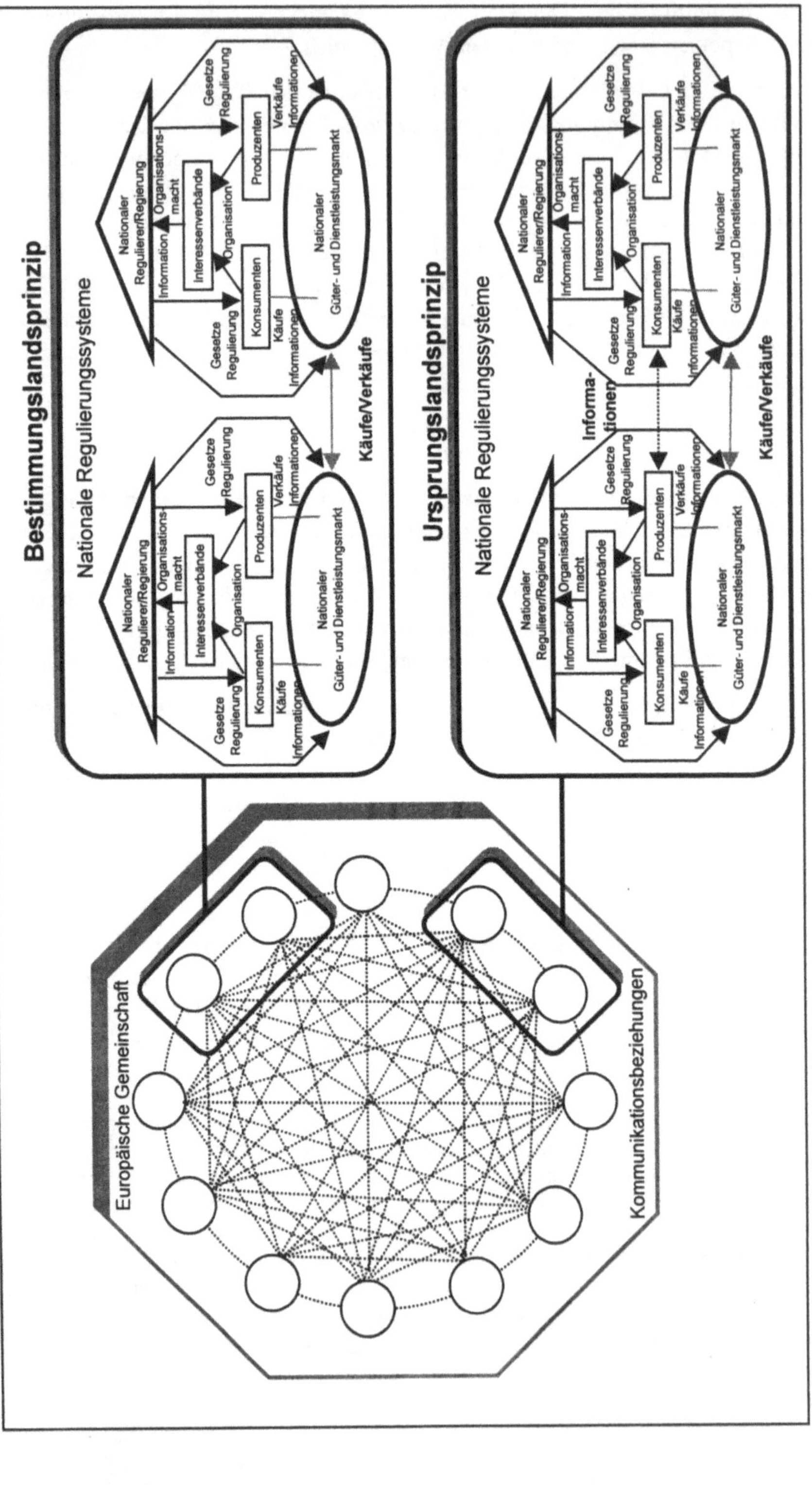

Das Ursprungslandsprinzip ist somit von zentraler Wichtigkeit, um den Wettbewerb der Systeme über den Austausch von Produkten wirksam werden zu lassen.[698] Das Ursprungslandsprinzip vervielfacht so die Wirkung der Handelsströme auf die Regulierungssysteme, die ansonsten aufgrund der Nähe dieses Kommunikationskanals zum *voice*-Mechanismus zwar Wirkungen auf die Ordnungstrukturen auszuüben in der Lage wäre, aber nicht in einer Intensität, die *a priori* eine Entwicklung oder gar Angleichung von Ordnungstrukturen zu bewirken geeignet wäre.

Durch diesen Kommunikationskanal erhalten auch einzelstaatliche nationale Regulierungen eine gemeinschaftsweite Wirkung.[699] Gegenüber der Situation unter der Geltung des Bestimmungslandsprinzip sind jetzt auf dem nationalen Markt Produkte verfügbar und stehen zur Wahl, die in sich ein anderes Regulierungssystem inkorporieren. Durch das Ursprungslandsprinzip wird somit die Konsumentenfreiheit erheblich erhöht. Dieses Prinzip wird daher als ebenso bedeutsam wie die Vier Freiheiten eingestuft.[700] Das Ursprungslandsprinzip trägt dazu bei, den leistungsbezogenen Wettbewerb vor dem Behinderungswettbewerb zu sichern. Durch das nun mögliche „tägliche Plebiszit" des Konsumenten wird millionenfach über die Leistungsfähigkeit der einzelnen nationalen Regulierungssysteme abgestimmt. Andererseits resultiert aus der faktischen Geltung nationaler Normen in anderen Ländern ein externer Effekt, der eine Internalisierung durch Regelung auf Gemeinschaftsebene begründen könnte.[701] Im gemeinschaftlichen Rahmen waren dies 1980 potentiell schon neun, 1987 zwölf und seit 1995 immerhin fünfzehn verschiedene Regulierungssysteme, unter denen der Konsument täglich wählen kann.

Wie aus dem Schaubild weiter hervorgeht, stehen die nationalen Regulierungssysteme auch unter dem Bestimmungslandsprinzip in einem gewissen Wettbewerb. Dieser Wettbewerb vollzieht sich jedoch ausschließlich indirekt über die Preis- und Qualitätsmerkmale der ein- und ausgeführten Güter, in denen immerhin die Standortvorteile in Form von Kostenersparnissen einfließen können. Soweit durch die Unterschiede der Regulierungssysteme die Standortentscheidungen für international mobile Faktoren beeinflußt werden, zieht das Bestimmungslandsprinzip somit durchaus Wettbewerbswirkungen auf einer Systemebene nach sich.[702] Der Druck der täglichen Konsumentenentscheidung auf die Regulierungssysteme entfällt jedoch. Hierin liegt ein Grund, weswegen das Bestimmungslandsprinzip im internationalen Handel allgemein und für die Außenhandelsbeziehungen der Europäischen Gemeinschaft im besonderen das vorherrschende Prinzip ist.

---

698 In Anlehnung an *Schüller/ Weber* (1993), S. 470 f. So auch *Streit* (1995), S. 124.

699 Vgl. *Gerken* (1995), S. 7 und S. 21.

700 Vgl. *Schüller/ Weber* (1993), S. 469.

701 Vgl. *Gerken* (1995), S. 7.

702 Vgl. *Streit* (1995), S. 126 Fußnote 23.

Das Niederlassungsprinzip entspricht für den Bereich des Handels in Dienstleistungen weitgehend dem Ursprungslandsprinzip.[703] Im Güterhandel kommt es darüber hinaus vor allem dann zur Anwendung, wenn die Regulierung sich auf Prozesse, Produktions- und Managementmethoden bezieht. Auch hier ist das Gegenprinzip das Bestimmungslandsprinzip. Da im Regelfalle die Prozesse, Produktions- und Managementmethoden stark reguliert sind, hätte in diesem Bereich das Niederlassungsprinzip weitreichende Folgen für den Handel in Dienstleistungen oder der so regulierten Gütern. Die Regulierungskompetenz in den Bereichen der Prozesse und Produktions- und Managementmethoden liegt im Rahmen der Europäischen Gemeinschaft fast ausschließlich bei den Mitgliedstaaten.

Sobald der Bereich der Freizügigkeit von Personen betroffen ist, werden hingegen die Prinzipien des Beschäftigungslands und des Wohnsitzes relevant. Gerade bei zeitlich begrenztem Aufenthalt und Tätigkeit unter fremder Jurisdiktion ist es wahrscheinlich, daß beide Prinzipien zu divergierenden Schlußfolgerungen führen. Nach dem Beschäftigungslandsprinzip könnte zum einen gefordert werden, daß Ausländer zu gleichen Bedingungen wie Inländer beschäftigt werden, zum anderen deren Angehörige auch dieselben Rechte wie inländische Angehörige aus dem Beschäftigungsverhältnis genießen, auch wenn deren Wohnsitz nicht mit dem Beschäftigungsort identisch ist. Andererseits kann eine Regelung nach dem Wohnsitzlandsprinzip bei Freizügigkeit der Arbeitnehmer dazu führen, daß gleiche Arbeiten, am gleichen Ort erbracht, zu verschiedenen Sozialabgaben führen. In der Folge sind daher auch aus diesem Grunde die gezahlten Löhne verschieden.[704] Wirtschaftlich geht es in diesem Bereich in vielen Fällen um Fragen der Verteilungsgerechtigkeit, während die anderen Bereiche leichter unter dem Gesichtspunkt der Allokationseffizienz betrachtet werden können. In diesem Zusammenhang kann man das Wohnsitzlandsprinzip am ehesten mit dem Ursprungslandsprinzip vergleichen.[705]

Gleichwohl relevant im Bereich der Sozialpolitik, aber stärker in den Bereich der politischen Teilnahmerechte hineinreichend, ist das Nationalitätenprinzip. Man darf sicherlich von der Entstehung von politischen Externalitäten ausgehen, wenn z. B. das Land des gewöhnlichen Aufenthalts einer Person nicht mit dem übereinstimmt, in dem er seine Teilhaberechte am politischen Leben ausübt. Daß man in diesen Bereichen je nachdem zu verschiedenen Schlußfolgerungen kommt, ob das Wohnsitzlands-, das Beschäftigungslands- oder das Nationalitätenprinzip zum Tragen kommt, ist ein deutlicher Hinweis auf die Tatsache, daß die politische Ordnung in der Europäischen Gemeinschaft bisher noch unvollständig ist. Die Folge ist: einzelnen Bürgerpflichten stehen

---

703 So wird die Kontrolle über das Bank- oder das Versicherungswesen häufig an das Niederlassungprinzip geknüpft.

704 Die Lohnforderungen können an sich schon verschieden sein, da zum Beispiel der Unterhalt am Wohnsitz viel geringer ist als am Ort der Beschäftigung.

705 Vgl. *Krüsselberg/ Strätling* (1993), S. 433, die für die Familienpolitik fordern, keine Differenzierung zwischen Beschäftigungslandsprinzip und Wohnsitzlandsprinzip durchzuführen.

zum Teil keine Bürgerrechte gegenüber, während andererseits einzelnen individuellen Rechten nur bedingt individuelle Pflichten entsprechen. Dieses strukturelle Ungleichgewicht kann auf Dauer auf die inzwischen fortgeschrittene Europäische Einigung zurückwirken.

4.2. Verhaltenssteuernde Elemente

Vier Arten von Beziehungen ergeben sich aus der Tatsache, daß im Zusammenhang dieser Arbeit wechselnd von individuellen und kollektiven Akteuren die Rede ist:[706] a.) die Interaktion auf der Mikroebene, b.) die Auswirkung der Makroebene auf die Mikroebene, c.) der Übergang von Mikromotivationen auf Makroeffekte und d.) Makroverhalten.

4.2.1. Interaktion auf der Mikroebene

Die theoretisch einfachste Ebene der Beziehungen liegt dann vor, wenn Individuen direkt miteinander handeln. Diese Situation tritt im Rahmen der Arbeit immer dann auf, wenn wirtschaftliche Transaktionen des Waren- oder Dienstleistungskauf getätigt werden. Relevante Elemente für die individuelle Entscheidungssituation können gesehen werden in:

- Signalen, die als relative Preise, Kosten und Einkommen in Marktprozessen entstehen;
- Institutionen, welche Entscheidungen, Handlungen und Ergebnisse stützen und beschränken;
- Politischen Instrumenten und Eingriffen, die Daten in den vorgenannten Bereichen verändern;
- Individuellen und kollektiven Weltsichten, in denen die moralische Dimension eine wesentliche Rolle spielt.[707]

In diesen Fällen erscheinen die Schlußfolgerungen der neoklassischen Mikrotheorie direkt anwendbar mit der Einschränkung, daß von einer begrenzten Rationalität ausgegangen wird und somit Suchprozesse an die Stelle von zeitlosen Kalkülen treten.[708] In der Neuen Politischen Ökonomie wird auf dieser Ebene die gleiche Struktur der individuellen Güterabwägung für die Erklärung politischer Prozesse zugrunde gelegt.[709] Die

---

706 In Anlehnung an die Ausführungen von *Coleman* (1990), S. 11-23. Tatsächlich könnte man aufgrund der vielen Akteursebenen für das Gruppenverhalten auch eine „Meso"-Ebene einführen.

707 Vgl. *Matzner* (1990), S. 58.

708 Vgl. auch *Coleman* (1990), S. 13-19, der im Rahmen seiner Theorie, zielgerichtetes Handeln und, teilweise, Gewinnmaximierung als Ziel annimmt.

709 Vgl. *Kirsch* (1993), S. 5.

Bedeutung von Institutionen und Regelsystemen in der individuellen Entscheidungssituation wurde in den einleitenden Kapiteln dieser Arbeit dargestellt.

4.2.2. Auswirkung der Makroebene auf die Mikroebene

Andererseits fließen auch emergente Eigenschaften von höherstufigen Systemen als Elemente in Form von kollektiven Entscheidungen oder sozialen Normen in den individuellen Entscheidungsprozeß ein. Man kann einen Übergang von der Makro- zur Mikroebene verzeichnen. „Für die auf der Mikroebene zu treffenden Entscheidungen ist die Makroebene ein Teil des Prämisserahmens."[710] So werden individuelle Entscheidungen selbstverständlich auch unter Einbeziehung volkswirtschaftlicher Grunddaten getroffen, wie z.B. der Inflationsrate, des Kapitalmarktzinses, der Arbeitslosenquote. Die Erwartungen der Individuen werden ebenfalls durch diese Daten beeinflußt. Gleichfalls treten gruppenspezifische Regeln und Konventionen, soziale Normen und gesetzliche sowie konstitutionelle Rechte und Verpflichtungen als Grunddaten in der Beurteilung der Wahlhandlungen von Individuen auf. Es ist dabei wichtig zu erkennen, „daß abstrakte Verhaltensregeln besondere Handlungen nur zusammen mit besonderen Umständen bestimmen."[711] Entweder geschieht dies direkt, indem z.B. manche Handlungsalternative aufgrund der sozialen Restriktionen aus dem Rahmen der möglichen Optionen ausscheidet oder zwingend zu präferieren ist; oder sie wirken indirekt über die Veränderung von Transaktions- und insbesondere Informationskosten auf den Entscheidungsprozeß ein. Unter die erste Kategorie sind auch die durch Gesetz auferlegten Steuern und Sozialabgaben zu fassen. Letzteres gilt vermutlich insbesondere im Hinblick auf weitere Handlungsvoraussetzungen, die unter dem Begriff der „Standortbedingungen" zusammengefaßt werden.

Solche Übergänge vom Makro- auf das Mikroniveau formen den sozialen Kontext, welcher wiederum Einfluß auf die relative Vorteilhaftigkeit der verschiedenen Handlungsalternativen hat.[712] Eine besondere Rolle spielt hier die Institution des gegenseitigen „Vertrauens". „Vertrauen bildet sich in einem Interaktionsfeld, das sowohl durch psychische als auch durch soziale Systembildungen beeinflußt wird und keiner von ihnen exklusiv zugeordnet werden kann."[713] „Vertrauen" steht als ein Mechanismus der Komplexitätsreduktion in einem Substitutionsverhältnis zur Fähigkeit der Ereignisbeherrschung. Mit zunehmender technisch erzeugter Komplexität ist mit einem Anwachsen der Inanspruchnahme von „Vertrauen" zu rechnen. Der Bedarf einer Sozialordnung an „Vertrauen" wechselt mit der Komplexität der sozialen Systeme selbst und ihrem Verhältnis zur Zeit. In einer vertrauten Welt dominiert das Vergangene: man vertraut, daß das bekannte Gewesene sich in die Zukunft hinein fortsetzten wird.

---

710 Zit. *Kirsch* (1993), S. 5.

711 Zit. *Hayek* (1980), S. 146.

712 Vgl. *Coleman* (1990), S. 21.

713 Zit. *Luhmann* (1989), S. 4, im folgenden vgl. S. 17 und S. 20 f.

4.2.3. Übergang von Mikromotivationen zu Makroeffekten

Der anspruchsvollste Teil der Beziehungen liegt in der Begründung des Übergangs von den individuellen Wahlakten und Handlungen auf der Mikroebene zu dem Erscheinen von Systemverhalten auf der Makroebene. Dieser theoretisch schwierig zu fassende Übergang ist in der neoklassischen Mikrotheorie weithin bekannt als das Aggregationsproblem. Im Rahmen der Neuen Politischen Theorie wird ein solcher Übergang durch den geänderten Blickwinkel auf die für Kollektiventscheidungen verantwortlichen Politiker vorgenommen. Dabei wird angenommen, daß für politische Akteure drei Hauptvariablen in den persönlichen Entscheidungsprozeß einfließen:

- die Wohlfahrtssteigerungsinteressen der Wählerschaft als Ganzem,
- die Partikularinteressen von Gruppen und Verbänden,
- die persönlichen Interessen des politischen Akteurs selbst.[714]

Das resultierende Systemverhalten ist nicht notwendigerweise bloß die Summe der einzelnen Verhaltensweisen. Es ist die Interaktion der einzelnen, die das Systemverhalten hervorbringen. „The system behaviour, (...), sometimes is appropriately conceived as being merely the behavior of a system of actors whose actions are interdependent." [715] Dies ist vor allem die Folge bestimmter Formen von „Interdependenzen" zwischen den Handlungen der einzelnen.[716] *Coleman* hat in einer nicht abschließenden Auflistung die folgenden Typen von „Interdependenzen" identifiziert:

- Die einzelne Handlung erzeugt positive oder negative Externalitäten für andere, so daß deren Anreizstruktur beeinflußt wird.
- Das Resultat einer bilateralen Transaktion ist selbst eine neue entscheidungsrelevante Tatsache.
- Das Ergebnis wirkt ein auf die Institutionen, die für sein Zustandekommen Voraussetzung sind. Ein bilateraler Austauschvertrag hat Auswirkungen auf die Regeln, unter denen er zustande kommt.
- Unter Beachtung von bestimmten Wahlmechanismen und Abstimmungsregeln führen Kollektiventscheidungen auf der Basis von individuellen Wahlhandlungen und Präferenzbekundungen zur Auswahl einer kollektiven Handlungsalternative.
- Die Handlungsstruktur innerhalb von Organisationen bringt asymmetrische Interdependenzen hervor, die über den bilateralen Austausch hinausgehen.
- Gewisse Handlungen der Individuen üben durch normenstützende und normendurchsetzende Sanktionen soziale Kontrolle aus.

---

714 Vgl. *Gerken* (1995), S. 13.

715 Zit. und vgl. *Coleman* (1990), S. S. 12, S. 19 und S. 27 f.

716 Vgl. zum folgenden *Coleman* (1990), S. 20-22.

Alle genannten Interdependenzarten sind in der Betrachtung des europäischen Einigungsprozesses relevant. Im Rahmen dieser Arbeit kommen den „Interdependenzen" aufgrund des Abschlusses eines bilateralen Geschäfts einerseits und den Interdependenzen aufgrund der Wahl- und Abstimmungsmechanismen andererseits jedoch die tragende Rolle zu. Die Aggregation von einzelnen Handlungsmotiven wird in dieser Arbeit häufig vorgestellt als ein Prozeß der Interessenorganisation. Die verschiedenen organisierten Interessen liegen ihrerseits in einem gegenseitigen Wettstreit. Mit ihnen sind die ausschlaggebenden Kräfte des Fortschritts im Einigungsprozeß benannt. Von ihnen gehen Wirkung und Rückwirkung auf die Ordnungstrukturen aus. Die Ergebnisse von Handlungen innerhalb eines Rahmens wirken zurück auf den Rahmen der Handlung selbst.

4.2.4. Makroverhalten

Schließlich mag es notwendig sein, Elemente einzuführen die Makroverhalten auf andere Makrodaten zurückführt. Obgleich dieses Vorgehen nicht immer zufriedenstellend sein kann, ist es in manchen Fällen gerechtfertigt, da noch nicht alle emergenten Eigenschaften ausreichend abgesichert auf die zugrundeliegenden Einzelhandlungen rückführbar sind.[717] In anderen Fällen sind die auslösenden Einzelentscheidungen für die Betrachtung vielleicht weniger relevant als das Ergebnis ihrer Interaktion. Auf der Ebene der europäischen Wirtschaftsordnungen und Wirtschaftsprozesse sind viele Eigenschaften emergent; ein Verhalten der nationalen Volkswirtschaften oder des europäischen Wirtschaftssystem existiert nur in diesem Sinne. Es erscheint gerechtfertigt, das beobachtbare Makro-Ergebnis als Datum für die weitere Argumentation vorläufig zugrundezulegen.[718]

4.3. Evolutionäre Elemente

Wie in der Diskussion der einzelnen Bereiche, die von der europäischen wirtschaftlichen Integration direkt oder indirekt betroffen sind, in der bisherigen Darstellung deutlich geworden ist, erscheinen evolutionäre Elemente in den verschiedensten Konfigurationen. Die Weiterentwicklung der Rahmenbedingungen der wirtschaftlichen Integration über die Setzung von neuen Rechtsregeln oder gar der grundsätzlichen Vertragsänderung steht hier neben der Entstehung von neuen Interessengruppen, der Ausdehnung von Wirtschaftsbeziehungen aufgrund neuer Verdienstchancen. Es ist die Verbindung

---

717 Wirtschaftstheoretische Grundlagen zur Integrationspolitik sind dargestellt als generelles Gleichgewichtsmodell in: *Lipsey* (1970), hinsichtlich Geld- und Fiskalpolitik vgl. *Robson* (1987), S. 89-166 und *Molle* (1997), S. 410-424 und S. 430-435.

718 In diesem Zusammenhang fallen die Analogien auf zu der Diskussion um die Entstehung von „Bedeutung" in Computersystemen oder der Erklärung von "Bewußtsein" als Folge von bio-chemischen Vorgängen im menschlichen Gehirn. Vgl. dazu die unterhaltsamen Ausführungen in *Hofstadter,* Gödel, Escher, Bach. Ein Endloses Geflochtenes Band, München, 3. Aufl. 1993, insbesondere Kap. X: Beschreibungsebenen und Computersysteme, S. 306-332.

des rechtlichen, des wirtschaftlichen und des politischen Umfeldes durch die „Institutionen" der Europäischen Einigung, die für die Entwicklung der Ordnungstrukturen während des wirtschaftlichen Integrationsprozesses verantwortlich ist.[719] Der Integrationsprozeß, nachdem er durch die Römischen Verträge angestoßen wurde, beruhte auf handfesten wirtschaftlichen Interessen, die durch Interessenorganisation in verläßliche politische Interessen umgemünzt werden konnten.[720] Der Integrationsprozeß führte auch zu einer Veränderung der Informationskosten.[721] Die wachsende grenzüberschreitende Kommunikation und der zunehmende Informationsaustausch erhöhen für meinungsbeherrschende Gruppen innerhalb der nationalen Grenzen die Kosten zur Aufrechterhaltung des ideologischen Konsens.[722]

4.3.1. Dynamik der politischen Märkte für Marktöffnung und Protektion

Die Basis des dynamischen Prozesses der Angleichung von Ordnungstrukturen ist ein wechselseitiger Austauschprozeß zwischen unvollkommenen politischen Prozessen und wirtschaftlichen Prozessen. Eine anfängliche exogene Öffnung der nationalen Grenzen zieht eine Ausweitung des Handels nach sich. Diese Handelsschaffung hat ihrerseits eine endogene Nachfrageerhöhung nach Abbau von Handelshemmnissen zur Folge.[723]

Die Art und Höhe von Handelshemmnissen kann als ein politisches Gleichgewicht zwischen widerstreitenden Protektions- und Öffnungsinteressen verstanden werden. Dabei können in den Marktöffnungsverhandlungen drei Stufen unterschieden werden: die Vision oder Entwurfsphase, die Verhandlungsphase und die Umsetzungsphase. In allen Phasen muß mit einem Einwirken der Interessenvertreter auf den Prozeß gerechnet werden.[724] Der visionäre Politiker muß daher bei Vorbereitung solcher Verhandlungen eine Vorstellung von folgenden Punkten entwickeln:

- das Verhältnis von Vision und impliziten Verhandlungspaketen,
- der Prioritätenordnung dieser Pakete für verschiedene Gruppen,
- die Interaktion dieser Pakete mit den Lobbyaktivitäten,
- den Strategiearten der Interessengruppen, ihre Interessen nach vorne zu bewegen,
- der Natur des Verhandlungsspiels,

---

719 Vgl. *Casella/ Feinstein* (1990), S. 3 f. und S. 35 f., die im Ergebnis ebenfalls zu einer zeitweiligen politischen Integrationsbewegung aufgrund der wirtschaftlichen Integration gelangen.

720 Vgl. *Gros* (1997), S. 44 ff.

721 Vgl. *Kratz/ Thieme* (1993), S. 256.

722 Vgl. *North* (1981), S. 65.

723 Vgl. die Analyse des Zuspruches der Öffentlichkeit zur europäischen Integration in *Gabel/ Palmer* (1995), S. 12, die eine enge Verbindung von Handelsentwicklung und Zuspruch feststellen.

724 Vgl. *Leidy/ Hoekman* (1993), S. 248 f. und S. 257.

- die Bedeutung der Interessengruppen bei der Implementierung der Verhandlungsergebnisse,
- dem Autonomiegrad von Bürokratien, Gerichten und Streitschlichtungsmechanismen unter den verschiedenen Paketen.

Zur Operationalisierung des Modells wird angenommen, daß die Intensität des wirtschaftlichen Austausches (z.B. Export in % vom BIP) in einer Periode umgekehrt proportional von der Höhe der Handelshemmnisse in der Vorperiode beeinflußt wird.[725] Auf eine Veränderung der Handelshemmnisse wird der Handel mit zeitlicher Verzögerung reagieren, da die Produzenten erst umdisponieren, gegebenenfalls investieren und neue Vertriebskanäle eröffnen müssen. Die Dauer der Verzögerung ist unbestimmt und abhängig von der Art des Hemmnisses und des Sektors, aber in den meisten Fällen vermutlich länger als eine Periode.

Dieser Zusammenhang kann graphisch, wie folgt, modelliert werden.

Modell 10: Darstellung des intertemporalen Gleichgewichts auf dem politischen Markt und Auswirkung von Institutionen

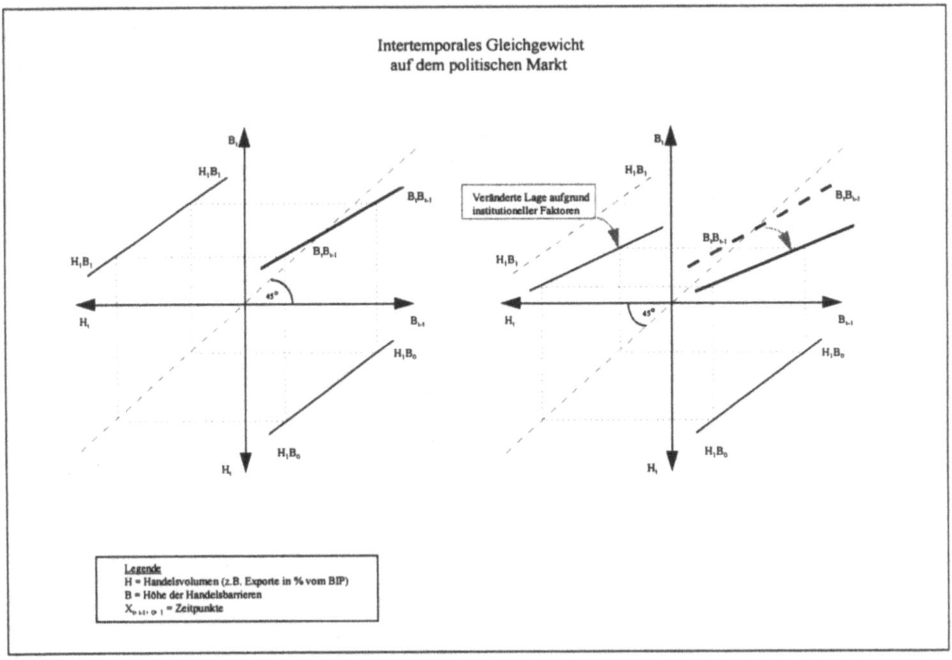

Die Gerade H_1B_0 stelle die Ausgangssituation der Gleichgewichtspunkte von existierenden Handelsbarrieren und Ausmaß des in der Folgeperiode stattfindenden

725 Die Darstellung des folgenden Modells folgt zu Beginn in weiten Teilen: *Gros* (1997), S. 46-51.

Exporthandels dar. Der Verlauf ist durch die Annahme bestimmt, daß der Handel um so höher ausfallen wird, desto geringer die Handelsschranken sind. Dieses Handelsvolumen bestimmt das Ausmaß der Unterstützung von seiten der Interessengruppen für eine weitergehende Liberalisierung in dieser Periode anhand der Gerade H_1B_1, die das Gleichgewicht der verschiedenen Marktöffnungs- und Marktabschließungsinteressen auf dem politischen Markt in der Folgeperiode darstellt. Das intertemporale Gleichgewicht für die Handelshemmnisse ergibt sich als Schnittpunkt der jeweiligen Werte für das Niveau der anfänglichen Handelsbarrieren B_0 und den resultierenden Handelsbarrieren B_1 in der Folgeperiode. Die Gerade B_tB_{t-1} bildet alle diese intertemporalen Gleichgewicht für verschiedene Ausfuhrmengen ab.

Im Modell 11 wird die Dynamik dieses politischen Gleichgewichtsprozesses abgebildet. Ausgehend von einem Protektions-/Marktöffnungsgleichgewicht erfolgt eine exogene Störung des Gleichgewichts aufgrund einer einmaligen politischen Marktöffnungsinitiative. Dieser Liberalisierungsschub erscheint in der Darstellung als Verschiebung der Geraden B_0B_0 zur Gleichgewichtsgeraden B_tB_{t-1}. In den Folgeperioden bewirkt dieser einmalige Anstoß, einhergehend mit einer Ausdehnung des Handels, einen kontinuierlichen Abbau der Handelshemmnisse, der erst im Zeitpunkt t_{m+2} wieder zum Stillstand käme. Denn zu diesem Zeitpunkt entspricht die Höhe der Markteintrittsbarrieren der Vorperiode dem Niveau der resultierenden Handelshemmnisse (Schnittpunkt mit der 45°-Grad Linie).

Modell 11: Darstellung des zeitlichen Verlaufs der Gleichgewichtsveränderungen auf dem politischen Markt und Auswirkung von Institutionen

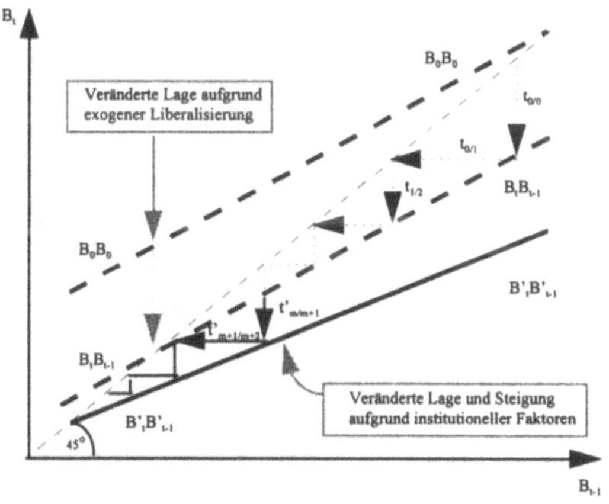

Hier muß auf die Wirkung und Bedeutung von institutionellen Neuerungen hingewiesen werden, die sowohl exogen bestimmt als auch endogen im Prozeß hervorgebracht werden können. Im vorstehenden Modell erfolgt eine institutionelle Neuerung im Zeitpunkt t_m. In der vorstehenden Graphik entspricht eine solche institutionelle Neuerung der Verschiebung der Geraden B_tB_{t-1} zur Gleichgewichtsgeraden $B'_tB'_{t-1}$. Die veränderte Lage und Steigung ist im vorigen Modell des intertemporalen Gleichgewichts auf dem politischen Markt hergeleitet. Wie aus der vorstehenden Graphik abgelesen werden kann, schreitet als Folge solcher institutionellen Neuerungen der Abbau von Handelshemmnissen länger fort und kommt schließlich erst bei einem weitaus niedrigeren Niveau der Handelshemmnisse wieder zum Erliegen. In der Zwischenzeit kommt der Prozeß der europäischen Integration um Längen voran.

Dieser zusätzliche Fortschritt kann der Existenz und Evolution von integrationsfördernden „Institutionen" zugeschrieben werden. Eine exogene institutionelle Neuerung der Verträge von Rom war zum Beispiel die Tatsache, daß es für spezielle protektionistische Interessengruppen vor dem Hintergrund der generellen Gewährleistung der Vier Freiheiten schwieriger war, im nationalen politischen Prozeß ihren Forderungen Gehör zu verschaffen. Als ein Beispiel für eine endogene Neuerung könnte die Entdeckung und Durchsetzung der „Gegenseitigen Anerkennung" von technischen Vorschriften im Rahmen der Entwicklung des Gemeinsamen Marktes genannt werden.[726] Eine endogene Institution des Europäischen Einigungsprozesses ist auch die Entwicklung von „Vertrauen". In den vielen Komitees können die Vertreter der einzelnen Mitgliedstaaten in persönlichem Interaktionszusammenhang zunächst persönliches Vertrauen entwickeln.[727] Mit wachsender Komplexität und Dauer der Beziehungen wandelt sich dieses persönliche Vertrauen in ein Systemvertrauen, „das einen bewußt riskierten Verzicht auf mögliche weitere Informationen, sowie bewährte Indifferenzen und laufende Erfolgskontrolle impliziert."[728] Vertrauensurteile verallgemeinern Erfahrungen und beruhen auf vorheriger Information und Kommunikation. Im Gegensatz zum persönlichen Vertrauen baut Systemvertrauen darauf, daß andere auch vertrauen und sich die Gesamtheit dessen bewußt ist. Die Voraussetzungen für einen solchen Entwicklungsprozeß ist die relative Dauer der Beziehung und die wechselnde unvorhersehbare Abhängigkeit. Um diesen Prozeß zu vollziehen, braucht ein System Zeit. Entwickeln kann sich ein solcher Prozeß vor allem unter dem „Prinzip der kleinen Schritte". Das Vertrauen in die Funktionsfähigkeit eines Systems schließt das Vertrauen in das Funktionieren seiner immanenten Kontrollmechanismen mit ein. Zu einem späteren Stadium kann dieses Systemvertrauen reflexiv und auf sich selbst angewandt werden. Das Komplexitätspotential einer Sozialordnung wird dadurch erheblich gesteigert. Angewandt auf die Rechtsordnung ist der Aufbau dieses reflexiven Mechanismus mit einer „Verfassungswerdung" gleichzusetzen.[729]

---

726 Vgl. *Gros* (1997), S. 50 f.

727 Vgl. im folgenden *Luhmann* (1989), S. 23, S. 27, S. 34, S. 39, S. 43, S. 46, S. 65.

728 Zit. *Luhmann* (1989), S. 23.

729 Vgl. *Luhmann* (1989), S. 72 f., S. 77

Obgleich bisher implizit davon ausgegangen wurde, daß die verstärkende Entwicklung nur in der Richtung zum Abbau von Handelshemmnissen wirksam würde, kann der selbstverstärkende Prozeß durchaus in Richtung einer zunehmenden Zersplitterung des Integrationsgebietes laufen. Dies insbesondere dann, wenn sich das Kräfteverhältnis zwischen Marktöffnungsbefürwortern und Protektionisten verschiebt oder wenn das Ausmaß des Handels eine weitere Marktöffnung und somit Integrationsprozeß nicht mehr unterstützt. Um diese Frage der Wirkungsrichtung zu vertiefen, seien die folgenden Überlegungen angestellt.

Die vier Graphiken auf der folgenden Seite sollen einige Annahmen zur Entwicklung des Grenznutzens der Marktöffnungsbefürworter und der Protektionsgewinner bei zunehmender Marktöffnung modellieren. Das Ergebnis ist eine Hypothese über die zeitliche Entwicklung des Interessengleichgewichts auf dem nationalen politischen Markt für Regulierung und Protektion.

Graphik a) veranschaulicht die zeitliche Entwicklung des marginalen Nutzens, der den Hauptkontrahenten auf dem politischen Markt aus einer fortschreitenden Marktöffnung entstehen. Für den einzelnen Marktöffnungsgewinner wird angenommen, daß ihm aus den anfänglichen Liberalisierungsfortschritten zunächst großer Nutzenzuwachs entsteht. Bei fortschreitender Marktöffnung nimmt dieser Grenznutzen jedoch fortlaufend ab, da die Verwirklichung des Freihandels immer näher rückt und zusätzliche Öffnungsmaßnahmen daher nur noch kleinere Verbesserungen der Handels- und Verdienstchancen bewirken. Dabei ist der Verlauf der Kurve für den Marktöffnungsbefürworter durch die Überlegung bestimmt, daß ab einem gewissen Liberalisierungsniveau der Grenznutzen tatsächlich beschleunigt abnimmt, da die entscheidenden Liberalisierungsschritte zur qualitativen Erweiterung der Verdienstchancen schon getan sind. Die Abnahme verlangsamt sich aber wieder ab einem gewissen Zeitpunkt, da er sich unversehends dem Nullwert nähert. Schließlich ist der Grenznutzen weiterer Handelsliberalisierung fast gleich Null. Er bleibt jedoch positiv. Zusätzliche Bemühungen schaffen nur noch einen geringen zusätzlichen Nutzen. Inzwischen stellen sich beim Marktöffnungsgewinner möglicherweise auch Gewöhnungseffekte ein, so daß er zu einem späteren Zeitpunkt selbst wirklich bedeutenden Liberalisierungsfortschritten nur noch einen geringeren Grenznutzen beimißt. Auch die erreichte wirtschaftliche Integration und Marktöffnung wird auf Dauer mit einem abnehmenden Grenznutzen bewertet.

Für den Nutznießer von Protektion werden *mutatis mutandis* dieselben Annahmen über den Verlauf des Grenznutzens während eines zunehmendem Abbaus von Handelshemmnissen gemacht. Allein es handelt sich bei ihm nicht um einen Nutzenzuwachs, sondern um eine zunehmende Nutzeneinbuße in Form von Rentenverlusten aus der gesteigerten Konkurrenz. Zunächst sind die Nutzeneinbußen noch gering, da die praktischen Konsequenzen noch nicht in bedeutendem Maße zu spüren sind. Ab etwa dem Zeitpunkt t_1 werden die Liberalisierungseffekte immer deutlicher und schneller spürbar. Die marginalen Nutzeneinbußen weiterer Marktöffnung werden immer größer. Vielleicht ab dem Zeitpunkt t_2 ist die Liberalisierung so weit gediehen, daß ein zusätzlicher Abbau von protektionistischen Handelshemmnissen zu keinen weiterem Anstieg der

Modell 12: Zeitliche Entwicklung des Interessengleichgewichts auf dem nationalen politischen Markt für Regulierung und Protektion

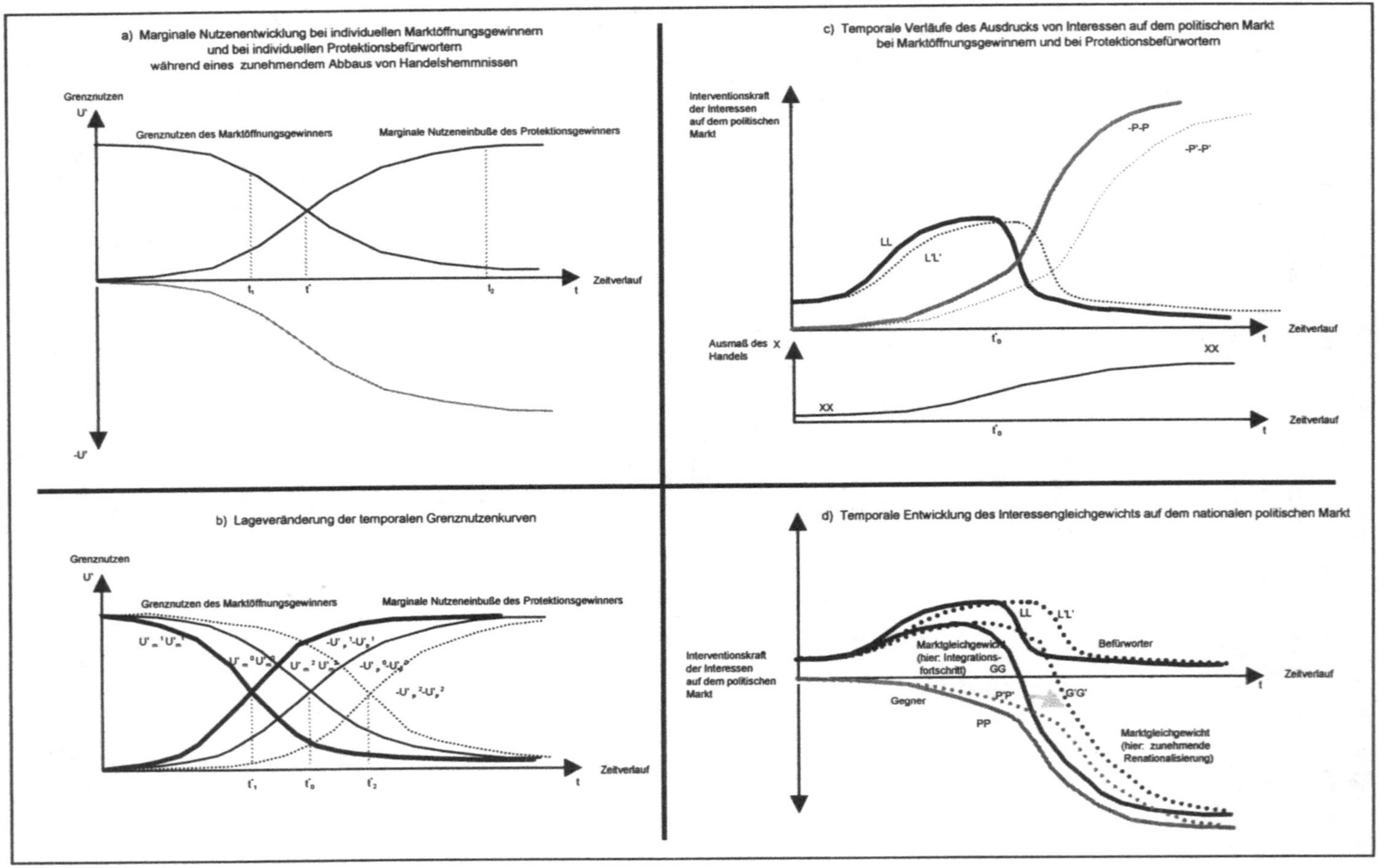

marginalen Nutzeneinbuße führt. In Erinnerung der früheren Protektionsrenten bleibt die Einschätzung der marginalen Nutzeneinbuße jeder weiteren Liberalisierungsmaßnahme jedoch kontinuierlich hoch.[730]

In der Graphik b) sind verschiedene Verläufe der beiden temporalen Grenznutzenkurven aufgetragen. Sie unterscheiden sich vor allem im Zeitpunkt des Anstiegs des mittleren Bereiches. So heben sich die Grenznutzenkurven (U'U', -U'-U') mit dem Index 1 gegenüber denen mit der Indexzahl 0 durch einen früheren Anstieg ab. Dies könnte z.B. der Fall sein, wenn die Marktöffnungsmaßnahmen sehr sektorspezifisch sind. Die Renteneinbußen werden dann schneller spürbar eintreten und werden direkt zugerechnet. Andererseits ist ein späterer Anstieg wie in den Grenznutzenkurven mit dem Index 2 dann wahrscheinlich, wenn ein allgemeines Liberalisierungsprogramm erst nach und nach durch spezifische Maßnahmen umgesetzt werden muß.

In dem Gedankenexperiment, daß die Entscheidung für weitere Marktöffnungsschritte innerhalb einer Person durchgeführt würde, die sowohl Öffnungsinteressen als auch Protektionsinteressen hätte, ergäbe der Schnittpunkt beider Grenznutzenkurven (U'U', -U'-U') den Zeitpunkt, an dem die Liberalisierungsbemühungen zum Erliegen kämen. Wie in Graphik b) leicht zu ersehen, käme die Liberalisierung in allen Fällen zum Erliegen, bevor eine Situation des völligen Freihandels, bzw. der völligen Integration erreicht wäre. In dem abgetragenen Beispiel hat die Art der Liberalisierungsmaßnahmen keine direkte Auswirkung auf das Niveau der Marktöffnung, sondern ausschließlich auf den Zeitpunkt des Erreichens des Endzustandes (Zeitpunkte t^*_0, t^*_1 oder t^*_2). Man kann allerdings im Anschluß an die Überlegungen zum zeitlichen Verlauf der Gleichgewichtsveränderungen auf dem politischen Markt davon ausgehen, daß ein längerer Zeitraum im Prinzip einen größeren Fortschritt in der Beseitigung von Handelshemmnissen entspricht.

Während der Verlauf der Grenznutzen einen Hinweis liefert auf den Zuspruch oder den Widerstand, den ein einzelner gegenüber der fortschreitenden Liberalisierung ausdrücken würde, kommt es letztendlich auf die Aggregation dieser Interessen und das Gewicht ihrer Vertretung auf den politischen Märkten für Regulierung und Protektion an. In Graphik c) wird daher der Versuch unternommen, aus dem Verlauf der individuellen Grenznutzenkurven einen möglichen zeitlichen Verlauf des Ausdrucks von organisierten Gruppeninteressen auf dem politischen Markt abzuleiten. Dies wird unter der früheren Annahme gemacht, daß das Ausmaß des Handels einen entscheidenden Einfluß auf die Entwicklung des intertemporalen Gleichgewichts auf dem politischen Markt für Marktöffnung und Protektion habe. Die Bedeutung des Handels, z.B. gemessen als Prozentsatz im Verhältnis zur gesamten Wertschöpfung, ist somit ein gutes Maß zur Gewichtung der individuellen Grenznutzen. Wenn man die oben dargestellten individuellen Grenznutzenkurven mit der zeitlichen Entwicklung des Handelsausmaßes

730 Die Grenznutzenkurve des Protektionsnutznießers ist gespiegelt mit negativen Vorzeichen im positiven Bereich des Graphen abgebildet.

gewichtet, ergeben sich je eine Kurve für die Marktöffnungsbefürworter und die Protektionsgewinner.[731] Sie stellen ein Maß für deren jeweilige Bereitschaft zur Unterstützung für weitere Liberalisierungsmaßnahmen oder zum Widerstand gegen solche auf dem nationalen politischen Markt dar.

Für den Verlauf der relativen Handelskurve (Linie XX in Graphik c) wird angenommen, daß aufgrund einer anfänglichen Öffnungsinitiative sofort ein geringer Handel einsetzt, der infolge der Liberalisierungsfortschritte, anfänglich schneller, von Periode zu Periode wächst. Ab einem gewissen Zeitpunkt wird der Handel nur noch langsamer zunehmen, da so gut wie alle Handelschancen ausgenutzt sind und nur noch geringe Vorteile aus weiterer Verflechtung entstünden.[732]

Aufgrund dieser Annahmen ergeben sich die Kurvenverläufe wie in Graphik c) dargestellt. Die Interessenvertretung der Marktöffnungsgewinner (Linie LL) werden danach von Anfang an für eine Vertiefung der Integration eintreten. Nach einer Anlaufphase wird ihre Unterstützung weiter zunehmen. Je höher die Vorteile und Gewinne aus einer anfänglichen Handelsöffnung, desto höher wird die politische Unterstützung für einen weiteren Abbau von beschränkenden Faktoren sein. Ab einem Höhepunkt nimmt jedoch ihre Unterstützung wieder ab: die nur noch geringere Handelsausweitung kann den Rückgang der individuellen Nutzeneinschätzung zusätzlicher Integrationsfortschrittes nicht mehr aufwiegen. Die Unterstützung verfliegt jedoch nicht völlig, da das Ausmaß des Handels inzwischen so viele Einzelne betrifft, daß der kleine individuelle Grenznutzen aufgrund der Masse der Befürworter und dem hohen Niveau des Handels immer noch in (vielleicht geringfügige) politische Unterstützung umgemünzt werden kann.

Dagegen ist der zeitliche Verlauf der Intensität der Protektionsinteressenvertretung anders (Linie -P-P in Graphik c). Der Widerstand ist anfänglich relativ gering, da der einsetzende Handel und die Einschätzung der individuellen marginalen Nutzeneinbußen ebenfalls noch gering ist. Nach und nach wird der Widerstand jedoch größer und zwar anfänglich immer schneller. Schließlich werden die Renten aus dem ursprünglichen Protektionszustand verschwindend gering; der Widerstand wächst nur noch langsamer. Letztendlich stabilisiert sich die Intensität der Interessenvertretung auf einem hohen Widerstandsniveau, da die Importkonkurrenz und der Verlust von Grenznutzen nur noch wenig steigt und die Erinnerung an die verlorenen Renten jedoch wach bleibt.

Auf die Lage der Kurven nimmt neben dem Verlauf der Grenznutzenkurven auch die Organisierbarkeit der Interessen Einfluß. Eine zeitliche Verzögerung in der Interessenorganisation würde tendenziell zu einer Rechtsverschiebung der Interessenvertretungskurven führen. Die gepunkteten Linien L'L' und -P'-P' in Graphik c) geben einen Eindruck davon. Wahrscheinlich dürfen Integrationsfortschritte auch daher um so länger

---

731 Es wurde hier eine einfache multiplikative Verknüpfung zwischen den individuellen Grenznutzenkurven und dem Handelsausmaß gewählt.

732 Vgl. die interessante Diskussion der Arbeit von *Marchetti* zur sog. „logistischen" oder „S-Form"-Kurve bei *Casti* (1995), S. 37-40.

erwartet werden, desto horizontaler und gemeingültiger die marktöffnenden Maßnahmen sind.

Erweiterungen des Mitgliederkreises der Europäischen Gemeinschaft würden ebenfalls tendenziell eine Rechtsverschiebung der Kurven bewirken. Je exklusiver die geschützten Interessen waren, desto stärker würde die Verschiebung ausfallen. Denn es kann davon ausgegangen werden, daß der Grenznutzen von Marktöffnungsinitiativen für neue Mitglieder in den höheren Bereichen zu Beginn der individuellen Grenznutzenkurven liegt. Aggregiert ergäbe dies daher eine generelle Erhöhung des Integrationszuspruches und ein tendenzielles Abflachen der Kurve, sobald sie wieder in den sinkenden Bereich eintritt. Zudem kann man davon ausgehen, daß protektionistische und Marktabschottungsinteressen ihrer Natur nach exklusiver sind als die der Freihandelsbefürworter, da es den Protektionsgewinnern strukturell schwerer fällt, den Kreis der Rentenbezieher zu erweitern. Demnach führt jede Erweiterung zu einer Rechtsverschiebung beider Kurven, wobei die der Protektionsbefürworter stärker nach rechts verschoben wird.

Schließlich sind in Graphik d) die beiden zeitlichen Kurven der Intensität der Interessenvertretung der Befürworter und der Widersacher einer Marktintegration zusammen aufgetragen.[733] In diesem Modell bestimmt ihre Summe das jeweilige Gleichgewicht der Öffnungs- und Abschließungsinteressen auf dem nationalen politischen Markt (Linie GG). Auf der X-Achse ist der Zeitverlauf dargestellt, so daß der Schnittpunkt der Gleichgewichtskurve mit der X-Achse den Zeitpunkt des Integrationsstillstandes angibt, da sich hier die widerstreitenden Interessen gegenseitig aufheben. Damit ist das Ende nationaler Marktöffnungsmaßnahmen erreicht, es sei denn, der institutionelle Rahmen mache eine Fortführung anderweitig möglich. Im Falle der Europäischen Einigung ist eine solche Situation durch die Organe der Europäischen Gemeinschaft gegeben, die aufgrund des supranationalen Charakters bis zu einem gewissen Grade über den einzelstaatlichen Endpunkt hinaus eine Marktöffnung vorantreiben können. Im negativen Bereich der Marktgleichgewichtskurve GG kommen jedoch Renationalisierungstendenzen vermehrt zum Ausdruck. [734] Der Ruf nach einer Verlangsamung der Integration wird mit der Forderung nach Reduzierung der gemeinschaftlichen Aufgaben und Aktivitäten verbunden.

---

733 PP ist mit negativem Vorzeichen gespiegelt abgetragen.

734 Erstaunlicherweise kommen *Casella/ Feinstein* (1990), S. 36 f., auf der Basis einer grundsätzlich anderen Modellierung, zu einem ähnlichen Ergebnis: Nach einer Zeit der Ausdehnung der wirtschaftlichen Verflechtung mit zunehmender (politischer) Integrationsbewegung wird ein Punkt erreicht, in dem der Wunsch nach politischer Diverzifizierung wieder überwiegt (zumindest solange sich die Präferenzen der Akteure in diesem Prozeß nicht selbst auch annähern). Vgl. auch *Bolton/ Roland Spolaore* (1996), S. 703.

4.3.2. Auswirkung der Außenbeziehungen auf den Integrationsprozeß

Selbstverständlich stellen die internationalen Verpflichtungen für die europäische Integration einen verbindlichen Rahmen dar.[735] Für die Zwecke dieses Modells sind jedoch die wirtschaftlichen Austauschbeziehungen von größerer Bedeutung.

Man kann zu dem Außenhandelsbereich folgende Überlegungen machen: Durch hohe positive Wachstumsraten der außergemeinschaftlichen Einfuhren würde der Konkurrenzdruck auf protektionistische Interessengruppen noch weiter zunehmen. Tendenziell nimmt ihr Verlust an Renten schneller Form an. Die individuellen Grenznutzenkurven verschieben sich nach links, da die Nutzeneinbuße durch Integrationsfortschritte zu jedem Zeitpunkt größer eingeschätzt wird als ohne Außenhandel. Daher nehmen ihre Organisationsbemühungen zu, so daß im Resultat die Kurve der Intensität der Protektionsinteressenvertretung (Linie -P-P in Graphik c) in der Breite gestaucht und nach links verschoben würde. Dabei wird sie insgesamt auch in jedem Punkt noch höher verlaufen. Im Gegenteil: Negative Wachstumsraten im Handel mit Drittstaaten hingegen lassen mehr Zeit, Renten weiter zu genießen. Der Organisationsdruck nimmt ab. Eine Dehnung und Abflachen der Kurve -P-P in Graphik c) und Rechtsverschiebung sind die Folge.

Andererseits kann angenommen werden, daß Importzuwächsen aufgrund des Reziprozitätsprinzips in der Regel Zuwächse der Exportchancen gegenüberstehen. Das bedeutet: hohe positive Wachstumsraten der Einfuhren gehen mit potentiell hohen positiven Wachstumsraten der Ausfuhren einher. Die Gewinne der Exporteure aus dem Handel mit Drittstaaten nehmen gegenüber den Gewinnen aus dem Handel mit Integrationspartnern relativ zu. Zu jedem Zeitpunkt wird daher die individuelle Nutzeneinschätzung der Exporteure für weiteren Integrationsfortschritt abnehmen. Dies entspricht ebenfalls ein Stauchen in der Breite und Linksverschiebung. Gleichzeitig nimmt auch hier der Organisationsdruck ab. Der Kurvenverlauf für die Interessenvertretung der Marktöffnungsgewinner (Linie LL in Graphik c) wird somit nicht nur nach links verschoben und gestaucht, sondern verläuft insgesamt vielleicht auch flacher. Dagegen: Bei Exporteinbußen aus dem Handel mit Drittstaaten wird der Druck, Marktöffnungsinteressen im Gemeinsamen Markt und für den Weltmarkt zu vertreten, wieder größer (gegenteilige Effekte auf Linie LL in Graphik c). Es ergeben sich nur zwei relevante Situationen:

Übers. 16: Auswirkung des Wachstums von Drittstaatenhandel auf nationale Interessenorganisation

Situation	Wachstum Drittstaaten-Importe/Exporte	Protektionsnutznießer	Marktöffnungsgewinner
A	M' = + <=> X'= +	$-U'_p$-$U'_p \uparrow \Rightarrow$ -P-P $\leftarrow\uparrow$	$U'_mU'_m \downarrow \Rightarrow$ LL $\leftarrow\downarrow$
B	M' = - <=> X' = -	$-U'_p$-$U'_p \downarrow \Rightarrow$ -P-P $\rightarrow\downarrow$	$U'_mU'_m \uparrow \Rightarrow$ LL $\rightarrow\uparrow$

(M = Importe; X = Exporte; U'U' = indiv. Grenznutzen; PP und LL = aggregierte Interessenorganisationskurven)

---

735 Vgl. die Übersicht bei *Bühl* (1995).

Für das jeweilige Gleichgewicht der Öffnungs- und Abschließungsinteressen auf dem nationalen politischen Markt (Linie GG in Graphik d) haben die beiden Situationen *A* und *B* folgende aggregierte Wirkung.

Übers. 17: Auswirkung von Drittstaatenhandel auf das nationale Interessengleichgewicht auf dem politischen Markt

Situation	Interessenvertretung Protektionsgewinner	Interessenvertretung Marktöffnungsgewinner	Auswirkung auf Gleichgewichtskurve
A	-P-P ←↑	+ LL ←↓	⇒ GG ←↓
B	-P-P →↓	+ LL →↑	⇒ GG →↑

(PP und LL = aggregierte Interessenorganisationskurven, GG = Interessengleichgewichtskurve)

Die Gesamtauswirkung auf den Verlauf des Integrationsprozesses ist schließlich die Resultante aus der jeweiligen Position auf der Gleichgewichtskurve GG und der jeweiligen Situation im Handel mit Drittstaaten. Die Position auf der Gleichgewichtskurve GG spiegelt den jeweiligen Stand der innergemeinschaftlichen Integration wider. Die folgende Graphik zeigt eine ursprünglich Gleichgewichtskurve GG zusammen mit den verschobenen Gleichgewichtskurven GG_X, je nach der Situation *A* oder *B*.

Abb. 53: Auswirkung des Außenhandels mit Drittstaaten auf den Integrationsprozeß

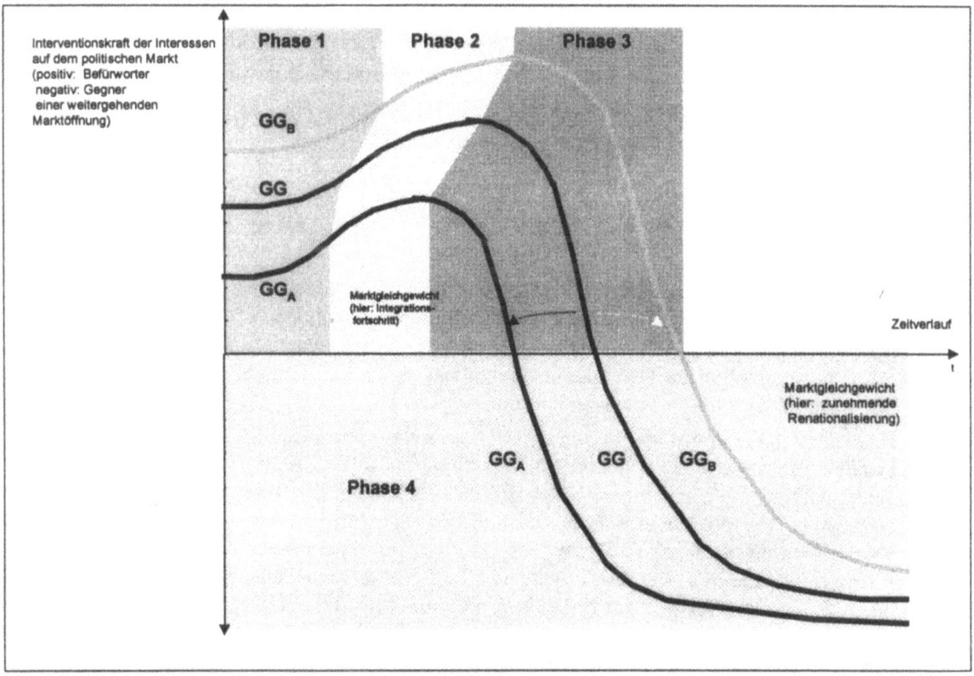

Auf der Gleichgewichtskurve kann man folgende relevante Phasen der Kurvenstücke unterscheiden: Phase *1*: Der Zuspruch zur Integration nimmt zu und zwar beschleunigt; Phase *2*: Der Zuspruch zu weiterem Integrationsfortschritt nimmt immer noch zu, aber inzwischen verlangsamt sich dieser Zuwachs; und Phase *3*: der Höhepunkt des Integrationswillens ist überschritten, der Widerstand gegenüber weiterer Integration nimmt mit steigender Geschwindigkeit zu. Schließlich wird Phase *4*, die „Desintegrationsphase", im Zusammenhang der Arbeit als irrelevant nicht weiter betrachtet. Die folgende Übersicht verbindet die beiden verschiedenen außenwirtschaftlichen Situationen (*A* und *B*) mit den drei relevanten Integrationsphasen (*1* bis *3*). Sie faßt die abgeleitete Auswirkung des Außenhandels mit Drittstaaten auf den Integrationsprozeß zusammen.

Übers. 18: Auswirkung des Außenhandels mit Drittstaaten auf den Integrationsprozeß

Situation	Phase 1	Phase 2	Phase 3
A	Schnelleres Erreichen des steileren Anstiegs: Beschleunigung der Integration	Schnelleres Erreichen des Scheitelpunkts bei zunehmend flacherem Verlauf: Verlangsamung der Integration	Schnelleres Erreichen des steileren Abfalls: beschleunigter Fortschritt in der Integration und beschleunigtes Erreichen der Desintegrationsphase
B	Langsameres Erreichen des steileren Anstiegs: Verlangsamung der Integration	Erreichen des Scheitelpunkts verzögert, daher noch steilerer Verlauf, längerer Integrationsfortschritt: Beschleunigung der Integration	Erreichen des steileren Abfalls verzögert: Verlangsamtes Erreichen der Desintegrationsphase

Zusammenfassend handelt es sich im Außenhandelsbereich allein um prozeßpolitische Abhängigkeiten, aber zunächst keinesfalls um ordnungspolitische Abhängigkeiten.[736] Die verhaltensbeeinflussenden Wirkungen der Außenwirtschaftsbeziehungen der Gemeinschaft können zwar den Integrationsprozeß beschleunigen oder verlangsamen. Die Richtung des Integrationsprozesses wird jedoch stärker von der Entwicklung des innergemeinschaftlichen Austausches bestimmt.[737]

736 Vgl. zu der Frage „Wandel durch Handel?" vor allem *Gutmann* (1980a), S. 51-64, hier S. 58-60. Entgegen der Annahmen einer zunehmenden Kooperations- und Kompromißbereitschaft als Voraussetzung eines Prozesses des Systemwandels, der in der vorstehenden Frage angesprochen ist, geht das hier entwickelte Modell letztendlich von Eigennutz als Motiv und Motor des Systemwandels aus.

737 Höchstens ganz zu Anfang des Integrationsprozesses kann die strukturelle Bedeutung des Handels mit Drittstaaten ebenfalls so wichtig sein, daß auch Entscheidungen in den Außenbeziehungen die innere Struktur und vor allem das Interessengleichgewicht mit bestimmen können. Dann werden die äußeren, den Integrationsrahmen überschreitenden Rahmenbedingungen, wie z.B. die des GATT, auch bestimmend für die Art des inneren Integrationsverlaufes. Bei fortschreitender Integration wird einerseits die strukturelle Bedeutung des innergemeinschaftlichen Verkehrs und andererseits die Einschätzung der Bedeutung des Integrationserfolges das Ausmaß der Auswirkungen der äußeren Rahmenbedingungen stetig zurücknehmen.

4.3.3. Arten dynamischer Angleichung von Ordnungstrukturen in der europäischen wirtschaftlichen Integration

Die folgenden drei Unterkapitel untersuchen, welche Arten des „evolutionären Wettbewerbs" in der europäischen wirtschaftlichen Integration unterschieden werden können. Drei Arten der Angleichung von Ordnungstrukturen werden identifiziert: i.) Angleichung durch Wettbewerb der nationalstaatlichen Regulierungssysteme, ii.) Angleichung durch europäische Gesetzgebung und iii.) Angleichung aufgrund von europäischer Rechtsprechung.

4.3.3.1. Angleichung durch Wettbewerb der Regulierungssysteme

Diese Art der Angleichung beruht auf den interessenorganisierenden Kräften der wirtschaftlichen Austauschprozesse. Er kann sich bei Gewährleistung der strukturellen Mindestvoraussetzungen entwickeln, die in den obigen Unterkapiteln thematisiert worden sind. Zu nennen sind die Vier Freiheiten und in fast ebenbürtigem Maße die Gültigkeit des Ursprungslandsprinzip. Diese Angleichungsart hat insbesondere Auswirkungen auf die Preis-Leistungs-Verhältnisse für die Produkte, aber aufgrund des Äquivalenzprinzips auch auf technische Vorschriften und Normen für Produkte sowie Verhaltensweisen und moralökonomische Standards. Indikatoren für die Angleichung von Ordnungstrukturen ergeben sich aus den Strukturgrößen des Wirtschaftsprozesses selbst.

Bei Geltung der für einen Systemwettbewerb nötigen Voraussetzungen kann ein Prozeß der Angleichung der Ordnungstrukturen aufgrund der überlegenen Leistung bestimmter institutioneller Lösungen ausgelöst werden.[738] Ein strukturell relevanter Integrationsfortschritt führt schließlich zu einer Anpassung der Präferenzen. Vielleicht muß man eine Ausnahme dort zugestehen, wo tiefverwurzelte kulturelle oder geschichtliche Unterschiede in den Ausgangssituationen bestehen. In diesen Fällen werden z.B. Netzwerkexternalitäten dazu führen, daß allgemein überlegenere Lösungen sich aufgrund der spezifischen Ausgangslage nicht durchsetzen können.

Die wirtschaftlichen und sozialen Verhältnisse in den Mitgliedstaaten bewirken, die aus der Mikroökonomie bekannten Wirkungen auf das Verhalten der einzelnen Wirtschaftsteilnehmer. Insofern die Integrationserfolge strukturell für die Situation der einzelnen Bürger oder zumindest Marktteilnehmer relevant werden, kann man erwarten, daß sich deren Präferenzen und Interessen angleichen, insofern die wirtschaftlichen Gegebenheiten sich untereinander annähern, unter denen die täglichen Geschäfte getätigt werden. Bei zunehmender Kommunikation oder Mobilität hätte dies zur Folge, daß sich auch die Ziele der Interessengruppen angleichen, die auf den jeweiligen nationalen Regulierungsprozeß einwirken.

Auch der wettbewerbliche Ansatz hat, möglicherweise tiefe, „institutionelle" Voraussetzungen. Die Akzeptanz des Ursprungslandsprinzip ist an sich schon an eine ge-

---

738 Vgl. *Siebert/ Koop* (1993), S. 2 f. und S. 4-10.

wisse Homogenität der Präferenzen und Wertvorstellungen geknüpft. Diese Voraussetzung ist auch ein zentraler Unterschied zwischen der binnen- und außenwirtschaftlichen Dimension der Integration. Zwar gibt es auch im Außenverhältnis möglicherweise strukturell relevanten Handel und Transmissionsmechanismen für verhaltensbeeinflussende Elemente; aber es gilt das Bestimmungslandsprinzip. Weder eine gemeinsame Werteordnung, die z.B. die Geltung des Ursprungslandsprinzips ermöglicht, noch gemeinsame gesetzgebende Organe stehen zur Verfügung, um die Wirkungen des Austauschzusammenhanges in einen Angleichungsprozeß der Ordnungstrukturen umzumünzen. Es bleibt bei einem Wettbewerb aufgrund des Preis-Leistungs-Verhältnisses der Produkte.

Aufgrund ihrer Überlegenheit werden bestimmte Verhaltensmuster, Präferenzen sowie Regeln und Institutionen von denjenigen Wirtschaftsteilnehmern angenommen werden, die erkennen, ansonsten auf Dauer unterlegen zu bleiben. Diese zunächst aufgrund ihrer institutionellen Ausstattung unterlegenen Gruppen werden sich zusammenschließen und versuchen, auch auf dem nationalen Markt der Regulierung Änderungen der sie benachteiligenden Rahmenbedingungen zu bewirken. Dabei ist insbesondere anzunehmen, daß das Ausmaß der Auswirkungen der Änderungen im sozialen und wirtschaftlichen Umfeld auf die Verdienstchancen, die Arbeitsmarktsituation, die Macht- und Interessenverteilung und die Umverteilungswirkungen für die Reaktion des nationalen Regulierungssystems entscheidend ist.

Insofern Erfolgschancen gegeben sind, werden die nationalen Regulierungshoheiten versuchen, das eigene Regulierungssystem gegenüber den europäischen und internationalen Partnern wieder konkurrenzfähig zu machen. Hier kann es zu einer Orientierung an bestehenden erfolgreicheren Regeln kommen. Möglicherweise wird man bestrebt sein, in einzelnen Bereichen das Vergleichssystem sogar noch zu übertreffen. Bei Erfolg kann diese Anpassung auf seiten der anderen europäischen Partner erneut zu einem Wettbewerb um das bessere Regulierungssystem führen. Im Endeffekt würden die nationalen Regulierungssysteme sich in einem Wettbewerbsprozeß einander angleichen. Nötig für einen solchen Prozeß sind zum einen ein Rahmen, der einen Leistungswettbewerb der Regulierungssysteme sicherstellt, und zum anderen ein Rahmen, der ein hohes Maß an Informationsaustausch über die Gewährleistung von Kommunikationskanälen sicherstellt. Der Grad der Transparenz wird dabei die Anpassungsgeschwindigkeit beeinflussen. Da unter dem Ursprungslandsprinzip die heimischen Unternehmer der ausländischen Konkurrenz auf allen Märkten, auch dem heimischen, unmittelbar ausgesetzt sind, schafft dieses Prinzip auch ein hohes Maß an Transparenz.

Zwar werden Unternehmen, die unter ineffizienten nationalen institutionellen Arrangements produzieren müssen, über ihre Interessenvertretungen zunächst Druck auf die nationalen Regulierer ausüben, sich den überlegenen Arrangements anderer Regulierungssysteme anzupassen. Dennoch beinhaltet diese Art der wettbewerblichen Angleichung der Ordnungstrukturen auch eine starke Zentralisierungstendenz. Denn aufgrund des *de facto*-Verlustes ihrer regulatorischen Autonomie, haben die Vertreter der unterlegenen Regulierungssysteme ein Interesse, durch die Schaffung einer gemeinschaftlichen Regulierung zumindest ein Mitspracherecht in der Ausgestaltung der Regulierung zurückzugewinnen. Daher werden die Vertreter der Regulierungsbehörden sich in den entsprechenden Gremien der Gemeinschaft zur Durchsetzung dieser „nationalen" Interessen für die Schaffung einer europäischen Regulierung einsetzen. Da gemeinschaftliche Regeln im innergemeinschaftlichen Handel normalerweise die Transaktionskosten senken,[739] werden grenzüberschreitend tätige Unternehmen ohnehin einen einheitlichen Regulierungsrahmen zumindest für die Produktregulierung vorziehen, auch aufgrund des Flexibilitätsgewinns hinsichtlich kurzfristiger Produktionsverlagerungen. Aufgrund der im früheren Wettbewerb angenäherten Präferenzen kann eine erleichterte Entscheidungsfindung in den gesetzgebenden Organen der Gemeinschaft erwartet werden.

Insbesondere wenn die Erfolgschancen einzelner nationaler Regulierungssystems gering sind, im Wettbewerb die institutionelle Herausforderung zu bestehen, ist die Versuchung groß, den Wettbewerbsdruck zu senken. Je nach Bereich werden einzelne nationale Regulierungssysteme bei Erreichen des notwendigen Quorums im Ministerrat so verstärkt auf eine *ex-ante* Harmonisierung setzen, die womöglich den Schwächen ihres Regulierungssystems Rechnung trägt. Solche Regulierungshoheiten werden auch anderweitig versuchen, die Wirkung des Regulierungswettbewerbs zu unterbinden. Denkbar sind hier nationale Strategien, den einsetzenden Leistungswettbewerb durch einen Behinderungswettbewerb zu beschränken. Sollte der Anpassungsdruck zu groß werden, dürften auch strukturelle Maßnahmen, wie die Einschränkung der Vier Freiheiten oder die Abschaffung des Ursprungslandsprinzip, nicht auszuschließen sein.

4.3.3.2. Angleichung durch europäische Gesetzgebung

Die Politik verfügt über keinen kybernetischen Mechanismus, der politisch relevante Zahlen (etwa Durchschnittseinkommen, Spannweite der Einkommensdifferenzen, Arbeitslosenzahlen, regionale Unterschiede) auf Dauer entscheidend beeinflussen könnte. Sie sind das Resultat eines komplexen Zusammenwirkens von Selbststeuerungseinrichtungen der Wirtschaft. Die Politik kann aber die Rahmenbedingungen setzten, die sich auf die Selbststeuerung der Wirtschaft auswirken, indem sie diese schafft oder ändert.[740] In einem Unterfangen wie der Europäischen Einigung unterstützen und befördern gemeinsame Institutionen und Organe, die die wechselseitige Öffnung der Märkte effizient unterstützen, den gegenseitigen plurilateralen Integrationsprozeß.

Es wurde bei der Diskussion der Dynamik der nationalen politischen Märkte bemerkt, daß die gemeinsamen europäischen Institutionen das nationale Interessengleichgewicht verändern. Dem Initiativmonopol der Kommission kommt hier eine ausschlaggebende Funktion zu. In ihr können alle integrationsfördernden Interessen einen Katalysator finden, während integrationsbremsende Interessen sich an der Vielzahl der Rats-

---

739 Vgl. *Gerken* (1995), S. 24.

740 Vgl. *Luhmann* (1988), S. 346.

mitglieder zersplittern - solange nicht ein allgemeines politisches Klima ihre Überzeugungsaufgabe deutlich erleichtert. Auch das Initiativmonopol bereichert das bisher entwickelte Modell um einen Sperrklinkeneffekt,[741] der vor allem einer Renationalisierung entgegenwirkt. Die Kommission wirkt so als Katalysator für die Organisation europaweiter Interessenverbände, sofern sie die Integrationsziele der Kommission und die verfolgten organisierten Interessen kompatibel sind. Tatsächlich sind Exporteure/ Importeure und Konsumenten natürliche Verbündete der Kommission. Dadurch können die bekannten strukturellen Nachteile dieser Gruppen auf dem nationalen politischen Markt wieder ausgeglichen werden. So hatten die Konsumenten zu Beginn des Integrationsprozesse auf europäischer Ebene homogenere Interessen als die verschiedenen Produzenten ähnlicher Produkte auf den verschiedenen noch geschützten Märkten der Mitgliedstaaten.

Auf die Bedeutung der Entscheidungsregeln im Ministerrat für die Aggregation der Gleichgewichte der einzelnen politischen Märkte zu einem Marktöffnungs-, Regulierungs- und Protektionsgleichgewicht auf europäischen Niveau ist kaum nötig hinzuweisen. Sie stehen im Zentrum des Integrationsprozesses. Im Hinblick auf die Europäische Einigung ist hinzuzufügen, daß die Abstimmungsprozesse nach den besonders festgelegten Modalitäten der Verträge zuerst sechs Mitgliedstaaten und heute fünfzehn Mitglieder in Einklang bringen müssen. Auf die Bedeutung der andauernden Interaktion der Mitgliedstaaten auf allen Ebenen in den Komitees hinsichtlich der Entwicklung von Systemvertrauen ist schon hingewiesen worden. Um Handlungsfähigkeit zu erreichen und zu erhalten, ist für die Kommission bei der Ausarbeitung von Gesetzgebungsvorschlägen Konsens- oder zumindest Mehrheitsfähigkeit im Ministerrat zwangsläufig das leitende Kriterium.[742] Integrationsfortschritt unter dieser Angleichungsart der Ordnungstrukturen zeichnet sich ab als erfolgte Gesetzgebungstätigkeit.

Ebenso wie die nationalen Behörden hält die Kommission den Kontakt zu den Verbänden und Interessenvertretern, da sie auf den Sachverstand und die Informationen der Branchenvertreter hinsichtlich der Spezifika in den Mitgliedstaaten angewiesen ist. Die Interessenvertreter suchen ihrerseits den Kontakt zur Kommission, dem Rat, dem Parlament, um ihre Gruppeninteressen zu wahren oder durchzusetzen. Prinzipiell ist dabei davon auszugehen, daß es weitaus schwieriger ist, grenzüberschreitende Interessenpositionen zu definieren und durchzusetzen.[743] Die Homogenität der Interessen sind hier ein ebenso wichtiger Faktor wie die Exklusivität der Interessen. Absprachen von Interessengruppen in einem umfangreicheren Integrationsgebiet sind schwerer umfassend, und können daher nicht leicht monopolartige Stellungen aufbauen, die besondere Renten verbürgen. Da die politischen Entscheidungsträger institutionell weiter entfernt sind, ist ein größeres Maß an politischer Einflußmöglichkeiten nötig, um dieselben exklusiven Partikularinteressen auf europäischem Niveau durchzusetzen als etwa im nationalen

741 Vgl. *Hirschman* (1995), S. 39.

742 Vgl. *Leipold* (1993), S. 49 f.

743 Vgl. *Görgens* (1993), S. 231.

Rahmen.[744] Andererseits kann eine monopolartige Stellung oder die Existenz eines engen Oligopols in den Mitgliedstaaten dazu führen, daß es aufgrund der kleinen Zahl zu einer schnellen Kollusion der Interessen auch auf europäischem Niveau kommen, die auf ein Bewahren des *status quo* hinarbeitet. In solchen Sektoren wird eine marktöffnende und integrationsfördernde Arbeit der europäischen Institutionen durch gemeinschaftliche Gesetzgebung aufgrund fehlender Information von den Betroffenen fast unmöglich gemacht.

Auch wenn aufgrund des Kompromißcharakters der Interessenorganisation auf europäischen Niveau davon ausgegangen werden muß, daß eine europäische temporale Gleichgewichtskurve GG in Graphik d) vermutlich insgesamt stärker auf der Zeitachse gedehnt ist als die der meisten einzelstaatlichen Marktgleichgewichte,[745] kann man annehmen, daß sie dieselben wesentlichen Charakteristika mit diesen teilt. Ins Auge fällt zunächst, daß die Kurve einen positiven und einen negativen Bereich hat. Im positiven Bereich überwiegen auf den politischen Märkten die Marktöffnungsinteressen. In diesem Bereich kommt es zu Integrationsfortschritten. Wichtig ist auch zu bemerken, daß mit dem Durchsetzen der ersten (exogenen) Liberalisierungsmaßnahme das Gleichgewicht im positiven Bereich liegt, so daß der beschriebene Multiplikatorprozeß der Marktöffnung tatsächlich beginnen kann. Aus der Graphik war darüber hinaus abzulesen, daß der Zuspruch zur weitergehenden Integration in den Folgeperioden zunächst zunimmt. Ab einem gewissen Zeitpunkt nimmt das Übergewicht der Integrationsbefürworter erst langsamer und dann immer schneller ab, bis schließlich das Gleichgewicht in den negativen Bereich umschlägt. In diesem Bereich muß mit zunehmenden Renationalisierungstendenzen gerechnet werden. Der Widerstand gegen weitere Marktöffnung wird schnell ansteigen und möglicherweise erheblichen politischen Druck entwickeln.

Relevant dürfte auch die Beobachtung sein, daß unter den Annahmen dieses Modell nichts darauf hinweist, daß diese Renationalisierungstendenz nur zeitlich begrenzt wäre. Im Gegenteil wird der Widerstand gegenüber weiteren Marktöffnungsinitiativen kontinuierlich hoch sein. Es ist daher auch wahrscheinlich, daß diese marktabschließenden Interessenlobbies es im weiteren Zeitverlauf nicht bei punktuellen Interventionen belassen werden, welche einzelne Marktöffnungsmaßnahmen bekämpfen, sondern in der letzten Konsequenz auch die Institutionen, die es ermöglichen, über den Marktöffnungspunkt des nationalen Interessengleichgewichts hinaus eine wirtschaftliche Integration Europas voranzutreiben. Wenn der Integrationsfortschritt dauerhaft als nicht zufriedenstellend angesehen wird, darf somit von einer Verlagerung der Marktöffnungs- und Protektionsinteressen auf das konstitutionelle Niveau ausgegangen werden. Sollte

---

744 Vgl. *Olson* (1982), S. 125 f.

745 Aufgrund des Kompromißcharakters kann man annehmen, daß Maßnahmen auf europäischer Ebene tendenziell einen horizontaleren Charakter aufweisen. Aus den obigen Ausführungen bedeutet dies eine Streckung auf der horizontalen Achse der individuellen Grenznutzenkurven. Die Folge ist die benannte Dehnung der Interessengleichgewichtskurve.

die Effizienz der bestehenden Institutionen von den wirtschaftlichen Interessen als unzureichend angesehen werden, kann vor allem in der Frühphase der Integration ein vermehrter und beschleunigter Integrationsbedarf auch eine Änderung der institutionellen Ausstattung nach sich ziehen. Ein Beispiel wäre der Übergang von der Einstimmigkeitsregel zur qualifizierten Mehrheit bei der Entscheidungsfindung im Ministerrat oder aber eine Ausweitung der gemeinschaftlichen Kompetenzen. Bei Überwiegen der Protektionsinteressen könnte sich zu einem späteren Zeitpunkt der konstitutionelle Druck auf Abschaffung des Intitiativmonopols der Kommission oder zunehmende nationale Ausnahmeregelungen vom Gemeinschaftsrecht richten. In der fortgeschrittenen Integrationsphase würde ein Anzeichen für einen solchen Druck die häufige Einberufung von inter-gouvernementalen Vertragsänderungskonferenzen sein. Ein offensichtliches Problem ist dabei die Tatsache, daß die nationalstaatlichen Regierungen als die „Herren der Verträge" allein über diese Änderungen entscheiden und gleichzeitig im Zentrum der jeweiligen nationalen Protektionsinteressen stehen.[746] Integrationsfördernde Vertragsänderungen werden nach diesem Modell mit zunehmendem Integrationsfortschritt immer weniger wahrscheinlich.

Schließlich soll hier noch explizit die Annahme eines einzigen Marktes für politische Protektion aufgegeben werden. Die allmählichen Integrationsfortschritte zeitigen eine Verlagerung der Protektionsinteressen auf jeweils andere Protektionsmärkte mit einer ähnlichen marktschließenden Wirkung. Die Öffentlichkeitswirksamkeit spielt dabei eine wichtige Rolle. Nach dem Abbau der Zollschranken scheinen sich die Protektionsinteressen auf technische Handelshemmnisse verlagert zu haben. Die Maßnahmen können dadurch sektorspezifisch angelegt werden, ohne daß sich die Begründungsschwierigkeiten, wie beispielsweise bei einer sektorspezifischen Ausnahme für den Zoll, ergeben würden. Sofern Mechanismen gefunden sind, die die technischen Handelshemmnissen weitestgehend ihres protektionistischen Kerns entledigen, kann eine Verlagerung zu Subventionen nicht ausgeschlossen werden. Auch hier spielt die Öffentlichkeitswirkung eine Rolle: die Schutzziele können bewußt auf eine Region hin formuliert werden, deren politische Gebietshoheiten sich dem lokalen Druck und dem Zugriff der Interessengruppen kaum entziehen können. Generell laufen neuere Schutzinteressen, wie z.B. Konsumenten-, Umweltschutz oder Sozialklauseln, leicht Gefahr von Protektionsinteressen mißbraucht zu werden.

---

746 Es ist in diesem Zusammenhang wichtig, in Erinnerung zu rufen, daß es sich bei dem abgeleiteten nationalen politischem Gleichgewicht nicht um eine demokratisch legitimierte Überzeugung einer Mehrheit des stimmberechtigten Volkes handelt, sondern schlicht um die Balance von widerstreitenden speziellen Interessen oder Lobbies, die sich des nationalen politischen Prozesses bedienen. In früheren Kapiteln wurde schon ausgeführt, daß Exporteure und Konsumenten eine besondere Schwierigkeit haben, ihre stärker diffusen Interessen national zu organisieren. Tendenziell sind diese auf dem nationalen politischen Markt der Regulierung und Protektion daher unterrepräsentiert. Hier zeigt sich die Bedeutung der institutionellen Ausstattung des Europäischen Einigung aus einer anderen Perspektive.

Andererseits können Liberalisierungserfolge in einem Bereich nach der Logik des Modells den exogenen Ausgangspunkt für die Erhöhung von Liberalisierungsnachfrage in anderen Bereichen darstellen. So stand in der europäischen wirtschaftlichen Integration zunächst der Zollabbau im Vordergrund. Nach seiner Bewältigung erhöhte sich der Nutzen des Abbaus von technischen Schranken. In dem Maße, wie mangelnde Wechselkursstabilität zu einem Handelshemmnis wurde, geriet der Währungsbereich in den Einzugsbereich der Europäischen Einigung. Es kann durchaus sein, daß nach Lösung der Währungsfrage die handelshemmenden Wirkungen von divergierenden steuerlichen Vorschriften und Subventionen die größte Nachfrage für Integrationsfortschritte zeitigen.

4.3.3.3. Angleichung durch europäische Rechtsprechung

Schließlich muß die Rolle des Europäischen Gerichtshofs im Prozeß der Annäherung der Ordnungstrukturen angesprochen werden. Insbesondere durch sein Interpretationsmonopol des Gemeinschaftsrechts ist der EuGH in der Lage, das in den Verträgen angelegte Potential zu aktualisieren. Die Richter dienen mit ihrer Tätigkeit der Weiterentwicklung einer funktionierenden Ordnung, die in großen Teilen nicht bewußt geplant, sondern ein Ergebnis des spontanen Zusammenwirkens von verschiedenen Akteuren unter sich ändernden Rahmenbedingungen in Antwort auf spezifische Herausforderung sich entwickelnder Marktkräfte ist.[747] Die Bemühungen der Richter sind Teil des Anpassungsprozesses der Gesellschaft an sich ändernde Umstände. Das Netz der abstrakten Beziehungen unter den Systemelementen ist nicht konstant, sondern ein Netz mit einem sich ständig ändernden besonderen Inhalt. So kann davon ausgegangen werden, daß die Urteile in sogenannten Vorabentscheidungsverfahren über den gesamten Integrationsprozeß hinweg von Bedeutung bleiben. In Fällen, wo der europäische Gesetzgebungsprozeß mit den Erfordernissen der wirtschaftlichen und sozialen Realitäten nicht schritthält, wird der Interpretationsbedarf der Verträge und des existierenden Sekundärrechts wahrscheinlich zunehmen. Einzelne Politikbereiche werden sich in solchen Fällen durch relativ wenig Gesetzgebungstätigkeit und eine hohe Zahl von Urteilen des Europäischen Gerichtshofes auszeichnen. Abhängig von der Organisierbarkeit der Interessen in dem betreffenden Politikbereich, kann eine solche Situation über längere Zeit andauern oder auch zu institutionellen Neuerungen auf der Verfassungsebene führen. Die Situation erscheint *a priori* offen.

Mit der Rechtsprechung hat so der Europäische Gerichtshof wesentlich zur Fortbildung des Gemeinschaftsrechts beigetragen.[748] In Situationen, in denen der Integrationsprozeß ins Stocken zu geraten drohte, hat er auf der Grundlage der Gründungsverträge nicht selten einen Ausweg aufgezeigt.[749] Tatsächlich führte die zunehmende In-

---

747 In Anlehnung an *Hayek* (1980), S. 161-163.

748 Vg. *Comichau* (1995), S. 26.

749 Vgl. *Gröner* (1993), S. 7.

tensität des wirtschaftlichen Austausches zu einer Verdichtung der Rechtsbeziehungen in der Gemeinschaft. Zur Klärung der strittigen Verhältnisse benutzt der EuGH seine Befugnisse in einer Weise, die man als „Kompetenzaktivierung" oder „Kompetenzauslösung" bezeichnen kann. Das „Kompetenzpotential" der Europäischen Gemeinschaft wird zur Sicherung der integrativen Entwicklungsmöglichkeiten durch die konkrete Ausübung der wirtschaftlichen Freiheit aktiviert und bildet zugleich die Maßgabe für die Ausübung dieser Kompetenzen. Diese Wechselwirkung ist die Triebfeder für den dynamischen Verfassungsbildungsprozeß in der Europäischen Einigung.[750]

Ohne die Unabhängigkeit der Richter in Frage zu stellen, ist zu vermuten, daß diese „Kompetenzaktivierung" in einem Gleichschritt mit den Bedürfnissen der Rechtsprechung einhergeht. Obgleich die Wirkung einer „Kompetenzaktivierung" auf der Basis der Verträge durchaus mit der eines Rechtssetzungsaktes der Gemeinschaft vergleichbar ist, besteht ein tiefgreifender Unterschied in der Tatsache, daß der EuGH nicht den Restriktionen des Konsens- und Entscheidungsfindungsprozesses im Ministerrat unterliegt. Daher kann er in Situationen, in denen es zu einem Stillstand im Kräftespiel des gemeinschaftlichen Gesetzgebers kommt, anhand geeigneter Fälle den Integrationsprozeß in Richtung auf das Überwinden des toten Punktes anstoßen. Gegenüber dem Europäischen Gerichtshof werden Integrationsgegner in solchen Fällen Kompetenzüberschreitung und mangelnde Legitimation ins Feld führen. Aufgrund des internen nationalen Gleichgewichts der Partikularinteressen in einem Spätstadium könnten die Mitgliedstaaten von den organisierten Interessen dazu getrieben werden, ihre Macht als „Herren der Verträge" zur Abschaffung des Interpretationsmonopol des Europäischen Gerichtshofs zu brauchen.

Gleichzeitig ist aufgrund des Modells zu erwarten, daß die Vertragsverletzungsverfahren zu einem späteren Zeitpunkt zunehmen. Da eine Vielzahl der gemeinschaftlichen Rechtsakte, wo nicht der Umsetzung, doch zumindest zu ihrer Anwendung der unterstützenden Beihilfe durch die Behörden in den Mitgliedstaaten bedürfen, wird aufgrund der Gleichgewichtskonstellationen auf dem nationalen politischen Markt der Regulierung/Protektion die Versuchung und der Druck groß sein, zumindest die Effekte weitergehender Integrationsmaßnahmen durch eine schleppende oder unvollständige Anwendung zu unterlaufen. In diesem Zusammenhang könnte der vielbenutzte Begriff der „Subsidiarität" leicht für protektionistische, marktabschließende Zwecke mißbraucht werden. Daher gibt die Häufigkeit von Vertragsverletzungsverfahren gegenüber bestimmten Mitgliedstaaten oder in gewissen Politikbereichen einen Hinweis auf das jeweilig vorherrschende Gleichgewicht zwischen Marktöffnungs- und –abschließungskräften auf dem nationalen politischen Markt. Solange solche Vertragsverletzungen die Ausnahme darstellen, kann die Rechtsprechung vermutlich die gröbsten Auswüchse verhindern. Falls solche Vertragsverletzungen überhand zu nehmen drohen, kann ein rapider Zusammenbruch des Rechtssystems als Folge des Verlustes des gegenseitigen Vertrauens in die Wirksamkeit des Rechtsinstituts nicht ausgeschlossen werden.

---

750 Vgl. *Langer* (1995), S. 78 und S. 100 f.

4.4. Zusammenfassung

Man kann schon zustimmen, wenn es heißt: „The *génie* of the founding fathers was to combine the opening of markets with the creation of common institutions."[751] Die Schaffung gemeinsamer Institutionen ist durchaus im weiten Sinne aufzufassen: erstens als das Verbürgen von Freiheiten, die ihrer vollen Verwirklichung zwar harren mußten, aber als Aufruf und Potential von der ersten Stunde bestanden und zweitens als die Schaffung von Europäischer Kommission und Europäischem Gerichtshof, da beide Organe auf den Fortschritt und die Einheit der wirtschaftlichen Integration angelegt sind.

Die Graphik auf der folgenden Seite faßt noch einmal die hauptsächlichen Strukturelemente zusammen, die bei der Betrachtung der Entwicklung von Ordnungstrukturen in der europäischen wirtschaftlichen Integration von Bedeutung sind. Selbst wenn es aufgrund der fundamentalen „Interdependenz" aller hier beschriebenen Prozesse nicht möglich ist, einzelne Bereiche vollkommen konsistent voneinander zu trennen, ist in dem Schaubild versucht worden, die drei besprochenen Hauptarten der Integrationsdynamik durch die in gestrichelten Linien gezeichneten Rahmen voneinander abzusetzen. Wie durchgehend argumentiert, antworten alle drei Integrationsarten direkt oder indirekt auf die Bedürfnisse und Interessen der verschiedenen Gruppen.

Im Bereich der Angleichung durch den Wettbewerb der nationalen Regulierungssysteme wird dies am deutlichsten. Nicht explizit in den Kernbereich einbezogen, aber für das Funktionieren dieses Staatenwettbewerbs konstitutiv, sind die durch die Gemeinschaft in Primär- und Sekundärrecht gesetzten Rahmenbedingungen für die nationalen Regulierungsbehörden. Eine fundamentale Rolle kommt der Kontrolle des Europäischen Gerichtshofs hinsichtlich der Einhaltung dieser Rahmenbedingungen zu.

Hinsichtlich der Angleichung durch europäische Rechtsprechung ist gleichfalls bewußt der Rahmen enger gezogen, als die tatsächlichen Kompetenzen des Europäischen Gerichtshofes es nahelegen. Für die Entwicklung der Ordnungstrukturen aufgrund der Rechtsprechung sind nämlich die nationalen politischen Märkte und auch die gesetzgebenden Organe der Gemeinschaft von untergeordneter Rolle. Wie aus dem Modell erkennbar, erhält der Europäische Gerichtshof die Anstöße für integrationspolitische Tätigkeit aus den Tatbeständen des Gemeinsamen Marktes, einschließlich der Aspekte des Niederlassungsrechts, der Freizügigkeit oder auch der sozialen und regionalen Effekte.

Die Angleichung der Ordnungstrukturen aufgrund von europäischer Gesetzgebung bezieht die meisten politischen Erwägungen in seinen Entscheidungsprozeß ein. Die gesetzgebenden Organe erhalten zwar eine direkte Rückmeldung aus dem Funktionieren des Gemeinsamen Marktes, für den Angleichungsprozeß ist jedoch die Filterung dieser Informationen durch die nationalen politischen Märkte bezeichnend.

---

751 Zit. *Gros* (1997), S. 44.

Modell 13: Arten der Dynamik von Ordnungstrukturen: Strukturelemente in der europäischen wirtschaftlichen Integration

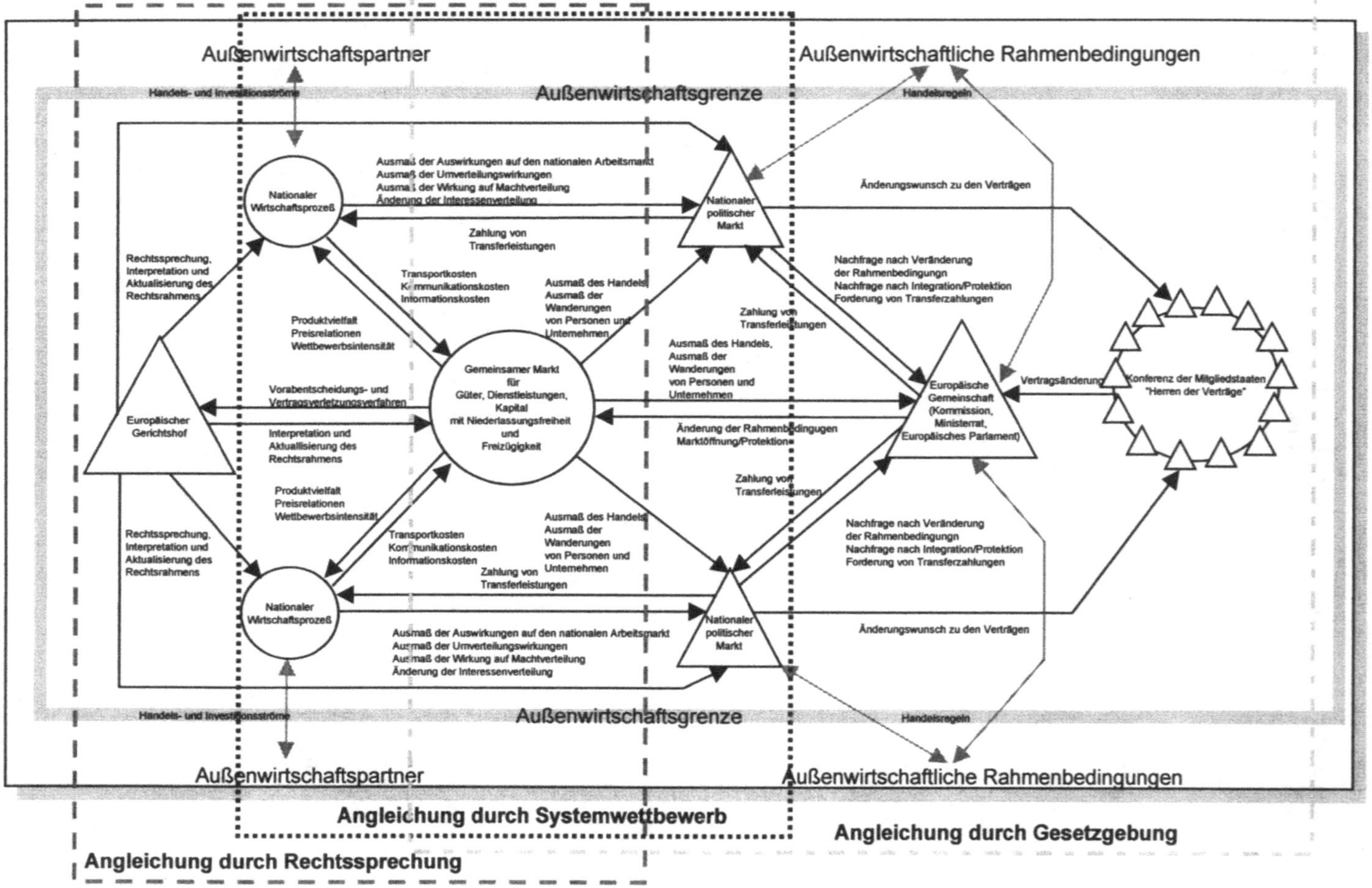

Die Beziehungen der Europäischen Gemeinschaft zu Drittstaaten wirken durch die jeweiligen Zuwächse oder Abnahmen des Austauschvolumen in den verschiedenen Phasen beschleunigend oder verlangsamend auf den Integrationsprozeß ein. Die Einflußnahme der Europäischen Union auf die Gestaltung der internationalen Rahmenbedingungen wurde in dieser Arbeit nicht modelliert.

Eine letzte wichtige Beobachtung aus der vorstehenden Modellierung ist, daß der Gemeinsame Markt für Güter, Dienstleistungen, Kapital mit Niederlassungsfreiheit und Freizügigkeit in allen drei Angleichungsarten der Ordnungstrukturen eine pivotale Stellung einnimmt. In ihm werden sozusagen die für die Dynamik des Integrationsprozesses relevanten Informationen, wo nicht gar produziert, so doch für die Weiterverarbeitung in den Folgeprozessen aufbereitet. In diesem Sinne stimmt diese Arbeit mit der Feststellung überein: „Offene Märkte mit evolutionärem Wettbewerb im grenzüberschreitendem Verkehr versprechen eine Angleichung (Konvergenz):

a.) der Preis-Leistungs-Verhältnisse für die Produkte,

b.) der Relationen von Entgelt und Produktivität für die Faktoren,

c.) der absoluten Produktivitätsniveaus im internationalen Marktverbund,

d.) der Verhaltensweisen und moralökonomischen Standards,

e.) der technischen Standards und Normen, vielleicht auch

f.) der Ziele und Methoden der Wirtschaftspolitik im Sinne der Imitation."[752]

Neben diesen Auswirkungen sind zunehmend auch Konsequenzen für die Sozialordnungen in den Mitgliedstaaten und die regionalen Aspekte der Europäischen Einigung zu erwarten. Der Integrationsprozeß selbst wird wahrscheinlich zunächst auf die Interessengruppen und schließlich auch auf die Institutionen des Einigungsprozesses zurückwirken.

In der zeitlichen Entwicklung unterscheidet das Modell drei Integrationsphasen und schließlich eine Renationalisierungsphase, in denen die Richtung und das Ausmaß der Europäischen Einigung bestimmt werden.

---

752 Zit. *Giersch* (1995), S. 38.

Kapitel 4: Entwicklung der Ordnungstrukturen im Verlaufe der europäischen wirtschaftlichen Integration

Durch die Römischen Verträge wurde in der Europäischen Gemeinschaft ein Prozeß der Angleichung der Ordnungstrukturen seiner Mitgliedstaaten in Gang gesetzt. In dieser Gründungsurkunde wurde ein weiter Fächer von Zielen festgeschrieben. An erster Stelle rangierte die Errichtung der Zollunion, die Schaffung eines Gemeinsamen Marktes sowie der Aufbau von einer gemeinsamen Politik in bestimmten Bereichen (insbesondere im Agrar- und Verkehrssektor).[1] Besondere Sektoren liegen ebenfalls im Bereich von Kohle und Stahl vor, da sie vor allem dem EGKS-Vertrag unterliegen. Diese Ziele selbst wurden durch die Fortschritte in der Integration nach und nach erweitert.

Vor dem Hintergrund des entwickelten Modells seien im folgenden Hauptbereiche der wirtschaftlichen Ordnungstrukturen (Marktentwicklung, Geldordnung, Eigentumsordnung und Unternehmensverfassung, staatliche Eingriffe in Wirtschaftsprozesse, Entwicklung der gesellschaftlichen Ordnung, organisatorische Entwicklung des Integrationsprozesses) der Europäischen Gemeinschaft zur Illustration beleuchtet. In Anlehnung an das soeben beschriebene Modell wird es darum gehen, die wirtschaftliche und soziale Entwicklung innerhalb der Gemeinschaft mit der Entwicklung des gesetzlichen Rahmens und der Rechtsordnung anhand der Gesetzgebungstätigkeit der Europäischen Gemeinschaft und der hauptsächlichen Rechtsprechung durch den Europäischen Gerichtshof in Verbindung zu setzen. Dabei sind alle drei Bereiche in einem engen Spiel untereinander verbunden.

Nach dem Liberalisierungsanstoß der Römischen Verträge begann eine Evolution der Ordnungstrukturen, die sich auf vier Ebenen vollzogen und bis heute noch kein Ende gefunden hat. Im einzelnen haben sich: erstens die tatsächlichen wirtschaftlichen und sozialen Verhältnisse in den einzelnen Mitgliedstaaten, zweitens das europäische Sekundärrecht, drittens die Rechtsprechung aufgrund der Gründungsverträge und des Sekundärrechts, und schließlich viertens die Vertragstexte selbst weiterentwickelt. Dabei waren die Ausgangssituationen, welche in den einzelnen Mitgliedstaaten zu Beginn dieses dynamischen Angleichungs- und Integrationsprozesses vorlagen, teils ausgesprochen verschieden.

Wie schon zu Beginn der Arbeit festgehalten, sind auch die Ausgangssituationen für die weitere Entwicklung von „Regeln" relevant. Wenn es mehr denn eine mögliche „Regel" gibt, dann wird die Geschichte der Interaktion darüber entscheiden, welche „Regel" die vorherrschende Stellung einnehmen wird. Verschiedene Geschichtsverläufe führen zur Auswahl verschiedener „Regeln". Aber selbst ähnliche Situationen können sehr wohl zu verschiedenen „Regeln" führen.[2] Diese Einsichten hinsichtlich von „Regeln" gelten in Analogie für die aus ihnen gebildeten „Regelsysteme", „Ordnung-

---

1 Vgl. *Hrbek* (1993), S. 6 und *Gröner* (1993), S. 5.

2 Vgl. *Tietzel* (1990), S. 265.

strukturen" und „Ordnungen". In den obengenannten Bereichen wird vor allem auch die Evolution von europäischen „Regeln" nachgezeichnet, die nach und nach ein „Regelsystem" und schließlich eine „Ordnung" bilden.

Eine detaillierte Betrachtung der Entwicklung der Ordnungstrukturen in nunmehr fünfzehn Mitgliedstaaten würde jedoch den Rahmen dieser Arbeit sprengen. Insbesondere von Interesse wäre dies in den Bereichen, in denen die Gemeinschaft nicht als Gesetzgeber europaweit tätig geworden ist. Doch ist in diesen Bereichen auch die Datenlage zumeist nicht optimal. In diesem Rahmen müssen sie daher Residualgröße bleiben. Dennoch werden jeweils Ausschnitte dieser jetzt fünfzehn Wirtschaftsordnungen erfaßt und in einen gegenseitigen Zusammenhang gestellt. Einen Hinweis auf die Angleichung dieser nationalen Ordnungstrukturen ergibt sich allerdings durch die Entwicklung der Durchschnitte, Abweichungen und Disparitäten von strukturellen wirtschaftlichen Größen. Denn schließlich sind in diese Größen die Handlungsvoraussetzungen in Form von nationalen Regeln und Institutionen eingeflossen. Sofern der europäische Rahmen für alle Mitgliedstaaten gleich ist - oder ein solcher eben gerade fehlt -, erklären sich Unterschiede durch die Referenz auf verschiedenen Ausgangssituationen oder eine abweichende Evolution der nationalen institutionellen Rahmenbedingungen. In Bereichen, in denen die Gemeinschaft kaum oder gar nicht tätig gewesen ist, sind Angleichungen in strukturellen Größen vornehmlich der dynamischen Annäherung der jeweiligen nationalen Ordnungstrukturen aufgrund von Systemwettbewerb zuzurechnen. „Die Ergebnisse der Integration, welche heute unter dem Stichwort des Systemwettbewerbs diskutiert werden, waren insofern unintendierte Resultate eines regelgeleiteten Prozesses."[3]

Es geht im folgenden nicht um die Analyse der Entwicklung eines Systems, sondern um das Werden und die Abfolge von sich entwickelnden Ordnungstrukturen.[4] Bevor diese Entwicklung der Ordnungstrukturen dargestellt wird, ist es noch einmal angebracht, auf eine wichtige Beschränkung hinsichtlich der Ergebnisse dieser Arbeit hinzuweisen: die Betrachtung ist rückwärtsgewandt und insofern geschichtlich; eine einfache Fortschreibung der im folgenden beobachteten und diskutierten Tendenzen ist aufgrund der hohen Abhängigkeit von den Details der jeweiligen Anfangssituationen wissenschaftlich nicht möglich.

1. Marktentwicklung

1.1. Binnenmarkt

Das Werden des Gemeinsamen Marktes ist das bisher bedeutsamste Ergebnis des Integrationsprozesses, der 1958 in Rom seinen Ausgang nahm. Zunächst stand die Beseitigung der Zollschranken im Zentrum der Bemühungen um die Kreation eines supranationalen Integrationsgebietes, in dem die Waren aller Produzenten gleich derer des

---

3 Zit. und vgl. *Streit/ Mussler* (1995), S. 85 f. und S. 91 f.

4 Vgl. *Schmidtchen* (1990), S. 90.

Heimatlandes eingeführt und vermarktet werden dürfen. Nach der Einheitlichen Europäischen Akte ist mit der Perspektive des Binnenmarktes ein erneuter Anlauf unternommen worden, durch die Beseitigung restlicher Schranken den freien Verkehr von Waren, Dienstleistungen, Kapital und Arbeitnehmern zu verwirklichen, der schon in den Gründungsverträgen entworfen wurde. Dazu war die Beseitigung physischer Personen- und Warenkontrollen, technischer Handelshemmnisse, rechtlicher, administrativer und fiskalischer Schranken als nötig erachtet worden.[5]

1.1.1. Handel in Gütern und Dienstleistungen

Zunächst soll interessieren, welche wirtschaftlichen Folgen diese schrittweise Marktöffnung und das gleichzeitige Zurückdrängen der Protektionsinteressen auf die Gesamtheit des Handels mit Gütern hatte.[6]

Abb. 54: Innergemeinschaftliche Exporte von Gütern: Durchschnitt und Standardabweichung (in % vom BIP)

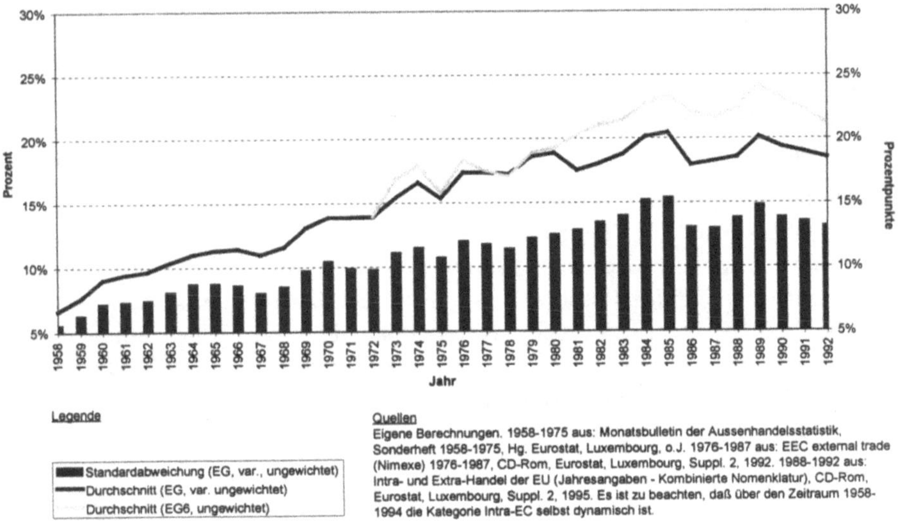

Quellen
Eigene Berechnungen. 1958-1975 aus: Monatsbulletin der Aussenhandelsstatistik, Sonderheft 1958-1975, Hg. Eurostat, Luxembourg, o.J. 1976-1987 aus: EEC external trade (Nimexe) 1976-1987, CD-Rom, Eurostat, Luxembourg, Suppl. 2, 1992. 1988-1992 aus: Intra- und Extra-Handel der EU (Jahresangaben - Kombinierte Nomenklatur), CD-Rom, Eurostat, Luxembourg, Suppl. 2, 1995. Es ist zu beachten, daß über den Zeitraum 1958-1994 die Kategorie Intra-EC selbst dynamisch ist.

Im vorstehenden Schaubild ist das Ausmaß des grenzüberschreitenden innergemeinschaftlichen Güterhandels als prozentuales Verhältnis zum Bruttoinlandsprodukt (BIP) dargestellt. Zur Ermittlung des Durchschnitts wurden die jeweiligen nationalen Werte ermittelt und für die jeweiligen Mitgliedstaaten ungewichtet gemittelt. Auf eine Ge-

5 Vgl. *Clapham* (1993), S.

6 Vgl. auch *Sapir* (1995), S. 4-10.

wichtung wurde verzichtet, da für das im vorstehenden Kapitel entworfene Regulierungsmodell im europäischen Rahmen jeder Mitgliedstaat als gleichwichtig gelten muß (zumindest solange im Ministerrat Einstimmigkeit gilt). Es kann ein Anstieg von etwas weniger als sieben Prozent im Jahr 1958 auf ein Verhältnis von rund 20 Prozent des BIP zu Anfang der neunziger Jahre abgelesen werden. Dabei erscheint deutlich, daß das Niveau von 1992 schon im Jahre 1980 erreicht wurde und seitdem kaum noch ein nennenswerter Zuwachs zu verzeichnen war. Während des gleichen Zeitraums hat sich die Standardabweichung derselben nationalen Verhältniswerte von rund sechs auf etwas mehr als 12 Prozentpunkte verdoppelt. Dies bedeutet, daß in absoluten Werten die strukturelle Bedeutung in den Mitgliedstaaten von 1958 deutlich ähnlicher war, als innerhalb der Mitgliedstaaten von 1992. Andererseits weist der Durchschnitt auf ein generell höheres Niveau der strukturellen Relevanz des innergemeinschaftlichen Handels für die nationalen Volkswirtschaft und die jeweiligen nationalen Märkte. Es kann auch nachgewiesen werden, daß sich der Spezialisierungsgrad der nationalen Volkswirtschaften in der Periode 1978-1992 nicht mehr erhöht hat. Die zunehmende Integration spielte sich seit diesem Zeitpunkt innerhalb der Industriesektoren und nicht so sehr als Spezialisierung zwischen den Sektoren der Volkswirtschaften ab.[7]

Der Vergleich mit der Entwicklung des Durchschnitts allein der sechs Gründungsmitglieder erweist, daß die Erweiterungen keine überragenden strukturellen Veränderungen mit sich gebracht haben. Andererseits nahm der Durchschnitt der sechs Gründungsmitglieder zu Beginn der achtziger Jahre stärker zu als der Durchschnitt aller jeweiligen Mitgliedstaaten. Hier verbirgt sich möglicherweise ein Hinweis auf einen anderen strukturellen Einfluß. Aufgrund des Zeitpunktes kommen zwei hauptsächliche Einflüsse in Frage: der Beginn des Europäischen Währungssystems und die Bestätigung des Ursprungslandsprinzips für den Warenverkehr. Während vor allem die Gründungsmitglieder zunächst am EWS teilnahmen,[8] könnte auch das Vertrauen unter den langjährigen Mitgliedern größer gewesen sein, die Konsequenzen des *„Cassis-de-Dijon"*-Urteils für ihren Hoheitsbereich zu akzeptieren.

Erst mit der Einheitlichen Europäischen Akte wurde in Art. 100b die „Gegenseitige Anerkennung" erstmals explizit in den EWG-Vertrag aufgenommen.[9] Unter gewissen Bedingungen ist es jedoch den einzelnen Mitgliedstaaten unbenommen, zum Schutze von öffentlichen Interessen höhere Schutzanforderungen zu stellen. Im Sinne des entwickelten Modells werden daher die Protektionsinteressen sich dieser öffentlichen Schutzinteressen bedienen, um die erreichte Marktöffnung durch zusätzliche Anforderungen zu unterlaufen. Daher wird es unter der Bedingung der „Gegenseitigen Anerkennung" immer wieder, wo nicht zu Unterbrechungen, so doch zu Verzögerungen bei

---

7 Vgl. *Sapir* (1995), S. 3 f.

8 Zuzüglich Dänemark und Irland.

9 Vgl. *European Commission* (1993) zu den Aspekten der Anwendung und Umsetzung der „Gegenseitigen Anerkennung" auf Basis von Art. 100 b und der gültigen Rechtsprechung des EuGHs..

der Vermarktung von ausländischen Produkten auf den nationalen Märkten kommen. Die Folge sind Planungsunsicherheiten für den Hersteller und Exporteur. Es ist daher wahrscheinlich, daß diese bei zunehmender Verflechtung der nationalen Märkte in einem Gemeinsamen Markt diese Gruppen weniger für die Durchsetzung der „Gegenseitigen Anerkennung" plädieren werden, sondern selbst eine Präferenz zur *ex-ante* Harmonisierung entwickeln werden. Für neue Produkte oder sich rasch entwickelnde Produkte wird jedoch der Vorteil der nationalen Unterschiede die Unsicherheiten der „Gegenseitigen Anerkennung" aufwiegen.

Somit kann angenommen werden, daß der Stillstand des relativen Zuwachses des Binnenmarkthandels seit Anfang der achtziger Jahre zur Entwicklung des sogenannten „Neuen Ansatzes" im Bereich der technischen Anforderungen geführt hat.[10] Dieser „Neue Ansatz" begriff zunächst die Einführung eines Informationsverfahrens auf dem Gebiet der Normen und technischen Vorschriften, in dem die nationalen Regulierungsbehörden verpflichtet werden, Regulierungsvorhaben der Kommission im Entwurfsstadium vorzulegen. Durch die Erfüllung von den „notwendigen Erfordernissen" bleibt trotz der generellen *ex-ante* Harmonisierung viel Freiraum für unternehmerische Lösungen, die von den standardisierten Erfordernissen abweichen.[11] Es ist dabei zu vermuten, daß durch die Einführung von Mindeststandards eine Konvergenz der Qualität und der Einkommensniveaus eintritt. Insbesondere Industrien in Ländern, in denen bis zu dem Zeitpunkt einer Regulierung keine technischen Regulierungen bestanden, werden nach anfänglichen Einkommenseinbußen in der längeren Frist mit einem höheren Einkommen rechnen können.[12] In anderen Bereichen, die sich durch besonders hohe Sicherheitsrisiken auszeichnen, war die Durchsetzung einer „Gegenseitigen Anerkennung" von Anfang an wenig erfolgversprechend. In dem stark regulierten Bereich der Arzneimittelzulassungsverfahren erforderten die schon seit 1965 eingeleiteten Angleichungsversuche Anfang 1993 die Gründung einer zentralen europäischen Arzneimittelagentur mit einem neuen Gemeinschaftsverfahren, das bedeutenden Arzneimittelinnovation den direkten Zugang zum gesamten Binnenmarkt sichern soll.[13] Nach Errichtung des Bin-

---

10 Eine leicht verständliche Einführung zum „Neuen Ansatz" und dem „Globalkonzept" liegt vor in *Ferrier/ Hayter* (1995). Die grundlegenden Dokumente sind zusammengefaßt in: *Europäische Kommission* (1996a).

11 Direktiven des „Neuen Ansatzes" sind ergangen im Bereich: Einfache Druckbehälter, Spielzeugsicherheit, Bauprodukte, Eletromagnetische Verträglichkeit, Maschinen, Personenschutzausrüstung, Nicht-automatische Wiegevorrichtungen, Aktive implantierbare medizinische Apparate, Gasverbrennungsanlagen, Telekommunikationsgeräte, Ausstattung für Satellitenbodenstationen, Heißwasserboiler, Sprengstoffe für den zivilen Gebrauch, Medizinische Apparate, Geräte für explosive Umgebungen, Freizeitboote, Aufzüge. Die Referenzen zum Amtsblatt finden sich in: *European Commission* (1995d), S. 18-20.

12 Vgl. *Lutz* (1996), S. 11-13, der allerdings selbst die Einfachkeit des von ihm verwendeten Modells eingesteht.

13 Vgl. *Boroch/ Cassel* (1993), S. 371. Zu Grundkonzeption der Industriepolitik und Beispielen in den Sektoren Automobilindustrie, Schiffbau, Luftfahrtindustrie, Elektronik, und Biotechnologie siehe *Bangemann* (1992).

nenmarktes können,[14] neben begründeten Maßnahmen unter Art. 36, nur plötzliche Zahlungsbilanzkrisen einen Eingriff in das Funktionieren des Gemeinsamen Marktes nach Art. 109i EGV rechtfertigen.[15]

Im Bereich des innergemeinschaftlichen Handels in Dienstleistungen entsteht ein anderes Bild. Wie dem folgenden Schaubild entnommen werden kann, war die Entwicklung des Handels in Dienstleistungen zu Beginn der achtziger Jahre ebenfalls durch einen Stillstand gekennzeichnet. Der ungewichtete Durchschnitt hatte sich auf rund vier Prozent des Bruttoinlandsproduktes eingependelt. Bis 1993 konnte sich der Durchschnitt der zwölf Mitgliedstaaten nach und nach bis auf fast fünf Prozent vom BIP steigern. Der entsprechende Durchschnitt der Sechs lag über den gesamten Zeitraum in etwa um einen halben Prozentpunkt über dem jeweiligen Gesamtmittel. In der Periode 1986 bis 1988 ist sogar ein leichter Rückgang festzustellen. Die Standardabweichung hielt sich über den gesamten Zeitraum im Bereich der 2,5% bis 3,0%, wobei gegen Ende des Zeitraumes eine leichte Zunahme festzustellen wäre.

Abb. 55: Innergemeinschaftliche Exporte in Dienstleistungen: Durchschnitt und Standardabweichung (in % vom BIP)

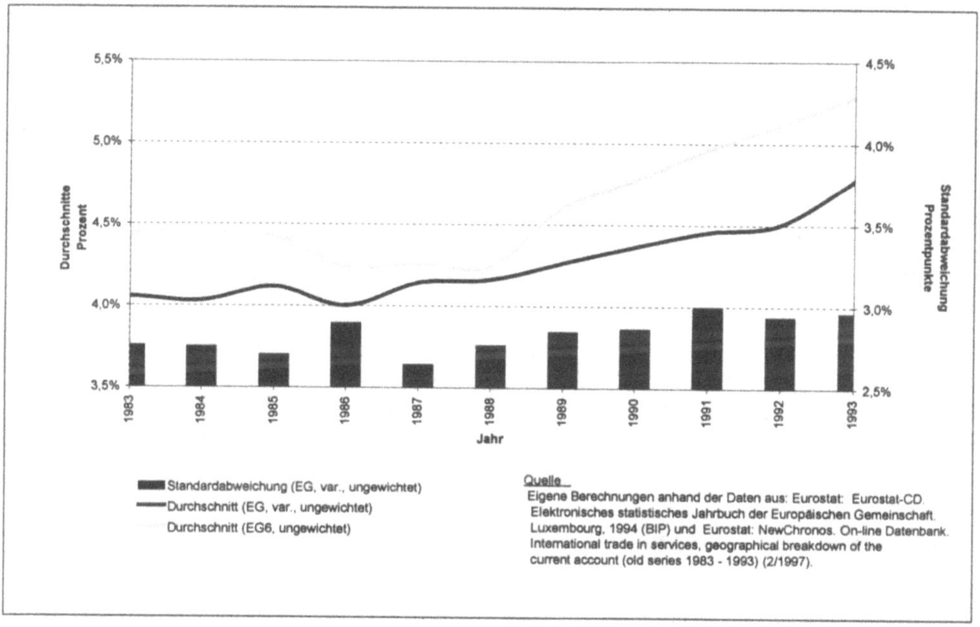

14 Zum Stand des Binnenmarktes vgl. *Europäische Kommission* (1994c), auch im Hinblick zu Umsetzung in einzelnen Mitgliedstaaten.

15 Vgl. *Swann* (1995), S. 108.

Im Vergleich zum innergemeinschaftlichen Handel in Gütern muß festgehalten werden, daß das strukturelle Gewicht des Dienstleistungshandels im Verhältnis zum Bruttoinlandsprodukt am Ende des betrachteten Zeitraums nur knapp über der Hälfte des Wertes liegt, mit dem 1958 der Liberalisierungsprozeß für den Güterhandel begonnen hatte. Darüber hinaus sollte nicht vergessen werden, daß die eingebaute Übergangszeit mit ihrem Automatismus des Zollabbaus den Marktöffnungsinteressen im Warenverkehr hilfreich zur Seite gestanden hatte. Schließlich sollte darauf hingewiesen werden, daß die generelle Methode der Marktöffnung sich im Bereich Dienstleistungsfreiheit und Niederlassungsfreiheit stark von der im Güterbereich unterschieden hat. In etwa 100 Richtlinien bis 1991 ist hier in äußerst zersplitterter und sektoraler Unterteilung vorgegangen worden,[16] während der Zollabbau im Güterbereich zunächst in horizontaler Form durchgeführt werden konnte. Nach dem vorgestellten Modell schwächt ein solches Vorgehen die Liberalisierungsbemühungen, da schneller ein vorherrschen der Marktabschließungsinteressen erwartet werden kann. In manchen Bereichen vielleicht so schnell, daß es gar nicht erst zu einer spürbaren Liberalisierung gekommen ist. Natürlich müssen im Bereich Niederlassungs- und Dienstleistungsfreiheit die Begleitrechte, z.B. hinsichtlich Freizügigkeit, ebenfalls in Rechnung gestellt werden. Auch kann davon ausgegangen werden, daß in stärkerem Maße Netzwerkexternalitäten bestehen, die den Freiraum für innovative Lösungen stark verkleinern und auch eine „Gegenseitige Anerkennung" häufig erschweren.

Es soll jetzt kurz die Auswirkung der generell zunehmenden Verflechtung im Handelsbereich auf die Preisunterschiede im Binnenmarkt untersucht werden. In einem integrierten bundesstaatlichen Marktgebiet werden die Preise in seinen Teilen nur um den Betrag der Transportkosten differieren.[17] Wie aus den folgenden Grafiken ersichtlich ist, hat sich die Preisdispersion im Zeitraum 1975 bis 1980 generell leicht vergrößert. Während von 1985 bis 1990 wieder eine leichte Erhöhung der Preisdispersion bei Konsumgütern festzustellen ist, hat die Vollendung des Binnenmarktprogramms bis 1993 jedoch zu einer erheblichen Verringerung dieser Preisdispersion geführt. Dagegen zeigt der Bereich Dienstleistungen eine stetige Abnahme von 1975 bis 1993; jedoch auf einem allgemein viel höheren Niveau. Dieser Unterschied läßt insbesondere auf die Inzidenz von technischen Handelshemmnissen im Warenverkehr schließen, während diese für Dienstleistungen nicht primär von Bedeutung sind.[18] Erwähnenswert ist die Entwicklung der Preisdispersion (ohne Steuern) im Bereich der Lebensmittel, wo große Bereiche dem Äquivalenzprinzip unterliegen. Die Gewährleistung des Prinzips der „Gegenseitigen Anerkennung" scheint zu einer meßbaren Verringerung der Preisdispersion geführt zu haben.

---

16 Vgl. *Oppermann* (1991), S. 584 und S. 587-591.

17 Vgl. *Hayek* (1976b), S. 328.

18 Analysen im Zusammenhang mit dem Entwurf des Binnenmarktprogrammes wiesen auf einen deutlichen Zusammenhang mit der Existenz von nicht-tarifären Handelshemmnissen hin.

Abb. 56: Entwicklung der Preisdispersion (ohne Steuern)

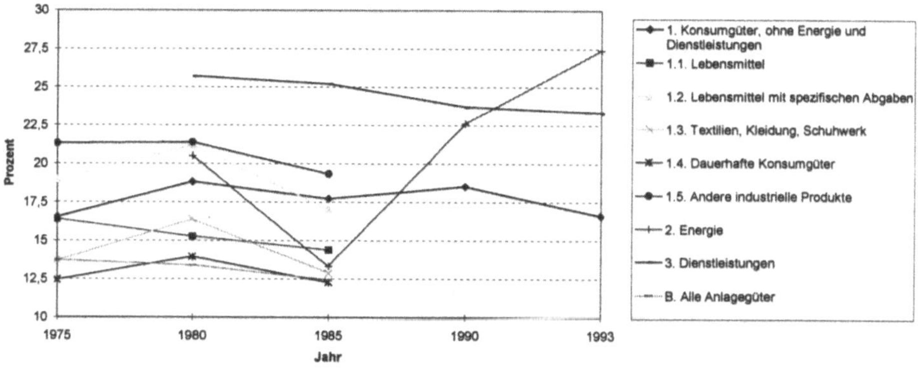

Anmerkung
Gemessen als Standardabweichung. Prozentuale Abweichung vom Durchschnittspreis.
Alle Angaben aufgrund von Erhebungen im Europa der Neun.

Quelle
Commission of the European Communities: European Economy. The economics of 1992, Luxembourg, No. 35 (March 1988), S. 119-121.
European Commission: European Economy. Economic Evaluation of the Internal Market, No. 4 (1996), S. 134-137.

Abb. 57: Entwicklung der Preisdispersion (mit Steuern)

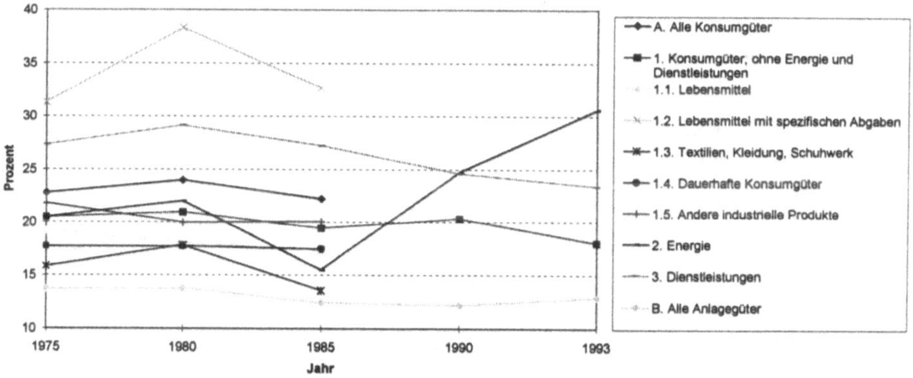

Anmerkung
Gemessen als Standardabweichung. Prozentuale Abweichung vom Durchschnittspreis.
Alle Angaben aufgrund von Erhebungen im Europa der Neun.

Quelle
Commission of the European Communities: European Economy. The economics of 1992, Luxembourg, No. 35 (March 1988), S. 119-121.
European Commission: European Economy. Economic Evaluation of the Internal Market, No. 4 (1996), S. 134-137.

Im Vergleich der beiden Schaubildern kann auch abgelesen werden, in welchem Ausmaße die indirekten Steuern zu Preisunterschieden in der Europäischen Gemeinschaft beitragen.[19]

Die Entwicklung der Preisdispersion bei Konsumgütern scheint dem „Gesetz der gleichbleibenden Marktabschließung" das Wort zu reden. Trotz der Anerkennung des Prinzips der „Gegenseitigen Anerkennung" sind die Preisunterschiede weitestgehend gleich geblieben, wenn auch eine anfängliche Verringerung zu verzeichnen war. Der marktöffnende Effekt des Äquivalenzprinzips scheint jedoch schon 1985 weitestgehend konterkarriert worden zu sein. Hinsichtlich der Dienstleistungen fällt die Abnahme der Preisdispersion weitestgehend mit der Zunahme des Handelsvolumen zusammen.

Die folgende Graphik vertieft aus einer anderen Perspektive die obigen Beobachtungen. Innerhalb der Sechs ist seit 1980 die Preisdispersion kontinuierlich zurückgegangen. Überhaupt ist unter ihnen die Preisdispersion um 4-7 Prozentpunkte geringer als unter den Neun oder gar den Zwölf. In der Zeit nach 1980 („*Cassis-de-Dijon*"-Urteil und EWS) bis 1985 ist die verbleibende Dispersion um knapp 2 Prozentpunkte gefallen. Die Vollendung des Binnenmarktprogrammes 1992 hat noch weitere 1,5 Prozentpunkte Verringerung bewirkt. Der Unterschied der Preisdispersion im Hinblick auf die Wirkung der indirekten Steuern ist für die sechs Gründungsmitglieder vernachlässigbar gering.

Abb. 58: Preisdispersion bei Konsumgütern (strukturelle Aspekte)

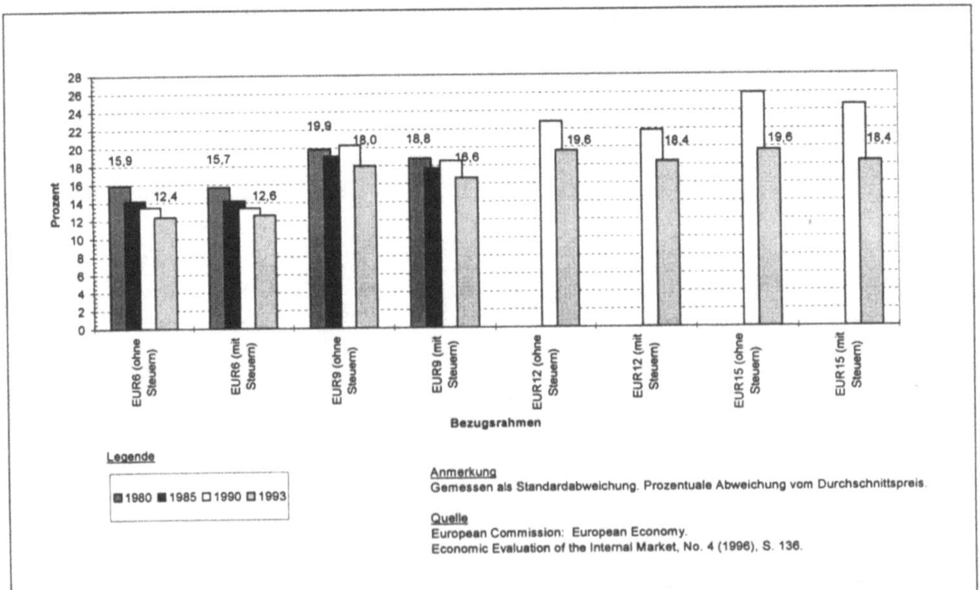

19 Vgl. *Commission* (March 1988), S. 121 f.

Dagegen ergeben die gleichen Indikatoren im nur leicht vergrößerten Kreis der Neun ein entschieden anderes Bild. Nicht nur ist das Niveau der Unterschiede höher, sondern im Zeitraum 1985-1990 hat die Preisdispersion sich sogar noch vergrößert. Da im Jahr 1990 alle der neun Mitgliedstaaten dem EWS beigetreten waren,[20] erscheint es angemessener, die Erklärung dieses Unterschieds im Bereich der Funktion des Äquivalenzprinzips zu sehen. Denn die Vollendung des Binnenmarktes, die ja vor allem auf *ex-ante* Harmonisierung beruhte, hat schließlich einen erheblichen Rückgang der Preisdispersion zur Folge gehabt. Im Rahmen der Neun hat die Inzidenz der indirekten Steuern einen erheblichen Einfluß auf die Preisdispersion. Nach Steuern nimmt der Unterschied um 1,4 Prozentpunkte ab. Die Zahlen für das Europa der Zwölf oder, im Vorgriff, der Fünfzehn unterstreichen vor allem die Bedeutung des Binnenmarktprogrammes 1992.

In Schlußfolgerung ist es daher nicht so sehr einem „Gesetz der gleichbleibenden Protektion" zuzuschreiben, daß die sektorale Betrachtung im Zeitverlauf nur wenig Verbesserungen aufwies. Strukturell weitaus bedeutender ist die Zusammensetzung des jeweilig betrachteten Kreises der Mitgliedstaaten. Die Dauer der Mitgliedschaft scheint das herausragende Kriterium zu sein. Im Rahmen des Modells schafft zeitliche Dauer die Voraussetzung für die marktliche Akzeptanz des Äquivalenzprinzips der „Gegenseitigen Anerkennung": die Bildung von „Vertrauen" und insbesondere „Systemvertrauen".

Abb. 59: Preisdispersion bei Dienstleistungen (strukturelle Aspekte)

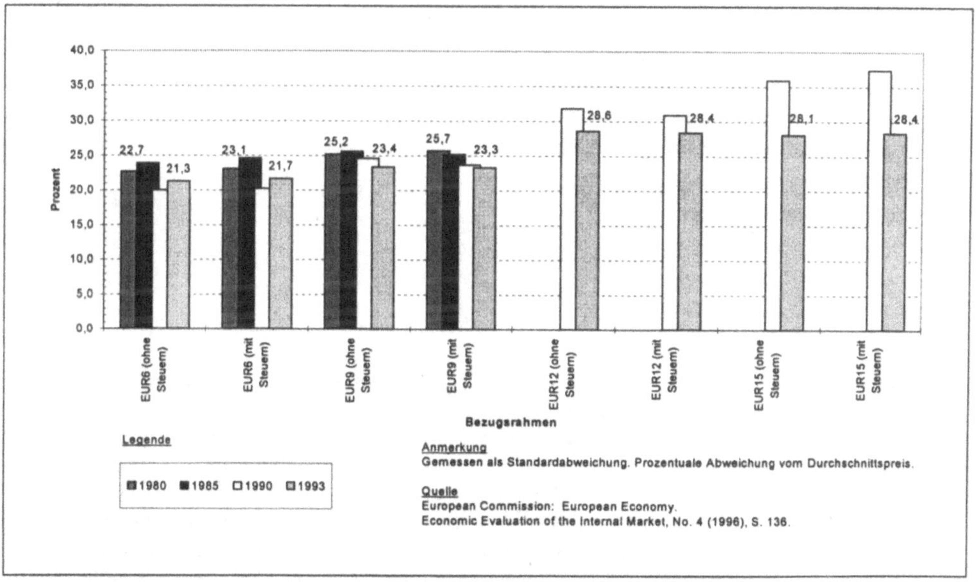

20 Selbst Großbritanien mit einer Bandbreite von 6%; Italien verringerte die Bandbreite Anfang 1990 auf 2,25%.

Einen Blick auf die strukturelle Entwicklung der Preisdispersion bei Dienstleistungen eröffnet das vorstehende Schaubild. Während auch die Preisdispersion bei Dienstleistungen im Verlaufe der Vollendung des Binnenmarktes generell eine erhebliche Angleichung der Preise in den Mitgliedstaaten gebracht hat (sowohl der Neun, Zwölf, als auch der Fünfzehn), zeichnen sich die gleichen Referenzwerte für die sechs Gründungsmitglieder durch eine abweichende Tendenz aus. Man könnte versucht sein, die zunehmende Preisdispersion in den Jahren 1990-1993 als ein Anwachsen der marktabschließenden Kräfte zu interpretieren. Die steuerliche Inzidenz ist in allen Fällen gering.

Nach der Diskussion der wirtschaftlichen Auswirkungen wird jetzt das Augenmerk auf die Entwicklung der Gesetzgebungstätigkeit der Europäischen Gemeinschaft und der europäischen Rechtsprechung gerichtet.[21]

In der oberen Abbildung auf der folgenden Seite sind die Anzahlen der jährlichen Gesetzgebungsakte der Europäischen Gemeinschaft im Bereich der Vier Freiheiten über den Zeitraum 1958-1995 abgetragen. Die Kurven für den Gemeinsamen Markt[22] und für die Niederlassungs-/ Dienstleistungsfreiheit weisen in den Anfangsjahren bis zum Beginn der achtziger Jahre einen gewissen Gleichschritt auf. Beide Kurven unterliegen zeitweilig erheblichen Schwankungen. Für den Gemeinsamen Markt schwankt die Aktivität über die Gesamtperiode um einen Mittelwert von etwa 30 Gesetzesakten pro Jahr, im Bereich der Niederlassungs-/Dienstleistungsfreiheit liegt dieser Wert dagegen eher bei sechs Gesetzen jährlich. Für die Dekade 1985-1995 liegen diese Mittelwerte jedoch eher in der Größenordnung von 45 bzw. 10 Gesetzesakten pro Jahr.

Im untenstehenden Schaubild sind die jährlichen Anzahlen von Urteilen des Europäischen Gerichtshofs im Bereich der Freiheiten abgetragen. Die Größenordnung ist in etwa mit der der Gesetzgebung vergleichbar. Allerdings ist ein Gleichschritt zwischen Freiem Warenverkehr und Freiem Dienstleistungsverkehr/ Niederlassungsrecht kaum festzustellen.

---

21 Alle Zahlen entstammen wiederholter Befragung der Datenbank der Europäischen Kommission CELEX, in der sämtliche Sekundärrechtsakte der Gemeinschaft und die Rechtsprechung des Europäischen Gerichtshofes - neben anderen Dokumenten – gespeichert sind. Während alle Sekundärrechtsakte (Entscheidungen, Richtlinien, Verordnungen) in die Zählung der Gesetzesakte eigegangen sind, beschränkt sich die Zählung der Rechtsprechung auf die Urteile des EuGH selbst, ohne das Gericht der 1. Instanz oder die Plädoyers der Generalanwälte. Es wurde die Kategorisierung der Datenbank benutzt, die allerdings zwischen Sekundärrecht und Rechtssprechung nicht kongruent ist. Zur klareren Darstellung wurden gerundete Kurven verwendet, so daß aus der Graphik die exakten Werte nicht immer genau abgelesen werden können. Das Jahr, unter dem ein Akt eingeordnet wurde, ist in den meisten Fällen das Erscheinungsjahr im Amtsblatt und nicht der Zeitpunkt seines Inkrafttretens.

22 Enthält auch die Kategorie „Zölle".

Abb. 60: Jährliche Gesetzgebungstätigkeit der Europäischen Gemeinschaft im Bereich der Freiheiten

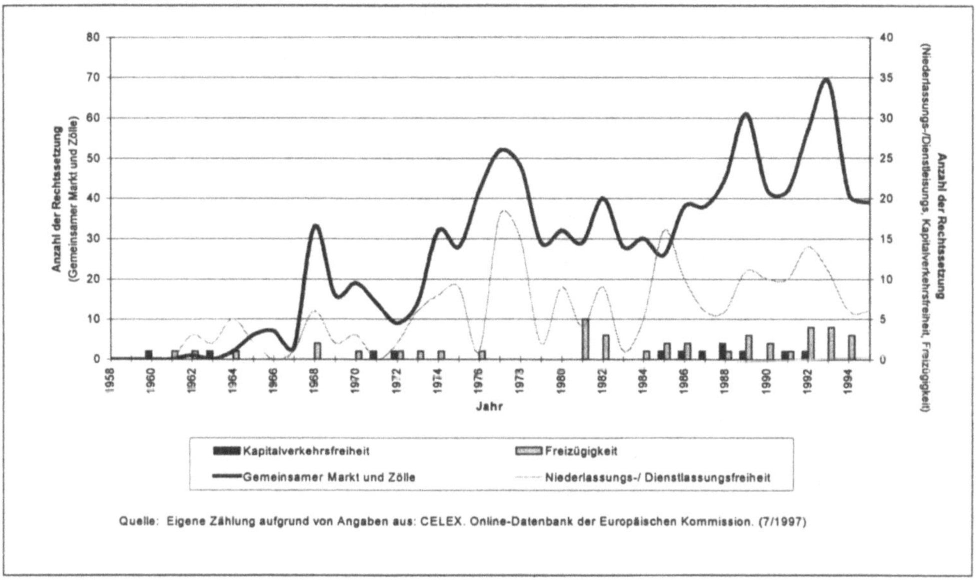

Abb. 61: Entwicklung der europäischen Rechtsprechung im Bereich der Freiheiten[23]

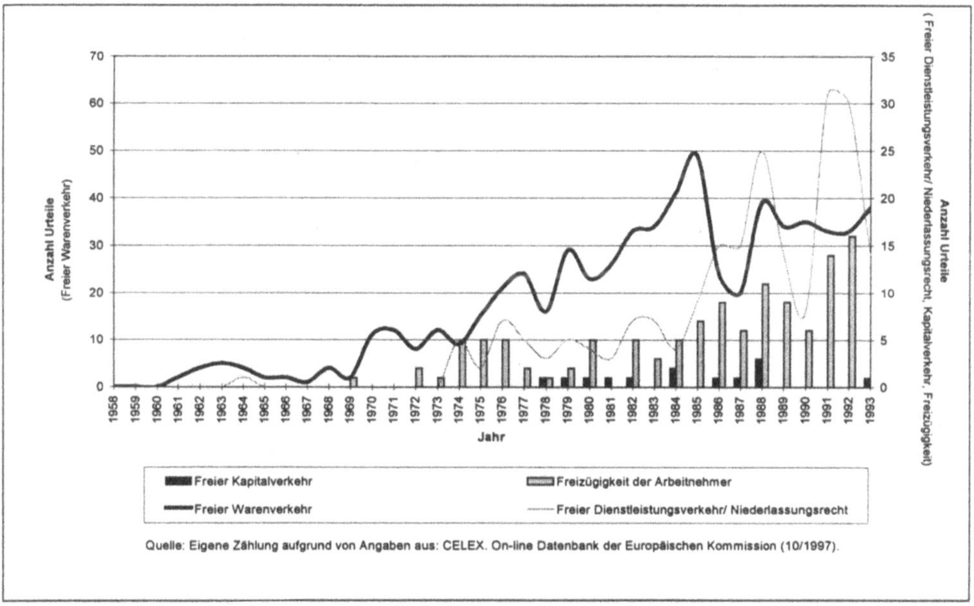

23 Anzahl der Urteile des Europäischen Gerichtshofes (ohne Gericht 1. Instanz).

Die Urteile zum Freien Warenverkehr setzen vermehrt mit dem Ende der Übergangszeit ein und steigen dann bis zum Höhepunkt im Jahr 1985. Über den gesamten Zeitraum kann man einen Mittelwert von in etwa 19 Urteilen pro Jahr errechnen. In den zehn Jahren 1985-1995 liegt dieser Wert jedoch erneut erheblich höher bei rund 34 Urteilen jährlich, bei konstanter Tendenz.

Dagegen hat es zum Bereich Dienstleistungsfreiheit/Niederlassungsrecht bis 1973 so gut wie keine Urteile gegeben. Dann folgte über zehn Jahre ein Zeitraum, in dem die Anzahl um ungefähr fünf Urteile im Jahr oszillierte. Schließlich erfolgte um das Jahr 1985 ein sprunghafter Anstieg der Rechtsprechung in diesen beiden Bereichen. Während der jährliche Durchschnitt über den gesamten Zeitraum bei weniger als acht Urteilen lag, steigt der Durchschnitt in der Dekade nach 1985 auf mehr als 19 Urteile im Jahr. Diese Zahlen zeigen, daß die richterlichen Aktivität in diesen beiden letzten Bereichen seit Beginn des Binnenmarktprogrammes weit stärker ausgeprägt ist als die gesetzgeberische Tätigkeit. Der überproportionale Bedarf an richterlicher Klärung kann als eine noch ungenügende Ausgestaltung des gesetzlichen Rahmens ausgelegt werden.

1.1.2. Integration infolge von Faktorwanderung

Obgleich der Bereich der Wanderung von Arbeitskräften erst im folgenden Unterkapitel zur Freizügigkeit abgehandelt werden soll, darf im Anschluß an die obigen Abbildungen vor allem die stark ausgeprägte Rechtsprechung im Bereich der Freizügigkeit der Arbeitnehmer festgehalten werden.

Die nationalen Kapitalmärkte sind lange Zeit von den Liberalisierungsbemühungen in anderen Bereichen unbedacht geblieben. Im Unterschied zum innergemeinschaftlichen Zollabbau bedurfte die Verwirklichung der Kapitalverkehrsfreiheit von vornherein der Setzung sekundären Gemeinschaftsrechts.[24] Die grundlegenden Richtlinien des Rates sind zwar schon am 11.05.1960 und am 18.12.1962 ergangen.[25] Allerdings beschränkten sie sich auf devisenrechtlichen Bestimmungen. Dennoch galt dieser relativ niedrige Liberalisierungsstandard bis ins Jahr 1987. Ein Vorschlag der Kommission zu einer dritten Liberalisierungsrichtlinie scheiterte 1964 im Ministerrat. Aufgrund von Zahlungsbilanzschwierigkeiten oder -krisen konnte weiterhin jeder Mitgliedstaat einschränkende Maßnahmen ergreifen, solange der Rat nicht entschied, daß diese zu ändern, auszusetzen oder aufzuheben waren.[26]

Im Gefolge der Funktionsschwierigkeiten des *Bretton-Woods* System am Ende der 60er und am Beginn der 70er Jahre wurde so häufiger in die erreichte Liberalisierung eingegriffen. So kam es bis in die 80er Jahre zu einer gespaltenen Entwicklung inner-

---

24 Vgl. *Oppermann* (1991), S. 537 f.

25 ABl. 1960, S. 921 und ABl. 1963, S. 62. Vgl. *Beutler/ Bieber/ Piepkorn/ Streil* (1982), S. 306 f. In vier Listen wurden Kategorien von Liberalisierungsverpflichtungen aufgestellt, s. *Swann* (1995), Table 10, S. 193.

26 Art. 109 EWGV 1957, 1986, vgl. *Beutler/ Bieber/ Piepkorn/ Streil* (1982), S. 306.

halb der Gemeinschaft.[27] Erst die stärkere Verflechtung des Binnenmarktes und die wirtschaftspolitischen Zwänge, die sich aus dem EWS ergaben, führten nach der EEA zu einer Umkehr. Die 3. Richtlinie vom 17.11.1986 zur Änderung der 1. Richtlinie führte schließlich zu einer Liberalisierung des Kapitalverkehrs mit Investmentanteilen. Zudem wurde der Bereich der unbedingten Liberalisierung erweitert. Der Durchbruch gelang 1988 mit der Richtlinie 88/361, der die 1. Richtlinie mit Wirkung zum 01.07.1990 aufhob und die devisenmäßigen Beschränkungen des Kapitalverkehrs zwischen Gebietsansässigen in den Mitgliedstaaten beseitigte.[28]

Die europäische Verflechtung im Kapitalverkehr zeigt sich an den Volumina grenzüberschreitender Kapitalbewegungen und in den Beständen an Auslandsforderungen.[29] Im Schaubild auf der folgenden Seite soll die Entwicklung des Anteils der Forderungen an Ausländer in der Gesamtbankenbilanz betrachtet werden.

In den meisten Fällen kann im Zeitraum 1979-1994 kaum von einer überwältigenden Ausdehnung des Anteils der Forderungen an Ausländer gesprochen werden kann. Dies bedeutet, daß generell kein Anstoß vom Bankensektor für eine weitergehende Liberalisierung zu erwarten war. Dennoch sollte beachtet werden, daß die kleineren Mitgliedstaaten der Benelux schon seit Beginn des EWS einen strukturell bedeutenden Anteil an Forderungen gegenüber Ausländer in den Konten führten, der für Luxemburg über 85 Prozent, im Falle Belgiens über 30 Prozent und der Niederlande durchgehend über 25 Prozent betrug. Seit Mitte der achtziger Jahre hat sich immerhin für weitere drei Mitgliedstaaten eine Zunahme dieses Anteils ergeben, der rechtfertigt von einer strukturell relevanten Größenordnung auszugehen. Im Hinblick auf Dänemark ist die Ausdehnung am augenfälligsten: von rund 12% in 1979, über 20% in 1986 auf ungefähr 33% in 1990. Aber auch für die größeren Mitgliedstaaten Deutschland und Frankreich ergab sich ein kontinuierliches Anwachsen in einen strukturell relevanten Bereich. Während in Deutschland dieser Anteil bis 1983 um die zehn Prozent betrug, ist er im folgenden auf über 16 Prozent angestiegen. Der vergleichbare französische Anteil lag von 1988-1992 bei ungefähr 25 Prozent.

Wenn aus diesen Zahlen schwerlich ein Interesse des Bankensektors für eine aktive Förderung der Liberalisierungsbemühungen abgeleitet werden kann, ergibt sich dennoch ein Bild, demzufolge zumindest der Widerstand gegen eine weitere Öffnung seit

---

27 Vgl. *Oppermann* (1991), S. 538 f. Während Belgien, die Niederlande, Luxemburg, Deutschland und Großbritannien weitgehend jegliche Kapitalimportbeschränkungen abbauten, intervenierten Frankreich, Italien und Dänemark sogar verstärkt. Auch bei den neuen Mitgliedern Griechenland, Portugal und Spanien blieben nennenswerte Beschränkungen bestehen.

28 ABl. L 332, S. 22 und ABl. L 178, S. 5. Vgl. *Oppermann* (1991), S. 539. Irland, Spanien erhielten einen Aufschub bis 31.12.1992, ebenso Portugal und Griechenland, die allerdings im Gefolge einen weiteren Aufschub bis 31.12.1994 erwirken konnten.

29 Vgl. *Kratz/ Thieme* (1993), S. 242 f. und S. 246, S. 251, in jedem Mitgliedstaat muß zudem ein Einlagensicherungssystem existieren.

Mitte der achtziger Jahre abgenommen haben dürfte. Die Richtlinie vom Jahre 1986 zur Liberalisierung von Kapitalverkehr in Investmentanteilen dürfte diese Entwicklung unterstützt haben. Auch die Wirkung der Richtlinie 88/361 mit Wirkung zum Jahre 1992 ist für Italien, Portugal und Spanien deutlich erkennbar.

Abb. 62: Anteil der Forderungen an Ausländer in der Gesamtbankenbilanz (in Prozent von der Jahresendbilanz)

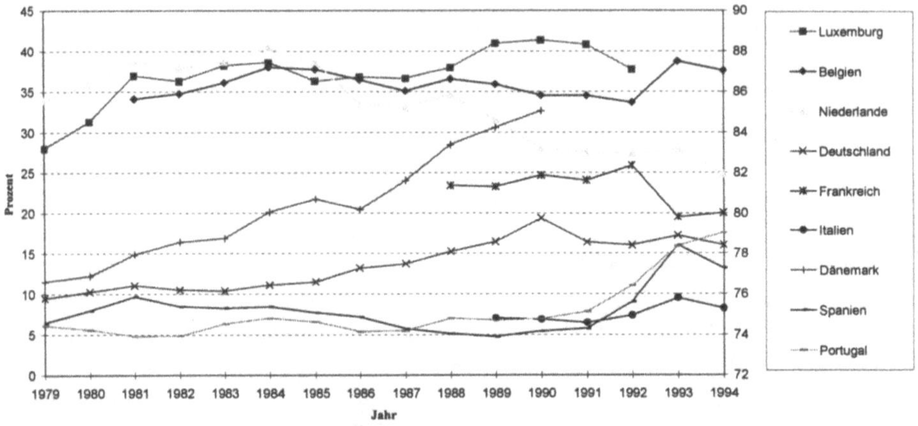

Quelle: OECD Datenbank. Claims on non-residents (% of year-end balance sheet total). 7/1997.
Keine Angaben für Irland, Großbritannien und Griechenland. Luxemburg auf der rechten Skala abgetragen.

Auf der Abbildung der folgenden Seite soll hingegen die Entwicklung der Zinsspanne in den Mitgliedstaaten der Europäischen Gemeinschaft betrachtet werden. Die Zinsspanne kann als ein Indikator für den Monopolgrad und den Abschließungsgrad des Bankensektors gewertet werden.

Aufgrund der teilweise fehlenden Angaben zu einigen Mitgliedstaaten, darf das Schaubild jedoch nicht überinterpretiert werden.[30] In den achtziger Jahren haben gleichzeitig die Zinskorrelation zwischen den meisten EG-Staaten erheblich zugenommen. So zeichnet sich auch für die Zinsspanne ein generell sinkender Trend ab, der allerdings in den Jahren 1982-1990 fast konstant verlief und erst wieder 1991 langsam wieder weiter abnahm. Die Zunahme der Standardabweichung ist ein Hinweis auf die verschiedenen Geschwindigkeiten, mit denen die Kapitalverkehrsliberalisierungen in den einzelnen Mitgliedstaaten umgesetzt wurden. Der steile Abstieg des Durchschnittes

30 So ist der sprunghafte Anstieg von 1980 auf 1981 vor allem auf das Fehlen der früheren Angaben für Belgien zurückzuführen.

der Zwölf nach 1991 ist auf jeden Fall ein deutlicher Hinweis auf den Erfolg der Kapitalmarktintegration und der damit einhergehenden Auflösung von Kartell- und Monopolsituationen. Im Europa der Sechs begann dieser Abstieg weitgehend schon im Jahre 1989, aber nicht so rasant. Dabei fällt auch die im Vergleich zum Europa der Zwölf[31] sehr viel geringere Zinsspanne auf, die auf eine engere Integration der Kapitalmärkte der Sechs hinweist.

Abb. 63: Durchschnitte und Standardabweichungen der Zinsspanne in den Mitgliedstaaten der Europäischen Gemeinschaft (in Prozent von der durchschnittlichen Gesamtbankenbilanz)

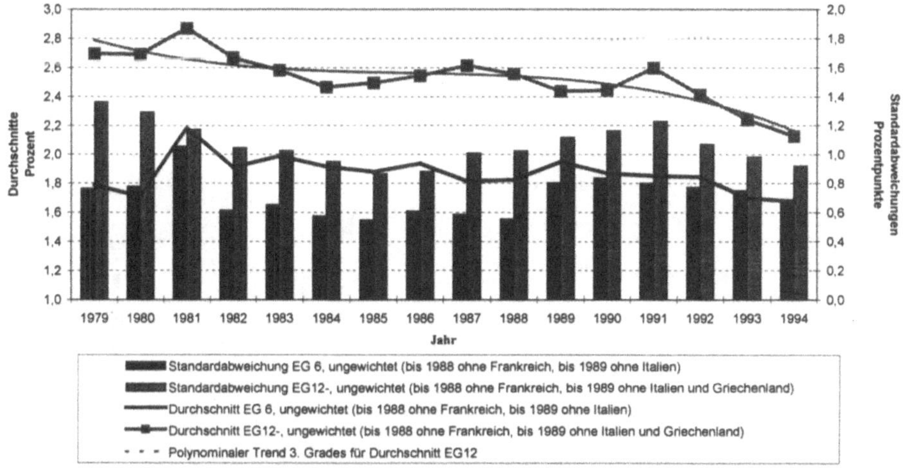

Quelle: Eigene Berechnung auf Basis der Angaben in OECD Datenbank. Net interest income (% of average balance sheet total). 7/1997. Keine Angaben für Irland.

Der Abbau der Monopolgewinne schafft erhebliche Wohlfahrtsgewinne. Dynamische Gewinne aus verstärktem Wettbewerb sind ebenfalls anzunehmen.[32] So werden die Finanzmärkte die Tendenz zeigen, sich an einigen Orten zu konzentrieren. Die Ausweitung der Liquidität wird zu einer erneuten Zinssenkung führen. Kleine und mittlere Investoren werden aus diesen Produkt- und Preisverbesserungen in erster Linie profitieren. Die am 1. Juli 1990 in Kraft getretene Richtlinie zur vollständigen Aufhebung aller Kapitalmobilitätsbarrieren stellt den vorläufigen Abschluß dieses Prozesses dar. Durch die 2. EG-Bankenrichtlinie vom Dezember 1989 wurde die Bankenaufsicht nach dem Herkunftlandsprinzip geregelt und die Dienstleistungs- und Niederlassungs-

31 Durchweg ohne Irland. Siehe die Anmerkung im Schaubild.

32 Vgl. im folgenden *Molle* (1997), S. 100-109.

freiheit wird nach dem Grundsatz der „Gegenseitigen Anerkennung" garantiert. Aufgrund der bestehenden rechtlichen und verwaltungsmäßigen Beschränkungen bedarf es vermutlich dennoch einer gewissen harmonisierenden Angleichung des Börsen-, Wertpapier- Gesellschafts- und Steuerrechts.[33] Bisher hat es insbesondere keine Einigung hinsichtlich der Besteuerung von Kapitalerträgen gegeben.[34]

Das folgende Schaubild zur Entwicklung der Gesetzgebungstätigkeit der Europäischen Gemeinschaft und der europäischen Rechtsprechung im Bereich der Kapitalverkehrsfreiheit scheint die Vermutung zu bestätigen, daß aus dem Kreise der Banken kaum ein Druck in Richtung auf die Liberalisierung des Kapitalverkehrs ausgegangen sein dürfte.

Abb. 64: Entwicklung der Gesetzgebungstätigkeit der Europäischen Gemeinschaft und der europäischen Rechtsprechung im Bereich der Kapitalverkehrsfreiheit

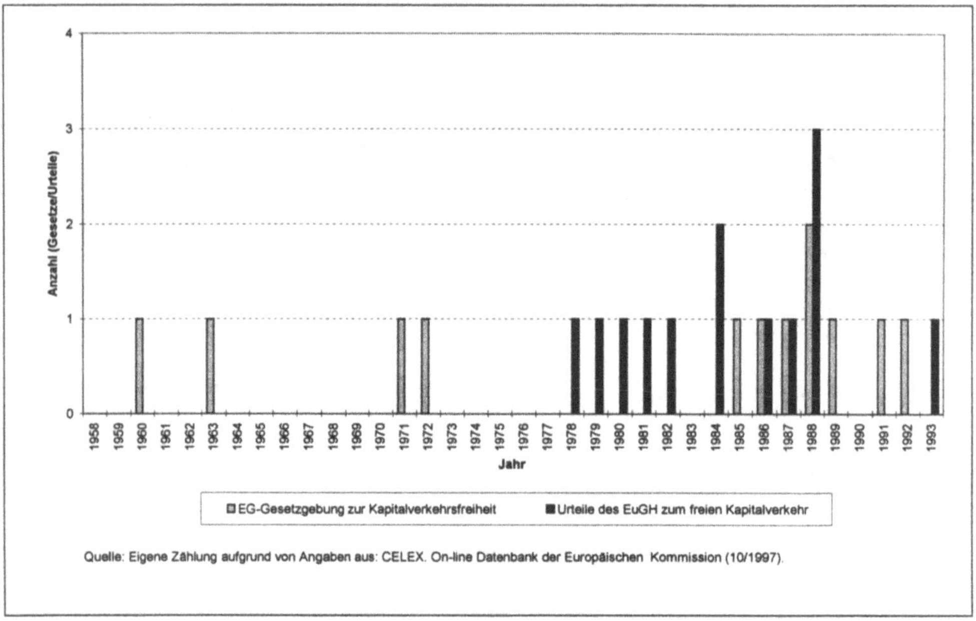

Bis zum Jahre 1985 kann die Gesetzgebungstätigkeit hinsichtlich der Kapitalverkehrsfreiheit bestenfalls als sporadisch bezeichnet werden. Aus sich heraus scheint

---

33 Vgl. *Oppermann* (1991), S. 540. Im Börsen-, Wertpapier- und Gesellschaftsrecht: RL vom 05.03.1979 (ABl. L66/21); RL vom 17.03.1980 (ABl. L100/1); RL vom 15.02.1982 (ABl. 48/26); RL vom 20.12.1985 (ABl. L375/3).

34 Vgl. *Kratz/ Thieme* (1993), S. 250, dieser verweist auch auf die temporären Kapitalverkehrsbeschränkungen einiger Mitgliedstaaten (Spanien, Portugal, Italien) im Gefolge der Krise des Wechselkursverbundes vom September 1992.

dieser Integrationsbereich kaum eine eigene Dynamik entwickelt zu haben. Die wenigen Gesetze zu Beginn des Integrationsprozesses bestätigen diese Auffassung eher, als sie zu entwerten.

Im Bereich der Kapitalverkehrsfreiheit fällt die äußerst geringe Zahl der Urteile im Vergleich zu den anderen Freiheiten auf. Dies ist ein Hinweis auf die fehlende unmittelbare Anwendbarkeit dieser Freiheit bis zum Vertrag von Maastricht. Ohne eine Setzung von Sekundärrecht war auch dem Europäischen Gerichtshof jegliche Basis für eine Weiterentwicklung dieses Politikbereiches entzogen.

Erst nach zwanzig Jahren Europäischer Einigung ergingen dann vereinzelte Urteile des Europäischen Gerichtshofes. Im Schaubild erkennbar, fallen die ersten Urteile des Europäischen Gerichtshofs zusammen mit der Schaffung des Europäischen Währungssystems, durch das die Inflations- und Zinsdifferenzen stärker auf den realwirtschaftlichen Bereich durchzuschlagen geeignet waren. Ihr verdichtendes Auftreten weist auf einen zunehmenden Klärungsbedarf hin. Mit dem Beginn des Binnenmarktprogrammes im Jahre 1985 erfolgt dann die erforderliche Gesetzgebung zur vollständigen Verwirklichung der Kapitalverkehrsfreiheit bis zum Jahre 1992. In Erinnerung zu rufen ist die Tatsache, daß der ungewichtete Durchschnitt des intragemeinschaftlichen Güterhandels in den Jahren 1984-85 erstmalig die 20%-Marke überschritten hatte. In diesen Zeitraum fällt ebenfalls die erhebliche Zunahme der innergemeinschaftlichen Fusionen und Mehrheitsbeteiligungen.

Die nächste Graphik gibt einen Eindruck über die Größe der Liberalisierungswirkung der 3. Richtlinie vom 17.11.1986 für den Kapitalverkehr mit Investmentanteilen.

Abb. 65: Jährlich Zuflüsse an Direktinvestitionen in die Europäische Gemeinschaft

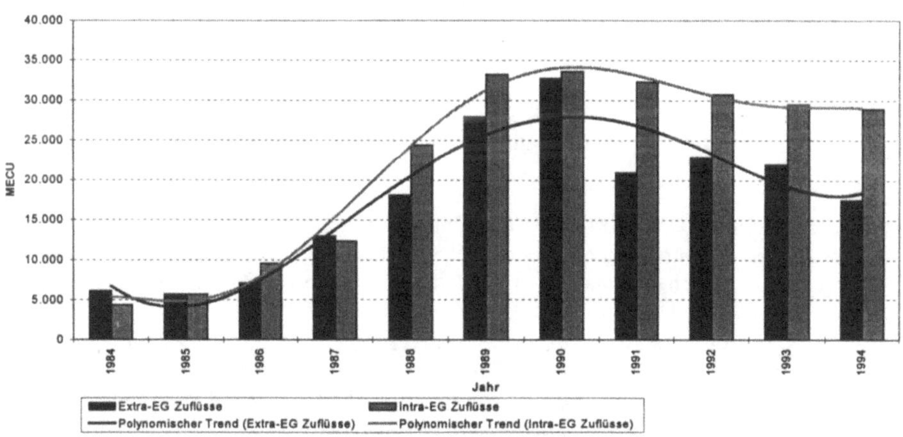

Quelle: Eigene Berechnungen. Eurostat: NewChronos. On-line Datenbank. EU direct investments, breakdown by economic activity (old series from 1984). (2/1997). Total, Inward Flows, Equity and other without reinvested earnings. Vgl. auch European Union: Direct Investment Yearbook. 1996, Luxembourg, 1997.

Innerhalb von fünf Jahren hatte sich das gemeinschaftsweite Volumen der Zuflüsse von Direktinvestitionen versechsfacht. Dabei ist die Herkunft der Investitionsmittel kaum relevant. Gleichwohl war die innergemeinschaftliche Investitionsverflechtung stärker ausgeprägt als mit Partnern aus Drittstaaten. Der jährliche Zufluß innergemeinschaftlicher Provenienz hat sich anscheinend auf einem relativ hohen Niveau stabilisiert.

Um ein Gefühl für die erreichte Größenordnung zu vermitteln, kann man diese jährlichen Zuflüsse an innergemeinschaftlichen Direktinvestitionen mit dem Wert der gesamten innergemeinschaftlichen Einfuhren vergleichen. Die Direktinvestitionen lagen 1994 in einer Größenordnung von rund 4% des innergemeinschaftlichen Güterhandels, aber machten immerhin schon fast 18% des Wertes des innergemeinschaftlichen Handels in Dienstleistungen aus. Im Gegensatz zu den Handelsströmen in Gütern und Dienstleistungen addieren sich diese Zuflüsse jährlich zu dem schon grenzüberschreitend investierten Bestand an Investitionsvermögen.[35] Die Integrationsform der Wanderung von Faktoren hat begonnen, in eine integrationspolitisch relevante Größenordnung vorzudringen.

1.1.3. Die Wettbewerbspolitik

Dem Aufbau der Wettbewerbspolitik zur Verhinderung von Wettbewerbsverfälschungen kam seit Beginn der Integration eine hohe Bedeutung zu.[36] Seit den 60er Jahren haben Rat und Kommission in bemerkenswertem Ausmaß das Recht zum Erlaß von sekundärem EG-Wettbewerbsrecht aufgegriffen. Dabei hat „(...) die EG-Wettbewerbspolitik durch ihre nicht erfolglosen Anstrengungen, übermäßige private und öffentliche Wirtschaftsmacht im Interesse der Marktbürger und des Florierens der europäischen Wirtschaft zu bändigen, wesentliches zum ökonomischen Erfolg der EG beigetragen."[37] Die Notwendigkeit ihrer Ausführung auf Gemeinschaftsebene hat sich deutlich gezeigt.[38] „Die Erfolge einer wettbewerbsorientierten Wirtschaftspolitik haben innerhalb der Gemeinschaft eine spontanen Prozeß der Rechtsangleichung bei Wettbewerbsgesetzen der Mitgliedstaaten ausgelöst."[39]

Während des europäischen Einigungsprozesses ist es zu einem kontinuierlichen Anstieg von Konzentrationsvorgängen innerhalb der Mitgliedsländer und vor allem der

35 Ein interessanter Indikator für die Entwicklung der Integration aufgrund von Faktorwanderung wären auch Zahlen über die Bedeutung von Intra-Firmen-Handel im innergemeinschaftlichen Handel von Gütern und Dienstleistungen. Nach Wissen des Autors liegen solche Daten bisher jedoch nicht vor.

36 Vgl. *Hrbek* (1993), S. 7. Der Stand des Wettbewerbsrecht ist zusammengefaßt in *Europäische Kommission* (1995a), Bd. 1A: Wettbewerbsregeln für Unternehmen; Ergänzungen; Bd. 2A: Wettbewerbsregeln für staatliche Beihilfen. Außerdem *Europäische Kommission* (1995b) hinsichtlich der Kontrolle von Unternehmenszusammenschlüssen.

37 Zit. und vgl. *Oppermann* (1991), S. 370 und S. 354.

38 Vgl. *Mestmäcker* (1995), S. 196.

39 Vgl. *van Miert* (1995), S. 221.

grenzüberschreitenden Konzentrationen gekommen.[40] Wie aus dem folgenden Schaubild entnommen werden kann, ist die Anzahl der Operationen, wie Beteiligungen, Gründung gemeinsamer Tochtergesellschaften, sowie Übernahmen und Fusionen seit Beginn der achtziger Jahre von rund 200 (1982) auf fast 1400 (1989) stetig angewachsen, um anschließend wieder zurückzugehen. Der Anteil der grenzüberschreitenden Operationen innerhalb der Gemeinschaft blieb bis 1986 mehr oder weniger konstant bei 20 Prozent. In den folgenden Jahren ist dieser Anteil jedoch auf über 36 Prozent angewachsen und hielt sich danach über der 30%-Marke. Man kann hierin einen Vorgriff auf die Effekte des Binnenmarktprogrammes sehen.

Abb. 66: Entwicklung der Konzentrationsvorgänge innerhalb der Europäischen Gemeinschaft (1982-1991)

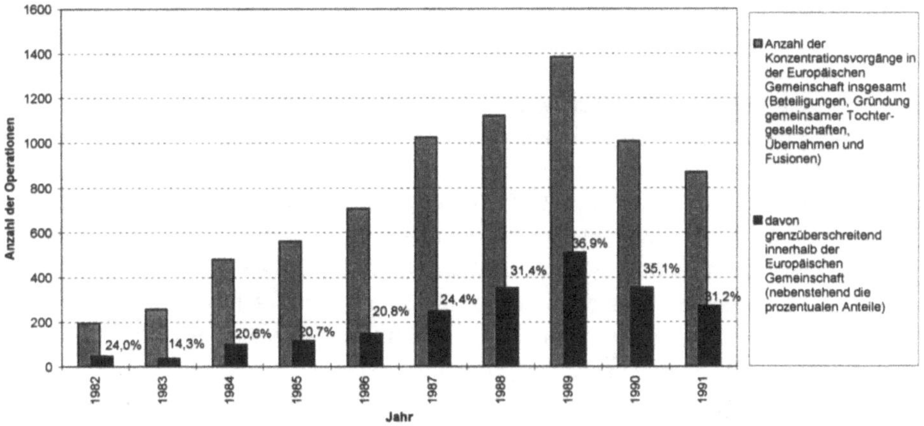

Quelle: Kommission der Europäischen Gemeinschaften: Elfter Bericht über die Entwicklung der Wettbewerbspolitik, Brüssel, Luxemburg, 1982; und dies.: Fünfzehnter Bericht über die Entwicklung der Wettbewerbspolitik, ebenda, 1986, ff. bis einschließlich: dies.: XXIII. Bericht über die Entwicklung der Wettbewerbspolitik 1993, Brüssel, Luxemburg, 1994.

Die Datenreihe zeichnet vor allem ein eindeutiges Bild, wie auf das *„Cassis-de-Dijon"*-Urteil, die anschließende Entwicklung des „Neuen Ansatzes" und das Binnenmarktprogramm die europäischen Unternehmen durch externes Wachstum antworteten. Auffällig ist die deutliche prozentuale Zunahme der grenzüberschreitenden Operationen, die auf dem Höhepunkt 1989 mehr als ein Drittel der Konzentrationsvorgänge innerhalb der Gemeinschaft ausgemacht haben. Der Erfolg der Marktöffnung im Bereich des Waren- und dann des Dienstleistungshandels hat zu einer Zunahme der Kon-

40 Vgl. *Görgens* (1993), S. 222 (siehe auch Tabelle 5, S. 223: Erwerb und Verkauf von Unternehmen).

zentrationsvorgänge in der Europäischen Gemeinschaft geführt. Daß in diesem Bereich Handlungsbedarf herrschte, ist durch den Erlaß der Fusionskontrollverordnung 4064/89 belegt, kraft derer seit dem 21.09.1990 systematisch eine Fusionskontrolle unter EG-Wettbewerbsrecht stattfindet. Die Zusammenschlüsse sind danach mit dem Binnenmarkt als nicht vereinbar zu erklären, wenn sie eine beherrschende Stellung begründen oder verstärken, die wirksamen Wettbewerb erheblich behindert.[41]

Tatsächlich könnte man die Verflechtungsformen: Exporthandel, *non-equity* Zusammenschlüsse und schließlich Auslandsniederlassungen nach den Kategorien des Ortes der Managementaufgabenausübung und der Kapitalinvestition auf einem Kontinuum anordnen. Bei Exporthandel wird noch kein Kapital im Ausland investiert, noch werden relevante Managementaufgaben im Ausland wahrgenommen. Dagegen ist die Schaffung von ausländischen Niederlassung mit dem Transfer von Kapital und von Unternehmensleitungsaufgaben ins Ausland verbunden.[42] Dabei ist der Transfer von technologischem und organisatorischem Know-how ein Hauptauslöser für vertikale und horizontale Konzentrationsvorgänge. Dies ergibt sich aus der Tatsache, daß Eigentumsrechte, und insbesondere Rechte des geistigen Eigentums, in den meisten Fällen nur in den Grenzen des nationalen Territorium effektiv geschützt sind, so daß die Sicherheit grenzüberschreitender Transaktionen durch die nationalstaatlichen Rechtssysteme nur unzureichend gewährleistet werden kann. Dagegen wirken grenzüberschreitende Verflechtungsvorgänge wie der Austausch einer „Geisel" und bewirken Selbstbindung der Geschäftspartner durch versunkene Anfangsinvestitionen. Durch die gegenseitige Bindung wird der Austausch auf Dauer angelegt, was kooperatives Verhalten wahrscheinlicher macht; sie ist somit eine Investition in „Vertrauen".[43] Insofern kann man auch vermuten, daß Direktinvestitionen und Beteiligungen an ausländischen Unternehmen auch eine den Exporthandel stützende Funktion zukommt.

Der Wettbewerbsbereich führt zu zahlreichen unmittelbaren Kontakten zwischen den Gemeinschaftsorganen und den Marktteilnehmern. Seit den ersten Jahren hat die Europäische Kommission Wettbewerbspolitik aktiv betrieben. Wie dem folgenden Schaubild unschwer entnommen werden kann, zeichnet sich der Bereich der Verfahren gegenüber Unternehmen über den gesamten Zeitraum 1958-1994 durch eine durchgehende Nutzung aus. Die Anzahl der Verfahren gegenüber Unternehmen (ohne Fusionskontrolle) liegt im Durchschnitt bei rund 13 Rechtsakten jährlich, wobei auch hier das Mittel in der Dekade 1984-1994 eher bei 22 liegt. Die Einführung der Fusionskontrollverordnung hat außerdem seit 1990 zu einer erheblichen Zunahme der wettbewerbspolitischen Entscheidungen geführt.[44]

---

41 Vgl. *Kerber* (1993), S. 292 f.

42 Vgl. *Schmidtchen/ Schmidt-Trenz* (1990), S. 6 f. und S. 10.

43 *Schmidtchen/ Schmidt-Trenz* (1990), S. 19 und S. 25-28. In früheren Jahrhunderten war der internationale Handel aus eben diesem Grunde in den meisten Fällen in der Hand von „Familien".

44 Die Entscheidungen zu Art. 85, 86 und 90 sind veröffentlicht in *Europäische Kommission* (1992-1996).

Abb. 67: Jährliche Entscheidungstätigkeit der Europäischen Gemeinschaft im Bereich der Wettbewerbspolitik

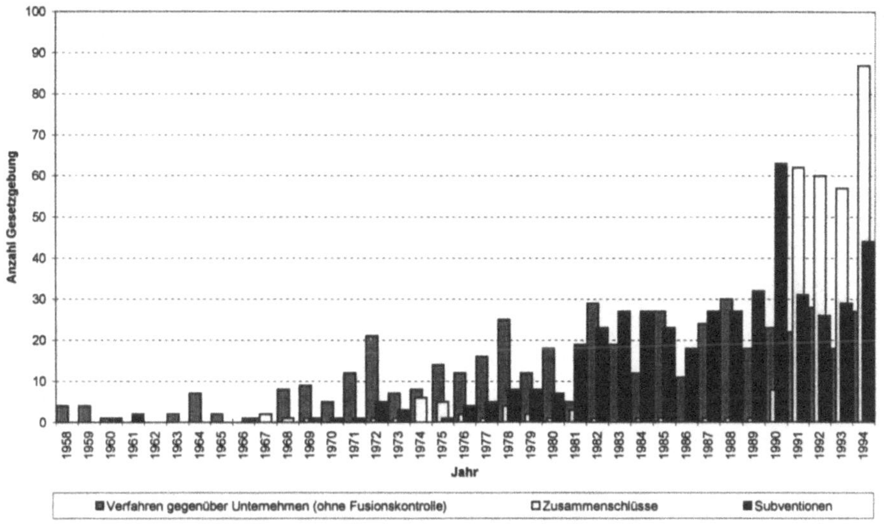

Quelle: Eigene Zählung aufgrund von Angaben aus: CELEX. Online-Datenbank der Europäischen Kommission. (7/1997)

Auch die Entscheidungsaktivität der Kommission im Bereich der Subventionskontrolle ist von besonderem Interesse. Im Rahmen des Modells kann mit einer Zunahme des Interventionsbedarfes in diesem Bereich insbesondere nach der Beseitigung der Zollschranken und technischen Handelshemmnisse gerechnet werden. Wie dem vorstehenden Schaubild zu entnehmen ist, sind die Sekundärrechtsakte im Bereich der Subventionen nach 1980 tatsächlich sprunghaft angestiegen.[45] In diesem Unterbereich der Wettbewerbspolitik übertrifft die Tätigkeit seit 1990 regelmäßig den Interventionsbedarf gegenüber Unternehmen (ohne Fusionskontrolle). Die steigende Tendenz erscheint bisher ungebrochen.

Nach den Aussagen des Modells werden die Interessengruppen jedoch im Verlauf des Integrationsprozesses versuchen, den Zugriff von der europäischen Ebene durch Renationalisierung einzuschränken. Im Bereich der Wettbewerbspolitik kann als ein Indikator für die Reife des Integrationsprozesses die Entwicklung der Einzel- und Gruppenfreistellungen herangezogen werden.

Wie aus dem folgenden Schaubild unschwer zu ersehen ist, wird die Hypothese des Modells, trotz der absolut geringen Anzahl, auch in diesem Bereich nicht widerlegt.

---

45 Der Inhalt der ablehnenden abschließenden Entscheidungen im Bereich der staatlichen Beihilfen liegt vor in *Europäische Kommission* (1996c).

Abb. 68: Anzahl der Einzel- und Gruppenfreistellungen (nach Artikel 85 Absatz 3 EGV)

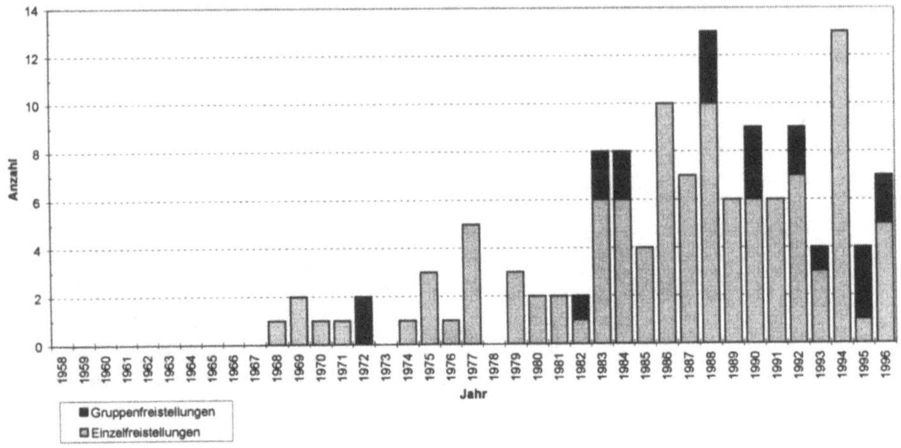

Quelle: Eigene Suche und Zählung in: Celex. On-line Datenbank der Europäischen Kommission, (10/1997).

Ein deutlicher Anstieg der Einzel- und Gruppenfreistellungen ist insbesondere seit der zunehmenden Marktintegration zu Beginn der achtziger Jahre zu verzeichnen. Vielleicht beinhaltet die Entwicklung im Bereich der Gruppenfreistellungen im Rahmen des Modells eine stärkere Aussagekraft als die begründete Ausnahme in Einzelfällen. Während es bis zum Jahr 1981 nur zu zwei Gruppenfreistellungen gekommen war, ist seither der Gruppenfreistellung ein weit höherer Anwendungsgrad zugekommen. Dieses Indiz ist im Rahmen dieser Arbeit am ehesten als ein Zeichen für das Erstarken der integrationszersplitternden Kräfte zu werten.

Ebenfalls für den Bereich der Wettbewerbspolitik soll im folgenden ein kurzer Blick auf die Entwicklung der europäischen Rechtsprechung geworfen werden. Im Hinblick auf die Urteile des EuGH im Bereich der staatlichen Beihilfen ergibt sich das Bild, daß seit Mitte der siebziger Jahre die Anzahl der jährlichen Urteile kontinuierlich bis Mitte der achtziger Jahre steigt, um sich dann auf einem relativ hohen Niveau zu stabilisieren. In der Dekade 1985-1995 sind jährlich durchschnittlich rund sieben Urteile ergangen, während der Durchschnitt in den zehn Jahren davor noch bei rund 3 Urteilen im Jahr lag.[46] Da diese Urteile in den meisten Fällen das Verhältnis von Europäischer Kommission, als Vertreter der Gemeinschaft, und die einzelnen Mitgliedstaaten betreffen, kann in diesem Zuwachs erneut eine zentrifugale Tendenz gesehen werden.

46 Weitere zehn Jahre früher ergibt sich nicht einmal ein Durchschnitt von einem Urteil pro Jahr.

Abb. 69: Entwicklung der europäischen Rechtsprechung im Bereich des Wettbewerbs[47]

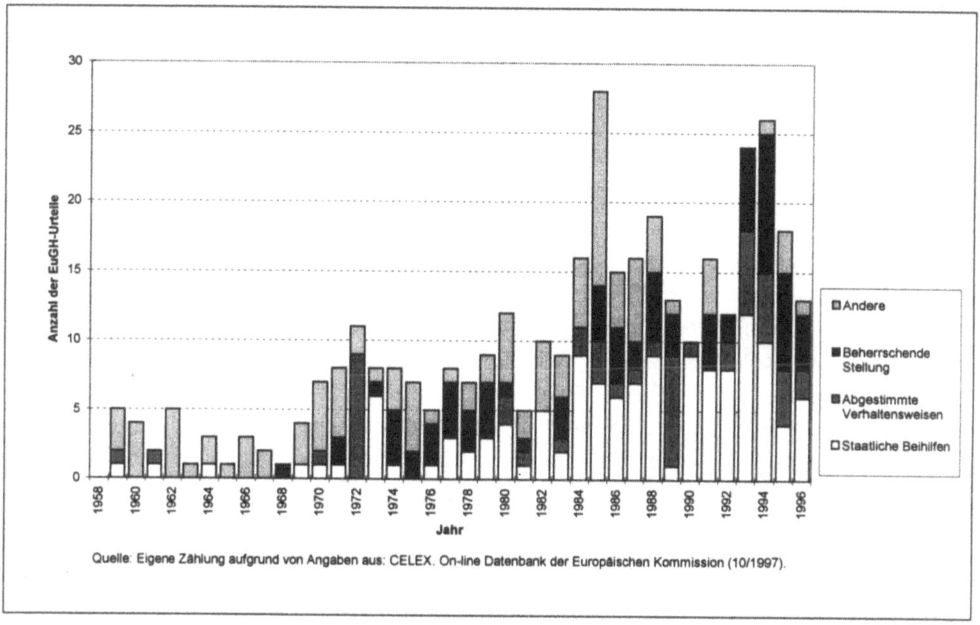

Hinsichtlich der Verfahren, bei denen vorwiegend Unternehmen betroffen sind, lassen sich ebenfalls leichte Steigerungstendenzen feststellen.[48] So lag der Durchschnitt von jährlichen Urteilen im Bereich der beherrschenden Stellungen im Zeitraum 1965-1975 bei unter einem Urteil im Jahr. In der Folgedekade lag dieser Mittelwert bei knapp über zwei Urteilen pro Jahr. Von 1985-1995 verdoppelt sich dieser Wert erneut und erreicht eine Höhe von etwas über vier Urteilen pro Jahr. Hinsichtlich der abgestimmten Verhaltensweisen ist dieser Anstieg jedoch sehr viel schwächer ausgeprägt. Während auch hier bis 1975 der Durchschnitt bei knapp unter einem Urteil pro Jahr liegt, nimmt er bis zum Jahre 1985 eher noch leicht ab. Erst seit 1985 steigt der Mittelwert erheblich auf über drei Urteile pro Jahr. Diese Entwicklung scheint in erster Linie auf die verstärkte Verflechtung der europäischen Industrie zurückzugehen. Insbesondere mit Beginn des Binnenmarktprogramms im Jahre 1985 hat ein erhebliche Zunahme der Konzentrationsvorgänge auch zu einem größeren gerichtlichen Klärungsbedarf geführt.

47 Anzahl der Urteile des Europäischen Gerichtshofes (ohne Gericht 1. Instanz).

48 Umfaßt die Kategorien „Abgestimmte Verhaltensweisen" und „beherrschende Stellungen".

1.1.4. Modellbezogene Zusammenfassung

In diesem Kapitel sollen abschließend eine Reihe der hier vorgestellten Erscheinungen mit der Entwicklung des Zuspruchs zur Fortführung der Europäischen Integration in Verbindung gesetzt werden, wie er aus dem Modell des vorigen Kapitels abgeleitet werden kann. Es wird hierzu angenommen, daß die Intensität der Gesetzgebungstätigkeit der Europäischen Gemeinschaft eine gute Näherung für den Verlauf einer auf europäischem Niveau aggregierten Interessengleichgewichtskurve darstellt. Zusätzlich wird angenommen, daß es ungefähr eines Zeitraums von bis zu drei Jahren bedarf, um von den Interessen angestoßen zu einem europäischen Gesetz zu gelangen. Diesem Umstand wird in der folgenden Graphik dadurch Rechnung getragen, daß anstelle der jährlichen Anzahl von Gesetzeserlassen hier ein gleitender Durchschnitt über drei Jahre verwendet wird. Eine Zerlegung dieser Gleichgewichtskurve in integrationsfördernden und marktabschließenden Interessen ist jedoch rechnerisch nicht möglich. Die früheren Informationen aus diesem Kapitel geben jedoch hier und da einen Hinweis auf die Art der Aktivitäten von Interessengruppen. Wenn man nun gleichsam rückwärts, entgegen der Konstruktion des zeitlichen Verlaufes im Modell des vorigen Kapitels, den Beitrag der Zunahme in den Handelsströmen aus dieser europäischen Interessengleichgewichtskurve durch Division herausrechnet, kann das Ergebnis in Analogie zu den individuellen Grenznutzenkurven des Integrationsfortschritts als „Makro-Grenznutzenkurve" interpretiert werden.[49]

Es ergibt sich für den „Gemeinsamen Markt der Güter" die im folgenden dargestellte Kurve. Mehr als die Lage stellt der Verlauf einen Hinweis auf die generelle Unterstützung für weiteren Fortschritt bei der Verwirklichung des Gemeinsamen Marktes dar. An entscheidenden Stellen dieses Kurvenverlaufes sind Änderungen eines größeren strukturellen Ausmaßes mit auf die Graphik eingetragen worden. Gleichzeitig sind gestrichelt drei Kopien des aus dem Modell entwickelten theoretischen Kurvenverlaufes des Gesamtinteressengleichgewichts abgetragen worden.[50]

Das Ergebnis ist meines Erachtens verblüffend: der Verlauf der „Makro-Grenznutzenkurve" deckt sich über weite Strecken mit dem im Modell entwickelten Verlauf. Dennoch ergibt sich auch, daß die vom Modell formulierte Vermutung, daß nach einem Höhepunkt ein ständiges Absinken der Unterstützung für den Integrationsprozeß einsetzt, nur teilweise bestätigt wurde.

---

49 Der Autor ist sich voll der Tatsache bewußt, daß Nutzen und Nutzeneinschätzung ausschließlich eine Angelegenheit der einzelnen Individuen ist. Da aber keine Möglichkeit besteht, weiter zu unterscheiden, findet die Desaggregation hier ihren Endpunkt. Der Zusatz „Makro" ist also nur ein Hinweis auf den Aggregationsgrad. Die Kurve könnte auch heißen „Kurve des allgemeinen Zuspruches für weitere Integration". Die Datenbasis ist für die anderen Politikbereiche zu dünn, um eine ähnliche Berechnung durchzuführen.

50 Dabei sind die Verläufe der drei Kurven identisch. Allein die linken und rechten Verlängerungen sind bei Bedarf gestutzt worden, ohne jedoch den Kurvenverlauf selbst zu verändern.

Modell 14: "Makro-Grenznutzenkurve" für Fortschritte im Gemeinsamen Markt der Güter

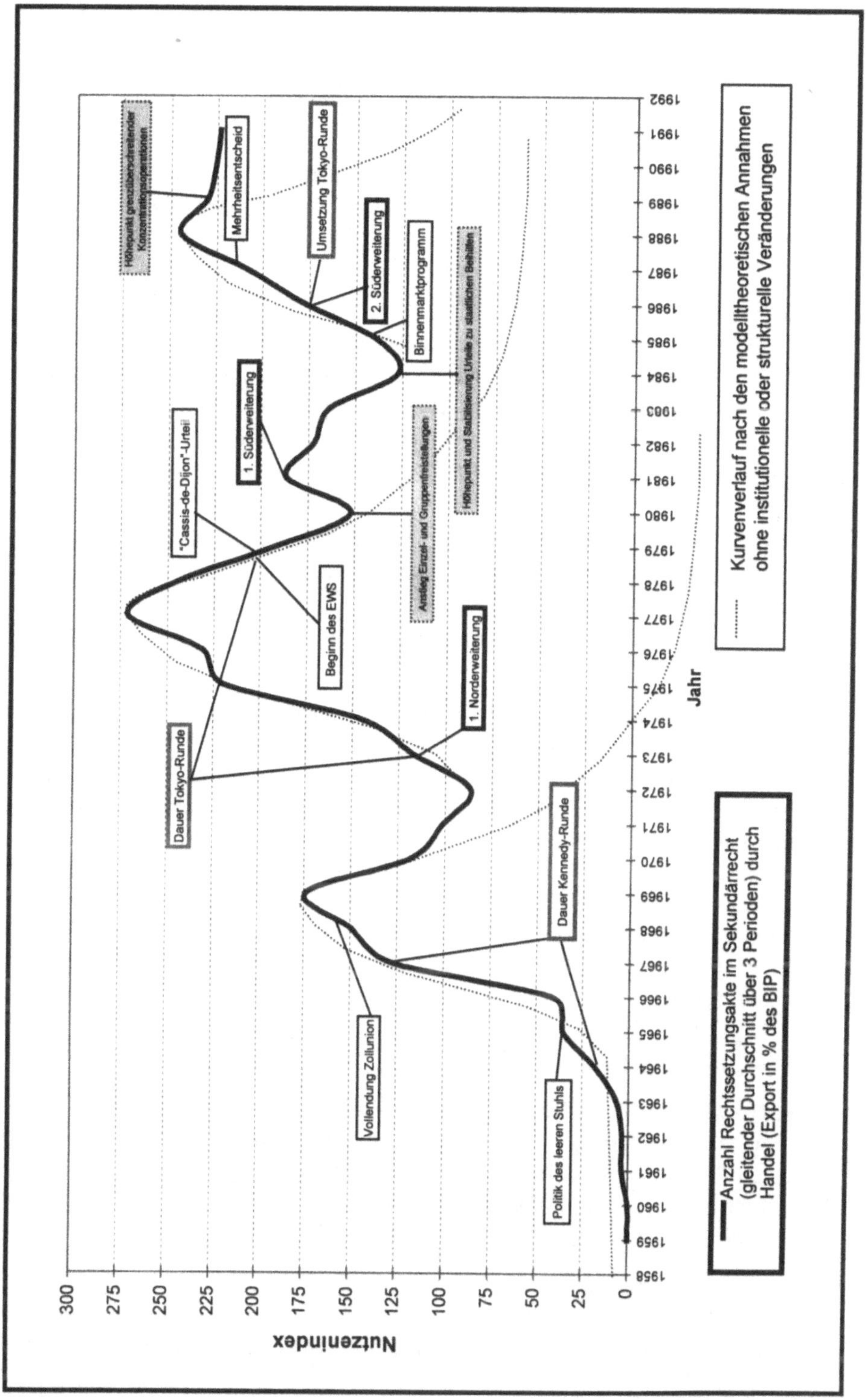

Nach einer Phase des deutlichen Rückgangs zeigt der Europäische Einigungsprozeß über den betrachteten Zeitraum dreimal eine Umkehr der erwarteten Tendenz. Diese Trendwendungen stehen jedesmal in engstem Zusammenhang mit den im Betrachtungszeitraum erfolgten Erweiterungen. Tatsächlich scheint mit den Erweiterungen der „Makro-Grenznutzen" für weitere Fortschritte bei der Vollendung des Binnenmarktes erneut den ursprünglich steigenden Verlauf hat einschlagen können. Dabei ist der Verlauf der Kurvenstücke des „Makro-Grenznutzens" der Perioden 1965-1971, 1972-1978 und 1985-1990 weitgehend deckungsgleich. Andere wichtige strukturelle Änderungen, wie das Ursprungslandsprinzip, das EWS, die Einführung der qualifizierten Mehrheit, liegen hingegen auf nicht weiter bemerkenswerten Kurvenabschnitten.

Im Rahmen dieser Arbeit bietet sich daher die Schlußfolgerung an, daß die wiederholten Erweiterungen eine Verkrustung des Integrationsprozesses verhindert haben. Wenn sie nicht den Motor der Europäischen Einigung darstellen, so haben die Erweiterungen ihr jedoch immer wieder neuen Treibstoff zugeführt. (Nach Aussage der Graphik wäre der Integrationsprozeß ohne die erste Erweiterung vermutlich 1974 am Ende gewesen.)[51]

Dennoch sollte das Binnenmarktprogramm nicht unterschätzt werden. Es liegt ebenso wie die Zweite Süderweiterung in nächster Nähe eines Wendepunktes. Diese politische Großoffensive hat möglicherweise erheblich zum Ansteigen der Unterstützung für zusätzliche Marktöffnung beigetragen. Der horizontale Ansatz wäre dafür verantwortlich zu halten.

Schließlich soll noch erwähnt werden, daß sowohl das sprunghafte Ansteigen von Einzel- und Gruppenfreistellungen sowie von Gesetzen hinsichtlich der Subventionskontrolle mit dem lokalen Minimum der „Makro-Grenznutzenkurve" im Jahre 1980 zusammenfällt. Der Höhepunkt hinsichtlich der EuGH-Urteile zu staatlichen Beihilfen im Jahr 1984/85 trifft erneut auf ein lokales Minimum. Im Zusammenhang des Modells dürften diese Indizien wieder kaum als akzidentiell gewertet werden. Sie deuten vielleicht darauf hin, daß trotz des hohen Niveaus an Gesetzgebungstätigkeit nach und nach der Punkt erreicht wird, wo die Gesetze sich von allgemeinen Normen in Vorschriften für immer speziellere Nischen entwickeln. In diesen Nischen nisten sich dann die Partikularinteressen ein.

1.2. Außenwirtschaftsbeziehungen

Die Entwicklung der Weltproduktion hat in den letzten zwanzig Jahren fast durchweg trägere Zuwachsraten aufgewiesen als das Wachstum des Welthandels. Auf dem folgenden Schaubild sind die jährlichen Veränderungen der Wachstumsraten der Produktion gegenüber denen des Außenhandels für die Industrie- und Entwicklungsländer aufgetragen.

---

51 Schnittpunkt der hypothetisch verlängerten „Makro-Grenznutzenkurve" (gestrichelte Linie) mit der Abszisse.

Abb. 70: Wachstum der Produktion gegenüber dem Handel (Jährliche Veränderung)

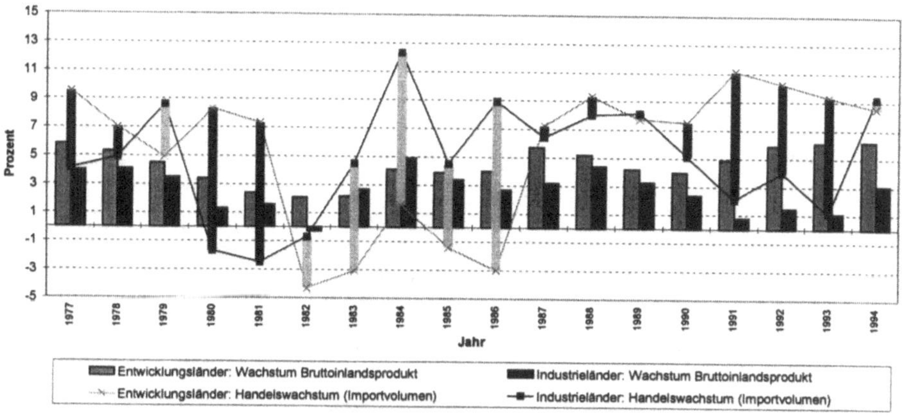

Quelle: World Economic Outlook. A Survey by the Staff of the International Monetary Fund. IMF. World Economic and Financial Surveys. Washington D.C., Oktober 1995, Oktober 1990 und April 1985. Für 1987-1994 bei Industrieländern Handel in Gütern und Dienstleistungen. China ist nicht in der Kategorie Asien enthalten.

Die jährlichen Wachstumsraten des Bruttoinlandsproduktes der Industrieländer lagen bis auf die Jahre 1983 und 1984 regelmäßig unter denen der Entwicklungsländer. Hingegen gab es bei den Wachstumsraten des jeweiligen Außenhandels erhebliche jährliche Änderungen. Dies führt dazu, daß in manchen Perioden die Wachstumsraten der Industrieländer, in anderen jedoch die der Entwicklungsländer erheblich über denen des jeweils anderen lagen. Während in der Zeit 1981-1986 die Industrieländer ihre Einbindung in das Weltwirtschaftssystem beschleunigten, war in der Folgeperiode 1987-1993 das Wachstum des Außenhandels bei den Entwicklungsländern in der Regel stärker ausgeprägt.

Bis auf die Jahre nach der zweiten Ölkrise (für die Industrieländer) und der Schuldenkrise (für die Entwicklungsländer) lagen die Wachstumsraten des Welthandels regelmäßig über denen der volkswirtschaftlichen Wertschöpfung. Aus diesem stärkeren Anwachsen des Welthandels als der Produktion in allen Industrieländer seit Beginn der achtziger Jahre folgt eine generelle Zunahme der strukturellen Bedeutung des internationalen Handels. Seit Mitte der achtziger Jahre machen die Entwicklungsländer dieselbe Erfahrung, wobei die Geschwindigkeit des Wandels noch höher ist. Die wirtschaftliche Interdependenz der Welt nimmt jährlich mit schnellen Schritten zu. Diese Erscheinung ist die Wurzel dessen, was man als Globalisierung bezeichnet.

Das nächste Schaubild verdeutlicht noch einmal die Geschwindigkeit, mit der die Volumen der Importe, nach Regionen und Ländergruppierungen differenziert, in der Periode 1977-1994 gewachsen sind.

Abb. 71: Wachstumsraten des Welthandels nach Regionen (Änderung zum Vorjahr: Volumen der Importe)

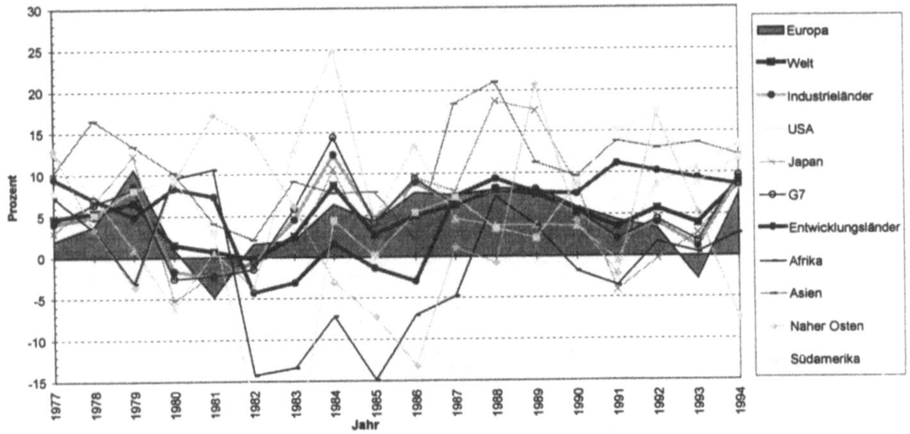

Quelle: World Economic Outlook. A Survey by the Staff of the International Monetary Fund. IMF. World Economic and Financial Surveys. Washington D.C., Oktober 1995, Oktober 1990 und April 1985. Für 1987-1994 bei Industrieländern Handel in Gütern und Dienstleistungen. China ist nicht in der Kategorie Asien enthalten.

Es zeigt sich, daß das Handelswachstum der Europäischen Gemeinschaft mit Ausnahme der Jahre 1981 und 1993 fast deckungsgleich mit dem Weltwachstum war. Zumindest ist ein deutlicher Gleichschritt festzustellen, der im übrigen mit den USA keineswegs geteilt wird, deren Handelszuwächse sehr viel stärkeren Schwankungen ausgesetzt sind.

Nach dem Modell kann angenommen werden, daß diese äußeren Einflüsse einen beschleunigenden oder bremsenden Effekt auf den inneren Integrationsfortschritt ausüben. Dabei wurde vermutet, daß die Wirkungsrichtung von der jeweiligen inneren Interessenkonstellation der Gemeinschaft abhängig ist. Wenn man sich einen Moment an die „Makro-Grenznutzenkurve" erinnern möchte, dann könnte der Umschwung ihrer Steigung im Jahr 1980/81 durchaus durch die bremsende Wirkung der Abnahme des außergemeinschaftlichen Handels erleichtert worden sein.[52] In gleicher Weise aber mit umgekehrtem Vorzeichen könnte das positive außergemeinschaftliche Handelswachstum bis 1992 die Steigung der „Makro-Grenznutzenkurve" seit 1986 schneller ausgebremst

52 GG in Phase 3 in Situation B.

haben, als es im gegenteiligen Fall eines Rückgangs des externen Außenhandels der Fall gewesen wäre.[53] Andererseits kann der seit 1977 beginnende äußerst steile Abfall der „Makro-Grenznutzenkurve" ohne weiteres auch durch die rasante Zunahme auch der außergemeinschaftlichen Einfuhren von 1977 bis 1980 noch stärker beschleunigt worden sein.[54]

Wie hat sich nun das strukturelle Gewicht zwischen dem innergemeinschaftlichen Handel und dem Handel mit Drittstaaten verschoben? Die folgende Abbildung versucht hierüber Aufschluß zu geben. Sie verdeutlicht, wie sich das Gewicht zusehends in Richtung auf den innergemeinschaftlichen Handel verschoben hat. Aufgrund der prinzipiellen Gleichheit der Mitgliedstaaten soll auch hier der ungewichtete Durchschnitt betrachtet werden. Ohnehin ist der Unterschied zwischen gewichtetem und ungewichteten Durchschnitt eher eine Frage der Lage als des Verlaufs der Durchschnittskurve.

Abb. 72: Durchschnittlicher Anteil des intragemeinschaftlichen Exporthandels (in Prozent der Gesamtexporte)

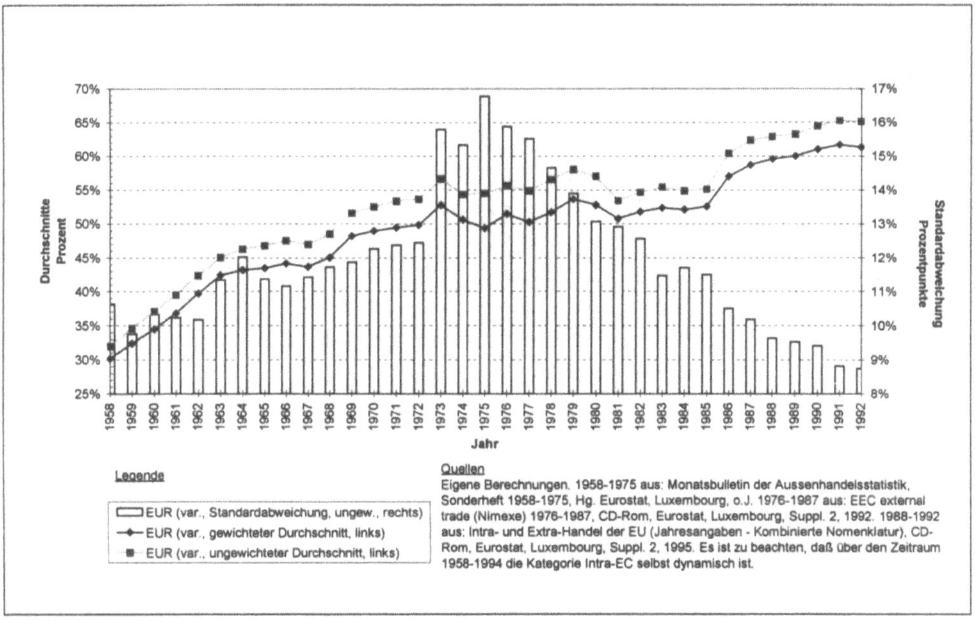

So ist der ungewichtete Durchschnitt des innergemeinschaftlichen Güterhandels im Verhältnis zum gesamten Güterhandel von rund 32 Prozent im Jahre 1958 auf über 51 Prozent im Jahre 1969, bis schließlich auf rund 65 Prozent vom gesamten Güterhandel

53 GG in Phase 2 in Situation A.

54 GG in Phase 3 in Situation A.

im Jahre 1992 angestiegen. Oder kurz: von Beginn der wirtschaftlichen Integration bis zur Vollendung des Binnenmarktes hat sich der Anteil des innergemeinschaftlichen Handels auf rund zwei Drittel des Gesamthandels der Mitgliedstaaten der Europäischen Gemeinschaft verdoppelt. Gleichzeitig haben die handelsschaffenden Effekte der Integration in den Jahren 1960-1968, sowohl wie in der Periode 1973-1984, als auch in der Zeit von 1986-1992 die handelsumlenkenden Effekte übertroffen.[55]

Wollte man diese Erkenntnis erneut mit den Modellannahmen in Verbindung setzen, so würde man mit den Stimmen übereinkommen, die in der Kennedy-Runde von 1964-67 einen wichtigen Beitrag für die Orientierung der europäischen Integration sehen. Tatsächlich hatte der extra-EG Handel bis 1969 sogar noch ein strukturelles Übergewicht. Die Auffassungen über die Nützlichkeit einer Zollunion differierten zu dieser Zeit erheblich.[56] Zu Beginn der europäischen Integration bestanden vollkommen unterschiedliche Haltungen hinsichtlich der Notwendigkeit, protektionistischen Versuchungen zu widerstehen.[57] Das bedeutet, daß das Interessengleichgewicht zwischen Marktöffnung und Protektion bis zu diesem Zeitpunkt ebenso sehr von den Außenbeziehungen der Gemeinschaft bestimmt wurde, wie diese äußere Entwicklung auch beschleunigend auf den inneren Integrationsprozeß zurückgewirkt haben dürfte. Die linearen durchschnittlichen Kürzung aller Zölle um 35-40 Prozent wirkt im Modell wie eine erheblich Zunahme des Außenhandels.[58] Vermutlich hat daher der Erfolg der Kennedy-Runde so nicht nur die Balance in Richtung einer marktöffnenden Integration ausschlagen lassen, sondern auch zu einer erheblichen Beschleunigung der innergemeinschaftlichen Liberalisierung beigetragen.[59] Dies kann aus den Modellannahmen und der „Makro-Grenznutzenkurve" für Fortschritte bei der Verwirklichung des Binnenmarktes geschlossen werden. Bis Ende der sechziger Jahre wurde schrittweise ein gemeinsamer Außenzolltarif geschaffen und die Kompetenz für Außenhandelspolitik ging auf die Gemeinschaft über.[60] Tatsächlich hat die Gemeinschaft ihr in den Verträgen angelegtes Liberalisierungsprogramm um 18 Monate vorgezogen.

Die innere Handelsliberalisierung und die äußere Marktöffnung hingen bei der Bestimmung gemeinschaftlicher Verhandlungspositionen eng voneinander ab. Handelserleichterungen auf Reziprozitätsbasis im GATT, mit der EFTA, in abgeschwächter Form mit den AKP-Ländern und den Mittelmeeranrainern kennzeichnen die ersten Jahre der gemeinsamen Außenhandelspolitik. Am 1. Juli 1971 führte die EG durch das Allge-

---

55 Vgl. *Sapir* (1995), S. 5-7.

56 Vgl. *Clapham* (1993), S. 30 f.

57 Vgl. *Olson* (1982), S. 130 f. mit Bezug auf die Situation in Deutschland, Frankreich und Italien vor der Schaffung der EWG.

58 Vgl. *Swann* (1995), S. 111, S. 123 und S. 128f.

59 Im Sinne des Modells befand sich die im vorigen Kapitel entworfene „Makro-Grenznutzenkurve" in Phase 1, wobei die Liberalisierung durch die Kennedey-Runde selbst als eine Situation A zu interpretieren ist. Nach dem Modell folgt hieraus eine Beschleunigung des internen Integrationsprozesses.

60 Vgl. *Hrbek* (1993), S. 7.

meine Zollpräferenzsystem als erste Vereinigung von Industrieländern eine umfassende handelspolitische Vorzugsbehandlung für Entwicklungsländer ein.[61] Das klassische Gegenbeispiel in diesem Zusammenhang war die gemeinsame Agrarhandelspolitik, die in diesen Jahren eher als liberalisierungsfeindlich einzustufen war.[62]

Im Gegensatz zur Kennedy-Runde erstreckte sich die Tokyo-Runde (1973-79) über alle drei Phasen der Interessengleichgewichtskurve des Modells. Nach 1974 kam es weltweit zu einer Zunahme von nicht-tarifären Handelshemmnisses. [63] Erst nach einer Übergangszeit von acht Jahren sollte die beschlossene Senkung der Zölle um ein weiteres Drittel wirksam werden. Die Europäische Gemeinschaft zog diese Senkung um ein Jahr auf den 01.01.1986 vor, so daß die Wirksamkeit in den Übergang der „Makro-Grenznutzenkurve" von der Phase 1 in die Phase 2 fiel. In der Situation A, die eine solche Liberalisierungsinitiative im Modell bedeutet, ist die mittelfristige Wirkung der Ergebnisse der Tokyo-Runde vermutlich ein beschleunigtes Erreichen des Scheitelpunktes, an dem sich der Integrationsprozeß zusehends verlangsamt. Eine richtungsweisende Wirkung der Tokyo-Runde für den Europäischen Einigungsprozeß ist aus dem Modell eher unwahrscheinlich.

Schließlich ermöglicht das letzte vorstehende Schaubild hinsichtlich des durchschnittlichen Anteils des intragemeinschaftlichen Exporthandels an den Gesamtexporten ebenfalls Rückschlüsse auf den Wandel der Ordnungstrukturen der Mitgliedstaaten im Außenhandelsbereich. Die erste Norderweiterung hat zu Beginn kaum zu einem Anstieg der innergemeinschaftlichen Verflechtung geführt, hinsichtlich der Standardabweichung aber wohl zu einer erheblichen Diversifizierung in den außergemeinschaftlichen Handelsbeziehungen. Die Bedeutung der angestammten britischen Außenhandelsbeziehungen machen sich hier deutlich. Nach zehn weiteren Jahren des Integrationsfortschrittes war die Standardabweichung jedoch wieder auf den Stand vor der Norderweiterung gesunken.

Während die Zweite Süderweiterung zwar zu einer erneuten erheblichen Stärkung des innergemeinschaftlichen gegenüber dem Handel mit Drittstaaten geführt hat, sind hinsichtlich der Entwicklung der Standardabweichung keine strukturellen Sprünge ablesbar. Im Gegenteil hat sich der seit Mitte der siebziger Jahre anhaltende Trend der Annäherung der Außenhandelsstruktur im Verhältnis innen/außen weiter fortgeschrieben. Die Einschätzung der Handelsbeziehungen mit Drittstaaten wird sich vermutlich in Antwort auf die veränderten Realitäten ebenfalls angleichen. Zumindest im Güterbereich, der hier allein betrachtet wurde, dürften diese Angleichung in den Augen der Mitgliedstaaten einen kontinuierlicher Bedeutungsverlust der Außenhandelspolitik gegenüber den Binnenbeziehungen bedeuten. Ob diese Aussage auf den weiten Bereich der Außenwirtschaftsbeziehungen übertragbar ist, kann hier nicht entschieden werden.

---

61 Vgl. *Clapham* (1993), S. 34.

62 Vgl. *Kotios/ Molsberger* (1993), S. 90 f.

63 Zu den Einzelheiten dieser Verhandlung vgl. *GATT* (1979), S. 11-65.

Solange in diesen Bereichen jedoch die Frage der Kompetenz zwischen Mitgliedstaaten und der Gemeinschaft nicht im Sinne einer gemeinsamen Außenwirtschaftspolitik geregelt ist, gelten für diese Bereiche ohnehin andere strukturelle Voraussetzungen.

2. Entwicklung der Geldordnung

Anfang der fünfziger Jahre entschlossen sich die Länder Westeuropas durch Beitritt in die Europäischen Zahlungsunion, einen gegenseitigen Druck zur Härtung ihrer Währungen zu erzeugen.[64] Die internationale und die europäische Währungsordnung war bis Anfang der siebziger Jahre durch das *Bretton-Woods* System gegeben. Im April 1972 erfolgte im Anschluß an den Werner-Bericht nach zunehmenden Zahlungsbilanzdefiziten der Mitgliedstaaten und den zunehmenden Krisen des *Bretton-Woods* Systems schließlich die Gründung des Europäischen Wechselkursverbundes.[65] In der Zeit von 1972 bis 1979 gab es zehn Bei- und Austritte zu der Währungsschlange. Im Jahre 1979 wurde an ihrer Stelle das Europäischen Währungssystem (EWS) geschaffen. Mit dem Delors-Dreistufenplan sollte schließlich seit 1989 das EWS in die Europäische Währungsunion überführt werden.[66] Im folgenden soll betrachtet werden, welche monetären Ordnungstrukturen sich im Verlaufe der europäischen wirtschaftlichen Integration geändert haben.

2.1. Wirtschaftliche Konvergenz

Aufgrund des Zahlungsbilanzzusammenhangs sind alle grenzüberschreitenden wirtschaftlichen Transaktionen eng miteinander verbunden.[67] Im ersten Teil haben wir gesehen, in welchem Maße die nationalen Leistungsbilanzen der jeweiligen Mitgliedstaaten zusehends miteinander verwoben wurden. Nimmt man den Güter- und Dienstleistungsbereich zusammen, dann ergibt sich, daß die Wertschöpfung der Mitgliedstaaten im Jahr 1992 im ungewichteten Durchschnitt in einer Höhe von über einem Fünftel des Bruttoinlandsproduktes von wirtschaftlichen Transaktionen untereinander abhängen. Während natürlich theoretisch ein Ausgleich der jeweiligen bilateralen Leistungsbilanzen möglich wäre, ist es doch um einiges wahrscheinlicher, daß dieser Ausgleich in einem der anderen beiden Hauptbereiche der jeweiligen Zahlungsbilanz (Kapitalbilanz und ausländische Währungsreserven) stattfindet. So schafft allein das Ausmaß des Handels einen zunehmenden Bedarf, in diesen beiden Bereich ebenfalls stärker zusammenzuwachsen. Wird jedoch die Kapitalverkehrsfreiheit nur bedingt verwirklicht - so wie es

---

64 Vgl. *Schüller/ Weber* (1993), S. 477.

65 Vgl. *Smeets* (1993), S. 99. Zu den verschiedenne Plänen zu dieser Zeit vgl. *Willgerodt* (1972) und *Krägenau/ Wetter* (1993), S. 8-10. Der *Werner*-Bericht nannte die Politische Union als eine unabdingbare Voaraussetzung der Währungsunion. Der Stufenplan des Ministerrates vom 22.03.1971 aufgrund des *Werner*-Berichts hatte eine zehnjährige Übergangszeit vorgesehen.

66 Für eine Darstellung der Entwicklung des europäischen Währungssystems seit 1958, vgl. *Swann* (1995), S. 199-245. Auch *Krägenau/ Wetter* (1993), S. 4-30.

67 Vgl. HdWW Bd. 9, s.v. „Zahlungsbilanz", S. 539-561.

im Falle der Europäischen Einigung zunächst der Fall war -, fällt der Anpassungsdruck hauptsächlich auf den Bereich der ausländischen Währungsreserven. Dabei hat die internationale oder, in diesem Fall, die europäische Währungsordnung einen entscheidenden Einfluß auf den Freiheitsgrad der jeweiligen nationalen Wirtschaftspolitik.

Das folgende Schaubild stellt zunächst die Entwicklung der Diskrepanz der Inflationsraten für die verschiedenen Gruppen von Mitgliedstaaten anhand der jeweiligen Standardabweichungen dar. Die Differenz in den Inflationsraten der einzelnen Mitgliedstaaten erschwert eine einheitliche Rechnungslegung für die Wirtschaftsteilnehmer im grenzüberschreitenden Verkehr.

Abb. 73: Entwicklung der Standardabweichungen der Inflationsraten in der Europäischen Gemeinschaft

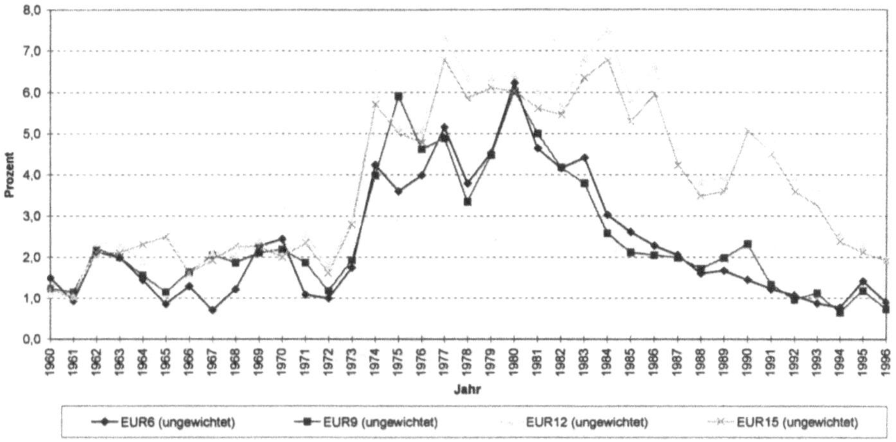

Quelle: Eigene Berechnungen. Eurostat: NewChrons. On-line Datenbank. Economy and finance. Consumer price indices - Annual data. (2/1997)

Aus der vorstehenden Graphik kann deutlich die Wirkung der Festkurssysteme abgelesen werden. Bis zum Zusammenbruch des *Bretton-Woods* Systems liegt die Standardabweichung sowohl der Sechs, der Neun, der Zwölf als auch der Fünfzehn bei weniger als 2,5 Prozentpunkten. Im Europa der Zwölf sind vergleichbare Werte erst wieder 1994 erreicht worden. Der Freiheitsgrad aus dem Übergang zu einem freien Wechselkurssystem, eine unabhängige Inflationsrate zu wählen, wurde in der Folgezeit von 1973 bis 1979 voll ausgeschöpft.[68] Die Folge war ein sprunghafter Anstieg der Stan-

68 Vgl. *Jarchow* (1997), S. 466.

dardabweichung in allen Konfigurationen. Unter den damaligen neun Mitgliedstaaten blieb die zunehmende Abweichung jedoch zumeist bemerkenswert hinter derjenigen etwa der fünfzehn Mitgliedstaaten zurück. Während sich diese Abweichung zunächst im Bereich von 3,5 bis 5 Prozentpunkte bewegte, oszillierte der Vergleichswert der Fünfzehn zwischen rund 5 und 7 Prozentpunkten. Das Europa der Sechs und der Neun verzeichnete die stärkste Abweichung im Jahr 1980, dem ersten Jahr des Inkrafttretens des EWS, dem sie alle bis auf Großbritannien angehörten. Den Höchstwert von 6 Prozentpunkten teilten sie mit den beiden Vergleichskonfigurationen der Zwölf und der Fünfzehn.

Im Anschluß an die Einrichtung des Europäischen Währungssystems wurde ein starker Angleichungsdruck der Inflationsraten insbesondere im Europa der Sechs (fast parallel zu den neun Mitgliedstaaten) spürbar. Seit 1992 lag die Standardabweichung bei etwa einem Prozentpunkt. Dagegen zeichnete sich die Kategorie der zwölf Mitgliedstaaten vor dem tatsächlichen Beitritt von Spanien und Portugal durch eine sogar noch steigende Standardabweichung aus. Jedoch ist seit 1986 eine Gleichbewegung aller Konfiguration nicht von der Hand zu weisen. In diesem Jahr unterschieden sich die Standardabweichungen der Sechs und der Zwölf um mehr als drei Prozentpunkte. Diese Diskrepanz schrumpfte bis 1994 auf weniger als zwei Prozentpunkte zusammen.

Als zweite Hauptvariable im Bereich der Geld- und Währungspolitik wird im folgenden die Entwicklung der Kohärenz unter den Zinsen in den Mitgliedstaaten betrachtet. Auf der nächsten Seite sind die Standardabweichungen der langfristigen und der kurzfristigen Zinsen jeweils für die sechs Gründerstaaten und für die jeweiligen Mitgliedstaaten abgetragen. Beide Indikatoren zeigen in der Tendenz eine ähnliche Entwicklung.

Seit Ende des *Bretton-Woods* Systems bis zur Einführung des EWS zeigen die Standardabweichungen der langfristigen Zinsen eine Zunahme. Dann erfolgt eine schrittweise Annäherung dieser Zinsen, die sich in abnehmenden Standardabweichungen niederschlägt. In der Anfangsphase des EWS ist eine größere Divergenz zwischen den sechs Gründungsmitgliedern als unter den jeweilig neun oder zehn Mitgliedern ablesbar. Deutlich wird auch der strukturelle Effekt durch den Beitritt Spaniens und Portugals. Seit 1987 ist jedoch eine rasante Verengung der Zinsdifferenzen sichtbar - besonders stark in der Entwicklung der Standardabweichung der dann zwölf Mitgliedstaaten zu erkennen. Dies geht so weit, daß es bis 1992 zu einer Angleichung der Standardabweichung unter den Sechs mit der unter den Zwölf kommt. Die Divergenz liegt um 1992 zwischen einundhalb und zwei Prozentpunkten.

Die Entwicklung der kurzfristigen Zinsen verläuft weitgehend parallel.[69] Man kann aufgrund der kurzfristigeren Anlagezeit annehmen, daß das so angelegte Kapital sich durch ein höheres Mobilitätspotential auszeichnet, so daß die kurzfristigen Zinsen empfindlicher auf eine wechselnde Markteinschätzung reagieren. In den kurzfristigen

69 So auch *Krägenau/ Wetter* (1993), S. 29.

Abb. 74: Entwicklung der Standardabweichungen langfristiger Zinsen in der Europäischen Gemeinschaft

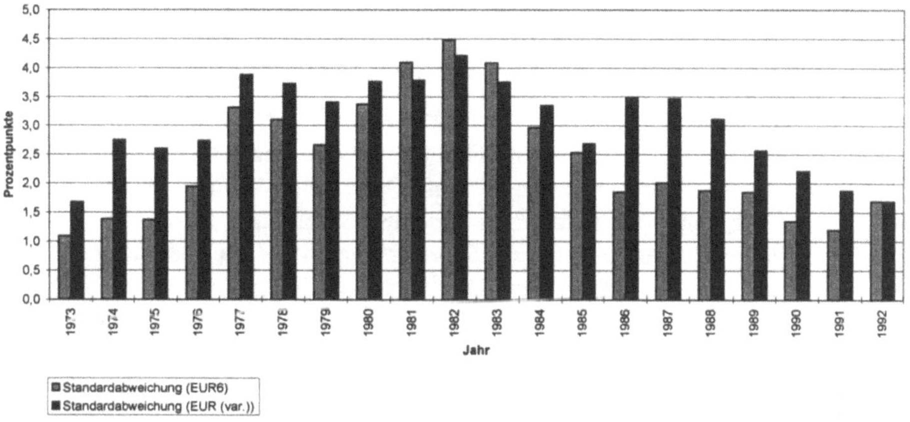

Quelle: Eigene Berechnungen. Eurostat: Eurostat-CD, Luxemburg, 1994.

Abb. 75: Entwicklung der Standardabweichungen kurzfristiger Zinsen in der Europäischen Gemeinschaft

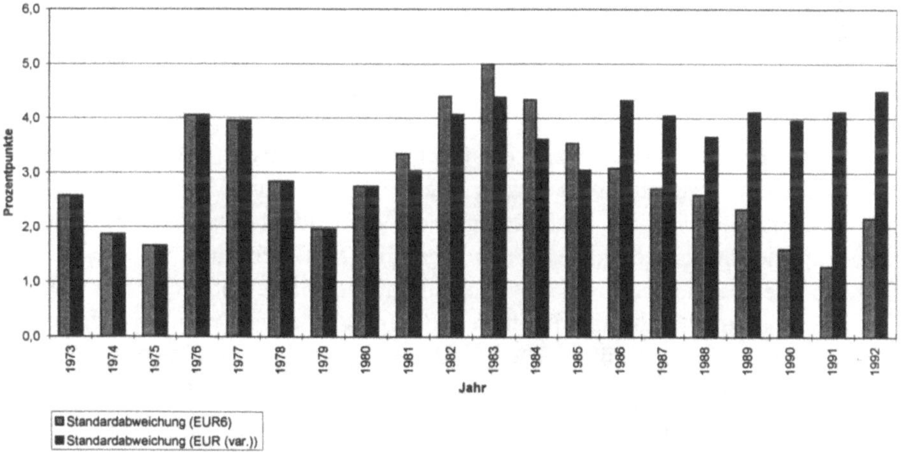

Quelle: Eigene Berechnungen. Zum Teil unvollständige Daten. Eurostat: Eurostat-CD, Luxemburg, 1994.

Zinsen hat sich dies über den Betrachtungsraum durch einen halben Prozentpunkt Risikozuschlag in der Standardabweichung bemerkbar gemacht. In der Anfangszeit des EWS zeigen wiederum die Sechs eine größere Zinsdivergenz als die Zehn. Mit Beitritt Spaniens und Portugals stockt jedoch die Angleichung der Standardabweichung unter den Zwölf. Seit 1989 kann sogar eine Zunahme der Divergenz der Zwölf festgestellt werden. Möglicherweise ein Vorbote für die folgende Krise des EWS. In diesem Zeitraum liegt die Standardabweichung unter den Zwölf bei immerhin rund vier Prozentpunkten - mehr als doppelt so hoch wie für die langfristigen Zinsen.

Als Gesamtbefund muß man wohl die entscheidende Bedeutung des Ordnungsrahmens für die Entwicklung der prozeßrelevanten Variablen wie Inflation oder Zins feststellen. Im Übergang vom festen zum flexiblen Wechselkurssystem nach *Bretton-Woods* sind die nationalen Währungssysteme innerhalb der Gemeinschaft gehörig auseinandergedriftet. Die Einführung des EWS hat dagegen erwartungsgemäß eine Anpassungstendenz ausgelöst. Das Gewicht der ordnungsstiftenden Wirkung des EWS wird insbesondere im Vergleich der Entwicklung der Standardabweichungen der Sechs gegenüber der Zwölf im Bereich der kurzfristigen Zinsen sichtbar. Die nur begrenzt disziplinierende Wirkung des EWS bei den am EWS nichtteilnehmenden Mitgliedstaaten zeichnet sich insbesondere seit 1989 ab, da die Angleichung der Standardabweichung weitgehend stagniert. Andererseits hat sich die Zinsspanne der Banken seit der zunehmenden Kapitalverkehrsliberalisierung gleichzeitig erheblich angeglichen. Die Vermutung liegt daher nahe, daß sich in der bleibenden Zinsdifferenz ein stärkeres Element des politischen Landesrisikos als ein Monopoleffekt der Banken widerspiegelt.

Im folgenden sei daher kurz die Entwicklung der Standardabweichung der offiziellen Diskontsätze dargestellt.

Erneut zeigt sich das Auseinanderdriften nach dem Zusammenbruches des *Bretton-Woods* Systems. Bezeichnenderweise ergibt sich auch nach Einführung des EWS zunächst keine Angleichung. Darüber hinaus ist die Standardabweichung mit sechs Prozentpunkten auch erheblich höher als unter den Zinsen auf den Kapital- oder Geldmärkten. Erst nach 1987 mit Beginn der Liberalisierung des Kapitalverkehrs scheint ein Anpassungsdruck zu entstehen, der auch die wirtschaftspolitischen Instanzen der Mitgliedstaaten zu einer Annäherung ihrer Geldpolitik zu zwingen scheint. So zeigt sich auch im Bereich der Geldordnung die Bedeutung der Massenwirkung der millionenfachen Kontakte und Entscheidungen der Marktteilnehmer, um Wirkung auf und Kontrolle über den politischen Prozeß auszuüben. Diese Beobachtung unterstreicht auch die zentrale Stellung der Freiheiten für Integrationsfortschritte im Bereich der nationalen Wirtschaftspolitiken. Die ordnungsschaffenden Potentiale benötigen die Aktualisierung des wiederholten Gebrauchs durch die Marktteilnehmer, um auf die Ordnungstrukturen einzuwirken.

Abb. 76: Entwicklung der Standardabweichung der offiziellen Diskontsätze in den Mitgliedstaaten der Europäischen Gemeinschaft

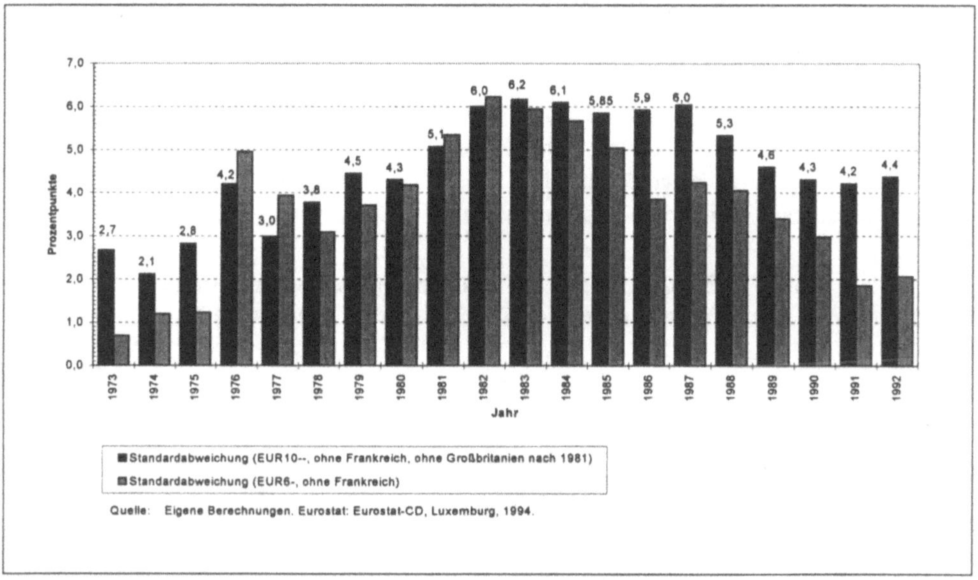

Diese Vermutung wird unterstrichen durch die Tatsache, daß die Standardabweichung unter den Gründungsmitgliedern - hier allerdings ohne Frankreich - sich seit 1989 sehr viel weiter angleichen. Die Kapitalverkehrsfreiheit wurde in diesen Ländern wesentlich schneller verwirklicht.[70] Die wirtschaftspolitischen Instanzen in den Mitgliedstaaten scheinen über lange Jahre äußerste Resistenz gegen eine Angleichung ihrer wirtschaftspolitischen Ausrichtung gezeigt zu haben.[71] Die Kosten dieses Widerstrebens waren die häufigen Anpassungen der Paritäten.[72]

2.2. Binnenmarkt und EWS

Insofern die obigen Ausführungen zutreffen, hatten weder die Banken und Finanzinstitute noch die Zentralbanken ein ausgesprochenes Interesse, die Liberalisierung des Kapitalverkehrs in der Gemeinschaft voranzutreiben. Beide durften eine Einschränkung ihres diskretionären Handlungspielraums erwarten. Wie läßt sich dann gar das Entstehen einer Währungsunion im Rahmen dieses Modells erklären?

---

70 Richtlinie 88/361/EWG vom 24.06.1988 wurde folgendermaßen abschließend umgesetzt: B (1990), L (1990), NL (1986), D (1961), I (1990), F (1990), DK (1985), SP (1992), GR (1990), IRL (1954), P (1993), UK (1987). Vgl. *Kommission* (1993), S. 513.

71 Für die Zentralbanken gelten im übrigen ebenfalls die allgemeinen Annahmen über das Verhalten von Bürokratien, die dieser Arbeit zugrunde liegen.

72 Vgl. die Ausführungen in Kapitel 3.

Die Möglichkeit eines Abwertungswettlaufes stellte ein zunehmendes Hindernis für den Austausch der Waren und den Ausbau der Verflechtung dar. Wie die obigen Indikatoren zeigen hatten sich bis 1979 sogar unter den Gründerstaaten Differenzen in den Inflationsraten und Zinsen ergeben, die eine grenzüberschreitende Kalkulation erheblich erschwerten. Eine These dieser Arbeit lautet: Der Anlaß für die Gründung des Europäischen Währungssystems war die destabilisierende Wirkung der Wechselkurse auf die Entwicklung des Binnenmarktes.[73] Die Entwicklung der Ordnungstrukturen im monetären Bereich ist eine Folge der zunehmenden Angleichung der Ordnungstrukturen im realwirtschaftlichen Bereich im Zusammenspiel mit mächtigen Marktkräften.

Abb. 77: Entwicklung des effektiven realen Wechselkurses der Mitgliedstaaten der Europäischen Gemeinschaft

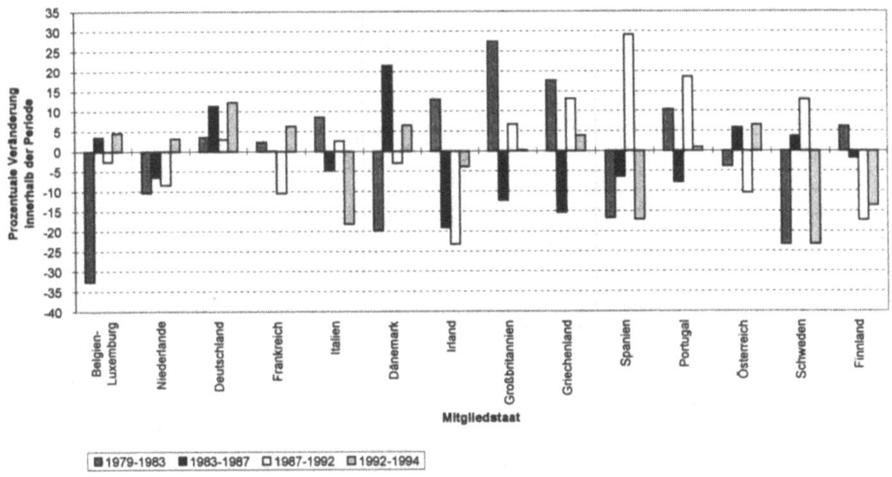

Quelle: European Commission. DG II: The Impact of Exchange-Rate Movements on Tade within the Single Market. European Economy. Reports and Studies. No. 4 (1995), S. 16 Tab. 5a. Ein negatives Vorzeichen bedeutet eine Verbesserung der Wettbewerbsfähigkeit aufgrund der Produktionskosten.

Es müssen daher hier die Auswirkung dieser Veränderungen und der Wechselkursanpassungen auf die Wettbewerbsfähigkeit der Mitgliedstaaten untereinander untersucht werden. Im vorstehenden Schaubild sind daher die prozentualen Veränderungen der realen Wechselkurse der Mitgliedstaaten von Beginn bis zum Ende einer Periode dargestellt. Die teils erheblichen Ausschläge erfolgten innerhalb desselben Mitgliedstaates von einer Periode zur nächsten in vielen Fällen sogar in gegensätzliche Richtungen. Alle vier Jahre waren daher prozentuale Veränderungen selbst in der Größenordnung von 30 Prozentpunkten nicht ausgeschlossen. Aufgrund der Ankerfunktion der D-Mark im EWS und des resultierenden konstanten Aufwertungsdruckes, verzeichnete

73 Vgl. *Swann* (1995), S. 221.

Deutschland als Ausnahmefall in jeder Periode eine Verschlechterung der Wettbewerbsposition.

Um den Nutzen des Europäischen Währungssystems für ein reibungsloses Funktionieren des Gemeinsamen Marktes für Güter und Dienstleistungen sichtbar zu machen, sind in der folgenden Abbildung Durchschnitte der oben abgetragenen prozentualen Veränderungen für verschiedene Konfigurationen von Mitgliedstaaten berechnet und dargestellt.

Abb. 78: Entwicklung der durchschnittlichen Veränderungen der effektiven realen Wechselkurse für verschiedene Gruppen von Mitgliedstaaten der Europäischen Gemeinschaft

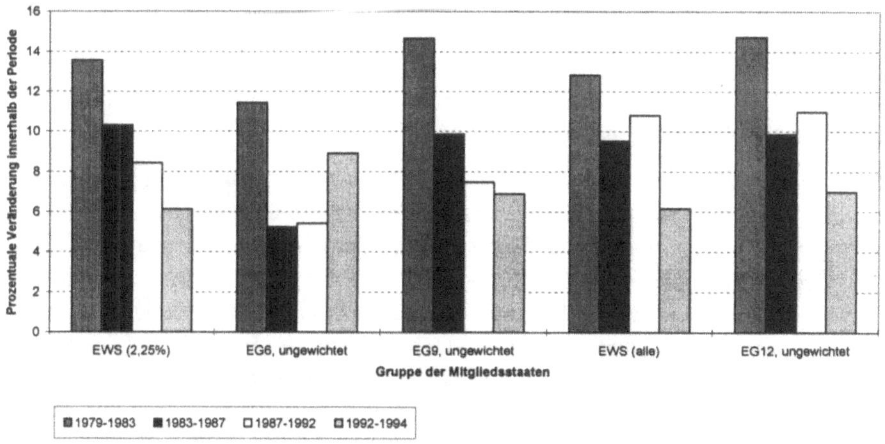

Quelle: Eigene Berechnung. European Commission. DG II: The Impact of Exchange-Rate Movements on Tade within the Single Market. European Economy. Reports and Studies. No. 4 (1995), S. 16 Tab. 5a. Errechnet auf der Basis der absoluten Werte. EWS (2,25%) umfaßt alle Mitgliedstaaten, die gleich zu Beginn mit der engen Bandbreite dem EWS beigetreten sind. EWS (alle) umfaßt alle jeweiligen Mitglieder des EWS, auch wenn sie erst innerhalb einer Periode beigetreten sind.

Augenfällig ist zunächst die generelle Tendenz, daß sich die durchschnittliche Veränderung der realen Wechselkurse in der Gemeinschaft seit Einführung des EWS erheblich reduziert hat. Das deutlichste Bild zeichnet die Entwicklung des Durchschnittes der Mitgliedstaaten, die von Anbeginn in der engen Bandbreite in das EWS eingebunden waren. Eine stetige Abnahme von rund zwei Prozentpunkten pro Periode (annähernde Äquidistanz von vier Jahren) hat zu mehr als einer Halbierung der Wettbewerbseffekte von Wechselkursbewegungen und Lohnerhöhungen in dieser Gruppe geführt. Des weiteren ist sichtbar, daß die durchschnittlichen Veränderungen in den Wettbewerbspositionen innerhalb der Gruppe der Gründerstaaten bis zur EWS-Krise am geringsten ausgefallen sind. Bezeichnend ist ebenfalls, daß in der Periode 1987-1992 für die Gruppe der zwölf Mitgliedstaaten, die zu Beginn dieser Periode noch nicht alle Mitglieder des EWS waren, sich ein Erhöhung des Durchschnitts gegenüber der Vorperiode abzeichnet. Wie der Vergleich mit der Entwicklung mit der Gruppe der neun Mitgliedstaaten nahelegt, ist dies eine Folge der erweiterten Handelsmöglichkeiten nach der Süderweiterung. Andererseits zeigt dieser Indikator die erhöhte Unsicherheit des Handels außerhalb der Grenze des EWS. Abschließend soll kurz noch einmal auf die Entwicklung des Durchschnitts der sechs Gründungsmitglieder im Gefolge der EWS-Krise von 1992 hingewiesen werden. Das sprunghafte Heraufschnellen aufgrund der Wechselkursanpassungen im Gefolge der drastischen Abwertung der italienischen Lire und ihrer zeitweiligen Suspension im EWS unterstreichen die möglichen Wettbewerbseffekte im Handel in Gütern und Dienstleistungen aufgrund der Wechselkursentwicklung.

Eine stabile Währungsordnung erscheint so als eine unverzichtbare Voraussetzung für den reibungslosen Warenaustausch im Binnenmarkt. Die Entstehung des EWS und des weiteren die Entwicklung des EWS zu einer einheitlichen Währung kann im Rahmen dieses Modells als eine logische Folge der zunehmenden Verflechtung der Volkswirtschaften gesehen werden. In Erinnerung zu rufen ist, daß das Niveau von 1992 hinsichtlich eines innergemeinschaftlichen Güterhandels von in etwa 20 Prozent des BIP schon im Jahre 1980 erreicht war.

Insofern die Öffnung der Kapitalmärkte eine Voraussetzung für die disziplinierende Wirkung des EWS auf die nationalen Zentralbanken und somit für die Angleichung der zentralen Variablen wie Inflation und Zins darstellt, kann die Durchsetzung der Kapitalverkehrsfreiheit, die schon in den Gründungsverträgen vorgesehen war, ebenfalls als eine Folge der zunehmenden Verflechtung der realwirtschaftlichen Bereiche der nationalen Volkswirtschaften angesehen werden. Dabei gehen die wirtschaftlichen Wirkungen auf mikro- sowie auf makroökonomischer Ebene eine enge Verbindung ein. Obgleich man die zunehmende Verflechtung des grenzüberschreitenden Güter- und Dienstleistungshandel den zunächst mikroökonomischen Auswirkungen zurechnen kann, so ist diese im Zusammenhang mit der schon im ersten Kapitel besprochenen deutlichen Angleichung der Ordnungstrukturen hinsichtlich des Ausmaßes des Außenhandels und der Bedeutung der zunehmenden Offenheit in allen Mitgliedstaaten der Gemeinschaft für ein Übergreifen in den stärker makroökonomischen Bereich verantwortlich, der in diesem Kapitel hauptsächlich thematisiert wird. Diese Schnittstelle von realwirtschaftlichem mikroökonomischen und monetärem makro-ökonomischem Bereich verdankt letztendlich ihre Existenz der durch die Römischen Verträge geschaffenen „Institution" einer Rechtsgemeinschaft der Mitgliedstaaten.

Im Prozeß der wirtschaftlichen Integration werden die einzelnen Wirtschaftsteilnehmer in den Mitgliedstaaten zunehmend auf die Bedeutung der Ordnungstrukturen verwiesen. Divergierende Inflationen, Zinsdifferenzen und die Möglichkeit konkurrierender Abwertungen - beziehungsweise wettbewerbsverzerrenden Effekte einer kontinuierlichen Aufwertung - zeigen dann eindeutig auf die Ausgestaltung der Währungs- und Geldordnung in den Mitgliedstaaten und ihr Verhältnis zueinander. Insofern die Verflechtung so weit schreitet, daß der beschränkte Kapitalverkehr für Formen von Unternehmensbeteiligungen und Direktinvestitionen zu einem Hindernis wird, gilt die vermehrte Aufmerksamkeit der Wirtschaftsteilnehmer der Öffnung der Kapitalmärkte.

Auch die disziplinierende Wirkung des freien Kapitalverkehrs für die nationale Wirtschaftspolitik ist benannt worden. In diesem Prozeß spielt es eine große Rolle, daß die Gemeinschaft hinsichtlich der Freiheiten mit ihrer Gründung auf die Schaffung potentieller Rechte der einzelnen Individuen gegenüber der Gemeinschaft und den Mitgliedstaaten angelegt war.[74] Das Zusammenspiel dieser ordnungsstiftenden Faktoren führt zu einer Annäherung der hauptsächlichen makro-ökonomischen Variablen und einer Angleichung der Ordnungstrukturen in diesem vornehmlich makroökonomischen Bereich.

2.3. Institutionelle Konvergenz

Die institutionelle Entwicklung zum EWS ist schon kurz angesprochen worden. Seit Ende der sechziger Jahre war die Schaffung einer Wirtschafts- und Währungsunion erklärtes Ziel der Gemeinschaft.[75] Jedoch muß man wohl mit der Einschätzung übereinstimmen, daß dieser frühe Versuch fehlgeschlagen ist. Auf dem Hintergrund der obigen Erklärung für den späteren Erfolg dieses Vorhabens im Zuge der Verwirklichung des Binnenmarktes nimmt dies wohl auch kaum mehr wunder. Die realwirtschaftlichen Voraussetzungen waren noch nicht gegeben und somit fehlte die notwendige starke Unterstützung eines solchen Vorhabens durch Interessengruppen. Der Werner-Bericht war insofern verfrüht.

Das EWS ist in pragmatischer Handhabung im wesentlichen als Abkommen zwischen den Zentralbanken institutionalisiert worden; eine Änderung der Römischen Verträge wurde zu jenem Zeitpunkt vermieden. Institutionelle Neuerungen umfaßten insbesondere das Abkommen von Basel/Nyborg vom 8.9.1987, das eine stärkere Verwendung der intramarginalen Interventionen vorsah, die aus wirtschaftlichen Überlegungen ohnehin zu der hauptsächlichen Interventionsart geworden war. Die Erfahrungen aus dem EWS sind ein wichtiger Beitrag für die Schaffung der Währungsunion.

Unter dem Vorsitz von Jacques Delors wurde 1988 vom Europäischen Rat erneut ein Ausschuß eingesetzt, der die Einführung einer Wirtschafts- und Währungsunion untersuchen sollte. Im abschließenden „Delors-Bericht" wurde ein Dreistufenplan vorgelegt,[76] der die Grundlage für den vom Europäischen Rat von 1989 gefaßten Beschluß zum Beginn der ersten Stufe im Juli 1990 darstellt. Die Bedingungen und der Zeitplan sind dann im Vertrag von Maastricht festgelegt worden.[77] Die zweite Stufe für die Verwirklichung der Wirtschafts- und Währungsunion begann vertragsgemäß am 1. Januar 1994. Die Sicherstellung der Kapitalverkehrsfreiheit hatte bis zu diesem Zeitpunkt zu erfolgen. Als Medium für zentrale währungspolitische Steuerung und Operationen ist die Schaffung eines gemeinsamen Geld- und Kapitalmarkts eine grundlegende

---

74 Vgl. auch kurz *Oppermann* (1994), S. 242-244.

75 Vgl. im folgenden *Krägenau/ Wetter* (1993), S. 1, 4-15, 18, und S. 20-23.

76 Abgedruckt in *Krägenau/ Wetter* (1993), S. 146-157. Übersicht und Diskussion, S. 34 f.

77 Art. 104-109 EGV.

Voraussetzung für eine funktionierende Währungsunion.[78] In Art. 109e (5) des Vertrags von Maastricht heißt es außerdem: „In der zweiten Stufe leitet jeder Mitgliedstaat, soweit angezeigt, nach Artikel 108 das Verfahren ein, mit dem die Unabhängigkeit seiner Zentralbank herbeigeführt wird."

Mit dieser Bedingung war eine intensive Diskussion um die Auswahl der effizientesten institutionellen Lösung des Problems der politischen Kontrolle über volkswirtschaftliche Eckwerte durch den direkten politischen Zugriff auf die Zentralbanken abgeschlossen.[79] Dabei hat der Vertrag von Maastricht keine Harmonisierung der nationalen Gesetzesgrundlagen erfordert.[80] Im Sinne eines evolutionären Suchprozesses hatte sich letztendlich das effizienteste institutionelle Arrangement innerhalb der Mitgliedstaaten der Europäischen Gemeinschaft in diesem Bereich durchgesetzt.[81] Im Auswahlprozeß hatte sich die Einsicht durchgesetzt, daß ein Bankensystem, in dem die Zentralbank volle Unabhängigkeit von den politischen Regierungen genießt, die beste institutionelle Sicherung für die Erreichung des Preisstabilitätszieles darstellt. In einigen Mitgliedstaaten hatte eine solche Geldverfassung schon bestanden; in der Regel genossen diese Länder die stärksten Währungen. Hinsichtlich der institutionellen Unabhängigkeit der nationalen Zentralbanken hat der wirtschaftliche Integrationsprozeß in vielen Ländern zu Änderungen ihrer statutären Grundlagen geführt.[82]

Eine Voraussetzung für die Akzeptanz dieser Unabhängigkeit muß sicherlich in der allmählichen Annäherung der wirtschaftlichen und monetären Gegebenheiten gesehen werden. Der Druck der vertraglichen Verpflichtungen zur Verwirklichung der Zentralbankunabhängigkeit, zusammen mit dem Stufenfahrplan bis 1999, sind dabei jedoch als unverzichtbar zu werten. Der Erfolg dieses Unternehmens hängt letztendlich von dem Vertrauen ab, das dem europäischen Geld von der breiten Öffentlichkeit entgegengebracht werden wird.[83]

---

78 Vgl. *Willgerodt* (1972), S. 72.

79 So schon *Willgerodt* (1972), S. 216 f.

80 Vgl. *European Monetary Institute* (1997), S. 1-4. Hinsichtlich der verschiedenen Aspekte von Unabhängigkeit der Zentralbank unterscheidet der Bericht zwischen 1. institutioneller; 2. personeller; 3. funktionaler; und 4. finanzieller Unabhängigkeit. Diese Kategorien werden weiter in eine Reihe von Unterkategorien aufgegliedert.

81 Allgemein gilt das deutsche Bundesbankmodell als Vorbild für die Europäische Zentralbank. Vgl. *Starbatty* (1995), S. 122.

82 Letzte Gesetzesänderungsvorhaben zur Verbesserung der Unabhängigkeit der Zentralbank: B (1993), DK (keine), D (1997), GR (1997), SP (1994), F (1993), IRL (1989), I (1993), L (1994), NL (1997), Ö (1984), P (1997), SF (1997), SV (keine), UK (1997). Aufgrund der vielen Unteraspekte sind die Daten jedoch nur indikativ zu werten. Auffällig ist in jedem Fall die Häufung der Daten 1993/94 und 1997. Vgl. *European Monetary Institute* (1997), Annex, S. 1-56, mit qualitativer Beschreibung der Änderungsvorhaben.

83 Vgl. *Luhmann* (1989), S. 53.

3. Eigentumsordnung und Unternehmensverfassung

Das Eigentumsrecht ebenso wie das Körperschafts- und Gesellschaftsrecht, einschließlich des Gewerkschaftsrechts, gehören zu den grundlegenden Aspekten einer erfolgreichen Wettbewerbsordnung.[84] Im Rahmen einer Arbeit über die Entwicklung der Ordnungstrukturen darf ein Kapitel zu diesen Bereichen sicher nicht fehlen. Andererseits zeigt sich in diesen Bereichen die besondere Zurückhaltung der Gemeinschaft, auch tatsächlich gemeinschaftlich tätig zu werden. Beide Bereiche sind eng miteinander verbunden. Man unterscheidet weitläufig zwei Arten von Verfügungsrechten: absolute und relative Verfügungsrechte. Zu den absoluten Verfügungsrechten gehören Rechte an Sachen (usus, usus fructus, Beleihungsrecht, Transferrecht), immaterielle Rechte (z.B. Urheberrechte, Markenzeichen) und individuelle Freiheitsrechte. Zu den relativen Verfügungsrechten werden Rechte aus Schuldverhältnissen, Kaufverträgen und auch Rechte gezählt, die sich aus persönlichen Beziehungen ergeben (z.B. aus Kunden- und Lieferantenbeziehungen, Arbeitsverträgen, aus politischen Verbindungen, aus Familienbeziehungen oder nationalen und religiösen Zugehörigkeiten).[85] Während sich der Bereich der absoluten Rechte unschwer dem Gebiet der Eigentumsordnung zuordnen läßt, ist einsichtig, daß viele relative Verfügungsrechte im Bereich der Unternehmensverfassung geregelt werden.

Bei Übertragungen von Verfügungsrechten spielt generell das „Verhältnis" zwischen den vertragschließenden Parteien eine wichtige Rolle. Die meisten Transaktionen und Verträge sind so mehr oder weniger stark eingebettet in ein soziales Bindungsgefüge. Die soziale Beziehung ist häufig impliziter Gegenstand des Vertrages, zusammen mit der sich daraus ergebenden Solidarität.[86]

3.1. Eigentumsordnung

Eine funktionierende Eigentumsordnung mit dominierendem Privateigentum wird zu den konstituierenden Prinzipien einer marktwirtschaftlichen Ordnung gezählt.[87] Es fällt auf, daß in den Gründungsverträgen der Europäischen Wirtschaftsgemeinschaft dieses wichtige Ordnungselement nicht berührt wurde. „Für sie wurde im EWGV formal eine Neutralitätsposition mit Kompetenzvorbehalt zugunsten der Mitgliedsländer festgeschrieben, um den unterschiedlichen Einschätzungen gegenüber privatwirtschaftlicher

---

84 Vgl. *Hayek* (1976d), S. 148.

85 Vgl. *Richter* (1994), S. 15, 12f.

86 In Anlehung an Lindenberg, charakterisiert *Richter* (1994), S. 21, Fußnote 4, „schwache Solidarität" mit vier Eigenschaften: 1. keine Gleichverteilung in der Gruppe, leistungsbezogener Anteil ist kompatibel mit schwacher Solidarität; 2. Ausschluß offenen opportunistischen Verhaltens und allen anderen Verhaltensarten, die ein Zeichen für das Fehlen kooperativer Solidaritätsnormen sind; 3. Auswahl bestimmter Zeichen, die das Existieren von Solidaritätsnormen verdeutlichen; 4. Reperaturwilligkeit im Falle einer Umsetzungsschwierigkeit.

87 Vgl. *Werner* (1992), S. 35.

und öffentlicher Unternehmenstätigkeit Rechnung zu tragen."[88] Daher verweist dieser Vorbehalt des Art. 222 EGV auf den unvollständigen Charakter der gemeinschaftlichen Wirtschaftsverfassung.[89] Allerdings ist dieser Eigentumsvorbehalt nur deshalb mit den Aufgaben der Gemeinschaft vereinbar, da er ansonsten der Anwendung des Gemeinschaftsrechts nicht entgegensteht.[90]

Geschichtlich kann Eigentum als das Recht auf Selbsterhaltung angesehen werden. Es gewährleistet die für die Teilnahme an der Zivilgesellschaft notwendige Selbständigkeit.[91] Andererseits greift der Staat kontinuierlich über seine Steuer- und Abgabenpolitik in die tatsächlich bestehenden Eigentumsverhältnisse ein und wirkt so direkt auf die Eigentumsordnung ein.[92] Nach *North* stellen gerade ineffiziente Eigentumsrechte den Bestand eines Staates in der Konkurrenz mit Nachbarstaaten aufs Spiel. Dabei wird die herrschende Elite über kurz oder lang vor die Wahl gestellt, selbst abzutreten oder die Eigentumsordnung hinsichtlich der Transaktionskosten zu verbessern, um die Wachstumschancen zu verbessern.[93] Der Vorbehalt des Art. 222 EGV kann daher auch dahingehend interpretiert werden, daß er vor allem diesen ins Innere des Staatengebildes der Mitgliedstaaten gehenden Zugriff, aber auch den Staatenwettbewerb in diesem Bereich ausschalten soll. Der ökonomische und der politische Prozeß sind in diesem Politikbereich besonders eng verbunden, da der Transfer von Verfügungsrechten nicht nur auf dem Wege des Tausches geschieht, sondern in vielen Fällen gerade durch Anwendung politischer Machtmittel, wo nicht herbeigeführt, so doch entscheidend unterstützt wird.

Im Zusammenhang der Eigentumsordnung stellt sich die Frage nach der Rolle und Bedeutung von supranationalen Handlungsträgern wie der Europäischen Gemeinschaft besonders deutlich.[94] In der Praxis kann man davon ausgehen, daß eine Art von internationaler „Eigentumsordnung" schon dann existiert, wenn in jedem Land eine spezifische Eigentumsordnung verwirklicht ist und Ausländer von der Geltung dieser Ordnung nicht ausgenommen sind.[95] Die Frage, ob dies für den internationalen Bereich eine effiziente Lösung darstellt, muß jedoch offen bleiben. Ausgehend von der staatlichen Funktion eines „protective state" ist von besonderem Interesse, welche Auswirkungen die territoriale Begrenzung der Rechtssysteme für den internationalen Handel an sich und für die wirtschaftliche Integration im besonderen mit sich bringt.

Inwieweit gerade durch diese ursprüngliche Ausklammerung der Eigentumsordnungen die differierenden Einschätzungen und die Ordnungen selbst gleichsam zu Variablen im Verlaufe der wirtschaftlichen Integration geworden sind, wäre im Rahmen dieser

---

88 Vgl. *Gröner* (1993), S. 9.
89 Vgl. *Derix* (1994), S. 235.
90 Vgl. *Mestmäcker* (1995), S. 195.
91 Vgl. *Luhmann* (1988), S. 192.
92 In Anlehung an *Willgerodt* (1966), S. 179.
93 Vgl. *North* (1981), S. 29.
94 Vgl. *Vanberg* (1992), S. 381.
95 In Anlehung an *Willgerodt* (1989), S. 421.

Arbeit eine interessante Frage gewesen. Als ein Indikator könnte die Entwicklung des Anteils staatlichen Vermögens an Betrieben im Verhältnis zum Privatvermögen betrachtet werden. Das Ausmaß von Verstaatlichungen und Privatisierungen wäre ebenso relevant. Insbesondere auch Art. 37 EGV, nach dem Handelsmonopole umgeformt werden müssen, wäre hier einzubeziehen. Diese Untersuchung mußte jedoch aufgrund fehlender Daten unterbleiben. So muß auch diese Arbeit die Betrachtung dieser Frage mit der Vermutung schließen: „Insgesamt haben sich aus dem Gemeinschaftsrecht Tendenzen zu einer Privatisierung auch anderer Bereiche der öffentlichen Wirtschaft ergeben."[96]

Aufgrund des Eigentumsvorbehaltes ist es auch zu keiner expliziten gesetzgeberischen Tätigkeit der Gemeinschaft gekommen. Dennoch unterlag dieser Bereich gleichwohl einer Entwicklung, die insbesondere durch den EuGH begleitet wurde.[97] Schließlich hat der Vertrag von Maastricht in Art. F Abs. 2 den Schutz des Eigentums im primären Gemeinschaftsrecht verankert, indem er die Achtung der Grundrechte der Europäischen Konvention zum Schutze der Menschenrechte und Grundfreiheiten vom 4. November 1950 gewährleistet.[98] Allerdings ist das Recht auf Achtung des Eigentums erst im Zusatzprotokoll zur Menschenrechtskonvention vom März 1952 angesprochen. Spanien hatte zudem gerade zum Artikel 1 dieses Zusatzprotokolls einen Vorbehalt erklärt.[99] Auch in der Formulierung dieses Artikels ist die schwierige Abwägung zwischen gesellschaftlichen und individuellen Ansprüchen bei der Gewährung des Eigentums in einer staatlichen Ordnung deutlich sichtbar.

Um so verwunderlicher erscheint es, daß es im Bereich des geistigen Eigentums zu einer anderen Entwicklung gekommen ist. Prinzipiell gehört der Bereich des gewerblichen und kommerziellen Eigentums ebenfalls zur Eigentumsordung der Mitgliedstaaten und unterliegt daher dem gleichen Eigentumsvorbehalt.[100] Zu vermuten ist, daß die Gewährleistung und Durchsetzung immaterieller Rechte bei prinzipiell offenen Grenzen für Waren, Dienstleistungen und Personen tatsächlich nicht im engeren Bereich eines nationalen Territoriums gesichert werden kann. Direktinvestitionen und eine Anzahl von Konzentrationsvorgängen finden in diesem Zusammenhang ihre Erklärung. Insbesondere die grenzüberschreitenden *non-equity* Unternehmensverbindungen gehen auf

---

96 Zit. *Winter* (1994), S. 86.

97 Verweise auf die Rechtsprechung des EuGH zum Eigentum bei *Basedow* (1992), S. 37 Fußnote 70 (EuGHE in RS 41/79, 44/79, 121/79, 796/79). Das Eigentum ist vom EuGH unter Verweis auf das Zusatzprotokoll der Europäischen Menschenrechtskonvention als Gemeinschaftsgrundrecht bezeichnet worden.

98 Vgl. *Derix* (1994), S. 247.

99 Der Text des Art. 1 Abs. 1 lautet: „ Jede natürliche oder juristische Person hat ein Recht auf Achtung ihres Eigentums. Niemandem darf sein Eigentum entzogen werden, es sei denn, daß das öffentliche Interesse es verlangt, und nur unter den durch Gesetz und durch die allgemeinen Grundsätze des Völkerrechts vorgesehenen Bedingungen."

100 Vgl. *Oppermann* (1991), S. 366-368.

einen Schutz des geistigen Eigentums zurück. Die folgende Abbildung gibt einen Eindruck über die Entwicklung der Gesetzgebung und Rechtsprechung im Bereich des gewerblichen und kommerziellen Eigentums.

Es ist deutlich zu erkennen, daß es relativ lange gedauert hat, bis die Gemeinschaft in diesem Bereich systematisch tätig wurde. Die gesetzgeberische Tätigkeit 1974/76 ist vor allem im Zusammenhang mit der Schaffung eines europäischen Patents zu sehen. Die systematische Gesetzgebungstätigkeit fällt mehr oder weniger mit dem Beginn des Programmes zur Vollendung des Binnenmarktes zusammen. Die Zahl der Urteile des EuGH lag schon seit Mitte der siebziger Jahre im Durchschnitt bei 3 Urteilen jährlich.

Abb. 79: Entwicklung der Gesetzgebungstätigkeit der Europäischen Gemeinschaft und der europäischen Rechtsprechung im Bereich des geistigen Eigentums

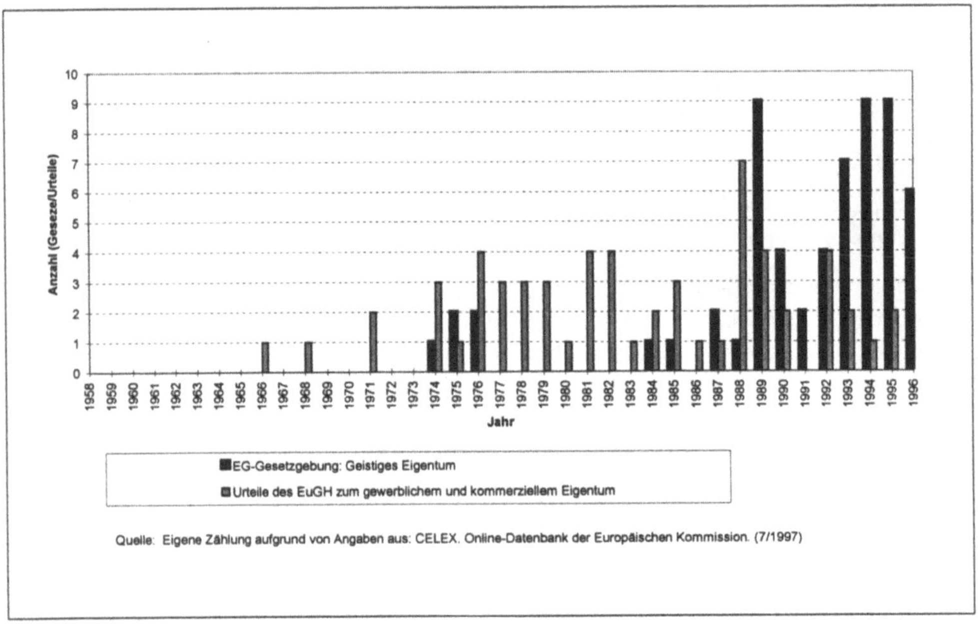

„Ist auch die Rechtsangleichung bei den gewerblichen Schutzrechten erst stückweise realisiert worden, bedeuten die weiter erörterten Vorschläge in ihrer Gesamtheit ein imponierendes Stück europäischen Zusammenwachsens in dem rechtlich diffizilen Bereich des geistigen/ kommerziellen Eigentums, dessen Harmonisierung eine wichtige Voraussetzung für einen vollendeten Binnenmarkt darstellt."[101] Der Binnenmarkt hat zu der gemeinschaftsweiten Harmonisierung dieser nationalen Schutzrechte geführt. Wie ein Blick in das Verzeichnis des geltenden Gemeinschaftsrechts im Bereich des geistigen

101 Zit. *Oppermann* (1991), S. 430.

Eigentums zeigt, sind so neben dem Patentschutz und Urheberrecht vor allem technologisch hochentwickelte Industrien, die besonders forschungsintensiv sind, wie z.B. der Rechtsschutz von Topographien von Halbleitererzeugnissen oder der Rechtsschutz von Computerprogrammen, geregelt worden.[102] In diesem Bereich geht es um die diffizile der Abwägung von Monopolrechten aus der Gewährleistung von Patenten gegenüber dem Schutz von Investitionen und der Entlohnung von Risikobereitschaft des Unternehmers.[103]

3.2. Unternehmensverfassung

Die Unternehmensformen werden vor allem von folgenden drei Elementen geprägt: der Rechtsform, den Formen der innerbetrieblichen Willensbildung und den Formen der betrieblichen Ergebnisrechnung.[104] Das Eigentum an einer Unternehmung ist ein relatives Verfügungsrecht mit stark relationalem Charakter. In engerem Sinne gehört dem Unternehmenseigentümer:

- das Recht auf Abschluß und Änderung von Verträgen mit sämtlichen in der Unternehmung eingesetzten Ressourcen sowie mit Geldgebern der Unternehmung;
- das Recht auf Ausübung der Nutzungsrechte aus den vorgenannten Verträgen, darunter das Direktionsrecht aus Arbeitsverträgen;
- das Recht auf den Residualgewinn der Unternehmung;
- das Recht auf Veräußerung aller dieser Rechte.

„Wie bei allen relationalen Verträgen reduziert sich auch im Falle der Unternehmung, verstanden als Netz relationaler Verträge, die Problematik auf das *Glaubwürdigmachen von Verpflichtungen.* Hier wie im Falle des Marktes haben wir es mit »Investitionen in Vertrauen« zu tun. In allen Beziehungen (»Verhältnissen«), die sich nicht (allein) durch Rechtszwang durchsetzen oder aufrechterhalten lassen, spielt Vertrauen eine zentrale Rolle."[105] Grundsätzlich sind es bei Personen- und Kapitalgesellschaften die Kapitaleigner, die eine Gesellschaft gründen und beherrschen können.[106]

Innerhalb der Europäischen Gemeinschaft unterlag die Unternehmenstruktur einem tiefgreifenden Wandel. Als einen Indikator für diesen Strukturwandel kann man den Anteil der Selbständigen an den Erwerbspersonen ansehen. Das folgende Schaubild zeigt dies anhand des ungewichteten Durchschnitts und der Standardabweichung des Anteils der Selbständigen.

---

102 Vgl. *Europäische Gemeinschaften* (1996), s.v. „Geistiges Eigentumsrecht", S. 1107-1109.

103 Vgl. *Hayek* (1976d), S. 149. Zu den Aspekten hinsichtlich der Wettbewerbsaspekte vgl. *Oppermann* (1991), S. 367.

104 Vgl. *Winter*; in: *Gutmann* (1979), S. 148.

105 Vgl. und zit. *Richter* (1994), S. 33-35.

106 Vgl. *Winter* (1994), S. 58.

Abb. 80: Entwicklung des Anteils der Selbständigen an den Erwerbspersonen in den Mitgliedstaaten der Europäischen Gemeinschaft

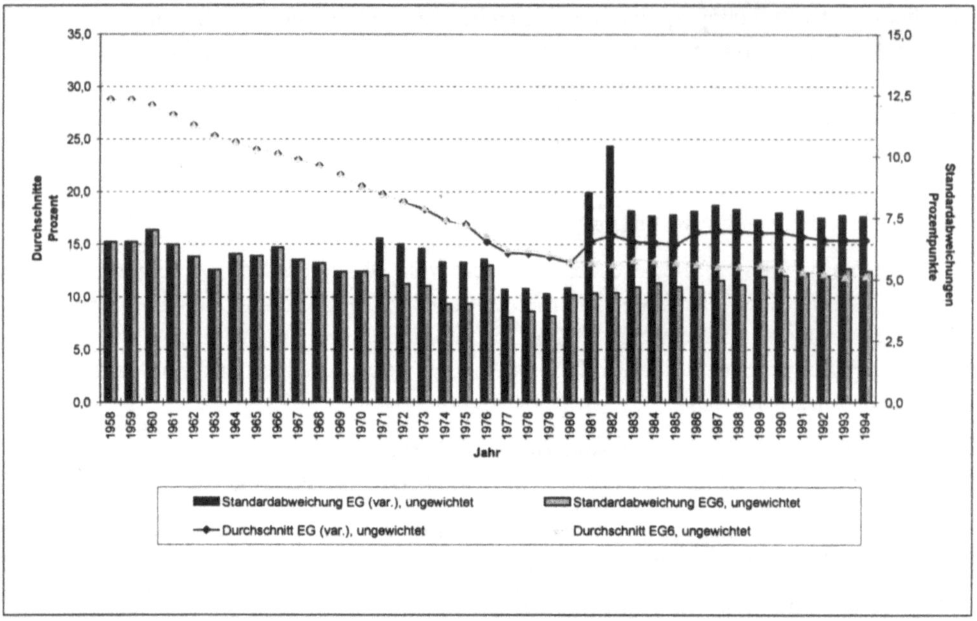

Seit Beginn der Europäischen Einigung hat sich der Anteil der Selbständigen an den Erwerbspersonen von rund 29 auf ungefähr 15 Prozent halbiert. Dabei hat der Beitritt Griechenlands einen starken strukturellen Effekt auf diesen Durchschnitt ausgeübt. Anhand der Standardabweichung wird dieser Effekt bestätigt. Hinsichtlich des Europas der Zwölf scheint sich ein Stabilisierungstrend hinsichtlich der Selbständigkeit abzuzeichnen. Interessant ist jedoch die Zunahme der Standardabweichung innerhalb der strukturell stabilen Gruppe der Sechs. Seit 1979 scheint der Trend der gegenseitigen Annäherung durch einen Trend der größeren innergemeinschaftlichen Abweichung abgelöst worden zu sein. Die generelle Abnahme der Selbständigkeit betraf dennoch nicht alle Gründungsmitglieder in derselben Art und Weise.

3.2.1. Gesellschaftsrecht

Die innere Organisation von Unternehmen wird in starkem Maße von der Ausgestaltung der Wirtschaftsordnung beeinflußt.[107] So kann zum Beispiel eine gut funktionierende Börse deutliche Hinweise auf die Qualität der Entscheidung des Managements liefern, so daß hieraus aufgrund von möglichen Übertragungen der Verfügungsgewalt,

107 Vgl. *Utzig* (1987), S. 420.

insbesondere durch Übernahmen, eine Kontrolle der inneren Unternehmensorganisation folgt.[108]

Für die Entwicklung des europäischen Gesellschaftsrecht hat das Ausmaß an gemeinschaftlichen Fusionen besondere Bedeutung. Gerade die Verschmelzung von Unternehmensteilen aus verschiedenen Mitgliedstaaten dürfte auf Dauer einen Druck hinsichtlich der Ausbildung von - wenn nicht gleichen - so doch kompatiblen Rechtsstrukturen mit sich bringen. In der folgenden Abbildung sind daher die Anteile von Fusionen an den Konzentrationsvorgängen im Verlaufe der europäischen Integration dargestellt.

Abb. 81: Entwicklung der Konzentrationsvorgänge nach Art der Operation innerhalb der Europäischen Gemeinschaft (nationale, gemeinschaftliche, internationale Operationen)

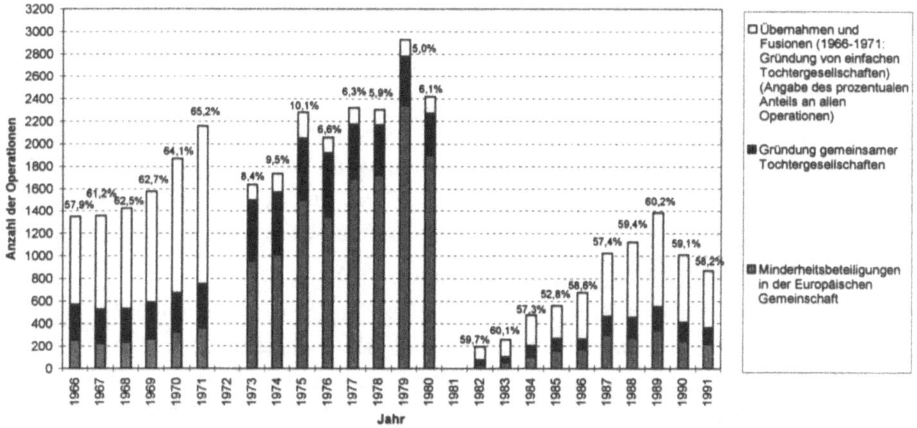

Quelle: Statistische Brüche in den Jahren 1972 und 1981 wahrscheinlich. Kommission der Europäischen Gemeinschaften: Erster Bericht über die Entwicklung der Wettbewerbspolitik, Brüssel, Luxemburg, 1972. Dies.: Zweiter Bericht über die Entwicklung der Wettbewerbspolitik, ebenda, 1973. Dies.: Fünfter Bericht über die Entwicklung der Wettbewerbspolitik, ebenda, 1976. Dies.: Neunter Bericht über die Entwicklung der Wettbewerbspolitik, ebenda, 1980. Dies.: Elfter Bericht über die Entwicklung der Wettbewerbspolitik, ebenda, 1982. Dies.: Elfter Bericht über die Entwicklung der Wettbewerbspolitik, ebenda, 1982; und dies.: Fünfzehnter Bericht über die Entwicklung der Wettbewerbspolitik, ebenda, 1986, ff. bis einschließlich: dies.: XXIII. Bericht über die Entwicklung der Wettbewerbspolitik 1993, ebenda, 1994.

Die Darstellung leidet zwar unter statistischen Brüchen. Dennoch sei eine vorsichtige Interpretation gewagt. Die drei statistischen Perioden (1966-1971; 1973-1980; 1982-1991) unterscheiden sich ganz erheblich hinsichtlich der anteilsmäßigen Zusammensetzung. Während sich die Anfangszeit durch ein Überwiegen der Gründung von einfachen Tochtergesellschaften auszeichnete, herrschte in der mittleren Periode eine Vorliebe für das Eingehen von Minderheitsbeteiligungen. Während in dieser mittleren Periode der Anteil der Übernahmen und Fusionen bei mehr oder weniger 6 Prozent lag, liegt dieser Anteil in der Zeit von 1982 bis 1991 bei rund dem Zehnfachen (60 Prozent). Es kann

108 Vgl. *Winter* (1994), S. 59.

also erwartet werden, daß in dieser Zeit der Druck für die Schaffung eines transparenten Rahmens für die operative Gestaltung von grenzüberschreitenden Mehrheitsbeteiligungen und Fusionen erheblich zugenommen hat.

Hinsichtlich der Gestaltung des Gesellschaftsrechts sind insbesondere von Interesse: Haftung, Haftungsbeschränkungen, Eigentümer- und Gläubigerschutz, Finanzierungsmöglichkeiten, Leitungsbefugnis, Gewinn- und Verlustbeteiligung, Rechnungslegung und Publizität, Steuerbelastung, Formen der Mitbestimmung.[109] Seit 1968 haben sieben gesellschaftsrechtliche Richtlinien im wesentlichen die Harmonisierung der Rechnungslegung in Angriff genommen.[110] Die Richtlinien zu einer Harmonisierung der Unternehmensverfassungen sind allerdings bisher nicht über das Vorschlagsstadium hinaus gelangt.[111]

Im einzelnen betrifft die Erste Richtlinie (1968) die Publizitätspflichten von Kapitalgesellschaften. Diese Richtlinie fällt in den Zeitraum der vermehrten Gründung von einfachen Tochtergesellschaften. Insgesamt ist dies auch die Zeit des rasanten Strukturwandels hinsichtlich des Selbständigenanteils, der auch eine zunehmende Trennung von Unternehmensleitungsfunktionen und Eigentümern bedeutet.

In die Periode der vermehrten grenzüberschreitenden Minderheitsbeteiligungen fallen die folgenden Gesetze: die Zweite Richtlinie über die Gründung, Erhaltung und Änderung des Kapitals von Aktiengesellschaften (1976), die Dritte Richtlinie über die innerstaatliche Verschmelzung von Aktiengesellschaften (1978) und die Vierte Richtlinie über die Bilanzierung bei Kapitalgesellschaften (1978).

Im letzten Zeitraum, der durch Übernahmen und Fusionen gekennzeichnet ist, ergingen die Sechste Richtlinie über die Spaltung von Aktiengesellschaften (1982), die Siebente Richtlinie über die Konsolidierung von Bilanzen im Konzern (1983) und die Achte Richtlinie betreffend die Qualifikation der Abschlußprüfer (1984). Des weiteren die Elfte Richtlinie über die Offenlegung von Zweigniederlassungen (1989), die Zwölfte Richtlinie auf dem Gebiet des Gesellschaftsrechts für Gesellschaften mit beschränkter Haftung (1989), und zwei Richtlinien aus dem Jahr 1990 über ein gemeinsames Steuersystem für verbundene Unternehmen.[112]

Grundsätzlich wird mancherseits gefragt, ob die Gemeinschaft auf dem Gebiet der Gesellschaftsformen an sich regulierend und harmonisierend tätig werden sollte, da die Unternehmensverfassungen selbst ein Aktionsparameter im internationalen Wettbewerb sind. Hinsichtlich gemeinschaftlicher Gesellschaftsformen ist allein die „Europäische wirtschaftliche Interessenvereinigung" aus dem Jahr 1985 realisiert. Auch wenn hinsichtlich der Kapitalgesellschaften in der Summe bisher hauptsächlich gemeinsame Re-

---

109 Vgl. *Winter* (1994), S. 60 f.

110 Eine Sammlung des relevanten europäischen Rechts liegt vor in *European Commission* (1995a).

111 Vgl. *Fehl/ Delhaes/ Schreiter* (1993), S. 324.

112 Vgl. *Europäische Gemeinschaften* (1996), s.v. 17.10 „Unternehmensrecht", S. 1105 f.

gelungen im Bereich der Publizität und der Rechnungslegung hinsichtlich der Kapitalgesellschaften ergangen sind, kann ein Zusammenhang mit der Entwicklung des Binnenmarktes kaum von der Hand gewiesen werden.[113] Nach dieser Untersuchung werden die Bedürfnisse der verbundenen Unternehmen im Binnenmarkt entscheiden, ob die Bereitstellung von europaweiten Formen von Kapitalgesellschaften nötig und erwünscht sind. Im bejahenden Falle könnte dies als ein Ergebnis einer evolutionären Entwicklung im Bereich der Unternehmensverfassung gewertet werden.

3.2.2. Arbeitsverfassung und Mitbestimmung

Drei Grundformen der innerbetrieblichen Willensbildung sind bekannt: die Alleinbestimmung durch den Träger des Faktors Kapital, die Mitbestimmung und die Alleinbestimmung des Faktors Arbeit. Während die Alleinbestimmung des Faktors Arbeit nur in seltenen Ausnahmefällen erprobt wurde,[114] ist auch die Alleinbestimmung durch den Faktor Kapital in westlichen Industrieländern nur noch schwer empirisch nachzuweisen.[115] Doch auch innerhalb der Kategorie Mitbestimmung können eine Reihe von Modellen verwirklicht werden. Die ökonomischen Auswirkungen der Mitbestimmung stehen insgesamt unter kontroverser Diskussion. Insbesondere werden durch Mitbestimmung Eigentumsrechte beeinträchtigt, die für eine effiziente Allokation knapper Ressourcen sorgen. Verzögerungen der Entscheidungsprozesses sind eine weitere Folge von Mitbestimmung.[116] Andererseits kann die Betriebsverfassung als eine Institution zur Herstellung von sozialem Konsens gewertet werden.[117]

Insofern die Mitbestimmungsregelungen ein Haupthindernis für Fortschritte in der Schaffung gemeinsamer Rahmenbedingungen im gemeinschaftlichen Gesellschaftsrecht darstellen, erscheint die Frage interessant, inwieweit die tatsächlichen wirtschaftlichen und sozialen Gegebenheiten hinsichtlich der Arbeitsmärkte einen solchen Unterschied rechtfertigen. Im Hinblick auf die frühen achtziger Jahre lautete das Urteil: „Letztendlich blieb der Einfluß des Gemeinschaftsrechts auf das nationale Arbeitsrecht rudimentär."[118] Ein grober Indikator stellt die Entwicklung der Streikaktionen in den einzelnen Mitgliedstaaten dar. Es wurde schon festgestellt, daß kaum ein gemeinsames Muster für den Austrag von Arbeitskämpfen in den Mitgliedstaaten zu beobachten war. Im folgenden Schaubild sind dennoch für verschiedene Zeiträume die durchschnittlichen Standardabweichungen der verlorenen Arbeitstage aufgrund von Streiks abgetragen.

---

113 Vgl. *Winter* (1994), S. 84-86.

114 So im ehemaligen Jugoslawien.

115 Vgl. *Winter*; in: *Gutmann* (1979), S. 163.

116 Vgl. *Winter* (1994), S. 76 f.

117 Vgl. *Starbatty* (1995), S. 123.

118 Zit. *Zügel* (1995), S. 43.

Abb. 82: Entwicklung der durchschnittlichen Standardabweichung verlorener Arbeitstage aufgrund von Streiks in der EG

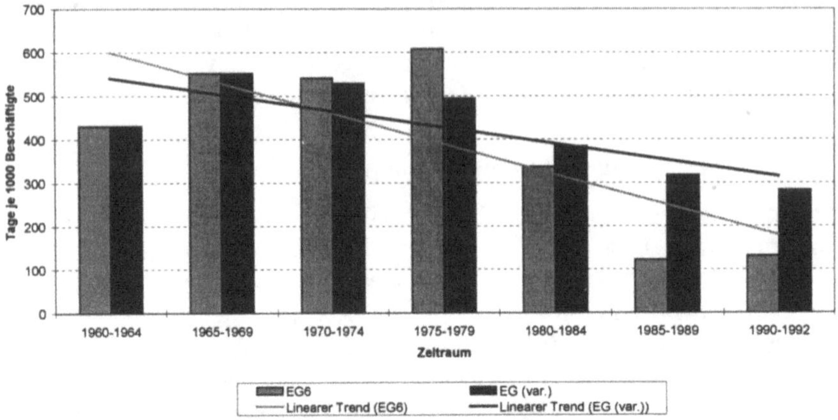

Quelle: Eigene Berechnung aufgrund von Eurostat: Bevölkerung und Erwerbstätigkeit. 1950-1976, Luxemburg, 1977; Eurostat: Sozialporträt Europas, Luxemburg, 1995. Die Standardabweichung ist auf Basis der jährlichen verlorenen Arbeitstage je Mitgliedstaat berechnet. Dabei gingen nur die jeweiligen Mitgliedstaaten der Europäischen Gemeinschaft in die Berechnung ein. Im Zeitraum 1977-1982 sind die Daten unvollständig. Die jährlichen Standardabweichungen sind anschließend über den jeweiligen Zeitraum gemittelt.

Aus der Abbildung geht hervor, daß es nach einer Anfangsphase des zunehmenden Auseinanderdriftens zu einer erheblichen Verringerung der Standardabweichungen gekommen ist. Während bis zur Schaffung des EWS diese Standardabweichung für das Europa der Sechs größer waren als im jeweiligen Europa der aktuellen Mitgliedstaaten, so zeigt das Bild andererseits, daß seit 1979 innerhalb des Europas der Sechs eine rasante Angleichung vonstatten gegangen ist, wie die relativ niedrigen Standardabweichungen von 1985 bis 1992 zeigen. Interessanterweise zeigt die Entwicklung der Standardabweichungen für die wechselnde Konfiguration von Mitgliedstaaten keinen strukturell bemerkenswerten Effekt der verschiedenen Erweiterungen. Während auch in diesem größeren Kreis eine stetige Angleichung der Verhältnisse der nationalen Arbeitskämpfe sichtbar ist, verläuft diese Annäherung jedoch um einiges langsamer als zwischen dem kleinen Kreis der Gründerstaaten, wie es auch die beiden Trendlinien nahelegen.

Insbesondere auch der Anpassungsdruck auf die Inflationsraten im Gefolge der Errichtung des EWS kann hier Auswirkungen auf die Höhe der Lohnanpassungen gehabt haben. Die zunehmende Möglichkeit der Standortverlagerung aufgrund der größeren Kapitalverkehrsfreiheit und Niederlassungsfreiheit für Direktinvestitionen würde in diesem Zusammenhang ebenfalls heranzuziehen sein. Auch an die zunehmende Anzahl von grenzüberschreitenden Beteiligungen und insbesondere Fusionen kann in diesem Zusammenhang gedacht werden. Tatsächlich war ein Fall von Massenentlassung bei einer Standortverlagerung innerhalb der Gemeinschaft aus dem Jahre 1972 der Auslöser für die 1975 erlassene Richtlinie 75/129 zur Angleichung der Rechtsvorschriften der Mitgliedstaaten über Massenentlassungen.[119] Auch in den genannten Richtlinien zur Unternehmensverfassung sind regelmäßig Vorschriften in Bezug auf die Arbeitnehmer enthalten, wie die Informations- und Konsultationsvorschriften beim Übergang von Unternehmen, Betrieben oder Betriebsteilen oder der Schutz des Anspruches auf Arbeitsentgelt im Konkurs.[120]

Für die Schaffung eines europäischen Rahmens für das Gesellschaftsrecht haben insbesondere die Mitbestimmungsvorschriften von Anbeginn ein Hindernis dargestellt. Die Harmonisierung der Mitbestimmung ist gescheitert.[121] Über die sozialpolitischen Aspekte hinaus kann diese Frage auch die eigentumsmäßige Verfügungsbefugnis an den Unternehmen und Betrieben beeinträchtigen, die möglicherweise dem Eigentumsvorbehalt nach Art. 222 EGV unterliegt.[122] Die ersten Gedanken zur Schaffung einer Europäischen Aktiengesellschaft wurden eigentlich schon im Jahre 1959 geäußert.[123] Die sog. Strukturrichtlinie zur gesellschaftsrechtlichen Verfassung von Aktiengesellschaften wurde in der ersten Fassung 1972 und 1975 in geänderter Fassung vorgelegt. Selbst in diesem umgrenzten Feld ist es bis heute nicht gelungen, durch Harmonisierung die Probleme zu lösen, die sich aus grenzüberschreitende Fusion für die Mitbestimmungsregelungen ergeben. Ein erneuter Vorschlag wurde 1989 unterbreitet, der durch das Ausklammern von Betriebsverfassungs-, Rechnungslegungs-, Steuer- und Konzernrecht zwar eine erhöhte Akzeptanz fand, aufgrund der vielfältigen Wahlrechte jedoch kaum mehr als einheitliche Rechtsform hätte gelten können. Ein erneut geänderter Vorschlag lag im Jahre 1991 vor.

Der weitreichendste Vorschlag der Kommission zur Mitwirkung von Arbeitnehmern in Unternehmen mit komplexer transnationaler Struktur wurde im Oktober 1980 vorgelegt und traf auf so heftige Kritik „wie keine andere sozialpolitische Gemeinschaftsmaßnahme". [124] Nach der Diskussion weiterer Änderungsvorschläge entschloß sich der Ministerrat im Juli 1986, die Beratungen einzustellen. Tatsächlich existieren in der Gemeinschaft zumindest drei Typen von Arbeitnehmervertretungen:

- Reine Arbeitnehmervertretungen ohne Beteiligung der Arbeitgeber (Deutschland, Frankreich, Griechenland, Italien, Luxemburg, Niederlande Portugal, Spanien).

---

119 Vgl. *Zügel* (1995), S. 41.

120 Richtlinien 77/187/EWG und 80/987/EWG. Vgl. *Zügel* (1995), S. 42 f. und *Kuhn* (1995), S. 125-127.

121 Vgl. *Fehl/ Delhaes/ Schreiter* (1993), S. 331, S. 324 Fußnote 3 und S. 325..

122 Vgl. *Oppermann* (1991), S. 607.

123 Vgl. *Zügel* (1995), S. 120, S. 129-131. Beide Vorschläge bedienten sich des Art. 235 als Rechtsgrundlage. In der Fassung von 1975 waren europäische Tarifverträge vorgesehen.

124 Vgl. und zit. *Zügel* (1995), S. 155, S. 159, S. 46-50 und *Kuhn* (1995), S. 128-131.

- Gemischte Arbeitnehmervertretungen in paritätischer Vertretung von Arbeitnehmern und Arbeitgeber (Deutschland, Belgien, Dänemark, Frankreich, Großbritannien, Irland, Luxemburg).
- Gewerkschaftsvertretungen, die auch die Interessen der nicht-organisierten Arbeitnehmer vertreten (Belgien, Dänemark, Frankreich, Griechenland, Großbritannien, Irland, Italien, Portugal, Spanien).

Zudem unterscheiden sich diese Arbeitnehmervertretungen erheblich hinsichtlich Schwellengrößen, Wahlverfahren, Zusammensetzung, Verbindlichkeit sowie Intensität von Informations-, Konsultations-, Mitwirkungsrechten und betrieblichen Mitbestimmungsrechten.[125] Ihre Existenzgrundlage variiert von gesetzlicher Vorschrift über tarifvertragliche Übereinkunft bis zur freiwilligen Vereinbarung.

Erst die vom Europäischen Rat beschlossene „Gemeinschaftscharta der sozialen Grundrechte der Arbeitnehmer" vom 9. Dezember 1989 machte den Weg frei für einen erneuten Anlauf. Sie erhielt zu diesem Bereich den folgenden Paragraphen: „17. Unterrichtung, Anhörung und Mitwirkung der Arbeitnehmer müssen in geeigneter Weise, unter Berücksichtigung der in den verschiedenen Mitgliedstaaten herrschenden Gepflogenheiten, weiterentwickelt werden."[126] Die Gemeinschaftscharta wurde bekanntermaßen von nur elf Mitgliedstaaten angenommen. Dieses erste politische *de facto opt-out* eines Mitgliedstaates wurde durch das im Anhang des Vertrags zu Maastricht befindliche „Abkommen über die Sozialpolitik" in das Primärrecht der Gemeinschaft eingeführt. Seit dem Inkrafttreten des Vertrages über die Europäische Union können sozialpolitische Vorhaben auch auf der Basis dieses Abkommens mit Geltung für damals elf Mitgliedstaaten angegangen werden.[127] Das erste greifbare Resultat eines solchen Vorgehens im Bereich der Mitbestimmung ist die Richtlinie 94/45/EWG zum europäischen Betriebsrat. Die Umsetzung in nationales Recht mußte bis zum 22.9.1996 erfolgen. Obgleich das Vereinigte Königreich an dem Zustandekommen der Richtlinie nicht mitgewirkt hat und nicht direkt gebunden wird, kann eine indirekte Wirkung auch für britische Unternehmen erwartet werden.[128] Eine erste Überprüfung der Richtlinie ist bis spätestens zum 22.09.1999 vorgesehen.[129] Gegenüber der Situation zu Anfang der achtziger Jahre lautet die Einschätzung im Hinblick auf die heutige Situation: „Den Ein-

125 Vgl. in enger Anlehnung an *Zügel* (1995), S. 286-288 inkl. Fußnoten, S. 292 f.

126 Zit. nach *Zügel* (1995), S. 60. Die feierliche Erklärung wurde von Großbritannien nicht mitgetragen.

127 Vgl. *Zügel* (1995), S. 87.

128 Vgl. *Hohenstatt* (1995), S. 169 f. Er wertet: „Die Verabschiedung der Richtlinie zum Europäischen Betriebsrat und zu anderen staatenübergreifenden Mitwirkungsmodellen erweist sich lediglich als Zwischenetappe auf einem weiterhin mühsamen Weg." (zit. S. 172) Siehe auch *Zügel* (1995), S. 88 f. Zu den Problemen eines solchen Vorgehens, S. 346.

129 Vgl. *Zügel* (1995), S. 364.

flüssen des Gemeinschaftsrechts auf individuelle Arbeitsverhältnisse kommt eine immer größere Bedeutung zu."[130]

4. Staatliche Eingriffe in Wirtschaftsprozesse

„Eine freiheitliche Ordnung bedarf des Staates als freiheitssichernde und -schützende Institution."[131] Zu den Grundlagen eines Staates gehört einmal die Begrenzung der Staatsmacht und zum anderen die Widerstandskraft der Staatsgewalt gegenüber den Partikularinteressen. Im wirtschaftlichen Bereich gehört zur Begrenzung der Staatsmacht die Begrenzung der Steuergewalt des Staates und zur Unabhängigkeit gegenüber den Partikularinteressen die Eindämmung der partikularen Interessen dienenden Subventionen. Die Entwicklung der Steuern und die der Subventionen innerhalb der Europäischen Gemeinschaft soll in diesem Kapitel kurz angerissen werden.

4.1. Steuern

4.1.1. Steuerwettbewerb der Mitgliedstaaten

"Europa steht heute erst in den Anfängen der Integration und des Fiskalwettbewerbs."[132] Insofern der steuerliche Systemwettbewerb sich erst bei Verwirklichung der Vier Freiheiten entwickeln kann und seine eigentliche Stärke erst bei der generellen Anwendung des Ursprungslandsprinzips zeigt, dürften die Indikatoren der wirtschaftlichen Entwicklung nur schwache Anzeichen der Reaktion auf solchen Systemwettbewerb liefern. Andererseits ist dieser Bereich auch deswegen von besonderem Interesse, weil explizit und willentlich kaum je eine Angleichung der steuerpolitischen Gewohnheiten der einzelnen Mitgliedstaaten auf europäischem Niveau angegriffen wurde. Angleichungen sind daher in starkem Maße der erfolgten wirtschaftlichen Integration Europas und dem daraus resultierenden Systemwettbewerb zuzuschreiben. Da es aufgrund der Einstimmigkeitsregel kaum je zu gemeinschaftlichen Handeln kommt, kann eine Angleichung der Ordnungstrukturen allein aus den wirtschaftlichen Zwängen der veränderten Gegebenheiten infolge anderwärtiger Integrationsfortschritte hervorgehen. Aus der Menge der möglichen Transmissionswege, sind zwei hauptsächliche Typen steuerlichen Wettbewerbs entscheidend: die Direktinvestitionen und das internationale Finanzkapital.[133]

Durch den Wettbewerb der Standorte und Steuersysteme wächst der Druck auf eine Harmonisierung der mitgliedstaatlichen Staats- und Steuerquoten.[134] Im Gegenzug

---

130 Zit. *Kuhn* (1995), S. 176.

131 Zit. und vgl. *Watrin* (1994), S. 18 f.

132 Zit. *Sinn* (1995), S. 248.

133 Vgl. *Sinn* (1997), S. 675-680 erwähnt Direktinvestitionen, Finanzkapital, steuerliche Bemessungsgrundlagen, Verkaufsniederlassungen, Menschen.

134 Vgl. *Matthes* (1995), S. 154.

kann somit eine Angleichung der Staats- und Steuerquoten in einem offenen Binnenmarkt als ein Indikator für das Funktionieren des Staatenwettbewerbs gesehen werden. In der folgenden Abbildung ist die Entwicklung der ungewichteten Durchschnitte und Standardabweichungen der Einnahmen der Gebietskörperschaften in der Gemeinschaft als Anteil vom Bruttoinlandsprodukt dargestellt.

Abb. 83: Einnahmen der Gebietskörperschaften in der EG: Durchschnitt und Standardabweichung (Prozent vom Bruttoinlandsprodukt)

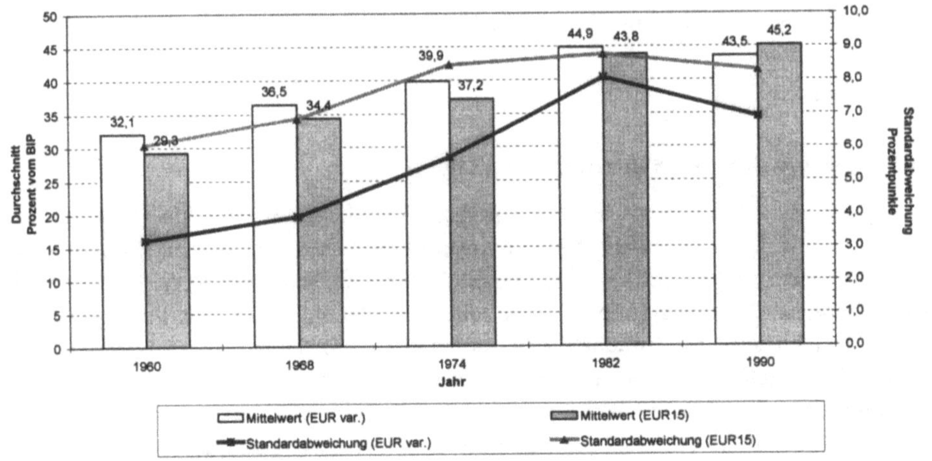

Quelle: OECD: Economic Outlook. Historical Statistics. 1960-1990, Paris, 1992.

Zunächst muß die erhebliche Erhöhung der Steuerquote von 32 Prozent des BIP im Jahre 1960 bis auf 43,5 Prozent im Jahre 1990 festgehalten werden. Innerhalb den Unterperioden von 1960 bis 1982 hat sich die Steuerquote jeweils um rund 4-5 Prozentpunkte erhöht. Allein von 1982 auf 1990 hat sich dieser Trend nicht fortgesetzt; es ist im Gegenteil die durchschnittliche Steuerquote um rund einundhalb Prozentpunkte gefallen. Über den gesamten Zeitraum ist als Vergleichswert der Durchschnitt der heutigen fünfzehn Mitgliedstaaten abgetragen. Es zeigt sich, daß die Erhöhung hier noch stärker ausgefallen ist. Besonders interessant ist jedoch die Beobachtung, daß in der letzten Periode 1982-1990 der Durchschnitt der Fünfzehn nicht gesunken, sondern weiter gestiegen ist. Das dies nicht allein auf den strukturellen Effekt des Beitritts von Portugal und Spanien zurückzuführen ist, zeigt die Betrachtung der Standardabweichung. Wäre der Rückgang in der ersten Gruppe auf diesen Beitritt zurückzuführen, dann wäre die Standardabweichung im besten Falle gleich geblieben, kaum jedoch signifikant gesunken. Diese Standardabweichung weist hingegen eine deutliche Trendwende aus. In der Periode 1982-1990 ist sie für das Europa der jeweiligen Mitgliedstaaten um über einen Prozentpunkt gesunken. Diese Entwicklung wird von der Kontrollgruppe der Fünfzehn - wenn gleich in viel schwächerem Ausmaße - bestätigt.

In der Schlußfolgerung kann festgehalten werden, daß die Entwicklungsrichtung der Standardabweichung vom Stand der jeweiligen Integration abhängt. Solange die Grenzen noch relativ geschlossen sind, ist davon auszugehen, daß sich die konkurrierenden Staaten durch differenzierende Besteuerung voneinander abzuheben versuchen werden, um als geeigneter Standort für Direktinvestitionen darzustehen. Soweit nötig werden die Staaten ihren Finanzierungsbedarf über Schuldenaufnahme ausgleichen. Ab einer gewissen Höhe werden die Besteuerungsunterschiede und die Differenzen in den Sozialabgaben zu einer entscheidenden Größe, vor allem sofern die Qualität der öffentlichen Leistungen vergleichbar sind.[135] Das bessere Funktionieren des Binnenmarktes, gekoppelt mit der Existenz des Europäischen Währungssystems, hat Ansätze eines Staatenwettbewerbs hinsichtlich der durchschnittlichen Steuerlast zwischen den einzelnen Mitgliedstaaten ausgelöst.

Einen Hinweis für die Intensität des Standortwettbewerbs soll die folgende Abbildung vermitteln. Sie zeigt anhand der Summe der absoluten jährlichen Differenzen der Direktinvestitionsströme, wie sich die jährliche Reaktivität der innergemeinschaftlichen Direktinvestitionen entwickelt hat.

Abb. 84: Reaktivität der Direktinvestitionsströme

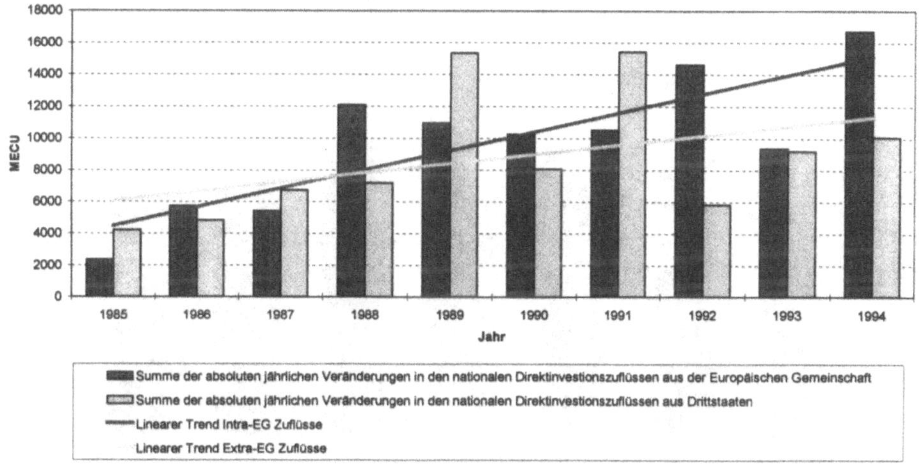

Quelle: Eigene Berechnung. Eurostat: NewChronos. On-line Datenbank. EU direct investments, breakdown by economic activity (old series from 1984). (2/1997). Vgl. Eurostat: European Union Direct Investment Yearbook 1996, Luxemburg, 1996.

135 Vgl. *Willgerodt* (1989), S. 422.

Wie aus dem Schaubild ersichtlich ist, hat die Reaktivität der Direktinvestitionszuflüsse innerhalb der Europäischen Gemeinschaft von 1985 bis 1994 deutlich zugenommen. Für die generelle Tendenz ist dabei ohne Belang, ob die Direktinvestitionen aus anderen Mitgliedstaaten oder aus Drittländern stammten. Interessanterweise fällt die Zunahme der innergemeinschaftlichen jährlichen marginalen Veränderung jedoch größer aus als im Hinblick auf Drittstaaten. Die jährliche Reaktivität der intragemeinschaftlichen Direktinvestitionszuflüsse nahm auch nach 1990 noch weiter zu, wohingegen das Volumen der Zuflüsse - insgesamt zwar leicht rückgängig - sich jedoch weitgehend auf hohem Niveau zu stabilisieren schien. Die Summe der marginalen Differenzen liegt über dem gesamten Zeitraum in der Größenordnung von mehr als einem Drittel des jährlichen Direktinvestitionsvolumens der innergemeinschaftlichen Zuflüsse.

Hinsichtlich der strukturellen Zusammensetzung des Steueraufkommens in den Mitgliedstaaten wird daher die Bedeutung der direkten Steuern am Gesamtaufkommen betrachtet. Gerade bei zunehmender Kapitalmobilität ist von einer Angleichung der Unternehmensbesteuerung auszugehen. Diese Tendez wird durch die grenzüberschreitende Verbindung von Unternehmen verstärkt aufgrund der möglichen Gewinnverschiebung mithilfe von unternehmensinternen Transferpreisen.[136] Die nächste Abbildung zeigt die Entwicklung des durchschnittlichen Anteils der direkten Steuern am Gesamtsteueraufkommen der Mitgliedstaaten der Gemeinschaft.

Abb. 85: Anteil der direkten Steuern am Gesamtsteueraufkommen in den Mitgliedstaaten der Europäischen Gemeinschaft: Durchschnitt und Standardabweichung

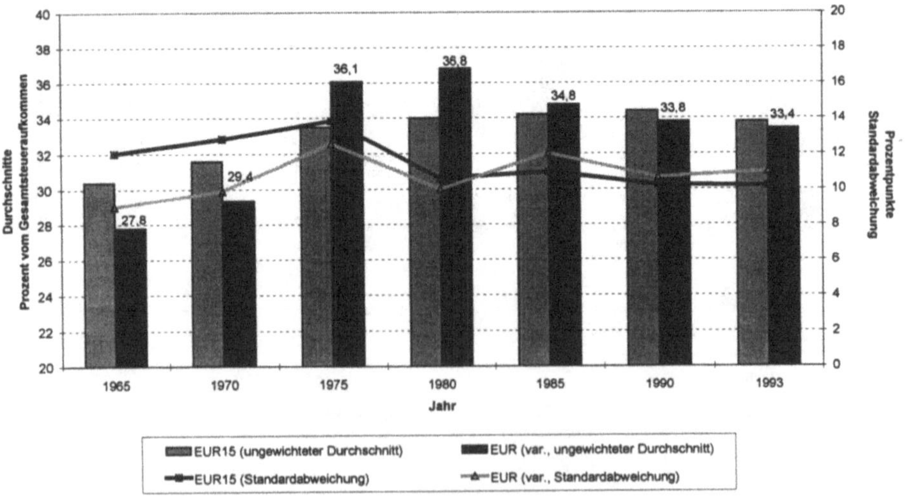

Quelle: OECD: Revenue Statistics of OECD Member Countries. 1965-1995, Paris, 1996.

Es ist bekannt, daß sich die Struktur der Steuerarten zwischen den Mitgliedstaaten erheblich unterscheidet. Eine Harmonisierung im Bereich der direkten Steuern ist bisher an der erforderlichen Einstimmigkeit gescheitert.[137] Dies bedeutet auch hier, daß eventuelle dynamische Angleichungen der Ordnungstrukturen wiederum auf die systemimmanenten Zwänge des Binnenmarktes zurückgeführt werden müssen. Erwartet werden muß bei zunehmender Öffnung der Grenzen, daß die nationalen Steuerhoheiten versuchen werden die Steuerlast von den direkten auf indirekte Steuern umzusatteln, da die direkten Steuern im Regelfall im Sitzland der Unternehmen zu zahlen sind und daher höhere direkte Steuerlasten zu einem verstärkten Abwanderungsdruck führen. Andererseits führt die Möglichkeit von unternehmensinternen grenzüberschreitenden Verschiebungen der Steuerbasis zu einem Koordinationsdruck der Steuerhoheiten.[138]

Prinzipiell stützt die vorstehende Abbildung die früheren Beobachtungen. Bis Anfang der achtziger Jahre kann man kaum von einem Standortwettbewerb hinsichtlich der Steuerlast ausgehen: der Anteil der direkten Besteuerung hat sich von den sechziger Jahren bis zum Jahr 1980 von rund 28 Prozent auf fast 37 Prozent des Gesamtsteueraufkommens ausgedehnt. In der folgenden Dekade ist jedoch der Anteil der direkten Steuern dann wieder auf rund ein Drittel des Gesamtsteueraufkommens gesunken. Die Änderungen in der Struktur waren innerhalb der jeweiligen Mitgliedstaaten immer sehr viel ausgeprägter als in der Vergleichsgruppe der heutigen Fünfzehn. Die Umkehr der Tendenz fällt für die Gruppe der jeweiligen Mitgliedstaaten weitestgehend mit der Einführung des EWS zusammen.

Erstaunlich ist die Tatsache, daß die Standardabweichungen sich über diesen Zeitraum nur vergleichsweise wenig verändert haben. Ein Anzeichen dafür, daß dieser Strukturwandel innerhalb der Gemeinschaft mehr oder weniger im Gleichschritt vorgenommen wurden. Da dies nicht in Form einer formellen Absprache oder gar einer gemeinsamen Handlung auf Gemeinschaftsniveau erfolgt ist, kann man vielleicht schließen, daß sich über den Betrachtungszeitraum eine informelle Koordination zwischen den Mitgliedstaaten eingespielt hat, so daß andere einem Vorreiter folgen würden, um nicht Standortnachteile auf sich zu ziehen. Im Dezember 1997 haben sich die Vertreter der Mitgliedstaaten in einem Verhaltenskodex darauf geeinigt, solch eine informelle Koordination stärker zu formalisieren. In einer Revision der bestehenden nationalen steuerlichen Vorschriften sollen diejenigen identifiziert werden, die als „unlauterer Wettbewerb" hinsichtlich der Unternehmensbesteuerung angesehen werden können, um solche bis zum 31.12.2003 abzuändern.[139]

---

136 Vgl. *Cnossen* (1990), S. 477.

137 Vgl. *Fehl/ Delhaes/ Schreiter* (1993), S. 331 f.

138 Vgl. *Cnossen* (1990), S. 478.

139 Vgl. *European Commission* (1997c), S. 9. Vgl. die Modellrechnungen bei *Hallet/ McAdam* (1996), S. 39 f., nach denen es unmöglich ist das Defizit- und das Schuldenstandkriterium gleichzeitig zu verwirklichen, da Ausgabenkürzungen nicht ausreichen würden.

In der längeren Frist ist jedoch nicht auszuschließen, daß es zu einer institutionellen Evolution kommt, die auch die Einführung von Abstimmungsregeln mit sich brächte, die ein gemeinschaftliches Handeln nicht grundsätzlich ausschließen. Denn in einer harmonisierenden Gesetzgebung auf europäischer Ebene werden die nationalstaatlichen Regierungen einen wirksameren Weg einer Reduzierung des Standortwettbewerbs aufgrund des Aktionsparameters der Steuer sehen als in der wettbewerblichen Angleichung. Während die wettbewerbliche Angleichung einen Anpassungsdruck bei einer niedrigeren Steuer impliziert, ist die Höhe des Steuerniveaus aufgrund einer regulierenden Harmonisierung zunächst einmal offen. Andererseits sollte nicht vergessen werden, daß die Wettbewerbsanalogie bei der Betrachtung von System- und hier Steuerwettbewerb nur bedingt trägt. Die politischen Märkte sind mehr als imperfekt. Die Möglichkeit von zerstörerischem Steuerwettbewerb ist weitaus größer, wenn man von einem regionalen Niveau auf ein internationales Niveau wechselt. „What might be harmful collusion in the market for products can become constructive cooperation in the interjurisdictional fiscal setting." [140]

Auf der Einnahmenseite für den Haushalt stehen einmal die Steuereinnahmen, zum anderen besteht für die nationalen Regierungen der Mitgliedstaaten auch die Möglichkeit, einen steigenden Finanzbedarf über Schulden zu decken. Theoretische Untersuchungen legen nahe, „daß in repräsentativen Demokratien aufgrund wahltaktischer Überlegungen eine Tendenz zur Steigerung von Budgetdefiziten besteht."[141] Nach den modelltheoretischen Annahmen ist eine verstärkte Nutzung der Schuldenfinanzierung insofern unausweichlich, da diese eine Verschiebung der Steuerlast auf zukünftige Generationen bedeutet, die ja heute noch keine Wahlbürger sind. Zudem hat die Art der politischen Ordnung einen entscheidenden Einfluß auf den Zusammenhang von Inflation und Budgetdefizit. „Je höher der Grad der politischen Polarisierung und je geringer die politische Stabilität eines Systems ist, desto höher sind die Staatsausgaben und desto ineffizienter ist das Steuersystem."[142] Wie aus der nachfolgenden Graphik abgelesen werden kann, hat sich die europaweite durchschnittliche Staatsverschuldung gegenüber dem ersten Jahrzehnt mehr als verdoppelt.

Wie ebenso sichtbar ist, hat sich die Standardabweichung der nationalen Schuldenquote seit 1974 ebenfalls nicht mehr wesentlich verändert. Im Ganzen weist dies auf einen Gleichschritt auch in der Verschuldungspolitik. Während die impliziten Kontrollmechanismen des erreichten Integrationsstands ausreichend sind, um einen Gleichschritt in der Schuldenpolitik zu bewirken, sind offensichtlich die bestehenden Wettbe-

---

140 Zit. und vgl. *Musgrave* (1997), S. 70 und S. 67. Ähnlich *Donahue* (1997), S. 75: „Only in the most exotic cases can business collusion benefit the average individual. But (except for those who see public institutions as irredeemably wasteful) there is often a reasonable case for governmental collusion." (zit.)

141 Zit. *Hamacher/ Klein* (1993), S. 178.

142 Zit. *Hamacher/ Klein* (1993), S. 190.

werbsmechanismen nicht hinreichend, um gleichzeitig eine Kontrolle auf die Höhe des Schuldenstands auszuüben.[143]

Abb. 86: Durchschnittlicher Schuldenstand in den Mitgliedstaaten der EG (in Prozent vom Bruttoinlandsprodukt)

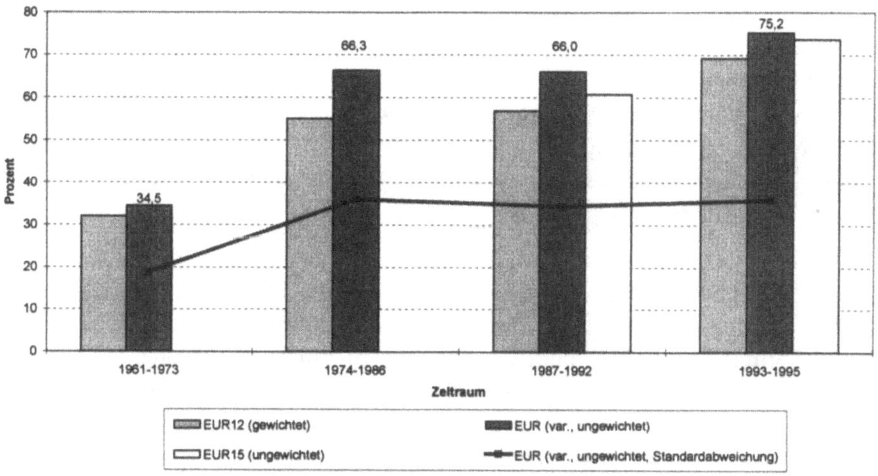

Quellen: Eigene Berechnungen. European Commission: European Economy. Annual Report for 1995, Luxembourg, 1995. Eurostat: Annuaire '95, Luxembourg, 1995. European Commisssion: European Economy. Suppl. A. Economic trends, No. 1, Januar 1997.

Die Sicherungsmechanismen für die Verträglichkeit von nationalen Haushaltspolitiken mit den Bedingungen der Währungsstabilität werden bei zunehmenden Grad der Kapitalmobilität wichtiger.[144] Um so stärker fallen diese Effekte in einem einheitlichen Währungsraum aus. So lockert sich der Kontrollzusammenhang zwischen steigender nationaler Neuverschuldung und höheren Realzinsen, da sich die Kreditnachfrage auf das gesamte Währungsgebiet ausdehnt, so daß die Rückmeldung hinsichtlich Fehlentscheidungen abgeschwächt wird.[145] Es entstehen somit externe Effekte der nationalen Fiskalpolitik für alle Teilnehmer der Währungsunion. Auf jeden Fall wird die Bedeutung des Steuerwettbewerbs zunehmen, wenn durch die Schaffung einer Währungsunion mit einheitlicher Währung das Wechselkursrisiko vollständig wegfällt.

143 Vgl. hierzu allgemein *Brennan/ Buchanan* (1985), S. 93 f.

144 In Anlehnung an *Smeets* (1993), S. 121.

145 Vgl. *Smeets* (1993), S. 116.

4.1.2. Gemeinschaftshaushalt

Wie bei jeder Bürokratie nimmt diese Arbeit auch für die Organe der Europäischen Gemeinschaft die Bestrebung an, den eigenen Haushalt auszudehnen. Allein wie die Betrachtung der Entwicklung des EG-Haushalts im Verhältnis zur Summe der nationalen Haushalte gezeigt hat, scheint dies der europäischen Bürokratie nur begrenzt zu gelingen - ganz im Widerspruch zu der landläufigen Meinung über die Bedeutung des EG-Haushaltes für die Finanzkraft der einzelnen Mitgliedstaaten. So wie sich die Aufgaben der Gemeinschaft in Form der gemeinschaftlichen Politikfelder seit Mitte der siebziger Jahre rund verdoppelt haben, ist das Verhältnis des EG-Gesamtetats zu der Summe der Steuereinnahmen der jeweiligen Mitgliedstaaten ebenfalls von rund 2,4% auf rund 4,8% auf das Doppelte angewachsen. Der letzte EG-Haushalt liegt verhältnismäßig immer noch unter den Finanzbeiträgen, die die Mitgliedstaaten vor dem Eigenmittelbeschluß an die Gemeinschaft überwiesen hatten.

In Bundesstaaten würde man erwarten, daß die folgenden Funktionen von der Zentralregierung ausgeübt werden: die Erreichung einer fairen Verteilung des Realeinkommens, die Schaffung der Voraussetzungen für das erwünschte Wachstum, und schließlich die Schaffung der Bedingungen, unter denen Vollbeschäftigung und Preisniveaustabilität erreicht werden. Dagegen würden öffentliche Güter und Dienste auf allen hoheitlichen Ebenen des föderalen Staates hergestellt, je nach der räumlichen Ausdehnung der Nutzenstiftung dieser öffentlichen Güter.[146] Nach der Selektionsthese spricht eine *a priori* Vermutung für die Zentralisierung der Aufgaben, „bei denen wegen der Mobilität der Betroffenen ein intensiver staatlicher Wettbewerb erwartet werden kann."[147] Die Ineffizienz einer Wettbewerbslösung bei Umverteilungspolitiken liegt in den positiven Migrationsexternalitäten begründet.[148] Zur Zeit wird diese Einkommensumverteilungspolitik in den Mitgliedstaaten aus eben diesem Grunde auf der Ebene des Zentralstaats wahrgenommen.[149]

Selbst für die Finanzierung lokal begrenzter öffentliche Güter müssen Steuern vermutlich auf europäischer Ebene erhoben werden, sofern die Vier Freiheiten voll bestehen bleiben.[150] Dabei ist historisch fast überall das Prinzip der Teilhabe am Steueraufkommen anzutreffen, d.h. daß eine Gebietshoheit einen Anspruch auf einen Teil der auf ihrem Territorium verdienten Einkommen, auch der von nicht ansässigen Individuum und Firmen.[151] Seit 1975 sind der Ministerrat und das Europäische Parlament als „gemeinsame Haushaltsbehörde" mit einander ergänzenden Entscheidungsbefugnissen zur Abfassung des EG-Haushalts betraut. Der Rat hat das endgültige Entscheidungsrecht

---

146 Vgl. *Musgrave* (1990), S. 282.

147 Zit. und vgl. *Sinn* (1995), S. 241.

148 Vgl. *Sinn* (1995), S. 246 f., der für den europäischen Rahmen jedoch die starken Unterschiede der Durchschnittseinkommen kritisch betrachtet.

149 Vgl. *Sinn* (1994), S. 97.

150 Für die Begründung siehe *Sinn* (1994), S. 100-102.

151 Vgl. *Musgrave* (1990), S. 286.

bei sog. obligatorischen Ausgaben, die sich direkt aus den Verträgen ergeben; das Parlament entscheidet innerhalb festgesetzter Höchstgrenzen über die sog. nicht-obligatorischen Ausgaben. „Sollte man sich für eine eigene EU-Steuer entscheiden, dann müßten zuvor die haushaltspolitischen Kompetenzen des Europäischen Parlaments gestärkt werden."[152]

4.2. Subventionen

Erhebliche Eingriffe in den Wirtschaftsprozeß stellen andererseits die Subventionen dar. Subventionen verkehren durch ihre falsche Signalwirkung nach und nach die marktwirtschaftlichen Anreizstrukturen. Die zumeist anfänglich festgestellte „politische" Begründung von Subventionen verkehrt sich im Laufe der Zeit zu einer unauflöslichen Bindung des politischen Systems. Ein Abbau von Subventionen kann meist nur mit zusätzlicher Unterstützung in angeschlossenen Bereichen erkauft werden. Dies ergibt sich auch aus der Logik des hier verwendeten Modells. Zu bedenken ist vor allem, daß die „Kosten" des Subventionsabbaus in Form von Arbeitslosigkeit von jedermann leicht erkennbar sind, während sich die gesamtwirtschaftlichen Kosten der Subventionsgewährung hingegen weit streuen lassen und nur schlecht bezifferbar sind. In einem integrierten Markt, in dem die finanzpolitischen Zuständigkeiten bei den nationalen Entscheidungsträgern verbleiben, kann man erwarten, „daß von denjenigen Kreisen, die mit subventionierten Unternehmen im Wettbewerb stehen, zunehmend Druck ausgeübt werden wird, ebenfalls gefördert zu werden."[153] In der Tendenz kann es zu einer regelrechten Subventionsspirale kommen. Die Regierungen der Mitgliedstaaten haben daher ein gemeinsames Interesse sich durch eine Akt der Selbstbindung einer gemeinschaftlichen Subventionskontrolle zu unterwerfen - wie es seit den Römischen Verträgen der Fall ist.

Tatsächlich zeigt die Entwicklung der Subventionen einen kontinuierlichen Zuwachs im Verhältnis zum Bruttoinlandsprodukt (BIP). Wie aus der folgenden Grafik abgelesen werden kann, betrug sie im Durchschnitt der EG-Mitgliedstaaten 1960 noch rund 1,4% des BIP, 1974 schon 2,3 % und schließlich 1987 immerhin schon mehr als 2,7 % vom Bruttoinlandsprodukt. Erstaunlicherweise ist diese Quote bis 1994 auf 2,3 % gesunken, d.h. auf den Stand von vor zwanzig Jahren. Abgesehen von einer allgemeinen Umorientierung in der Wirtschaftspolitik der meisten Mitgliedstaaten, waren für diese Entwicklung vermutlich ebenfalls die erhöhten Sparzwänge verantwortlich, die sich aus dem Vertrag von Maastricht im Hinblick auf die Schaffung der einheitlichen europäischen Währung ergeben haben. Zudem darf an die seit Beginn der achtziger Jahre intensive Subventionskontrolle der Europäischen Kommission erinnert werden, wie im Kapitel zur Wettbewerbspolitik dargestellt.

152 Zit. und vgl. *Peffekoven* (1994), S. 119 und S. 15-22.

153 Zit. und vgl. *Zippel* (1993), S. 66 f. und S. 76.

Abb. 87: Entwicklung der Subventionen in der Europäischen Gemeinschaft Durchschnitte und Standardabweichungen (in Prozent vom Bruttoinlandsprodukt)

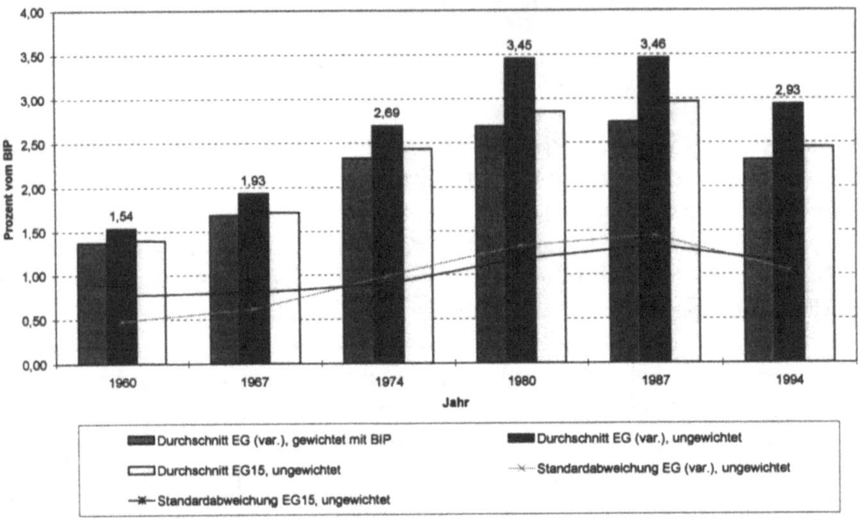

Quelle: Eigene Berechnungen aufgrund von OECD: National Accounts. Main Aggregates, Vol. I, 1960-1994, Paris, 1996.

Im Stahlbereich wurde in der Anfangszeit die nationale Subventionierung anfangs mehr oder weniger toleriert. Seit 1975 hatte die Subventionierung jedoch sprunghaft zugenommen.[154] Nach der ersten Ölkrise kam es ohnehin in der Gemeinschaft zu zunehmenden staatlichen Eingriffen in den Wirtschaftsprozeß.[155] Neben der Schaffung eines Subventionskodex für die Stahlbranche sind in der Folgezeit Bestimmungen auch für den Schiffbau, die Textil- und Bekleidungsindustrie, den Chemiefaserbereich, den Automobil- und Flugzeugbau, die Papier- und Pappeindustrie und schließlich für die Lederwaren- und Schuhindustrie erlassen worden. Zwischen den Mitgliedstaaten bestehen dennoch weiterhin erhebliche Unterschiede in der Struktur und den Zielsetzungen staatlicher Beihilfen.

Zusätzlich zu den Möglichkeiten von Subventionen unter Art. 92,3 des EWGV sind staatliche Finanzhilfen für die Landwirtschaft unter Art. 42 und 40,3, für Verkehr nach Art. 77, und zur Förderung der Arbeitsmobiltät nach Art. 123 EWGV zulässig. Nach Art. 112,1 sollten Subventionen für den Export in Drittländer - sofern erforderlich - schrittweise vereinheitlicht werden, um Wettbewerbsverzerrungen zwischen den Unternehmen der Gemeinschaft zu verhindern. Generell ist der Bereich wesentlicher Inter-

---

154 Vgl. *Zippel* (1993), S. 69.

155 Vgl. *Kotios/ Molsberger* (1993), S. 91 f.

essen der nationalen Sicherheit bezüglich des Handels mit Waffen, Munition und Kriegsmaterial nach Art. 223 EWGV von der Subventionskontrolle ausgenommen.[156]

5. Entwicklung der gesellschaftlichen Ordnung

„Es besteht also nicht nur eine ökonomische Interdependenz, sondern auch eine Interdependenz der Wirtschaftsordnung mit allen übrigen Lebensordnungen."[157] Im folgenden soll daher eventuellen Änderungen der Ordnungstrukturen im gesellschaftlichen Bereich nachgegangen werden. Aufgrund seiner grundlegenden Bedeutung als bürgerlicher Freiheit wird zunächst die Entwicklung der Freizügigkeit in der Europäischen Gemeinschaft erörtert. Darauf wird die Entwicklung zu einer europäischen Sozialordnung betrachtet. Schließlich wird anhand einiger Indikatoren zur wirtschaftlichen Entwicklung dem Ziel einheitlicher Lebensverhältnisse nachgegangen. Im Vordergrund steht die Wechselwirkung zwischen dem wirtschaftlichen Integrationsprozeß und den benannten Politikbereichen.

5.1. Freizügigkeit

Die Freizügigkeit, wie sie in den Römischen Verträgen gewährt wurde, stellt einen erheblichen Zuwachs an persönlicher Freiheit für die Bürger der Europäischen Union dar. Dabei ist nicht nur das tatsächlich genutzte Ausmaß der Wanderung für die Beurteilung wichtig, sondern allein die Möglichkeit schafft ein nicht zu unterschätzendes Gegengewicht der Einzelnen zur nationalen Staatsgewalt. Die Wanderung ist einer der grundlegenden Mechanismen für die dynamische Angleichung von Ordnungstrukturen, nicht nur im wirtschaftlichen, sondern auch im sozialen und politischen Bereich. Manche Autoren finden deutliche Hinweise auf einen Zusammenhang von Faktormobilität und politischem Zusammenhalt von Integrationsgebieten.[158] Der Abbau von Arbeitsmobilitätshemmnissen hat außerdem vermutlich große Auswirkungen auf die Produktionseffizienz und auf Einkommensverteilung zwischen den Mitgliedstaaten.[159]

Wie das obere Schaubild der nächsten Seite verdeutlicht, ist von der Freizügigkeit im Verlaufe der Integration bis zum Jahre 1994 von insgesamt rund 8 Millionen Europäern Gebrauch gemacht worden. Dabei ist am längerfristigen Trend gemessen in einigen Perioden die Freizügigkeit stärker in Anspruch genommen worden als in anderen. In der Anfangszeit ist die Zahl der Nutznießer der Freizügigkeit sehr schnell angewachsen: 1967 war die erste Million erreicht und 1970 war die zweite Million schon überschritten. Zu Anfang der siebziger Jahre zeichnet sich eine überdurchschnittliche Wanderungstätigkeit ab, während zu Beginn der achtziger Jahre die Nutzung der Freizügigkeit eher unterdurchschnittlich war.

---

[156] Vgl. *Zippel* (1993), S. 74 f.

[157] Zit. *Eucken* (1990), S. 14.

[158] Vgl. *Bolton/ Roland/ Spolaore* (1996), S. 703.

[159] Vgl. *Bhagwati* (1984), S. 690 f. in Anlehnung an *Hamilton/ Whalley* (1984).

Abb. 88: Summe der Einwanderungen in den jeweiligen Mitgliedstaaten der Europäischen Gemeinschaft aus anderen Mitgliedstaaten

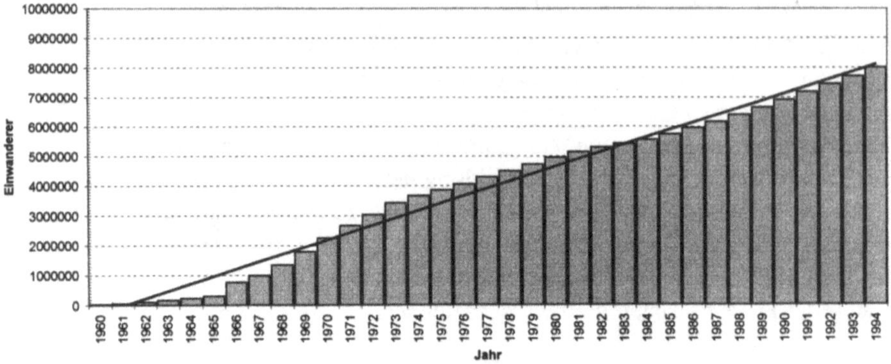

Anmerkung
Die Daten sind mit großen Unsicherheiten behaftet. Von 1960-1965 liegen Daten nur von Belgien und den Niederlanden vor. Seit 1966 kommt Deutschland dazu. Von 1973-1985 umfassen die Daten darüberhinaus Dänemark und Großbritannien (seit 1975). Für Irland liegen bis 1991 und Portugal bis 1992 keine Daten vor.
Quelle
Eurostat: Wanderungsstatistik. 1996, Luxembourg, 1997 für Daten von 1992-1994, die schon auf der Definition EUR15 beruhen. Ebenso die Daten für Griechenland, Spanien, Italien, Portugal. Daten vor 1985 und für Großbritannien aus: Eurostat: Improvement of the historical series of statistics on international migration in Eurostat. Prepared by J. Salt, Ann Singleton, o.O, (November 1994).

Abb. 89: Verhältnis der jährlichen Einwanderungen von EG-Ausländern zu den ansässigen EG-Ausländern im jeweiligen Mitgliedstaat

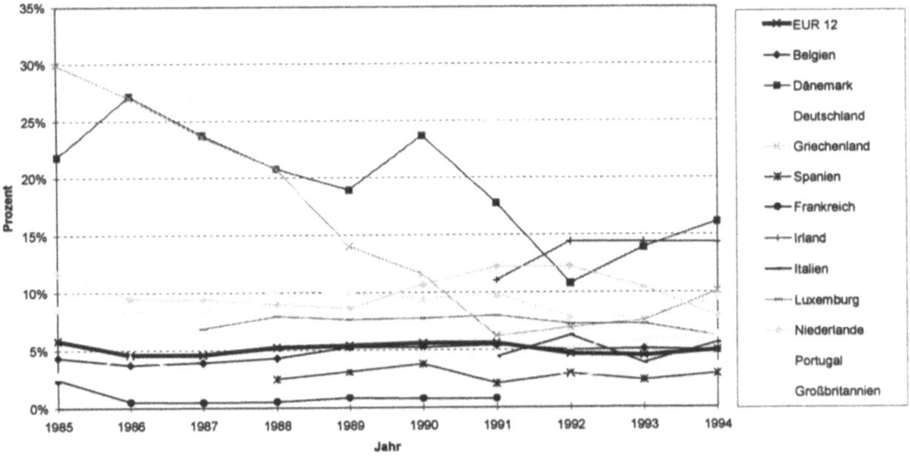

Quelle: Eurostat: Wanderungsstatistik. 1996, Luxembourg, 1997: Daten auf der Basis von EUR15.

Wie die untere Graphik der vorigen Seite zeigt, ist der Austausch innerhalb der EG-Ausländern in den einzelne Mitgliedstaaten teilweise recht hoch. Im Falle Dänemarks schwankt der Wert zwischen jährlich 15-25 Prozent an den ansässigen EG-Ausländern. Für Frankreich hingegen liegt der Anteil des Austausches bei rund einem Prozent. Im EG-weiten Durchschnitt beläuft sich der Wert auf rund fünf Prozent. Aus diesen Zahlen läßt sich schließen, daß der Personenkreis derjenigen, die die Freizügigkeit in Anspruch nehmen, vermutlich größer ist als die absoluten Bestandszahlen andeuten; daß aber andererseits die Verweildauer nicht unbedingt auf die lange Frist ausgerichtet ist.

Im folgenden Schaubild sind die jährlichen Einwanderungen von EG-Ausländern ins Verhältnis zu den Erwerbspersonen in der Gemeinschaft gesetzt.[160]

Abb. 90: Verhältnis der jährlichen Einwanderungen von EG-Ausländern zu den Erwerbspersonen in der Europäischen Gemeinschaft

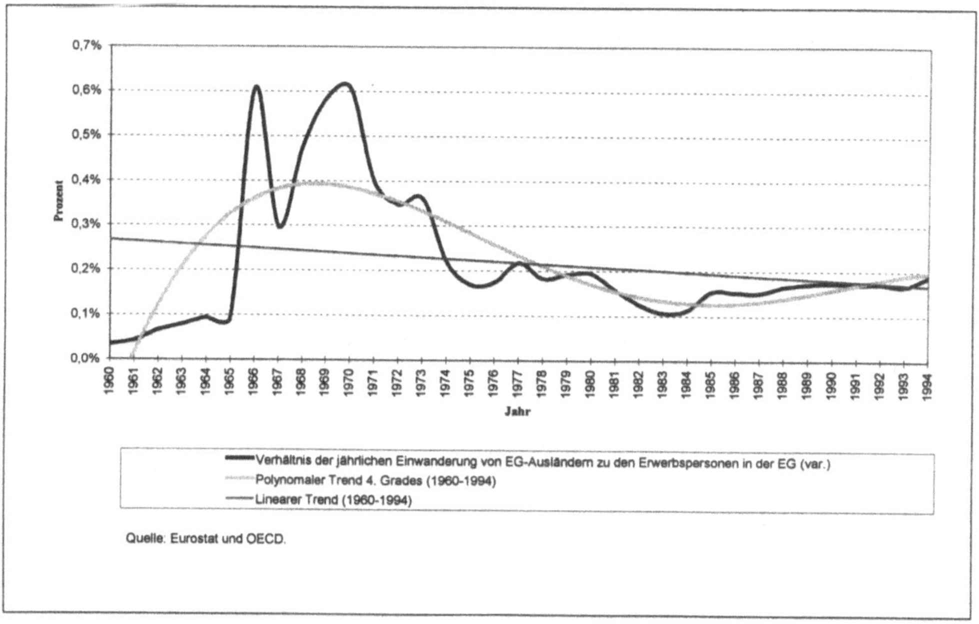

Die Werte bewegen sich in einer Größenordnung von einem zehntel bis ungefähr einem halben Prozent. Zum Vergleich sei in Erinnerung gerufen, daß die Verhältniszahlen der Waren- und Dienstleistungsströme zum BIP das Zehn- bis Hundertfache betragen. Die zwischenstaatliche Wanderungsrate in den Vereinigten Staaten liegt ebenfalls ungefähr um den Faktor Zehn höher, im Bereich von rund 3 Prozent im

160 Dieses Verhältnis dürfte in etwa analog zu dem Verhältnis von innergemeinschaftlichen Warenströmen im Verhältnis zum Bruttoinlandsprodukt der EG sein.

Jahr.[161] Zudem zeigt das Verhältnis für die Europäische Union einen generell sinkenden Trend. Andererseits ist seit 1985 wieder eine leichte Zunahme erkennbar. Zur Verwirklichung und Erleichterung der Freizügigkeit darf man nach den Annahmen des zugrundeliegenden Modells und dem vorliegenden Ausmaß von Wanderungen kaum Anstöße für den gesetzgeberischen Bereich erwarten.

Die Gesetzgebungstätigkeit in diesem Bereich ist ausgesprochen dünn, wenngleich auch - mit Ausnahme des Endes der siebziger Jahre - mehr oder weniger konstant über den gesamten Zeitraum verteilt. Tatsächlich war die Freizügigkeit in einem engen Sinne mit der Verordnung Nr. 1612/68 vom 15.10.1968 hergestellt.[162] Seit Beginn des Binnenmarktprogrammes haben sich die gesetzgeberischen Aktivitäten wieder leicht verstärkt. Denn die inhaltliche Ausgestaltung des Freizügigkeitsrechts umfaßt verschiedene Facetten:

- der Zugang zum Arbeitsmarkt eines anderen Mitgliedstaates,
- das Recht auf Gleichbehandlung,
- Rechte der Familienangehörigen des Wanderarbeitnehmers,
- Reise und Aufenthaltsbestimmungen,
- Verbleiberecht.[163]

Auch der Kreis der erfaßten Personen hat im Verlauf der Integration eine zunehmende Erweiterung erfahren.[164]

Das Schaubild auf der folgenden Seite faßt die Gesetzgebungstätigkeit und die Anzahl der Urteile des Europäischen Gerichtshofes zur Freizügigkeit zusammen. Hinsichtlich der Urteile des Europäischen Gerichtshofes zeigt die Graphik allerdings eine eindeutig steigende Tendenz. Dies kann durchaus als ein zunehmender Bedarf an Klärung der Rechtslage gedeutet werden. Die bestehenden Gesetze und Regeln geben zu den neueren Anforderungen der Realität zusehends undeutlicher Auskunft. So ist ein erheblicher Teil dieser Urteile Vorabentscheidungen des EuGH hinsichtlich der Verordnung Nr. 1612/68 über die Freizügigkeit der Arbeitnehmer. Der Zusammenhang mit den Wanderungsbewegungen ist eher mit dem Bestand als mit den jährlichen Zuwanderungen herzustellen. Erwartet werden darf auch in der Zukunft eine besondere Rolle des Gerichtshofes, da nach diesem Modell kaum mit einer wesentlichen Ausweitung der Gesetzgebungstätigkeit zu rechnen ist.

---

161 Vgl. *Donahue* (1997), S. 77.

162 Vgl. *Kuhn* (1995), S. 80 f. Gegenüber SP und P seit dem 01.01.1992, mit Ausnahme für Luxemburg.

163 Vgl. *Kuhn* (1995), S. 82-85, S. 102 f.

164 So die Richtlinien 90/365/EWG und 90/364/EWG, sowie hinsichtlich der Studenten 90/366/EWG.

Abb. 91: Freizügigkeit
Jährliche Gesetzgebungstätigkeit der EG und Urteile des EuGH

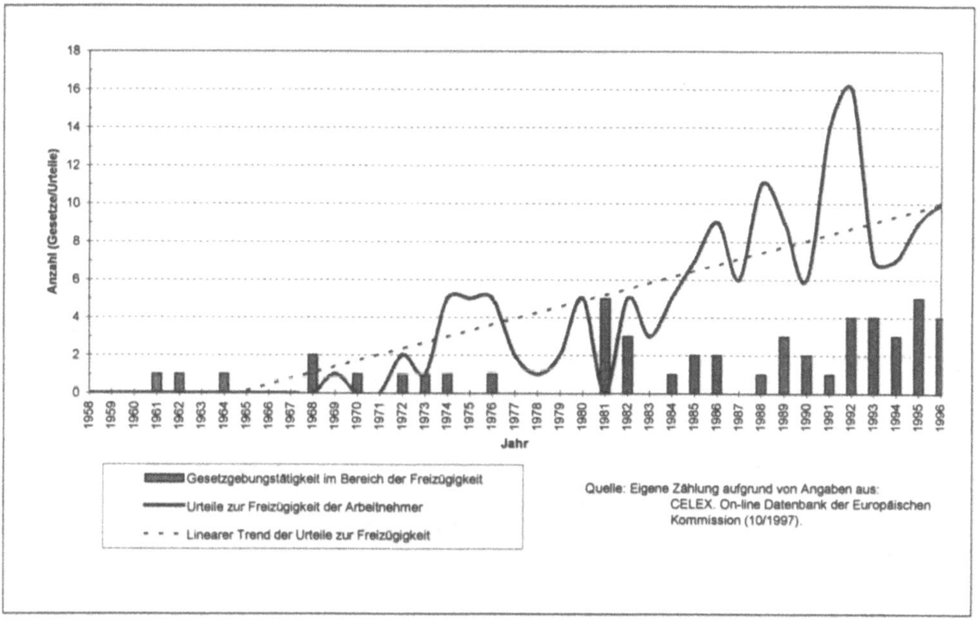

5.2. Sozialordnung

Der moderne Staat ist „Sozial-Staat" im Sinne eines „auf eine Gesellschaft bezogenen Staates.[165] „Marktwirtschaft" kann zunächst einmal als ein System von Regeln interpretiert werden, „das - soweit diese Regeln eingehalten werden - jeden Akteur zwingt, sparsam mit knappen Mitteln umzugehen, Verschwendung zu vermeiden und wohlüberlegt zu handeln."[166] Das Spannungsverhältnis entsteht aus dem funktionalen Charakter der Wirtschaft und der umfassenden, auf sozialen Ausgleich gerichteten Gesamtverantwortung des Staates.[167] Soziale Sicherungssysteme vermischen zumeist die sozialpolitischen Funktionen der Gerechtigkeit und der Sicherheit.[168] Andererseits kann es durch Überdehnung des sozialen Aspektes zu einer Überforderung der Wirtschaftsordnung kommen.[169] Im europäischen Einigungsprozeß sind wichtige Aufgaben

---

165 Zit. *Langer* (1995), S. 20.

166 Zit. *Watrin* (1994), S. 10.

167 Vgl. *Langer* (1995), S. 52 f. *Straubhaar* (1995), S. 94, löst dieses auf in der normativen Frage nach dem Preis der Umverteilung, der in Form von marktwirtschaftlicher Ineffizienz zu zahlen ist.

168 Vgl. *Straubhaar* (1995), S. 84.

169 Vgl. *Schüller* (1995), S. 106.

der Sozialpolitik, wie Systeme der sozialen Sicherung und Sozialhilfe, im ausschließlichen Verantwortungsbereich der Mitgliedstaaten verblieben.[170] Auch Art. 117 EGV richtet sich nach dem Wortlaut ausschließlich an die Mitgliedstaaten und spricht nicht die Gemeinschaftsorgane an.[171] In einem weiteren Sinne können zu den sozialpolitischen Bereichen auch das Gesundheitswesen, allgemeine und berufliche Bildung, Jugend sowie wirtschaftlicher und sozialer Zusammenhalt gezählt werden. Gleichzeitig ist aus der Theorie des fiskalischen Föderalismus bekannt, daß Teile der Umverteilungspolitik auf zentraler Ebene angesiedelt werden müssen, insofern in einem Wirtschaftsgebiet Freizügigkeit von Personen und Faktoren gewährleistet wird.[172] Die Mobilität von Produkten und Faktoren verringert den nationalen Gestaltungsraum der Sozialpolitik.[173]

In der folgenden Abbildung sind als einem ersten Indikator die ungewichteten Durchschnitte und Standardabweichungen der Sozialversicherungstransfers in den Mitgliedstaaten in Prozent vom Bruttoinlandsprodukt dargestellt.

Abb. 92: Sozialversicherungstransfers in den Mitgliedstaaten der Europäischen Gemeinschaft Durchschnitte und Standardabweichung (in Prozent vom Bruttoinlandsprodukt)

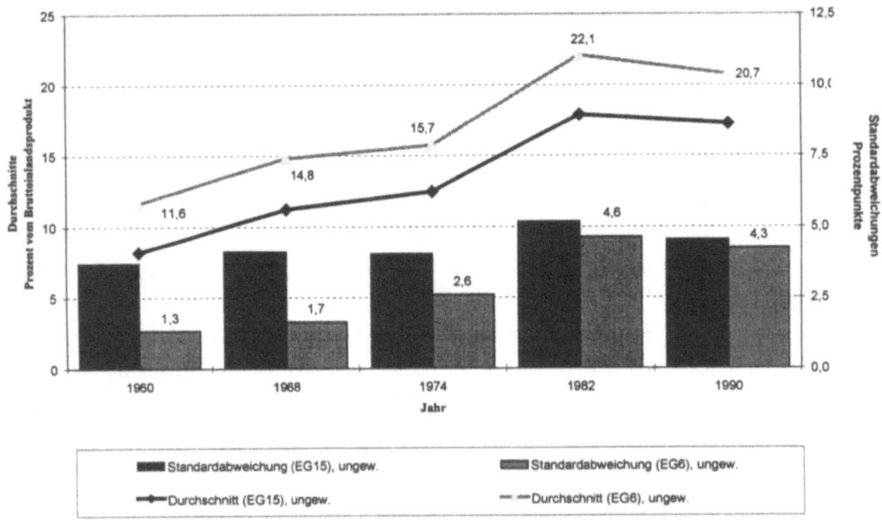

Quelle: Eigene Berechnung. OECD: Economic Outlook. Historical Statistics. 1960-1990, Paris, 1992.

170 Vgl. *Zuleeg* (1995), S. 32.

171 Vgl. *Kuhn* (1995), S. 370, S. 57-63. Dezidiert gegen eine europäische Harmonisierung der Sozialpolitik ist *Müller* (1990), S. 28-32.

172 Vgl. *Gerken* (1995), S. 6.

Der Anteil der Sozialversicherungstransfers hat sich von 1960 bis 1990 rund verdoppelt. Der größte Zuwachs fiel in die Periode von 1974 bis 1982. Tatsächlich schließt sich an diese Zeit der sprunghaften Ausdehnung eine Periode der vorsichtigen Zurückführung. Dabei liegt der Durchschnitt der Sozialversicherungstransfers im Europa der Sechs über den gesamten Zeitraum um rund 3 Prozentpunkte über dem Durchschnitt des Europas der Fünfzehn. Hinsichtlich der Entwicklung der Standardabweichung läßt sich beobachten, daß diese für die Gruppe der fünfzehn Mitgliedstaaten, mit Ausnahme des Übergangs von 1974 auf 1982, mehr oder weniger konstant geblieben ist. In diesem Zeitraum hatten sich Unterschiede hinsichtlich der sozialen Aufwendungen zwischen den Mitgliedstaaten erheblich verstärkt. Dagegen haben sich die Unterschiede unter den Sechs stärker akzentuiert als in der Gruppe der Fünfzehn. Die Standardabweichungen beider Gruppen von Mitgliedstaaten haben sich im Jahr 1990 fast vollständig angeglichen.

Tatsächlich hat die Gemeinschaft eine erste Verordnung über „Soziale Sicherheit der Wanderarbeitnehmer" schon am 25.09.1958 erlassen.[174] Dennoch handelt es sich hier erneut um eine Politikbereich, in dem die Dynamik der Angleichung der Ordnungstrukturen eher von den wirkenden marktlichen und sozialen Kräften ausgelöst wird, als durch den bewußten Akt einer regulierenden Tätigkeit auf Gemeinschaftsebene.[175] Die Ausgestaltung der sozialen Sicherungssysteme hat besonders große Auswirkungen auf das Wahlverhalten der Bürger. Insbesondere ist davon auszugehen, daß eine Senkung des Leistungsniveaus in Ländern mit einem hohen sozialen Sicherungsniveau nur schwer durchsetzbar sind. Jeder Eingriff in die sozialen Sicherungssysteme steht unter dem Druck der Zusammenhänge aller sozialen Subsysteme und kann den Sinn anderer Einrichtungen beeinträchtigen, da dieser von der Gesamtheit des sozialen Gebildes getragen wird.[176]

Die im Zeitraum 1957-1970 von der Kommission durchgeführten Untersuchungen betrafen ausschließlich die Harmonisierung von sozialversicherungstechnischen Begriffen und Fragen der Arbeitsmedizin.[177] Von 1964 bis 1966 tagte der Ministerrat nicht mehr in der Zusammensetzung der Arbeits- und Sozialminister, so daß das damals „Versammlung" genannte Europäische Parlament mit einer Untätigkeitsklage drohte.[178] In der Schlußerklärung des Haager Gipfels von 1969 wurden dagegen energischen Maßnahmen im Bereich der Sozialpolitik eine vergleichbare Bedeutung wie der Verwirklichung der Wirtschafts- und Währungsunion beigemessen. Es folgten sozialpolitische Aktionsprogramme im Jahre 1974 und 1984, wobei die Arbeitslosigkeit im

---

173 Vgl. *Schüller* (1995), S. 109.

174 Vgl. *Kuhn* (1995), S. 96 f.

175 Vgl. *Kolmar* (1997), S. 55-65, der eine Reihe von Ineffizienzen hinsichtlich der dezentralisierten Struktur der sozialen Sicherungssysteme feststellt.

176 Vgl. *Müller* (1990), S. 26, 28.

177 Vgl. *Zügel* (1995), S. 37.

178 Vgl. *Kuhn* (1995), S. 39, S. 43-46.

Zentrum der Aufmerksamkeit stand. Eine systematische Gesetzgebungstätigkeit der Gemeinschaft im Bereich der Sozialpolitik hat infolge des Pariser Gipfels von 1972 begonnen, während dessen die Regierungschefs ein Soziales Aktionsprogramm gefordert hatten.[179] Sie hat seitdem ein konstantes Aktivitätsniveau beibehalten, wie der folgenden Abbildung entnommen werden kann.

Abb. 93: Sozialpolitik
Jährliche Gesetzgebungstätigkeit der EG und Urteile des EuGH

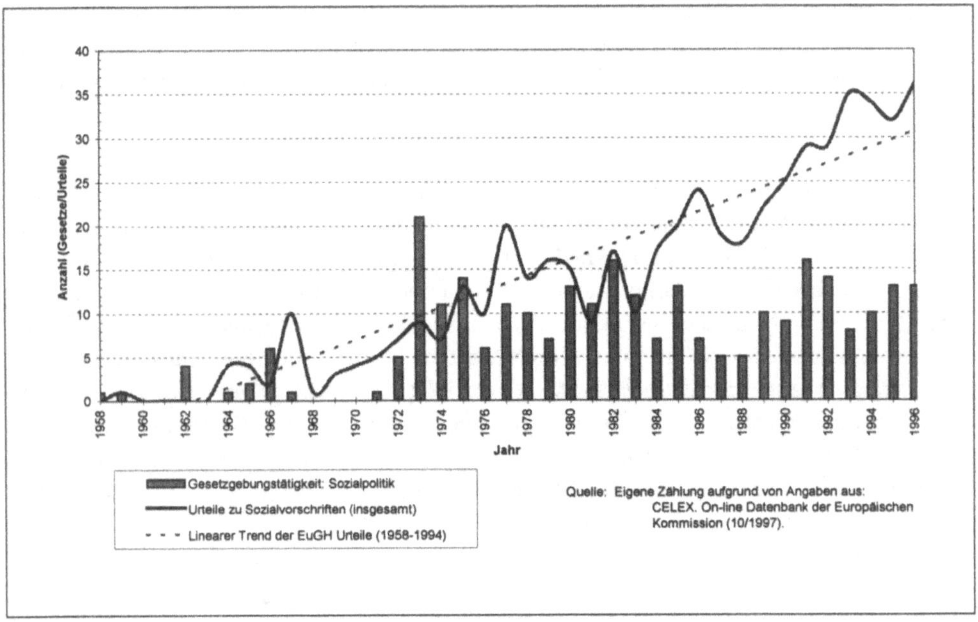

Für Gesetzgebung in der Sozialpolitik war nach der Einheitlichen Europäischen Akte weiterhin die Einstimmigkeit erforderlich. Dem Maastricht Vertrag mußte ein Protokoll über die Sozialpolitik beigefügt werden, da Großbritannien seine Zustimmung zur Einbringung dieses Protokolls in den revidierten Vertrag verweigerte.[180]

Die Tätigkeit des Europäischen Gerichtshofes zeigt hingegen wiederum eine deutlich steigende Tendenz. Davon fällt eine große Zahl auf Vorabentscheidungen des EuGH hinsichtlich der Verordnung Nr. 1408/71 über die Anwendung der Systeme der sozialen Sicherheit auf Arbeitnehmer und deren Familien, die innerhalb der Gemeinschaft zu- und abwandern. Die Entwicklungen im Bereich der Sozialpolitik laufen tatsächlich zu denen im Bereich der Freizügigkeit weitestgehend parallel, auch wenn in der Sozial-

---

179 Vgl. *Swann* (1995), S. 307, 311.

180 Gleichzeitig setzte es durch das folgende *„opt-out"* ein neues Paradigma für den europäischen Integrationsprozeß.

politik eine stärkere gesetzgeberische Tätigkeit beobachtet werden kann. Die aufklaffende Lücke zwischen konstanter Gesetzgebungstätigkeit und zunehmendem rechtlichen Klärungsbedarf deutet auf ein sich anstauendes Potential von gesetzgeberischem Nachholbedarf an. Möglicherweise ist die Angleichung der wirtschaftlichen und sozialen Gegebenheiten für ein gemeinsames Handeln jedoch (noch) nicht ausreichend fortgeschritten.

Insbesondere der Bereich der Sozialpolitik zeigt, wie sich unter wandelnden sozialen Bedingungen generelle Spielregeln in bestimmte Gruppen begünstigende inhaltliche Normen transformieren.[181] Daher müssen auch Spielregeln ständig auf ihre Notwendigkeit überprüft werden. Diese Überprüfung, aber zumindest der Anstoß zu solcher Kontrolle, kann nur durch das in verschiedenem Maße erfolgreiche Abschneiden von Systemen, die in einem Wettbewerb stehen, geleistet werden. „Jedes psychische oder soziale System erfährt also die Kontingenz anderer Systeme als ein Problem mangelnder Erwartungssicherheit; die eigene Kontingenz dagegen erfährt das System als Freiheitsgrade und Alternativspielraum."[182] Die staatenübergreifende Funktionsweise der Wirtschaft impliziert nicht so sehr den Abbau sozialstaatlicher Regelungen, sondern in erster Linie die Ermittlung und Bewahrung derjenigen Ordnungselemente, die sich bei zunehmender Internationalisierung der Wirtschaft als erforderlich erweisen.[183]

Auch sind zur Zeit die Unterschiede im Ausmaß des Familienlastenausgleichs zwischen den Mitgliedstaaten noch so beträchtlich, daß eine *ex-ante* Harmonisierung der Familienpolitik den familienfördernden Intentionen zuwiderlaufen könnte. So liegt schon seit 1984 dem Rat ein Richtlinienentwurf der Kommission über Elternurlaub und Urlaub aus familiären Gründen vor. 1991 hat die Kommission dem Rat einen Vorschlag für eine Empfehlung zur Annäherung der Politik des sozialen Schutzes unterbreitet, die eine schrittweise Angleichung der Lebensverhältnisse in der EG über den Weg der selektiven Harmonisierung der Leistungen der sozialen Sicherungssysteme vorantreiben soll.[184] Die Frage stellt sich, ob im Rahmen einer Europäischen Verfassung nicht grundsätzlich eine Neuordnung der sozialen Sicherungssysteme im Sinne der Einheit der Lebensverhältnisse nötig wäre. Hierzu gehört vielleicht auch die Aufnahme einer europäischen Familienpolitik.

Im Vertrag von Maastricht haben die Mitgliedstaaten jedoch nach dem Wortlaut von Art. 117 für eine Abstimmung der Ordnungstrukturen im sozialen Bereich in erster Linie „dem begünstigenden Wirken des Gemeinsamen Marktes" überantwortet.[185] Aus

---

181 Vgl. *Dahrendorf* (1972), S. 247 f.

182 Zit. *Willke* (1993), S. 31.

183 Vgl. *Langer* (1995), S. 73.

184 Vgl. *Krüsselberg/ Strätling* (1993), S. 415-419, 430 f.

185 Art. 117 EGV. Dieser Artikel nimmt jedoch auch expliziten Bezug auf „die in diesem Vertrag vorgesehenen Verfahren" und die Angleichung der „Rechts- und Verwaltungsvorschriften" (*Kuhn* (1995), S. 372 f.).

der Logik des hier entwickelten Modells ist damit vor allem ein Wettbewerb der Systeme angesprochen. Damit dieser jedoch fruchtbar ist, bedarf er eines Verfassungsrahmens. Insbesondere wird die Frage zu klären sein, ob der Gewinn zur Disziplinierung der nationalen Staatsgewalt aus der Betonung des *exit*-Mechanismus auf der Basis eines verstärkten Systemwettbewerbs gegenüber der Möglichkeit eines *voice*-Mechanismus auf der Grundlage einer europäischen politischen Ordnung tatsächlich überwiegt.[186] Auch institutionelle Innovation wird nur in einem solchen Rahmen gedeihen und so zu einem Teil des europäischen Integrationsprozesses werden.[187]

5.3. Einheitliche Lebensverhältnisse

Der Wettbewerb der Rechtsordnungen und sozialen Sicherungssysteme der Mitgliedstaaten kann als ein Mechanismus zur allmählichen Anpassung der sozialen Standards innerhalb einer gewissen Schwankungsbreite angesehen werden.[188] Wie das vorige Kapitel angedeutet hat, stecken diese Anpassungsprozesse noch in den Anfängen; in vielen Fällen zeigen die Indikatoren sogar in verschiedene Richtungen. Dennoch wurde das Ziel der Schaffung eines „Europäischen Sozialraumes" 1987 in der Einheitlichen Europäischen Akte beschlossen. In den Artikeln 130a-e der EEA und dann des Maastrichter Vertrags wird zudem die Entwicklung des wirtschaftlichen und sozialen Zusammenhalts in der Gemeinschaft zu einem vorrangigen Ziel der gemeinsamen Politik erhoben. Kennzeichnend sind die Bemühungen um eine Angleichung der Arbeits- und Lebensverhältnisse.[189] Theoretisch ergibt sich allein aufgrund von Güterfreihandel keine Angleichung der Faktoreinkommen.[190] Untersuchungen haben ergeben, daß die Europäische Einigung zu überdurchschnittlichen Produktivitätsgewinnen geführt hat,- wobei diese generell bei längerfristigen Mitgliedern höher als die der restlichen Mitgliedsländer lagen. Andererseits haben Dänemark, Irland und Großbritannien durch den Beitritt einen gehörigen Produktivitätsschub erfahren.[191] Aber auch Spanien und Portugal erfuhren zum Zeitpunkt ihres Beitritts einen auf Investitionen beruhenden Wachstumsschub. Gerade aber aufgrund von Faktormobilität, insbesondere aufgrund von Wissensübertragung bei Arbeitskräftewanderung, kann auch eine Tendenz zur Angleichung der Einkommensniveaus erwartet werden.

---

186 Vgl. *Donahue* (1997), S. 80.

187 Auch *North* (1981), S. 68, der insbesondere auf den öffentlichen Gutscharakter von institutioneller Innovation und die damit verbundenen *free-rider* Problematik hinweist.

188 Vgl. *Langer* (1995), S. 126.

189 Vgl. *Krüsselberg/ Strätling* (1993), S. 408.

190 Vgl. *Razin/ Yuen* (1996), S. 22 zeigen, daß sich unter Güterfreihandel zwar eine Angleichung hinsichtlich der relativen Faktorpreise, aber keine Angleichung der Niveaus ergibt.

191 Vgl. *Baldwin/ Sghezza* (1996), S. 1, S. 3 f. und S. 19.

Im Rahmen einer demokratisch-rechtstaatlichen Grundordnung beruht „Soziale Marktwirtschaft" auf den Prinzipien der Personalität, Subsidiarität und Solidarität.[192] Über den sozialen Schutz aus den Richtlinien zum Arbeitsschutz und zur Sozialpolitik sowie durch die Förderung des sozialen Zusammenhalts mit Hilfe von finanziellen Fonds befindet sich die Europäische Gemeinschaft auf dem Weg zu einer Sozialgemeinschaft.[193] Die beabsichtigte Intensität der wirtschaftlichen und sozialen Verflechtung zeigt sich an der Beschreibung der generellen Ziele. Seit der Vertragsänderung durch Maastricht, ist die EG nach Art. 2 befugt, Maßnahmen nach Art. 3 und 3a zur Erreichung gesamtwirtschaftlicher Ziele ergreifen. Die abgedeckten Politikbereiche der Art. 3 und 3a sind dabei recht umfassend.[194]

Die Bekämpfung der Arbeitslosigkeit stellt ohne Zweifel eine der größten Herausforderungen an die heutige Politik in der Europäischen Union dar.[195] Auch im Rahmen dieses Modells ist Arbeitslosigkeit eine wichtige Variable, die auf das Bestehen und die Zukunft des europäischen Integrationsprozesses entscheidend zurückwirken kann. Man kann die These aufstellen, daß die Höhe der tatsächlichen Protektion stark von dem politischen Stellenwert der Sicherung einheimischer Arbeitsplätze abhängt. Dann würden insbesondere arbeitsintensive Branchen tendenziell eine stärkere Protektion genießen und wahrscheinlich von Liberalisierungsmaßnahmen stärker betroffen sein.[196] Gleichzeitig ist auch eine deutliche Vermachtung der nationalen Arbeitsmärkte festzustellen, die dazu führt, daß Arbeitsloseninteressen im nationalen Lohnbildungsprozeß nur ungenügend vertreten werden.[197] Dann ist die Versuchung gegeben, die durch Integration entstehenden Kosten der inneren Konfliktbewältigung zumindest teilweise durch eine zunehmende Protektion vor Konkurrenz aus Drittländern zu externalisieren.[198] In einem weiteren Schritt könnten die Protektionskräfte auch den erreichten Integrationsstand gefährden; zumindest werden sie auf eine Verlangsamung des Integrationsprozesses hinwirken.

In Abbildung 94 ist die Entwicklung der durchschnittlichen Arbeitslosenquote in der Gemeinschaft dargestellt. Während der ungewichtete Durchschnitt bis 1973 bei unter zwei Prozent lag, ist bis 1986 ein Anstieg auf über zehn Prozent abzulesen. Die hohe spanische Arbeitslosenquote spielt jedoch strukturell für den europäischen Durchschnitt

---

192 Vgl. *Schüller* (1991), S. 11. *Tuchtfeld* (1995), S. 34, identifizert sechs Stilelemente: Freiheit des Individuums, Grundsatz des sozialen Ausgleich, Kriterium der Marktkonformität, Konjunktur-, Wachstums-, und Strukturpolitik.

193 Vgl. *Zuleeg* (1995), S. 31 f.

194 Vgl. *Witte* (1995), S. 83 f. *Cremer/ Pestieau* (1996), S. 755, führen in Anlehnung an die Effizienzkosten des Cecchini-Berichts den Begriff der „distributiven" Kosten eines *non-Europe* ein.

195 Vgl. *Europäische Kommission* (1996b), S. 19.

196 In Anlehnung an *Görgens* (1993), S. 201.

197 Vgl. *Berthold* (1995), S. 258.

198 Vgl. *Schüller/ Weber* (1993), S. 468 f.

nur eine untergeordnete Rolle, wenngleich durch sie die Standardabweichung innerhalb Europas erheblich anstieg. Im Europa der Sechs lag seit Beginn der achtziger Jahre der ungewichtete Durchschnitt der Arbeitslosenquote bei über acht Prozent. Das fast konstante Verhältnis der Standardabweichungen zum Durchschnitt trotz der generellen Abnahme des Durchschnitts von 1988 bis 1991 deutet darauf hin, daß man kaum von einer Angleichung der nationalen Arbeitslosenquoten über dem Gebiet der Europäischen Gemeinschaft ausgehen kann.

Abb. 94: Entwicklung der Durchschnitte und der Standardabweichung der Arbeitslosenquote in der Europäischen Gemeinschaft

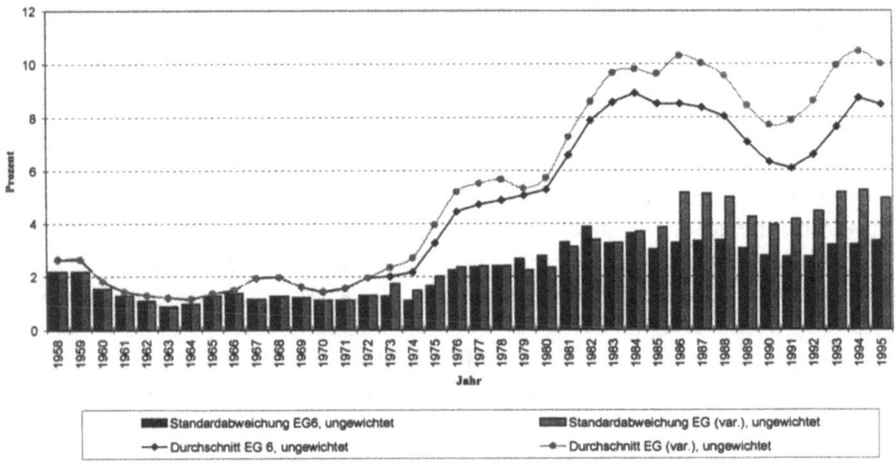

Quelle : Eigene Berechnungen. Eurostat: NewChronos. On-line Datenbank. (12/1996). Daten von 1976-1982 aus: OECD: Labour Force Statistics. 1974-1994, Paris, 1996. Eigene Berechnungen der nationalen Quoten für 1958-1975 auf der Basis von Eurostat: Bevölkerung und Erwerbstätigkeit. 1950-1976, Luxemburg, 1977.

Die relativ geringe Nutzung der Freizügigkeit hat bisher keine Anpassungstendenzen zwischen den nationalen Arbeitsmärkten geschaffen. Andererseits liegt die regionale Disparität, gemessen als Standardabweichung, innerhalb einiger Mitgliedstaaten, so im Falle von Spanien und Italien, über dem Wert der auf dem Niveau der Mitgliedstaaten berechneten Standardabweichung innerhalb der Gemeinschaft.[199] Wenn man so will, ist daher das Potential von sozialen Spannungen oder der Bedarf an interregionaler Solidarität innerhalb einiger Mitgliedstaaten größer einzuschätzen als zwischen den Mitgliedstaaten innerhalb der Europäischen Gemeinschaft.

Während Wachstum zusehends von geringerer Bedeutung für die Schaffung von Beschäftigungseffekten ist, haben sich die Beschäftigungsschwellen seit Beginn der wirt-

199 Vgl. *Europäische Kommission* (1996b), Tab. 2.1 und 2.2, S. 132 und Tab. 2.8, S. 137.

schaftlichen Einigung zusehends verringert; d.h. zunehmend geringere Wachstumsraten des BIP sind nötig, um Beschäftigungswirkungen zu entfalten. Während in der Periode 1961-1973 ein kritischen Wachstumswert von 3,8% erforderlich war, ist dieser für die Periode 1979-1991 auf den Wert von 1,6% gefallen.[200] Ein wichtiger Zusammenhang zwischen Handel und Wachstum wird über den Direktinvestitionskanal vermittelt: zum einen als physische Kapitalbildung, zum anderen durch *spill-over* Effekte von Wissensexternalitäten.[201] Gerade Know-how Transfer wird mit Vorliebe durch *non-equity* und *equity* Unternehmenszusammenschlüsse abgesichert.

Allgemein wird daher strukturellen Faktoren größeres Gewicht als Erklärungsgröße der Arbeitslosigkeit in Europa zugemessen. Insbesondere der Abbau von Starrheiten der nationalen Arbeitsmärkte wird als vordringliche Aufgabe erkannt.[202] Eine einschneidende Wirkung auf den Arbeitsmarkt kann von der Schaffung der Währungsunion erwartet werden. Durch eine Währungsunion werden die nationalen Arbeitsmärkte zu echten Wettbewerbsmärkten, die den Zwängen der Produktivitätszuwachsraten unterliegen.[203] Lohnkartelle durchzusetzen, wird in einem umfassenderen Währungsgebiet um einiges schwieriger sein als auf nationaler Ebene. Bei unbefriedigend hoher offener Arbeitslosigkeit wächst andererseits zusehends der politische Druck auf die Europäische Notenbank, eine weniger restriktive Geldpolitik zu verfolgen.[204] Gleichzeitig wird in solchen Situationen die öffentliche Hand immer mehr zum „employer of last resort". In einer Währungsunion ist dann von Bedeutung auf welcher Ebene die finanzpolitische Kompetenz angesiedelt ist. In jedem Fall verwandelt die erhöhte Beschäftigung im öffentlichen Sektor die offene bloß zeitweilig in verdeckte Arbeitslosigkeit. Durch die wachstumsbremsende Wirkung der höheren Belastung des privaten Sektors schlägt sie sich schließlich doch in einer zunehmenden offenen Arbeitslosenquote nieder.

Mitte der siebziger Jahre im Anschluß an die erste Erweiterung hat sich die Gemeinschaft durch die Schaffung des Regionalfonds und die Regionalpolitik auf das schwierige und politisch sensible Gebiet der Umverteilung begeben.[205] Mit der Süderweiterung wurde die Aufgabe in Angriff genommen, das nord-südliche Wohlstandsgefälle im westlichen Teil Europas durch Transferzahlungen einzuebnen.[206] In der EEA wurde

---

200 Vgl. *Görgens* (1993), S. 206 f., der dabei kritisch anmerkt, daß im gesamten Zeitraum etwa 74% der Beschäftigungseffekte statistisch nicht mit Wachstumsänderungen erklärt werden können.

201 Vgl. *Baldwin/ Sghezza* (1996), S. 1, S. 8 und S. 17.

202 Vgl. *European Commission* (1997a), S. 19 und S. 63; *European Commission* (1996c), S. 8. Vgl. auch *European Commission* (1995c).

203 Vgl. *Görgens* (1993), S. 228-231, da die Europäisierung der Lohn- und Sozialpolitik als vorläufig nicht realisierbar eingeschätzt wird, während der lohnpolitische Spielraum der Gewerkschaften eingeengt wird.

204 Vgl. *Berthold* (1993), S. 161.

205 Vgl. *Hrbek* (1993), S. 10.

206 Vgl. *Arnold* (1991), S. 320.

unter dem Titel „Wirtschaftlicher und sozialer Zusammenhalt" die Art. 130a-e eingeführt. Der Regionalfonds wird hier zum ersten Mal im primären Vertragsrecht verankert.[207] Im Rahmen dieser Arbeit mußte auf eine Untersuchung der Wirkungen von expliziten Umverteilungsmaßnahmen auf nationalem oder europäischem Niveau verzichtet werden. Dies ist auf aggregiertem Niveau mit einem durchschnittlichen jährlichen gesamten (nationalen und europäischen) strukturellen Interventionsvolumen von rund 0,7 % des gemeinschaftlichen Bruttoinlandsproduktes sicher zulässig.[208]

In Abbildung 95 wird die Entwicklung des Niveaus und der Disparität der Einkommensentwicklung unter den Mitgliedstaaten betrachtet. Dazu sind die Durchschnitte und Standardabweichungen der Pro-Kopf Einkommen auf Basis der Kaufkraftparitäten abgetragen. Um etwaige strukturelle Einflüsse der Süderweiterung auszuschließen sind zwei Vergleichsgruppen gebildet: das Europa der Sechs und das Europa der Zwölf. Wie unschwer abgelesen werden kann, hat sich das Niveau der Einkommensverhältnisse in den vergangenen zwei Dekaden um ein Vielfaches verbessert: im Europa der Sechs in etwa um den Faktor Sechs, im Europa der Zwölf gut um einen Faktor Fünf. Diese erstaunliche Entwicklung hatte selbstverständlich auch Verteilungswirkungen.

Abb. 95: Entwicklung der Durchschnitte und der Standardabweichung der Pro-Kopf Einkommen in der Europäischen Gemeinschaft (auf Basis der Kaufkraftparität)

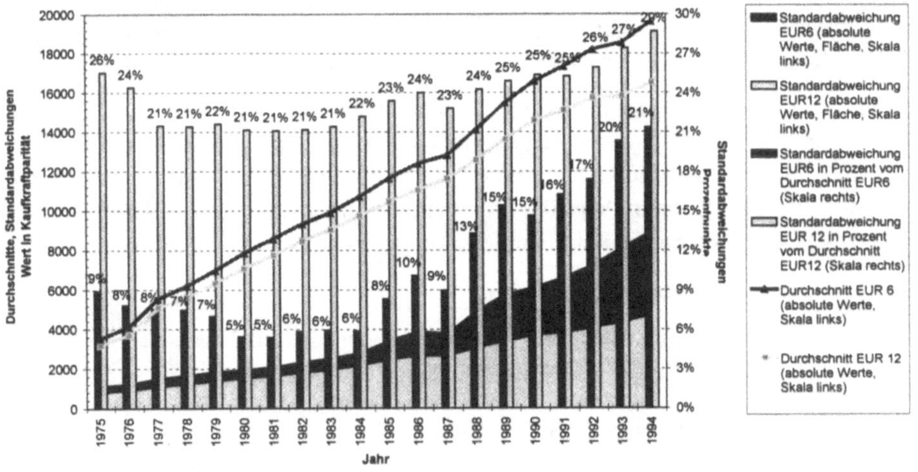

Quelle: Eigene Berechnungen aufgrund der Durchschnitte pro Mitgliedstaat. Eurostat: NewChronos On-line Datenbank. Gross domestic product (GDP) at NUTS level 2 (pro-Kopf Einkommen pro Bewohner auf der Basis von Kaufkraftparitäten) (4/1997)

207 Vgl. *Franzmeyer* (1993), S. 85.

Anhand der absoluten Werte der Standardabweichungen ist erkennbar, daß in beiden Gruppen die Disparität zugenommen hat, und zwar in einem stärkeren Ausmaße in der kleineren Gruppe der sechs Gründungsmitglieder.[209] Dieses zunächst erstaunliche Ergebnis wird von der Betrachtung der relativen Zunahme der Standardabweichungen bestätigt. Während die Schwankungsbreite der Zwölf auf der Basis der Standardabweichung 1975 in etwa 26% vom Durchschnitt betrug, waren es im Jahre 1992 wieder 26%, nachdem diese Bandbreite in der Zwischenzeit bis auf 21% gesunken war. Dagegen weist die relative Betrachtung der Standardabweichung innerhalb der Sechs eine zeitweilige Verengung der Streuungsbreite auf nur rund 5% des Durchschnitts aus. Seit 1981 hat sich diese Disparität jedoch wieder erheblich vergrößert, um 1994 immerhin einen Wert von rund 21% des Durchschnitts der Pro-Kopf Einkommen der sechs Gründungsmitglieder zu erreichen. Dieser Effekt ist zu großen Teilen auf die übermäßige Gewichtung des luxemburgischen Pro-Kopf Einkommens zurückzuführen. Dieses hat sich seit 1981 fast vervierfacht, während es sich bei den meisten anderen Mitgliedstaaten nur rund verdoppelt hat.

Hinsichtlich der Spannweite läßt sich feststellen, daß ohne Luxemburg zwischen dem ärmsten Land (Portugal) und dem reichsten Land (Dänemark) ein Einkommensunterschied um den Faktor 2,2 bestand. Dieser ist 1984 auf 2,0 gesunken. In 1994 beträgt dieser Faktor zwischen dem Land mit dem niedrigsten Pro-Kopf Einkommen (Griechenland) und dem mit dem höchsten (Dänemark) abgesehen von Luxemburg nur noch den Wert 1,8.

Die Betrachtung soll durch eine Analyse auf dem Niveau der Regionen verfeinert werden. Dazu sind in der folgenden Graphik die durchschnittlichen Pro-Kopf Einkommen von den 165 Regionen Europas pro Stichjahr in aufsteigender Ordnung sortiert worden, um die Entwicklung in Form von Lorenzkurven sichtbar zu machen. Wie sich dem folgenden Schaubild entnehmen läßt, hat sich auf dem Niveau der Regionen in der Periode 1981-1994 kaum eine Änderung der Wohlstandsverteilung ergeben. Allerdings geht bei dieser Darstellungsart die Identität der einzelnen Regionen verloren. Veränderungen innerhalb der Gruppe, somit spezifische Umverteilungswirkungen, können so nicht festgestellt werden.

---

208 Vgl. ebenda, Tab. 5.2a und Tab. 5.2b, S. 144. Durchschnitt EUR12, 1989-1993. Allerdings liegt dieser Wert in in einzelnen Fällen (GR (4,5%), IRL (6,0%), P (6,2%)) erheblich höher.

209 Vgl. die Ausführungen in *European Commission* (1996b), S. 175 f. Graph 1. Dort wird seit 1986 eine reale Konvergenz zwischen den Mitgliedstaaten festgestellt. Im Unterschied zu dieser Berechnung aufgrund der absoluten Werte, liegen dort der Berechnung die Logarhithmen eines Index (EUR 12 = 100) zugrunde.

Abb. 96: Entwicklung der Disparität der Pro-Kopf Einkommen zwischen den Regionen der Europäischen Gemeinschaft (auf Basis der Kaufkraftparität)

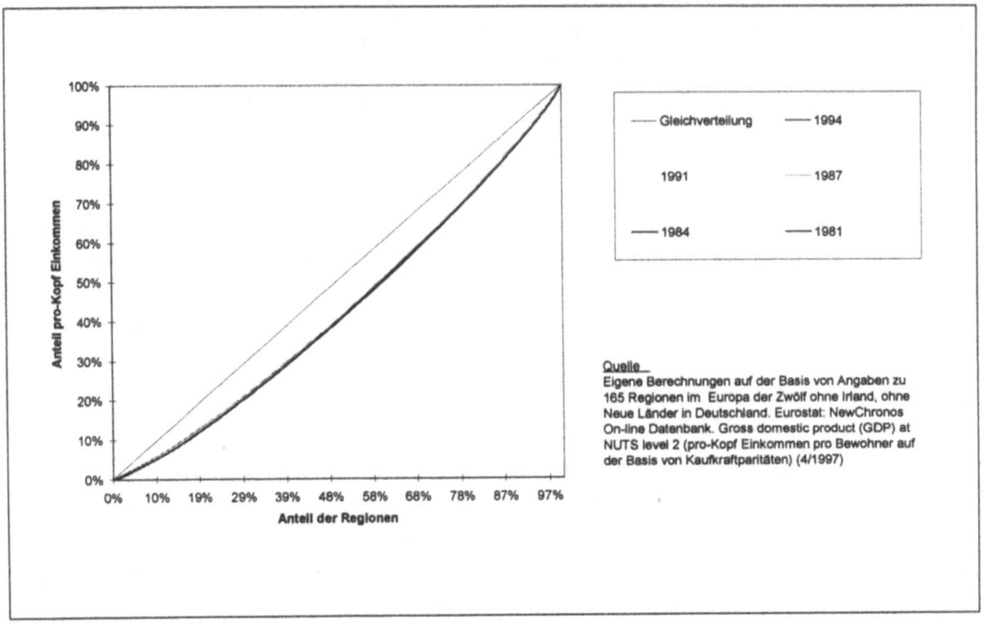

Beim folgenden Indikator bleibt die Identität der Regionen gewahrt. Dafür sind jeder der 165 Regionen zu jedem Jahr eine Rangordnungsnummer (in absteigender Ordnung) zugeteilt worden. Für je zwei Stichjahre ist sodann als Maß für die Mobilität der Regionen im Hinblick auf die Rangordnung der Kontingenzkoeffizient von Pearson berechnet worden.

Übers. 19: Kontingenzkoeffizient von Pearson im Vergleich der Rangordnung zwischen zwei Stichjahren[210]

1981 und 1991	1981 und 1984	1984 und 1987	1987 und 1991	1991 und 1994
94,2%	97,7%	97,5%	96,1%	98,3%

Ein Wert von 100% würde bedeuten, daß jeder Rang des ersten Jahres den Rang des Endjahres vollständig bestimmt, daß somit keinerlei Bewegung in den relativen Positionen zwischen den Regionen stattgefunden hat. Nach der obigen Tabelle ergibt sich, daß über die Dekade 1981-1991 der Rang einer Region von 1981 nur zu rund 94,2% verantwortlich war für seinen Rang nach zehn Jahren. Somit kann eine signifikante Bewe-

210 Eigene Berechnungen aufgrund der Daten im vorstehenden Schaubild, jedoch unter Beibehaltung der regionalen Identität.

gung innerhalb der relativen Wohlstandsposition der europäischen Regionen untereinander festgestellt werden. In den Unterperioden fallen die Veränderungen natürlich geringer aus. Die relative soziale Mobilität der Regionen war in den Jahren 1987-1991 deutlich höher ausgeprägt als zuvor und danach. Dieser Zeitraum fällt mit einer Hochkonjunktur und der beginnenden Umsetzung des Binnenmarktprogrammes zusammen.[211]

Zur Veranschaulichung wird diese Mobilität anhand der Rangordnung der ersten fünfzehn und der letzten zehn Regionen nach dem durchschnittlichen Pro-Kopf Einkommen pro Bewohner der Region auf der Basis von Kaufkraftparitäten dargestellt.

Übers. 20: Veränderung des Ranges der ersten fünfzehn und letzten zehn Regionen (1981)[212]

	1981	1984	1987	1991	1994
Groningen	1	1	9	10	16
Hamburg	2	2	1	1	1
Reg. Bruxelles-Cap.	3	3	2	3	2
Ile de France	4	4	3	4	5
Bremen	5	6	7	6	7
Darmstadt	6	5	5	2	3
Greater London	7	7	4	9	8
Oberbayern	8	8	6	5	6
Stuttgart	9	9	8	8	9
Emilia-Romagna	10	14	12	17	15
Lombardia	11	12	10	11	12
Valle d'Aosta	12	13	11	15	14
Duesseldorf	13	16	17	19	18
Berlin	14	10	18	86	54
Antwerpen	15	11	16	13	10
Kriti	156	154	152	149	142
Andalucia	157	156	154	152	159
Norte (P)	158	158	158	159	156
Ipeiros	159	163	162	165	165
Ceuta y Melilla	160	162	146	145	145
Centro (P)	161	164	164	163	161
Alentejo	162	161	165	162	163
Voreio Aigaio	163	165	163	164	164
Extremadura	164	159	160	160	162
Corse	165	124	125	125	130

211 Vgl. *European Commission* (1996b), S. 176.

212 Eigene Berechnungen auf der Basis zu Angaben zu 165 Regionen im Europa der Zwölf ohne Irland, ohne Neue Länder in Deutschland. *Eurostat* (12/1996) (Pro-Kopf Einkommen pro Bewohner auf der Basis von Kaufkraftparitäten).

An vielen Einzelbeispielen läßt sich diese soziale Mobilität illustrieren. Es sei hier nur verwiesen auf den relativen Abstieg von Groningen oder auch Berlin, oder den relativen Aufstieg von Korsika, Ceuta oder Kreta. 1994 unterschieden sich die reichste Region (Hamburg) und die ärmste Region (Ipeiros) um den Faktor 4,6. Im Jahr 1984 betrug dieser Faktor zwischen der damals reichsten (Groningen) und ärmsten Region (Voreio Agaio) noch 5,2. Obgleich die Disparität auf regionalem Niveau stärker ausgeprägt ist, könnte man eine leichte Annäherung der Lebensverhältnisse feststellen.[213]

Als Schlußfolgerung kann man vielleicht festhalten, daß es zwar in vereinzelten Fällen zu einer Konvergenz grundlegender Indikatoren zur Einheitlichkeit der Lebensverhältnisse in der Europäischen Union gekommen ist. Die Annäherung ist in vielen Fällen, wie z.B. der Arbeitslosenquote, bestenfalls gering ausgefallen. Die zögernde Nutzung der grenzüberschreitenden Freizügigkeit macht sich besonders bemerkbar. Andererseits hat sich auch gezeigt, daß die Disparitäten, die innerhalb einzelner Mitgliedstaaten ohne besondere Spannungen hingenommen werden, sich häufig nur unwesentlich von der Spannweite derselben Indikatoren über das Gebiet der gesamten Union unterscheiden.[214] Bei zunehmender Nutzung der Freizügigkeit wird sich ein Wettbewerb der Regionen auch aufgrund dieses Parameters einstellen. Dennoch muß auch hier die Schlußfolgerung lauten, daß auch die Veränderung hinsichtlich der Disparitäten des Pro-Kopf Einkommens im großen und ganzen sehr gering ausfallen. Die Disparitäten zwischen manchen Regionen innerhalb einiger Mitgliedstaaten (Deutschland, Frankreich, Italien und Österreich) zeichnen sich durch eine fast gleichgroße Streuungsbreite aus wie zwischen allen Regionen in der gesamten Europäischen Union.[215]

Generell haben Indikatoren, die mit absoluten Werten arbeiten, auf eine Zunahme der Disparitäten hingewiesen. Sobald jedoch dieselben Werte als Verhältniszahlen in die Berechnung von Indikatoren einginge, konnte kaum eine signifikante Entwicklung der Gesamtgruppe festgestellt werden. Dabei wurde auch eine gewisse „soziale Mobilität" im Verhältnis der einzelnen Regionen untereinander festgestellt. Ein erstaunlicher Befund war jedoch, daß sich die Disparitäten der Pro-Kopf Einkommen unter den Gründungsmitgliedern, sowohl in absoluter als auch in relativer Hinsicht, in der letzten Dekade stärker akzentuiert haben, während eine solche Entwicklung im Europa der Zwölf - wenn überhaupt - in viel geringerem Maße festgestellt wurde.

6. Organisatorische Entwicklung des Integrationsprozesses

In diesem Kapitel sollen die Ordnungstrukturen im Zentrum des Interesses stehen, die den europäischen Integrationsprozeß begleitet und ermöglicht haben. Nach dem dargestellten Modell haben die „Institutionen" einen erheblichen Einfluß auf Verlauf

---

213 Vgl. auch *Europäische Kommission* (1996b), S. 21 und Tab. 2.5, S. 134.

214 Ähnlich *Europäische Kommission* (1996b), S. 47.

215 Vgl. auch *Europäische Kommission* (1996b), S. 24 f., Abb. 4. und Tab. 2.6, S. 135.

und Geschwindigkeit des Integrationsprozesses. Andererseits kann auch erwartet werden, daß die „Institutionen", und im besonderen die organisatorische Ausstattung dieses Prozesses, selbst in Folge der Fortschritte der wirtschaftlichen Integration einer Dynamik unterliegen. Insbesondere werden sich im Verlaufe der Integration zunehmend mehr Interessenverbände auf europäischer Ebene bilden. Die veränderten „Institutionen" schließlich wirken erneut auf den Ablauf des Integrationsprozesses zurück. Im einzelnen werden im diesem Kapitel fünf Hauptakzente gesetzt: erstens die Anzahl der Interessengruppen, zweitens die Aufgaben der Gemeinschaft, drittens die Entwicklung der Entscheidungsregeln, viertens Konsequenzen des Integrationsfortschrittes auf die Anwendung des europäischen Rechts und fünftens die Herausbildung von Elementen einer europäischen Verfassung.

6.1. Interessengruppen im wirtschaftlichen Integrationsprozeß

Der Erfolg wirtschaftlicher Integration hat dann Auswirkungen auf die Organisation von Interessen im neuen größeren Wirtschaftsraum, wenn die Wirtschaftsteilnehmer ein Bedürfnis empfinden, auf kollektive Entscheidung und kollektives Handeln einzuwirken, um ihre Interessen durchzusetzen. Der wirtschaftliche und der politische Prozeß sind hier eng miteinander verzahnt. Gerade hoheitliche Integration führt zeitweilig zu einem Absinken des Einflusses von nationalen Sonderinteressen.[216] Wahrscheinlich werden infolge der aufgrund des Integrationsprozesses veränderten Unternehmensverfassungen - in Form von multinationalen Unternehmen und in Gestalt von *non-equity* Formen der internationalen Zusammenarbeit - sich die Interessen wirtschaftlicher Gruppen selbst verändern, so daß ihre Einflußnahme auf die nationalen politischen Prozesse und auf die supranationalen Akteure andere Ziele verfolgt.[217] In der Folge wird mit zusehends erfolgreicher wirtschaftlicher Integration das Ausmaß der europäischen Interessenvertretung zunehmen. Es ist damit zu rechnen, daß im Zeitverlauf solche neuen speziellen Interessengruppen entstehen werden. Dieser Entstehungsprozeß von europäischen Interessenvertretungen wird graduell fortschreiten, sofern die Rahmenbedingungen stabil bleiben.[218] Dabei werden kleine Gruppen nicht so lange brauchen, ihre Interessen organisiert in den politischen Prozeß einzubringen, wie größere Interessenvereinigungen.[219]

Wie die folgende Abbildung deutlich macht, hat die Formierung von Interessengruppen im Umfeld der Europäischen Institutionen nicht lange auf sich warten lassen. Tatsächlich kann man auch ein kontinuierliches Anwachsen dieser Vertretungen ablesen. Ein besonders ausgeprägter Wachstumsschub scheint von 1975 auf 1980 erfolgt

216 Vgl. *Witte* (1995), S. 63.

217 In Anlehnung an *Welfens* (1990), S. 197.

218 Vgl. *Olson* (1982), S. 126 unter Verweis auf seine Schlußfolgerung 2. Dies Werk ist die einschlägige Grundlage für die Betrachtung dieses Themenbereiches.

219 Vgl. *Olson* (1982), S. 126, verweisend auf seine Schlußfolgerung 3.

zu sein. Der Schwerpunkt der europabezogenen Interessenvertretungen hat sich seit Beginn der wirtschaftlichen Integration von den Hauptstädten der Mitgliedstaaten nach Brüssel verschoben.[220] Dabei zeigt sich ein deutlicher Zusammenhang mit der Dauer der Mitgliedschaft.[221]

Abb. 97: Entwicklung der Interessenvertretungen in Brüssel

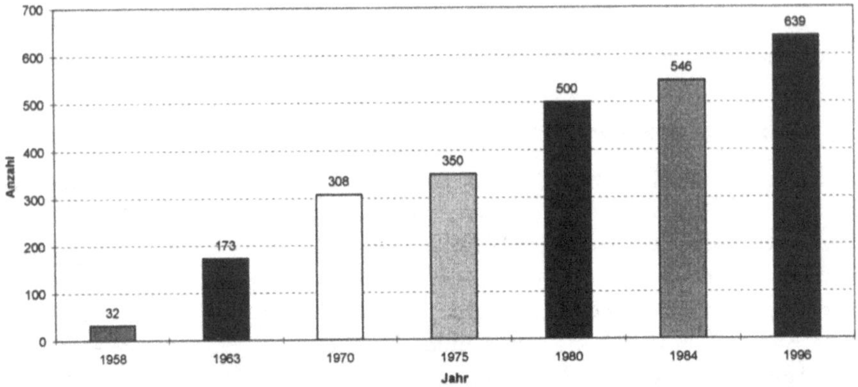

Quelle: D. Sidjanski/ U. Ayberk: Le nouveau visage des groupes d'interet communautaires, in: Journal of European Integration (1987), S. 181; G. Pfeifer: Eurolobbyismus, Frankfurt a.M. 1994, S. 35, 41 f.; für 1995 (korrigiert) R. Lütkehus: Eurolobbying, in: EUmagazin 9/1995, S. 10; für 1984 K. Witte: Ordnungspolitische Perspektiven der EU (1994), S. 64; für 1996 European Commission: Directory of Interest Groups, Luxemburg, 1996.

Diese Interessenvertreter werden an den geeigneten Punkten des Entscheidungsprozesses versuchen ihren Einfluß geltend machen.[222] Im europäischen Integrationsprozeß werden die Interessengruppen vor allem auf die ständigen oder *ad-hoc* Arbeitsgruppen des Rates oder der Kommission konzentrieren.[223] Dabei hängt die Effektivität eines Lobbyisten von der Qualität seiner Verbindungen ab.[224] Durch *rent-seeking* werden Interessengruppen versuchen, durch Aufwendung knapper Mittel einen künstlich konstruierten Ressourcentransfer zu erzeugen, der auf staatlicher Intervention beruht.[225]

---

220 Vgl. *Lütkehus* (1995), S. 8. Vgl. die Darstellung der Entwicklung der europäischen Interessenvertretungen in *Sidjanski/ Ayberk* (1987), S. 177-182.

221 Vgl. *Sidjanski/ Ayberk* (1987), S. 184-186.

222 Vgl. *Witte* (1995), S. 65. Eine Typologisierung der Einflußkanäle lefert *Sidjanski/ Ayberk* (1987), S. 193-199.

223 Vgl. *Streit/ Mussler* (1995), S. 85.

224 Vgl. *Strauch* (1995), S. 11-13.

225 Vgl. *Richter* (1994), S. 25, Peirce (1991), S.521-534, mit besonderer Betonung der Landwirtschaftspolitik.

Gleichzeitig üben die Interessengruppen einen erheblichen Einfluß insbesondere in den Fällen aus, in denen Integrationsprozesse außerökonomische Regulierungsziele betreffen, wie z.B. soziale Sicherung, Verteilungsgerechtigkeit oder auch Umweltschutz.[226] Dabei erscheint die Annahme berechtigt, daß infolge der abnehmenden Gestaltungsautonomie auf nationaler Ebene im wirtschaftspolitischen Bereich das politische System auf nationaler und supranationaler Ebene Anreize zu Innovationen im politischen Prozeß erhält.[227]

6.2. Aufgaben der Europäischen Gemeinschaft

Allgemein sagt die Theorie der Neuen Politischen Ökonomie eine Tendenz der Bürokratien voraus, ihren Aufgabenbereich kontinuierlich zu erweitern. Auch die europäischen Organe waren von dieser generellen Tendenz der Kompetenzausweitung der Verwaltungen nicht ausgenommen. Wie schon in den einleitenden Kapiteln kurz aufgezeigt, haben sich die Kompetenzbereiche von 12 in 1958 auf 16 in 1987 und gar 23 in 1993 ausgeweitet.[228] Diese grobe Zahl sagt jedoch relativ wenig über die wirkliche Aufgabenausweitung, da einer erheblichen Vertiefung der Aufgaben oder operationellen Verbreiterung in der Umsetzung so nicht Rechnung getragen wird. Dabei ist natürlich zu beachten, daß jede Ausdehnung der Gemeinschaftskompetenzen einstimmig von allen Mitgliedstaaten mitgetragen werden mußte, um ihren Niederschlag im primären Vertragsrecht zu finden. Grundsätzlich kann man von den nationalen Bürokratien jedoch immer Widerstand gegen eine solche Übertragung von Kompetenzen auf die Gemeinschaft erwarten. Denn nach denselben theoretischen Annahmen würden diese ihren Budgetmaximierungsstrategien zuwiderlaufen. Die vorgehenden Kapitel haben an einzelnen Stellen immer wieder auf die Interdependenz der Ordnungen, der Ordnungstrukturen und somit der zugeordneten Politikfelder eingehen müssen. So ist der Grund für die Zustimmung der „Herren der Verträge" zu den Kompetenzausweitungen wohl grundsätzlich in dieser Unauflöslichkeit der Sachzusammenhänge zu sehen.

6.3. Entscheidungsregeln der Europäischen Gemeinschaft

Die Entscheidungsregeln stehen im Zentrum der organisatorischen Entwicklung des europäischen Integrationsprozesses. Tatsächlich war in den ursprünglichen Gründungsverträgen schon eine Entwicklung dieser Entscheidungsregeln für bestimmte Bereiche vorgesehen, damit diese den Fortschritt begleiten oder, wo notwendig, ermöglichen konnten. Im weiteren Verlauf - und vor allem im Gefolge der Süderweiterung, nach der

---

226 Vgl. *Boroch/ Cassel* (1993), S. 374; vgl. die relativ hohe Anzahl von Lobbyisten in diesen Bereichen in *Lütkehus* (1995), S. 10. Für eine Kategorisierung der Interessengruppen siehe *Sidjanski/ Ayberk* (1987), S. 190.

227 Vgl. *Welfens* (1990), S. 197.

228 Siehe die Ausführungen in Kapitel 2.5. Vgl. *Derix* (1994), S. 264 f., der aufgrund der gleichen Annahmen auch eine Vorliebe für „ergebnisorientierte Interventionen" als für die „Stärkung der wettbewerbspolitischen Rahmenbedingungen" ableitet.

die Zahl der Mitgliedstaaten von neun auf zwölf und somit auf das Doppelte der Zahl bei Gründung stieg - wurde der Übergang von der Einstimmigkeitsregel zur qualifizierten Mehrheit in wichtigen, den Binnenmarkt betreffenden Entscheidungsprozessen eine der größte institutionellen Neuerung des Integrationsprozesses. Als ein grober Indikator für die Entwicklung der Entscheidungsregeln faßt die folgende Übersicht die vorgesehene Zahl der erforderlichen Abstimmungsmehrheiten für die großen Politikbereiche zusammen. Dabei wurde nur die explizite Nennung einer bestimmten Entscheidungsregel berücksichtigt. Dies bedeutet auch, daß die einfache Mehrheit, die nach Art. 148 die generelle Entscheidungsregel in allen Bereichen war, in denen nichts Näheres spezifiziert ist, in dieser statistischen Zusammenfassung unberücksichtigt bleibt. Treten in einem Entscheidungsprozeß verschiedene Entscheidungsmehrheiten auf, so wurde er nach dem grundsätzlichen Charakter der Entscheidungsprozedur eingeordnet. So ist das Mitentscheidungsverfahren nach Art. 189b EGV grundsätzlich der qualifizierten Mehrheitsentscheidung zugerechnet, es sei denn es ist im Vertrag explizit die Verwendung des Verfahrens nach Art. 189b EGV unter der Einstimmigkeitsregel vorgesehen. Dies ist z.B. im Bereich der Kultur unter Art. 128,5 EGV der Fall. Dagegen ist das Zusammenarbeitsverfahren zur Hälfte der qualifizierten Mehrheit und zur anderen der Einstimmigkeitsregel zugerechnet, da der Ministerrat grundsätzlich nach Ablehnung des Gemeinsamen Standpunktes durch das Europäische Parlament nach zweiter Lesung nur noch mit Einstimmigkeit entscheiden kann. Man wird die Aussagekraft der nachstehenden Tabelle nicht überschätzen dürfen, da natürlich einzelne Artikel in den Verträgen eine ganz und gar unterschiedliche Reichweite haben, so daß diese statistische Normierung schon hart an der Grenze des Statthaften liegt. Vielleicht ergeben sich dennoch interessante Tendenzaussagen, die ohne eine solche Abstraktion nicht gewonnen werden könnten.

Es werden vier Perioden unterschieden: seit Beginn bis zum Ende der 1. oder 2. Stufe der Übergangszeit oder bis zu deren Ende. Die nächste Periode ist die Folgezeit bis zum Inkrafttreten der Einheitlichen Europäischen Akte im Jahre 1987. Darauf folgt der Zeitraum bis zum Inkrafttreten des Maastrichter Vertrages. Schließlich die Periode seit dem Inkrafttreten des Vertrages über die Europäische Union. In den Zeilen sind hingegen die hauptsächlichen Entscheidungsbereiche aufgelistet, für die explizite Entscheidungsregeln festgelegt wurden. An die Politiken schließen sich noch zwei Kategorien hinsichtlich der Entscheidungen zu institutionellen Fragen und zu Haushaltsfragen an. In jeder Zeile wird zwischen Einstimmigkeitserfordernis und dem Erfordernis einer qualifizierten Mehrheit unterschieden. In jedem Feld wird sowohl die absolute Anzahl der Nennungen und die relative Verteilung zwischen den beiden Entscheidungsregeln im jeweiligen Bereich und in der jeweiligen Periode eingetragen. Zwei Abschlußzeilen fassen die einzelnen Entscheidungsbereiche zusammen.

Übers. 21: Entwicklung der Entscheidungsmehrheiten des Ministerrates nach Politikbereichen

Entscheidungsbereiche	Entscheidungsregel	1958 bis 1. o. 2. Stufe Übergangszeit		danach o. nach Ende der Übergangszeit		ab 1987		seit 1993	
		Anz.	Prozent	Anz.	Prozent	Anz.	Prozent	Anz.	Prozent
1. Freier Warenverkehr/Binnenmarkt (inkl. Angleichung der Rechtsvorschriften)	Einstimmigkeit	4	66,6%	2,5	41,6%	2	28,6%	2,5	31,3%
	Qualifizierte Mehrheit	2	33,3%	3,5	58,3%	5	71,4%	5,5	68,7%
2. Freier Kapitalverkehr	Einstimmigkeit	1	100%	0	0%	0	0%	0	0%
	Qualifizierte Mehrheit	0	0%	1	100%	1	100%	3	100%
3. Freier Personenverkehr	Einstimmigkeit	(nicht spezifiziert)		(nicht spezifiziert)		0	0%	2	40,0%
	Qualifizierte Mehrheit					1	100%	3	60,0%
4. Niederlassungsrecht und freier Dienstleistungsverkehr	Einstimmigkeit	8	88,8%	2	25,0%	1	12,5%	1	12,5%
	Qualifizierte Mehrheit	1	11,2%	6	75,0%	7	87,5%	7	87,5%
5. Wettbewerb	Einstimmigkeit	3	60,0%	1	20,0%	1	20,0%	1,5	30,0%
	Qualifizierte Mehrheit	2	40,0%	4	80,0%	4	80,0%	3,5	70,0%
6. Verkehr	Einstimmigkeit	4	80,0%	3	75,0%	2	50,0%	2,5	62,5%
	Qualifizierte Mehrheit	1	20,0%	1	25,0%	2	50,0%	1,5	37,5%
7. Landwirtschaft und Fischerei	Einstimmigkeit	3	60,0%	3	75,0%	3	75,0%	3	75,0%
	Qualifizierte Mehrheit	2	40,0%	1	25,0%	1	25,0%	1	25,0%
8. Diskriminierungsverbot/ Bürgerrechte	Einstimmigkeit	0	0%	0	0%	0	0%	2	57,1%
	Qualifizierte Mehrheit	1	100%	1	100%	1	100%	1,5	42,9%
9. Steuern	Einstimmigkeit	1	100%	1	100%	1	100%	1	100%
	Qualifizierte Mehrheit	0	0%	0	0%	0	0%	0	0%
10. Gemeinsame Handelspolitik	Einstimmigkeit	5	62,5%	0	0%	0	0%	1	11,1%
	Qualifizierte Mehrheit	3	37,5%	9	100%	9	100%	8	88,8%
11. Entwicklungszusammenarbeit	Einstimmigkeit	3	100%	2	100%	2	100%	3,5	87,5%
	Qualifizierte Mehrheit	0	0%	0	0%	0	0%	0,5	12,5%
12. Wirtschafts- und Währungspolitik	Einstimmigkeit	2	33,3%	2	33,3%	3	37,5%	11	33,3%
	Qualifizierte Mehrheit	4	66,6%	4	66,6%	5	62,5%	22	66,6%
13. Sozialpolitik	Einstimmigkeit	3	60,0%	3	60,0%	3	50,0%	3	60,0%
	Qualifizierte Mehrheit	2	40,0%	2	40,0%	3	50,0%	2	40,0%
14. Forschung und technologische Entwicklung	Einstimmigkeit					2	66,6%	2	66,6%
	Qualifizierte Mehrheit					1	33,3%	1	33,3%
15. Umwelt	Einstimmigkeit					1	100%	1	100%
	Qualifizierte Mehrheit					0	0%	0	0%
16. Wirtschaftlicher und sozialer Zusammenhalt	Einstimmigkeit					1	50,0%	2,5	83,3%
	Qualifizierte Mehrheit					1	50,0%	0,5	16,7%
17. Allgemeine und berufliche Bildung, Jugend	Einstimmigkeit							0,5	25,0%
	Qualifizierte Mehrheit							1,5	75,0%
18. Kultur	Einstimmigkeit							1	100%
	Qualifizierte Mehrheit							0	0%
19. Gesundheitswesen	Einstimmigkeit							0	0%
	Qualifizierte Mehrheit							1	100%
20. Verbraucherschutz	Einstimmigkeit							0	0%
	Qualifizierte Mehrheit							1	100%
21. Transeuropäische Netze	Einstimmigkeit							0	0%
	Qualifizierte Mehrheit							1	100%
22. Industriepolitik	Einstimmigkeit							1	100%
	Qualifizierte Mehrheit							0	0%
23. Institutionelle Fragen	Einstimmigkeit	16	84,2%	16	84,2%	16	94,1%	21	80,8%
	Qualifizierte Mehrheit	3	15,8%	3	15,8%	1	5,9%	5	19,2%
24. Haushaltsfragen	Einstimmigkeit	2	40,0%	2	40,0%	2	33,3%	2	40,0%
	Qualifizierte Mehrheit	3	60,0%	3	60,0%	4	66,6%	3	60,0%
Alle Politiken (Summe Nr. 1-22)	Einstimmigkeit	37	67,3%	19,5	37,5%	22	34,9%	42	39,4%
	Qualifizierte Mehrheit	18	32,7%	32,5	62,5%	41	65,1%	64,5	60,6%
Alle Bereiche (Summe Nr. 1-24)	Einstimmigkeit	55	69,6%	37,5	49,3%	40	46,5%	65	47,3%
	Qualifizierte Mehrheit	24	30,4%	38,5	50,7%	46	53,5%	72,5	52,7%

Bis zum Ende der zweiten Stufe der Übergangszeit sah der Vertrag in vielen Fällen die Einstimmigkeitsregel vor. Wie der vorstehenden Tabelle entnommen werden kann, ergab sich hinsichtlich der gesamten Politikbereiche eine Umkehrung der Verhältnisse: Galt bis dahin ein Verhältnis von Einstimmigkeit zu qualifizierter Mehrheit von rund 2 zu 1, sollte danach in einem Verhältnis von rund 1 zu 2 zugunsten der qualifizierten Mehrheit entschieden werden. „Zweifellos ist die für die Aufbauphase belegbare Dynamik der Gemeinschaftspolitik trotz oder wegen der ausgeprägten Konsensbereitschaft maßgeblich vom anfänglich vorhandenen 'community spirit' innerhalb der sechs Gründerländer beflügelt worden."[229] Danach galt für die Mehrzahl der vertraglichen Einzelfälle jedoch die qualifizierte Mehrheit.[230] Abgesehen von institutionellen Fragen waren vor allem Fragen der Sozialpolitik, Fragen der Konjunktur- und Devisenpolitik, Grundsätze der Verkehrsordnung sowie Seeschiffahrts- und Luftfahrtspolitik, Steuern und Finanzbeiträge, Aufnahme neuer Mitglieder und Assoziierung mit Drittstaaten im Bereich der Einstimmigkeitsentscheidung angesiedelt. Möglicherweise liegt in diesem Übergang von einer klassisch intergouvernementalen zu einer supranationalen Entscheidungsfindung ein tieferer Grund für die „Politik des leeren Stuhles" Frankreichs seit 1965.[231] Der „Luxemburger Kompromiß" vom Januar 1966 hatte jedenfalls zur Folge, daß bis in die Mitte der achtziger Jahre *de facto* die stillschweigende Praxis einstimmiger Entscheidungen weiter geübt wurde. Nicht kompromißfähige Entscheidungen wurden in der Regel verschoben. Die Folge war eine besondere Ineffizienz und Entscheidungsunfähigkeit des Rates. Der formal nie aufgehobene Mehrheitsentscheid mußte endlich angewendet werden, wollte man diese Trägheit beseitigen.[232]

Dennoch entwickelten sich die Europäischen Gemeinschaften seit der Haager Gipfelkonferenz im Dezember 1969 zum primären Ordnungs- und Handlungsrahmen für die beteiligten Mitgliedstaaten.[233] Formal war jedoch ein weiterer Bereich von dem Übergang zur qualifizierten Mehrheitsregel ausgenommen, der vermutlich anfänglich in der integrationspolitischen Tragweite auch vollkommen unterschätzt wurde: die Angleichung der Rechts- und Verwaltungsvorschriften nach Art. 100. Durch den Abbau der Zollbarrieren wurde der Bereich der nicht-tarifären Handelshemmnisse zum Kernbereich der wirtschaftlichen Integrationspolitik. Folglich stagnierte in den siebziger Jahren der europäische Integrationsprozeß. Solange institutionelle Reformen unterblieben, mußten Fortschritte in Richtung Binnenmarkt ausbleiben, die eine Angleichung der nationalen Rechtsvorschriften voraussetzt. Jedoch erst durch die Artikel 8a, 8b, und 100a,b EEA wurde ab Juni 1987 zur Verwirklichung des Binnenmarktes die qualifi-

---

229 Zit. und vgl. *Leipold* (1993), S. 45 und S. 47, S. 53.

230 Vgl. *Leipold* (1993), S. 44 f.

231 Vgl. *Oppermann* (1991), S. 15.

232 Vgl. *Leipold* (1993), S. 54.

233 Vgl. *Hrbek* (1993), S. 8 und S. 11.

zierte Mehrheitsregel eingeführt,[234] mit Ausnahme der Bereiche Steuerangleichung, Freizügigkeit und Angleichung der Rechte der Arbeitnehmer.[235] [236]

Die generelle Möglichkeit der weitergehenden Maßnahmen nach Artikel 36 kann allerdings die Mehrheitsentscheidungen zumindest teilweise suspendieren.[237] Dennoch muß der qualifizierte Mehrheitsentscheid als äußerst erfolgreich gewertet werden.[238] Die schnelle Umsetzung des Binnenmarktprogrammes hinsichtlich der technischen Handelshemmnisse muß zu einem Großteil dieser institutionellen Reform zugerechnet werden. Dieses neue Entscheidungsverfahren hatte auch die Herausbildung eines neuen Beziehungsgeflechts zwischen den EG-Organen zur Folge. Sie führte, neben der umfassenden Anwendung der qualifizierten Mehrheit im Ministerrat, zur Mitverantwortung des Europäischen Parlaments durch das Verfahren der Zusammenarbeit nach Art. 149 EWGV 1986. Die Schwierigkeiten bei der Angleichung der nationalen Steuersätze und die Einigung in diesem Bereich auf das Ursprungslandsprinzip sind vermutlich auch auf das Beharren auf Einstimmigkeit zurückzuführen.

In der folgenden Graphik ist die Entwicklung der Entscheidungsverfahren in einigen Hauptbereichen hinsichtlich der Verwendung der Einstimmigkeitsregel abgetragen. Wie unschwer abgelesen werden kann, war das Einstimmigkeitserfordernis anfänglich in rund zwei Dritteln der Politikbereich vorgesehen. Nach dem Greifen der Übergangsbestimmungen schrumpfte der Anwendungsbereich formal auf rund ein Drittel der expliziten Entscheidungsverfahren in den Politikbereichen.

Hinsichtlich der Quantität hat dieser Anteil in den folgenden dreißig Jahren nur noch unwesentlich abgenommen. Im Gegenteil ist mit dem Vertrag von Maastricht der Anteil des Einstimmigkeitserfordernisses wieder leicht gestiegen. Dies ist vor allem in den neuen Politikbereichen der Fall, sofern mehr als Leitlinien und Empfehlungen Gegenstand der Entscheidung sind. Des weiteren ist deutlich erkennbar, wie stark institutionelle Fragen auch weiterhin mit Einstimmigkeit zu treffen sind. Es ist im Grunde in diesem Bereich eine inverse Entwicklung zu den Entscheidungsmehrheiten in den Politikbereichen zu sehen. Überspitzt könnte man formulieren, daß der Übergang zu einer stärker supranationalen Politik mit einer stärkeren nationalen Kontrolle der internen Prozesse der europäischen Institutionen erkauft werden mußte.

---

234 Vgl. *Europäisches Parlament* (1994), S. 20, 57; s. Art. 8a, 8b, 100a, 100b EWGV1986.

235 Vgl. *Leipold* (1993), S. 54.

236 Auch viele Aspekte der Sozial- und Umweltpolitik erfordern auch nach Maastricht noch Entscheidungen mit Einstimmigkeit (*Europäisches Parlament* (1994), S. 42).

237 Insbesondere nennt Art. 36 EWGV: öffentliche Ordnung, Sicherheit, Schutz nationalen Kulturgutes, Umweltschutz, Arbeitsumwelt.

238 So *Leipold* (1993), S. 63 in Anlehnung an *Engel* und *Borrmann* (1992), S. 266.

Abb. 98: Entwicklung des Anteils von Einstimmigkeitserfordernissen in einigen Hauptbereichen

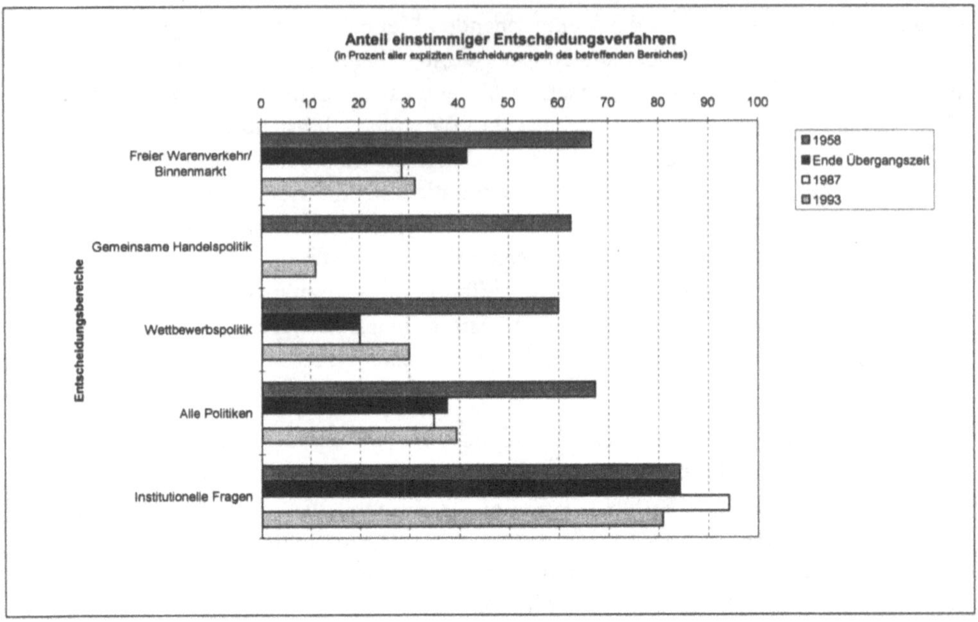

Schließlich soll noch darauf hingewiesen werden, daß der Vertrag von Maastricht statistisch trotz der überzeugend positiven Erfahrung mit dem Binnenmarktprogramm wieder zu einer Ausweitung des Einstimmigkeitserfordernisses geführt hat. Selbst die Entscheidungsprozesse solcher Kernbereiche wie Binnenmarkt und Wettbewerbspolitik sind davon nicht ausgenommen. Im Hinblick auf alle Politikbereiche ist der Anteil der Einstimmigkeitsentscheidungen seit der Einheitlichen Europäischen Akte von 34,9% auf 39,4% gestiegen. Zudem ist durch die Aufhebung des Art. 149 EWGV, in dem die Regel der einfachen Mehrheit ausgedrückt war, auch das sichtbare Bekenntnis zu einer supranationalen Integration verschwunden. Daneben erforderte Art. 149 EWGV vom Ministerrat einstimmige Beschlüsse zur Abänderung der Kommissionsvorlagen.[239] Wenngleich hier die Substanz in den Artikeln 189a, 189b, und 189c erhalten bleibt und dies vielleicht nur als eine technische Änderung zu werten ist, sprechen eine Reihe von Anzeichen dafür, daß in vieler Hinsicht ein Reifegrad der wirtschaftlichen Integration erreicht ist, der nach dem hier zugrundeliegenden Modell auf einen zunehmenden Einfluß der zentrifugalen und integrationsfeindlichen Kräfte schließen läßt.

Wichtig für den Erfolg der schrittweisen Verwirklichung des Binnenmarktes seit Beginn der Römischen Entwicklung dürfte auch der Umstand sein, daß neben einer kontinuierlichen Ausweitung der qualifizierten Mehrheitsentscheidung seit Ende der Übergangszeit im Bereich der Gemeinsamen Handelspolitik aus Sicht der Mitgliedstaaten

239 Im folgenden *Leipold* (1993), S. 45 f., S 51-54.

eine offene Flanke bestanden hatte. In diesem Bereich wurden alle Entscheidungen unter qualifizierter Mehrheit getroffen. Durch dieses Politikinstrument konnte die Kommission daher erheblichen gestalterischen Einfluß auf die Geschwindigkeit des internen Integrationsprozeß ausüben. Bezeichnend ist, daß die erste große vertragsändernde Regierungskonferenz es daher in diesem Bereich auf die Neueinführung von Einstimmigkeitsbeschlüssen angelegt hatte. Seit Maastricht ist in Art. 228,2 EGV vorgesehen, daß Abschlüsse von auswärtigen Abkommen dann unter das Einstimmigkeitserfordernis fallen, wenn in der betreffenden gemeinschaftsinternen Politik unter Einstimmigkeit zu entscheiden wäre. Das Abhängigkeitsverhältnis von Innen- und Außenwirtschaftspolitik der Gemeinschaft ist somit umgekehrt worden.

Notiz sollte auch davon genommen werden, daß dieselbe Regierungskonferenz es vorgezogen hat, die Artikel 111, 114 und 116 des EWGV ersatzlos zu streichen. Mithilfe dieser Artikel war es der Kommission möglich, einen erheblichen Koordinationsdruck der Mitgliedstaaten auch in den Bereichen auszuüben, die nicht eindeutig unter den Art. 113 zur Gemeinsamen Außenhandelspolitik fielen. Es zeigt sich hierin die Reife der Integration. Die nationalen Protektionsbefürworter können sich inzwischen auch auf der institutionellen (konstitutionellen) Ebene durchsetzen. Eine solche Entwicklung wird in dem früher dargestellten Modell vorausgesehen.

Neben dem Effizienzaspekt ist im Bereich der Entscheidungsregeln jedoch auch der Macht- und Legitimationsaspekt von entscheidender Bedeutung. Zum einen ist das Verhältnis von Bevölkerungsstärke und Entscheidungsmacht für die demokratische Legitimation von Bedeutung. Denn letztendlich vertreten die Ratsmitglieder die Bevölkerung ihrer Herkunftsstaaten. Dagegen steht die Illusion der Staatengleichheit, wie sie im allgemeinen internationalen staatlichen Verkehr gepflegt wird. Die Einführung der einfachen und qualifizierten Mehrheitsentscheidung hatte dieser Illusion in der Europäischen Einigung von Anfang an eine Absage erteilt. Während unter dem Konsensprinzip die strukturelle Macht aller Mitgliedstaaten gleichverteilt ist, schafft die Gewichtung jedoch bewußt Ungleichheiten in der Entscheidungsmacht des einzelnen Mitgliedstaates. Es nimmt dann auch kaum wunder, daß diese organisatorischen Fragen bei den bisherigen Regierungskonferenzen mit zu den schwierigsten Verhandlungsgegenständen gehörten. Daher soll hier zunächst kurz auf die Frage eingegangen werden, wie sich seit Beginn der Europäischen Einigung die Verteilung der Abstimmungsmacht unter der qualifizierten Mehrheitsregel im Ministerrat entwickelt hat.

Auf der folgenden Übersicht ist die Entwicklung der Stimmenanteil der jeweiligen Mitgliedstaaten für die Stichjahre 1958, 1973, 1986 und 1995 zusammengefaßt. Neben den Stimmenanteilen sind die Anteile an der Gesamtbevölkerung der jeweiligen Gemeinschaft abgetragen. Schließlich vervollständigen die Werte des *Shapley/Shubik-* und des *Banzhaf*-Index die Tabelle.

Übers. 22: Entwicklung der Stimmenanteile, Bevölkerungsanteile und Abstimmungsmacht der Mitgliedstaaten unter der qualifizierten Mehrheitsregel[240]

	1958				1973				1986				1995			
	Bevölkerungsanteil	Stimmenanteil	Shapley/Shubik-Index	Banzhaf-Index	Bevölkerungsanteil	Stimmenanteil	Shapley/Shubik-Index	Banzhaf-Index	Bevölkerungsanteil	Stimmenanteil	Shapley/Shubik-Index	Banzhaf-Index	Bevölkerungsanteil	Stimmenanteil	Shapley/Shubik-Index	Banzhaf-Index
Deutschland	32.18	23.53	23.33	23.81	23.78	17.24	17.86	16.72	18.92	13.16	13.42	12.87	21.76	11.49	11.97	11.16
Italien	29.14	23.53	23.33	23.81	21.07	17.24	17.86	16.72	17.74	13.16	13.42	12.87	15.76	11.49	11.97	11.16
Frankreich	26.52	23.53	23.33	23.81	20.01	17.24	17.86	16.72	17.16	13.16	13.42	12.87	15.45	11.49	11.97	11.16
Großbritannien					21.50	17.24	17.86	16.72	17.59	13.16	13.42	12.87	15.64	11.49	11.97	11.16
Spanien									11.98	10.53	11.13	10.89	10.71	9.20	9.55	9.24
Niederlande	6.66	11.76	15.00	14.29	5.16	8.62	8.10	9.15	4.51	6.58	6.37	6.66	4.10	5.75	5.52	5.87
Portugal									3.16	6.58	6.37	6.66	2.81	5.75	5.52	5.87
Griechenland									3.09	6.58	6.37	6.66	2.75	5.75	5.52	5.87
Belgien	5.31	11.76	15.00	14.29	3.74	8.62	8.10	9.15	3.06	6.58	6.37	6.66	2.72	5.75	5.52	5.87
Schweden													2.35	4.60	4.54	4.79
Österreich													2.12	4.60	4.54	4.79
Dänemark					1.93	5.17	5.71	6.62	1.59	3.94	4.26	4.59	1.40	3.45	3.53	3.59
Finnland													1.36	3.45	3.53	3.59
Irland					1.17	5.17	5.71	6.62	1.10	3.94	4.26	4.59	0.97	3.45	3.53	3.59
Luxemburg	0.18	5.88	0.00	0.00	0.14	3.45	0.95	1.58	0.11	2.63	1.18	1.80	0.10	2.30	2.07	2.26
Summe	100	100	100	100	100	100	100	100	100	100	100	100	100	100	100	100

Der *Shapley/Shubik*-Index mißt die Macht eines Mitgliedstaates als die Anzahl der Situationen, in denen seine Stimme eine Minderheit in eine Mehrheit verwandeln kann.[241] Dagegen ist der *Banzhaf*-Index als die Anzahl der Fälle definiert, in denen gerade seine Stimme entscheidend ist für den Übergang von einer unterlegenen zu einer siegenden Koalition. Während der *Shapley/Shubik*-Index keinerlei Information über die Koalitionstruktur voraussetzt, geht der *Banzhaf*-Index von einer bestehenden Koalitionstruktur aus. Beide Indizes weisen jedoch einen grundsätzlich parallelen Verlauf auf, wobei der *Shapley/Shubik*-Index größeren Ländern jedoch tendenziell höhere Werte zuordnet.

Bei eingehender Betrachtung der vorstehenden Tabelle können folgende Beobachtungen gemacht werden.[242] Durch die Erweiterungen haben die früheren Mitglieder prinzipiell erheblich Entscheidungsmacht eingebüßt. Der *Banzhaf*-Index für Deutschland läßt eine Abnahme von rund 24 Punkten auf erst 17, dann 12 und schließlich 11 Punkte erkennen. In relativer Hinsicht gegenüber anderen Mitgliedstaaten zeichnet die Entwicklung jedoch ein anderes Bild. Bei Werten für die jeweilige Gleichverteilung von

---

240 Zusammengefaßt aus *Wilming* (1995), S. 141 f., 145, 152, 176, 201 f. Sortiert nach dem Bevölkerungsanteil im Jahre 1995.

241 Vgl. hierzu vor allem *Wilming* (1995), S. 164-175. Grundlegend *Selten* (1979), S. 272-281, und die anschauliche Darstellung im Kap. 10. „Gewichtete Wahlsysteme: Wie man Macht messen kann", in: *Garfunkel/ Steen* (1989), S. 138-152.

242 Hinsichtlich der Entwicklung der Abstimmungsmacht im Europäischen Parlament nach der letzten Erweiterung (*Peters* (1996), S. 223-243).

17, 11, 8, 7 Punkten lag die relative Entscheidungsmacht Deutschlands in den Stichjahren rund 41%, 54%, 50% und 57% über dem Gleichverteilungswert. Diese Erscheinung ist vor allem auf die Entwicklung der Entscheidungsmacht der mittleren Mitgliedstaaten zurückzuführen. Wie unschwer abgelesen werden kann, hatten die Niederlande und Belgien unter der qualifizierten Mehrheitsregel eine Entscheidungsmacht, die weit über dem Stimmenanteil lag, welcher wiederum weit über dem jeweiligen Bevölkerungsanteil lag. Diese Diskrepanz ist seit der Süderweiterung fast verschwunden: Der Stimmenanteil entspricht ziemlich genau der Abstimmungsmacht. Eine interessante Beobachtung ist dagegen im Falle Luxemburgs zu machen. Obgleich Luxemburg 1958 mit einem Stimmenanteil von fast 6% ausgestattet war, hatte es unter der qualifizierten Mehrheitsabstimmung *de facto* keinerlei Entscheidungsmacht. Die Reduzierung des Stimmenanteils im Jahre 1973 hat im Gegenzug zu einer *de facto* Erhöhung des luxemburgischen Einflusses auf Gemeinschaftsentscheidungen geführt. Dieses Phänomen hat sich bisher bei jeder Erweiterung wiederholt. Dagegen war hinsichtlich der jeweiligen Beitrittskandidaten das Verhältnis von formellem Stimmenanteil und *de facto* Abstimmungsmacht zu ihrem Beitritt weitgehend ausgeglichen (Großbritannien, Irland, Dänemark, Spanien, Portugal, Österreich, Schweden, Finnland).

Hinsichtlich des Legitimationsaspektes wird hier das Verhältnis von Bevölkerungsanteil eines Mitgliedstaates zu seinem Stimmenanteil betrachtet. Um so näher die Stimmenverteilung oder die tatsächliche Abstimmungsmacht an die Proportionen der Bevölkerungsverteilung kommt, desto stärker ist das demokratische Repräsentationsprinzip verwirklicht, solange man der landläufigen Vorstellung folgt, daß jedem Bürger eine Stimme zukommen solle. Diesem Prinzip in der Europäischen Einigung zu folgen heißt den Sprung von der Staatengemeinschaft zur Bürgergemeinschaft zu vollziehen. Die Graphiken auf der folgenden Seite versuchen diese Entwicklung darzustellen, indem für die bekannten Stichjahre je eine Lorenzkurve unter Berücksichtigung der jeweiligen Mitgliedstaaten zuerst für die Einstimmigkeitsregel und sodann für den qualifizierten Mehrheitsentscheid konstruiert wurde.

Beide Graphiken liefern das nicht unerwartete Ergebnis, daß mit jeder Erweiterung von der Verwirklichung des demokratischen Repräsentationsprinzips stärker abgewichen wurde. Das Mißverhältnis von Bevölkerungsanteil und Stimmenanteil hat sich jedoch insbesondere unter dem Einstimmigkeitserfordernis drastisch akzentuiert. Der zunehmende Bauch der Lorenzkurven ist ein deutliches Indiz für zunehmende Disparität. Betrachtet man die im demokratischen Prozeß wichtige 50%-Marke, so ergibt sich, daß unter der Einstimmigkeitsregel 1958 die Bevölkerungsmehrheit noch mehr als ein Viertel der Stimmen hielt, während 1995 auf sie nur noch knapp mehr als ein Sechstel der Stimmen fallen. Unter der qualifizierten Mehrheitsregel lagen die entsprechenden Werte 1958 knapp unter 40 Prozent der Stimmen und 1995 immerhin bei noch mehr als 30 Prozent. Im Hinblick auf die Entscheidungsmacht von drei Vierteln der EU-Bevölkerung ergeben sich bei Einstimmigkeitserfordernis 1958 ein Wert von mehr als 40 Prozent der Stimmen, der 1995 auf einen Wert von rund 30 Prozent der Stimmen geschrumpft ist. Für die qualifizierte Mehrheit ergeben sich Vergleichswerte von entspre-

Abb. 99: Entwicklung der Disparität zwischen Stimmenanteil und Bevölkerungsanteil unter der Einstimmigkeitsregel im Ministerrat

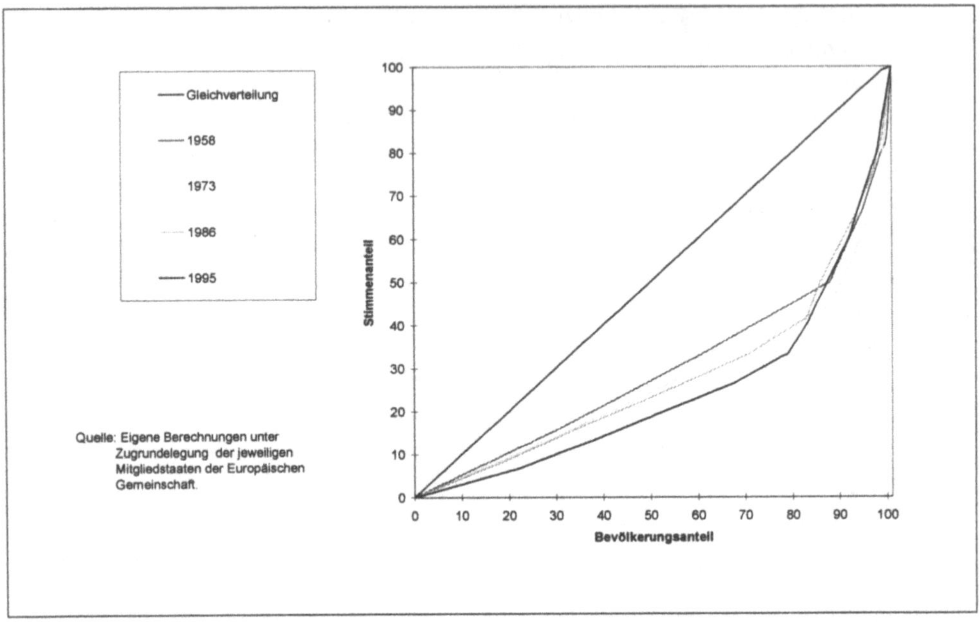

Abb. 100: Entwicklung der Disparität zwischen Stimmenanteil und Bevölkerungsanteil unter der Abstimmung mit qualifizierter Mehrheit im Ministerrat

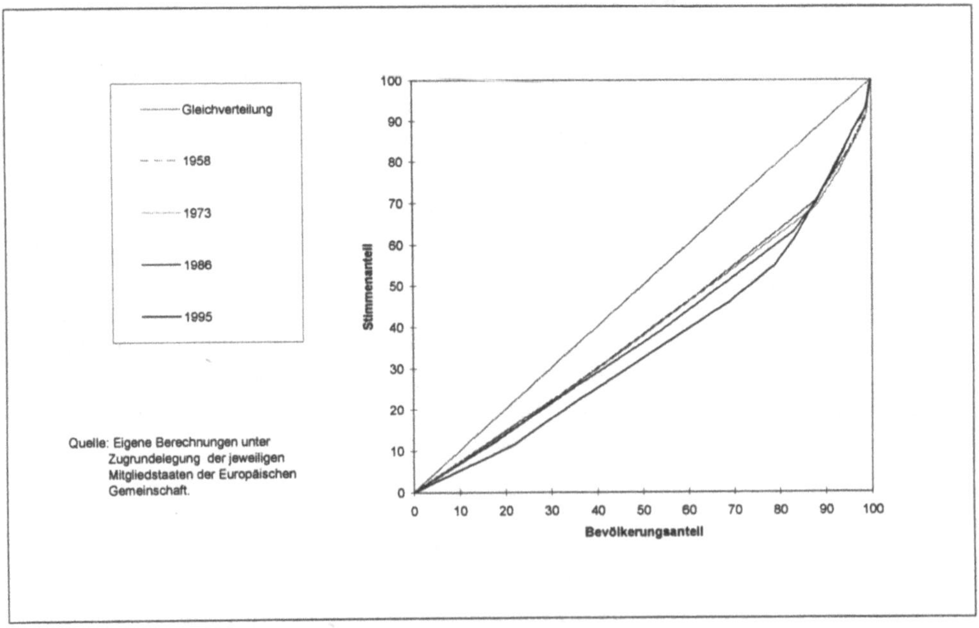

chend ungefähr 60 bzw. 50 Prozent. Es läßt sich festhalten, daß insbesondere in Bezug auf die Einstimmigkeitsregel jede Erweiterung zu einem erheblichen Anstieg der Disparität geführt hat.

Jedoch auch die qualifizierte Mehrheit unterlag global dieser Verschlechterung. Das dies jedoch bei dieser Entscheidungsregel aufgrund der möglichen Stimmengewichtung keine notwendige Folge der Erweiterungen ist, zeigt der Kurvenverlauf für 1958 verglichen mit dem von 1973. Die größte Zunahme der Disparität ist auch hier bei der zweiten Norderweiterung von 1995 zu verzeichnen.

Unter Rückgriff auf die vorstehende Tabelle läßt sich erkennen, daß die großen Mitgliedstaaten (Deutschland, Italien, Frankreich, Großbritannien, Spanien) in der Regel einen geringeren Stimmenanteil als Bevölkerungsanteil auf sich vereinen. Dagegen genießen die kleinsten Mitgliedstaaten (Finnland, Irland, Luxemburg) eine überproportionale Entscheidungsmacht.

Der Beitrag zur demokratischen Legitimation aus der Vertretungsfunktion der Mitgliedstaaten im Rat ist daher ohne Zweifel zurückgegangen. Daß die Organe und das Institutionengefüge im Verlaufe der europäische Integration einen tiefgreifenden Wandel durchlebt hat, steht außer Frage, auch wenn über das Ausmaß und die Wirkung insgesamt bisher keine einhellige Meinung besteht.[243] Es ist bekannt, daß komplexe Systeme aufgrund der Eigenkomplexität nicht nur in der Lage sind, Umweltkomplexität zu reduzieren. Ihnen kommt zudem die Funktion und die Fähigkeit zu, intern Komplexität zu produzieren.[244] So wäre es überschnell und überzogen, aus dem obigen Befund auf eine generelle Verschlechterung der demokratischen Legitimation der Europäischen Einigung schließen zu wollen.

Die Schaffung politischer Rechte für den europäischen Bürger, insbesondere durch die Direktwahl des Europäischen Parlaments seit 1979, ist hier zu erwähnen. Es wird zwar teilweise in Frage gestellt, daß diese Entwicklung zu einer Parlamentarisierung geführt hat.[245] Doch selbst eine ausschließlich beratende Funktion des Parlaments, hätte schon durch allein durch die Schaffung eines öffentlichen Raums zur Diskussion von »Sinn« und »Ziel« der Europäischen Einigung ein Element zusätzlicher Legitimation geschaffen. Generell ist »Sinn« das Steuerungskriterium hochkomplexer Systeme. Gerade Sozialsysteme sind auf der Basis von »Sinn« organisiert.[246]

Zu den klassischen Aufgaben eines Parlaments gehört neben der Rechtssetzung die Ernennung und Kontrolle der Regierung.[247] Während die institutionelle Neuerung des Zusammenarbeits- und Mitentscheidungsverfahren im Hinblick auf das Europäische

---

243 Vgl. *Engel* (1995/96), S. 265.

244 Vgl. *Willke* (1993), S. 40.

245 Eher einschränkend *Engel* (1995/96), S. 266.

246 Vgl. *Willke* (1993), S. 41.

247 Vgl. *Kluth* (1995), S. 76.

Parlament im Gefolge der Einheitlichen Europäischen Akte und des Vertrags zur Europäischen Union zur Erhöhung der Komplexität der Entscheidungsverfahren beigetragen hat, wird dadurch zweifelsohne die demokratische Legitimität erhöht.[248] Im Hinblick auf die inhaltlichen Mitwirkungsbefugnisse des Europäischen Parlaments im Gesetzgebungsprozeß sind die Anwendungsfälle des für einzelne Politikbereiche zutreffenden Entscheidungsverfahren in der folgenden Übersicht zusammengefaßt.

Übers. 23: Inhaltliche Mitwirkung des Europäischen Parlaments[249]

Bereich	Zusammenarbeitsverfahren (Art. 149,2 EWGV 1986 und Art. 189c EGV)	Mitentscheidungsverfahren (Art. 189b EGV)
Binnenmarkt	Art. 100a, 100b EWGV1986	Art. 100a,1; (Art. 100b,1) EGV
Freizügigkeit	Art. 49 EWGV1986	Art. 49 EGV
Niederlassungsfreiheit	Art. 54,2 EWGV1986	Art. 54,2 EGV
Bestimmungen betreffend Drittstaaten-Ausländer	Art. 56,2 EWGV1986	Art. 56,2 EGV
Gegenseitige Anerkennung der Diplome	Art. 57,1 EWGV1986	Art. 57,1 und 57,2 EGV
Forschung und technologische Entwicklung - Zusatzprogramme	Art. 130q,2 EWGV1986; Art. 130o EGV	Art. 130i,1 EGV
Verbot jeder Diskriminierung aus Gründen der Staatsangehörigkeit	Art. 7 EWGV1986; Art. 6 EGV	
Sozialpolitik (Mindestvorschriften der Arbeitsumwelt)	Art. 118a,2 EWGV1986; Art. 118a,2 EGV	
Wirtschaftlicher und sozialer Zusammenhalt (Regionalfonds)	Art. 130e EWGV1986; Art. 130e EGV	
Verkehr	Art. 75 EGV	
Koordinierung von Wirtschaftspolitik	Art. 103,5 EGV	
Wirtschafts- und Währungsunion	Art. 104a,2; Art. 104b,2 EGV	
Ausgestaltung Münzrecht	Art. 105a,2 EGV	
Durchführungsbeschlüsse für Europäischen Sozialfonds	Art. 125 EGV	
Entwicklungszusammenarbeit	Art. 130w,1 EGV	
Allgemeine und berufliche Bildung	Art. 127,4 EGV	Art. 126,4 EGV
Umwelt: - Tätigwerden, - Aktionsprogramme	Art. 130s,1 EGV	Art. 130s,3 EGV
Transeuropäische Netze – Leitlinien	Art. 129d EGV	Art. 129d EGV
Kultur		Art. 128,5 EGV
Verbraucherschutz		Art. 129a,2 EGV
Gesundheitswesen		Art. 129,4 EGV

248 Vgl. *Engel* (1995/96), S. 266.

249 Der schattierte Bereich wurde mit der EEA eingeführt.

Darüber hinaus hat das Europäische Parlament ein erhebliches Mitwirkungs- und Entscheidungsrecht bei der Aufstellung des EG-Haushalts und seit 1987 bei der Entlastung der Kommission inne.[250] Neben dem Mißtrauensantrag,[251] der bei Annahme zu einem kollektiven Rücktritt der Kommission geführt hätte, ist seit 1994 ein Anhörungsrecht bei der Benennung des Präsidenten und ein Zustimmungsvotum zum zu ernennenden Kollegium getreten.[252] Schließlich wurde 1994 aktive und passive Kommunalwahlrecht für Bürger der Europäischen Union im jeweiligen Wohnsitzland innerhalb der Union eingeführt.[253]

Hinsichtlich des Gewaltenteilungsprinzips sind jedoch die Fortschritte in der Entwicklung bisher eher als zögerlich einzustufen, zumindest was die Zuordnung bestimmter Staatsfunktionen zu bestimmten Organen betrifft.[254] Hinsichtlich der gegenseitigen Abhängigkeiten im Sinne eines Systems der „checks and balances" muß das Urteil jedoch differenzierter ausfallen. Wie für Organisationen, gesellschaftliche Subsysteme und ganze Gesellschaften hat auch der Prozeß der Bildung der Europäischen Gemeinschaft mit seinen vielfältigen Abstimmungszwängen und Selbstbeschränkungen gezeigt, daß die Bildung einer höheren, komplexeren Einheit die Begrenzung der Freiheitsgrade der Elemente fordert.[255] Es ist hinsichtlich der Entwicklungsbedingungen zu einer Europäischen Verfassung festzuhalten, daß das Mehrheitsprinzip trotz aller Unterschiede der Wahlsysteme in allen Mitgliedstaaten als demokratisches Wahlverfahren anerkannt ist.[256] Gerade das Mehrheitsprinzip setzt ein hochentwickeltes Bewußtsein von Gemeinschaft und von Gleichheit voraus.[257]

6.4. Anwendung und Weiterbildung des Gemeinschaftsrechts

„Die Einbindung einer stets wachsenden Zahl von Akteuren in den Integrationsprozeß war und ist in dreifacher Hinsicht für die politische und die institutionelle Entwicklung der Gemeinschaft bedeutsam und charakteristisch."[258] Die sachliche Komplexität eines Systems nimmt zu, wenn die Zahl und Dichte von Einheiten in einem bestimmten Raum-Zeit-Abschnitt steigt und diese Einheiten aufeinander einwirken. Dabei führen die Zunahme der Akteure und die Dichte ihrer Interaktionen dazu, daß neben einer zunehmenden Kommunikation auch die Konkurrenz zwischen den Mitgliedern der

---

250 Vgl. Art. 203 EWGV 1957, 1986 und Art. 206b EWGV 1986.

251 Nach Art. 144 EWGV 1958 und 1986 und EGV.

252 Vgl. Art. 158 EGV.

253 Vgl. Art. 8b, ebenso das aktive und passive Wahlrecht zum Europäischen Parlament.

254 So *Engel* (1995/96), S. 266f.

255 Vgl. *Willke* (1993), S. 158.

256 Vgl. *Kluth* (1995), S. 57.

257 Vgl. *Schäuble*, in: Verfassung (1995), S. 25. Es wird in Frage gestellt, ob auf europäischer Ebene dieses Prinzip schon hinlänglich existiert.

258 Zit. *Engel* (1995/96), S. 271.

Gesellschaft intensiver wird.[259] Man kann annehmen, daß bei zunehmender Interaktion auch der Bedarf an Klärung der Rechtslage zunimmt. Aus der Systemtheorie ist bekannt, daß eine Zunahme der Kontingenz nur dann für ein System tragbar ist, wenn gleichzeitig leistungsfähigere Mechanismen der Konfliktregulierung mitentwickelt werden.

Die Hauptfunktion der Weiterbildung des Gemeinschaftsrechts kommt dabei dem Europäischen Gerichtshof zu. Eine Rechtsvereinheitlichung trägt zur Sicherung der Freiheit des einzelnen bei. Mit ihr wächst die Kenntnis der Gesetze und sinken die Informationskosten.[260] Auch die nationalen Gerichte wenden schon seit längerem erfolgreich Gemeinschaftsrecht an. Sie tragen so erheblich zur Wirksamkeit und Durchsetzung z.B. des gemeinschaftlichen Wettbewerbsrechts bei.[261] In unklaren Auslegungsfragen sind diese nationalen Gerichte jedoch aufgefordert und gebunden, die Rechtsfälle dem Europäischen Gerichtshof in einem Vorabentscheidungsverfahren vorzulegen.

In der folgenden Abbildung ist die absolute Entwicklung der jährlichen Urteile im Vorabentscheidungsverfahren nach Art. 177 der Römischen Verträge und ihrer Nachfolger abgetragen.

Abb. 101: Entwicklung der Anzahl Vorabentscheidungsverfahren und Vertragsverletzungsverfahren in allen Politikbereichen (pro Jahr)

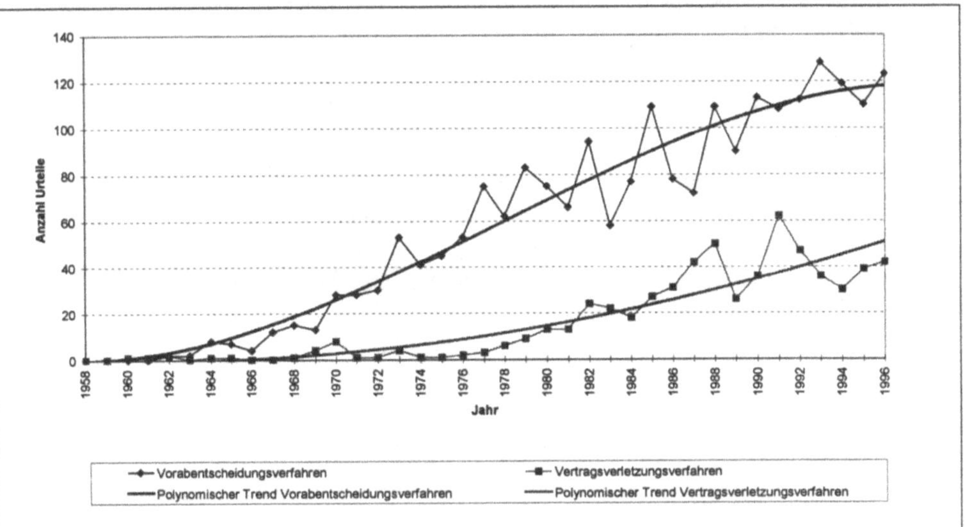

Quelle: Eigene Zählung aufgrund von Angaben aus: CELEX. On-line Datenbank der Europäischen Kommission (10/1997).

259 Vgl. *Willke* (1993), S. 91f. und S. 30 f.

260 Vgl. *Bernholz / Faber* (1986), S. 41.

261 Vgl. *van Miert* (1995), S. 224.

Dabei ist deutlich zu erkennen, daß die Notwendigkeit von Vorabentscheidungen zunächst langsam angewachsen ist, dann mit zunehmendem Umfang von Sekundärrecht schneller zunahm, bis mit Vollendung des Binnenmarktes sich eine gewisse Stabilisierung abzuzeichnen scheint.

Daneben ist auch die Entwicklung der Vertragsverletzungsverfahren nach Art. 169 EWGV eingezeichnet, welche einen ganz anderen Verlauf aufweist. Dieses Verfahren kann von der Kommission nach Einhaltung der Verfahrensvorschriften eingeleitet werden, wenn sie zu der Auffassung kommt, daß ein Mitgliedstaat gegen eine Verpflichtung aus dem Vertrag verstößt.[262] Die Kurve für die Vertragsverletzungsverfahren zeigt eine kontinuierlich schneller steigende Verfahrenszahl. Tatsächlich darf eine solche Entwicklung bei zunehmendem Entwicklungsgrad der Integration nach dem hier entwickelten Modell erwartet werden. Es ist auch bezeichnend, daß nach der vorstehenden Graphik diese Tendenz um das Jahr 1975 verstärkt eingesetzt hat. Man darf vielleicht daran erinnern, daß nach der im ersten Kapitel dieses Abschnitts entwickelten „Makro-Grenznutzenkurve" für Fortschritte im Gemeinsamen Markt für Güter, unter der Annahme einer nicht erfolgten ersten Norderweiterung, der Nutzenindex zum ersten Mal negativ hätte werden können. Dies ist auf jeden Fall ein Hinweis auf die zunehmende Organisations- und Durchsetzungskraft der Integrationsgegner zumindest in den älteren Mitgliedstaaten.

Abb. 102: Entwicklung des Anteils der Vorabentscheidungsverfahren und Vertragsverletzungverfahren an allen EuGH-Urteilen

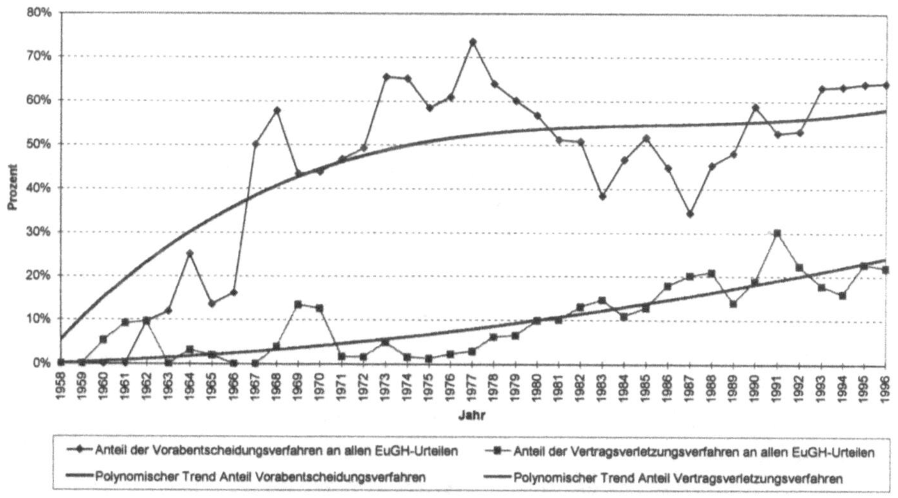

Quelle: Eigene Zählung aufgrund von Angaben aus: CELEX. On-line Datenbank der Europäischen Kommission (10/1997).

Die Abbildung auf der vorigen Seite setzt die beiden Verfahrensarten auch zueinander ins Verhältnis. Wie deutlich erscheint, hatte der Europäische Gerichtshof sich schon früh zu einem überwiegenden Teil seiner Aufgabe als „Wahrer des Rechts bei der Auslegung" des Gemeinschaftsrechts verschreiben müssen. Seit 1967 liegen rund fünfzig Prozent seiner Tätigkeit in der Klärung von Vorabentscheidungsfragen.

Hinsichtlich der Funktion als Wahrer des Rechts bei der „Anwendung" des gemeinschaftlichen Rechts ist die zunehmende Tendenz seit Mitte der siebziger Jahre ungebrochen. Im Jahre 1980 machte dieser Teil seiner Tätigkeit schon mehr als zehn Prozent aller Verfahren aus. Seit 1987 oszilliert dieser Wert jedoch im Bereich der zwanzig Prozent. Ein letzter Hinweis darauf, daß die Zunahme der Vertragsverletzungverfahren in Verbindung mit der Reife des Integrationsprozesses zu sehen sein könnte, ergibt sich auch aus der Feststellung, daß 1996 die Liste der Vertragsverletzungen von Italien, Deutschland und Frankreich geführt wurde;[263] allesamt Gründungsmitglieder der Gemeinschaft und somit am längsten intern der Dynamik des Integrationsprozesses ausgesetzt.

Auch nach Vollendung des Binnenmarktes ist nicht damit zu rechnen, daß der Druck zur Zersplitterung in nationale Märkte nachlassen wird. Während die Kommission im Jahr 1994 hinsichtlich Industriegütern nur 13 Gesetzesvorhaben zur Gewährleistung von Marktzugang vorgelegt hat, haben die Mitgliedstaaten 442 Gesetzesvorhaben notifiziert, die den freien Warenverkehr beeinträchtigen können. In 325 Fällen hat die Kommission Veränderungen dieser Vorhaben gefordert, um sie weniger restriktiv und verhältnismäßiger zu gestalten.[264]

Mit Zunahme der Kontrolle der Umsetzung und Anwendung von Gemeinschaftsrecht in den Mitgliedstaaten wird unweigerlich der Druck auf den Europäischen Gerichtshof zunehmen. Angriffe auf seine Unabhängigkeit sind dabei keineswegs ausgeschlossen. Es ist zumindest bezeichnend, daß die Bestimmungen des Vertrages über die Europäische Union von 1994 hinsichtlich der Zusammenarbeit in den Bereichen Justiz und Inneres für abzuschließende Übereinkommen eine grundsätzliche Zuständigkeit des Gerichtshofes zurückweisen. In diesen Abkommen kann, muß aber nicht, vorgesehen werden, daß der Gerichtshof für Fragen der Auslegung und Anwendung zuständig ist.

Die zur Zeit höchste Instanz zur Weiterbildung des Gemeinschaftsrechts ist die Regierungskonferenz. Durch die erste Konferenz im Jahre 1957 wurde in den Römischen Verträgen erst die Basis der Europäischen Einigung gelegt. Für fast dreißig Jahre haben diese Bestimmungen Gültigkeit behalten. Sodann trat jedoch eine immer schnellere Abfolge von weiteren Regierungsverhandlungen ein: zur Einheitlichen Europäischen Akte von 1984-1985; dann zum Maastrichter Vertrag 1990-1991 (Rom/Maastricht); und

---

262 Vgl. hierzu *Zitscher* (1996), S. 652-656.

263 Siehe die Tabelle bei *Monti* (1997), S. 25.

264 Vgl. *Micossi* (1996), S. 163.

schließlich zum Amsterdamer Vertrag 1996-1997 (Turin/Amsterdam). Was zunächst als ein geeigneter Mechanismus zur Anpassung des Europäischen Einigungswerkes erscheint, ist vor dem Hintergrund des hier entwickelten Modells mit einer Reihe von Gefahren für den Fortschritt des Integrationsprozesses behaftet. Einmal kann dadurch die Universalität der europäischen Wirtschaftsverfassung auf Dauer leiden.[265] Zum anderen erleichtert es jede Runde einer Nachverhandlung des Gemeinschaftsvertrages, interventionistischen Interessen von Mitgliedstaaten und integrationsfeindlichen Partikularinteressen stärkeren Einfluß auf den Integrationsprozeß gewinnen. Denn der Abschluß der Verhandlungen steht jeweils vor der Notwendigkeit, die Einstimmigkeit aller Mitgliedstaaten herbeizuführen. Die strategischen Möglichkeiten von Interessengruppen liegen auf der Hand. Tatsächlich könnte so jeglicher Fortschritt, der aufgrund der weitgehenden Verwendung der qualifizierten Mehrheitsregel erarbeitet wurde, wieder ausgehebelt werden.

Ein Hinweis auf die renationalisierenden Tendenzen im Maastrichter Vertrag darf auch in der Schaffung eines Verfahrens zur Änderung des Vertrages über die Europäische Union nach Art. N Abs. 1 EUV gesehen werden.[266] Während schon seit Beginn der Europäischen Einigung der Ministerrat auf Vorschlag der Kommission und nach Anhörung der Versammlung (später des Europäischen Parlaments) aufgrund von Art. 235 EWGV ein Tätigwerden der Gemeinschaft mit Hinblick auf den Gemeinsamen Markt einstimmig beschließen konnte, ist es nach diesem Art. N jedem Mitgliedstaat freigestellt, einen Vertragsänderungsentwurf vorzulegen, welcher dann zum Zusammentritt einer Regierungskonferenz führen kann. Das Initiativmonopol der Kommission kann auf diese Weise umgangen werden. Allein der geforderte Ratifizierungsprozeß wird vor einer Überbeanspruchung dieser neuen Möglichkeit zu schützen in der Lage sein.

6.5. Ansätze für eine Verfassung der Europäischen Gemeinschaft

Die Verträge von Rom, die am 25. März 1957 unterzeichnet wurden und seit dem 1. Januar 1958 in Kraft getreten sind, gelten „auf unbegrenzte Zeit".[267] Dieser offene Zeithorizont scheint die erste, unabdingbare Voraussetzung dafür zu sein, daß es überhaupt so etwas wie einen Verfassungswerdungsprozeß in der europäischen wirtschaftlichen Integration geben konnte. Die Gemeinschaft verdankt ihre Entwicklung vor allem ihrem rechtlichen Zusammenhalt, der durch die Gründungsverträge und die Abänderungsverträge geschaffen wurde.[268] Nach ständiger Rechtsprechung des EuGH bildet die Europäische Union eine selbständige supranationale Rechtsordnung, die Grundfrei-

---

265 So *Streit/ Mussler* (1995), S. 101.

266 Vgl. *Witte* (1995), S. 155.

267 EWGV, Art. 240; vgl. *Europäisches Parlament* (1994), S.17.

268 Vgl. *Zuleeg* (1995), S. 11.

heiten und Grundrechte garantiert.[269] Trotz der erheblichen Ausweitung der Kompetenzen der Europäischen Gemeinschaft muß jedoch im Hinterkopf behalten werden, daß grundsätzlich von einer sektorspezifischen und punktuellen Zuständigkeit auszugehen ist.

„Es ist eine unbestrittene Tatsache, daß in den Anfängen der Gemeinschaft die Rechtsprechung des Gerichtshofes maßgeblich dazu beigetragen hat, diese in eine neue, autonome Rechtsgemeinschaft zu ordnen, und daß der EuGH die Grundprinzipien herausgeschält hat."[270] Auf der Ebene des primären Gemeinschaftsrechts sind so bisher vom EuGH die folgenden Prinzipien herausgearbeitet worden:

- Grundsatz der Gesetzmäßigkeit der Verwaltung,
- Gebot der Rechtssicherheit,
- Vertrauensschutz,
- Rückwirkungsverbot,
- Verhältnismäßigkeitsprinzip,
- Bestimmtheitserfordernis.[271]

Auch die Fortbildung des europaweiten Rechtes durch den EuGH ist immer wieder entscheidend für den Integrationsprozeß gewesen.[272] Der rechtliche Zusammenhalt konnte nur dadurch aufrechterhalten werden, daß der EuGH über gemeinschaftliche Rechtsfragen letztverbindlich entscheidet.[273] „Die List der Vernunft war die Herstellung der Allianz der unabhängigen Gerichte, des EuGH und der nationalen Gerichte, zur Durchsetzung des Gemeinschaftsrechts."[274] In der Grundsatzentscheidung des Gerichtshofs „van Gend/Loos" 1963 wurde die unmittelbare Wirkung des Gemeinschaftsrechts und die Entstehung subjektiver Rechte der europäischen Bürger abgeleitet. Ebenso grundlegend war das Prinzip der unmittelbaren Anwendbarkeit der Vertragsbestimmungen und des sekundären Gemeinschaftsrechts, sofern ihre Bestimmtheit und Unbedingtheit eine sofortige Wirkung und einzelne individuelle Rechte begründen.[275] Dies hat im Verlaufe des Integrationsprozesses zur prinzipiell bedingungslosen Anerkennung der Vier Grundfreiheiten geführt. Verfestigt wurde der allgemeine Vorrang des Gemeinschaftsrecht vor jedwedem mitgliedstaatlichen Recht im Urteil „Costa/Enel"

---

269 Vgl. *Kluth* (1995), S. 46 und S. 52.

270 Zit. *Schockweiler* (1995), S. 191; vgl. *Zitscher* (1996), S. 649.

271 Vgl. *Comichau* (1995), S. 37.

272 Vgl. *Witte* (1995), S. 69.

273 Vgl. *Zuleeg* (1995), S. 17.

274 Zit. *Frowein* (1995), S. 317 f.

275 Vgl. *Schockweiler* (1995), S. 192; dort auch Hinweise auf die einschlägigen Urteile des EuGH. *Zitscher* (1996), S. 659, sieht darin die Gefahr einer Aushöhlung der mitgliedstaatlichen Rechtsysteme und fordert daher, die Weiterentwicklung des Individualrechtsschutz gegenüber dem Staat und der EU.

vom 15. Juli 1964. Somit war die Anwendbarkeit nationalen Rechts im Konflikt mit europäischen Recht ausgeschlossen.[276]

Eine Besonderheit des europäischen gemeinschaftlichen Rechtsraumes ist die Tatsache, daß der Europäische Gerichtshof höhere, dem Vertragstext vorgelagerte Normen erst in einem komplexen Rechtsfindungsprozeß herausschälen und aufstellen muß. Dies unterscheidet seine Tätigkeit gegenüber obersten Gerichtsbarkeiten und Verfassungsgerichten in den Mitgliedstaaten, die ihre Entscheidungen auf festgeschriebene Normen höheren Rechts gründen.[277] Insbesondere durch die Nichtigkeitsklage kommt dem Gerichtshof auch die Rolle des Wächters über das institutionelle Gleichgewicht zwischen den Organen und zwischen der Gemeinschaft und den Mitgliedstaaten zu.

In Entwicklung der allgemeinen Rechtsgrundsätze hat der EuGH schließlich in der Rechtssache „Stauder/Ulm" Gemeinschaftsgrundrechte gefunden. Dabei bezog er sich zunehmend auf die Grund- und Menschenrechte der Europäischen Menschenrechtskonvention. Im EUV Art. F werden schließlich für die Regierungssysteme der Mitgliedstaaten demokratische Grundsätze festgeschrieben und die Grundrechte der am 4.11.1950 unterzeichneten Europäischen Konvention zum Schutz der Menschenrechte und Grundfreiheiten gewährleistet.[278] Mit diesem Artikel wird die kontinuierliche Entwicklung der Rechtsprechung des EuGH seit 1960 anerkannt.[279] Grundrechte sind als Vetorechte des einzelnen in besonders wichtigen Fällen zu verstehen.[280] Innerhalb dieser Grundrechtsgewährleistungen kann nach a.) verfahrensrechtlichen und b.) materiellen Garantien underschieden auf folgende Grundrechte verwiesen werden: a.) Anspruch auf rechtliches Gehör, Begründungspflicht für Gemeinschaftsakte, Recht auf Akteneinsicht, Schutz der Vertraulichkeit des anwaltlichen Vertretungsverhältnisses, Verbot der Doppelbestrafung; und b.) Gleichheitsgrundsatz, Berufsfreiheit, Recht auf freie wirtschaftliche Betätigung, Recht auf Eigentum, Meinungs- und Religionsfreiheit, Vereinigungsfreiheit, Schutz der privaten Wohnung, Schutz des Briefverkehrs.[281] Eine in der europäischen Konstruktion implizite Kontrolle der Staatstätigkeit liegt in den Möglichkeiten des Staatenwettbewerbs, die sich aus der Gewährung der Vier Freiheiten ergibt.[282] Die Gewährleistung von Grundrechten auf europäischen Niveau bedeutet ein Übergang vom Territorial- zum Personalprinzip.[283]

Andererseits kann die Zusammensetzung des Europäischen Parlaments nur mit Schwierigkeiten als eine Richtungsentscheidung für europäische Politik interpretiert

---

276 Vgl. *Zuleeg* (1995), S. 23.

277 Vgl. *Schockweiler* (1995), S. 198 und S. 195.

278 EUV Art. F. Vgl. *Oppermann* (1991), S. 135, vgl. *Schockweiler* (1995), S. 193.

279 Vgl. *Frowein* (1995), S. 327.

280 Vgl. *Witte* (1995), S. 133.

281 Vgl. *Comichau* (1995), S. 38 f.

282 Vgl. hierzu *Prosi* (1991) und *Bouillon* (1991).

283 In Anlehnung an *Schmidt-Trenz*/ *Schmidtchen* (1994), S. 21-24.

werden.[284] Dennoch stellt gerade die direkte Wahl des Europäischen Parlaments einen fundamentalen Akt der demokratischen Legitimation dar.[285] Seit Mitte der siebziger Jahre haben die bestehenden nationalen Parteien in den Mitgliedstaaten zudem begonnen, sich als europäische Parteien zu formieren: Der „Bund der sozialistischen Parteien in der EG", gegründet am 4.5.1974, wurde am 10.11.1992 zur „Sozialdemokratischen Partei Europas".[286] Die „Europäische Volkspartei/ Christliche Demokraten", zuerst am 8.7.1976 gegründet, hatte als erster Zusammenschluß den Charakter einer europäischen Partei angenommen. Am 26.3.1976 erfolgte die Gründung der „Föderation der Liberalen und demokratischen Parteien", die sich 1993 in „Europäische Liberale, Demokratische und Reform Partei" umbenannte. Die Grünen schlossen sich erst 1984 zur „Grünen Koalition" zusammen. Am 19.4.1993 erfolgte dann die Gründung der „Europäischen Föderation Grüner Parteien". Vor allem dadurch, daß die Parteien im Europäischen Parlament nach politischen Richtungen in Fraktionen und nicht nach nationaler Herkunft arbeiten, ist grundsätzlich von einer europäischen Repräsentation auszugehen.[287]

Aus der Zusammenschau von Grundrechten und Grundsätzen der rechtsstaatlichen Verwaltung, die der EuGH im Wege der Rechtsprechung herausgearbeitet hat, ergibt sich eine Entwicklung von ungeschriebenen Verfassungsgrundsätzen. Legitimität zeigt sich dabei als „generaliserte Bereitschaft, inhaltlich unbestimmte Entscheidungen innerhalb gewisser Toleranzgrenzen hinzunehmen."[288] Anders als in nationalen Verfassungen, die sich durch ihre konstitutive Funktion auszeichnen, kommt der europäischen „Verfassung" vor allem eine dynamische Aufgabe als „Wandel-Verfassung" zu.[289] Gerade bei komplexen und variablen Sozialordnungen muß sich Legitimität vom politisch-rechtlichem System selbst erarbeitet werden. Die europäische Rechtsprechung zusammen mit dem gemeinschaftlichen Primärrecht haben zu solch einer verfassungsrechtlichen Verdichtung geführt, daß man durchaus von einer Europäischen Verfassung sprechen kann. „Dieses alles ändert jedoch nichts an der Tatsache, daß eine Verfassung wesentlich ein Überbau darstellt, der über einem vorher bestehenden Rechtssystem errichtet worden ist, um die Durchsetzung dieses Rechts zu organisieren."[290]

Zur Zeit kommt die soziale Letztverantwortung selbst in Bereichen allein den Mitgliedstaaten zu, in denen die Rechtssetzungskompetenz auf die Gemeinschaft übergegangen ist.[291] Auch sind die Mitgliedstaaten überwiegend für den Verwaltungsvollzug und auch für die Rechtsprechung im Anwendungsbereich des Gemeinschaftsrechts ver-

---

284 Vgl. *Frowein* (1995), S. 323 f.

285 Vgl. *Kluth* (1995), S. 69.

286 Vgl. *Jasmut* (1995), S. 188 f., S. 196 f. und S. 205-207, S. 214 f.

287 Vgl. *Kluth* (1995), S. 65.

288 Zit. und vgl. *Luhmann* (1969), S. 28 und S. 30.

289 Vgl. *Comichau* (1995), S. 46, S. 20 und S. 43 unter Berufung auf *Ipsen*.

290 Zit. *Hayek* (1980), S. 181.

291 Vgl. *Kluth* (1995), S. 51.

antwortlich.[292] Im Gegensatz zum Wettbewerb von Unternehmen sind die Anreize für politische Unternehmer nur gering ausgeprägt, um eine Suche zu institutionellen Verbesserung auszulösen. Eine Verfassung stellt ein Regelwerk dar, das den Wettbewerbsrahmen für institutionellen Wettbewerb unter den Mitgliedstaaten sichert. Eine Europäische Verfassung würde die Ebene einer „institutionellen Ordnungspolitik" einführen.[293] Nur auf der Grundlage einer verstärkten, direkten, europäischen demokratischen Legitimation kann man sich vorstellen über den heutigen Stand der Europäischen Einigung hinauszugelangen.[294]

292 Vgl. *Zuleeg* (1995), S. 12 f.

293 Vgl. *Vanberg*/ *Kerber* (1994), insbesonder S. 213

294 So *Jackson*, in: Verfassung (1995), S. 43.

KAPITEL 5: ZUSAMMENFASSENDE SCHLUßBETRACHTUNG

Der prozeßhafte und dynamische Charakter der europäischen Einigung stand im Zentrum der Darstellung.[1] Die Arbeit selbst hat vor allem das Widerspiel der wirtschaftlichen und der politischen Ordnung ins Zentrum der Formulierung eines dynamischen Modells für den Integrationsprozeß gerückt. Für die Angleichung der Ordnungstrukturen hatte das Zusammenspiel der verschiedenen Teilordnungen, insbesondere des realwirtschaftlichen und monetären Bereiches große Bedeutung.

In den nächsten Jahren erwartet die Europäische Gemeinschaft eine Diskussion über den weiteren Weg der europäischen Integration. Das Gleichnis von der Europäischen Einigung als einem Fahrrad, das umkippt, wenn es nicht weiterfährt, ist von verschiedenen Seiten als unzutreffend zurückgewiesen worden. Im Sinne der methodologischen Voraussetzungen auch dieser Arbeit wird dabei gerne darauf verwiesen, daß der Integrationsprozeß inzwischen robust geworden sei, da er seine eigenen Interessenvertretungen hervorgebracht habe.[2] Ein Ergebnis dieser Arbeit ist, daß sich im Zeitverlauf jedoch auch die integrationsfeindlichen Kräfte zunehmend organisieren werden, um eine Renationalisierung gewisser Politiken zu betreiben, insofern nicht institutionelle und organisatorische Innovationen dieses unmöglich machen. Dabei können sie auf ein offenes Ohr bei den nationalen Regierungsvertretern hoffen. „Die politischen Akteure auf der Ebene der Mitgliedstaaten haben grundsätzlich ein Interesse daran, ihre Kompetenzen zu erhalten."[3]

Mit der Einführung der einheitlichen Währung und den zukünftigen Erweiterungen muß jedoch ausdrücklich vor einer blinden Fortschreibung der Trends und Erkenntnisse dieser Arbeit gewarnt werden. Es handelt sich bei dem entwickelten Modell um eine einfache Abstraktion von einer in der Realität höchst komplexen Entwicklung. Es gelten die bekannten Einschränkungen hinsichtlich der Abbildbarkeit von komplexen Prozessen:[4] vor allem die höchste Sensibilität gegenüber minimalen Differenzen in den Ausgangsbedingungen, aber auch die Auswirkungen von gegenseitiger Interdependenz und das Erscheinen von emergenten Systemeigenschaften. Es steht außer Frage, daß Integration die Fähigkeit eines wirtschaftlichen Systems erhöht, „in einer komplexen und risikoreichen Umwelt sich seine Identität und Handlungsfähigkeit zu erhalten."[5] Es kann aber nicht ausgeschlossen werden, daß die weiterschreitende Integration selbst auf die Identität der Europäischen Einigung zurückwirkt. „Aus dem Zusammenspiel der

---

1 Vgl. *Möschel* (1993), S. 27.

2 So *Gros* (1997), S. 52, der allerdings darauf hinweist, daß der Prozeß an einem gewissen Punkte zum Stillstand käme, ohne jedoch die Gefährdung des erreichten *status quo* zuzulassen. Dennoch konzidiert er, daß der Verstärkungseffekt in anderen geschichtlichen Zusammenhängen auch auf den Zerfall der internationalen Wirtschaftsordnungen anwendbar wäre (ebenda S. 51).

3 Zit. *Gerken* (1995), S. 24.

4 Vgl. zu diesen Fragen *Casti* (1995); *Casti* (1997), S. 83-93.

5 Zit. *Willke* (1993), S. 252.

Vertiefungs- und Erweiterungstendenzen ergibt sich ihre Evolution."[6] Daher soll die Arbeit mit einer zusammenfassenden Schlußbetrachtung enden, welche sich den Aspekten der Vertiefung, der Erweiterung und der Verfassung im Fortlauf der Europäischen Einigung zuwendet.

1. Vertiefung

Im Vertrag zur Europäischen Union sind in groben Zügen weitere mögliche Politikbereiche vorgezeichnet, die häufig in drei „Pfeiler" unterteilt werden.[7] Im ersten „Pfeiler" der europäischen Gemeinschaft steht nach der Vollendung des Binnenmarktes die Schaffung einer gemeinsamen Währung im Vordergrund. Hier ist auch die Unionsbürgerschaft zu nennen, die die Freizügigkeit von der Ausübung einer Berufstätigkeit unabhängig macht. Im nächsten „Pfeiler" liegt das Verständnis zugrunde, daß eine Europäische Union, die wirtschaftlich zwar stark, aber im außenpolitischen und im sicherheitspolitischen Bereich nicht geeint auftreten kann, den Anforderungen des kommenden Jahrhunderts kaum gerecht werden kann. Schließlich sind die Fragen betroffen, die bei einer zunehmenden Mobilität von Personen der grenzüberschreitenden Behandlung von Angelegenheiten der inneren Sicherheit zuzuordnen sind. In den beiden letzten „Pfeilern" wird es folglich in den nächsten Jahren um die Frage gehen, welche Politikbereiche zu einer Europäische Politische Union zu integrieren sind. Unweigerlich ist dies wieder mit der Frage nach der angemessenen institutionellen Ausgestaltung verbunden.[8] Die vorliegende Arbeit gibt auch zu diesen Bereichen Anhaltspunkte für Schlußfolgerungen. Dabei können die Aspekte auch folgendermaßen differenziert werden: erstens Bereiche der wirtschaftlichen Betätigung; zweitens wirtschaftspolitische Bereiche; drittens genuin politische Bereiche, die jedoch auch unter wirtschaftlichen Gesichtspunkten zu betrachten sind.

1.1. Bereiche der wirtschaftlichen Betätigung

Im Bereich der wirtschaftlichen Betätigung hat sich gezeigt, daß der Prozeß der wirtschaftlichen Integration weit fortgeschritten ist. In vielen Bereichen zeichnet sich eine deutliche Angleichung der wirtschaftlich relevanten Ordnungstrukturen ab. Die Verflechtung der wirtschaftlichen Prozesse wird immer enger; es kann mit einer Verstärkung dieser Tendenz gerechnet werden. Trotz einer erheblichen Annäherung hat diese Verflechtung zur Zeit noch nicht zu einem gemeinsamen europäischen Paradigma von Wettbewerbswirtschaft und einer gemeinsamen Unternehmenskultur geführt.[9] Jedoch kann erwartet werden, daß durch Intensivierung der Kontakte auch in diesen Bereichen eine weitere Annäherung stattfinden wird. Das Hinzufügen von neuen Unternehmens-

---

6 Zit. *Giersch* (1995), S. 43.

7 Vgl. *Hrbek* (1993), S. 18f.

8 Vgl. *Kaltefleiter* (1991), S. 23.

9 Vgl. *Hodges/ Woolcock* (1993), S. 330.

kulturen und ordnungspolitischen Leitbildern in einer zu schnellen Abfolge aufgrund von Erweiterungen wird hingegen einen solchen Annäherungsprozeß verzögern - möglicherweise auch so einschneiden beeinflussen, daß er zu einem Halt gezwungen würde oder sogar unter umgedrehten Vorzeichen ein Auseinanderdriften provozieren könnte.

Die Integration ist dort am stärksten fortgeschritten, wo die Gemeinschaft mit den nötigen institutionellen und organisatorischen Voraussetzungen ausgestattet ist, wie Gemeinschaftskompetenz, Gemeinschaftsorganen und angemessene Entscheidungsprozeduren und substantiellen Regeln. Dabei ist der Integrationsfortschritt auf ein gemeinsames Spiel von Marktkräften und institutioneller, politischer Integration zurückzuführen, wie in den vorhergehenden Kapiteln dargestellt. Diese Arbeit verneint im Grunde die Möglichkeit, eine marktwirtschaftliche Integrationsstrategie von einer bürokratisch-politischen Integrationsstrategie sinnvoll abzutrennen. Es kommt für den Erfolg der Integration vielmehr auf das richtige Mix beider Ansätze an, sobald man das Ziel einer bloßen Senkung von zuvor künstlich geschaffenen Handelshemmnissen in Form von Zöllen hinter sich läßt. Institutionen, die sich im Verlaufe der Arbeit als entscheidend für den Integrationsfortschritt herausgestellt haben, umfassen: das Reziprozitätsprinzip, das Prinzip der „Gegenseitigen Anerkennung", Entscheidungsverfahren bei qualifizierter Mehrheit, das Initiativmonopol der Europäischen Kommission, das Auslegemonopol des Europäischen Gerichtshofs, Vertrauen zwischen Regierungsvertretern und Systemvertrauen. Als Beispiel kann die Entwicklung im Bereich des freien Warenverkehrs herangezogen werden, für die nach dem hier entwickelten Modell die Bedeutung der gemeinschaftlichen Außenhandelskompetenz nicht zu unterschätzen ist. Als Gegenbeispiel kann die Verwirklichung des freien Dienstleistungsverkehrs gelten, wo trotz des rasanten Wachstums dieses Sektors in den nationalen Volkswirtschaften, eine relativ beschränkte Ausweitung des Binnenhandels erfolgt ist. Es kann vermutet werden, daß unter anderem die fehlende ausschließliche Außenwirtschaftskompetenz der Gemeinschaft für diesen mäßigen Erfolg mitverantwortlich zu machen ist.[10]

Im Grunde verdeutlicht die Arbeit ebenso, daß zwei Haupttransmissionsformen im Integrationsprozeß eine Angleichung der Ordnungstrukturen bewirkt haben. Die erste Form - die in dem hier betrachteten Zeitraum vorherrschende - beruht auf der integrationspolitischen Kraft des Handels. Eine zweite Form der Integration, die erst in den Jahren seit Beginn des Binnenmarktprogrammes zusehends an Gewicht hinzugewonnen hat, bezieht ihre integrierende Wirkung aus den Faktorwanderungen, insbesondere den Direktinvestitionen. Die Abwanderung zu einem attraktiveren Standort geht dabei in den meisten Fällen vom Kapital und nicht vom Faktor Arbeit aus. Kapitalwanderungen sind hier somit die zentrale Variable dieser zweiten Haupttransmissionsform.[11] Im Vergleich beider Formen läßt sich feststellen, daß die wirtschaftliche Einigung aufgrund

---

10 Es sei angemerkt, daß *Gerken* (1995), S. 27, zu dem Schluß kommt, daß „unter einem ausschließlich ökonomischen Blickwinkel" „eine eindeutige Kompetenzverteilung zwischen Gemeinschaft und Mitgliedstaaten nicht herleitbar" ist.

11 Vgl. *Gerken* (1995), S. 14.

von Investitionen viel stärker in den allgemeineren wirtschafts- und sozialpolitischen Raum der Gesellschaften eindringt. Während unter beiden Integrationsformen eine allmähliche Angleichung der politischen Handlungsziele vonnöten ist, unterscheiden sie sich doch dahingehend, daß die Integration aufgrund von Handelsströmen weitgehend bei den Regulierungsfragen von Gütern haltmacht. Dagegen muß man bei einer Integration aufgrund von Direktinvestitionen verstärkt von einer primären Relevanz der prozeßorientierten staatlichen Regulierungen ausgehen.

Das *„Cassis-de-Dijon"*-Urteil hat zwar eine generelle Äquivalenz der mitgliedstaatlichen Ziele hinsichtlich des Güterhandels feststellen konnte, gleichzeitig aber auch die Gültigkeit und Rechtmäßigkeit von weitergehenden einzelstaatlichen Zielen anerkannt. Im Vertrag von Maastricht ist dieser Unterschied zwischen den beiden obengenannten Integrationsformen implizit erkannt worden, wenn es im grundlegenden Artikel 100a feststellt, daß neben den Schutzzielen des Artikel 36 auch insbesondere „in bezug auf den Schutz der Arbeitsumwelt oder den Umweltschutz"[12] weitergehende einzelstaatliche Bestimmungen zu erlassen gestattet ist. Die Kommission hat daraufhin nur das Recht sich zu vergewissern, daß diese Bestimmungen „kein Mittel zur willkürlichen Diskriminierung und keine verschleierte Beschränkung *des Handels* zwischen den Mitgliedstaaten darstellt."[13] Des weiteren sind von den Verfahrenserleichterungen des Artikels 100a ausdrücklich ausgenommen: „Bestimmungen über die Steuern, die Bestimmungen über die Freizügigkeit und die Bestimmungen über die Rechte und Interessen der Arbeitnehmer". Zusammengenommen bezeichnen jedoch Steuern, Freizügigkeit, Arbeitsumwelt und Umweltschutz die relevanten Parameter der Investitions- und Standortpolitik.[14] Somit untersteht diese neuere Integrationsform aufgrund von Investitionen anderen Gesetzmäßigkeiten als die Schaffung des Binnenmarktes mithilfe der Kräfte des Handels. Diese Gesetzmäßigkeiten sind jedoch bisher kaum in Form von materiellen Verpflichtungen in den Vertrag über die Europäische Union eingeflossen. Es kann erwartet werden, daß mit der Schaffung der Währungsunion jedoch der Angleichungsdruck auf diese Parameter in eine neue Größenordnung eintreten wird. Gleichzeitig sind diese Parameter in einem weiteren Sinne Indikatoren für die Lebensverhältnisse.

1.2. Wirtschaftspolitische Bereiche

Im wirtschaftspolitischen Bereich steht die Schaffung einer gemeinsamen Währung an erster Stelle des Interesses. Die Schaffung einer Währungsunion geht weit über die ursprünglichen Zielsetzungen der Römischen Verträge hinaus. Weder in der Geld- noch

---

12 Zit. EGV, Art. 100a, 4.

13 Ebenda. Heraushebung vom Verfasser.

14 Vgl. *Giersch* (1995), S. 41, der hier erwähnt: Bodenpreise, Arbeitsmarktbedingungen, Löhne und Lohnnebenkosten, Preis-Leistungsverhältnis der von der öffentlichen Hand bereitgestellten Güter, rechtliche Institutionen, Sitten und Gebräuche.

in der Finanzpolitik war eine Übertragung der Kompetenzen beabsichtigt.[15] Der Erfolg der zunehmenden Verflechtung im realwirtschaftlichen Bereich legte diesen Schritt jedoch mehr als nahe. Im Rahmen des hier entwickelten Modells der Entwicklung der Ordnungstrukturen im Verlauf der europäischen wirtschaflichen Integration kann diese Vertiefung des Integrationszieles als ein *spill-over* der Erfolge in anderen Integrationsbereichen gewertet werden. Entgegen der weitläufigen Meinung ist es nach den Ergebnissen dieser Arbeit nicht so sehr dem Binnenmarkt als Paradigma für das Geld- und Währungswesen zuzuschreiben, daß eine Vertiefung des Integrationszieles gefordert und durchgesetzt wurde. Aufgrund der Erfolge des Binnenmarktes wurden jedoch die handelshemmenden Wirkungen des zersplitterten europäischen Währungswesens zusehends ein störender Faktor, so daß die integrationsfördernden Interessen des Handelssektors sich auch der geld- und währungspolitischen Ordnungsfragen anzunehmen wußten.

Der Übergang zur Währungsunion ist jedoch in seinen Auswirkungen auf die institutionelle Entwicklung kaum abzuschätzen.[16] Das Leistungsniveau ausdifferenzierter und monetär gesteuerter Wirtschaften ist eine hochgradig unwahrscheinliche und daher instabile Errungenschaft der Evolution. Die dadurch bedingte Herauslösung der Wirtschaft aus der Politik war seit jeher politisch kaum zu verkraften.[17] Ein Hauptakzent wird in der nächsten Zukunft in der Bewahrung eines einheitlichen institutionellen Rahmens liegen.[18] Inwieweit die gemeinschaftliche Ausübung der Geldpolitik zu einer gemeinschaftlichen Ausübung von Finanzpolitik führen wird, ist zur Zeit nicht abzusehen. Sofern aufgrund der verschiedenen steuerlichen Behandlung vergleichbarer Tatbestände dem grenzüberschreitenden Handel Hindernisse entstehen, kann jedoch erwartet werden, daß dieser Bereich zumindest teilweise stärker in den Bereich der Integrationsfelder gezogen wird.[19] Dennoch wird Konjunkturpolitik der Mitgliedstaaten zwangsläufig zur Fiskalpolitik, und längerfristig zur Angebots- und Standortpolitik.[20]

Vor dem Hintergrund der vielfältigen Auswirkungen des europäischen Einigungsprozesses ist es geradezu erstaunlich, daß die Gemeinschaft keine explizite Kompetenz hinsichtlich von Ordnungspolitik innehat.[21] Dieses ordnungspolitische Manko war jedoch gewollt, wie insbesondere der Eigentumsvorbehalt belegt. Tatsächlich wohnte je-

---

15 Vgl. *Ledig* (1993), S. 130.

16 So *Frowein* (1995), S. 331; vgl. die besorgte Bewertung von *Feldstein* (1997); hier S. 24, wo die „fundamental political significance" des Schrittes und seine Qualifizierung als „major psychological and substantive step toward a European central government" benannt werden.

17 Vgl. *Luhmann* (1988), S. 67.

18 In Anlehung an den Bericht der Europäische Kommission, so *Frowein* (1995), S. 332.

19 Vgl. *Feldstein* (1997), S. 30.

20 Vgl. *Giersch* (1995), S. 43.

21 Vgl. *Hasse* (1995), S. 233-255, der eine kurze Beschreibung der Diskussionen um eine europäische Wirtschaftsordnung nachzeichnet. Allgemein zu diesem Thema *Scherpenberg* (1992).

doch schon der Durchsetzung der Vier Freiheiten von Anfang an ein ausgesprochen ordnungspolitischer Charakter inne. Während sich aus der vorliegenden Arbeit ergibt, daß Ordnungspolitik andererseits allein schon zur Sicherung der Freiheiten im Bereich der wirtschaftlichen Betätigung in stärkerem Maße notwendig ist, wird aufgrund der auf Investitionen beruhenden Integrationsform zusehends ein Rahmen für die Angleichung von wirtschaftspolitischen Zielvorstellungen unabdingbar. Da die Integrationsprozesse zu Veränderungen der Rahmenbedingungen führen, könnte zumindest dort durch aktive Ordnungspolitik Korrekturen angebracht werden, wo Lücken in den wirtschaftlichen oder politischen Voraussetzungen zum Beschreiten von unerwünschten Entwicklungspfaden führt. Was bei einer zusehenden Verlagerung des europäischen Integrationsprozesses auf die zweite investitionsmotivierte Form zusehends fehlen wird, sind Mechanismen, die zu einer Angleichung der gesellschaftspolitischen Grundvorstellungen führen. Dabei wird die Debatte um eine gemeinsame europäische Ordnungspolitik um so heftiger ausfallen, desto stärker die Leitbilder noch voneinander entfernt sind.

Jedoch auch eine Kooperation bei der Festlegung von Ordnungsbedingungen wirkt vermutlich schon wohlfahrtsfördernd.[22] Aber mit derselben Logik, mit der die Unternehmenskulturen und Leitvorstellungen der Wirtschaftsakteure sich vermutlich annähern werden, werden sich die ordnungspolitischen Überzeugungen der politisch Verantwortlichen in einem Prozeß der Gegenüberstellung und des Vergleichs wettbewerblich angleichen. Dabei war die Offenlegung von gesamtwirtschaftlichen Größen, in etwa wie die Konvergenzkriterien von Maastricht, ein hilfreiches Instrument des zwischenstaatlichen Vergleichs der wirtschaftspolitischen Kompetenz der Handlungsträger, an denen Individuen ihre Schlußfolgerungen anschließen können. Sie schaffen die Transparenz, die auch für die innerstaatliche Diskussion und Beteiligung weiter Interessengruppen nötig ist, um einen Angleichungsprozeß der individuellen Präferenzen herbeizuführen. Diese sich annähernden Präferenzen fließen dann in den nationalen Meinungsbildungsprozeß auf dem politischen Markt ein.

Ordnungspolitik auf europäischem Niveau ist zur Zeit vor allem Wettbewerbspolitik. In erster Linie richtet diese sich jedoch an Unternehmen, wenn auch politische Gebietshoheiten angesprochen werden, wenn es um Fragen der Subvention von Unternehmen geht. Die Dynamik des Staatenwettbewerbs wird auf leistungssteigernden Anpassungsreaktionen auch im organisatorisch-politischen Bereich drängen.[23] Im Zusammenhang des Themas dieser Darlegung betrifft Wirtschaftspolitik auch die Angleichung des in jeder Marktwirtschaft nötigen Rechtsrahmens.[24] Insofern zusehends von einer europäischen Wirtschaftsordnung gesprochen werden kann, wird die Frage der Ordnungskonformität wirtschaftspolitischen Handelns eine Kernfrage für die Bewahrung dieser Ord-

---

22 Vgl. *Kratz/ Thieme* (1993), S. 256.

23 Vgl. *Kammler* (1992), S. 97.

24 In Anlehnung an *Willgerodt* (1992a), S. 120. Nach seiner Auffassung ist diese Angleichung eine bloß einmalige Aufgabe.

nung.[25] Jede ordnungspolitische Regelung wirkt auch direkt oder indirekt auf die volkswirtschaftlichen Struktur- oder Kreislaufgrößen.[26] Denn je nach bestehender Wirtschaftsordnung bedeuten vergleichbare wirtschaftspolitische Handlungen Verschiedenes.[27] Damit aber über die Wirtschaftspolitik einzelner Länder keine wettbewerbsverzerrenden Eingriffe in den Wirtschaftsprozeß getätigt werden, ist eine Einschränkung des nationalen wirtschaftspolitischen Spielraums vonnöten.[28] Nur eine gemeinsame Wahrnehmung von Ordnungspolitik scheint auch in der Lage zu sein, eine Repolitisierung der Wirtschaft zu verhindern. Eine solche Repolitisierung könnte leicht zu „einer Überlastung der Politik mit politisch nicht lösbaren Aufgaben"[29] führen. Die Repolitisierung andererseits kann nur verhindert werden durch das Ausnutzen von systemimmanenten Chancen der Instabilität, die durch die folgenden Strukturen geschaffen werden: dezentralisiertes Eigentum, rechtsstaatlicher und demokratischer Verfassung der Politik, und einem politisch nicht manipulierbarem Bankensystem.

1.3. Genuin politische Bereiche

Schließlich können Betrachtungen über genuin politisch Bereiche unter wirtschaftlichem Gesichtspunkt angeschlossen werden, obgleich sie weitgehend außerhalb des Rahmens der Betrachtung dieser Arbeit standen. Die Ambitionen im politischen Bereich gingen anfangs bis zur Errichtung eines supranationalen (west-)europäischen Staates und befinden sich heute in der Diskussion zwischen der Schaffung eines Bundesstaates oder schlicht einer Konföderation der Nationalstaaten.[30] In der Außenpolitik und in der Sicherheitspolitik sind die Erfolgsaussichten internationaler Integrationsprozesse erheblich. „Staaten mit gleichen Wert- bzw. Zielvorstellungen können Sicherheit durch Kooperation billiger produzieren bzw. mehr Sicherheit bei gleichen Kosten anbieten."[31] Die Herausforderung ist die Gewährleistung von Sicherheit innerhalb Europas und gegenüber äußeren Bedrohungen.[32] Der Vertrag von Maastricht enthält das Ziel der Europäischen Union, sich im internationalen Gefüge besseres Gehör zu verschaffen.[33] Dies alles sind Bereiche, die tief in die Substanz des Verständnisses von Staatsaufgaben gehen. „Integration ist mithin zu verstehen als ein Prozeß, in dem autonome Einheiten bestimmte Handlungsmöglichkeiten und Optionen aufgeben, um als funktional differenzierte Teilsysteme dem neu gebildeten Gesamtsystem gegenüber neuen Umweltkon-

---

25 Dazu allgemein *Gutmann* (1980b).

26 Vgl. *Willgerodt* (1966), S. 173.

27 Vgl. *Eucken* (1948), S. 65.

28 In Anlehung an *Gröner* (1993), S. 5.

29 Zit. und vgl. *Luhmann* (1988), S. 32.

30 Vgl. *Arnold* (1991), S. 323; vgl. auch die kritischen Bemerkungen von *Möschel* (1993), S. 32-34. Dazu auch *Scholz* (1995), S. 117.

31 Vgl. *Dicke* (1991), S. 163.

32 Vgl. *Arnold* (1991), S. 322.

33 Vgl. *Petersmann* (1996), S. 174.

stellationen verbesserte evolutionäre Chancen zu verschaffen. Nur mit dieser Chance sind die Kosten der Integration zu rechtfertigen."[34]

Aber auch im Hinblick auf die inneren Angelegenheiten der Union ist ein generelles Ergebnis dieser Arbeit die Aussage, daß aufgrund der zunehmenden Verflechtung und Interdependenzen die europäischen wirtschaftliche Integration zusehends in die angrenzenden Bereiche der Sozialpolitik oder der Umweltschutzpolitik vorstößt, die auch außerökonomische Ziele verfolgen. Ein Fortschreiten in der wirtschaftlichen Integration, vielleicht auch nur ein Halten des Erreichten verlangt die angemessene Einbeziehung dieser Bereiche in die Gemeinschaftspolitiken. Diese Aussage wird bestärkt durch die Beobachtung, daß der bisher bestehende wirtschaftliche Wettbewerbsprozeß der nationalen Ordnungen kaum eine Annäherung der Ordnungstrukturen in diesen Bereichen hervorgebracht hat. Dies ist darauf zurückzuführen, daß bisher kein tragfähiger institutioneller Rahmen besteht oder die bestehenden Institutionen, eine stützende Begleitung durch den politischen Prozeß erschweren. Wie aber die Diskussion des Bereiches „Freizügigkeit" und „Sozialordnung" gezeigt hat, ist die klärende Tätigkeit des Europäischen Gerichtshofes in zunehmenden Maße gefragt. Es entstand der Eindruck, daß sich in diesen Bereichen ein politischer Handlungsbedarf zusehends aufstaut.

Bisher war die Angleichung der Lebensverhältnisse nur schwach ausgeprägt, auch weil der Transmissionskanal der Freizügigkeit verhältnismäßig schwach ist. Das Ausmaß der Wanderungsbewegungen ist kaum geeignet, europäischen Handlungsdruck für die politisch Verantwortlichen zu schaffen. Diese Situation wird sich vermutlich dann ändern, wenn der Wanderung von Einzelpersonen die Wanderung von Unternehmen unter Ausnutzung der hohen Kapitalmobilität hinzugesellt wird. Letztendlich stellen Direktinvestitionen genau dies dar. Es kann vermutet werden, daß auch der Druck auf die Einkommen zunehmen wird.[35]

Bei verstärkter Integration aufgrund des Direktinvestitionsmechanismus wird sich so ein Wettbewerb der Systeme einstellen, dem auf einer anderen Ebene eine „ordnungspolitische" Fundierung fehlt. Aufgrund der bisherigen Entwicklung kann in Zusammenfassung festgehalten werden, daß die Mitgliedstaaten als „Herren der Verträge" und aus der bisher immer noch gegebenen letzten sozialen Gesamtverantwortung für ihre Staatsgebiete bisher alle Mechanismen benutzt haben, um einen *de facto* Ausschluß der stärker mit der „Einheitlichkeit der Lebensverhältnisse" verbundenen Politikbereiche zu bewirken. Es ist in diesem Zusammenhang unnötig, auf das Beharren auf dem Einstimmigkeitserfordernis für Steuern, Sozialpolitik, und weitestgehend Umweltpolitik zu verweisen. Bisher war diese Strategie auch vertretbar, da der Anpassungsdruck auf die betroffenen Ordnungstrukturen aufgrund der Wanderung von Personen vernachlässigbar gering war. Zudem haben die wandernden EU-Bürger bisher immer noch kein aktives und passives Wahlrecht in den hauptsächlichen politischen Wahlen in dem Wohn-

34 Zit. *Willke* (1993), S. 253.

35 Vgl. *Giersch* (1995), S. 39.

sitzland, dessen Nationalität sie nicht tragen. In diesem Bereich wirkt die unvollständige politische Ordnung hemmend auf den wirtschaftlichen Integrationsprozeß zurück.

Aufgrund der Direktinvestitionsströme innerhalb eines einheitlichen Währungsraumes wird der Transmissionskanal der Wanderung jedoch so erheblich gestärkt, daß eine Wettbewerbsordnung der staatlichen Systeme unausweichlich erscheint. Eine politische Blokadepolitik wird dabei den Wettbewerb der Systeme nicht verringern. Doch im Gegensatz zur Analogie eines ordnungspolitischen Rahmens für das Entstehen und Bestehen eines auf Leistung zielendes Wettbewerbs der Unternehmen, einschließlich einer Wettbewerbspolitik, fehlt dem Wettbewerb der Staaten oder der Gebietshoheiten in Europa ein solcher Rahmen. Es ist hier nicht der Ort, ein Plädoyer für eine Harmonisierungsstrategie oder eine Wettbewerbsstrategie hinsichtlich der Angleichung gesellschaftspolitischer Grundvorstellungen abzugeben. In Analogie zum wirtschaftlichen und wirtschaftspolitischen Integrationsprozeß darf angenommen werden, daß zur Schaffung von Mechanismen, die die Vereinbarkeit von prozeßorientierten gesellschaftspolitischen einzelstaatlichen Regulierungen leisten können, „Institutionen" geschaffen werden müssen, wie sie in den Römischen Verträgen in der Gewährleistung der Vier Freiheiten und der Schaffung einer gemeinschaftlichen Wettbewerbspolitik verbürgt wurden.

2. Erweiterung

Hinsichtlich der Erweiterung der Gemeinschaft um neue Mitgliedstaaten stellen sich Fragen nach den wirtschaftlichen Voraussetzungen ebenso wie Fragen nach der Kompatibilität von politischen und kulturellen Gegebenheiten. In die Betrachtung gehört der Stabilisierungsprozeß der häufig noch jungen Demokratien in diesen Teilen Europas.[36] Das west-östliche Wohlstandsgefälle im mittleren und östlichen Europa ist hier von höchster Relevanz. Die dadurch verschiedenen wirtschaftlichen und sozialen Realitäten machen ein Vorherrschen verschiedener individueller Präferenzen in einer Vielzahl von Politikbereichen wahrscheinlich. Am Rande Europas tritt die Bedeutung der kulturellen und geistigen Grundorientierungen für den europäischen Einigungsprozeß hervor. Dennoch wird ein anfänglicher Liberalisierungsstoß, wie er etwa durch den Abschluß der Römischen Verträge zwischen den Gründungsmitgliedern ausgelöst wurde, auch hier einen Prozeß der Entwicklung der Ordnungstrukturen in Gang setzen. Durch den Anfangsschub und die Besonderheit der institutionellen Ausstattung des wirtschaftlichen Integrationsprozesses können sich in den neuen Mitgliedsländern, die marktöffnenden und integrationswilligen Interessengruppen zunächst besser organisieren als die protektionistischen und marktabschließenden Partikularinteressen, so daß der Annäherungsprozeß viel schneller als erwartet erfolgen könnte.

Gleichzeitig hat jedoch die Erweiterung auch eine Rückwirkung auf den schon laufenden und bestehenden Integrationsprozeß. Durch die Erweiterung auch des Feldes der europaweiten Interessengruppen werden es die rentensuchenden und somit stärker exklusiven Interessen erneut schwieriger haben, ihre Interessen auf europäischem Niveau

36 Vgl. *Arnold* (1991), S. 321.

zu verdichten, zu organisieren, und daher durchzusetzen, als die wohlfahrtschaffenden und inklusiveren Interessen der Exporteure/Importeure und Konsumenten. Von dieser Warte aus betrachtet wird daher die Erweiterung, wie auch schon die früheren Erweiterungen, dem Motor der Integration neuen Brennstoff zuführen. Dabei muß beachtet werden, daß dieser Motor schließlich mit Vollendung der Ostweiterung unweigerlich zum Stehen kommen wird. Wenn nicht das Fahrrad (einer Freihandelszone), so kann jedoch nicht mit Sicherheit davon ausgegangen werden, daß nicht das Motorrad (eines Binnenmarktes) mit Aufbrauchen des letzten Erweiterungsschwunges umfallen würde.

Die organisatorischen Bedingungen der Europäischen Gemeinschaft könnten für eine angemessene Entscheidungsfindung in einem stark erweiterten Kreis von Mitgliedern hinderlich werden. Obwohl diese Problematik häufig unter der Überschrift der Größe des Integrationsgebietes abgehandelt wird, liegen die eigentlichen Schwierigkeiten eher in der Ausgestaltung der Politiken und Kompetenzen. Die Schwierigkeiten, die es bei der Durchführung der Erweiterung der Europäischen Gemeinschaft nach Osten zu bestehen gilt, sind so gewaltig und gehen so tief in das politische und institutionelle Gefüge der Gemeinschaft, daß zu Recht die Frage aufgeworfen wird, ob mit dieser Erweiterung das Ende der Gemeinschaftsbildung eingeleitet werden könnte.[37] Es kann keineswegs ausgeschlossen werden, daß die zukünftige Integration nicht in Verlängerung der hier nachgezeichneten Bahnen verläuft. Einhellige Auffassung scheint zu sein, daß über ein Gelingen dieser Erweiterung bei gleichzeitiger Wahrung des sich vertiefenden Integrationsprozesses eine Reform der Entscheidungsfindung und europäischen Institutionen sowie die Schaffung einer Verfassung für Europa den Ausschlag geben wird.[38] Daher steht auch in der Frage der Erweiterung zusehends das konstitutionelle Gefüge des europäischen Einigungsprozesses im Zentrum des Interesses.

An vielen Stellen der vorhergehenden Darstellung war die Zeit, die Mitgliedstaaten innerhalb der Gemeinschaft verbracht hatten, wenn nicht entscheidendes, so doch häufig ein signifikantes Unterscheidungskriterium im Vergleich der Entwicklung der Ordnungstrukturen. Dies war sichtbar im Hinblick auf das Funktionieren des gemeinsamen Marktes auf der Grundlage des Äquivalenzprinzips. Deutlich wurde der Zeitfaktor ebenso bei der Angleichung makroökonomischer Grunddaten infolge der Teilnahme am EWS. Innerhalb des Institutionengefüges war Dauer entscheidend für die Entstehung von „Systemvertrauen". Dies sind Hinweise auf die Notwendigkeit von „Übergangszeiten" für Beitrittskandidaten, in denen die europäischen Ordnungstrukturen erfahren, erlernt und durch Anwendung aktualisiert werden müssen. Das komplexe und daher unwahrscheinliche Gebilde der Europäischen Einigung braucht seinerseits Zeit, die Erfahrungen einer Erweiterung auszuwerten und in eine Entwicklung der Ordnungstrukturen umzusetzen.

---

37 Vgl. *Deubner/ Kramer* (1994).

38 Vgl. *Möschel* (1993), S. 37.

3. Verfassung

Durch die aus den Verträgen abgeleiteten Zielsetzungen der europäischen Integration hat der Europäische Gerichtshof insbesondere in Zeiten integrationspolitischer Stagnation durch seine Rechtsprechung politische Akzente gesetzt und den Einigungsprozeß vorangetrieben.[39] Trotz fehlender Elemente hat sich der Prozeß der Europäischen Einigung auch als eine fortwährende Entwicklung zu einer Europäischen Verfassung erwiesen. In einem Urteil hat der Gerichtshof selbst hervorgehoben, „daß die Europäische Wirtschaftsgemeinschaft eine Rechtsgemeinschaft der Art ist, daß weder die Mitgliedstaaten noch die Gemeinschaftsorgane der Kontrolle entzogen sind, ob ihre Handlungen im Einklang stehen mit der *Verfassungsurkunde der Gemeinschaft*, dem Vertrag, stehen."[40] Dabei kommt der gestärkten Legitimation des durch Direktwahl bestellten Europäischen Parlaments und in stärkerem Maße der durch den EuGH weiterentwickelten europäischen Rechtsordnung eine entscheidende Rolle zu. „Die sich ergebende Ordnung ist daher ein Wert, der das unbeabsichtigte und unbekannte Ergebnis der Geltung anderer Werte ist."[41]

Viele Elemente dieser Arbeit weisen darauf hin, daß die Europäische Einigung an einen Punkt gelangt, der die Schaffung einer Europäischen Verfassung notwendig macht.[42] Diese Elemente betreffen das weitere Funktionieren des Binnenmarktes ebenso wie die Sicherung seiner institutionellen Voraussetzungen. Ein Ergebnis dieser Arbeit ist die Vermutung, daß die zeitliche Entwicklung der Interessengruppen es unmöglich machen wird, unter der gegebenen institutionellen Ausstattung den *status quo* der Verwirklichung der grenzüberschreitenden wirtschaftlichen Freiheiten innerhalb der Europäischen Gemeinschaft aufrechtzuerhalten. Dies ist die Folge der unvollständigen politischen Ordnung Europas. Die politischen Märkte für Regulierung und Protektion sind auch heute noch weitgehend nationale Märkte, die sich der parlamentarischen Systeme in den Mitgliedstaaten bedienen. Eine der Grundvoraussetzungen für den *spill-over* Effekt des Erfolges des Binnenmarktes auf andere Politikbereiche war in der potentiellen Schaffung und Stärkung der individuellen Rechte gegenüber der Gemeinschaft und ihrer Mitgliedstaaten zu sehen.[43] Die Arbeit hat häufig auf die Mitgliedstaaten als „Herren der Verträge" und ihre besondere Verantwortung zurückverweisen müssen, da sich aus der Logik des hier entwickelten Modells ergibt, daß integrationsfeindliche und marktabschließende Kräfte sich an dieser Stelle verstärkt zum Vernehmen bringen werden.

---

39 Vgl. *Schockweiler* (1995), S. 193.

40 Zit. Urteil des Gerichtshofes vom 23. April 1986 zur RS 294/83. Hervorhebung durch den Autor.

41 Zit. *Hayek* (1980), S. 152.

42 Vgl. auch die Bemerkungen hinsichtlich einer „Meta-Constitution for an Open Society" in: *Vanberg/ Buchanan* (1991), S. 73-75. So auch *Scholz* (1995), S. 119, S. 124.

43 Auch eine Weiterentwicklung der europäischen Integration durch eine „fünfte Freiheit" im Sinne von Functional Overlapping, Competing Jurisdictions (*Eichenberger* (1996), S. 110-130) kann nur in einem Verfassungsrahmen vorgestellt werden (auch Reich (1992)).

Wie in den Anfangskapiteln dargestellt, ist die Europäische Einigung unter den Grundannahmen der hier verwendeten Modellbausteine eine höchst unwahrscheinliche Gegebenheit. Im Jahre 1957 haben es jedoch die Gründerväter in den Römischen Verträgen geschafft, einen Rahmen für den Integrationsprozeß zu schaffen, der eine schrittweise Vollendung der angestrebten Ziele ermöglichte. Der Erfolg ihres Entwurfes darf aufgrund der hier gelieferten Analyse in zwei hauptsächlichen Konstruktionselementen gesehen werden: erstens die Selbstbindung der Regierungen hinsichtlich der Handelsliberalisierung; zweitens die Schaffung zweier Institutionen, die in die Obhut zweier Europäischer Gemeinschaftsorgane gelegt wurde: das Initiativmonopols der Kommission und das Rechtsauslegungsmonopol des Gerichtshofs; drittens die Schaffung und Stärkung der individuellen Rechte. In einem Ausblick kann vermutet werden, daß die Sicherung und Weiterentwicklung des Erreichten nur durch einen erneuten Akt der Selbstbindung der Regierungen der Mitgliedstaaten der Europäischen Union zu erreichen sein wird: der Verzicht auf die Rolle der „Herren der Verträge" durch die Schaffung einer Europäischen Verfassung in einer Verfassunggebenden Versammlung mit Annahme durch die Bürger Europas.[44]

Dies bedeutet aber keineswegs, daß vom politischen System vollständige Abstinenz erwartet wird. Im Gegenteil, eine Reihe von Vorleistungen des politischen System sind sogar Grundvoraussetzung für das Gelingen und Funktionieren des marktwirtschaftlichen Konzepts. Eine eindeutige Aufgabe ist die Schaffung und Bereitstellung von Rahmenbedingungen, in denen sich wirtschaftliches Handeln entfalten und somit den Integrationsprozeß vorantreiben kann. Jedoch „das Prinzip der Marktrationalität mit seinem Sinn für die Realität sozialer Strukturen und seiner Voraussetzung der Ungewißheit aller menschlichen Erkenntnis in Dingen der Werte wie der Tatsachen eignet sich jedoch besser als irgend ein anderes Prinzip dazu, eine Gesellschaft offen und damit den Freiheitsspielraum der Menschen in ihr so breit wie möglich zu halten."[45] Durch die weitgehende Befolgung einer marktwirtschaftlichen Integration entschärft sich zumindest das Spannungsverhältnis zwischen Konsens und Effizienz.[46] Eine föderative Ausrichtung der Union, die auf Dezentralisation und Subsidiarität beruht, in der ein Höchstmaß an innerer und auswärtiger Freiheit gesichert wird und Entscheidungen auf einer demokratischen Legitimierung beruhen, ist eine notwendige Bedingung für einen weiterhin erfolgreichen Verlauf der Europäischen Einigung.[47] Durch die Möglichkeit der Ab-

---

44 Vgl. *Giersch* (1995), S. 42, hinsichtlich der Bedeutung der GATT-Prinzipien. Dort hebt er auch die über die Voraussetzung dieser Arbeit hinausgehende Bedeutung von Staatsmännern hervor, die sich langfristigem Denken verpflichtet fühlen. Diese Art politischer Unternehmer ist bei solchen Akten der Selbstbindung, die nicht modellinherent erklärt werden können, sicher von ausschlaggebender Bedeutung. Vgl. auch *Frey* (1995b), S. 11, der dafür plädiert, daß in einer Europäischen Verfassung auf allen Ebenen direktdemokratische Entscheidungen eingeführt würden.

45 Zit. *Dahrendorf* (1972), S. 251.

46 In Anlehnung an *Leipold* (1993), S. 67.

47 Vgl. *Hort* (1991), S. 20.

wanderung von Personen und Faktoren wird die Macht über die Bürger wirksam begrenzt. Durch die Existenz eines leistungsbezogenen Ordnungswettbewerbs der Staaten wird Wissen geschaffen und in den Dienst der Allgemeinheit gestellt.[48] Die Integrationszwecke der Römischen Verträge lassen sich am nachhaltigsten innerhalb eines europäischen Bundesstaates verwirklichen.[49]

Dabei kommt der Wertegemeinschaft ein zusehends größeres Gewicht zu. Wie in den einleitenden Kapiteln dargelegt, können die jeweilig vorherrschenden Ordnungstrukturen in den Mitgliedstaaten auch als ein Ausdruck der in der betreffenden „Gesellschaft" gültigen Werte interpretiert werden. Diese Arbeit hat anhand einer Reihe von Beispielen zu zeigen versucht, wie stark und in welchen Bereichen der europäische Einigungsprozeß bisher schon zu einer Annäherung, wenn nicht Angleichung der Ordnungstrukturen geführt hat. Die Ähnlichkeit der Werte ist Voraussetzung für institutionelle Neuerungen, die der europäische Integrationsprozeß selbst hervorgebracht hat. Zu nennen ist hier vor allem das Ursprungslandsprinzip als Grundlage für die gegenseitige Anerkennung von Sicherheits-, Gesundheitsstandards von Produkten, die unter den verschiedenen Auflagen und Vorschriften der Mitgliedstaaten hergestellt und in Verkehr gebracht werden. Das Ursprungslandsprinzip konnte erst in dem Moment entdeckt und umgesetzt werden, als man unter den Mitgliedstaaten eine Äquivalenz der politischen Ziele feststellen konnte, die mit der Produktregulierung verwirklicht werden sollten. So wie sich die Ordnungstrukturen angeglichen haben, kann man im Umkehrschluß vermuten, daß sich die Wertestrukturen der Individuen in den verschiedenen Mitgliedstaaten ebenfalls angenähert haben. Somit wären durch den wirtschaftlichen Integrationsprozeß selbst die Vorbedingungen für die Schaffung einer Europäischen Verfassung verbessert werden.

Die vereinzelt aufgeworfenen Fragen von Vereinbarkeit von Vertiefung und Erweiterung finden in der institutionellen und organisatorischen Ausgestaltung des Integrationsprozesses ihre Antwort. Wie die Darstellung der Entwicklung der Entscheidungsregeln und -prozesse nahelegt, ist eine Entspannung des Widerspruchs zwischen Konsens und Effizienz allein durch die Verstärkung der direkten Legitimation der Europäischen Einigung vorstellbar. Ein wichtiges Ergebnis ist die Beobachtung, daß der qualifizierten Mehrheitsregel eine höhere Legitimität im Hinblick auf die Repräsentanz des europäischen Bürgers zukommt als dem Einstimmigkeitserfordernis. Dieses Ergebnis widerspricht der weitläufigen Meinung, daß der Einstimmigkeitsregel aufgrund ihrer Pareto-Optimalität auch im Hinblick auf Legitimität der Vorzug gebühre. Das fortgeschrittene Stadium der Europäischen Einigung läßt es immerhin als zweifelhaft erscheinen, im Hinblick auf die Frage der Legitimität allein auf die Vertretung der europäischen Bürger durch ihre nationalen Regierungen abzustellen.

Fortschritte in der Europäischen Einigung haben nur bedingt von der Existenz einer Abstimmungsregel mit einfacher oder qualifizierter Mehrheit abgehängt. Während das

48 Vgl. *Gerken* (1995), S. 19.

49 So *Möschel* (1993), S. 28.

Beispiel der Außenhandelskompetenz für die verstärkte Verwendung der qualifizierten Mehrheit bei der Entscheidungsfindung plädiert, ist das eindeutige Gegenbeispiel der Bereich der Kapitalverkehrsfreiheit, in dem schon seit Mitte der sechziger Jahre die qualifizierte Mehrheit zur Anwendung hätte kommen können. Die Verwirklichung dieser Freiheit mußte jedoch bis in den Anfang der neunziger Jahre ausharren. Dagegen wird zweifelsohne auf der Einstimmigkeitsregel in den Bereichen aktiv bestanden, in denen von einzelnen oder von einer Mehrheit der Mitgliedstaaten ohnehin kein Fortschritt erwünscht ist. Bei zukünftiger Erweiterung der Mitgliederzahl wächst unter Einstimmigkeitsregel das Blockadepotential des einzelnen Mitgliedstaates zudem über alle Maßen. Insbesondere könnte ihre Versuchung zu groß werden, ihre Abstimmungsmacht mit strategischer Verknüpfung zur Durchsetzung wichtiger Einzelinteressen einzusetzen. Dies kann ohne weiteres zum Zusammenbruch der gemeinschaftlichen Entscheidungsfindung führen. Unter dem Effizienzgesichtspunkt kann man es daher auf die Formel bringen, daß die Entscheidung unter qualifizierter Mehrheit zwar eine notwendige, jedoch keineswegs ein hinreichende Bedingung für gemeinschaftliches Handeln ist.

Der Ausgleich divergierender Interessen könnte unter einer Verfassung stärker den einzelnen Individuen übertragen werden, als auf der Ebene der Mitgliedstaaten und Gebietskörperschaften.[50] Durch die Ratifikationen eines solchen europäischen Grundvertrages könnten auch viele der Scheinargumente der fehlenden demokratischen Legitimation der Handlungen auf europäischer Ebene aktiv aufgegriffen und entwertet werden. „Der institutionelle Wandel in der Gemeinschaft jedenfalls scheint geprägt von dem Willen, den Problemen der Legitimität, der Zumutbarkeit von politischen Entscheidungen gerecht zu werden, und dies in zweifacher Hinsicht: Zum einen im Verhältnis der Mitgliedstaaten zueinander und zum anderen in bezug auf die Adressaten der Entscheidungen."[51] Diese höhere Ebene der rechtlichen Verankerung von Individualrechten und institutionellen und politischen Verfahren ist notwendig, um dem Prinzip der Subsidiarität Rechnung zu tragen.[52] Erst durch eine Verfassung können sich die Mitgliedstaaten gegen eine Ausnutzung ihrer Position als „Herren der Verträge" schützen. Gleichzeitig wäre das Subsidiaritätsprinzip seines potentiell protektionistischen und integrationsfeindlichen Inhalts entledigt. „Der Verfassungsprozeß der Gemeinschaft, der gleichzeitig Verfassungsprozeß der Mitgliedstaaten ist, muß die richtige Abgrenzung des Subsidiaritätsprinzips bewirken."[53] Nur durch konsequente Anwendung der Subsidiarität kann aber das wettbewerbliche Entdeckungsverfahren für den europäischen Integra-

---

50 Vgl. *Leipold* (1993), S. 68.

51 Zit. *Engel* (1995/96), S. 270.

52 Vgl. *Ridinger* (1992), S. 139.

53 Zit. *Frowein* (1995), S. 322.

tionsprozeß fruchtbar gemacht und zum Tragen gebracht werden.[54] Auch Bürgernähe und Minderheitenrechte werden im Wettbewerb der Gebietshoheiten gestärkt.[55]

Ein „Ordnungsrahmen" für den Wettbewerb der nationalen Systeme erscheint aufgrund der Arbeit unausweichlich. Solch ein „Ordnungsrahmen" kann jedoch nur in Form einer Europäischen Verfassung verankert werden. Sie bedeutet nicht mehr aber auch nicht weniger als die Schaffung eines Rahmens für den Wettbewerb der politischen Systeme innerhalb Europas auf der Grundlage allgemeiner Wertorientierungen. Sie ist Voraussetzung für die Schaffung einer durchgreifenden „Wettbewerbspolitik" gegenüber den Mitgliedstaaten, die über die Kontrolle von Subventionen hinausgeht. Erst ein solcher „ordnungspolitischer" Rahmen kann sicherstellen, daß der Systemwettbewerb tatsächlich ein leistungsbezogener Wettstreit bleibt und nicht zu einem Behinderungswettbewerb degeneriert.[56] Innerhalb eines solchen stabilen Rahmens kann der Reichtum der Vielheit wirken. Eine Europäischen Verfassung trüge daher dem evolutorischen Effizienzkriterium Rechnung, Rationalität in der Robustheit der Systeme zu suchen: „in der Fähigkeit fremde und eigene Irrtümer zu übersehen."[57]

Das folgenden Modell veranschaulicht die Wirkungen einer Europäischen Verfassung. Sie würde vor allem die Grundlage für eine kulturelle-moralische Interdependenz der nationalen Gesellschaften bilden. Insofern sich die Verfassung mithilfe des „Schleiers der Nichtwissenheit" auf abstrakte „Regeln" beschränkt, würde sie die Voraussetzung für die Herausbildung eines europäischen „*moral order*" darstellen. Ihre Legitimationskraft könnte einen robusten Rahmen für einen Wettbewerb der nationalen Regulierungssysteme bilden. Schließlich trüge eine Europäische Verfassung an sich einen Symbolcharakter, der darin besteht, als Sinnform die Einheit des Verschiedenen zu ermöglichen. Symbole sind diese Einheit, „ohne daß eine Verschmelzung, eine Aufhebung der Differenz stattfindet." Denn bei hoher Systemkomplexität läßt sich die Einheit notwendiger Vielheit nur noch medial repräsentieren. Die Möglichkeit und Realität einer öffentlichen Meinung in Europa, das im Wesen sprachlich und kulturell viele Facetten aufweist, werden sich erst unter dem Schirm einer Verfassung erweisen.[58]

---

54 In Anlehnung an *Kammler* (1992), S. 103.

55 Vgl. *Leipold* (1993), S. 67.

56 Vgl. *Gerken* (1995), S. 19 und *Vanberg/ Kerber* (1994), S. 212-216.

57 Zit. *Luhmann* (1988), S. 122, S. 257, S. 318.

58 Kritisch dazu *Möschel* (1993), S. 29.

Modell 15: Interdependenzen der Systeme in der Europäischen Union mit einer Europäischen Verfassung

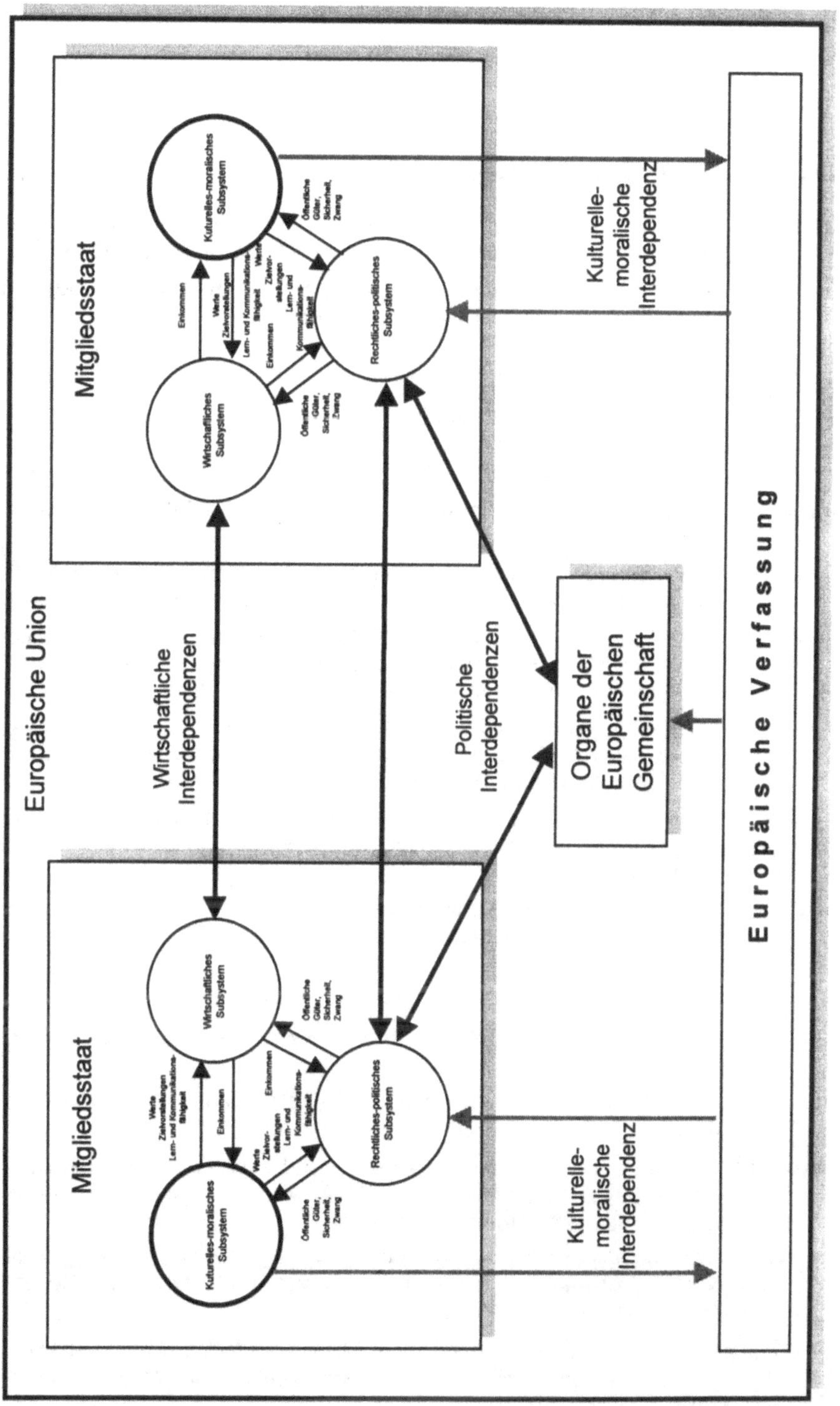

Literatur

Gesetzestexte und statistische Quellen

Abkommen über den Internationalen Währungsfonds (1967), in: Völkerrecht. Dokumentensammlung. Hg. *Friedrich Berber*, Bd. 1: Friedensrecht, München/ Berlin, S. 161-195.

Amtsblatt der *Europäischen Gemeinschaft* (kurz: Abl.), Hg. Amt für amtliche Veröffentlichungen der Europäischen Gemeinschaften, Luxemburg,
- C224, ABl. vom 31.08.1992, S. 1-130;
- C105, ABl. vom 13.04.1994, S. 1;
- C1, ABl. vom 01.01.1995, S. 1;
- L31, ABl. vom 04.02.1994, S. 29-46;
- L25, ABl. vom 02.02.1995, S. 20-24;
- L31, ABl. vom 10.02.1995, S. 14.

Articles of Agreement of the International Monetary Fund. (1993), Ed. *International Monetary Fund*. Washington D.C.

Commission of the European Communities (March 1988), Directorate-General for Economic and Financial Affairs, European Economy, The Economics of 1992, Luxembourg, No.35.

Commission of the European Communities (1993a), Directorate-General for Economic and Financial Affairs, European Economy. Social Europe. Reports and Studies. No. 3, Market Services and European Integrations. The challenges for the 1990s. Luxembourg.

Commission of the European Communities (1993b), Management of the Mutual Recognition of National Rules after 1992. Operational conclusions reached in the light of the inventory drawn up pursuant to article 100b of the EC Treaty. Brussels.

Commission of the European Communities (1995), White Paper. Preparation of the Associated Countries of Central and Eastern Europe for Integration into the Internal Market of the Union. (COM(95) 163 final). Brussels.

Einheitliche Europäische Akte (1991), in: Europa-Recht. Verträge und Erklärungen zur Gründung der Europäischen Gemeinschaften. Hg. *Ernst Steinhoff*, München, 11. Aufl., S. 453-465 (kurz: EEA).

Europäische Kommission (7/1997), CELEX. On-line Datenbank der Europäischen Kommission.

Europäische Kommission (1996a), Dokumente des Neuen Konzeptes und des Globalkonzeptes, Brüssel.

Europäische Kommission (1996b), Regionalpolitik und Kohäsion, Erster Kohäsionsbericht. Luxemburg.

Europäische Kommission (1996c), Sammlung der Entscheidungen der Kommission auf dem Gebiet der staatlichen Beihilfen. Artikel 93 Absatz 2 (ablehnende abschließende Entscheidungen), 1964-1995, Brüssel, Luxemburg.

Europäische Kommission (1992-1996), Sammlung der Entscheidungen der Kommission auf dem Gebiet des Wettbewerbs, Teilbände: 1964-1972, 1973-1980, 1981-1985, 1986-1988, 1989-1990, 1990-1992, Brüssel, Luxemburg,.

Europäische Kommission (1996d), Generaldirektion IV - Wettbewerb, Die Wettbewerbspolitik der Europäischen Gemeinschaft. XXV. Bericht über die Wettbewerbspolitik 1995. Luxemburg.

Europäische Kommission (1995a), Generaldirektion IV - Wettbewerb, Wettbewerbsrecht in den Europäischen Gemeinschaften. Bd. 1A: Wettbewerbsregeln für Unternehmen. Stand am 30. Juni 1994, Bd. Ergänzungen zu Bd. 1A: Wettbewerbsregeln für Unternehmen, Bd. 2A: Wettbewerbsregeln für staatliche Beihilfen, Luxemburg.

Europäische Gemeinschaften (1996e), Fundstellennachweis des geltenden Gemeinschaftsrechts. Bd. I: Systematisches Verzeichnis, Bd. II: Chronologisches Register. Alphabetisches Register. (Stand 1. Dezember 1996), Luxemburg.

Europäisches Währungsabkommen (1967), in: Völkerrecht. Dokumentensammlung. Hg. *Friedrich Berber*, Bd. 1: Friedensrecht, München/ Berlin, S. 1238-1265.

European Commission (1995a), Company Law. Coordinated instruments. Position on 30.11.1994, Brussels, Luxembourg.

European Commission (1996a), Directory of Interest Groups, Luxembourg.

European Commission (1996b), Directorate-General for Economic and Financial Affairs, European Economy. Reports and Studies. No. 4. Economic Evaluation of the Internal Market, Luxembourg.

European Commission (1996c), Directorate-General for Economic and Financial Affairs, European Economy, 1996 Broad Economic Policy Guidelines. No. 62, Luxembourg.

European Commission (1995b). Directorate-General for Economic and Financial Affairs, European Economy. Reports and Studies. No. 4. The Impact of Exchange-Rate Movements on Trade within the Single Market, Luxembourg.

European Commission (March/April 1997), Directorate-General for Economic and Financial Affairs, European Economy. Supplement A. No. 3/4. Indicators of Price and Cost Competitiveness, Luxembourg.

European Commission (1995c), Directorate-General for Economic and Financial Affairs, European Economy. Reports and Studies. No. 3. Performance of the European Union Labour Market, Luxembourg.

*European Commission (*1995d), Directorate-General for Economic and Financial Affairs, European Economy No. 59. Annual Economic Report for 1995. Luxembourg.

European Commission (1997a), Directorate-General for Economic and Financial Affairs, European Economy, Annual Economic Report for 1997. No. 63, Luxembourg.

European Commission (January 1997), Directorate-General for Economic and Financial Affairs, European Economy, Economic Trends. Supplement No. 1, Luxembourg.

European Commission/Eurostat (1994), Panorama of EU industry 94. Panorama-CD 94. Luxembourg.

European Monetary Institute (August 1997), Legal Convergence in the Member States of the European Union. Report of the European Monetary Institue on the adaptation of national legislation, and in particular the statutes of the national central banks, of the Member States of the European Union with a view to Stage Three of Monetary Union, o.O.

*Eurostat (*1984), Analysis of EC-Latin America Trade. Luxembourg.

Eurostat (1995a), Eurostat Annuaire '95. Publié par Eurostat, Office des publications officielles des Communautés européennes, Luxembourg.

Eurostat (1994a), Aussenhandel. Statistisches Jahrbuch. Retrospektive 1958-1993. Luxembourg.

Eurostat (1977), Bevölkerung und Erwerbstätigkeit. 1950-1976, Luxemburg.

Eurostat (1995b), Business Services in Europe, Luxembourg.

Eurostat (1987a), EC-ASEAN Trade. A statistical analysis. 1970-1984. Luxembourg.

Eurostat (1991), EC-NICs Trade. A statistical analysis. Luxembourg.

Eurostat (1981), EC-World Trade. A statistical analysis. 1963-1979. Luxembourg.

Eurostat (1992), EEC External Trade (Nimexe) 1976-1987, CD-Rom, Luxembourg, Suppl. 2.

Eurostat (1994b), Eurostat-CD. Elektronisches Jahrbuch der Europäischen Gemeinschaft. Luxembourg, Vol. 1 u. 2.

Eurostat (November 1994), Improvement of the historical series of statistics on international migration in Eurostat. Prepared on behalf of Eurostat by Dr. John Salt, Ann Singleton. mimeo.

Eurostat (1995c), Intra- und Extra-Handel der EU (Jahresangaben - Kombinierte Nomenklatur), CD-Rom, Luxembourg, Suppl. 2.

Eurostat (o.J.), Monatsbulletin der Aussenhandelsstatistik. 1958-1975. Sonderheft. Luxembourg.

Eurostat (12/1996), New-Chronos. Online-Datenbank.

Eurostat (1993), Statistiques de base de la Communauté. Comparaison avec les principaux partenaires de la Communauté. Luxembourg. 30. ed.

Eurostat (1995d), Sozialporträt Europas, Luxemburg.

Eurostat (1987b), Trade, EC-Developing Countries. Manufactured Products - Analysis 1970-1984. Luxembourg.

Eurostat (1995e), International Trade in Services, EUR 12, 1984-93, Luxembourg.

Eurostat (1997a), Wanderungsstatistik 1996, Luxembourg.

Eurostat (1997b), European Union Direct Investment Yearbook. 1996. Luxembourg.

General Agreement on Tariffs and Trade (1969), Basic Instruments and Selected Documents. Vol. IV: Text of the General Agreement, Geneva.

International Monetary Fund (1963), Direction of Trade. A supplement to international financial statistics. Annual 1958-1962, Washington D.C.

International Monetary Fund (1968), Direction of Trade. A supplement to international financial statistics. Annual 1963-1967, Washington D.C.

International Monetary Fund (1973), Direction of Trade. Annual 1968-1972, Washington D.C.

International Monetary Fund (1980), Direction of Trade Yearbook, Washington D.C.

International Monetary Fund (1986), Direction of Trade Statistics, Yearbook, Washington D.C.

International Monetary Fund (1993), Direction of Trade Statistics, Yearbook, Washington D.C.

International Monetary Fund (1997), Direction of Trade Statistics, Yearbook, Washington D.C.

International Monetary Fund (June 1981), World Economic Outlook. A Survey by the Staff of the International Monetary Fund. Occasional Paper No. 4. Washington D.C.

International Monetary Fund (April 1985), World Economic Outlook. A Survey by the Staff of the International Monetary Fund. Washington D.C.

International Monetary Fund (October 1990), World Economic Outlook. A Survey by the Staff of the International Monetary Fund. World Economic and Financial Surveys. Washington D.C.

International Monetary Fund (October 1995), World Economic Outlook. A Survey by the Staff of the International Monetary Fund. World Economic and Financial Surveys. Washington D.C.

Kommission der Europäischen Gemeinschaften (1972-1996), Erster Bericht über die Entwicklung der Wettbewerbspolitik, Brüssel, Luxemburg und weitere Wettbewerbsberichte bis einschließlich: Europäische Kommission, Die Wettbewerbspolitik der Europäischen Gemeinschaft. XXV. Bericht über die Wettbewerbspolitik. 1995. Luxemburg.

Kommission der Europäischen Gemeinschaften (1993), Nationale Umsetzungsmaßnahmen zur Durchführung des Weißbuchs der Kommission über die Vollendung des Binnenmarktes. Stand vom 31. Oktober 1993, Luxemburg.

Kommission der Europäischen Gemeinschaften (1994), Stand des Gemeinschaftsrechts im Bereich Binnenmarkt. Stand vom 1. August 1994, Luxemburg.

Konvention zum Schutze der Menschenrechte und Grundfreiheiten vom 4. November 1950 (1991) ; in: Europa-Recht. Verträge und Erklärungen zur Gründung der Europäischen Gemeinschaften. Hg. *Ernst Steinhoff*, München, 11. Aufl., S. 407-423.

Organisation for Economic Co-operation and Development (OECD) (1995a), International Direct Investment Statistics Yearbook 1995. Paris.

Organisation for Economic Co-operation and Development (OECD) (1996a), Labour Force Statistics. 1974-1994, Paris.

Organisation for Economic Co-operation and Development (OECD) (1992), Economic Outlook. Historical Statistics. 1960-1990. Paris.

Organisation for Economic Co-operation and Development (OECD) (1995b), National Accounts. Vol. I: Main aggregates, 1960-1994, Vol. II: Detailed Tables, 1981-1993, Paris.

Organisation for Economic Co-operation and Development (OECD) (1996b), Revenue Statistics. 1965-1995, Paris.

Organisation for Economic Co-operation and Development (OECD) (1996c), Services: Statistics on international transactions. 1970-1993, Paris.

Statistiques de base de la Communauté (1993). Comparaison avec les principaux partenaires de la Communauté. Publié par *Eurostat*, Office des publications officielles des Communautés européennes, Luxembourg,.

United Nations Conference on Trade and Development (UNCTAD) (1996a), World Investment Report 1996, New York, Geneva.

United Nations Conference on Trade and Development (UNCTAD) (1996b), Sharing Asia' Dynamism: Asian Direct Investment in the European Union, New York, Geneva.

Vertrag zur Einsetzung eines gemeinsamen Rates und einer gemeinsamen Kommission der Europäischen Gemeinschaften (1991), in: Europa-Recht. Verträge und Erklärungen zur Gründung der Europäischen Gemeinschaften. Hg. *Ernst Steinhoff*, München, 11. Aufl., S. 218-227 (kurz: Fusionsvertrag).

Vertrag zur Gründung der Europäischen Gemeinschaft, in: *Amt für Veröffentlichungen der Europäischen Gemeinschaften* (Hg.) (1993), Europäische Union. Textsammlung, Band I, S. 91-669 (kurz: EGV inklusive Änderungen durch EEA und EUV).

Vertrag zur Gründung der Europäischen Gemeinschaft (1995), in: Europarecht. Textausgabe mit einer Einführung von *Prof. Dr. H.-J. Glaesner*, Baden-Baden, 7. Aufl., S. 1-121 (kurz: EGV 1995 inklusive der Änderung durch Beitritt Finnlands, Österreichs, Schwedens).

Vertrag zur Gründung der Europäischen Wirtschaftsgemeinschaft (1967), in: Völkerrecht. Dokumentensammlung. Hg. *Frierich Berber*, Bd. 1: Friedensrecht, München/ Berlin, (kurz: EWGV 1957).

Vertrag zur Gründung der Europäischen Wirtschaftsgemeinschaft (1991), in: Europa-Recht. Verträge und Erklärungen zur Gründung der Europäischen Gemeinschaften. Hg. *Ernst Steinhoff*, München, 11. Aufl. (kurz: EWGV 1986 inklusive Änderungen durch EEA).

Vertrag über die Europäische Union (1993), in: *Amt für Veröffentlichungen der Europäischen Gemeinschaften* (Hg.), Europäische Union. Textsammlung, Band I, S. 11-89 (auch C224, ABl. vom 31.08.1992, S. 1-130) (kurz: EUV).

World Trade Organisation (1995), The Results of the Uruguay Round of Multilateral Trade Negotiations. The Legal Texts, Geneva.

Zusatzprotokoll zur Konvention zum Schutze der Menschenrechte und Grundfreiheiten vom 20. März 1952 (1991); in: Europa-Recht. Verträge und Erklärungen zur Gründung der Europäischen Gemeinschaften. Hg. *Ernst Steinhoff*, München, 11. Aufl., S. 424-425.

Bücher und Aufsätze

Agraa, Ali Muhammed El-/ Anthony John Jones (1981), Theory of Customs Unions, Oxford.

Alesina, Alberto/ Roberto Perotte (May 1996), Budget Deficits and Budget Institutions. In: National Bureau of Economic Research, Working Paper No. 5556.

Alesina, Alberto/ Enrico Spolaore (March 1996), On the Number and Size of Nations. In: National Bureau of Economic Research, Working Paper No. 5050.

Arnold, Hans (10/1991), Die Europäische Gemeinschaft zwischen Vertiefung und Erweiterung; in: Europa-Archiv, S.318-326.

Arrow, Kenneth J. (1985), Informational Structure of the Firm; in: The American Economic Review. Papers and Proceedings, Vol. 75, No. 2, S. 303-307.

Arrow, Kenneth J. (1979), Öffentliche und private Wertvorstellungen, in: Ökonomische Theorie der Politik. Hg. Werner W. Pommerehne/ Bruno S. Frey. Berlin, Heidelberg, New York, S. 130-149.

Bagwell, Kyle/ Robert W. Staiger (March 1996), Reciprocal Trade Liberalization. In: National Bureau of Economic Research, Working Paper No. 5488.

Balassa, Bela (1961), The Theory of Economic Integration, London.

Baldwin, Richard E./ Elena Seghezza (May 1996), Growth and European Integration: Towards an empirical assessment. In: Centre for Economic Policy Research, Discussion Paper No. 1393.

Bangemann, Martin (1992), Mut zum Dialog. Wege zu einer europäischen Industriepolitik. Stuttgart, u.a..

Barry, B. M. (1979), Die ökonomische Theorie der Demokratie, in: Ökonomische Theorie der Politik. Hg. *Werner W. Pommerehne/ Bruno S. Frey*. Berlin, Heidelberg, New York, S. 227-248.

Becker, Gary S. (1976a), Altruism, Egoism, and Genetic Fitness: Economics and Sociobiology; in: The Economic Approach to Human Behavior, Chicago, London, S. 282-294.

Becker, Gary S. (1976b), The Economic Approach to Human Bahavior, Chicago, London.

Becker, Gary S. (1983), A Theory of Competition among Pressure Groups for Political Influence; in: Quarterly Journal of Economics 98, S. 371-400.

Becker, Gary S. (1976c), A Theory of Social Interactions; in: The Economic Approach to Human Behavior, Chicago, London, S. 253-281.

Beermann, Albert (1995), Steuerharmonisiserung - Erfordernisse, Möglichkeiten, Grenzen, in: *Lüder Gerken* (Hg.), Europa zwischen Ordnungswettbewerb und Harmonisierung. Europäische Ordnungspolitik im Zeichen der Subsidiarität, Berlin, u.a., S. 167-181.

Bellers, Jürgen/ Erwin Häckel (1990), Theorien internationaler Integration und internationaler Organisationen; in: Theorien der Internationalen Beziehungen. Bestandsaufnahme und Forschungsperspektiven. Hg. *Volker Rittberger*, Opladen, S. 286-310.

Berg, H. (1976), Internationale Wirtschaftspolitik, Göttingen.

Bernauer, Thomas/ Peter Moser (1995), Sind grosse Staaten politische Dinosaurier? Wirtschaftliche Globalisierung und das Paradox der politischen Zersplitterung, in: Neue Zürcher Zeitung, Nr. 132, 10.-11.06.1995, S. 15.

Bernholz, Peter (1973), Die Machtkonkurrenz der Verbände im Rahmen des politischen Entscheidungssystems; in: Macht und ökonomisches Gesetz. Hg. *H. K. Schneider/ Chr. Watrin.* (Schriften des Vereins für Socialpolitik, NF 74), Berlin, Bd. 2, S. 859-881.

Bernholz, Peter (1979), Stimmentausch, Arrow-Paradox und zyklische Majoritäten, in: Ökonomische Theorie der Politik. Hg. Werner W. Pommerehne/ Bruno S. Frey. Berlin, Heidelberg, New York, S. 171-179.

Bernholz, Peter/ Malte Faber (1986), Überlegungen zu einer normativen ökonomischen Theorie der Rechtsvereinheitlichung, in: Rabels Zeitschrift für ausländisches und internationales Privatrecht, 50, S. 35-60.

Berthold, Norbert (1995), Arbeitslosigkeit, Subsidiarität und institutioneller Wettbewerb, in: *Lüder Gerken* (Hg.), Europa zwischen Ordnungswettbewerb und Harmonisierung. Europäische Ordnungspolitik im Zeichen der Subsidiarität, Berlin, u.a., S. 255-281.

Berthold, Norbert (1993), 'Fiscal Federalism' in Europa: Voraussetzung für eine erfolgreiche Wirtschafts- und Währungsunion? In: Die europäische Integration als ordnungspolitische Aufgabe. Hg. *Helmut Gröner/ Alfred Schüller* (Schriften zum Vergleich von Wirtschaftsordnungen, Bd. 43), Stuttgart/ Jena/ New York, S. 147-171.

Besley, Timothy/ Stephen Coate (January 1995), An Economic Model of Representative Democracy. In: Princeton University. Discussion Papers in Economics, No. 177.

Beutler, Bengt/ Roland Bieber / Jörn Piepkorn / Jochen Streil (1982), Die Europäische Gemeinschaft - Rechtsordnung und Politik, Baden-Baden, 2. Aufl.

Bhagwati, Jagdish (November 1993), The Case for Free Trade; in: Debate: Does Free Trade Harm the Environment?; in: Scientific American, S. 17-23.

Bhagwati, Jagdish (1990), Departure from Multilateralism: Regional and Aggressive Unilateralism, in: The Economic Journal, Vol. 100, S. 1304-1317.

Bhagwati, Jagdish (1994a), Free Trade: Old and New Challenges, in: The Economic Journal, Vol. 104, S. 231-246.

Bhagwati, Jagdish (1984), Incentives and Disincentives: International Migration; in: Weltwirtschaftliches Archiv, 120, S. 678-701.

Bhagwati, Jagdish (1992), Regionalism versus Multilateralism, in: The World Economy, Vol. 15, S. 535-555.

Bhagwati, Jagdish (1984), Why are Services Cheaper in the Poor Countries? In: The Economic Journal. The Quarterly Journal of the Royal Economic Society, Vol. 94, S. 279-286.

Bhagwati, Jagdish (1994b), What Way? Free Trade or Protection? In: Challenge. The Magazine of Economic Affairs, Vol. 37, S. 17-24.

Blaseio, Helmuth (1986), Das Kognos-Prinzip. Zur Dynamik sich-selbst-organisierender wirtschaftlicher und sozialer Systeme (Volkswirtschaftliche Schriften, 364), Berlin.

Blomström, Magnus/ Ari Kokko (April 1996), Multinational Corporations and Spillovers. In: Centre for Economic Policy Research, Discussion Paper No. 1365.

Böhm, Franz (1966), Privatrechtsgesellschaft und Marktwirtschaft; in: ORDO 17, S. 75-151.

Bössmann, Eva (1967), Die ökonomische Analyse von Kommunikationsbeziehungen in Organisationen. Berlin, u.a.

Bössmann, Eva (1978), Information; in: Handwörterbuch der Wirtschaftswissenschaften, Bd. 4, S. 184-200.

Blonigen, Bruce A./ Robert C. Feenstra (March 1996), Protectionist Threats and Foreign Investment. In: National Bureau of Economic Research, Working Paper No. 5475.

Bolton, Patrick/ Gérard Roland/ Enrico Spolaore (1996), Economic Theories of the Break-up and Integration of Nations, in: European Economic Review 40, S. 697-705.

Borchert, Jens/ Lutz Golsch (1995), Die politische Klasse in westlichen Demokratien: Rekrutierung, Karriereinteressen und institutioneller Wandel, in: Politische Vierteljahreszeitschrift, 36. Jg. H. 4, S. 609-629.

Borner, Silvio/ Felix Wehrle (1984), Weltwirtschaftlicher Strukturwandel und internationale Wettbewerbsfähigkeit von Industrieunternehmen, in: Hamburger Jahrbuch für Wirtschafts- und Gesellschaftspolitik 29. Jg., S. 219-239.

Boroch, Wilfrid/ Dieter Cassel (1993), Integration regulierter Märkte: Das Beispiel eines einheitlichen EG-Arzneimittelmarktes; in: Die europäische Integration als ordnungspolitische Aufgabe. Hg. *Helmut Gröner/ Alfred Schüller* (Schriften zum Vergleich von Wirtschaftsordnungen, Bd. 43), Stuttgart/ Jena/ New York, S. 359-378.

Bouillon, Hardy (1991), Ein Maulkorb für Leviathan: Intra- und intergruppenbedingte Grenzen der Staatstätigkeit, in: *Gerard Radnitzky/ Hardy Bouillon* (Hg.), Ordnungstheorie und Ordnungspolitik, Berlin, u.a., S. 105-118.

Braasch, Bernd (1992), Staatenlos gewordene Marktkräfte als Problem der internationalen Ordnungspolitik; in: Anwendungsbereiche der Ordnungspolitik in der Sozialen Marktwirtschaft. Festgabe zum 65. Geburtstag von *Hans-Günther Schlotter*. Hg. *Brunhilde Häberle/ Markus Guthoff*, Göttingen, S. 27-47.

Brennan, Geoffrey/ James M. Buchanan (1985), The Reason of Rules. Constitutional Political Economy, Cambridge, u.a..

Breton, Albert/ Anthony Scott (1978), The economic constitution of federal states, Toronto, Buffalo, London.

Buchanan, James M. (1979), Eine ökonomische Betrachtung der ‚wissenschaftlichen Politik', in: Ökonomische Theorie der Politik. Hg. *Werner W. Pommerehne/ Bruno S. Frey*, Berlin, Heidelberg, New York, S. 37-49.

Buchanan, James M. (1985a), Moral Community, Moral Order, or Moral Anarchy; in: *James M. Buchanan*, Liberty, Market and State. Political Economy in the 1980s, New York, S. 108-120.

Buchanan, James M. (1985b), Cultural Evolution and Institutional Reform; in: *James M. Buchanan*, Liberty, Market and State. Political Economy in the 1980s, New York, S. 75-86.

Buchanan, James M. (1990), Europe's Constitutional Opportunity; in: Europe's Constitutional Future. (The Institute of Economic Affairs. Readings 33), London, S. 1-20.

Buchanan, James M. (1963), Staatliche Souveränität, nationale Planung und wirtschaftliche Freiheit; in: ORDO 14, S. 249-258.

Buchanan, James M./ Gordon Tullock (1979), Einfache Mehrheitsabstimmungen, in: Ökonomische Theorie der Politik. Hg. *Werner W. Pommerehne/ Bruno S. Frey*, Berlin, Heidelberg, New York, S. 153-170.

Bühl, Walther L. (1995), Internationale Regime und europäische Integration, in: Zeitschrift für Politik, Jg. 42, S. 122-148.

Campa, José Manuel/ Timothy L. Sorenson (1996), Are Trade Blocs Conducive to Free Trade? In: Scandinavian Journal of Economis 98(2), S. 263-273.

Canter, Uwe/ Horst Hanusch (1990), Internationale Wettbewerbsfähigkeit und technischer Fortschritt, in: Jahrbuch für Neue Politische Ökonomie 9, S. 71-90.

Casella, Alessandra/ Feinstein, Jonathan S. (December 1990), Public Goods in Trade: On the Formation of Markets and Political Jurisdictions, in: National Bureau of Economic Research, Working Paper No. 3554.

Casti, John L. (1995), Complexification. Explaining a Paradoxical World through the Science of Surprise. New York.

Casti, John L. (1997), Would-be Worlds. How Simulation is Changing the Frontiers of Science. New York, u.a..

Chesnais, Francois/ u.a. (1986), Science, Technology and Competitiveness, in: STI Review. OECD, Paris, No. 1, S. 85-129.

Clapham, Ronald (1993), Die Zollunionstheorie als Grundlage eines regionalen wirtschaftlichen wirtschaftlichen Integrationskonzeptes; in: Ökonomische Grundlagen der europäischen Integration. Eine Einführung in ausgewählte Teilbereiche der Gemeinschaftspolitiken. Hg. *Wulfdiether Zippel* in Gemeinschaft mit dem Arbeitskreis Europäische Integration e.V., München, S. 25-40.

Cnossen, Sijbren (1990), The Case for Tax Diversity in the European Community, in: European Economic Review Vol. 34, S. 471-479.

Cockborne, Jean-Eric de (1995), Professional Services in the European Union; in: OECD: Liberalisation of Trade in Professional Sevices, Paris, S. 55-60.

Coleman, James S. (1990), Foundations of Social Theory, Cambridge (Mass.), London.

Collingsworth, Terry/ J. William Goold / Pharis J. Harvey (Jan/Feb 1994), Time for a Global New Deal; in: Foreign Affairs 73, S. 8-13.

Commichau, Michael Friedrich (1995), Nationales Verfassungsrecht und europäische Gemeinschaftsverfassung. Die Entwicklung des europäischen Gemeinschaftsrechts durch die Rechtssprechung des Europäischen Gerichtshofs und das nationale Verfassungsrecht, Baden-Baden.

Cremer, Helmuth/ Pierre Pestieau (1996), Distributive Implications of European Integration, in: European Economic Review 40, S. 747-575.

Dahrendorf, Ralph (1972), Markt und Plan: zwei Typen der Rationalität; in: *Ralph Dahrendorf*, Konflikt und Freiheit. Auf dem Weg zur Dienstklassengesellschaft, München, S. 240-253.

Daly, Herman E. (November 1993), The Perils of Free Trade; in: Debate: Does Free Trade Harm the Environment?; in: Scientific American, S. 24-29.

De Grauwe, Paul (1996), Monetary Union and Convergence Economics, in: European Economic Review 40, S. 1091-1101.

Derix, Hans-Heribert (1994), Soziale Marktwirtschaft und westeuropäischer Integrationsprozeß - Zum ordnungspolitischen Leitbild der Europäischen Union, in: *Werner Klein/ Spiridon Paraskewopoulos/ Helmut Winter*, Soziale Marktwirtschaft. Ein Modell für Europa. Festschrift für *Gernot Gutmann* zum 65. Geburtstag, (Volkswirtschaftliche Schriften, H. 441), Berlin, S. 233-268.

Deubner, Christian/ Heinz Kramer (1994), Die Erweiterung der Europäischen Union nach Mittel- und Osteuropa: Wende oder Ende der Gemeinschaftsbildung? In: Aus Politik und Zeitgeschichte B18-19/94, 6.5.1994, S. 12-19.

Deutsche Bundesbank (Hg.) (1986), Internationale Organisationen und Abkommen im Bereich von Währung und Wirtschaft (Sonderdrucke der Deutschen Bundesbank, 3), Frankfurt a.M.

Dicke, Hugo (1991), Europa '92. Unzeitgemäßes Integrationskonzept? In: Aussenpolitik II, S. 161-170.

Dixit, Avinash K./ Gene M. Grossman / Elhanan Helpman (April 1996), Common Agency and Coordination: General Theory and Application to Tax Policy. In: Princeton University. Discussion Papers in Economics No. 179.

Dixit, Avinash K./ Barry J. Nalebuff (1993), Thinking Strategically. The Competitive Edge in Business, Politics, and Everyday Life, New York, London, 1991 (Paperback 1993).

Donahue, John D. (1997), Tiebout? Or Not Tiebout? The Market Metaphor and America's Devolution Debate; in: Journal of Economic Perspectives Vol. 11, no. 4, S. 73-82.

Donges, Jürgen B. (1981), Handelshemmnisse, nicht-tarifäre; in: Handwörterbuch der Wirtschaftswissenschaft, Bd. 3, S. 784-794.

Donges, Jürgen B. (1995), Nach der Uruguay-Runde: Alte und neue Bedrohungen für den freien Handel, in: Zeitschrift für Wirtschaftspolitik, Jg. 44, S. 209-230.

Dopfer, Kurt (1990), Elemente einer Evolutionsökonomik: Prozeß, Struktur und Phasenübergänge, in: *Ulrich Witt* (Hg.), Studien zur Evolutorischen Ökonomik I (Schriften des Vereins für Socialpolitik N.F. Bd. 195/I), Berlin, S. 19-47.

Downs, Anthony (1968), Ökonomische Theorie der Demokratie (Die Einheit der Gesellschaftswissenschaften, 8), Tübingen.

Drucker, Peter F. (Jan/Feb 1994), Trade Lessons from the World Economy; in: Foreign Affairs 73, S. 99-108.

Dürr, Ernst (1963), Ordnungsprobleme der Konjunkturpolitik; in: ORDO 14, S. 169-196.

Eekhoff, Johann (1995), Regionale Strukturpolitik in der Europäischen Union versus Wettbewerb der Regionen, in: *Lüder Gerken* (Hg.), Europa zwischen Ordnungswettbewerb und Harmonisierung. Europäische Ordnungspolitik im Zeichen der Subsidiarität, Berlin, u.a., S. 315-328.

Eichenberger, Reiner (1996), Eine „fünfte Freiheit" für Europa: Stärkung des politischen Wettbewerbs durch „FOCJ", in: Zeitschrift für Wirtschaftspolitik, Jg. 45, S. 110-130.

Eichengreen, Barry (1994), Thinking about Migration: Notes on European Migration Pressures at the Dawn of the Next Millennium, in: Migration: a Challenge for Europe: Symposium 1993, Institut für Weltwirtschaft an der Universität Kiel. Ed. *Horst Siebert*, Tübingen, S. 3-23.

Eichengreen, Barry/ Jürgen von Hagen (March 1996), Fiscal Policy and Monetary Union: Is there a tradeoff between federalism and budgetary restrictions? In: National Bureau of Economic Research, Working Paper No. 5517.

Eickhof, Norbert (1986), Staatliche Regulierung zwischen Marktversagen und Gruppeninteressen. Ein Beitrag zur Weiterentwicklung der Regulierungstheorie; in: Jahrbuch für Neue Politische Ökonomie 5, S. 122-139.

Elster, Jon (1989), Social Norms and Economic Theory; in: Journal of Economic Perspectives 3, S. 99-117.

Engel, Chrisitan (1995/96), Der Ausschuß der Regionen im institutionellen Wandel der Europäischen Union; in: Regionen in Europa. Regions in Europe. Régions en Europe. Die Institutionalisierung des Regionalausschusses. Hg. *Joachim Jens Hesse*, Baden-Baden, Bd. I, S. 263-280.

Enzelsberger, Ernest F. (3/1990), Sicherung des Wettbewerbs durch Föderalismus; in: Orientierungen zur Wirtschafts- und Gesellschaftspolitik 45, S. 48-52.

Eucken, Walter (1990), Grundsätze der Wirtschaftspolitik, Tübingen, 6. Aufl.

Eucken, Walter (1948), Das ordnungspolitische Problem; in: ORDO 1, S. 56-90.

Europäische Kommission (1995c), Handel und Investitionen. Ein Diskussionsbeitrag, Luxemburg.

Europäische Kommission (1995d), Die Organe und Institutionen der Europäischen Union, Luxemburg.

Europäische Kommission (1994a), Uruguay-Runde. Globales Übereinkommen - Globale Vorteile, Luxemburg.

Europäische Kommission (1994b), Die europäische Wettbewerbspolitik. Brüssel, Luxemburg.

European Commission (1997b), The Competititveness of European Industry, Luxemburg.

European Commission (December 1997c), Package to tackle harmful tax competition; in: Single Market News No. 10, S. 9.

Europäisches Parlament (1994), Das Europäische Parlament und die Tätigkeit der Europäischen Union. Kurzdarstellungen, Luxemburg.

Europäisches Parlament (Dezember 1993), Das Europäisches Parlament, Luxemburg.

Fehl, Ulrich/ Karl von Delhaes/ Carsten Schreiter (1993), Unternehmensverfassung und europäische Integration; in: Die europäische Integration als ordnungspolitische Aufgabe. Hg. *Helmut Gröner/ Alfred Schüller* (Schriften zum Vergleich von Wirtschaftsordnungen, Bd. 43), Stuttgart/ Jena/ New York, S. 319-342.

Fehr, Ernst (1995), Soziale Normen als Wettbewerbsbeschränkung. Ergebnisse der experimentellen Wirtschaftsforschung, in: Neue Zürcher Zeitung Nr. 140, 20.06.1995, S. 25.

Feldstein, Martin (1997), The Political Economy of the European Economic and Monetary Union: Political Sources of an Economic Liability; in: Journal of Economic Perspectives 11, S. 23-42.

Ferrier, G. G./ M. Hayter (1995), An Introduction to EC Directives and their Application. Lloyd's Register Technical Association, Paper No. 1, Session 1995-1996. London.

Fontaine, Pascal (1995), Dix Leçons sur l'Europe, Luxemburg, 2. Aufl.

Frankel, Jeffrey A./ Ernesto Stein/ Shang-Jin Wei (January 1996), Regional Trading Arangements: Natural or Super-Natural? In: National Bureau of Economic Research, Working Paper No. 5431.

Franzmeyer, Fritz (1993), Aufgaben und Funktionsweise der EG-Strukturfonds: Kritische Würdigung eines Reformkonzeptes; in: Ökonomische Grundlagen der europäischen Integration. Eine Einführung in ausgewählte Teilbereiche der Gemeinschaftspolitiken.

Hg. *Wulfdiether Zippel* in Gemeinschaft mit dem Arbeitskreis Europäische Integration e.V., München, S. 83-98.

Frenkel, Michael/ Martin Klein (1992), Eine theoretische Analyse zur Kontroverse um Unabhängigkeit versus Koordination der Fiskalpolitik in einer Währungsunion; in: Jahrbuch für Sozialwissenschaft 43, S. 65-84.

Frey, Bruno S. (1979), Ansätze zur Politischen Ökonomie, in: Ökonomische Theorie der Politik. Hg. *Werner W. Pommerehne/ Bruno S. Frey*, Berlin, Heidelberg, New York, S. 1-34.

Frey, Bruno S. (1984a), International Political Economics, Oxford.

Frey, Bruno S. (1977), Moderne Politische Ökonomie. Die Beziehungen zwischen Wirtschaft und Politik. München, Zürich.

Frey, Bruno S. (1995), Ökonomie ist Sozialwissenschaft. Faszinierende Anwendungen eines neuen Denkens, in: Neue Zürcher Zeitung, Nr. 152, 04.07.1995, p. 11.

Frey, Bruno S. (1984b), Die Politische Ökonomie des Protektionismus. Nationalstaatliche Determinanten der Regulierung der internationalen Wirtschaftsbeziehungen, in: Aussenwirtschaft, Jg. 39, S. 17-42.

Frey, Bruno S./ Heinz Buhofer (1986), Integration and Protectionism: A Comparative Institutional Analysis, in: Aussenwirtschaft, Jg. 41, S. 329-350.

Frey, Bruno S./ Reiner Eichenberger (1989), Anomalies and Institutions, in: Journal of Institutional and Theoretical Economics 145, S. 423-437.

Frey, Bruno S./ Hans Jürgen Ramser (1986), Where are the Limits of Regulation? In: Journal of Institutional and Theoretical Economics 142, S. 571-580.

Frey, Bruno S./ Friedrich Schneider (1985), Economic and Political Determinants of Foreign Direct Investment, in: World Development Vol. 13, S. 161-175.

Frey, Bruno S./ Friedrich Schneider (1979), Ein politik-ökonomisches Modell. Theorie und Anwendung für die Bundesrepublik Deutschland, in: Ökonomische Theorie der Politik. Hg. *Werner W. Pommerehne/ Bruno S. Frey*, Berlin, Heidelberg, New York, S. 406-417.

Frey, Bruno S./ Friedrich Schneider (1984), International Political Economy: A Rising Field, in: Economia Internazionale, Vol. XXXVII, S. 308-347.

Froehling, Hans-Christoph/ Andreas Martin Rauch (1995), Die Rolle multinationaler Konzerne in der Weltwirtschaft, in: Zeitschrift für Politik, Jg. 42, S. 297-315.

Frowein, J.A. (1995), Die Verfassung der Europäischen Union aus der Sicht der Mitgliedstaaten; in: Europarecht 30. Jg., S. 315-333.

Gabel, Matthew/ Harvey D. Palmer (1995), Understanding variation in public support for European integration, in: European Journal of Political Research, 27, S. 3-19.

Gäfgen, Gérard (1984), Entstehung und Expansion des Wohlfahrtsstaates. Ansätze einer theoretischen Erklärung, in: Hamburger Jahrbuch für Wirtschafts- und Gesellschaftspolitik 29. Jg., S. 55-72.

Gäfgen, Gérard (1979), Zur Theorie kollektiver Entscheidungen in der Wirtschaft, in: Ökonomische Theorie der Politik. Hg. *Werner W. Pommerehne/ Bruno S. Frey*, Berlin, Heidelberg, New York, S. 83-129.

Gäfgen, Gérard (1983), Institutioneller Wandel und ökonomische Erklärung, in: Jahrbuch für Neue Politische Ökonomie, 2, S. 19-49.

Garfunkel, Salomon/ Lynn A. Steen (Hg.) (1989), Mathematik in der Praxis. Anwendungen in Wirtschaft, Wissenschaft und Politik. Consortium for Mathematics and Its Applications, Heidelberg.

Garrett, Geoffrey (1995), Capital mobility, trade, and the domestic politics of economic policy, in: International Organization 49, S. 657-687.

GATT (Accord Général sur les Tarifs douaniers et le Commerce) (1979), Activités en 1978 et résultats des négociations commerciales multilatérales du Tokyo Round, Genève.

Gerken, Lüder (1995), Vertikale Kompetenzverteilung in Wirtschaftsgemeinschaften – Bestimmungsgründe und Probleme, in: *Lüder Gerken* (Hg.), Europa zwischen Ordnungswettbewerb und Harmonisierung. Europäische Ordnungspolitik im Zeichen der Subsidiarität, Berlin, u.a., S. 3-33.

Giersch, Herbert (1964), Aufgaben der Strukturpolitik, in: Hamburger Jahrbuch für Wirtschafts- und Gesellschaftspolitik, 9, S. 61-90.

Giersch, Herbert (1995), Diskussionbeitrag zu: Vertikale Kompetenzverteilung in Wirtschaftsgemeinschaften - Bestimmungsgründe und Probleme, in: *Lüder Gerken* (Hg.), Europa zwischen Ordnungswettbewerb und Harmonisierung. Europäische Ordnungspolitik im Zeichen der Subsidiarität, Berlin, u.a., S. 35-44.

Giersch, Herbert (1991), Europas Wirtschaft 1991. Ordnungspolitische Aufgaben in Ost und West. Mit einem Vorwort von Gert Dahlmanns. Bad Homburg.

Gilsdorf, Peter (1996), Die Außenkompetenz der EG im Wandel - Eine kritische Auseinandersetzung mit Praxis und Rechtsprechung, in: Europarecht, 31. Jg., H. 2, S. 145-166.

Glance, Natalie S./ Bernardo A. Huberman (March 1994), The Dynamics of Social Dilemmas; in: Scientific American, S. 58-63.

Glismann, Hans H./ Ernst-Jürgen Horn / Sighart Nehring / Roland Vaubel (1986), Weltwirtschaftslehre. Eine problemorientierte Einführung. Bd. I. Außenhandels- und Währungspolitik, Göttingen, 3. Aufl.

Görgens, Egon (1993), Der Arbeitsmarkt im europäischen Integrationsprozeß; in: Die europäische Integration als ordnungspolitische Aufgabe. Hg. *Helmut Gröner/ Alfred Schüller* (Schriften zum Vergleich von Wirtschaftsordnungen, Bd. 43), Stuttgart/ Jena/ New York, S. 197-236.

Goodhart, Charles (1996), European Monetary Integration, in: European Economic Review 40, S. 1083-1090.

Gröner, Helmut (1993), Integrationsmerkmale und Integrationsmethoden: Die ordnungspolitische Konzeption der EG im Wandel; in: Die europäische Integration als ordnungspolitische Aufgabe. Hg. *Helmut Gröner/ Alfred Schüller*, (Schriften zum Vergleich von Wirtschaftsordnungen, Bd. 43), Stuttgart/ Jena/ New York, S. 3-19.

Gröner, Helmut/ Alfred Schüller (1989), Grundlagen der internationalen Ordnung: GATT, IWF und EG im Wandel - Euckens Idee der Wirtschaftsverfassung des Wettbewerbs als Prüfstein; in: ORDO 40, S. 429-463.

Gros, Daniel (1997), The Dynamics of European Integration; in: European Investment Bank: Papers. The 1997 EIB Prize: The winning essays, Luxembourg, Vol. 2, No. 2.

Groser, Manfred (1989), Die Logik organisierter Interessen; in: Jahrbuch für Neue Politische Ökonomie 8, S. 259-269.

Grossman, Gene M./ Elhanan Helpman (September 1995), The Politics of Free-Trade Agreements, in: The American Economic Review, Vol. 85, S. 667-690.

Grossman, Gene M./ Elhanan Helpman (August 1994), Technology and Trade. In: Princeton University. Discussion Papers in Economics, No. 175.

Gutmann, Gernot (1980a), Die Argumente vom Wandel durch Handel, in: *A. Schüller/ U. Wagner* (Hg.), Außenwirtschaftspolitik und Stabilisierung von Wirtschaftssystemen (Schriften zum Vergleich von Wirtschaftsordnungen, 28), Stuttgart/ New York, S. 51-64.

Gutmann, Gernot (1989), Ethische Grundlagen und Implikationen der ordnungspolitischen Konzeption >Soziale Marktwirtschaft<, in: *Gernot Gutmann/ Alfred Schüller* (Hg.), Ethik und Ordnungsfragen der Wirtschaft, Baden-Baden, S. 323-355.

Gutmann, Gernot (1988), Märkte, Informationen und Flexibilität; in: Ordnungspolitik. Hg. *Dieter Cassel, Bernd-Thomas Ramb, H. Jörg Thieme*, München, S. 207-229.

Gutmann, Gernot (1990a), Planversagen in der Wirtschaft der DDR - Bemerkungen aus ordnungstheoretischer Sicht; in: Zeitschrift für Wirtschaftspolitik 39, H. 1, S. 93-102.

Gutmann, Gernot (1980b), Zum Problem der Ordnungskonformität wirtschaftspolitischen Handelns; in: Das Wirtschaftsstudium (WISU) H. 3, S. 33-38 und H. 4, S. 48-51.

Gutmann, Gernot (1990b), Probleme der Preis- und Währungsreformen in den Ländern Osteuropas; in: Zeitschrift für Wirtschaftspolitik 39, H. 3, S. 331-338.

Gutmann, Gernot (1993), Volkswirtschaftslehre. Eine ordnungstheoretische Einführung. 5. völlig überarbeitete Aufl., Stuttgart, Berlin, Köln.

Gutmann, Gernot/ Werner Klein / Spiros Paraskewopoulos / Helmut Winter (1979), Die Wirtschaftsverfassung der Bundesrepublik Deutschland, Stuttgart/ New York, 2. Aufl.

Habermann, Gerd (1/1991), Wozu einen europäischen Superstaat errichten? In: Orientierungen zur Wirtschafts- und Gesellschaftspolitik, 47, S. 8-11.

Häberle, Brunhilde (1992), Die normative Rolle des Individuums zwischen Anspruch und Wirklichkeit der Sozialen Marktwirtschaft; in: Anwendungsbereiche der Ordnungspolitik in der Sozialen Marktwirtschaft. Festgabe zum 65. Geburtstag von *Hans-Günther Schlotter*. Hg. *Brunhild Häberle/ Markus Guthoff*, Göttingen, S. 9-26.

Hallett, Andrew Hughes/ Peter McAdam (February 1996), Fiscal Deficit Reductions in Line with the Maastricht Criteria for Monetary Union: An Empirical Analysis. In: Centre for Economic Policy Research, Discussion Paper No. 1351.

Hamacher, Stefanie/ Werner Klein (1993), Finanz- und geldpolitische Implikationen der Vollendung des europäischen Binnenmarktes und der Schaffung der Wirtschafts- und Währungsunion; in: Die europäische Integration als ordnungspolitische Aufgabe. Hg. *Helmut Gröner/ Alfred Schüller* (Schriften zum Vergleich von Wirtschaftsordnungen, Bd. 43), Stuttgart/ Jena/ New York, S. 173-194.

Harbrecht, Wolfgang (1978), Die Europäische Gemeinschaft, Stuttgart, New York.

Harsany, John C. (1995), Games with Incomplete Information, in: The American Economic Review, Vol. 85, S. 291-303.

Harsany, John C. (1979), Modelle der rationalen politischen Entscheidung versus funktionalistische und konformistische Theorien, in: Ökonomische Theorie der Politik. Hg. *Werner W. Pommerehne/ Bruno S. Frey*, Berlin, Heidelberg, New York, S. 50-80.

Hasse, Rolf H (1995)., Ordnungspolitik in Europa, in: *Friedrun Quaas/ Thomas Straubhaar* (Hg.), Perspektiven der Sozialen Marktwirtschaft (Beiträge zur Wirtschaftspolitik, Bd. 60), Bern/Stuttgart/Wien, S. 233-255.

Hayek, Friedrich A. von (1963), Arten der Ordnung; in: ORDO 14, S. 3-20.

Hayek, Friedrich A. von (1980), Recht, Gesetzgebung und Freiheit, Bd. 1: Regeln und Ordnung. Eine neue Darstellung der liberalen Prinzipien der Gerechtigkeit und der politische Ökonomie, München.

Hayek, Friedrich A. von (1976a), Der Sinn des Wettbewerbs, in: *Friedrich A. von Hayek*, Individualismus und wirtschaftliche Ordnung, Salzburg, S. 122-140.

Hayek, Friedrich A. von (1945), The Use of Knowledge in Society; in: The American Economic Review 35, S. 519-530 (dt., Die Verwertung des Wissens in der Gesellschaft, in:

Friedrich A. von Hayek, Individualismus und wirtschaftliche Ordnung, Salzburg, 1976, S. 103-121).

Hayek, Friedrich A. von (1976b), Die wirtschaftlichen Voraussetzungen föderativer Zusammenschlüsse, in: *Friedrich A. von Hayek*, Individualismus und wirtschaftliche Ordnung, Salzburg, S. 324-344.

Hayek, Friedrich A. von (1976c), Warenwährung, in: *Friedrich A. von Hayek*, Individualismus und wirtschaftliche Ordnung, Salzburg, S. 268-280.

Hayek, Friedrich A. von (1976d), «Freie Wirtschaft» und Wettbewerbsordnung, in: *Friedrich A. von Hayek*, Individualismus und wirtschaftliche Ordnung, Salzburg, S. 141- 155.

Heiner, Ronald A. (1983), The Origin of Predictable Behavior; in: The American Economic Review, 77/4, S. 560-595.

Helmstädter, Ernst (1990), Ein makroökonomisches Rahmenmodell der Evolutorischen Ökonomik, in: *Ulrich Witt* (Hg.), Studien zur Evolutorischen Ökonomik I (Schriften des Vereins für Socialpolitik, NF Bd. 195/I), Berlin, S. 163-182.

Hensel, K. Paul (1963), Grundgesetz - Wirtschaftsordnungen. Eine ordnungstheoretische Studie; in: ORDO 14, S. 43-62.

Hensel, K. Paul (1965), Ordnung der Wirtschaft als wissenschaftliches Problem; in: ORDO 15/16, S. 3-18.

Hesse, Helmut (3/1991), Probleme der Währungsunion aus wissenschaftlicher Sicht; in: Orientierungen zur Wirtschafts- und Gesellschaftspolitik, 49, S. 37-44.

Heuss, Ernst (1959), Klassischer Freihandel oder Integration? In: ORDO 11, S. 95-115.

Heuss, Ernst (1955), Ist eine internationale Ordnung noch möglich? Bemerkungen zu Wilhelm Röpkes Buch "Internationale Ordnung - heute"; in: ORDO 7, S. 223-227.

Heusser-Markun, Regula (1997), Tradition - höheres Gesetz oder verhandelbare Spielregeln? In: Neue Zürcher Zeitung Nr. 32, 8/9.02.1997, S. 37.

Hilf, Rudolf (3/1991), Regionalismus zur Überwindung von Grenzen und Grenzproblemen; in: Orientierungen zur Wirtschafts- und Gesellschaftspolitik, 49, S. 26-30.

Hillman, Ayre L. (1994), The Political Economy of Migration Policy, in: Migration: a Challenge for Europe: Symposium 1993, Institut für Weltwirtschaft an der Universität Kiel. Ed. *Horst Siebert*, Tübingen, S. 265-282.

Hirshleifer, Jack (1985), The Expanding Domain of Economics, in: The American Economic Review, Vol. 75, S. 53-68.

Hirshleifer, Jack/ Juan Carlos Martinez Coll (1988), What Strategies Can Support the Evolutionary Emergence of Cooperation? In: The Journal of Conflict Resolution, 32/2, S. 367-398.

Hirschman, Albert O. (1995), Die wechselhafte Beziehung zwischen Wirtschaft und Politik. Vom Sperrklinkeneffekt, von Zauberlehrlingen und von anderen Gleichnissen, in: Neue Zürcher Zeitung, Nr. 144, 24.-25.06.1995, S. 39.

Hodges, Michael/ Stephen Woolcock (1993), Atlantic Capitalism versus Rhine Capitalism in the European Community; in: West European Politics, 16, S. 329-344.

Hofstadter, Douglas R. (September 1983a), Metamagikum I. Ist Kooperation ein Lotteriespiel? Oder: Wie weit reicht die Macht der Vernunft? In: Spektrum der Wissenschaft, S. 8-14.

Hofstadter, Douglas R. (Oktober 1983b), Metamagikum II. Kann sich in einer Welt voller Egoisten kooperatives Verhalten entwickeln? In: Spektrum der Wissenschaft, S. 8-14.

Hohenstatt, Klaus-Stefan (1995), Der Europäische Betriebsrat und seine Alternativen, in: Europäische Zeitschrift für Wirtschaftsrecht, 6, S. 169-172.

Hoppmann, Erich (1990), Moral und Marktsystem; in: ORDO 41, S. 3-26.

Horst, Heike (1988), Regulierung, Deregulierung und Innovation; in: Innovationsdynamik im Systemvergleich. Theorie und Praxis unternehmerischer, gesamtwirtschaftlicher und politischer Neuerung. Hg. *Paul J. J. Welfens, Leszek Balcerowicz*, Heidelberg, S. 140-158.

Hort, Peter (3/1991), Ordnungspolitik als janusköpfiges Phänomen; in: Orientierungen zur Wirtschafts- und Gesellschaftspolitik, 49, S. 17-21.

Hrbek, Rudolf (1993), Die Entstehung und Weiterentwicklung der EG; in: Ökonomische Grundlagen der europäischen Integration. Eine Einführung in ausgewählte Teilbereiche der Gemeinschaftspolitiken. Hg. *Wulfdiether Zippel* in Gemeinschaft mit dem Arbeitskreis Europäische Integration e.V., München, S. 1-23.

Issing, Otmar (1989), Vom Primat der Währungspolitik; in: ORDO 40, S. 351-361.

Jarchow, Hans-Joachim (1997), Zur Theorie und Realität internationaler Währungssysteme. Ein modellorientierter Überblick; in: Zeitschrift für Wirtschafts- und Sozialwissenschaften, 117, S. 443-472.

Jarchow, Hans-Joachim/ Peter Rühmann (1984), Monetäre Außenwirtschaft. Bd. II.: Internationale Währungspolitik, Göttingen.

Jasmut, Gunter (1995), Die politischen Parteien und die europäische Integration. Der Beitrag der Parteien zur demokratischen Willensbildung in europäischen Angelegenheiten, Frankfurt a.M. u.a..

*Joerges, Christian (*1991), Markt ohne Staat? Die Wirtschaftsverfassung der Gemeinschaft und die Renaissance der regulativen Politik (EUI Working Paper No. Law 91/15).

Juhl, Paulgeorg (1977), Prospects for Foreign Direct Investment in Developing Countries, in: *Herbert Giersch* (Hg.), Reshaping the World Economic Order, Kiel, S. 173-219.

Kaltefleiter, Werner (3/1991), Von der Wirtschaftsintegration zur Politischen Union; in: Orientierungen zur Wirtschafts- und Gesellschaftspolitik 49, S. 22-25.

Kammler, Hans (1992), Wettbewerb der Systeme: Ein Thema von gestern? In: ORDO 43, S. 91-106.

Kaufer, Erich (1981), Theorie der öffentlichen Regulierung, München.

Kerber, Wolfgang (1991), Zur Entstehung von Wissen: Grundsätzliche Bemerkungen zu Möglichkeiten und Grenzen staatlicher Förderung der Wissensproduktion aus der Sicht der Theorie evolutionärer Marktprozesse; in: Marktwirtschaft und Innovation. Hg. *Peter Oberender/ Manfred E. Streit*, Baden-Baden, S. 9-52.

Kerber, Wolfgang (1993), Zur Wettbewerbskonzeption im europäischen Wettbewerbsrecht; in: Die europäische Integration als ordnungspolitische Aufgabe. Hg. *Helmut Gröner/ Alfred Schüller* (Schriften zum Vergleich von Wirtschaftsordnungen, Bd. 43), Stuttgart, Jena, New York, S. 279-318.

Kirchgässner, Gebhard (1996), Bemerkungen zur Minimalmoral, in: Zeitschrift für Wirtschafts- und Sozialwissenschaften, 116, S. 223-251.

Kirsch, Guy (1993), Neue Politische Ökonomie, Düsseldorf, 3. erw. Aufl..

Kirsch, Guy/ Klaus Mackscheidt (1985), Staatsmann, Demagoge, Amtsinhaber. Eine psychologische Ergänzung der ökonomischen Theorie der Politik. Göttingen.

Klein, Werner (1994), Zur Genese von Wirtschaftsordnungen, in: *Werner Klein/ Spiridon Paraskewopoulos/ Helmut Winter*, Soziale Marktwirtschaft. Ein Modell für Europa. Festschrift für *Gernot Gutmann* zum 65. Geburtstag, (Volkswirtschaftliche Schriften, Heft 441), Berlin, S. 133-156.

Kloten, Norbert (1955), Zur Typenlehre der Wirtschafts- und Gesellschaftsordnungen; in: ORDO 7, S. 123-143.

Kluth, Winfried (1995), Die demokratische Legitimation der Europäischen Union: eine Analyse der These vom Demokratiedefizit der Europäischen Union aus gemeineuropäischer Verfassungsprespektive, Berlin.

Körner, Heiko (1990), Internationale Mobilität der Arbeit. Eine empirische und theoretische Analyse der internationalen Wirtschaftsmigration im 19. und 20. Jahrhundert, Darmstadt.

Kohler-Koch, Beate (1990), "Interdependenz"; in: Theorien der Internationalen Beziehungen. Bestandsaufnahme und Forschungsperspektiven. Hg. *Volker Rittberger*, Opladen, S. 110-129.

Kolmar, Martin (1997), On the Efficiency of National Social Security Systems in the European Union; in: European Investment Bank. Papers No. 2. The 1997 EIB Prize: The winning esssay, Luxembourg, S. 54-67.

Kotios, Angelos/ Josef Molsberger (1993), Die EG im GATT-System; in: Die europäische Integration als ordnungspolitische Aufgabe. Hg. *Helmut Gröner/ Alfred Schüller*, (Schriften zum Vergleich von Wirtschaftsordnungen, Bd. 43), Stuttgart/ Jena/ New York, S. 73-96.

Krägenau, Henry/ Wolfgang Wetter (1993), Europäische Wirtschafts- und Währungsunion. Vom Werner-Plan zum Vertrag von Maastricht. Analysen und Dokumentation (Veröffentlichungen des HWWA-Institut für Wirtschaftsforschung - Hamburg, Bd. 1), Baden-Baden.

Krüsselberg, Hans-Günther (o.J.), Ordnungstheorie - Zur Konstitutierung und Begründung der Rahmenbedingungen, in: *Berd Bievert/ Martin Held* (Hg.), Ethische Grundlagen der ökonomischen Theorie. Eigentum, Verträge, Institutionen, Frankfurt/ New York, S. 100-133.

Krüsselberg, Hans Günter/ Rebecca Strätling (1993), Familienpolitik und Europäische Integration; in: Die europäische Integration als ordnungspolitische Aufgabe. Hg. *Helmut Gröner/ Alfred Schüller* (Schriften zum Vergleich von Wirtschaftsordnungen, Bd. 43), Stuttgart, Jena, New York, S. 397-442.

Krugman, Paul (March/April 1994), Competitiveness: A Dangerous Obsession; in: Foreign Affairs, S. 28-44.

Kühne, Karl (1982), Evolutionsökonomie. Grundlagen der Nationalökonomie und Realtheorie der Geldwirtschaft. Stuttgart/ New York.

Kuhn, Heike (1995), Die soziale Dimension der Europäischen Gemeinschaft. (Schriften zum Europäischen Recht, Bd. 22), Berlin.

Kunz, Harald (1985), Marktsystem und Information, 'Konstitutionelle Unwissenheit' als Quelle von 'Ordnung'. Tübingen.

Lachmann, Ludwig M. (1963), Wirtschaftsordnung und wirtschaftliche Institutionen; in: ORDO 14, S. 63-77.

Langer, Stefan (1995), Grundlagen einer internationalen Wirtschaftsverfassung. Strukturprinzipien, Typik und Perspektiven anhand von Europäischer Union und Welthandelsorganisation (Münchener Universitätsschriften: Reihe der Juristischen Fakultät, Bd. 90), München.

Langhammer, Rolf J. (1993), Wirtschaftstheoretische und ordnungspolitische Aspekte nichttarifärer Handelshemmnisse am Beispiel der EG und ihres Binnenmarktprogramms; in: Ökonomische Grundlagen der europäischen Integration. Eine Einführung in ausgewählte

Teilbereiche der Gemeinschaftspolitiken. Hg. *Wulfdiether Zippel* in Gemeinschaft mit dem Arbeitskreis Europäische Integration e.V., München, S. 41-59.

Ledig, Michael (1993), Die Währungsintegration in Europa; in: Ökonomische Grundlagen der europäischen Integration. Eine Einführung in ausgewählte Teilbereiche der Gemeinschaftspolitiken. Hg. *Wulfdiether Zippel* in Gemeinschaft mit dem Arbeitskreis Europäische Integration e.V., München, S. 121-133.

Lehmbruch, Gerhard (1986), Interest Groups, Government, and the Politics of Protectionism, in: Aussenwirtschaft, 41, S. 273-302.

Leidy, Michael/ Hoekman, Bernard (1993), What to Expect from Regional And Multilateral Trade Negotiations: a public choice perspective, in: Regional Integration and the Global Trading System. Ed. *Kym Anderson/ Richard Blackhurst*, New York, u.a., S. 246-269.

Leipold, Helmut (1993), Die EG im Spannungsverhältnis zwischen Konsens und Effizienz; in: Die europäische Integration als ordnungspolitische Aufgabe. Hg. *Helmut Gröner/ Alfred Schüller*, (Schriften zum Vergleich von Wirtschaftsordnungen, Bd. 43), Stuttgart, Jena, New York, S. 41-71.

Liefmann-Keil, E. (1979), Zur Aktivität der Interessenverbände, in: Ökonomische Theorie der Politik. Hg. *Werner W. Pommerehne/ Bruno S. Frey*. Berlin, Heidelberg, New York, S. 320-346.

Lindbeck, Assar (1995), Hazardous Welfare-State Dynamics, in: The American Economic Review. Papers and Proceedings Vol. 85, S. 9-15.

Lipsey, Richard G. (1970), The Theory of Customs Unions: A General Equilibrium Analysis, London.

Lütkehus, Rainer (9/1995), Eurolobbying, in: EUmagazin, S. 8-11.

Luhmann, Niklas (1969), Legitimation durch Verfahren, Neuwied am Rhein, Berlin.

Luhmann, Niklas (1989), Vertrauen. Ein Mechanismus der Reduktion sozialer Komplexität, Stuttgart, 3. Aufl.

Luhmann, Niklas (1988), Die Wirtschaft der Gesellschaft. Frankfurt.

Lutz, Stefan (April 1996), Trade Effects of Minimum Quality Standards with and without Deterred Entry. In: Centre for Economic Policy Research, Discussion Paper No. 1384.

Lutz, Stefan (May 1996), Does Mutual Recognition of National Minimum Quality Standards Support Regional Convergence? In: Centre for Economic Policy Research, Discussion Paper No. 1385.

Mansfield, Edward D./ Marc L. Busch (1995), The Political economy of nontariff barriers: a cross-national analysis, in: International Organization 49, S. 723-749.

Martelli, Antonio (1993), Sfida a quattro; in: Mondo Economico Nr. 36, 4.9.1993, S. 44-49.

Matthes, Heinrich (1995), Die Finanzverfassung eines geeinten Europa, in: *Lüder Gerken* (Hg.), Europa zwischen Ordnungswettbewerb und Harmonisierung. Europäische Ordnungspolitik im Zeichen der Subsidiarität, Berlin, u.a., S. 153-160.

Mayrzedt, Hans (1992), Verschiedene Intensitäten des Binnenmarktes nach innen und außen; in: Economy. Fachmagazin für internationale Wirtschaft, 9/5, S. 98-101.

Matzner, Egon (4/1990), Vollbeschäftigung durch Ordnungspolitik; in: Orientierungen zur Wirtschafts- und Gesellschaftspolitik 46, S. 54-60.

Meade, J. E. (1955), The Theory of Customs Unions, Amsterdam.

Mestmäcker, Ernst-Joachim (1995), Wettbewerbsrecht und Wettbewerbspolitik in der Europäischen Union, in: Lüder Gerken (Hg.), Europa zwischen Ordnungswettbewerb und Harmonisierung. Europäische Ordnungspolitik im Zeichen der Subsidiarität, Berlin, u.a., S. 191-211.

Meyer-Cording, Ulrich (1989), Geistig-seelische Integration statt organisatorischer Perfektion; in: Orientierungen zur Wirtschafts- und Gesellschaftspolitik, 40, S. 2-7.

Micossi, Stefano (Mars 1996), Nouvelles Orientations de la Politique Industrielle dans l'Union Européenne; in: Revue du Marché commun et de l'Union européenne, No. 396.

Mishkin, Frederic (February 1996), The Channels of Monetary Transmission: Lessons for Monetary Policy. In: National Bureau of Economic Research, Working Paper No. 5464.

Möschel, Wernhard (1993), Eine Verfassungskonzeption für die Europäische Union; in: Die europäische Integration als ordnungspolitische Aufgabe. Hg. *Helmut Gröner/ Alfred Schüller*, (Schriften zum Vergleich von Wirtschaftsordnungen, Bd. 43), Stuttgart/ Jena/ New York, S. 21-39.

Molitor, Bruno (1992), Die Europa-Politik - ein weiteres Mal, in: Hamburger Jahrbuch für Wirtschafts- und Gesellschaftspolitik 37, S. 191-205.

Molle, Willem (1997), The Economics of European Integration. Theory, Practice, Policy, Aldershot, u.a., 3rd ed.

Monti, Mario (1997), Le Marché unique et l'Europe de demain. Luxembourg.

Moosa, Imad A./ Razzaque H. Bhatti (1996), The European Monetary System and Real Interest Parity: Is there any Connection? In: Swiss Journal of Economics and Statistics, Vol. 132 (2), S. 223-235.

Müller, Anton P. (1990), Sozialdumping oder interventionistischer Wohlfahrtsstaat? Probleme und Perspektiven einer europäischen Sozialpolitik; in: Zeitschrift für Wirtschaftspolitik, 40, H. 1, S. 21-34.

Mueller, Dennis C. (1989), Mergers. Causes, Effects and Policies, in: International Journal of Industrial Organization 7, S. 1-10.

Musgrave, Peggy B. (1990), Merits and Demerits of Fiscal Competition, in: *Remy Prud'homme* (Hg.), Public Finance with Several Levels of Government, Brüssel, S. 281-297.

Musgrave, Richard A. (1997), Devolution, Grants, and Fiscal Competition; in: Journal of Economic Perspectives Vol. 11, No. 4, S. 65-72.

Myerson, Roger B. (1995), Analysis of Democratic Institutions: Structure, Conduct and Performance, in: The Journal of Economic Perspectives, Vol. 9, S. 77-89.

Neumann, Manfred J. M. (1990), Internatinale Wirtschaftspolitik: Koordination, Kooperation oder Wettbewerb? (Referat für die Jahrestagung 1990 der Gesellschaft für Wirtschafts- und Sozialwissenschaften -Verein für Socialpolitik) Würzburg.

Niskanen, W. A. (1979), Ein ökonomisches Modell der Bürokratie, in: Ökonomische Theorie der Politik. Hg. *Werner W. Pommerehne/ Bruno S. Frey*, Berlin, Heidelberg, New York, S. 349-368.

North, Douglass C. (1989), Institutional Change and Economic History, in: Journal of Institutional and Theoretical Economics, 145, S. 238-245.

North, Douglass C. (1981), Structure and Change in Economic History. New York/ London.

Nowak, Martin A./ Karl Sigmund (June 1995), The Arithmetics of Mutual Help. Computer experiments show how cooperation rather than exploitation can dominate in the Darwinian struggle for survival; in: Scientific American, S. 50-55.

Nunnenkamp, Peter (1993), Technische Handelshemmnisse - Formen, Effekte und Harmonisierungsbestrebungen; in: Aussenwirtschaft, 38. Jg., S. 373-397.

Oberender, Peter/ Eva-Maria Reißmann (1993), Sozialpolitik und Sozialversicherung in der europäischen Integration; in: Die europäische Integration als ordnungspolitische Aufgabe. Hg. *Helmut Gröner/ Alfred Schüller* (Schriften zum Vergleich von Wirtschaftsordnungen, Bd. 43), Stuttgart/ Jena/ New York, S. 379-396.

Ohlsson, Henry/ Anders Vredin (1996), Political Cycles and Cyclical Policies, in: Scandinavian Journal of Economics, 98(2), S. 203-218.

Olson, Mancur (1968), Die Logik des kollektiven Handelns. Kollektivgüter und die Theorie der Gruppen, Tübingen.

Olson, Mancur (1979), Die Logik des kollektiven Handelns. Kollektivgüter und die Theorie der Gruppen, in: Ökonomische Theorie der Politik. Hg. *Werner W. Pommerehne/ Bruno S. Frey*, Berlin, Heidelberg, New York, S. 287-319.

Olson, Mancur (1982), The Rise and Decline of Nations. Economic Growth, Stagflation, and Social Rigidities. New Haven/ London.

Olson, Mancur (1986), Toward a More General Theory of Governmental Structure; in: The American Economic Review. Papers and Proceedings, 76, S. 120-125.

Olson, Mancur/ Richard Zeckhauser (1966), An Economic Theory of Alliances; in: The Review of Economics and Statistics, 48, S. 266-279.

Oppermann, Thomas (1991), Europarecht. Ein Studienbuch. München.

Organisation for Economic Co-operation and Development (OECD) (1986), International Trade in Services. Audiovisual Works. Paris.

Organisation for Economic Co-operation and Development (OECD) (1984), International Trade in Services. Banking. Indentification and Analysis of Obstacles, Paris.

Organisation for Economic Co-operation and Development (OECD) (1983), International Trade in Services. Insurance. Indentification and Analysis of Obstacles, Paris.

Organisation for Economic Co-operation and Development (OECD) (1990), Liberalisation of Capital Movements and Financial Services in the OECD Area. Paris.

Organisation for Economic Co-operation and Development (OECD) (1995c), Liberalisation of Trade in Professional Services. Paris.

Organisation for Economic Co-operation and Development (OECD) (1989), Trade in Services and Developing Countries. Paris.

Peffekoven, Rolf (1994), Die Finanzen der Europäischen Union, Mannheim, u.a.

Peirce, William S. (1991), After 1992. The European Community and the Redistribution of Rents; in: Kyklos, Vol. 44, S. 521-536.

Peltzman, Sam (1976), Toward a More General Theory of Regulation; in: The Journal of Law and Economics, 19, S. 211-240.

Persson, Torsten/ Guido Tabellini (April 1996), Monetary Cohabitation in Europe. In: National Bureau of Economic Research, Working Paper No. 5532.

Peters, Torsten (1996), Voting Power after the Enlargement and Options for Decision Making in the European Union, in: Aussenwirtschaft, 51. Jg., H. II, S. 223-243.

Petersmann, Ernst-Ulrich (1996), The Moral Foundations of the European Union's Foreign Policy Constitution: Defining 'European Identity' and 'Community Interest' for the Benefit of EU Citizens, in: Aussenwirtschaft, 51. Jg., H. II, S. 151-176.

Pfeifer, Georg (1994), Eurolobbyismus. Organisierte Interessen in der Europäischen Union. (Europäische Hochschulschriften, Bd. 271), Frankfurt a.M. u.a..

Poole, Keith T./ Howard Rosenthal (1996), Are legislators ideologues or the agents of constituents, in: European Economic Review, 40, S. 707-717.

Poterba, James M. (April 1996), Do Budget Rules Work? In: National Bureau of Economic Research, Working Paper No. 5550.

Radnitzky, Gerard (1984), Die ungeplante Gesellschaft. Friedrich von Hayeks Theorie der Evolution spontaner Ordnungen und selbstorganisierter Systeme, in: Hamburger Jahrbuch für Wirtschafts- und Gesellschaftspolitik 29. Jg., S. 9-33.

Rae, D. W. (1979), Entscheidungsregeln und individuelle Werthaltungen bei der Wahl einer Verfassung, in: Ökonomische Theorie der Politik. Hg. *Werner W. Pommerehne/ Bruno S. Frey*, Berlin, Heidelberg, New York, S. 183-208.

Rapoport, Anatol (1988), Editorial Comments on the Article by *Hirshleifer* and *Martinez Coll*; in: The Journal of Conflict Resolution, 32/2, S. 399-401.

Rawls, John (1988), Eine Theorie der Gerechtigkeit. Übersetzt von Hermann Vetter. Frankfurt a.M., 4. Aufl.

Razin, Assaf/ Chi-Wa Yuen (January 1996), Labor Mobility and Fiscal Coordination, in: National Bureau of Economic Research, Working Paper No. 5433.

Reich, Norbert (1992), Competititon between Legal Orders: A New Paradigm of EC Law, in: Common Market Law Review 29, S. 861-896.

Reither, Franco (1986), Versagen flexible Wechselkurse. Zu den theoretischen Grundlagen der McKinnon-Kritik, in: Hamburger Jahrbuch für Wirtschafts- und Gesellschaftspolitik, 31, S. 293-309.

Ribhegge, Hermann (1991), Der Beitrag der Neuen Institutionenökonomik zur Ordnungspolitik; in: Jahrbuch für Neue Politische Ökonomie, 10, S. 38-60.

Richter, Rudolf (1994), Institutionen ökonomisch analysiert: zur jüngeren Entwicklung auf einem Gebiet der Wirtschaftstheorie, Tübingen.

Ridinger, Rudolf (1992), Wirtschaftlicher und sozialer Zusammenhalt in der EG. Die zukünftige Gestaltung der EG-Regionalpolitik. In: Europa-Archiv, 5, S. 133-140.

Robson, Peter (1987), The Economics of International Integration, London, 3rd rev. ed.

Röpke, Jochen (1983), Staatsversagen als Ursache der Innovationsschwäche in westlichen Industrieländern; in: Innovationsprobleme in Ost und West. Hg. *A. Schüller/ H. Leipold/ H. Hamel* (Schriften zum Vergleich von Wirtschaftsordnungen, 33), Stuttgart, S. 91-121.

Röpke, Wilhelm (1966), Nation und Weltwirtschaft; in: ORDO 17, S. 37-56.

Röpke, Wilhelm (1959), Zwischenbilanz der europäischen Wirtschaftsintegration. Kritische Nachlese; in: ORDO 11, S. 69-94.

Rowley, Charles K./ Robert D. Tollision (1986), Rent-Seeking and Trade Protection, in: Aussenwirtschaft 41, S. 303-328.

Sapir, André (September 1995), Europe's Single Market: The Long March to 1992, in: National Bureau of Economic Research, Discussion Paper No. 1245.

Schäfers, Manfred (1993), Die Kohäsionspolitik der Europäischen Gemeinschaft. Integrationspolitische Einordnung, Darstellung und Erfolgskontrolle (Wirtschaftsrecht und Wirtschaftspolitik Bd. 130), Baden-Baden.

Schenk, Karl-Ernst (1991), Einleitung. Bemerkungen zum Stand der Neuen Politischen Ökonomie; in: Jahrbuch für Neue Politische Ökonomie, 10, S. VII-X.

Scherpenberg, Jens van (1992), Ordnungspolitik im EG-Binnenmarkt: Auftrag für die Politische Union, (Aktuelle Materialien zur Internationalen Politik, Bd. 32), Baden-Baden.

Schlecht, Otto (1991), Ordnungspolitik vor neuen Aufgaben im vereinten Deutschland und in Europa; in: Zeitschrift für Wirtschaftspolitik, 40, H. 1, S. 5-20.

Schmidtchen, Dieter (1990), Preise und spontane Ordnung - Prinzipien einer Theorie ökonomischer Evolution, in: *Ulrich Witt* (Hg.), Studien zur Evolutorischen Ökonomik I (Schriften des Vereins für Socialpolitik, NF Bd. 195/I), Berlin, S. 75-113.

Schmidtchen, Dieter/ Hans-Jörg Schmidt-Trenz (1990), New Institutional Economics of International Transactions. Constitutional Uncertainty and the Creation of Institutions in Foreign Trade as exemplified by the Multinational Firm, in: Jahrbuch für Neue Politische Ökonomie, 9, S. 3-34.

Schmidtchen, Dieter/ Hans-Jörg Schmidt-Trenz (1994), Theorie optimaler Rechtsräume. Die Regulierung sozialer Beziehungen durch die Kontrolle von Territorien, in: Jahrbuch für Neue Politische Ökonomie, 13, S. 7-29.

Schockweiler, Fernand (1995), Die richterliche Kontrollfunktion: Umfang und Grenzen in Bezug auf den Europäischen Gerichtshof, in: Europarecht, 30. Jg., S. 191-201.

Scholz, Rupert (1995), Europäische Union - Vorausssetzungen einer institutionellen Verfassungsordnung, in: Lüder Gerken (Hg.), Europa zwischen Ordnungswettbewerb und Harmonisierung. Europäische Ordnungspolitik im Zeichen der Subsidiarität, Berlin, u.a., S. 113-127.

Schrettl, Wolfram (1991), Economic and Monetary Integration of the two Germanies; in: Economic Systems, 15, S. 1-17.

Schüller, Alfred (September 1987), Ordnungstheorie - Theoretischer Institutionalismus. Ein Vergleich; in: Ordnungstheorie: Methodologische und institutionentheoretische Entwicklungstendenzen (Arbeitsberichte zum Systemvergleich, Nr. 11), S. 74-100.

Schüller, Alfred (3/1991), Soziale Marktwirtschaft: Modell für Europa; in: Orientierungen zur Wirtschafts- und Gesellschaftspolitik, 49, S. 11-16.

Schüller, Alfred (1995), Soziale Marktwirtschaft - Niedergang im Umverteilungschaos oder Gesundung durch Ordnung in Freiheit, in: *Friedrun Quaas/ Thomas Straubhaar* (Hg.), Perspektiven der Sozialen Marktwirtschaft (Beiträge zur Wirtschaftspolitik, Bd. 60), Bern, Stuttgart, Wien, S. 99-112.

Schüller, Alfred (1991), Der wettbewerbliche Weg zum EG-Binnenmarkt. Das Spannungsfeld zwischen Integrationsbreit und -tiefe; in: Neue Zürcher Zeitung, 28./29. Juli 1991, p. 14.

Schüller, Alfred/ Ralf L. Weber (1993), Von der Transformation zur Integration: Eine ordnungs-, handels- und währungspolitische Aufgabenstellung; in: Die europäische Integration als ordnungspolitische Aufgabe. Hg. *Helmut Gröner/ Alfred Schüller* (Schriften zum Vergleich von Wirtschaftsordnungen, Bd. 43), Stuttgart/ Jena/ New York, S. 445-491.

Schuknecht, Ludger (1996), Political Business Cycles and Fiscal Policies in Developing Countries, in: Kyklos, Vol. 49, S. 155-170.

Schwarz, Gerhard (1993), Der Bodenmarkt zwischen Freizügigkeit und lokaler Identitätsbewahrung: Einige möglicherweise gar nicht so ketzerische Überlegungen; in: Die europäische Integration als ordnungspolitische Aufgabe. Hg. *Helmut Gröner/ Alfred Schüller* (Schriften zum Vergleich von Wirtschaftsordnungen, Bd. 43), Stuttgart, Jena, New York, S. 261-277.

Scully, Gerald W. (1988), The Institutional Framework and Economic Development; in: Journal of Political Economy, 96/3, S. 652-662.

Seidel, Martin (1993), EG-Binnenmarkt und öffentliche Unternehmen; in: Die europäische Integration als ordnungspolitische Aufgabe. Hg. *Helmut Gröner/ Alfred Schüller* (Schriften zum Vergleich von Wirtschaftsordnungen, Bd. 43), Stuttgart, Jena, New York, S. 343-358.

Seidenfus, Hellmuth St. (1986), Wettbewerbsbeeinträchtigungen als Folge der Kooperation von Staat und Wirtschaft; in: Der Einfluß des Staates auf den Wettbewerb. Hg. *Burkhardt Röper* (Schriften des Vereins für Socialpolitik NF 158), Berlin, S. 13-35.

Seiffert, Helmut (1972), Information über Information. München, 3. Aufl.

Selten, Reiner (1979), Anwendungen der Spieltheorie auf die politische Wissenschaft, in: Ökonomische Theorie der Politik. Hg. *Werner W. Pommerehne/ Bruno S. Frey*, Berlin, Heidelberg, New York, S. 263-283.

Sen, Amartya (March 1995), Rationality and Social Choice, in: The American Economic Review, Vol. 85/1, S. 1-24.

Sidjanski, Dusan/ Ural Ayberk (1987), Le Nouveau Visage des Groupes d'Interêt Communautaires; in: Revue d'intégration européenne, S. 173-201.

Siebert, Horst (1991), Außenwirtschaft, 5. Aufl.

Siebert, Horst/ Michael J. Koop (January 1993), Institutional Competition versus Centralization: Quo Vadis Europe? (Kiel Working Paper No. 548).

Siegenthaler, Hansjörg (1989), Organization, Ideology and the Free Rider Problem, in: Journal of Institutional and Theoretical Economics 145, S. 215-231.

Simon, Herbert A. (1960), Comments on the Theory of Organisations; in: Some Theories of Organization. Ed. Albert H. Rubenstein, Chadeick J. Haberstrok, Homewood, Bd. III, S. 157-167.

Sinn, Hans-Werner (1997), Deutschland im Steuerwettbewerb, in: Jahrbücher für Nationalökonomie und Statistik, Bd. 216, S. 672-692.

Sinn, Hans-Werner (1994), How much Europe? Subsidiarity, Centralization and Fiscal Competition, in: Scottish Journal of Political Economy, Vol. 41, S. 85-107.

Sinn, Hans-Werner (1995), Implikationen der vier Grundfreiheiten für eine nationale Fiskalpolitik, in: Wirtschaftsdienst Jg. 75, H. V, S. 240-249.

Smeets, Heinz-Dieter (1993), Monetäre Integration: Vom EWS zur Währungsunion; in: Die europäische Integration als ordnungspolitische Aufgabe. Hg. *Helmut Gröner/ Alfred Schüller*, (Schriften zum Vergleich von Wirtschaftsordnungen, Bd. 43), Stuttgart, Jena, New York, S. 97-145.

Springer, Michael (Mai 1992), Großmut zahlt sich letztlich aus; in: Spektrum der Wissenschaft, S. 30-32.

Starbatty, Joachim (1995), Perspektiven für die Soziale Marktwirtschaft in Europa, in: *Friedrun Quaas/ Thomas Straubhaar* (Hg.), Perspektiven der Sozialen Marktwirtschaft (Beiträge zur Wirtschaftspolitik, Bd. 60), Bern, Stuttgart, Wien, S. 113-134.

Starbatty, Joachim (1984), Rules versus Authority - im Lichte konjunkturpolitischer Erfahrungen, in: Hamburger Jahrbuch für Wirtschafts- und Gesellschaftspolitik, Jg. 29, S. 141-157.

Straubhaar, Thomas (1995), Perspektiven der sozialen Sicherungssysteme in Europa, in: *Friedrun Quaas/ Thomas Straubhaar* (Hg.), Perspektiven der Sozialen Marktwirtschaft (Beiträge zur Wirtschaftspolitik, Bd. 60), Bern, Stuttgart, Wien, S. 81-98.

Strauch, Manfred (9/1995), Lobby imNetzwerk, in: EUmagazin, S. 11-13.

Steil, Benn (Jan./Feb. 1994), 'Social Correctness' is the New Protectionism; in: Foreign Affairs, 73, S. 14-20.

Stewart, Ian (November 1993), Mathematische Unterhaltungen; in: Spektrum der Wissenschaft, S. 12-15.

Stigler, George J. (1974), Free riders and collective action: an approach to theories of economic regulation; in: The Bell Journal of Economics and Management Science, 5, S. 359-365.

Stigler, George J. (1971), The Theory of Economic Regulation; in: The Bell Journal of Economics and Management Science, 2, S. 3-21.

Steinz, Rudolf (1995), Europarecht, Heidelberg, 2. Aufl.

Streit, Manfred E. (1995), Dimensionen des Wettbewerbs - Systemwandel aus ordnungökonomischer Sicht, in: Zeitschrift für Wirtschaftspolitik, Jg. 44, S. 113-134.

Streit, Manfred E./ Werner Mussler (1995), Wettbewerb der Systeme und das Binnenmarktprogramm der Europäischen Union, in: *Lüder Gerken* (Hg.), Europa zwischen Ordnungswettbewerb und Harmonisierung. Europäische Ordnungspolitik im Zeichen der Subsidiarität, Berlin, u.a., S. 75-107.

Streit, Manfred E./ Gerhard Wegner (1989), Wissensmangel, Wissenserwerb und Wettbewerbsfolgen - Transaktionskosten aus evolutorischer Sicht; in: ORDO 40, S.183-200.

Sugden, Robert (1989), Spontaneous Order; in: Journal of Economic Perspectives 3, S. 85-97.

Sugden, Robert (1984), Reciprocity. The supply of public goods through voluntary contributions, in: The Economic Journal, Vol. 94, S. 772-787.

Swann, Dennis (1995), The Economics of the Common Market. Integration in the European Union, London, 8th ed.

Thieme, H. Jörg/ Karlheinz Kratz (1993), Finanzmärkte im europäischen Integrationsprozeß; in: Die europäische Integration als ordnungspolitische Aufgabe. Hg. *Helmut Gröner/ Alfred Schüller* (Schriften zum Vergleich von Wirtschaftsordnungen, Bd. 43), Stuttgart, Jena, New York, S. 237-260.

Tiebout, Charles M. (1956), A Pure Theory of Local Expenditures; in : The Journal of Political Economy, 64, S. 416-424.

Tietzel, Manfred (1991), Der Neue Institutionalismus auf dem Hintergrund der alten Ordnungsdebatte; in: Jahrbuch für Neue Politische Ökonomie, 10, S. 3-37.

Tietzel, Manfred (1990), Virtue, Vice, and Dr. Pangloss. On the Economics of Conventions; in: ORDO 41, S. 251-268.

To, Theodore (1988), More Realism in the Prisoner's Dilemma; in: The Journal of Conflict Resolution, 32/2, S. 402-408.

Trionfetti, Federico (1996), Public Expenditure and Economic Geography. o.O. (Geneva, Boston).

Tuchtfeldt, Egon (1995), Soziale Marktwirtschaft als ordnungspolitisches Konzept, in: *Friedrun Quaas/ Thomas Straubhaar* (Hg.), Perspektiven der Sozialen Marktwirtschaft (Beiträge zur Wirtschaftspolitik, Bd. 60), Bern, Stuttgart, Wien, S. 29-46.

Urff, Winfried von (1993), Die Gemeinsame Agrarpolitik: Funktionsweise, innergemeinschaftliche und weltwirtschaftliche Implikationen, mögliche Perspektiven; in: Ökonomische Grundlagen der europäischen Integration. Eine Einführung in ausgewählte Teilbereiche der Gemeinschaftspolitiken. Hg. *Wulfdiether Zippel* in Gemeinschaft mit dem Arbeitskreis Europäische Integration e.V., München, S. 99-119.

Utzig, Siegfried (1987), Internationale Wettbewerbsfähigkeit, Unternehmensorganisation und Ordnungspolitik; in: Wirtschaftsdienst, 67 H. VIII, S. 417-422.

Vanberg, Victor (1983), Der individualistische Ansatz zu einer Theorie der Entstehung und Entwicklung von Institutionen, in: Jahrbuch für Neue Politische Ökonomie, 2, S. 50-69.

Vanberg, Victor (1994), Kulturelle Evolution und die Gestaltung von Regeln (Walter Eucken Institut. Vorträge und Aufsätze, Nr. 144), Tübingen.

Vanberg, Viktor (1981), Liberaler Evolutionismus oder vertragstheoretischer Konstituionalismus? Zum Problem institutioneller Reformen bei *F.A. von Hayek* und *J.M. Buchanan* (Walter Eucken Institut. Vorträge und Aufsätze, Nr. 80), Tübingen.

Vanberg, Viktor (1992), A Constitutional Political Economy Perspective on International Trade; in: ORDO 43, S. 375-392.

Vanberg, Victor (1988), Rules and Choice in Economics and Sociology, in: Jahrbuch für Neue Politische Ökonomie, 7, S. 146-167.

Vanberg, Viktor/ James M. Buchanan (1991), Constitutional Choice, Rational Ignorance and the Limits of Reason, in: Jahrbuch für Neue Politische Ökonomie, 10, S. 61-78.

Vanberg, Victor/ Wolfgang Kerber (1994), Institutional Competition among Jurisdictions: An Evolutionary Approach, in: Constitutional Political Economy, Vol. 5, S. 193-219.

van Miert, Karel (1995), Wettbewerbspolitik und die Zusammenarbeit zwischen den Kartellbehörden in der Europäischen Union, in: Lüder Gerken (Hg.), Europa zwischen Ordnungswettbewerb und Harmonisierung. Europäische Ordnungspolitik im Zeichen der Subsidiarität, Berlin, u.a., S. 219-228.

Vaubel, Roland (1980), Internationale Absprachen oder Wettbewerb in der Konjunkturpolitik? (Walter Eucken Institut. Vorträge und Aufsätze, Nr. 77), Tübingen.

Die Verfassung Europas (März 1995), (103. Bergedorfer Gesprächskreis), Hg. *Körber-Stiftung*. Hamburg.

Viñals, José (1996), European Monetary Integration: A narrow or a wide EMU? In: European Economic Review, 40, S. 1103-1109.

Viner, Jacob (1950), The Customs Union Issue, New York, London.

Wallis, John J. (1989), Towards a Positive Economic Theory of Institutional Change, in: Journal of International and Theoretical Economics, 145, S. 98-112.

Watrin, Christian (1994), Ordnungs- und wirtschaftspolitische Grundlagen Sozialer Marktwirtschaft, in: *Werner Klein/ Spiridon Paraskewopoulos/ Helmut Winter*, Soziale Marktwirtschaft. Ein Modell für Europa. Festschrift für *Gernot Gutmann* zum 65. Geburtstag, (Volkswirtschaftliche Schriften, H. 441), Berlin, S. 9-29.

Weber, Hajo (1987), Unternehmerverbände zwischen Markt, Staat und Gewerkschaften. Zur intermediären Organisation von Wirtschaftsinteressen. (Reihe des Forschungsschwerpunktes »Zukunft der Arbeit« Universität Bielefeld, 4), Frankfurt a.M., New York.

Wegner, Gerhard (1992), Wissensnutzung in Märkten. Zur Unvereinbarkeit von Ordnungstheorie und Gleichgewichtstheorie; in: Jahrbuch für Sozialwissenschaft, 43, S. 44-64.

Wehowsky, Stephan (1997), Der Mensch - ein Egoist? Streit um die «Rational-Choice Theory»; in: Neue Zürcher Zeitung Nr. 20, 25/26.01.1997, S. 53.

Weizsäcker, Carl Christian von (1982), Staatliche Regulierung - positive und normative Theorie; in: Schweizerische Zeitschrift für Volkswirtschaft und Statistik 118, S. 325-343.

Welfens, Paul J.J. (1993), Anpassungserfordernisse, Konvergenzprobleme und ordnungspolitischer Reformbedarf in Europa; in: Die europäische Integration als ordnungspolitische Aufgabe. Hg. *Helmut Gröner/ Alfred Schüller* (Schriften zum Vergleich von Wirtschaftsordnungen, Bd. 43), Stuttgart, Jena, New York, S. 517-549.

Welfens, Paul J.J. (2/1990), Internationalisierung der Wirtschaft: Herausforderung für die Politik; in: Orientierungen zur Wirtschafts- und Gesellschaftspolitik, 44, S. 45-50.

Welfens, Paul J.J. (1990), Internationalisierungsprozesse auf Unternehmensebene und Politiksystem: eine Analyse der Interdependenz von Wirtschaft und Politik; in: Zeitschrift für Wirtschaftspolitik, 39, H. 2, S. 183-203.

Wentzel, Dirk (1993), Zum Spannungsverhältnis von Migration, Transformation und Integration; in: Die europäische Integration als ordnungspolitische Aufgabe. Hg. *Helmut Gröner/ Alfred Schüller* (Schriften zum Vergleich von Wirtschaftsordnungen, Bd. 43), Stuttgart, Jena, New York, S. 493-516.

Werner, Horst (Feb. 1992), Ordungspolitik im Reformprozeß Osteuropas; in: Aus Politik und Zeitgeschichte, Nr. 7-8, , S. 33-43.

Wetzel, Peter (1992), Strategische Interaktion nationaler Handelspolitiken. Freies Spiel der Kräfte oder internationale Organisation? In: Jahrbuch für Sozialwissenschaft, 42, S. 375-393.

White, Lawrence H. (1984), Competitive Payments System and the Unit of Account; in: The American Economic Review, 74/4, S. 699-712.

Willgerodt, Hans (1992a), Armut als Integrationshindernis? Zum Konflikt zwischen Vertiefung und Erweiterung der Europäischen Gemeinschaft; in: Zeitschrift für Wirtschaftspolitik, 41 H. 2, S. 95-123.

Willgerodt, Hans (1992b), Einigkeit und Recht und Freiheit. Zu den Ordnungsgrundlagen von Staat und Wirtschaft; in: Wirtschaftsordnung und Geldverfassung. Symposium zum 65. Geburtstag für *Norbert Kloten*. Hg. *Hermann Albeck*, Göttingen, S. 20-45.

Willgerodt, Hans (1990), Das Problem des politischen Geldes, in: Hamburger Jahrbuch für Wirtschafts- und Gesellschaftspolitik, 35, S. 129-147.

Willgerodt, Hans (1966), Warum Staatsplanung in der Marktwirtschaft; in: ORDO 17, S. 153-228.

Willgerodt, Hans (1989), Staatliche Souveränität und die Ordnung der Weltwirtschaft; in: ORDO 40, S. 401-427.

Willgerodt, Hans/ Alexander Domsch/ Rolf Hasse / Volker Merx (1972), Wege und Irrwege zur europäischen Währungsunion, Freiburg i.Br.

Willke, Helmut (1993), Systemtheorie. Eine Einführung in die Grundprobleme der Theorie sozialer Systeme, Stuttgart/Jena, 4. Aufl.

Wilming, Claudia (1995), Institutionelle Konsequenzen einer Erweiterung der Europäischen Union. Eine ökonomische Analyse der Entscheidungsverfahren im Ministerrat. Baden-Baden.

Winter, F. Stefan (3/1991), Die Suche nach gemeinsamer Außenwirtschaftspolitik; in: Orientierungen zur Wirtschafts- und Gesellschaftspolitik, 49, S. 68-72.

Winter, Helmut (1994), Die Unternehmensverfassung in der Sozialen Marktwirtschaft, in: *Werner Klein/ Spiridon Paraskewopoulos/ Helmut Winter*, Soziale Marktwirtschaft. Ein Modell für Europa. Festschrift für *Gernot Gutmann* zum 65. Geburtstag, (Volkswirtschaftliche Schriften, H. 441), Berlin, S. 57-89.

Witt, Ulrich (1990), Einleitung: Warum evolutorische Ökonomik? In: *Ulrich Witt* (Hg.), Studien zur Evolutorischen Ökonomik I (Schriften des Vereins für Socialpolitik, NF Bd. 195/I), Berlin, S. 9-17.

Witt, Ulrich (1988), Eine individualistische Theorie der Entwicklung ökonomischer Institutionen, in: Jahrbuch für Neue Politische Ökonomie, 7, S. 72-95.

Witte, Kirsten (1994), Ordnungspolitische Perspektiven der Europäischen Union. Eine Analyse aus der Sicht der Neuen Institutionenökonomik, Bergisch Gladbach, Köln.

Wünsche, Horst Friedrich (1/1989), Traktat über das Verschwinden von Ordnungstheorie und -politik; in: Orientierungen zur Wirtschafts- und Gesellschaftspolitik, 39, S. 2-6.

Zeitler, Christoph (1995), Spontane Ordnung, Freiheit und Recht. Zur politischen Philosophie von *Friedrich August von Hayek*, (Analysen zum Wandel politisch-ökonomischer Systeme, Bd. 11), Frankfurt a.M., u.a., 2. unveränderte Aufl.

Zimmermann, Klaus F. (1994), Immigration Policies in Europe: An Overview, in: Migration: a challenge for Europe: Symposium 1993, Institut für Weltwirtschaft an der Universität Kiel. Ed. *Horst Siebert*, Tübingen, S. 227-258.

Zippel, Wulfdiether (1993), Die ordnungspolitischen Probleme von Subventionen und die Beihilferegeln von EGKSV und EWGV; in: Ökonomische Grundlagen der europäischen Integration. Eine Einführung in ausgewählte Teilbereiche der Gemeinschaftspolitiken. Hg. *Wulfdiether Zippel* in Gemeinschaft mit dem Arbeitskreis Europäische Integration e.V., München, S. 61-81.

Zitscher, Harriet Christiane (1996), Probleme eines Wandels des innerstaatlichen Rechts zu einem Rechtssystem nach der Rechtsprechung des Europäischen Gerichtshofs, in: Rabels Zeitschrift für ausländisches und internationales Privatrecht. *Ernst-Joachim Mestmäcker* zum Geburtstag, Bd. 60, H. 4, S. 648-660.

Zügel, Johannes (1995), Mitwirkung der Arbeitnehmer nach der EU-Richtlinie über die Einsetzung eines Europäischen Betriebsrats. Eine Untersuchung der Richtlinie 94/45 und der vorangegangenen Richtlinienvorschläge unter Berücksichtigung der Praxis multinationaler Unternehmen. (Studien zum Europäischen und Internationalen Wirtschaftsrecht, Bd. 3), Frankfurt a.M., u.a.

Zuleeg, Manfred (1995), Der rechtliche Zusammenhalt der Europäischen Gemeinschaft; in: Die Europäische Union als Rechtsgemeinschaft. Hg. *W. Blomeyer, K. A. Schlachtschneider*, Berlin, S. 9-63.

Schriften zu Ordnungsfragen der Wirtschaft

Lucius&Lucius Verlags-GmbH, Stuttgart - ISSN 1432-9220

Herausgegeben von
Gernot Gutmann, Hannelore Hamel, Klemens Pleyer, Alfred Schüller, H. Jörg Thieme

(bis Band 51: „Schriften zum Vergleich von Wirtschaftsordnungen“)

Band 60: *Engelhard/Geue* (Hg.), **Theorie der Ordnungen:** Lehren für das 21. Jahrhundert, 1999, 369 S., 69 DM, ISBN 3-8282-0107-5.

Band 59: *Brockmeier*, **Wettbewerb und Unternehmertum in der Systemtransformation:** Das Problem des institutionellen Interregnums im Prozeß des Wandels von Wirtschaftssystemen, 1999, 434 S., 74 DM, ISBN 3-8282-0097-4.

Band 58: *Hartwig/Thieme* (Hg.), **Finanzmärkte:** Funktionsweise, Integrationseffekte und ordnungspolitische Konsequenzen, 1999, 556 S., 79 DM, ISBN 3-8282-0094-X.

Band 57: *Cassel* (Hg.), **50 Jahre Soziale Marktwirtschaft:** Ordnungstheoretische Grundlagen, Realisierungsprobleme und Zukunftsperspektiven einer wirtschaftspolitischen Konzeption, 1998, 792 S., 94 DM, ISBN 3-8282-0057-5.

Band 56: *Krüsselberg*, **Ethik, Vermögen und Familie:** Quellen des Wohlstands in einer menschenwürdigen Ordnung, 1997, 348 S., 68 DM, ISBN 3-8282-0055-9.

Band 55: *Geue*, **Evolutionäre Institutionenökonomik:** Ein Beitrag aus der Sicht der österreichischen Schule, 1997, 336 S., 68 DM, ISBN 3-8282-0050-8.

Band 54: *Knorr*, **Umweltschutz, nachhaltige Entwicklung und Freihandel**, 1997, 49 DM, ISBN 3-8282-0035-4.

Band 53: *Paraskewopoulos* (Hg.), **Wirtschaftsordnung und wirtschaftliche Entwicklung**, 1997, 79 DM, ISBN 3-8282-0034-6.

Band 52: *v. Delhaes/Fehl* (Hg.), **Dimensionen des Wettbewerbs**, 1997, 84 DM, ISBN 3-8282-0033-8.

Band 51: *Keilhofer*, **Wirtschaftliche Transformation in der Tschechischen Republik und in der Slowakischen Republik**, 1995, 89 DM, ISBN 3-437-50398-7.

Band 50: *Wentzel*, **Die Geldordnung in der Transformation**, 1995, 49 DM, ISBN 3-437-50397-9.

Band 49: *Müller*, **Spontane Ordnungen in der Kreditwirtschaft Rußlands**, 44 DM, ISBN 3-437-50396-0.

Band 48: *Sitter*, **Perestroika und Innovation**, 1995, 64 DM, ISBN 3-437-50386-3.

Band 47: *Hamacher*, **Glaubwürdigkeitsprobleme in der Geldpolitik**, 1995, 58 DM, ISBN 3-437-50385-5.

Band 46: *Weber*, **Außenwirtschaft und Systemtransformation**, 1995, 69 DM, ISBN 3-437-50384-7.

Band 45: *Gutmann/Wagner* (Hg.), **Ökonomische Erfolge und Mißerfolge der deutschen Vereinigung**, 1994, 74 DM, ISBN 3-437-50373-1.

Band 44: *Vollmer*, **Arbeitslosigkeit in sozialistischen Planwirtschaften**, 1994, 68 DM, ISBN 3-437-50375-8.